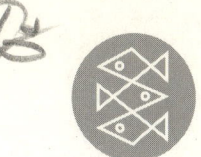

Das Reichsministerium für Wissenschaft, Erziehung und Volksbildung hatte viele andere Namen: Reichserziehungsministerium, Reichswissenschaftsministerium, Reichskultusministerium. In dieser neugegründeten Behörde, die ursprünglich der daraufhin schwer beleidigte Joseph Goebbels übernehmen wollte, konzentrierten sich die Bemühungen der Nationalsozialisten, ihre Vorstellungen einer Ertüchtigung der deutschen Volksgemeinschaft in die Tat umzusetzen. Mit weitreichenden Plänen und unter Fortführung bestehender Vorhaben der Weimarer Republik ging man »Unter den Linden«, wie das stark wachsende Haus wegen seines prominenten Sitzes genannt wurde, unter der Führung des altgedienten NS-Gauleiters Bernhard Rust an ein umfassendes Reformprogramm. Von der Schulgeldbefreiung über die verbesserte Ausbildung von Grundschullehrern über die Reform des höheren Schulwesens bis zur zentralisierten Forschungsförderung im Dienste von Wirtschaft und Rüstung erstreckten sich die Aktivitäten. Unter ständigen Auseinandersetzungen mit konkurrierenden Behörden und Ämtern wurde nur ein Teil der Pläne verwirklicht. Zu intrigant, zu mächtig waren die Kräfte, denen die Reformvorstellungen des Ministers und seiner führenden Beamten zu weit gingen.
Anne C. Nagel verortet die Geschichte dieses kurzlebigen nationalen Kultusministeriums sowohl in der spezifischen Geschichte des NS-Regimes als auch in den Kontinuitätslinien deutscher Bildungs-, Schul- und Hochschulpolitik im gesamten 20. Jahrhundert. Ihr Buch, anschaulich, quellennah und meinungsstark, wird ein unverzichtbares Standardwerk zur deutschen Erziehungsgeschichte werden.

Anne C. Nagel, geb. 1962, ist seit 2010 Professorin am Historischen Institut der Justus-Liebig-Universität Gießen. Sie ist vor allem mit Veröffentlichungen zur Universitäts- und Wissenschaftsgeschichte des 19. und 20. Jahrhunderts hervorgetreten.

Weitere Informationen, auch zu E-Book-Ausgaben,
finden Sie bei www.fischerverlage.de

Anne C. Nagel

Hitlers Bildungsreformer

Das Reichsministerium
für Wissenschaft, Erziehung und
Volksbildung 1934–1945

Fischer Taschenbuch Verlag

Die Zeit des Nationalsozialismus
Eine Buchreihe
Begründet von Walter H. Pehle

Originalausgabe
Veröffentlicht im Fischer Taschenbuch Verlag,
einem Unternehmen der S. Fischer Verlag GmbH,
Frankfurt am Main, August 2012

© S. Fischer Verlag GmbH, Frankfurt am Main 2012
Gesamtherstellung: Druckerei C. H. Beck, Nördlingen
Printed in Germany
ISBN 978-3-596-19425-4

Inhalt

Prolog 7

I. Berlin »Unter den Linden« 9
Am Ort des Geschehens 9
Macht, Bildung und Wissenschaft in Preußen 1871–1933 20
Nur ein Studienrat als Minister?
Gauleiter Bernhard Rust 40
Im Dritten Reich 50

II. Mehr als nur ein Name: Das Reichsministerium für Wissenschaft, Erziehung und Volksbildung entsteht 65
Reichs*wissenschafts*ministerium oder
Reichs*erziehungs*ministerium? 65
Ämter und Abteilungen 75
Die Kultusministerien der Länder 80
Haushalt und Finanzen 90

III. Die Stunde der Experten: Spieler und Gegenspieler 101
»Wir sind die Rustika«: die Führungsriege
um den Minister 101
Der ewige Neid der Konkurrenz: Alfred Rosenberg und
andere Mitspieler 123
Ein spezieller Feind des Ministers: Joseph Goebbels und
der Streit um die Kunst 138

IV. Genormte Bildung 150
Der »neue Mensch« als bildungspolitische Aufgabe 150
Modernisierung durch Reduzierung:
Schulen im Dritten Reich 168
Erziehung zum Beruf: Das Berufs- und Fachschulwesen 206

Die Verschulung des Geistes: Neue Studiengänge
und Prüfungsordnungen 215

V. Geplante Wissenschaft 228
Im Zeichen des Vierjahresplanes 228
Führung durch Vernetzung 244
Die schwierige Steuerung der Universitäten und
Hochschulen 255
Geförderte und vernachlässigte Disziplinen 281

VI. Das Ministerium im Krieg 296
Präludium: Gründung der »Ostmark« und
des »Protektorats« 296
Im Großdeutschen Reich 315
Rückschläge im Reformprogramm 341
Unter den Linden am Ende 359

Anhang 367
Dank 369
Anmerkungen 371
Quellen- und Literaturverzeichnis 424
Abkürzungen 440
Verzeichnis der Abbildungen 441
Abbildungsnachweis 442
Personenregister 443

Prolog

Karl-Heinz Hederich zwei Stockwerke unter uns war ein distinguierter Herr in den Sechzigern. Er wohnte nicht dort, sondern führte in der Beletage des Gründerzeithauses ein Büro der Firma Stahlbau Weller. Als wir 1966 einzogen, war der Geschäftsverkehr nur noch gering und die Sekretärin meist unbeschäftigt. So kam es, daß der Diplomingenieur gelegentlich zu uns nach oben stieg und sich bei Zigarren und Wein im Gespräch mit meinem Vater die Zeit vertrieb. Mit wachsender Vertrautheit begann der Nachbar aus seinem früheren Leben im Berlin der dreißiger Jahre zu erzählen. Was genau er beruflich getan hatte, blieb im Dunkeln, doch ließ er durchblicken, Hitler, Goebbels, ja die gesamte Reichsregierung persönlich gekannt und zuletzt im Umfeld der Parteikanzlei ziemlich einflußreich gewirkt zu haben. Wir taten beeindruckt, aber glaubten ihm nicht.

Als der Nachbar im März 1976 starb, bat die Witwe meinen Vater, ihr beim Auflösen der Büroetage zu helfen. Es handelte sich vor allem um eine Bibliothek mit vielen hundert Bänden, in der jedoch die wenigsten Werke technischen Inhalts waren. Es überwog das historisch-politische Buch, zweifelhafte Literatur zum Kriegsausbruch 1939, zu Kriegsverlauf und Kriegsschuldfrage, sowie etliches an Publikationen aus der Zeit vor 1945. Kinder hatten die Hederichs nicht, seine Witwe besaß kein Interesse an dem Nachlaß so wenig wie die Stadtbibliothek nebenan. Nur mein Vater nahm sich das ein oder andere Werk, das heute in meinem Bücherschrank steht, darunter »Meyers Lexikon« in der achten Auflage, der sogenannte Nazi-Meyer. Schließlich fuhr ein Container vors Haus, worin die Bibliothek samt zahllosen Ordnern mit dem privaten Schriftverkehr des Ingenieurs auf immer verschwanden.

Rund dreißig Jahre später begegnete mir Hederich bei der Recherche zu diesem Buch wieder. Ich rieb mir die Augen, denn was er seinerzeit über die Berliner Jahre angedeutet hatte, war nicht geprahlt oder hochgestapelt gewesen, im Gegenteil: gewiß kein ganz großer Fisch, hatte er es als Parteifunktionär im Rang eines Ministerialrats doch zu beträchtlichem Einfluß gebracht. Er begann seinen Weg im Umfeld von Rudolf Heß, stand einige Zeit in der Gunst von Joseph Goebbels und spielte zuletzt als Befehlsleiter in der Parteiamtlichen Prüfungskommission Philipp Bouhlers eine maßgebliche Rolle. Dies schlug die Verbindung zum Reichskultusministerium, wo er, wie ich bald herausfand, direkt verhaßt war. Als »hundertfünfzigprozentiger Nazi« scheute er keine Intrige zur Durchsetzung der Parteiziele und regierte selbstherrlich in die Arbeit der Beamten hinein.

Privat hatten die Hederichs schon damals ein gutes Leben geführt. Die Eheleute bewohnten eine stilvolle Villa in Berlin-Frohnau, inmitten einer kleinen Kolonie von völkischen Ideologen und NS-Funktionären, die sich außer über die Partei noch über das Interesse an Esoterik, Astrologie und alternativen Heilweisen verbunden wußten. Zuletzt fielen mir drei Photographien in die Hände, auf denen ich unseren Nachbarn in Gesellschaft von Hitler und Goebbels zweifelsfrei wiedererkannte. Hederich hatte uns erzählt, Berlin vorzeitig verlassen zu haben, wodurch er von alliierter »Verfolgung« verschont geblieben sei – er dachte nicht sehr hoch von den Siegermächten und verachtete die Politik der Bundesregierung. Tatsächlich wurde er 1945 im Lager Fallingbostel interniert und »entnazifiziert«. Erst 1948 begann sein »zweites« Leben als unbescholtener, geachteter und bald wieder wohlhabender Mann in Mönchengladbach. Die Tarnung war perfekt. Wir haben ihm jedenfalls die persönliche Nähe zur »braunen Elite« nicht abgenommen und immer nur den freundlichen älteren Herrn und Geschichtenerzähler in ihm gesehen. Erst der Blick in seine Bibliothek, später in die Ministeriumsakten entlarvte den Wolf im Schafspelz.

Dokumente sind das Brot des Historikers. Er entdeckt sie, wählt und wertet sie aus und zieht am Ende aus der Vielzahl an Informationen seine Schlüsse, wie es »eigentlich« gewesen ist. Erinnerung hingegen trügt und zwar vom ersten Moment des Erinnerns an. Das tröstet mich bei dem Gedanken, wie interessant wohl ein Interview mit Karl-Heinz Hederich über die nationalsozialistische Bildungspolitik gewesen wäre. Damals ging ich ihm gern aus dem Weg; ihn nach seiner Vergangenheit im »Dritten Reich« zu befragen, kam mir überhaupt nicht in den Sinn. Doch hat die Erinnerung an ihn die Arbeit an diesem Buch in vielerlei Hinsicht inspiriert.

I. Berlin »Unter den Linden«

Am Ort des Geschehens

Am 3. März 1883 fand Unter den Linden 4 in Berlin die Einweihung eines Ministerialgebäudes statt. Das war nicht ungewöhnlich, entstanden in den Gründerjahren des Kaiserreichs doch viele neue öffentliche Gebäude zumal in der Residenzstadt. Von allen preußischen Verwaltungen hatte das betreffende Ministerium eine räumliche Verbesserung freilich am nötigsten gehabt. Eingeweiht wurde ein neues Amtsgebäude für das 1817 gegründete Preußische Ministerium der geistlichen, Unterrichts- und Medizinalangelegenheiten. Dieses Ressort hatte zuletzt in wachsender Beengtheit residiert, weil seine Zuständigkeiten ständig erweitert worden waren, die Zahl der Abteilungen und damit der Beamten gestiegen war. Ein Neubau erschien unabwendbar, König und Landtag bewilligten schließlich die Kosten in stattlicher Höhe von rund 1,6 Millionen Mark. Die festliche Eröffnung des repräsentativen, um zwei Innenhöfe angelegten vierstökkigen Baus fand in Anwesenheit von Ministern, hohen Beamten, Vertretern aus Politik, Wirtschaft und Wissenschaft statt. Preußen, so die stolze Botschaft nach außen, war Militärstaat *und* Kulturstaat. Der großzügige Ministeriumsneubau an vornehmem Ort stand dafür und wurde von den Zeitgenossen als solcher wahrgenommen. Es ist eine zufällige, aber doch bemerkenswerte Parallele, daß im selben Jahr der Einweihung 1883 jener Mann geboren wurde, der einmal als letzter Minister in diesem Gebäude amtieren würde, Bernhard Rust. Beide, das Haus und sein letzter Herr, sollten am Ende ein Schicksal teilen und den Untergang des Deutschen Reichs 1945 nicht überdauern.

Die neue Gebäudeanlage folgte der seinerzeit üblichen doppelten Bestimmung, Amts- und Wohnsitz des Ministers zu sein.[1] So nahm die Ministerwohnung mit den daran anschließenden Arbeitszimmern das erste und die Hälfte des zweiten Stockwerks vom Vorderhaus sowie sämtliche Geschosse des östlichen Seitenflügels ein. In der Beletage des Ministers betrug die Geschoßhöhe sechs Meter im Vorderhaus und sieben Meter dreißig im linken Seitenflügel, während diejenige der Amtsstuben mit durchschnittlich fünf Metern Höhe darunter lag. Der öffentliche Sektor besaß darüber hinaus mehrere Sitzungssäle von unterschiedlicher Größe sowie einen Festsaal. In technischer Hinsicht verfügte der Neubau zwar über eine Zentralheizung, doch konnten damit längst nicht alle Räume beheizt werden. Bis weit in die 1930er Jahre hinein waren Einzelöfen in Benutzung. Die Elektrifizierung erfolgte nachträglich. Die Ausstattung mit gediegener Holzvertäfelung, Stuckdecken, Leder- und Stofftapeten samt passendem Mobiliar spiegelte den damaligen aristokratisch-bürgerlich geprägten Geschmack. Das traf ebenso auf die Gestaltung der Außenfassade zu, die, zum Boulevard Unter den Linden gewandt, die klassizistisch-strenge Form der »älteren Berliner Schule« zeigte. Ein Steinfries mit figürlichen Darstellungen der einzelnen Wissenschaftszweige und Künste von Gustav Eberlein verlief als einziger Gebäudeschmuck am oberen Fassadenrand über die gesamte Länge der Hausfront. Die Vorderansicht bestand aus Nesselberger Sandstein, der Sockel aus schlesischem Granit. Alles zusammen genommen atmete der Komplex Solidität, Würde und Erhabenheit.

Von der anhaltenden Expansion der Wissenschaften und der wachsenden Bedeutung von Bildung im damaligen Staat Preußen zeugt, daß es in den folgenden Jahren immer wieder zu Um- und Erweiterungsbauten kam. Zwischen 1889 und 1891 wurde auf den rückwärtig angrenzenden Grundstücken Wilhelmstraße 60 und Behrenstraße 71–72 für eine Summe von 141 700 Reichsmark ein Ergänzungsbau erstellt. Als nach der Jahrhundertwende auch die Liegenschaft Wilhelmstraße 68 in den Besitz des Kultusministeriums gelangte, wurde diese samt den beiden benachbarten auf den Grundstücken in der Behrenstraße abgerissen und bis 1903 ein weiterer Neubau errichtet. In ihm entstanden neben dringend benötigten zusätzlichen Amtsräumen sieben Dienstwohnungen für Beamte. Die Außenfassade aus Wünschelburger Sandstein war dem Vorbild italienischer Spätrenaissance entlehnt. Vier freistehende Plastiken, welche im einzelnen die Religion, den Unterricht, die Kunst und die Medizin verkörpern sollten, zierten das prächtige Eingangsportal. Im Jahre 1928 schließlich erfolgte der Ankauf der Immobilie Wilhelmstraße 69. Damit hatte der für die Verwaltung von Bildung und Wissenschaft in Preußen vorgesehene Gebäudekomplex seine größte Ausdehnung erreicht. Er erstreckte sich nun-

Abb. 1 Fassade des Reichs- und Preußischen Ministeriums für Wissenschaft, Erziehung und Volksbildung Unter den Linden, um 1883

mehr von der Adresse »Unter den Linden 4« nach hinten zu den Grundstücken Wilhelmstraße und Behrenstraße.

In unmittelbarer Nachbarschaft gegenüber dem Haupthaus Unter den Linden lag das preußische Innenministerium, direkt nebenan die russische Botschaft auf der einen und ein in amerikanischem Besitz befindliches Geschäftshaus auf der anderen Seite. Auch die Wege zwischen den sonstigen Ressorts waren kurz. In der Wilhelmstraße nach Süden befanden sich die Residenzen der meisten preußischen- und Reichsämter, in der Behrenstraße nach Osten schloß sich die Banken- und Finanzwelt an.

Preußens Kultus- und Wissenschaftsverwaltung lag dicht am Zentrum staatlicher Macht. Ebenso nah spielte das große Gesellschaftsleben, im Hotel Adlon am Pariser Platz oder im rückwärtig an den Gebäudetrakt Behrenstraße grenzenden Hotel Bristol. Universität und Preußische Staatsbibliothek lagen entlang den »Linden« in einer Entfernung von vielleicht dreihundert Metern. Als der Boulevard Unter den Linden 1937 um den Abschnitt zwischen Universitätsstraße und Schloßbrücke erweitert wur-

Abb. 2 Der Erweiterungsbau Wilhelmstraße 68 heute

de, änderte sich die Häuserzählung. Fortan trug das Hauptgebäude des nunmehrigen Preußischen- und Reichsministeriums für Wissenschaft, Erziehung und Volksbildung die Hausnummer 69.[2]

Nach der Einweihung des Haupthauses 1883 erfolgten darin bis in die 1930er Jahre hinein kaum nennenswerte Umbauten. Allein die technische Ausstattung wurde nach und nach modernisiert, seit Mitte der 1890er Jahre gab es Elektrizität im Haus, und es wurden Lastenaufzüge zum Transport von Akten sowie eine Telephonanlage eingebaut. Einen Personenfahrstuhl erhielt das Ministerium erst im Jahre 1929.[3] An der Innenausstattung war indessen, abgesehen von gelegentlichen Auffrischungen der Wandfarben, Tapeten und Vorhänge, einmal auch der Neugestaltung eines Vorzimmers durch Heinrich Tessenow, wenig verändert worden. Als Bernhard Rust im Februar 1933 als neuer Herr das Haus übernahm, beließ er es zunächst in seiner Gestalt. Anders als Joseph Goebbels oder Hermann Göring, die ihren Geschäftsbereichen alsbald zu großartigen Um- und Neubauten verhalfen, beschloß der Kultusminister erst im Februar 1939 eine Renovierung seines Hauptgebäudes und auch jetzt vorerst nur der Repräsentationsräume und eigenen Arbeitszimmer. Woher diese Zurückhaltung rührte, ob Rust mit dem baldigen Umzug seines Amtssitzes in das neu geplante Regierungszentrum an der Nord-Süd-Achse rechnete oder ob er mit dem, was er 1933 Unter den Linden vorgefunden hatte, schlicht zufrieden war, ist schwer feststellbar.[4]

Im November 1938 wandte sich Rust um Vorschläge für eine zeitgemäße Ausgestaltung wie selbstverständlich an die Lehrer und Schüler seiner »Vereinigten Staatsschule für freie und angewandte Kunst«, einer Abteilung der Preußischen Akademie der Künste und direkt dem Ministerium unterstellten Anstalt.[5] Den dortigen »Kunstschaffenden« wollte er Gelegenheit geben, ihr Können einmal zum unmittelbaren Nutzen der vorgesetzten Behörde zu beweisen. Professor Erich Bohnen legte mit einigen Studenten in kurzer Zeit entsprechende Entwürfe vor, wobei sich die veranschlagten Kosten in Höhe von 50 000 Reichsmark in einem maßvollen Rahmen bewegten. An dem gemessen, was der Propagandaminister an öffentlichen Geldern verbaut hatte, handelte es sich sogar um eine lächerlich geringe Summe. Dennoch rief der Kostenvoranschlag den preußischen Finanzminister auf den Plan. Der sonst um die Ausgabe jeder Mark ringende Johannes Popitz hielt die Summe für zu niedrig, um, wie er gegenüber dem Minister meinte, mit »kultivierten« Plänen einen der »an-

Abb. 3 Das Foyer des Reichs- und preußischen Kultusministeriums Unter den Linden

gebrachten feierlichen Würde« des Hauses entsprechenden Umbau ins Werk zu setzen. Ungebeten versprach er eine Erhöhung auf 80 000 Reichsmark, dies aber nur dann, wenn die »bewährten Spezialisten seiner Hochbauabteilung« die Planung übernehmen würden – womit die Katze aus dem Sack gelassen war.[6] Dem preußischen Finanzminister behagten die Entwürfe Bohnens nicht, noch weniger aber die als eigenmächtig empfundenen Vorstöße des Kultusministers, die bauliche Sache persönlich in die Hand zu nehmen. Bernhard Rust zögerte noch eine Weile und unterstrich die Bedeutung der Pläne für das Prestige der Kunstakademie, gab aber am Ende doch lieber dem »günstigen Angebot« von Popitz nach – zum Ärger seiner Beamten, welche die Beauftragung »von Professoren unserer Hochschulen« sinnvoller gefunden hätten. Der Umbau selbst zog sich dann wegen dauernder Überlastung der preußischen Hochbauabteilung weit in die Kriegsjahre hinein, so daß der Minister bis zum »Volltreffer« auf das Hauptgebäude in der Bombennacht des 23. November 1943 kaum richtig in den Genuß renovierter Dienstzimmer gekommen war.[7] Aber soviel dürfte deutlich geworden sein: der preußische Finanzminister zeigte ein ungewöhnliches Interesse am Schicksal gerade dieses Ministeriums. Johannes Popitz wirkte in den 1930er Jahren einflußreich im Hintergrund, wobei er sich, wie zu zeigen sein wird, keineswegs allein auf die bauliche Substanz konzentrierte, sondern ein Auge ebenso auf die inhaltliche Arbeit des Hauses behielt.

Bis zum Frühjahr 1934 bewohnte der Minister die Amtswohnung im Hauptdienstgebäude. Danach verlegte Rust seinen Wohnsitz nach Berlin-Dahlem und behielt nur noch einen Teil seiner privaten Räume im zweiten Stock Unter den Linden zur gelegentlichen Nutzung. Die Dahlemer Residenz »Am Hirschsprung 48« bestand aus einer noblen Landhausvilla mit weitläufigem Park. Das Haus aus jüdischem Besitz war wie viele solcher Objekte weit unter Wert an die Länderbank gefallen, während das Grundstück der I. G. Farben gehörte. Im Innern vermittelten kostbare Antiquitäten, Plastiken und Gemälde aus staatlichem Bestand eine Atmosphäre großbürgerlicher Wohlhabenheit. Eine Liste der Einrichtungsstücke verzeichnete unter anderem eine Hitler-Büste aus der Werkstatt von Maria Ley in der Eingangshalle des Hauses sowie etliche Leihgaben aus verschiedenen Museen Berlins, darunter ein Männerbildnis von Lucas Cranach sowie ein Mahagoni-Liegesofa im Frühstückszimmer aus Schloß Sans-Souci. Allerdings hatten es die Rusts auch schon vor 1933 in ihrer Heimatstadt Hannover verstanden, ein »großes Haus« zu führen, so daß eine gewisse Selbstverständlichkeit in der Art ihrer bürgerlichen Selbstinszenierung lag. Der monatliche Mietzins für die Dahlemer »Dienstwohnung« belief sich auf 1125 Mark, den je zur Hälfte Preußen und das Reich trugen.[8]

Die Trennung von Wohn- und Dienstsitz führte dazu, daß der Minister, ohnehin schon wegen seiner vielen auswärtigen Verpflichtungen häufig unterwegs, noch seltener Unter den Linden anzutreffen war. Eine schleichende Lockerung der Sitten unter seiner »Gefolgschaft« setzte ein. Die Bürodamen begannen auf den Fluren erst Kaffee oder Tee aufzubrühen und das Geschirr zu spülen, dann immer ungehemmter auch »zu kochen und zu braten«. Das vertrug sich nur schwer mit der preußisch-strengen Würde des Hauses und wäre noch wenige Jahre zuvor undenkbar gewesen. Der Minister, den das Geschirrgeklapper und die überall eindringenden Küchenwrasen empfindlich störten, mußte diese Praxis eigens untersagen. Von allein stellte sich unter seinen Leuten offenbar kein Gefühl für das Unpassende solcher Verrichtungen ein, auch schien es abgesehen von ihm niemanden sonst zu stören, daß es auf den Gängen wohl bisweilen wie am Imbiß an der Straßenecke roch.[9] So gesehen hatte sich in dem halben Jahrhundert zwischen Einweihung und nationalsozialistischer Inbesitznahme manches gravierend verschoben im Haus Unter den Linden. Mochte der Ort selbst in seiner inneren und äußeren Gestalt fast unverändert geblieben sein; die Menschen darin waren andere geworden.

Trotz inzwischen guter Forschungslage zur modernen deutschen Bildungs- und Wissenschaftsgeschichte fehlen Studien über das preußische Kultusministerium ebenso wie über das 1934 auf ihm aufbauende Reichsministerium für Wissenschaft, Erziehung und Volksbildung. An der Relevanz des preußischen Kultusministeriums besteht kein Zweifel, und vermutlich hat allein die Größe der Aufgabe auf die Bildungsforscher so abschreckend gewirkt, daß sie lange unbearbeitet blieb. Erst in jüngster Zeit verspricht eine Initiative der Berlin-Brandenburgischen Akademie der Wissenschaften, die Lücke zu stopfen, und hat mit der Erforschung des Ministeriums als »Staatsbehörde und gesellschaftliche Agentur« begonnen.[10] Dem Reichsministerium unter Bernhard Rust kommt besonderes Interesse zu, weil es der erste Zentralisierungsversuch in der traditionell föderal geordneten deutschen Bildungslandschaft war. Es stand im Zentrum nationalsozialistischer Kultus- und Wissenschaftspolitik und zielte neben der Ideologisierung von Inhalten auf einen Wandel der Strukturen hin zu vermehrter Einheitlichkeit, höherer Planbarkeit und gesteigerter Verwaltungseffizienz. Mit welchen Mitteln das Reichsministerium an die Umsetzung dieser Ziele ging und in welchen Bahnen sich der Prozeß vollzog, was den Zusammenbruch überdauerte und wieviel am Ende verloren ging – solchen Fragen wird in dieser Untersuchung nachgegangen. Daß auch diese vergleichsweise spät erfolgt, ist schon ein Teil der Geschichte des Ministeriums Rust.

In den Jahrzehnten nach dem Krieg wurde dem Thema zunächst wenig Aufmerksamkeit geschenkt, von wichtigen Einzelstudien zur allgemeinen Kultusentwicklung und Forschungspolitik einmal abgesehen. Dazu paßte die damals verbreitete Auffassung, man habe es bei diesem Ministerium ohnehin nur mit einem unbedeutenden oder doch unspektakulären Ressort zu tun, an dem die Nationalsozialisten, bekanntlich mehr auf die Schulung des Körpers als des Geistes gerichtet, kein ernstes Interesse genommen hätten. Der Studienrat aus Hannover, Bernhard Rust, habe kein klares kultuspolitisches Programm besessen und sei außerdem zur Durchsetzung seiner Ziele ohne Rückhalt in Partei und SS zu schwach gewesen. Seine schlechte Politik habe ihn das Vertrauen Hitlers gekostet, und nur mit Glück sei er der Absetzung als Minister entgangen. Am Ende habe das Bildungsniveau in Schulen und Hochschulen einen historischen Tiefstand erreicht, und die wissenschaftliche Leistungsfähigkeit deutscher Forschung sei dahin gewesen.[11] Vernichtender hätte die politische Bilanz für einen Kultusminister nach zwölf Jahren Amtszeit kaum ausfallen können. Wäre Bernhard Rust im Mai 1945 nicht schon tot gewesen, er würde sich nun das Leben genommen haben.

Allerdings war der Minister an heftige Kritik gewöhnt, der er bereits in den dreißiger Jahren von verschiedener Seite ausgesetzt gewesen war. Anhaltend wirksam hatte sich bei ihrer Verbreitung Joseph Goebbels hervorgetan, dem es immer wieder gelang, Stimmung gegen Rust zu machen. In seinem Tagebuch nannte er ihn einen »Nichtskönner« und eine »politische Pflaume« und rang angeblich die Hände über die vermeintliche Unfähigkeit gerade dieses Mannes. Was wahr daran war, was der impulsiven Natur des Rheinländers geschuldet, dem es mit Blick auf die schon vorab zur Veröffentlichung verkauften Tagebücher kaum auf eine wahrheitsgetreue, um so mehr auf eine wirkungsvolle Schilderung seiner Umgebung ankommen mußte? Sicher ist, daß es Begehrlichkeiten gab seitens des Propagandaministers auf alles, was Kunst und Kultur betraf. Im Kultusministerium ressortierte vieles, was Goebbels nur zu gern unter seine Ministerhoheit gebracht hätte. Ein schwacher, und sei es nur ein schwach geredeter Kultusminister kam da seinen Plänen allemal gelegener als eine Herrschernatur vom Schlage Görings. Doch welche Beweggründe den Propagandaminister auch bestimmt haben mochten, was er seinem Tagebuch über den Ministerkollegen Rust »anvertraute«, sollte das Urteil späterer Betrachter nachdrücklich prägen; seine Bemerkungen machten buchstäblich Geschichte.[12]

Die von Goebbels und anderen geübte Kritik an Rust lenkte das Urteil über die Arbeit des Reichskultusministeriums nach dem Krieg von Anfang an in nur eine Richtung. Sie wurde von unmittelbar Betroffenen wie Lehrern, Hochschullehrern und Wissenschaftlern vorgebracht, daneben aber auch von einigen seiner ehemaligen Beamten vertreten.[13] Weil der Minister programmatisch unvorbereitet und dazu eine schwache Führungsfigur gewesen sei, so das Ondit nach 1945, hätten Bildung und Wissenschaft den Nationalsozialismus im Kern unberührt überstehen können. Abgesehen von den einschneidenden Maßnahmen im personalen Bereich 1933 seien die strukturellen Eingriffe im Schul- und Hochschulbereich äußerlich geblieben und daher nun auch leicht zu revidieren. Die Organisation von Wissenschaft und Forschung sei weithin unkoordiniert gewesen, habe einerseits dem Einzelnen Raum für unabhängige Forschung gelassen, andererseits aber wissenschaftliche Höchstleistungen verhindert. Die Monitaliste war lang, das Urteil einstimmig, während über das gewaltige Interesse der Siegermächte an den Arbeiten deutscher Wissenschaftler geschwiegen wurde. Die exkulpierende Funktion solcher Rede lag auf der Hand. Der vermeintlich unfähige und inzwischen auch verstorbene Minister ließ sich leicht instrumentalisieren, um die Rolle des Lehrer- und Hochschullehrerstandes, der Forscher wie die Arbeit der Kultusbeamten selbst während des Dritten Reichs überzeugend zu marginalisieren. Solcherart selbstentlastet konnten Schulen, Hochschulen und Forschungsbetriebe nach dem Zusammenbruch zur Tagesordnung übergehen. Nur wenig behelligt setzten auch etliche Ministerialbeamte ihre Tätigkeit nach kurzer Unterbrechung in den Kultusverwaltungen der Länder fort. Die eingeschlagene Strategie arbeitete jahrzehntelang erfolgreich, und selbst 1968 markierte hier keine Zäsur, als die »Aufarbeitung« der NS-Zeit an Schulen und Universitäten zwar laustark gefordert, aber doch keineswegs geleistet wurde.

Erst die intensivierte wissenschaftsgeschichtliche Forschung der letzten Jahre hat Risse in dieses Bild gebracht, und zwar zunächst hauptsächlich auf dem Gebiet der Disziplinen- und Institutionengeschichten. Die aufwendige Untersuchung der Kaiser-Wilhelm-Gesellschaft im Dritten Reich ergab, daß in den Instituten vielfach niveauvolle Forschung, in einzelnen Sektoren sogar international konkurrenzfähige »Spitzenforschung« stattfand.[14] Vor allem für die Bereiche Naturwissenschaft, Medizin und Technik seien die Forschungsanstrengungen durch die Einrichtung eines Forschungsrats gezielt koordiniert und gefördert worden, wobei sich die Erfolge ausgerechnet unter den extremen Bedingungen der Kriegszeit markant hatten steigern lassen.[15] Kaum anders verhält es sich mit den damals von der Deutschen Forschungsgemeinschaft geförderten Projekten. Vielen von ihnen muß nach eingehenden Recherchen der letzten Jahre eine weit höhere Relevanz zugesprochen werden, als lange vorstellbar erschien. Bezogen auf das Reichskultusministerium zeigen die neueren Arbeiten darüber hinaus durchweg, daß im Haus Unter den Linden die Fäden der Wissenschaftsaktivitäten zuammenliefen: Das Ministerium arbeitete gleichsam als Scharnier zwischen den Hochschulen, der Deutschen Forschungsgemeinschaft, dem Reichsforschungsrat und der Kaiser-Wilhelm-Gesellschaft. Mit dem bislang dominierenden Deutungsmuster, es habe sich um ein schwaches Ressort mit konzeptionsloser Spitze gehandelt, lassen sich diese Befunde aber nicht in Übereinstimmung bringen.[16]

Das Reichskultusministerium war darüber hinaus für die Lenkung des gesamten Bildungswesens im Deutschen Reich verantwortlich. Zwar war die Durchsetzung der fortan reichsweit geltenden Bestimmungen in den Ländern wegen vielfältiger Reibereien häufig genug schwierig, hatte aber die Vereinheitlichung des Bildungswesens durch die Zentrale in Berlin letztlich nicht aufhalten können.[17] So lassen die Arbeiten im Bereich Schulgesetzgebung, Prüfungsordnungen oder Berufliches Ausbildungswesen eine rege Reformtätigkeit der Beamten erkennen, von der vieles das Ende des Nationalsozialismus überdauerte und bis in die 1970er Jahre Gültigkeit behielt. Ein solches Argument zeugt sicherlich nicht schon von der Güte der Ministeriumspolitik, aber es zeigt doch, daß auch dieser Befund mit dem Modell vom durchsetzungsschwachen und unfähigen Reichskultusminister inkompatibel ist. Somit spricht viel dafür, das allgemeine Urteil über das Ministerium Rust noch einmal neu zu verhandeln und, mehr noch, das Ministerium überhaupt erstmals monographisch zu bearbeiten. Die Aktenlage ist günstig, das gedruckte Material überreichlich vorhanden. Auch ist der zeitliche Abstand zum Geschehen inzwischen groß genug, um es mit der nötigen Unabhängigkeit und gebotenen Sachlichkeit zu behandeln.

Die Studie verfolgt das Ziel, Funktionsweise und Stellung des Reichsministeriums im nationalsozialistischen Machtgefüge auf der Basis der neu gewonnenen Befunde und weiterer ausgedehnter Recherchen zu analysieren. Welchen Anteil besaß das Ministerium tatsächlich am Erfolg damaliger Wissenschaft? Kam dieser wegen oder trotz der Rustschen Politik zustande? Was ist von den Maßnahmen im Bildungsbereich zu halten, von denen etliche in den Weimarer Jahren wurzelten und deren Auswirkungen vielfach in die Zeit nach 1945 hinein reichten? Freilich gilt es nun, die These einer »erfolgreichen« Wissenschafts- und zielgerichteten Bildungspolitik nicht in anderer Richtung zu überdehnen. Neben den sichtbaren Impulsen dürfen die heute nur noch schwer faßbaren Irrationalismen des

Regimes auch im Bereich Bildung und Wissenschaft nicht außer acht geraten. Daß eine auf »rassische Homogenisierung« ausgerichtete Politik der deutschen Wissenschaft wie der Kultuspolitik als Ganzer schweren Schaden zugefügt hat, kann kein noch so großer Erfolg überdecken. Beide Facetten nationalsozialistischer Wissenschafts- und Bildungspolitik müssen zusammen, vielleicht sogar als aufeinander bezogen betrachtet werden. Nach Meinung des Ministers wie seiner maßgeblichen Beamten waren wissenschaftliche Spitzenleistung und durchgreifende Nazifizierung des Systems durchaus miteinander zu vereinbarende Zielsetzungen.

Institutionengeschichte ist keine trockene Materie mehr, sobald sie in weitere gesellschaftliche und politische Kontexte gestellt wird. Für die Darstellung eines Kultusministeriums erscheint dies besonders angezeigt, weil es wie kaum eine andere Behörde in einem komplizierten Wechselverhältnis mit dem Gesellschaftsgefüge eines Staates steht und das Leben jedes einzelnen Bürgers unmittelbar bestimmt: Die Bildungsgewalt des modernen Staates läßt bis heute niemanden unberührt. Die Kultuspolitik wirkt gezielt in die Gesellschaft hinein, wie umgekehrt Staat und Gesellschaft ihre Zielsetzungen beeinflussen. Kaum geringer ist die Bedeutung des Staates bei der Förderung der Wissenschaften zu veranschlagen, allen Tendenzen jener Jahre zur verstärkten Heranziehung privater großindustrieller Initiativen zum Trotz. Von daher versteht sich die nachfolgende Darstellung zugleich als ein Beitrag zur politischen Kultur- und Alltagsgeschichte des Dritten Reichs mit dem Ort Unter den Linden im Mittelpunkt.

Macht, Bildung und Wissenschaft in Preußen 1871–1933

Noch bevor der Neubau des preußischen Kultusministeriums im März 1883 von Minister Gustav von Goßler und seinen Beamten bezogen worden war, hatte sich der Staat Preußen wie das Deutsche Reich mit einem bis dahin nicht gekannten Aufschwung im Bildungs- und Wissenschaftssektor konfrontiert gesehen. Im Hintergrund der Entwicklung stand das Bevölkerungswachstum jener Jahre und der Eintritt des Landes in die letzte Phase der Hochindustrialisierung.[18] In allen Bereichen des Schul- und Ausbildungswesens standen die Zeichen auf Expansion, angefangen bei den Volksschulen über die mittleren und höheren Schulanstalten bis zu den

Technischen Hochschulen und Universitäten. Neue Schulgebäude und Lehrerseminare wurden errichtet, mehr Unterrichtspersonal ausgebildet und eingestellt, allein schon, um die rasch wachsende Zahl an Kindern überhaupt irgend angemessen unterrichten zu können. Die Zahl der höheren Schulen stieg bis 1910 kontinuierlich, wobei den Gymnasien mit den sogenannten realistischen Anstalten eine ernsthafte Konkurrenz zur klassisch-humanistischen Bildung an die Seite trat. Das Mittelschulwesen profilierte sich in diesen Jahren als über das Bildungsziel der allgemeinen Volksschule hinausweisende Schulform, womit speziell auf die veränderten Bedürfnisse von Handel, Gewerbe und Industrie reagiert wurde. Wenn auch der finanzielle Unterhalt all dieser Anstalten keineswegs dem Staat allein, sondern hauptsächlich den Städten und Gemeinden oblag, so führte der Staat doch die Aufsicht über sie und nahm auf die Lehrpläne und Abschlüsse Einfluß. Auf drei großen Schulkonferenzen 1873, 1890 und 1900 wurden in Preußen die mit der Expansion aufkommenden Probleme verhandelt – die zukünftige Gestaltung der höheren Schulen stand ebenso auf dem Programm wie die Ausbildung der Lehrer.[19]

Im selben Zeitraum wurden Preußens Universitäten modernisiert, allen voran die erst jüngst preußisch gewordenen wie die Hochschulen in Göttingen, Kiel und Marburg. Hier floß reichlich Geld in den Bau neuer Seminar- und Hörsaalgebäude ebenso wie in die Ausstattung von Bibliotheken, Kliniken und Labors.[20] Die Personalsituation verbesserte sich allerorten, neue Stellen entstanden nicht zuletzt als Antwort auf die zunehmende Ausdifferenzierung der Wissenschaften. Seit 1890 verzeichneten die Studentenzahlen allein an den Universitäten Preußens einen bemerkenswerten Anstieg von Jahr zu Jahr mit einem Rekord von rund 40 000 Studierenden am Vorabend des Weltkriegs. Ein ähnlicher Trend läßt sich für die übrigen deutschen Staaten festhalten. Aber der mächtigste Einzelstaat im deutschen Kaiserreich, Preußen, mit den meisten Universitäten, mittleren und höheren Bildungsanstalten führte die Entwicklung an.[21]

Die öffentlichen Investitionen zahlten sich aus. So wurde die fast vollständige Alphabetisierung der Gesellschaft erreicht und damit eine weitere wichtige Grundlage für den ökonomischen Aufstieg des Kaiserreichs gelegt. In vielen Wissenschaftsdisziplinen, namentlich in den Naturwissenschaften, rangierte das Deutsche Reich zu Beginn des 20. Jahrhunderts im weltweiten Vergleich an der Spitze. Vierundzwanzig zwischen 1900 und 1920 zuerkannte Nobelpreise unterstreichen dies. Die Zahl der von deutschen Forschern in Physik, Chemie und Medizin bis zum Weltkrieg in den Universitätslaboren gemachten Entdeckungen überragte die anderer Nationen signifikant.[22] In der Politik begann man das enorme Potential, das in der Förderung von Bildung und Wissenschaften für einen vergleichsweise rohstoffarmen Staat lag, zu erkennen. Die moderne, auf Einbeziehung immer breiterer Gesellschaftsschichten zielende Bildungspolitik hat hier ihre Wurzeln, wenngleich der Weg zu einem demokratisch-egalitären Bildungsverständnis noch sehr weit war und man sich zunächst noch ganz in den vom Klassendenken vorgezeichneten Bahnen bewegte.[23] Ebenso geht die Erkenntnis, daß die Wissenschaft in Zukunft eines gezielten Managements bedürfe, auf diese Jahrzehnte zurück. Adolf von Harnacks Gedanken vom »Großbetrieb der Wissenschaft« zielten in diese Richtung und bereiteten den 1911 realisierten Plänen zum Aufbau eines außeruniversitären Forschungsverbunds, der Kaiser-Wilhelm-Gesellschaft zur Förderung der Naturwissenschaften, den Boden.[24] Nach 1945 als Max-Planck-Gesellschaft weitergeführt, steht diese Institution mit ihren zahlreichen Forschungsinstituten heute weltweit einzigartig dar. Das preußische Kultusministerium spielte zur Zeit ihrer Gründung wie bei allen sonstigen Bildung und Wissenschaft berührenden Fragen eine maßgebliche Rolle; im Haus Unter den Linden wurde von Beginn an gezielt Kultus- und Wissenschaftspolitik betrieben. Als »Ära Althoff« ist diese Zeit in die Geschichte des Ministeriums eingegangen.

Friedrich Althoff hatte es in seiner Laufbahn nicht zum preußischen Kultusminister gebracht, aber es in seinen späten Jahren oft genug verstanden, wie ein solcher zu handeln. Sein Name ist der preußischen Kultusgeschichte des Kaiserreichs fest eingeschrieben, während die seinerzeit amtierenden Minister heute vergessen sind. Der promovierte und habilitierte Verwaltungsjurist stand seit 1882 im Dienst des Hauses Unter den Linden, seit 1897 im Rang eines Ministerialdirektors und Leiters der 1. Unterrichtsabteilung.[25] Von hier aus nahm er über Jahre hinweg sehr energisch Einfluß auf das bildungs- und wissenschaftspolitische Geschehen. Zeitgenössisch wurde seine Arbeit ebenso häufig anerkannt wie kritisiert. Die einen schätzten sein Vorgehen, das wahrhaftig nicht immer zimperlich war, wenn er etwa die Besetzung eines Lehrstuhls am Willen der betreffenden Fakultät vorbei betrieb. Andere stieß gerade das vehement ab. Oft bewies Althoff aber das bessere Gespür für die Güte eines

Abb. 4 Friedrich Althoff 1907

Kandidaten, wobei er seine außerordentlichen Kenntnisse über den jeweiligen Stand einer Wissenschaftsdisziplin einem gut funktionierenden Netzwerk von Informanten verdankte. Seine Gegner nannten das ein Spitzelsystem und lagen wohl richtig damit. Schwerer als die Sorge um die Leistungsfähigkeit der Universität drückte manchen namhaften Kritiker aber der Gedanke, wie Althoffs herrisches Regiment und seine unakademischen Methoden dauerhaft auf die Mentalität der Professoren wirken würden. Servilität und persönliche Feigheit wähnten sie gezüchtet auf Kosten einer doch eigentlich angemessenen stolzen und unabhängigen Gesinnung.[26] Für Althoff sprach der Erfolg. Die meisten von ihm gegen Widerstand durchgesetzten Berufungen entpuppten sich als ein Gewinn für die Wissenschaft.

Weithin unumstritten war Althoffs Einsatz für einen zeitgemäßen Ausbau des preußischen Schulwesens sowie für die Vereinheitlichung der Bildungslandschaft im Deutschen Reich. An der Vorbereitung der erwähnten preußischen Schulkonferenzen der Jahre 1890 und 1900 war er als schultechnischer Referent beteiligt. Und auf ihn ging auch das für das höhere Schulwesen so wichtige Gesetz zurück, den Oberrealschulabschluß mit dem des Gymnasiums gleichzusetzen.[27] Damit war das jahrelange zähe Ringen um den Vorrang von humanistischer oder realer Bildung beendet. Bei all dem behielt der umtriebige Ministerialbeamte stets den Blick für den gesamtdeutschen Zusammenhang. Die Kultushoheit lag auch nach 1871 bei den Ländern, und entsprechend vielgestaltig präsentierte sich das Bildungswesen mit unterschiedlichen Schultypen, Curricula und Abschlüssen. Eine Vereinheitlichung war so wünschenswert wie schwer erreichbar. Die erste diesbezügliche Konferenz fand 1898 statt und führte zunächst die Hochschulreferenten der Länder mit Überlegungen zur gegenseitigen Anerkennung der Hochschulabschlüsse zusammen.[28] Das Ganze war eine hochsensible Angelegenheit, weil die Empfindlichkeiten um den Erhalt kultureller Eigenständigkeit in den Ländern groß waren. Wenn auch jedem Landesvertreter eine solche Vereinheitlichung unbedingt nützlich vorkommen mußte – nützlich für eine bessere Vergleichbarkeit der Abschlüsse, nützlich zugleich für den großen Prozeß eines inneren Zusammenwachsens der Länder im Reich zu einer deutschen Nation –, so fürchtete man doch in Bayern, Baden oder Sachsen um die Preisgabe eigener Identität. Nicht zuletzt die vielfach sichtbare Überlegenheit Preußens in bildungs- und wissenschaftspolitischen Fragen schürte Ängste; man wollte einfach nicht in allem borussisch dominiert werden.

In der Behandlung seiner Kollegen aus den deutschen Ländern legte Althoff freilich Fingerspitzengefühl an den Tag. Schon die Wahl des ersten Versammlungsorts bewies Sensibilität, als man nicht nach Berlin, sondern nach Eisenach einlud. Mit der Auftakttagung 1898 in einem thüringischen Kleinstaat war der Anfang gemacht für ein bald regelmäßig zusammentreffendes Gremium, und das angestrebte Ziel allmählicher Vereinheitlichung war in beharrlicher Zusammenarbeit auch nach ein paar Jahren erreicht. Die letzte Sitzung fand, lange nach Althoffs Tod, im Oktober 1933 statt; die heutige Kultusministerkonferenz der Bundesrepublik hat hier ihre Wurzeln. Es ließe sich auf weitere in der Ära Althoff entstandene und von ihm auch angestoßene Initiativen verweisen wie auf die seit 1904 jährlich abgehaltenen Hochschulrektorenkonferenzen. Zuerst nur die preußischen Universitäten betreffend, tagten die Rektoren aus den übrigen deutschen Ländern ab 1913 im Anschluß an die preußischen Zusammenkünfte. Als zu wichtig hatte man den Weg zu größerer Einheitlichkeit erkannt und zudem die Gelegenheit zu ungezwungenem kollegialen Austausch über allgemeine Fragen der Wissenschaft und Hochschulen als wertvoll schätzen gelernt. Von wenigen Unterbrechungen abgesehen, sollte die Rektorenkonferenz an jährlich wechselnden Hochschulorten durchgängig bis 1944 tagen. Das letzte Mal traf man sich an der Reichsuniversität Posen, nun schon mit dem Donner der auf dreißig Kilometer herangerückten russischen Front im Hintergrund.[29]

Als Althoff 1907 im Alter von 69 Jahren in den Ruhestand trat und im Jahr darauf verstarb, hinterließ er ein gut bestelltes Haus. Die Früchte seiner Politik waren schon sichtbar geworden wie der 1901 an Emil von Behring, einem »Ziehkind« des Ministerialdirektors, vergebene Nobelpreis für Medizin. Mit am strahlendsten in der Nachwirkung dürfte die 1911 errichtete Kaiser-Wilhelm-Gesellschaft gewesen sein, an deren Gründung Althoff noch gemeinsam mit Harnack maßgeblich gearbeitet hatte. Althoffs Nachfolger im Amt, Otto Naumann, blieb im Vergleich zu ihm konturlos, doch stand mit Friedrich Schmidt-Ott ein Mann zur Verfügung, der für Kontinuität in der Arbeit sorgte, noch von Althoff selbst als Referent seiner Abteilung eingearbeitet und ihm darüber hinaus auch freundschaftlich verbunden.[30] Schmidt-Ott entwickelte zwar nicht im selben Maß das Talent zur persönlichen Durchsetzung und Menschenführung, hielt aber die preußische Bildungs- und Wissenschaftspolitik noch geraume Zeit auf Höhe. Seinen Mitstreitern inner- und außerhalb des Ministeriums dürfte Friedrich Althoff sehr gefehlt haben, während seine vielen Kritiker aufatmeten. Aus heutiger Perspektive freilich nimmt sich diese Ära als eine glückliche Ausnahmezeit aus, in der Vision und Tatkraft eines Einzelnen mit den Möglichkeiten der Zeit erfolgreich zusammentraf. Auf Dauer zu stellen war das nicht, weil sich derartige Konstellationen nun einmal nicht künstlich hervorbringen lassen.

Bekanntlich hat der Nationalsozialismus später nur selten gezielt Anschluß an kaiserzeitliche Traditionen gesucht, aber im Falle Althoffs wurde eine Ausnahme gemacht. Zum 100. Geburtstag des Ministerialdirektors am 19. Februar 1939 versammelten sich die Beamten im Haus Unter den Linden zum Gedenken an ihn. »Besitz stirbt, Sippen sterben, / Du selbst stirbst wie sie. / Eins weiß ich, das ewig lebt, / Des Toten Tatenruhm!« Staatssekretär Werner Zschintzsch rühmte mit Worten aus der Edda die Verdienste Althoffs und stellte ihn der Belegschaft als in jeder Hinsicht vorbildlichen Bildungs- und Wissenschaftspolitiker vor Augen. Selbst die seinerzeit an ihm geübte Kritik der rücksichtslosen Durchsetzung von Beschlüssen unterschlug er nicht. Althoff habe Preußen und das Reich auf diesem Sektor groß gemacht, und es schien Bedauern in Zschintzschs Ansprache darüber mitzuschwingen, daß zeitgenössisch offenbar niemand im Hause an die Güte dieses Mannes heranreichen wollte. Vor allem aber lobte er die Selbstlosigkeit, mit der sich Althoff den ihm gestellten Aufgaben hingegeben habe, als wirklichem Diener des Staates sei ihm die Förderung des allgemeinen Wohls ein Hauptanliegen gewesen.[31] Der Nationalsozialist Zschintzsch pries den pflichtbewußten preußischen Beamten, weniger den rücksichtslosen durchsetzungsfähigen »Macher« in der Person Althoffs. Das ist eine interessante Gewichtung, wirft es doch ein bezeichnendes Licht auf das Selbstverständnis eines der führenden Beamten im Reichskultusministerium der späten dreißiger Jahre.

Der Krieg 1914 markierte einen tiefen Einschnitt in der Bildungs- und Wissenschaftspolitik Preußens wie der übrigen deutschen Staaten. An den Universitäten und in den Labors fehlten bald Studenten und Lehrkräfte, während der Alltag in den Schulen von Notabitur und Vaterländischem Hilfsdienst bestimmt wurde. Alle verfügbaren Ressourcen sahen sich fortan nur noch dem einen Ziel unterworfen, diesen Weltkrieg zu gewinnen. Es war ein Krieg der Geister, nicht nur der vielzitierten nationalistischen deutschen Professoren in den Geisteswissenschaften, der Philosophen, Theologen und Historiker, sondern ebenso ein Krieg der Forscher, Erfinder und Tüftler in den Natur- und Technikwissenschaften. Unter verschärfter Kräftekonzentration ging man in den Instituten der Kaiser-Wilhelm-Gesellschaft die Erforschung von Ersatzrohstoffen an und erzielte rasch beachtliche Resultate. In diese Zeit fiel die Erfindung spezieller Verfahren zur Gewinnung von synthetischen Treib- und Kunststoffen, aber auch die Entwicklung von fronttauglichen Kampfgasen für den Einsatz im Westen. Unter den Sonderbedingungen des Krieges begannen staatliche und industrielle Forschung effizienter miteinander zu kooperieren, als dies in den Jahrzehnten zuvor noch der Fall gewesen war.[32]

Hochschulpolitisch pflegte das preußische Kultusministerium während des Krieges neben der gezielten Förderung von Naturwissenschaften und Technik den Ausbau der staats- und auslandspolitischen Studien in den Geisteswissenschaften, um, wie man annahm, den künftigen weltumspannenden Aufgaben des Deutschen Reichs gerecht zu werden. Für dieses Programm trat besonders nachdrücklich Carl Heinrich Becker ein, der Orientalist und spätere preußische Kultusminister der Weimarer Zeit. Das Kultusministerium stellte sich ganz in den Dienst der »großen vaterländischen Aufgabe« und gab den militärischen Notwendigkeiten, was etwa die Kriegsdienstverwendung von Schülern und Studenten betraf, weitestgehend nach. Als es 1917 zur letzten umfassenden Kabinettsumbildung im Königreich Preußen kam, wurde Friedrich Schmidt-Ott zum Kultusminister ernannt. Die verbleibenden Monate bis zum Zusammenbruch des Kaiserreichs waren jedoch zu kurz, um eigene markante Impulse zu setzen. Den Erfordernissen der neuen Zeit wollte sich der monarchisch gesinnte Schmidt-Ott im November 1918 nicht beugen und trat von seinem Amt zurück. Neben seinen späteren großen Verdiensten als Präsident der Notgemeinschaft der Deutschen Wissenschaft konnte er am Ende eines langen Lebens auf der Habenseite seiner Berufsbilanz noch eines verbuchen, nämlich während des Krieges den damaligen preußischen Kultusminister Carl Heinrich Becker als Mitarbeiter empfohlen zu haben.

Der Sohn aus einer wohlhabenden Kaufmannsfamilie, 1876 in Amsterdam geboren, aber im südwestdeutschen Raum aufgewachsen und seit

1913 ordentlicher Professor für Orientalistik an der Universität Bonn, war im Juni 1916 als Personalreferent für die Universitäten in das Ministerium berufen worden.[33] Beckers Bestellung dürfte seinen genuinen hochschul- und wissenschaftspolitischen Interessen geschuldet gewesen sein, über die er vielfach publiziert und die er mit der Institutionalisierung der Islamwissenschaften am Kolonialwissenschaftlichen Institut in Hamburg, später mit der Gründung des orientalischen Seminars an der Universität Bonn auch schon in der Praxis bewiesen hatte. Der Orientalist besaß Visionen und verstand es, sie auszudrücken und umzusetzen. Als ein »Althoff« sah er sich indessen nicht.[34] Am propagandistischen »Krieg der Geister« war er beteiligt durch seine Unterschriften unter die »Erklärung der Hochschullehrer des Deutschen Reiches« 1914 und unter die »Intellektuelleneingabe« an die Reichsleitung 1915. »Es ist das Herrliche in dieser Zeit, daß das Gefühl der Volkszusammengehörigkeit stärker ist als das individuelle Interesse und daß in mancher Hinsicht die Zeit des alten Israel zurückgekehrt scheint«, schrieb er in einem Brief an seinen Freund Hellmut Ritter.[35] Becker war wie viele Intellektuelle seiner Zeit vom Erlebnis der »Volksgemeinschaft« enthusiasmiert, was sein Denken in den folgenden Jahren nachdrücklich beeinflussen sollte.

Kapitulation und Novemberrevolution 1918 trafen die Beamten des Ministeriums Unter den Linden so unvorbereitet wie diejenigen der anderen zivilen preußischen Ressorts. Nach dem Abgang Schmidt-Otts verfügte der Arbeiter- und Soldatenrat Berlin im November 1918 die Einsetzung von gleich zwei Ministern an die Spitze des Ministeriums: Adolf Hoffmann (USPD) und Konrad Haenisch (SPD). Diese Lösung war dem besonderen Interesse der politischen Linken an einer möglichst rasch einzuleitenden Demokratisierung und Egalisierung des gesamten Bildungswesens geschuldet, in dem man bis dahin in erster Linie ein Instrument der gesellschaftlichen Unterdrückung, ja, der monarchischen Herrschaftssicherung gesehen hatte. Nun galt es, die kaiserzeitliche »Untertanengesinnung« durch eine demokratische Staatsbürgerschaft zu ersetzen und am besten schon die Schüler mit Demokratie und Republikanismus vertraut zu machen. Während aber Haenisch auf eine allmähliche Transformation des Systems setzte, konnte es Hoffmann nicht schnell genug gehen. Er begann einen radikalen Kampf vor allem gegen die geistliche Schulaufsicht an den Volksschulen und setzte sich nachdrücklich für die Entkonfessionalisierung des Schulwesens ein. Solchen umstürzenden Vorhaben standen nicht nur Katholiken, sondern kaum weniger vehement Protestanten entgegen, so daß aus den ehrgeizigen Plänen der flächendeckenden Einrichtung von Simultanschulen nichts wurde. Unter anderem deswegen währte die Doppelregierung in der preußischen Kultuspolitik am Ende nur kurz. Schon nach wenigen Wochen warf Hoffmann das Handtuch. Später wies er die Schuld am Scheitern seiner Pläne den Beamten seines Ministeriums zu, die sich mit zäher Beharrlichkeit und sturem Bürokratismus ihrer Verwirklichung widersetzt hätten.[36] Daran mag etwas Wahres sein; in dieser Zeit vollzog sich ein struktureller und personeller Umbau im Hause unter der Leitung des im April 1919 neu in das Amt eines Unterstaatssekretärs berufenen, parteilosen und politisch gemäßigten Becker.

Der einstige Personalreferent war infolge der Revolutionsereignisse im Haus zum Unterstaatssekretär aufgestiegen. Der Ministerposten war dagegen weit mehr als zu Kaisers Zeiten ein politisches Amt geworden, das einen vor allem nach außen umsichtig agierenden Mann erforderte und das fortan im oft schwierigen Prozeß der Koalitionsbildung als Verhandlungsmasse diente. Schon nach kurzer Zeit verfügte Unterstaatssekretär Becker über einen tieferen Einblick in die innere Funktionsweise des Ressorts als der Minister und hatte sich nahezu unverzichtbar gemacht. Unter seiner Regie erfolgten weitreichende organisatorische Umstellungen wie eine Vereinfachung des inneren Geschäftsganges, eine Neuordnung der einzelnen Geschäftsbereiche sowie eine stärker fachlichen Gesichtspunkten folgende Gliederung der Abteilungen. Das Ministerium bestand fortan aus neun Abteilungen mit rund 250 Bediensteten. 1924 kam noch eine zehnte Abteilung für Körperliche Erziehung hinzu. Mit dem Umbau verband sich ein Personalwechsel, wenn auch kein radikal durchgreifender, wie Adolf Hoffmann ihn sich gewünscht hatte. Aus politischen Gründen wurden 1919 vier Abteilungsdirektoren und fünf Vortragende Räte entlassen, im Herbst 1920 folgte die Entfernung von zwei weiteren Referenten.[37] Die im Kultusministerium frei gewordenen höheren Positionen wurden vielfach mit Männern aus dem eigenen Haus besetzt.

Unter den gewandelten Bedingungen begann der Parteiproporz eine Rolle zu spielen, den Becker bei seinen Personalvorschlägen gegenüber dem Minister berücksichtigen mußte. Selbst die Einstellung eines Parteilosen war nun eingehend zu begründen, und an der unbedingt republikfreundlichen Haltung eines Kandidaten durfte kein Zweifel bestehen. Zu einer nennenswerten Stellenvermehrung in den oberen Rängen kam es nach der Revolution nicht. Lediglich die Zahl der Referenten stieg signifikant von neun im Jahre 1918 auf 23 im Jahre 1920, und in diese Positionen wurden auf Initiative Beckers zumeist hoch engagierte Kräfte von außerhalb berufen. Die neuen Referenten kamen nicht mehr wie vor 1918 in erster Linie aus dem Verwaltungs- und Justizdienst, sondern hatten sich für ihre speziellen Aufgabengebiete in der Praxis qualifiziert. Zu ihnen zählte etwa der Germanist Werner Richter in der Hochschulabteilung oder der Pianist Leo Kestenberg für Musikfragen in der Kunstabteilung. Die Reformpädagogen Werner Picht und Robert von Erdberg, die schon im Kaiserreich die Diskussion der Bildungsfrage mitbestimmt hatten, wurden zu Leitern der neu gegründeten Abteilung für das Volkshochschulwesen ernannt.

Insgesamt jedoch, so urteilt Guido Müller in seiner profunden Biographie über Carl Heinrich Becker, sei die »personelle Kontinuität im Führungsapparat des Ministeriums« nach der Revolution markant gewesen. Das Personal in den höheren Beamtenpositionen wurde zwar jünger, aber es stammte aus dem eigenen Haus und war somit mental und habituell noch monarchisch sozialisiert. Immerhin erschienen die inneren Strukturen durch den internen Aufstieg in Ministerialrats- oder Direktorenposten eine zeitlang beweglicher. Darüber hinaus sei für die Beckersche Personalpolitik die Ernennung meist recht junger, von außen eintretender Referenten charakteristisch gewesen, wobei das politische Spektrum der Gesinnungen weit gespannt war, vom Sozialismus bis zum Jungkonservatismus reichte, sich aber stets im Konsens mit der Republik bewegte. Die neuen Kräfte zeigten sich modernen pädagogischen und bildungspolitischen Konzepten gegenüber aufgeschlossen und agierten insgesamt reformfreudig, was allein schon frischen Wind in das Haus Unter den Linden brachte. Viele der Namen haben sich in die Geschichte ihrer Disziplinen oder in die der modernen Kultuspolitik eingeschrieben wie diejenigen Werner Pichts oder Adolf Reichweins. Freilich sollte kaum einer von ihnen bis zum Ende der Ministerschaft Beckers 1930 bleiben oder gar die Machtübernahme der Nationalsozialisten im Amt erleben. Die meisten kehrten weit früher der Kultuspolitik mehr oder weniger resigniert den Rücken.

Abb. 5 Carl Heinrich Becker, um 1925

So feste Vorstellungen wie in Personalfragen besaß Becker auch in bildungspolitischer Hinsicht. An den einschlägigen Beratungen zur preußischen wie zur Reichsverfassung war er mit seinem Minister beteiligt. Hier machte er sich für eine Besinnung auf die kulturelle Tradition der deutschen Nation stark, weil, wie er annahm, die junge Republik außenpolitisch und wirtschaftlich zunächst keine große Rolle spielen würde. Umso stärker müsse sich das Deutsche Reich nun kulturpolitischen Aufgaben zuwenden und auf diesem Sektor »Stoßkraft« entfalten.[38] Plänen, die politische Übermacht Preußens durch einen Neuzuschnitt der Staaten zu beseitigen, stand er skeptisch gegenüber, weil allein die preußische Kultuspolitik der vergangenen Jahrzehnte auf eine innere nationale Einigung der Deutschen hingewirkt habe, während die übrigen Länder doch stärker ihre überkommenen kleinstaatlich-partikularistischen Bildungsideale gepflegt hätten. Nach der künftigen Gestalt des Bildungssystems gefragt, ob föderal oder zentral organisiert, standen ihm mit Blick auf die Zukunft des Deutschtums zwei konkrete Möglichkeiten vor Augen, die er im Januar 1919 in einem Brief an den Kieler Ökonomen Bernhard Harms folgendermaßen entfaltete: »[E]ntweder wir erhalten Preußen, schaffen ein preuß[isches] Kultusministerium, das gleichzeitig Reichsamt ist, und verankern damit das Reich kulturell in dem einzigen Staat, in dem verschiedene deutsche Bruderstämme verwaltungstechnisch vereint sind, oder aber wir zerschlagen Preußen und nehmen dann aber sämtlichen Bundesstaaten die kulturelle Souveränität und geben sie dem Reich, das nur, wenn es auch Macht bekommt, wirklich zum Träger deutscher Kultur werden kann. Dann müßte z. B. die Personalbesetzung der Universitäten auf die Reichsbehörde übergehen.«[39] Bekanntlich ist die Nationalversammlung Becker resp. Kultusminister Haenisch darin nicht gefolgt. Zwar blieben Preußen und ein preußisches Kultusministerium bestehen, aber zu einer Doppelfunktion als preußisches und Reichsministerium mit weitreichenden Befugnissen in die Kulturhoheit der Länder hinein kam es nicht. Was den verfassungsmäßigen Zuschnitt des Bildungssystems im Deutschen Reich anlangte, so brachte die Revolution also keine Veränderung des vorherigen Zustands.[40] Daß ausgerechnet die Nationalsozialisten dann immerhin Teile solcher Pläne realisierten, wird noch eingehend zu erörtern sein.

Von April bis November 1921 und von Februar 1925 bis Ende Januar 1930 war Carl Heinrich Becker als preußischer Kultusminister der Herr im Hause Unter den Linden. Dazwischen wirkte er unter der Ministerschaft von Otto Boelitz (DVP) und von Otto Braun (SPD) als Staatssekretär. Während seiner ersten Amtszeit und auch während seiner Tätigkeit als Staatssekretär wandte er sich mit großem Elan der Erneuerung der Hochschulen zu, durch seine Riege reformfreudiger Referenten gut beraten. »Mein Hauptprogramm ist die absolute Gleichstellung von Ordinarien und Extraordinarien in den akademischen Körperschaften. Ich möchte auch die Gehälter grundsätzlich gleich machen, doch ist das natürlich ein schwieriger Punkt; vorerst kommt es auf die moralische Gleichstellung an«, vertraute Becker dem erwähnten Kollegen Harms an.[41] Sah es zu Anfang so aus, als würden seine ehrgeizigen universitätspolitischen Pläne »Gedanken zur Hochschulreform« vom Sommer 1919 auf Zustimmung stoßen, so stellte sich nach wenigen Monaten schon das Gegenteil heraus. Seine Vorstellungen von einer modernen Universitätsverfassung provozierten den energischen Widerstand der Hochschulen. Dabei äußerte sich ihr Widerstreben selten in offener Opposition. Scheinbar erneuerungswillig, nahmen die Hochschulen und der Hochschulverband als Standesvertretung der Professoren die Entwürfe Beckers entgegen, um sie dann in schier endlosen Debatten zu zerreden.

Kaum mehr Glück hatte Becker bei Fragen, welche die Belange der

Studentenschaft betrafen. Hier war ihm an einer verantwortlichen Einbindung der Studenten in das Hochschulleben durch eine rechtliche Fixierung ihrer Stellung als anerkannte Glieder der Universitätsverfassung gelegen. Eine entsprechende Verordnung erfolgte im September 1920, wonach den preußischen Studentenvertretungen die Selbstverwaltung ihrer Belange zugestanden und ihnen außerdem zur Bestreitung ihrer sozialfürsorglichen Aufgaben das Recht zur Beitragserhebung zuerkannt wurden. Eine unüberwindliche Kluft sollte sich dann freilich über die Frage der Zugehörigkeit zur Deutschen Studentenschaft auftun. Während sich das preußische Studentenrecht auf den Staatsbürgergrundsatz gründete und damit alle Reichsdeutschen unabhängig von Herkommen und Konfession umfaßte, wollten die organisierten Studenten die Abstammung zum verbindlichen Kriterium machen. Beckers über Jahre gepflegte Bemühungen um ein Einlenken mißlangen vollständig. Schließlich mußte er 1927 eine entsprechende Verordnung erlassen, die jedoch von der preußischen Studentenschaft mit großer Mehrheit abgelehnt wurde. Damit waren die idealen Vorstellungen des Ministers von einer unpolitischen, allein den universitären Belangen lebenden Studentenschaft an den politischen Realitäten der Weimarer Republik gescheitert.[42]

Die Ablehnung seines Hochschulprogramms wie die Konflikte mit der Studentenschaft ließen Beckers ursprünglichen Reformeifer sehr bald erlahmen. Enttäuscht wandte er sich schon nach seiner kurzen ersten Ministerzeit 1921 von den Universitäten ab und richtete sein Interesse fortan verstärkt auf den Kultusbereich, auf das Schulwesen und die Lehrerbildung in Preußen.[43] Hier faßte er das Ziel, die Ausbildung der Lehrer, insbesondere der Volksschullehrer auf eine neue Grundlage zu stellen. Noch während der Revolution waren die bisherigen Ausbildungsstätten, die Lehrerseminare, geschlossen worden – einmal, weil es ohnehin einen Überschuß von ausgebildeten Lehrern abzubauen galt, zum anderen, weil die Ausbildungsbedingungen schlicht nicht mehr zeitgemäß erschienen. Dem Wunsch des Lehrerverbands freilich, daß auch den Volksschullehrern künftig eine universitäre Ausbildung zuteil würde, gab Becker nicht nach. Im Gegenteil hielt er die Universitäten zur Ausbildung gerade der Elementarschullehrer für ungeeignet, da sie grundsätzlich andere Ziele verfolgen würden. Orientiert an den pädagogischen Überlegungen Eduard Sprangers über die »Bildnerhochschulen« favorisierte Becker statt dessen die Idee der Pädagogischen Hochschulen. In vier Halbjahren, das

Abitur vorausgesetzt, sollten die Volksschullehrer neben den Elementarfächern fortan in ausreichender Weise mit pädagogischem und psychologischem Rüstzeug auf ihren Beruf vorbereitet werden. Nach ausgiebigen Erörterungen mit den führenden Pädagogen der Zeit entstanden die ersten neu gegründeten Akademien, zwei evangelisch und eine katholisch geleitet, Ostern 1926 in Bonn, Elbing und Kiel. Bis 1930 folgte die Eröffnung von insgesamt 11 weiteren Einrichtungen. Indem der Volksschullehrerberuf damit eine entscheidende Aufwertung erfuhr, wuchs auch der Zuspruch der Studierenden, zumal sich die Situation auf dem akademischen Arbeitsmarkt in den Weimarer Jahren ansonsten ungünstig entwickelte. Abgesehen von der Pädagogischen Akademie in Bonn standen die übrigen Männern und Frauen gleichermaßen offen.

Becker setzte hohe Erwartungen in die neuen Lehrerbildungsstätten und hielt es im Nachhinein sogar für einen Fehler, zu Beginn seiner Tätigkeit noch »alles Heil von den Universitäten erwartet« zu haben. Weit wichtiger, meinte er in einer rückblickenden Rede 1928, sei doch die Arbeit an der Basis, um »die Führungsschicht zu republikanisieren«. Mit den Lehrerakademien, so der Minister weiter, werde es gelingen, »die grosse Masse mit einem neuen Geist zu erfüllen.«[44] Von der Notwendigkeit neuer Geistigkeit in der deutschen Gesellschaft war er überzeugt. Daher rührte auch sein Interesse an alternativen Kulturströmungen wie etwa der Bündischen Jugend, und er zeigte sich auch sonst neuartigen Denkrichtungen in der Wissenschaft und avantgardistischen Ausdrucksformen in Kunst, Musik und Literatur gegenüber aufgeschlossen.

In seinen letzten Lebensjahren scheint Becker dann mehr und mehr ein intellektuell Suchender geworden zu sein. Vielfach unzufrieden mit den geistigen Erscheinungen seiner Zeit setzte er alle Hoffnung in die Gewinnung eines »neuen deutschen Menschen« im Geiste eines »neuen Humanismus«. Seine diesbezüglichen, auch öffentlich vorgetragenen Gedanken spiegeln die große innere Beteiligung, mit der er sich solchen Vorstellungen hingab, und zeigen darüber hinaus, wie eng beieinander humanistische, völkische und universale Ideale im Denken der damaligen Zeit lagen. Der »neue Deutsche Mensch« würde nach seiner Vorstellung »völlig unpolitisch, aber ein Gemeinschaftsmensch [sein], in dem nicht nur die Jugendbewegung weiterlebt, sondern auch das Kriegserlebnis, in dem die Sehnsucht nach neuer geistiger und seelischer Bindung lebendig ist, in dem eine starke Religiosität pulsiert, der junge Mensch sozialer

Gesinnung. Der Mensch, der [...] mit neuem Körpergefühl Sport und Leibesübungen auch zu einem gewissen Gefühl der Heiligkeit seines Körpers und mit dem Ziele der charakterlichen Stählung und Bildung treibt, [...] der deutsch ist und deutsch und deutsch bis auf die Knochen, und dem doch der Blick für die Menschheit offen ist. (Starker Beifall).« Ähnlichkeiten mit Ideen, wie sie im George-Kreis seinerzeit gepflegt wurden, sind mit Händen zu greifen. Daß sich Becker davon angezogen fühlte, scheint auch gut belegt zu sein.[45] Über die Kompatibilität seines Menschenbildes mit der gegebenen Realität äußerte er sich indessen nicht. Nur zu vermuten steht, daß nach seiner Meinung die Gesellschaft des Weimarer Staates den Boden dafür auf absehbare Zeit nicht bot.

Fünf Jahre lang führte Carl Heinrich Becker das Regiment im Haus Unter den Linden und war damit der am längsten kontinuierlich amtierende preußische Minister der Weimarer Republik. Dazu kommen die Jahre in der kaum weniger maßgeblichen Position als Unterstaatssekretär resp. Staatssekretär. Seine Verdienste stießen zeitgenössisch zwar kaum auf die ihnen eigentlich gebührende Achtung. Umso mehr fanden seine Ideen, seine zeitweilige Tatkraft, auch seine Lust am bildungspolitischen Experiment im Nachhinein Anerkennung und Aufmerksamkeit. Fest steht, daß er der preußischen Kuluspolitik vor dem Hintergrund vollständig veränderter Bedingungen neue Wege und Ziele zu weisen wußte. Daß ihm die betroffenen Zeitgenossen keineswegs in allem folgten, ja seine Überlegungen vielfach torpedierten und noch öfter scheitern ließen, zeugt mehr von der Tiefe der Gegensätze als von der Unfähigkeit des Ministers. Reformen setzen nun einmal den gemeinsamen Willen und die Fähigkeiten aller beteiligten Kräfte voraus, und daran mangelte es in den Weimarer Jahren beträchtlich.

Im Januar 1930 war es mit der Ministerschaft Beckers vorbei. Schon länger hatte sich Unmut über seine Amtsführung geregt, besonders in den Reihen der Sozialdemokratie. Hier wurde die Reformtätigkeit des parteilosen Kultusministers, aber auch seine Personalpolitik auf dem Schulsektor als allzu zögerlich empfunden. Ein starker Beweggrund dürfte außerdem gewesen sein, daß die Sozialdemokraten nach etlichen Jahren nun wieder selbst das bildungspolitische Heft in die Hand bekommen und einen eigenen Mann an der Spitze des Kultusministeriums sehen wollten. Nachdem man sich mit dem Zentrum auf die Ablösung Beckers verständigt hatte, wurde der frühere Referent im Hause Unter den Linden, der

Sozialdemokrat Adolf Grimme, zum Minister bestellt. Von Becker selbst empfohlen, war der amtierende Vizepräsident des Provinzialschulkollegiums in Brandenburg mit vortrefflichen Kenntnissen in sämtlichen Kultusangelegenheiten gewiß keine schlechte Wahl. Der scheidende Minister kehrte in seinen alten Beruf als Professor der Orientalistik an die Berliner Universität zurück. In den folgenden Jahren reiste er wiederholt ins Ausland, so mehrfach nach China, wohin ihn offizielle Aufträge des Völkerbundes führten. Bei alldem vertrat er stets auch die kulturpolitischen Interessen des Deutschen Reichs. Am 10. Februar 1933 starb er an den Folgen einer Grippeinfektion. In den zeitgenössischen Nachrufen war von ihm als dem wohl »bedeutendsten Kultusminister Preußens nach Wilhelm von Humboldt« die Rede.[46] Heute würde das Urteil vielleicht weniger hochgegriffen ausfallen, wenn auch an seiner großen Bedeutung für die Kultusgeschichte der Weimarer Zeit kein Zweifel besteht.

Der neue Minister Grimme amtierte bildungs- und wissenschaftspolitisch glücklos. Gerade einmal anderthalb Jahre währte seine Amtszeit, die zudem von den wirtschaftlichen und politischen Verwerfungen der späten Weimarer Jahre überschattet war. Nach dem sogenannten Preußenschlag im Juli 1932 übernahmen zunächst Aloys Lammers (Zentrum), ab November schließlich Wilhelm Kaehler (DNVP) als sogenannte Reichskommissare das Ressort. Inzwischen hatte das ganze Ausmaß der Wirtschaftskrise den preußischen Staat erfaßt und zwang zu drastischen Einsparungen. Kein Haushaltsposten blieb hiervon verschont. Von den zwischen 1926 und 1932 gegründeten 15 Pädagogischen Hochschulen wurden neun geschlossen, die Lehrkörper der übrigen Anstalten umgebildet und die Gehälter der Professoren gekürzt. Neue Studenten wurden nicht mehr aufgenommen.[47] Die eigentlich dringliche Einstellung von Lehrern an höheren Schulen kam wegen des staatlichen Einstellungsstops zum Erliegen, so daß die Referendare nach Abschluß ihres zweiten Examens stellenlos blieben. Ebenso erfuhren die Hochschuletats empfindliche Kürzungen, nicht anders als die staatlichen Zuwendungen an außeruniversitäre Forschungseinrichtungen. Die Folge war, daß die Nachwuchsförderung an Universitäten und Hochschulen beinahe zum Erliegen kam. Da auch Wirtschaft und Industrie keine Akademiker mehr einstellten, standen Hochschulabsolventen gleich welcher Fachrichtung ohne Berufsperspektiven auf der Straße und bildeten das vielbeschworene akademische Proletariat. Dennoch hielt der Zustrom zu den Universitäten und Technischen Hochschulen an, so daß einzelne Berufsverbände meinten, »Aufruf[e] gegen die Ueberfüllung der Hochschulen« veröffentlichen zu müssen.[48] Die drastischen Kürzungen im Kultusbereich, die Schließung der Pädagogischen Hochschulen wie das Einstellungsverbot für Lehrer provozierten massiven Protest in der Öffentlichkeit. Das Bürgertum geriet in Aufruhr. Die Vossische und die Kölnische Zeitung berichteten darüber in ausführlichen Artikeln, und schließlich rief der Lehrerverband im November 1932 zu einer Großkundgebung in Berlin auf, der tausende Menschen folgten. Man sah die Hochschulausbildung der Volksschullehrer, eine Errungenschaft der Republik, in Gefahr und prophezeite spätestens für 1935 einen spürbaren Lehrermangel. Das war nicht nur ein Protest der direkt Betroffenen, sondern viele Eltern fürchteten ernsthaft um die Zukunft ihrer Kinder.[49]

Zuletzt blieb auch das Ministerium selbst von den Notverordnungen der Regierung Brüning nicht verschont. Abgesehen von empfindlichen Kürzungen der Beamten- und Angestelltengehälter fand im Spätsommer 1932 eine tiefgreifende interne Umgestaltung des Kultusministeriums statt, nach deren Abschluß von ehemals zehn Abteilungen vier übrigblieben.[50] Zuständigkeiten wurden zusammengelegt, die Arbeitsgebiete der Referenten und Sachbearbeiter erweitert, so daß sich das Ministerium fortan nur noch in Zentralabteilung, die Geistliche Abteilung, die Abteilung für Wissenschaft und Kunst sowie die Abteilung für Unterricht und Erziehung gliederte. Auf diese Weise wurden insgesamt 27 Stellen eingespart. Die überzähligen Mitarbeiter versetzte man, soweit es sich um jüngere Beamte handelte, vorübergehend in den Ruhestand, mit der vagen Aussicht auf Wiederverwendung beim Anbruch besserer Zeiten.[51] Proteste der Beamten gegen diese Maßnahmen haben sich in den Akten des Hauses nicht niedergeschlagen. In der Öffentlichkeit hingegen blieb die Reduzierung des Preußischen Kultusministeriums nicht unbemerkt. Der »Reichsverband Deutscher Tonkünstler und Musiklehrer« wandte sich im Verein mit weiteren Künstlerverbänden in Zeitungsartikeln und Briefen an das Ministerium gegen die Umgestaltung, nachdem das Gerücht aufgekommen war, die Kunstabteilung im Ministerium stünde vor der Auflösung. Die Verbände fürchteten Nachteile für den öffentlichen Kunst- und Museumsbereich wie generell für die Volksbildung im Lande, wovor sie nun warnend ihre Stimmen erhoben.[52]

Die Proteste gegen den Umbau des Preußischen Kultusministeriums wie generell gegen die Sparpolitik im Kultusbereich erreichten eine Intensität, daß man sich Unter den Linden zu einer Stellungnahme herausgefordert fühlte. Diese Aufgabe übernahm Ministerialrat Wolfgang von Staa in Form eines Artikels in der Berliner Börsenzeitung. »Jede Verwaltungsreform kann nur dann ganz verstanden werden, wenn man sie als vorläufigen Endzustand einer historischen Entwicklung ansieht«, begann er und verwies auf die bescheidenen Anfänge des Ministeriums mit lediglich drei Abteilungen im Jahre 1817, aus denen bis 1910 sieben und nach dem Krieg »entsprechend der allerorten zu beobachtenden Entwicklung bis zur Aufblähung« zehn Abteilungen geworden waren. Die gegenwärtige Verwaltungsreform stellte er als ein »Besinnen auf die Anfänge« dar; Maßgabe sei ein Um-, kein Abbau gewesen, so daß auch von einer Auflösung der Kunstabteilung keine Rede sein könne. Im Fortgang pries von Staa die neu gewonnene »Übersichtlichkeit«, verwies auf den Fortfall etlicher Leitungspositionen sowie die damit verbundenen Einsparungen für die Staatskasse und sagte eine künftig leichtere »Führung« des Ministeriums voraus, denn: »je weniger [Mitarbeiter], desto klareres Arbeiten«. Im weiteren Verlauf des Artikels wurde freilich deutlich, daß es sich tatsächlich um mehr als lediglich um eine Stellenreduzierung im Ministerium handelte. Die preußische Verwaltungsreform des Jahres 1932 führte auf den gesamten Ministerialapparat gesehen zu einer Neuverteilung der Zuständigkeiten unter den Ressorts. Mit der Auflösung des Volkswohlfahrtsministeriums wurden dem Kultusministerium die Jugendpflege und die Leibesübungen übertragen; vom Landwirtschaftsministerium gingen die landwirtschaftlichen und tierärztlichen Hochschulen, Bauernhochschulen, höheren landwirtschaftlichen Schulen, ländlichen Fortbildungsschulen sowie der Wetterdienst über; vom Handelsministerium erhielt man die Zuständigkeit für die Handelshochschulen und die sonstigen gewerblichen Schulen, Kunstgewerbeschulen, gewerblichen Fachschulen sowie kaufmännische und gewerbliche Berufsschulen; schließlich trat das Innenministerium die Aufsicht über Lichtspielhäuser an das Kultusministerium ab. Unter dem Strich handelte es sich um die Konzentration des gesamten Schulwesens in einem Ressort. Das lag sicherlich im Interesse einer einheitlichen Verwaltung und dürfte auch zunächst zu Einsparungen geführt haben. Lediglich die Forstlichen Hochschulen und die Bergakademien verblieben noch in den alten Zuständigkeiten.[53]

Die Neustrukturierung des Kultusministeriums bedeute nicht notwendig eine Änderung der Kultur-, der Schul- und Kunstpolitik, hob von Staa abschließend hervor, um dann aber doch einzugestehen, daß eine sinnvolle Reform im Kultusbereich stets des klar erkannten bildungspolitischen Ziels bedürfe. So sei die Bezeichnung der Schulabteilung als Abteilung für Unterricht und Erziehung nicht grundlos erfolgt, denn fortan wolle man dem Erziehungsgedanken stärker Rechnung tragen. Der Konzentration des Schulwesens sollte eine einheitliche Erlaß- und Verordnungspolitik mit Geltung für alle Schulgattungen korrespondieren. Schließlich sollte die Verkleinerung des Amtes dazu dienen, den untergeordneten Instanzen mehr Mitbestimmung einzuräumen. Aus Berlin würden künftig nur noch die großen Linien vorgegeben werden, die in den Behörden der einzelnen Provinzen sodann mit größerer Eigenverantwortlichkeit umzusetzen wären. »Der tägliche Kleinbetrieb der Verwaltung muß viel stärker aus der Schreibtischatmosphäre der Großstadtbehörde in die frische Luft der Städte und Dörfer im Lande zurückverlegt werden«, schloß von Staa seinen insgesamt optimistisch gestimmten Bericht zur Beruhigung der aufgeregten Öffentlichkeit.

Die Verwaltungsreform des Jahres 1932 erfolgte sicherlich in erster Linie aus finanziellen Erwägungen heraus. Die wirtschaftliche Not der Zeit zwang den preußischen Staat zu tiefgreifenden Einsparungen, und er unternahm sie dort, wo es ihm möglich war. Dahinter stand aber auch ein politischer Wille, gerade in diesem Ressort den Rotstift anzusetzen. Die Belange des Kultusbereichs, ein von der Republik stets besonders pfleglich behandeltes Ressort, verloren unter den neuen Vorzeichen staatlich autoritärer Politik an Gewicht. Es ging nicht um Stellenkürzungen allein, sondern mit der Konzentration von Zuständigkeiten wurden zugleich inhaltlich neue Akzente gesetzt. Ob die Lehr- und Prüfungspläne für das Berufs- und Fachschulwesen punktuell verschieden in den Fachministerien oder künftig für alle Gattungen einheitlich im Kultusministerium ausgearbeitet wurden, spielt für die Normierung von Bildungswegen und Abschlüssen eine große Rolle. Sie gestaltete sich in einer Hand zusammengefaßt effektiver und ließ sich im Land zielgerichteter umsetzen. Und natürlich machte es einen Unterschied, ob die Kunstabteilung einen eigenständigen Bereich mit entsprechendem Gewicht im Ministerium bildete oder als untergeordnetes Interessengebiet lediglich mitverwaltet wurde. Unwillkürlich wurde der bis dahin weit gesteckte Rahmen staatlicher Kulturförderung enger gefaßt, womit das Gebiet bald als Ganzes an liberaler Vielfalt einbüßen mußte. Der öffentliche Protest gegen die

Schließung der Kunstabteilung, die Befürchtung auch, es werde mit diesen Maßnahmen das Rad der Zeit zurückgedreht, war nicht unbegründet. Auf das preußische Kultusministerium gesehen, setzte somit schon mit der Verwaltungsreform vom Herbst 1932 die Demontage vieler der in der Ära Becker geschaffenen kultuspolitischen Neuerungen ein – einige Monate bevor die Nationalsozialisten sich in den Besitz des Hauses brachten, um es sodann ihren Zwecken politisch dienstbar zu machen.

Nur ein Studienrat als Minister? Gauleiter Bernhard Rust

Der Mann, der am 3. Februar 1933 die kommissarische Geschäftsführung im Haus Unter den Linden übernahm, war politisch kein unbeschriebenes Blatt.[54] Seit Anfang 1926 hatte Bernhard Rust unter ständiger Beobachtung des Polizeipräsidiums in Hannover gestanden. Jeder seiner öffentlichen Schritte, auch sein parteiinterner Aufstieg wurde überwacht. »Sehr rühriger Agitator der NSDAP«, notierte ein heimlicher Beobachter über ihn in einem Bericht vom 22. März 1926, der sich »einen Saalschutz nach dem Vorbild Hitlers« geschaffen habe. Ein vom Berliner Landeskriminalamt beim Polizeipräsidenten von Hannover im Juni 1931 angefordertes Dossier verzeichnete 21 Einträge über die Aktivitäten des NSDAP-Gauleiters Südhannover-Braunschweig.[55] Darunter befand sich der Hinweis auf seine rechtskräftige Verurteilung durch das Amtsgericht Hannover wegen Beleidigung in zwei Fällen, wofür 40 RM zu zahlen oder vier Tage Gefängnis abzusitzen waren. Nach Einschätzung der politischen Polizei hatte sich Rust in diesen Jahren innerparteilich durchgesetzt, nachdem es zuvor zu schweren Anwürfen gegen seine Person gekommen war. Aus den eigenen Reihen hatte NSDAP-Ortsgruppenleiter Friedrich Wilhelm Heinz in einem offenen Brief den Gauleiter der Lüge und des Verrats beschuldigt, während in der sozialdemokratischen Tageszeitung Hannovers, Volkswille, zu lesen gewesen war, Rust habe sich als Leutnant im Krieg feige verhalten. Seine »Führerstellung innerhalb der Partei« sei davon allerdings nicht erschüttert worden, hieß es im Begleitschreiben des Dossiers an den Polizeipräsidenten Berlins: »Die Opposition gegen seine Person [...] ist zum Schweigen gebracht und R[ust] hat den Gau fest in der Hand.«[56] Am 14. September 1930 gewann er das Reichstagsmandat für die NSDAP im Wahlkreis 16 Hannover-Süd. Dies alles deutet auf einen Mann mit ausgeprägtem Sinn für Politik, für Macht und Machterhalt hin, ausgestattet zudem mit einem starken Willen zur Durchsetzung seiner Ziele. Ein anderer Charakter hätte sich im berüchtigten Ränkespiel der NSDAP bis 1933 kaum zu behaupten vermocht.[57]

Bernhard Rust wurde am 30. September 1883 in Hannover als Kind katholischer Eltern geboren.[58] Der Vater, Johann Franz Rust, war in zweiter Generation Zimmermann, hatte es aber durch zähen Fleiß und geschickte Spekulation zu 16 Miethäusern in Hannover und damit zu einigem Wohlstand gebracht. Für den einzigen Sohn war nach dem Wunsch der Eltern freilich ein anderer Lebensweg vorgesehen, höhere Schule und Studium sollten den weiteren sozialen Aufstieg sicherstellen. 1904 bestand er die Reifeprüfung, von 1904 bis 1908 studierte er Germa-

Abb. 6 Bernhard Rust, um 1937

nistik, Klassische Philologie und Philosophie, Kunstgeschichte und Musik an den Universitäten München, Berlin, Göttingen und Halle, im März 1908 legte er das Staatsexamen für das höhere Lehramt mit dem Prädikat »gut« ab. Es folgte der Dienst als Einjährig-Freiwilliger, und 1912 erhielt er das begehrte Patent eines Leutnants der Reserve. Nach erfolgreich absolviertem Referendariat trat er eine Stelle am Ratsgymnasium seiner Vaterstadt Hannover an, wo er von 1911 bis 1930 als Studienrat unterrichtete. Einziger Wermutstropfen für die Familie dürfte in diesem ansonsten tadellosen Lebenslauf seine Konversion zum Protestantismus gewesen sein. Wie Etliches seiner privaten Biographie liegen die Beweggründe auch für diesen Schritt, den er während des Studiums vollzog, im Dunkeln. Nur zu vermuten steht, daß er den Entschluß nicht gedankenlos, sondern erst nach reiflicher Überlegung faßte, weil das Zerwürfnis mit der Mutter hierüber absehbar war.

Mit einer Körpergröße von 1,85 m, dazu schlank, mit vollem, dunklem Haar, war Bernhard Rust eine stattliche Erscheinung. 1910 ging er die Verbindung mit einer zwei Jahre jüngeren Frau seiner Heimatstadt Hannover ein. Als sie 1919 starb, heiratete Rust im Mai 1920 ein zweites Mal, Anna-Sofie Dietlein, 1891 in Hannover geboren und Tochter aus großbürgerlichem Hause. Aus erster Ehe hatte er einen Sohn, aus der zweiten gingen drei Töchter hervor. Was die private Seite anlangt, so war Rust im Vergleich mit vielen NS-Größen ein solider Zeitgenosse. Eskapaden wie sie von Goebbels, Göring und anderen bekannt geworden sind, hat es bei ihm vor und nach 1933 nicht gegeben, seine materiellen Verhältnisse waren geordnet und blieben dank des Immobilienbesitzes selbst von den Inflationsjahren weitgehend unberührt. Seine persönlichen Vorlieben galten der antiken Kultur ebenso wie der Musik, und er war, wie vielfach überliefert ist, ein geselliger, lebensfroher Mensch. Im Hause Rust fanden Konzerte und Dichterlesungen statt, und häufig genug saß der Hausherr selbst am Flügel. Im Gespräch konnte er zuhören, vermochte sein Gegenüber aber auch durch Gedankenreichtum und geschliffene Rede zu faszinieren; Rust sei ein überragender Redner gewesen, hieß es zeitgenössisch, besser als Goebbels.[59]

Am Ersten Weltkrieg nahm er vom August 1914 bis zum November 1918 teil. 1914/15 diente er als Kompanieführer eines Infanterieregiments, von 1916 bis 1918 als Kompaniechef und Batallionskommandant. Im zweiten Kriegsjahr erlitt er an der Westfront eine schwere Kopfverletzung, im Jahr darauf wurde er bei einem erneuten Fronteinsatz gleich zweimal verschüttet. Rust wurde mit dem Eisernen Kreuz I. und II. Klasse, dem Ritterkreuz des Hohenzollernordens und dem Verwundetenabzeichen ausgezeichnet und galt damit als ein hoch dekorierter Frontkämpfer. Im Dezember 1918 schied er im Rang eines Oberleutnants der Reserve aus dem Militärdienst. Fraglich ist, ob die Verwundungen dauerhafte Beeinträchtigungen hinterließen, jedenfalls fiel er nach dem Krieg im Schuldienst immer wieder gesundheitsbedingt aus, wie im Jahre 1927, als er wegen Erkrankung auch den NSDAP-Vorsitz im Gau Hannover vorübergehend niederlegen mußte. 1933 zog er sich eine Trigeminusneuralgie zu, die ihm chronische Kopfschmerzen verursachte. Um die Schmerzen erträglich zu halten, trank Rust fortan regelmäßig größere Mengen Alkohol, worauf er von manchem Beobachter für alkoholsüchtig gehalten wurde. »Was der Führer nicht weiß« – »Nach Ansicht vieler kleiner Leute / Weiß der Führer nicht, / Daß sein Minister für Unterricht immer betrunken ist«, nahm Bertolt Brecht die vermeintliche Gewohnheit des Kultusministers 1937 aufs Korn. Rusts Arbeitsfähigkeit scheint davon aber nicht weiter beeinträchtigt worden zu sein.[60]

Der Krieg markierte den Bruch auch in dieser Biographie. Die militärische Niederlage, Revolution und der »Schandfrieden« von Versailles – alles zusammengenommen trug zur Politisierung des Studienrats bei. Rust wandte sich nach 1918 der Völkischen Bewegung zu. Seine Beschäftigung mit den Schriften Paul de Lagardes, Arthur Moeller van den Brucks, Houston Stewart Chamberlains und Oswald Spenglers gilt als verbürgt und erklärt die Hinwendung zu einer politischen Gruppierung, die alles Heil vom Volk erwartete.[61] Gemeinsam mit seinem zweiten Schwiegervater, Georg Dietlein, und weiteren Gleichgesinnten gründete Rust 1922 in Hannover eine Ortsgruppe der Deutsch-Völkischen Freiheitspartei als Ersatz für die wenige Wochen zuvor in Preußen verbotene NSDAP. Rust war außerdem im Bund ehemaliger Frontkämpfer und im Stahlhelm organisiert.[62] Im Jahre 1924 wurde er als Vertreter der Völkischen in das Stadtparlament von Hannover gewählt. Als Hitler im Februar 1925 die NSDAP neu gründete, trat Rust wenige Wochen später, am 4. Mai 1925, der Partei bei; noch am selben Tag erfolgte seine Aufnahme in die SA. Mitglied im 1929 gegründeten Nationalsozialistischen Lehrerbund wurde der Studienrat freilich erst im November 1930, als er den Staatsdienst quittierte. Er begründete diesen Schritt offiziell mit gesundheitlichen Rücksichten, war aber offenbar nur seiner drohenden Entlassung aus politischen Gründen zuvorgekommen, nachdem es um die Frage der Mitgliedschaft von Oberschülern in der HJ zu einem parlamentarischen Streit zwischen ihm und dem preußischen Oberpräsidenten Gustav Noske gekommen war.[63]

In der sogenannten Kampfzeit der NSDAP spielte Rust mithin eine wichtige Rolle. Am 22. November 1925 auf einer Tagung in Harburg zum Gauleiter von Hannover ernannt, arbeitete er fortan am Aufbau der Partei in Norddeutschland mit. Gregor Straßer war hier auf Anweisung Hitlers federführend am Werk, und gemeinsam mit ihm und Joseph Goebbels beteiligte sich Rust auch an der programmatischen Ausrichtung.[64] Damals stand er auf dem linken Flügel der NSDAP und trat für die vor allem von Otto Straßer propagierte Linie eines Deutschen Sozialismus ein. Antikapitalistisch, antibürgerlich und nationalistisch zielte diese Richtung auf eine Teilsozialisierung des Landes.[65] Rust sprach 1926 in öffentlicher Rede für die entschädigungslose Fürstenenteignung und forderte an anderer Stelle sogar den Anschluß des Deutschen Reichs an die Sowjetunion.[66] Wie ernsthaft er tatsächlich darüber dachte, sei dahingestellt; nur zu Hitler geriet der Flügel darüber in wachsende Opposition. Zudem stellte man im Kreis um die Brüder Straßer auch den innerparteilichen Führungsanspruch des Parteichefs aus Bayern zunehmend in Frage.

Ein Höhepunkt in der Debatte um die programmatische Ausrichtung der Partei war im Januar 1926 erreicht, als man sich in Hannover zu einer Tagung der Arbeitsgemeinschaft der nordwestdeutschen Gauleiter der NSDAP traf. Versammlungsort war das private Wohnhaus von Bernhard Rust.[67] Erregte Diskussionen müssen diese Zusammenkunft geprägt haben, auf der Goebbels am Ende gar die Forderung erhoben haben soll, den »kleinen Bourgeois« Hitler aus der Partei auszuschließen; und Rust, so heißt es weiter, soll in die gleiche Kerbe gehauen haben mit den Worten: »Nationalsozialisten sind freie Männer und Demokraten. Sie erkennen keinen Papst an, der sich für unfehlbar halten könnte. Hitler mag machen, was er will, und wir, wir werden handeln, wie es unser Gewissen befiehlt!«[68] Beide Stellungnahmen gehen allerdings auf die erst nach dem Krieg publizierten Erinnerungen von Otto Straßer zurück und sind von daher unter Vorbehalt zu stellen. Immerhin reagierte Hitler auf das Zusammentreffen in Hannover, indem er die Gauleiter kurz darauf nach Bamberg zitierte. Hier überzeugte er sie in mehrstündiger Rede von der Unhaltbarkeit radikalsozialistischer Positionen und schwor sie auf das 20-Punkte-Programm der Partei ein. Als dauerhafter Erfolg sollte sich das Bamberger Treffen für

Hitler aber erst erweisen, als nach einigen Wochen absehbar wurde, daß er den jungen Goebbels ganz für seine Ziele gewonnen hatte.[69]

Rust besaß seit Ende 1924 persönliche Verbindungen zu Hitler. Er traf ihn kurz nach dessen Entlassung aus der Landsberger Haft zweimal im Hause Erich Ludendorffs in München. Über die dabei geführten Gespräche ist nichts bekannt, aber zu vermuten steht, daß sich der Studienrat aus Hannover bereits mit diesen Besuchen als kommender Gauleiter empfahl. Hitler dürfte die stattliche, militärisch stramme Haltung Rusts imponiert haben, dessen Tapferkeit im Krieg durch die erhaltenen Auszeichnungen erwiesen war, während für Rust der fanatische Glaube des Parteiführers an eine vermeintliche Sendung des Deutschtums in der Welt den Ausschlag gegeben haben mochte.[70] Hitler und Rust trafen sich danach wiederholt bei verschiedenen politischen Anlässen, und im Juli 1926 fuhr man gemeinsam mit Goebbels und Straßer für ein paar Tage nach Berchtesgaden zur Erholung und zu ausgedehnten Wanderungen auf den Obersalzberg. Der spätere Propagandaminister hat die »unter Freunden und Kameraden« verbrachten Stunden sichtlich genossen und einen Spaziergang zu fünft in den Bergen mit emphatischen Worten festgehalten: »Ich höre eine tiefe, klingende Stimme: der Chef! Mit Straßer und Rust. Wir begrüßen uns als Freunde. Und dann beginnt er zu erzählen. Die soziale Frage: Gedanken, die er damals in München entwickelte. Aber immer wieder neu und zwingend [...]. Ja, diesem Mann kann man dienen. So sieht der Schöpfer des dritten Reiches aus. Wir gehen langsam heim. Spät am Abend kommen wir im Quartier an. [...] Rust erzählt noch bis tief in die Nacht. Etwas noch Steißtrommler, sonst aber ein guter, kluger Mensch. Er mag mich wohl!« An den folgenden zwei Tagen wurde weiter gemeinsam gewandert und viel debattiert, und es scheint, daß sich auch Rust an den politischen Gesprächen lebhaft beteiligte: »Rust = Trotzki! Straßer und ich möchten uns krank lachen«.[71] Leider führte Goebbels nicht aus, was an Rust zum Vergleich mit dem bolschewistischen Intellektuellen und Lenin-Kritiker angeregt hatte. Vielleicht bewahrte der Studienrat in den politischen Diskussionen nur einen eigenwilligen Standpunkt. Straßer und Goebbels hat er damit nicht überzeugt; ob Hitler mit ihnen lachte, wissen wir nicht.

Hat Rust sich im Januar 1926 im Kreis der nordwestdeutschen Gauleiter tatsächlich gegen die uneingeschränkte Führerschaft Hitlers gewandt, so sollte dies nicht überbewertet werden. Damals stand der Parteiaufbau im Reich noch am Anfang und war die Funktion der Führerfigur für den

Erfolg der Bewegung noch nicht abschätzbar. Erst mit dem großen Wahlsieg vom September 1930 legten sich letzte Zweifel an der besonderen Eignung Hitlers. Gauleiter Rust hatte zu diesem Sieg seiner Partei maßgeblich beigetragen; in seinem Bereich erzielte die NSDAP nach Schleswig-Holstein ihr zweitbestes Ergebnis im Reich. Unter seiner Führung hatte sich Südhannover-Braunschweig in organisatorischer und propagandistischer Hinsicht vorbildlich entwickelt. Ende 1929 konnte man hier auf einen monatlichen Mitgliederzuwachs von 1000 Personen zurückblicken, und allein in den drei ersten Monaten des Jahres 1930 fanden 1200 Parteiveranstaltungen statt.[72] 1929 in den preußischen Provinziallandtag, 1930 in den Reichstag gewählt, zählte Rust am Vorabend der Machtergreifung zu den profilierten Vertretern der NSDAP: Aus dem Studienrat war ein Berufspolitiker geworden. Die Belohnung mit einem Ministeramt war vor diesem Hintergrund keine Überraschung.[73]

Abb. 7 Bernhard Rust als Teilnehmer bei der Gründung der Harzburger Front am 11. Oktober 1931, erste Reihe zweiter von rechts, links neben ihm Hermann Göring

Und doch wurde seither immer wieder die Frage aufgeworfen, warum Hitler den Gauleiter aus Hannover als preußischen Kultusminister wünschte und nicht etwa einen der anderen damals gesprächsweise erwogenen Kandidaten, Joseph Goebbels, Ernst Krieck oder Hans Schemm.[74] Viel spricht dafür, daß mit dieser Entscheidung der starke und gut organisierte Gau Südhannover-Braunschweig enger an die Zentrale gebunden werden sollte.[75] Die nun erreichte Macht der Partei mußte zunächst konsolidiert, etwaige Störungen hingegen, wie sie Hitler von den einstigen Anhängern Gregor Straßers latent befürchten mußte, sollten minimiert werden. Rust hatte sich als loyaler Parteimann bewährt und brachte darüber hinaus den Einblick in die Belange der preußischen Bildungspolitik mit. Als Studienrat war er ein Mann der Praxis, worauf der Nationalsozialismus und ganz besonders Hitler mit seiner ausgeprägten Intellektuellenfeindschaft stets großen Wert zu legen pflegte. Den Ehrgeiz von Joseph Goebbels wußte Hitler auf andere Weise zu befriedigen, Ernst Krieck fehlte die Bewährung als Parteiführer und kam deshalb kaum in Frage, während Hans Schemm schon aus landsmannschaftlichen Gründen wohl als bayerischer, nicht aber als preußischer Bildungsminister vorstellbar war. Die Ernennung Bernhard Rusts war am Ende nicht nur parteitaktisch eine kluge Wahl, sondern er war unter den ernsthaft in Frage stehenden Vasallen Hitlers der mit Abstand beste Kandidat für dieses Amt. Seine Nichtberücksichtigung hätte zu Spekulationen Anlaß geben können, nicht die Tatsache, daß Hitler ihn nahm.[76]

Bernhard Rust stach, was sein soziales und berufliches Herkommen anlangt, nicht aus der seit 1918 amtierenden Riege preußischer Kultusminister hervor – allein in politischer Hinsicht stellte er nach den Reichskommissaren Lammers (Zentrum) und Kaehler (DNVP) eine Radikalisierung dar. In seiner parteiamtlichen Funktion wie als Abgeordneter hatte er sich in der Öffentlichkeit auf die Erörterung zumeist allgemeiner politischer Fragen beschränkt. Rust war nicht als Bildungs- oder Wissenschaftsexperte seiner Partei hervorgetreten, ein Anspruch, den weit eher Alfred Rosenberg für sich reklamieren konnte und dies auch lautstark tat.[77] Von Rosenbergs programmatisch gedachten, aber häufig wirren Äußerungen einmal abgesehen, lag kein spezifisch nationalsozialistischer Forderungskatalog für den Kultussektor vor. Das Parteiprogramm beschränkte sich auf ein Minimum, und kaum konkreter äußerte sich Hitler selbst in »Mein Kampf« über die Bereiche Schule, Hochschule und Wissenschaft im nationalsozialistischen Staat. Aus all dem ist immer wieder vorschnell geschlossen worden, Rust habe das Kultusministeramt überhaupt planlos, ohne irgendeine leitende Vorstellung übernommen – wobei leichthin übergangen wird, daß es der Nationalsozialismus als politische Idee war, die im Hintergrund stand und der Rust in seinen kultus- und wissenschaftspolitischen Entschlüssen folgte. Ob eine Entscheidung mit den Grundsätzen dieser Idee kompatibel war oder nicht, ob sie dem Aufbau des Dritten Reichs diente oder nicht, wurde zum Maßstab seiner Kulturpolitik. Ein konkretes Bildungsprogramm erübrigte sich.

Rust war ein so überzeugter wie bewußter Nationalsozialist. Die NSDAP schien ihm weniger Partei als vielmehr Bewegung zu sein, in der die erstrebte Volksgemeinschaft schon vor 1933 im Keim existent geworden sei. In einem Rückblick aus dem Jahr 1934 verherrlichte er den politischen Tageskampf vor der Regierungsübernahme, als Herkunft und Besitz keine Rolle gespielt hätten, dafür aber Mut, Zähigkeit, Opferbereitschaft und unbedingtes Durchhaltevermögen selbst in aussichtsloser Lage.[78] Mit dem Blick auf sich selbst beschrieb er die innere Überwindung, die es ihn seinerzeit gekostet habe, sich der angestammten Bürgerlichkeit zu entkleiden, um in die »soziale Volksgemeinschaft« der NSDAP einzutauchen. Rust stilisierte dies zur ersten »Prüfung« im Prozeß der politischen Willensbildung, der im langwierigen Aufstiegskampf der NSDAP weitere folgen sollten: »Der Nationalsozialist durfte sich nicht vor Faustschlägen scheuen, nicht vor dem häßlichen Geruch überfüllter Säle.« Auch wenn Rust kaum selbst handgreiflich geworden sein dürfte, sondern dies lieber seinem »Saalschutz« überließ – die in der Kampfzeit angeblich geübte Praxis der permanenten Bewährung für die Idee des Nationalsozialismus wurde von ihm im Dritten Reich zum Erziehungsziel für Kinder und Jugendliche erhoben. In der raschen Festsetzung dieses Ziels erblickte Rust eine erste, wichtige Aufgabe als preußischer Kultusminister. Eine Bildungs- oder Schulreform erschien ihm darüber von nur zweitrangiger Bedeutung; diese würde sich, wie er meinte, im Zuge der Verwandlung von Staat und Gesellschaft unter nationalsozialistischem Vorzeichen schon von selbst einstellen.

In seiner politischen Grundüberzeugung markierte nach allem, was er hierüber in Vorträgen und Ansprachen zu erkennen gab, der Begriff Volk eine Schlüsselkategorie. Rust verband damit die Vorstellung von einem lebendigen Organismus, über den der Staat schützend zu wachen habe. Dem eigenen Volk gehörte der Vorrang bei aller staatlichen Sorge, und das Volksinteresse rangierte eindeutig vor allen Einzelinteressen. Mit reichlich kulturpessimistischer Färbung kritisierte er die geistige Atmosphäre der Nachkriegsjahre, die »dem Heroismus den Pazifismus entgegengestellt [hatten], dem Rassenstolz den internationalen Menschheitswahn, der Religiosität den Atheismus, dem Volksgemeinschaftsgedanken den Klassenkampf, der Gotik das Flachdach, der deutschen Musik Jazz und Negertum«. Dem setzte Rust die Idee der Volksgemeinschaft als eine auf soziale Egalisierung, kulturelle Vergemeinschaftung und ethnische Homogenisierung zielende Utopie entgegen. Jeder Volksangehörige war dazu berufen, daran mitzuwirken, während allen Volksfremden ein Sonderstatus zuteil werden sollte. Rusts Volksbegriff war nicht nur kulturell, als eine durch Sprache, Kultur und Geschichte verbundene Gemeinschaft von Menschen gefaßt, sondern war zugleich rassistisch determiniert. Die rassische Überlegenheit des germanisch-deutschen Volkes gegenüber anderen Völkern stand für ihn außer Frage. Innenpolitisch bedeutete dies Abspaltung und Kenntlichmachung aller nichtdeutschen Bevölkerungsteile. So vertrat Rust selbstredend den rücksichtslosen Ausschluß von Juden aus dem gesellschaftlichen und wirtschaftlichen Leben Deutschlands. Der letzte Kultusminister Preußens war ein überzeugter Antisemit und sah mit peinlicher Genauigkeit auf die Umsetzung der nationalsozialistischen Rassengesetze in seinem Geschäftsbereich.

Im politischen Denken Rusts bestimmten Kampf und Selbstbehauptung das Dasein von Völkern wie Individuen. Dem mußte der Staat Rechnung tragen, indem er das Bildungssystem entsprechend einstellte. Bildung im herkömmlich klassisch-humanistischen Sinn der bevorzugten Schulung des Intellekts reichte dafür nicht aus. Obgleich selbst humanistisch gebildet und antiken Idealen zugetan, folgte Rust 1933 der auch von etlichen zeitgenössischen Pädagogen verfolgten Maxime: weniger Bildung, dafür mehr Auslese und Erziehung, Erziehung zu völkischem Bewußtsein, zu Gemeinschaft und sozialem Denken, Erziehung zu Leistung und persönlicher Zähigkeit, zu preußischer Gewissenhaftigkeit und Strenge. Wie dies im einzelnen umzusetzen sein würde, wie der so gedachte nationalsozialistische Mensch hervorzubringen sei, sollte die Praxis erweisen. Rust übernahm sein Amt mit der Überzeugung, daß er die Zeit zur Erprobung erhalten würde.

Im Dritten Reich

Es war ein grauer naßkalter Tag, als Bernhard Rust am 6. Februar 1933 die Geschäfte im Haus Unter den Linden übernahm. Am Vormittag stellte er sich seinen Mitarbeitern im Festsaal des Ministeriums mit einer kurzen Ansprache vor, die freilich zunächst kaum mehr über den neuen Dienstherrn verriet, als daß künftig ein anderer Geist im Hause wehen sollte. Die zurückliegenden Tage hatten einen Vorgeschmack geboten. Nach dem 30. Januar war die Hauptstadt in einen gewalttätigen Unruhezustand gestürzt, den Goebbels mit Blick auf die Reichstagswahl am 5. März gezielt geschürt hatte. Täglich berichteten die Zeitungen von Zusammenstößen zwischen Kommunisten und Nationalsozialisten. An diesem 6. Februar fand eine gemeinsame Trauerfeier für einen erschossenen braunen Schläger, Hans Eberhard Maikowski, und einen getöteten Polizisten statt, von den Nationalsozialisten als pompöses Staatsbegräbnis im Berliner Dom inszeniert unter einträchtiger Beteiligung der Berliner Polizei und der SA. Rund 600 000 Menschen sollen anschließend den Weg der beiden Särge zum Invalidenfriedhof gesäumt haben, um der »Versöhnung« von alter und neuer Herrschaft, zu der Goebbels das Spektakel kunstvoll ausgestaltet hatte, beizuwohnen.

Den Berliner Gauleiter selbst bewegten in diesen Stunden düstere Gedanken, nachdem sein Traum, Hitler werde ihn zum preußischen Kultusminister machen, zerplatzt war. Noch am 1. Februar hatte er fest geglaubt, daß Rust als sein »Platzhalter« nur vorübergehend das Kultusministeramt erhalten würde. Zwei Tage später sah er sich von Hitler hintergangen. »Nun bekommt Rust den Kultus. Ich schaue in den Mond. Das ist so demütigend.« Der Plan eines eigens für ihn neu zu gründenden Propagandaministeriums ließ den Kummer des ehrgeizigen Aufsteigers zwar schnell verfliegen, aber sein eigentliches Ziel, die Übernahme dieser vielleicht wichtigsten Säule preußisch-deutschen Kulturlebens, war verpaßt. Auch wenn Goebbels' Machtfülle die seines Parteifreundes Rust bald überragen sollte, hatte Hitlers Personalpolitik das Verhältnis zwischen beiden Männern gekonnt vergiftet.[79]

Der kommissarischen Geschäftsführung im Haus Unter den Linden folgte am 21. April 1933 die offizielle Ernennung Rusts zum preußischen Kultusminister. Ihm wurden damit rund 250 Beamte, Angestellte und Arbeiter unterstellt, die angesichts der politischen Lage mit Unbehagen

Abb. 8 Joseph Goebbels am 12. März 1933

in die Zukunft blicken. Bisher hatte noch jeder Regierungswechsel ein Personalrevirement nach sich gezogen; doch unter den Nationalsozialisten würde nach allem, was bereits politisch verlautbart worden war, mit weit größeren Umwälzungen zu rechnen sein. Schon unmittelbar nach dem Machtantritt des Hitler-Kabinetts hatte es in benachbarten Ressorts erste Amtsenthebungen politisch ungelegener Beamter gegeben, einige waren der Entlassung auch durch freiwilligen Rücktritt zuvorgekommen. Ihre Namen hatten sich zum Teil auf Listen befunden, die Nationalsozialisten und Deutschnationale in den letzten Monaten der Republik angelegt hatten. »Göring mistet aus«, notierte Goebbels am 15. Februar 1933 zufrieden in sein Tagebuch, »[e]in Oberpräsident nach dem anderen wird umgekippt.« Dem preußischen Innenminister dienten dabei zunächst nur eine preußische Verordnung aus dem Jahre 1919 sowie Bezugnahmen auf das Republikschutzgesetz als Legitimationsgrundlage. Seit dem 7. April 1933 lag dann das Gesetz zur Wiederherstellung des Berufsbeamtentums auf dem Tisch, nach dessen Maßgabe der gesamte öffentliche Dienst im Reich auf seine politische Zuverlässigkeit durchkämmt wurde.[80] Das Gesetz gründete auf Vorarbeiten aus der Spätzeit der Weimarer Republik und wurde im Zusammenspiel aus preußischem Innen- und Finanzministerium sowie den Reichsministerien des Innern, der Justiz und der Finanzen unter Vorsitz von Wilhelm Frick binnen kürzester Zeit ausgehandelt. Unter den verschiedenen Entwürfen spielten der von Hans Pfundtner, seit Anfang Februar Staatssekretär im Reichsinnenministerium, und der des designierten preußischen Finanzministers, Johannes Popitz, eine tragende Rolle. Schon am 6. April wurde das Gesetz den übrigen Staatsministern zur Beratung zugestellt und am Tag darauf vom Kabinett verabschiedet.[81]

Das Ziel des Berufsbeamtengesetzes war es, die nationalsozialistischen Personalmaßnahmen in der öffentlichen Verwaltung in gesetzliche Bahnen zu lenken und zentral zu steuern. Kommunisten waren ausnahmslos, Juden bis auf wenige Sonderfälle zu entlassen. Danach sollte der öffentliche Dienst nach einheitlichen Maßgaben ausgerichtet, in den neuen Staatsaufbau integriert werden. Errungenschaften der Weimarer Reichsverfassung, wie die unterschiedslose Berechtigung jedes Staatsbürgers zur Übernahme eines öffentlichen Amtes, wurden mit einem Federstrich beseitigt. Zahlreiche Durchführungsverordnungen und Ausführungsbestimmungen regelten die Anwendung und gestalteten die Umsetzung in den nächsten Jahren zu einem höchst komplizierten Verfahren. Dadurch wie durch die bald einsetzende Beschwerdewelle betroffener Beamter wurden die Ministerien in ihrer sonstigen Arbeit empfindlich behindert. Die ursprüngliche Befristung des Gesetzes bis zum 30. September 1933 mußte schon allein aufgrund der Größe dieser Aufgabe immer wieder verlängert werden.

Die Entscheidung, auf wen in den einzelnen Ministerien das Beamtengesetz anzuwenden war, lag bei den jeweiligen Ressortchefs. In Preußen bat sich Ministerpräsident Göring in politisch besonders gelagerten Fällen jedoch ein Mitspracherecht aus. Wie in den übrigen Behörden des Landes wurde in jeder Abteilung des preußischen Kultusministeriums ein »Generalreferent für die Anwendung des Berufsbeamtengesetzes« bestimmt. Der von Rust in seinem Ministerium befohlenen Überprüfung – es waren zuvor an jeden Mitarbeiter die obligatorischen Fragebögen ausgeteilt und mit dem strengen Hinweis versehen worden, sie »wahrheitsgemäß« und binnen acht Tagen ausgefüllt wieder abzugeben[82] – folgten erste Sanktionen noch im April.[83] Bis zum Herbst 1933 wurden auf dieser Grundlage rund vierzig Personen aus dem aktiven Dienst des Ministeriums in den dauernden Ruhestand bzw. an eine andere Stelle versetzt oder aus dem Staatsdienst entlassen. Auf zehn von ihnen kam der sogenannte Arierparagraph zur Anwendung, während den übrigen eine wie auch immer geartete politische Betätigung für das Weimarer System zur Last gelegt wurde. Das berufliche Spektrum der vom Berufsbeamtengesetz Betroffenen reichte vom Pförtner bis zum Staatssekretär und sparte selbst die Ruhegehaltsempfänger nicht aus. Der Minister nahm jeden Einzelfall zur Kenntnis und traf alle letzten Entscheidungen persönlich. Für Bitten um Zurücknahme einmal beschlossener Sanktionen erwies er sich als unzugänglich.[84] Nur gelegentlich regte sich Bedauern in ihm wie im Falle der beiden Ministerialdirektoren Erich Wende und Wilhelm Trendelenburg, die, wie er gegenüber Göring meinte, politisch ja nun nicht mehr tragbar, deren Sachverstand und Erfahrung als Verwaltungsbeamte aber »in unpolitischen Positionen« noch gut verwendbar seien. Rust bat den Ministerpräsidenten, sich dafür einzusetzen, daß seinen Anträgen auf Unterbringung solcher Beamter in anderen Ressorts »möglichst entgegengekommen« würde.[85]

Rusts Einsatz ausgerechnet für zwei enge Mitarbeiter Carl Heinrich Beckers kann nicht darüber hinwegtäuschen, wie genau er die personalpolitische Durchleuchtung »seines« Ministeriums nahm. Das mag nicht zuletzt daran ablesbar sein, daß er selbst die Bezüge der Witwe Beckers nicht unangetastet lassen wollte. In diesem Fall schlug er eine Kürzung mit der Begründung vor, »daß Becker die deutsche Studentenschaft zerschlagen und damit dem großdeutschen Gedanken und der völkischen Sache erheblich geschadet« habe. Nach Art der Sippenhaft wollte Rust die Hinterbliebene für die angeblichen Verfehlungen ihres Gatten nachträglich büßen lassen. Göring lehnte diesen wie auch den Vorschlag Rusts ab, dem letzten preußischen Kultusminister des Kaiserreichs, Friedrich Schmidt-Ott, die Pension zu beschneiden. Für beide Vorhaben bot das Berufsbeamtengesetz nach Meinung des Ministerpräsidenten keine ausreichende Grundlage. Anders dagegen stand es mit Rusts Verfügung, das Ruhegehalt des ehemaligen Kultusministers Adolf Grimme um ein Viertel zu kürzen. Dieser Plan fand die Zustimmung Görings und wurde in die Tat umgesetzt.[86]

Am Ende belief sich die Sanktionsquote im preußischen Kultusministerium bis zum Auslaufen des Gesetzes 1937 auf 44 Personen oder 15,5 % der Belegschaft, wobei das Gros an Maßnahmen in den ersten Monaten nach der Machtübernahme erfolgt war. Von den »sonstigen Beamten« im Bereich des Ministeriums, zu denen etwa die Schulaufsichtsräte in den einzelnen preußischen Provinzen zählten, traf das Gesetz 13,9 %. Verglichen mit den übrigen preußischen Ministerien nahm die Rustsche Behörde damit einen vorderen Platz ein.[87] Der Weimarer Staat hatte im politisch sensiblen Kultusbereich bewußt besonders viele republikfreundliche Kräfte unterzubringen versucht, um die Demokratisierung der Strukturen zu forcieren. Die Entlassungen im Herbst 1932 und die Beamtenpolitik der Nationalsozialisten waren ein Reflex darauf. An diesen Vorgängen unbeteiligt blieb der Personal- bzw. Hauptbetriebsrat des Hauses, der unter dem starken politischen Druck am 13. Mai 1933 von seinen Ämtern zurücktrat.[88]

An die Stelle der entlassenen Beamten und Angestellten rückten nun Vertraute des neuen Ministers ein, junge, ehrgeizige und zumeist gut ausgebildete Kräfte. Einige waren ihm sogleich aus Hannover und Braunschweig gefolgt wie Rudolf Benze, Helmut Bojunga, Joachim Haupt und Hans Hinkel, andere hatten als profilierte Vertreter der nationalsozialistischen Lehrerschaft auf sich aufmerksam gemacht und waren ihm von daher näher bekannt, wie Ernst Bargheer, Martin Löpelmann und Gustav

Zunkel.⁸⁹ Rust brachte seinen eigenen Chauffeur aus Hannover mit, Hermann Röpke, der, in besonderem Maße privilegiert, zwei Zimmer der Ministerwohnung Unter den Linden erhielt und seinem Dienstherrn auch im Mai 1933 auf seinen privaten Wohnsitz nach Dahlem folgte.⁹⁰ Die neuen Mitarbeiter nahmen je nach Lage der Vakanzen Planstellen ein, kamen übergangsweise auf sogenannten Hilfsarbeiterstellen unter oder wurden nebenamtlich beschäftigt, bis eine dauerhafte planmäßige Anstellung erfolgen konnte. Zu einer »wilden« Vermehrung etatmäßiger Positionen im Ministerium kam es hingegen nicht. Dem standen die noch immer geltenden Sparverordnungen entgegen, über deren Einhaltung der preußische Finanzminister Popitz eisern wachte.

Fachliche Eignung und Herkommen des 1933 neu in das Haus Unter den Linden einrückenden Personals bewegten sich in dem bis dahin gewohnten Rahmen. Helmut Bojunga, gleich im März von der Leine an die Spree versetzt, galt als ein hervorragender Verwaltungsfachmann. Die erste Staatsprüfung hatte der 1898 in Hannover geborene Jurist aus angesehener Familie 1922 mit »gut« und die Promotion im Jahr darauf gar mit »ausgezeichnet« absolviert. Von 1926 bis 1932 amtierte er als Stadtrat für den Magistrat der Stadt Hannover und engagierte sich zudem in der Deutschen Volkspartei. Der Kontakt zum Minister reichte freilich weit früher zurück: Bojunga hatte das Ratsgymnasium in Hannover besucht, und Rust war sein Lehrer gewesen. Obwohl politisch unterschiedlich ausgerichtet, arbeitete man in den Weimarer Jahren kommunalpolitisch einvernehmlich zusammen. Oberbürgermeister Menge ließ seinen »engsten Mitarbeiter« Bojunga jedenfalls nur ungern in die Hauptstadt ziehen, wie er den ihm gut bekannten, »liebe[n] Herr[n] Rust« wissen ließ. Rust beschäftigte den Juristen in der Abteilung Erziehung seines Hauses, wo er ihm das Volksschulreferat übertrug, und ernannte ihn außerdem zum »Generalreferenten für die Anwendung des Berufsbeamtengesetzes« in der Gewißheit, daß das Gesetz korrekt ausgelegt werden würde. Tatsächlich versah Bojunga den Dienst mit großer Sorgfalt und zur vollen Zufriedenheit seines Ministers. Einige Jahre später zog er jedoch den Zorn der Parteikanzlei auf sich und wurde daraufhin als Kurator an die Universität Göttingen versetzt.⁹¹

Als verwaltungsjuristisch ebenso befähigt und besonders an Fragen der Reichsreform interessiert galt der im Juni 1933 als Staatssekretär zum »zweiten Mann« im Haus berufene Wilhelm Stuckart.⁹² 1902 als Sohn eines Eisenbahnarbeiters in Wiesbaden geboren, hatte er Jura und Volkswirtschaft studiert und war bis zu seiner politisch motivierten Entlassung 1931 als Richter im preußischen Justizdienst tätig. Die Zeit bis zum Regierungsantritt der Nationalsozialisten überdauerte er im Amt eines Oberbürgermeisters von Stettin. Stuckart galt damals bereits als ein kommender Mann des Nationalsozialismus, dessen sofortige Verwendung bei einem Wandel der politischen Lage außer Frage stand. Im Sommer 1933 war es mit seiner Ernennung zum Staatssekretär soweit. Ein persönlicher Kontakt zu Rust hatte, soweit ersichtlich, zuvor nicht bestanden, allein der gute Ruf Stuckarts als Jurist und seine Empfehlung durch Reichsinnenminister Frick dürften seine Bestallung befördert haben. Während der folgenden Monate, in denen sich das Ministerium auf die neuen Verhältnisse personell und organisatorisch einstellte, verlief die Zusammenarbeit an der Ministeriumsspitze ausgezeichnet. Stuckart entlastete den Minister nach Kräften, überwachte den Aufbau der neuen Binnenstrukturen und stellte den reibungslosen Ablauf der Kultus- und Wissenschaftsverwaltung sicher. Noch bei der Gründung des Reichsministeriums für Wissenschaft, Erziehung und Volksbildung im Mai 1934 beantragte Rust für seinen Staatssekretär, die »Säule seines Ministeriums«, die kommissarische Wahrnehmung der Geschäfte eines Reichsstaatssekretärs und setzte seine Ernennung durch.[93]

Im Spätsommer 1934 zerbrach die Einvernehmlichkeit an der Spitze. Für den Bruch mit Stuckart machte Rust Auseinandersetzungen über die künftige Organisationsform des Reichsministeriums geltend, in deren Verlauf ihm der Staatssekretär »den Gehorsam verweigert habe«. Stuckart selbst konnte sich die brüske Abwendung seines Ministers erst nicht erklären und spekulierte dann über Intrigen gegen ihn im Haus, nachdem er private Verfehlungen bei Ernst Bargheer, einem Vertrauten Rusts, aufgedeckt hatte. Der Ministerialrat soll daraufhin im Verein mit seinen Freunden Reinhard Sunkel und Joachim Haupt den Minister gegen ihn aufgehetzt haben. Genaueres ist über die Ursache des Eklats bis heute nicht ans Licht gekommen.[94] Der »Fall Stuckart« schlug im Spätsommer 1934 hohe Wellen in Berlin, es soll Verhaftungen und Verhöre von Beamten des Ministeriums durch die Gestapo gegeben haben, während Stuckart sich von »Agenten« überwacht wähnte. Die Nervosität war groß und mochte an das nur wenige Wochen zurückliegende Szenario der Röhm-Affäre erinnert haben.[95] Wie immer sich der Vorgang abgespielt hat, im Nachhinein will es scheinen, als habe Rust in dieser Personalsache vorschnell und unüberlegt gehandelt. Offenbar in dem Glauben, seine Autorität als Minister gegen ein Komplott Stuckarts behaupten zu müssen, ordnete er die sofortige Beurlaubung und schließlich die Versetzung des bis dahin verdienten Staatssekretärs in den einstweiligen Ruhestand an. Das alles geschah in großer Eile und unter demütigenden Bedingungen für Stuckart. Wenige Monate später zum Staatssekretär unter Wilhelm Frick ernannt, dürfte er das Haus Unter den Linden kaum in guter Erinnerung behalten haben.

Neben den neu ins Ministerium einrückenden Beamten blieb der alte Mitarbeiterstamm im Amt. Er verkörperte das Gros der Beschäftigten im Haus, von denen einige den Dienst noch unter Wilhelm II., die meisten freilich in den Jahren der Republik angetreten hatten. Dies führte rückblickend zu der Annahme, im Kultusministerium habe cum grano salis der Geist preußischer Dienstauffassung weiter bestehen und sich den politischen Zumutungen der Nationalsozialisten durch bürokratische Korrektheit, durch genaues Beraten und Prüfen der Vorlagen erfolgreich widersetzen können.[96] Der Blick in die Akten bestätigt, daß nach 1933 die Zahl der Verwaltungsakte sprunghaft anstieg und die Arbeitsbelastung der einzelnen Beamten vergrößerte, was in vielen Fällen zu zeitlichen Verzögerungen führte. Eine anhaltende innere Opposition war nach den personellen »Säuberungen« im Zuge des Staatsstreichs 1932 und der Anwendung des Gesetzes zur Wiederherstellung des Berufsbeamtentums 1933 jedoch kaum zu erwarten. Diese Erfahrungen dürften die verbliebenen Beamten, Angestellten und Arbeiter im Sinne der neuen Machthaber ausreichend diszipliniert haben; zudem schwebte die Furcht vor Sanktionen als latente Bedrohung auch weiterhin über allen. Die »Abschiebung« Helmut Bojungas als Kurator der Göttinger Universität 1938 war dafür ein Beispiel. Dennoch sollte man sich die Stimmung im Haus Unter den Linden nach 1933 nicht gedrückt vorstellen. Die geblieben waren, konnten sich bestätigt fühlen, als politisch korrekt und auserwählt an der aufkommenden neuen Zeit mitzuwirken.

Die politische Überprüfung erstreckte sich über das Ministeriumspersonal hinaus auch auf die Beamten an den staatlichen Schulen und Hochschulen Preußens, in den Provinzialschulämtern und Kunstverwaltungen, ein Kreis von rund 125 000 Personen. Der Arbeitsaufwand war entsprechend hoch und belastete die damit befaßten Kräfte empfindlich. Als

Mitte September die erste Fristsetzung des Beamtengesetzes schon fast erreicht war und noch immer 2000 Fälle einer Entscheidung harrten, ordnete Rust zur »Sicherstellung der rechtzeitigen Erledigung« an, daß die beteiligten Mitarbeiter »alle laufenden Sachen ihrer Referate – abgesehen von Terminsachen – bis Ende des Monats zurückzulegen« hätten. Dienstreisen mußten bis auf weiteres unterbleiben. Täglich tagten nun zwei Kommissionen parallel, eine unter dem Vorsitz des Ministers, eine andere unter Leitung von Ministerialdirektor Jäger, während die Gesamtkoordination in den Händen Bojungas lag.[97] Den mit Abstand größten Personalverlust verzeichneten prozentual die Höheren Schulen Preußens, an denen bis zum Auslaufen des Gesetzes 2581 Studienräte (45,9 %) ihre Positionen verloren, an eine andere Stelle oder in den Ruhestand versetzt wurden. An den Volksschulen traf es 3343 Personen (3 %), in der Provinzialschulaufsicht 359 (13,9 %), in der staatlichen Kunstverwaltung 212 (27,7 %) und an den Universitäten 478 Professoren (12,7 %) und 37 (3,5 %) wissenschaftliche Assistenten. Im Amtsblatt des Ministeriums erschienen lange Listen mit den Namen der vom Gesetz erfaßten Personen.[98] Der hohe Prozentsatz an sanktionierten Studienräten in Preußen unterstreicht noch einmal deutlich die Tendenz der Weimarer Kulturpolitik, besonders an den höheren Schulen für eine kräftige Durchmischung der Lehrkörper mit republiktreuem Personal zu sorgen.

Zu den ersten Eingriffen der nationalsozialistischen Kulturverwaltung Preußens zählten Maßnahmen, die den Zugang zu den höheren Schulen und Hochschulen regulierten. Damit wurde auf die seit 1930 in der Öffentlichkeit diskutierte Überfüllungskrise an den Universitäten und auf das Überangebot an Akademikern auf dem Arbeitsmarkt reagiert. Entsprechende Pläne lagen im Reichsinnenministerium bereits seit längerem vor und führten zunächst zu einer gemeinsamen Vereinbarung der Länder vom 15. Februar 1933.[99] Die darin erstmals für Ostern 1933 vorgesehene Regulierungsmaßnahme wurde durch das am 25. April 1933 von der Reichsregierung verkündete »Gesetz gegen die Überfüllung der deutschen Schulen und Hochschulen« präzisiert. Es sah die reichsweit einheitliche Kontingentierung der höheren und Hochschulbildung vor und besaß darüber hinaus analog zum Berufsbeamtengesetz einen Arierparagraphen. Im Dezember 1933 beschränkte der Reichsinnenminister schließlich die Aufnahme eines Studiums für den Abiturientenjahrgang 1934 auf 15 000.[100] In die Universitätsautonomie griff das Berliner Kultusministerium nachdrücklich mit der im Oktober 1933 herausgebrachten Verordnung »Vorläufige Maßnahmen zur Vereinfachung der Hochschulverwaltung« ein, womit das Führerprinzip an Preußens Universitäten Einzug hielt. Unter Vereinfachung wurde die Restriktion interner Mitbestimmungsmöglichkeiten verstanden. An die Stelle der Wahl trat ein Vorschlagsrecht, dem die Ernennung durch die jeweils übergeordnete Instanz folgte: Auf Vorschlag des Senats ernannte der Minister den Rektor, der wiederum bestimmte die Dekane aufgrund einer Empfehlung der Fakultäten. Eine vertikale Durchstufung der universitären Welt mit starker Spitze und einem überschaubaren Stab abhängiger Mitarbeiter löste die bis dahin an den preußischen Hochschulen geltende Praxis gemeinschaftlicher Entscheidungsfindung ab. Freilich war Autorität für die Hochschulen auch zuvor kein Fremdwort gewesen, hatte die Entscheidungsgewalt doch stets bei den Ordinarien gelegen. Der traditionellen Übermacht der Ordinarien sollte die nationalsozialistische Hochschulpolitik der nächsten Jahre dann auch ein Ende bereiten.

Die Aufsicht über die Schulen, Hochschulen und die Lehrerbildung im Lande zählte zu den angestammten Zuständigkeiten des preußischen Kultusministeriums. Schon 1932 hatte sich der Aufgabenbereich erweitert, als ein Teil des Berufs- und Fachschulwesens aus den jeweiligen Fachressorts in seine Zuständigkeit überführt worden war. Den damaligen Maßnahmen hatte außer finanziellen Erwägungen das Ziel einer Schulpolitik aus einem Guß zugrunde gelegen. Diesen Konzentrationsprozeß verfolgte Rust mit großer Energie weiter. Die Wünsche der Ministerkollegen auf Rückübertragung lehnte er kategorisch ab und forderte aus der Zuständigkeit des Wirtschaftsministeriums auch noch die bislang zurückgehaltenen Anstalten, die Bergakademie in Clausthal, die Kunstgewerbeschulen und staatlichen Porzellanmanufakturen für sein Ressort. Proteste wie der des Reichstagsabgeordneten Walter Timm blieben nicht aus, der sich im März 1933 direkt an Reichswirtschaftsminister Hugenberg wandte. Reichskommissar Rust sei »eifrig bestrebt«, seinem Ressort das gesamte Berufs- und Fachschulwesen einzuverleiben, warnte er und verteidigte die alten Zuständigkeiten.[101] Öffentlich sekundiert wurde ihm von seiten der Deutschen Arbeitsfront, von den Industrie- und Handelskammern, dem Preußischen Handwerkskammertag sowie dem Reichsverband des Deutschen Gaststättengewerbes. Letzterer gab der Befürchtung Ausdruck, die berufliche Ausbildung könnte unter der Aufsicht des

Kultusministeriums »zu theoretisch« geraten. Finanzminister Popitz hingegen, schon 1932 ein Befürworter der Zusammenlegungen, unterstützte Rusts Pläne.[102]

Die hierüber geführten Verhandlungen erstreckten sich über das gesamte Jahr 1933. Eine am 2. Oktober 1933 im Kleinen Sitzungssaal des Kultusministeriums stattfindende Konferenz mit Vertretern der betroffenen Ressorts sollte den Prozeß beschleunigen.[103] Verhandlungsführer seitens des Kultusministeriums war Ministerialrat Otto von Rottenburg, ein Jurist, den Becker schon 1920 für Fragen der Hochschulverwaltung ins Amt geholt hatte und der im Herbst 1932 bereits mit den neuen Ressortzuschnitten befaßt gewesen war. Er erläuterte noch einmal die Ziele des seinerzeit begonnenen Konzentrationsprozesses, die Hervorbringung einer homogenen Bildungspolitik mit einheitlichem Prüfungswesen und einheitlicher Personalpolitik. Das Beispiel Bonn-Poppelsdorf, wo Landwirtschaftliche Hochschule und Universität 1932 unter dem Universitätskurator zusammengefaßt worden seien, habe nach kurzer Zeit zur erheblichen Vereinfachung und Verbilligung der Verwaltung geführt. Daher müsse das Kultusministerium auch die verbliebenen Anstalten wie die Bergakademie in Clausthal und die Forsthochschulen für sich reklamieren. Die immer wieder geltend gemachte Praxisfrage bleibe davon unberührt, so von Rottenburg, zumal hierfür »viel weniger die Verwaltung im Ministerium selbst als das unmittelbare Verhältnis der Hochschullehrer zu den Männern und den Fragen der Praxis entscheidend« sei.[104]

Die Abteilung Volksbildung im Kultusministerium unter Ministerialrat Wolfgang von Staa forderte im Interesse einer »gesunde[n] Personalpolitik« die komplette Übertragung der Kunsthochschulen und Kunstgewerbeschulen. Es sei »keineswegs beabsichtigt, den guten kunstgewerblichen Handwerksgeist durch einen reinen Kunstgeist zu verdrängen«, beruhigte er, vielmehr müsse an den Kunsthochschulen ein »handwerklicher Geist« künftig stärker zum Tragen kommen. Dies setze freilich Übersichtlichkeit voraus: »Eine gesunde Kunstpolitik müsse darauf bedacht sein, Kunst und Kunsthandwerk in fruchtbarer Berührung zu halten; das könne jedoch nur dann mit Erfolg geschehen, wenn die Betreuung aller diesem Ziele dienenden Anstalten von einem Ressort aus erfolge«, vermerkte die Niederschrift.[105] Von den Kritikern wurde entweder das Argument fehlender Praxisnähe in die Diskussion eingebracht, auf den Unterschied zwischen einem allgemeinbildenden und einem fachlich bezogenen Schulwesen verwiesen oder mit dem Hinweis auf scharfe Gegenwehr seitens der Wirtschaft gedroht. Die Beamten des Kultusministeriums blieben hiervon unbeeindruckt, »Reformen gehen stets über Proteste und wir ständen in einer Zeit der Reformen«, vermerkte das Protokoll die Antwort Bojungas.[106]

Der Widerstand gegen die Begehrlichkeiten des preußischen Kultusministers war anhaltend. Keiner der betroffenen Ressortminister wollte sich in seiner Zuständigkeit beschnitten sehen, der Landwirtschaftsminister so wenig wie der Reichsinnenminister. So gut begründet die Pläne Rusts zur Vereinheitlichung der Strukturen und zielbewußten Kultuspolitik sein mochten, sie führten tatsächlich über den rechtlichen Rahmen seines Ministeriums hinaus. »Die allgemeine Schulpolitik wird nicht vom Herrn Kultusminister, sondern vom Herrn Reichsminister des Innern gemacht«, erinnerte der Wirtschaftsminister den Kollegen nachdrücklich und erklärte zugleich die erstrebte vollständige Konzentration des Bildungswesens in einem Amt für unrealistisch, da sich Polizei-, Heeresfach-, Eisenbahn- und Postverwaltungsschulen niemals aus ihren angestammten Ressorts würden lösen lassen. Dies war in der Tat ein starkes Argument, und mit dem Rekurs darauf beharrte der Wirtschaftsminister seinerseits auf Wiederherstellung seiner ursprünglichen Zuständigkeit für das komplette Berufs- und Fachschulwesen. Vereinheitlichung und Vereinfachung waren gewiß ein starker Trend der Zeit, aber die historisch gewachsenen Strukturen standen einer zügigen Umsetzung entgegen. Dem preußischen Kultusministerium mangelte es an Gewicht zur Realisierung seiner Ziele, zumal dann, wenn es seinen Kompetenzbereich überschritt. Darüber gerieten die Konzentrationspläne Rusts 1933 ins Stocken.

Ähnlich schwierig gestaltete sich der bald nach dem Januar 1933 auf die bildungspolitische Tagesordnung gesetzte Umbau des allgemeinen Schulwesens. Hier ging die Initiative vom Reichsinnenministerium aus, dem die allgemeine Schulaufsicht im Deutschen Reich unterstand. Der Kulturföderalismus hatte seit 1871 eine heterogene Bildungslandschaft hervorgebracht, die sich schon in den entwickelten westlichen Regionen Preußens sehr von den agrarisch geprägten des Ostens unterschied, aber vor allem ein beträchtliches Bildungsgefälle zwischen den Einzelstaaten im Reich aufwies. Homogenisierende Initiativen rührten noch aus dem Kaiserreich und wurden auch vom Weimarer Staat verfolgt, nur sehr weit waren die Bemühungen seither nicht gediehen. Reichsinnenminister

Frick, als thüringischer Kultusminister der Jahre 1930/31 mit Bildungsfragen vertraut, forcierte die Vereinheitlichungspläne seitens des Reichs und beauftragte den in der Abteilung für Schule und Wissenschaft seines Hauses bestehenden Ausschuß für das Unterrichtswesen mit ihrer Umsetzung. Auf einer Konferenz im November 1933 standen entsprechende Pläne abschließend zur Diskussion, die zuvor in Sonderausschüssen unter Beteiligung der Länder eingehend beraten worden waren.[107]

Fragen nach dem Aufbau der Volksschule, der Zukunft des Gymnasiums, des Erlernens von Fremdsprachen und der Durchlässigkeit zwischen den Schularten dominierten die Aussprache. Die Vertreter Preußens, Bargheer und Benze, nahmen in allen Belangen die bei weitem radikalsten Positionen ein und mahnten wiederholt eine grundsätzliche Neuausrichtung der Schulen auf die Erfordernisse der Zeit an. Der klassisch humanistischen Gymnasialbildung mit ihrer Hochschätzung der alten Sprachen setzten sie ein Reformmodell mit Englisch als erster Fremdsprache und Latein ab Untersekunda entgegen. »Preußen wolle nicht mehr eine sprachliche Formalbildung. Es wolle Menschen in Führerstellen bringen, die die deutsche Kultur in höchster Tiefe erfassen könnten«, führte Benze den preußischen Standpunkt aus. Fremdsprachen seien daher nur in dem Maße heranzuziehen, wie sie zum besseren Verständnis der deutschen Kultur beitrügen. Die Zeit der alten Sprachen erklärte er für abgelaufen; an den Werten der Antike wollte man zwar festhalten, aber diese müßten nun anders als über das Erlernen von Latein und Griechisch »unter völkischer Beleuchtung« modifiziert unterrichtet werden.[108]

Bargheer schlug in dieselbe Kerbe, indem er die »auslesende Kraft« des Lateins gleichfalls bestritt. Das Bauerntum im Norden und Osten Deutschlands habe dazu nie ein Verständnis entwickelt, weshalb der »lateinische Bauer« eine wirklichkeitsfremde Idee bürgerlicher Bildungspolitik geblieben sei. »Siedlung könne mit Latein nicht getrieben werden«, notierte das Protokoll einen polemischen Einwand Bargheers.[109] Eine »völkische Orientierung« des Schulwesens propagierte er als das Gebot der Stunde und warnte, daß eine Nichtberücksichtigung des Volkstums beim Schulaufbau, »am Nationalsozialismus vorbei« gehe. Die Vertreter Preußens forderten eine Nivellierung des Bildungsgutes nach der Seite der Volksgemeinschaft; Bildung, Unbildung und Halbbildung sollten künftig keine sozial distinguierenden Rollen mehr spielen. Zur Bekräftigung der preußischen Haltung verwies Bargheer auf die im bildungsbürgerlichen

Milieu lange Jahre gepflegte Zurückhaltung gegenüber dem Nationalsozialismus: »Wenn es wirklich so wäre, daß die bisherige Bildung klare politische Erkenntnisse vermittle, dann müßten die 300 000 sogenannten Gebildeten Deutschlands die Mitgliedsnummer 1 – 300 000 in der NSDAP tragen.« Daraus leitete er eine Verpflichtung künftiger Schulpolitik ab, die »wahren Kämpfer der Bewegung [...], die im Straßenkampf und in der Saalschlacht geblutet hätten« in ihren Planungen zu berücksichtigen.[110]

Auch die Vertreter des Reichs und der Länder forderten eine Umstellung der Schulen auf den nationalsozialistischen Staat, aber doch nicht mit der von Benze und Bargheer geübten Radikalität. Das Reichsinnenministerium etwa stimmte der Forderung Preußens nach einer Nivellierung des Bildungsstandards zu, aber nur einer, die auf eine Steigerung des allgemeinen Niveaus setzte. Von der Güte des bisherigen Bildungssystems war man hier wie in den übrigen Staaten überzeugt. Der Schulaufbau sollte freilich transparenter gestaltet, gestrafft und nach einheitlichen Gesichtspunkten ausgerichtet im Sinne des Nationalsozialismus modernisiert werden. Den radikaleren Reformimpulsen aus Preußen mangelte es in diesem Kreis aber an Gewicht. Bargheers und Benzes Polemiken erzeugten eher Widerwillen, als daß sie werbende Wirkung auf die Länderkollegen und die Vertreter des Reichs entfalteten. Ministerialdirektor Rudolf Buttmann vom Reichsinnenministerium glaubte sich an einem Punkt der Diskussion sogar ausdrücklich gegen insinuierende Äußerungen Bargheers verwahren zu müssen, »als ob bei den jetzigen Beratungen sich hundertprozentige und neunzigprozentige Nationalsozialisten gegenüber stünden«.[111] Zur Komplexität der Gestaltungsfrage traten persönliche, aus dem alten Länderantagonismus rührende Vorbehalte hinzu. Buttmann, der seine berufliche wie politische Karriere in Bayern gemacht hatte, sah sich offensichtlich in einer Konkurrenz zu den Vertretern Preußens. Dies dürfte die gemeinsame politische Zielsetzung während der ersten Monate des Dritten Reichs erschwert haben.[112]

Das preußische Kultusministerium als das älteste, größte und finanzstärkste im Deutschen Reich hatte sich unter Bernhard Rust rasch auf den nationalsozialistischen Staat eingestellt. Mit dem deutschnationalen Staatsstreich vom Sommer 1932 waren etliche Maßnahmen im Sinne der Nationalsozialisten bereits vorweggenommen worden, an die nach dem 30. Januar 1933 angeknüpft werden konnte. Mit dem Minister waren vielfach junge, ehrgeizige und politisch überzeugte Mitarbeiter in das

Haus Unter den Linden eingezogen. Sie drängten nun auf eine energische Umgestaltung der bisherigen Bildungs- und Wissenschaftspolitik in Preußen für die Ziele des Nationalsozialismus. Dem Einfluß des Ministeriums waren jedoch Grenzen gesetzt, sobald Fragen der allgemeinen Bildungs- und Wissenschaftspolitik berührt wurden, denn diese unterstanden dem Reichsinnenminister. Erst mit den Reichsreformplänen der Regierung Hitler sollten sich für das Ministerium Rust neue Perspektiven ergeben.

II. Mehr als nur ein Name: Das Reichsministerium für Wissenschaft, Erziehung und Volksbildung entsteht

Reichs*wissenschafts*ministerium oder Reichs*erziehungs*ministerium?

»In stolzer Freude senden die Beamten, Arbeiter und Angestellten des Preußischen Kultusministeriums dem ersten deutschen Reichserziehungsminister, dem berufenen Bildner und Former nationalsozialistischer Generationen des Dritten Reichs in treuer Gefolgschaft herzlichste Glückwünsche zur großen neuen Aufgabe.« Am Nachmittag des 2. Mai 1934 gab Staatssekretär Stuckart dieses Telegramm auf, das den Minister zwei Stunden später in einem Restaurant seiner Heimatstadt Hannover erreichte. Dort beging Gauleiter Rust im Kreise der Familie und mit einigen politischen Freunden aus Anlaß der Ernennung eine kleine Feier.[113] Gerüchte um die Gründung eines neuen Reichsministeriums hatten sich um die Jahreswende verdichtet und waren im Februar 1934 erstmals auf einer Zusammenkunft zwischen Hitler, Rosenberg, Goebbels und Rust spruchreif geworden. »Rust bekommt ein Reichsschulministerium«, notierte Goebbels als Ergebnis des Gesprächs über Kulturfragen in seinem Tagebuch und fügte hochgestimmt hinzu, der Bildungsminister habe ihm »preuß[ische] Kultursachen« von sich aus angeboten. Der Propagandaminister schien über die Enttäuschung des Jahres 1933, als ihm das Kultusressort versagt geblieben war, noch immer nicht ganz hinweggekommen zu sein. Dafür spricht auch, daß er wenige Tage nach der offiziellen Ernennung Rusts hinter dessen Rücken mit Göring und Hitler erneut weitgehende Pläne schmiedete. Goebbels sollte in die preußische Regierung eintreten und sich aus dem Ministerium Rust diejenigen Zuständigkeiten nehmen, über die er im Reich bereits verfügte. »Also endlich Kultusministerium. […] Ich bin glücklich darüber«, vertraute der so ehrgeizige wie intrigante Doktor seinen Aufzeichnungen an. Dem neuen Ministerium wollte er den Namen »»für Kultur und Volksaufklär[ung]«« verleihen. Doch die Freude währte abermals nicht lang. Hitler erklärte wenig später knapp, »kein neues preuß[isches] Ministerium mehr« zu wollen; Göring sollte Goebbels die gewünschten Gebiete formlos übertragen. »Umso besser«, kommentierte Goebbels, »Hauptsache, daß ich sie bekomme. Auch Rust muß auf Anordnung Hitlers mehr an mich abgeben, als er will.« Nur sollte er die Beharrlichkeit, mit der sein Parteifreund Rust die Belange seines Ministeriums in der Folgezeit verteidigte, ziemlich unterschätzen.[114]

Das Reichsministerium für Wissenschaft, Erziehung und Volksbildung, am 1. Mai 1934 aufgrund eines Erlasses des Reichspräsidenten Hindenburg offiziell entstanden, war die jüngste und zugleich letzte Ministeriumsgründung des Deutschen Reichs, sieht man vom Reichskirchenministerium Hanns Kerrls 1935 und von Rosenbergs Ostministerium des Sommers 1941 mit ihren Sonderbedingungen einmal ab.[115] Sie erfolgte im Kontext der von den Nationalsozialisten ins Werk gesetzten Reichsreform. Damit wurden Bestrebungen weiterverfolgt, die schon in den Weimarer Jahren staats- und verwaltungsrechtlich diskutiert worden waren und eine territoriale Neugliederung der Länder sowie die Neubestimmung des Verhältnisses von Reich und Ländern zum Ziel gehabt hatten. Doch trotz einer Fülle einschlägiger Pläne waren sämtliche Reformvorschläge zuletzt am Widerstand der Länder, besonders an der Macht starker Freistaaten wie Bayern, gescheitert. Die Nationalsozialisten machten sich die Forderung nach Vereinheitlichung und Zentralisierung zu eigen und propagierten gegen die föderale Struktur des Reichs den nationalen Einheitsstaat. Als einer der energischsten Verfechter dieser Pläne galt Wilhelm Frick, darin maßgeblich unterstützt von erfahrenen Verwaltungsjuristen wie Hans Pfundtner, Franz Medicus und Helmut Nicolai. Am 30. Januar 1934 trat das »Gesetz über den Neuaufbau des Reiches« in Kraft, das die Länderparlamente und die Hoheitsrechte der Länder beseitigte. Damit waren die Landesregierungen der Reichsregierung unterstellt. Das »Gesetz über die Aufhebung des Reichsrats« vom 14. Februar 1934 rundete die Entwicklung zum Einheitsstaat vorläufig ab. Doch was sich mit der Verkündigung dieser Gesetze und einiger Durchführungsverordnungen scheinbar reibungslos anließ, wuchs unter der Hand zu einem gewaltigen politischen Problem heran. Darüber geriet die von den Nationalsozialisten angekündigte Reichsreform ins Stocken. Denn so sehr die Idee des Einheitsstaates dem Führergedanken der Nationalsozialisten zu entsprechen schien, so wenig war sie mit den Geltungsansprüchen der in den

Ländern herrschenden »Regionalfürsten«, der Gauleiter und Reichsstatthalter, vereinbar. Diese waren nur schwer zur Begrenzung ihrer einmal gewonnenen Machtfülle zu bewegen und setzten sich gegen diesbezügliche Bestrebungen zur Wehr.[116]

Gleichwohl markierte der 1. Mai 1934 ein wichtiges Datum auf dem Weg zum Einheitsstaat. An diesem Tag wurden das preußische und das Reichsinnenministerium, das Reichskultus- und das preußische Kultusministerium jeweils in Personalunion miteinander verbunden. Im Laufe des Jahres zogen die übrigen preußischen Ministerien nach, bis auf das Finanzministerium unter Johannes Popitz, das autonom bestehen blieb. Die Personalunion zwischen dem preußischen- und dem Reichskultusministerium mündete am 1. Dezember 1934 in eine Realunion, nachdem sich die separate Bearbeitung von Reichs- und preußischen Belangen als zu umständlich herausgestellt hatte. Nach einem Gespräch zwischen Hitler, Rust und Göring in Berchtesgaden fiel diese Unterscheidung fort und mußten die Vorgänge nicht länger mit einem R für Angelegenheiten des Reichs bzw. mit einem P für Belange Preußens in den Tagebüchern des Ministeriums eigens gekennzeichnet werden.[117] Das nunmehr unter Reichs- und preußisches Ministerium für Wissenschaft, Erziehung und Volksbildung firmierende Haus Unter den Linden war zugleich oberste Reichsbehörde, der die Länderunterrichtsverwaltungen unterstanden, und oberste Landesbehörde für Preußen. Damit war in formaler Hinsicht in etwa das erreicht, was Carl Heinrich Becker 1919 bildungspolitisch vor Augen gestanden hatte, »ein preuß[isches] Kultusministerium, das gleichzeitig Reichsamt ist«.[118]

Ein Erlaß Hitlers vom 11. Mai 1934 hatte dem neuen Ministerium die wesentlichen, bislang in der Kulturpolitischen Abteilung des Reichsinnenministeriums liegenden Zuständigkeiten übertragen, die Richtlinienkompetenz für die allgemeine Schul- und Bildungspolitik im Reich sowie die Aufsicht über die vom Reich unterhaltenen wissenschaftlichen Institutionen. Die Bereiche Presse, Rundfunk und Kunst gingen vom Reichsinnenministerium an Goebbels über.[119] Frick hatte dem Einflußverlust zugestimmt, weil er in einem Reichskultusministerium einen notwendigen Schritt auf dem Weg zum erstrebten Einheitsstaat sah. Im Mai 1933, als er selbst noch für die Bildungsbelange im Reich zuständig war, hatte er sich in einer Rede vor den Ministerpräsidenten der Länder für eine »einheitliche organische Gestaltung des deutschen Bildungswesens« stark gemacht. Daß dies gelinge, hielt er schon im Interesse eines dauerhaften Machterhalts des Nationalsozialismus für unabdingbar. Seine Gesetzgebung im Bildungsbereich zielte in diese Richtung, und sein Abteilungsleiter im Amt, Buttmann, richtete die diesbezüglichen Verhandlungen mit den Ländervertretern ebenso auf die sukzessive Vereinheitlichung aus. So hätte die Gründung eines Reichskultusministeriums auch auf der Basis der Kulturpolitischen Abteilung im Innenministerium erfolgen können, mit Buttmann an der Spitze, der über entsprechende Erfahrung im bildungspolitischen Sektor verfügte und zudem in die Reichsleitung der NSDAP eingebunden war. Entsprechende Ambitionen Buttmanns hat es wohl auch gegeben, doch scheint Frick seinen Abteilungsleiter darin nicht energisch unterstützt zu haben. Nach der endgültigen Auflösung der Kulturabteilung im Reichsinnenministerium ging Buttmann 1935 als Direktor der Bayerischen Staatsbibliothek in seine Heimatstadt München zurück.[120]

Konfliktreicher gestaltete sich die Übertragung von speziellen Aufgabengebieten aus dem Reichsinnenministerium in das Reichskultusministerium, auf die außer Rust auch Goebbels Anspruch erhob.[121] Denkmal- und Naturdenkmalpflege, Heimatschutz sowie die Museen und Volksbüchereien waren darum im Erlaß Hitlers vom 11. Mai 1934 unerwähnt geblieben. Welchem Ressort sie einmal übertragen würden, so hieß es, sollte einer Chefbesprechung vorbehalten bleiben. Eine darüber im Juni 1934 geführte Aussprache zwischen Stuckart und Frick endete damit, daß sich der Reichsinnenminister zur Abtretung der genannten Gebiete »vorbehaltlich der Zustimmung des Propagandaministeriums« bereit erklärte. Frick zeigte sich außerdem gegenüber dem Wunsch Rusts, die Jugendwohlfahrt zu erhalten, »nicht prinzipiell abgeneigt«.[122] Doch was sich zunächst mühelos zu regeln lassen schien, geriet unerwartet in Verzug. Das Innenministerium ließ im Sommer 1934 gleich mehrere Schreiben des Reichserziehungsministeriums unbeantwortet, was vielleicht mit dem Wirbel um die Ermordung der SA-Spitze zusammenhing, während Goebbels wie gewohnt je nach Lage der Dinge taktierte. Dazu trat im Herbst die schwierige kirchenpolitische Situation, die Rust Zurückhaltung üben ließ.[123]

Zu allem Überfluß schaltete sich im November 1934 Göring in die Angelegenheit mit dem Vorschlag ein, die bisher im Kultusministerium gelegene Geistliche Abteilung in das Reichsinnenministerium zu transferieren. Rust ahnte hier eine Chance und erklärte sich unmittelbar einverstanden, freilich nur unter der Bedingung, daß nun auch seine »Ressortwünsche befriedigt würden«. Dies brachte offenbar Bewegung in die Sache, jedenfalls erreichte im Dezember 1934 ein Brief Fricks das Haus Unter den Linden, worin er vier der inzwischen sechs erbetenen Aufgabenbereiche an Rust abtrat. Die Leibesübungen sowie die Jugendwohlfahrt als ein Teil der sonstigen Wohlfahrtspflege wollte man hingegen im Innenministerium behalten, zumal sich auch die Reichsleitung der NSDAP in diesem Sinne ausgesprochen hatte. Damit hatte das Kultusministerium schon einmal einen Teilerfolg erzielt, ohne aber darüber die zwei entgangenen Gebiete aus den Augen zu verlieren. »Auf dieses Schreiben wurde […] zunächst nicht eingegangen, weil die Spannung mit dem M. d. I. (an die damalige Serie unfreundlicher Briefe an uns sei hier erinnert) einen Erfolg irgendwelcher Gegenvorstellungen als ausgeschlossen erscheinen lassen mußte«, resümierte Otto Graf zu Rantzau in seinem Bericht die zähen Verhandlungen.[124] Deutlich wird, wie energisch Rusts Beamte die Ziele ihres Hauses verfolgten und wie geschickt sie sich taktischer Erwägungen bedienten. Am Ende bekam das Reichskultusministerium bis auf die Jugendwohlfahrt sämtliche zwischen ihm und Goebbels strittigen Aufgabengebiete zuerkannt: Denkmalpflege und Heimatschutz, Museen, Volksbildung und Volksbüchereien sowie die Leibeserziehung an Schulen und Hochschulen. Ein Gegenstand des Streits mit dem Propagandaminister bis in die Kriegszeit hinein blieb hingegen das Aufgabengebiet Kunst samt Kunsterziehung.

Schon allein mit dem Blick auf die Zuständigkeit des neuen Ministeriums für die drei Großbereiche Wissenschaft, Erziehung und Volksbildung handelte es sich um eine Mammutbehörde. Rust führte als Reichsminister die Dienstaufsicht über rund 250 000 Beamte im Deutschen Reich, die als Professoren und Studienräte, als Volksschul-, Berufsschul-, Berufsfachschul- und Fachhochschullehrer, als Kuratoren und Kustoden tätig waren. Mit dem »Anschluß« Österreichs 1938 erhöhte sich diese Zahl noch einmal signifikant. Im Ministerium selbst sollten sich die Personalzahlen in den ersten fünf Jahren auf rund 500 Personen nahezu verdoppeln.[125] Mit der Erweiterung der Aufgabengebiete und angesichts einer kontinuierlich wachsenden Belegschaft stieg der Raumbedarf Unter den Linden. Der Stammsitz einschließlich der um die und nach der Jahrhundertwende errichteten Erweiterungsbauten erwies sich bald als unzureichend. Die

Abb. 9 Außenansicht des Reichsministeriums für Wissenschaft, Erziehung und Volksbildung, 1938

früher wie selbstverständlich gepflegte Usance, wonach sich die Größe des Büros nach dem Rang eines Beamten richtete, konnte nach 1933 kaum mehr beachtet werden. Die ursprünglich großzügig bemessenen Räume wurden erst durch Einziehen von Trennwänden geteilt, später wurden die verkleinerten Einheiten auch noch doppelt belegt. Hinzu gemietete Büroräume in der Nachbarschaft des Amtsgebäudes brachten stets nur vorübergehende Entlastung. Mietraum war in Berlin Mitte nur schwer zu beschaffen in diesen Jahren, weil die staatlichen Liegenschaften auch von anderen expandierenden Behörden nachgefragt wurden und geeignete private Objekte nur begrenzt zur Verfügung standen. In den Stadtplanungen Speers war ein Neubau für das Kultusministerium an der Nord-Südachse zwar vorgesehen, doch lag zum einen der Termin seiner Fertigstellung in ferner Zukunft, zum anderen wäre ohnehin nur die Ministeriumsspitze, Minister, Staatssekretär, »höchstens noch die Ministerialdirektoren« dorthin umgezogen. So mußte das Ministerium, um sich Raum zu verschaffen, immer wieder zu Notlösungen greifen und neben dem Hauptsitz zeitweilig bis zu vier Nebenadressen unterhalten. Aber der Raumhunger konnte dadurch nicht gestillt werden.[126]

Direkter Ansprechpartner in der Raumfrage war die preußische Bau- und Finanzdirektion, eine selbständige Abteilung im Bereich des preußischen Finanzministeriums. Von den Beamten des Kultusministeriums mit immer neuen Anfragen um die Zuteilung von Büroraum bestürmt, bot die Baufinanzdirektion an, was irgend geeignet erschien. Gelegentlich handelte es sich um den Besitz ausgewanderter jüdischer Geschäftsleute wie die »frühere Wäschefabrik der Gebr.[üder] Mosse« in der Jägerstraße Nr. 47 – 48, die jedoch ebenso wie die Adresse des einstigen »Siechenhauses«, Behrenstraße Nr. 23 – 24, für die Zwecke des Ministeriums unbrauchbar waren. Natürlich war das Kultusministerium vor allem an nahegelegenen Liegenschaften stark interessiert. Als das preußische Finanzministerium im Januar 1938 ein Geschäftshaus mit ca. 250 Räumen in der Behrenstraße Nr. 53 – 54 anbot, sagte man umgehend zu, weil es »ja auch nur 4 – 5 Minuten vom Haupthaus entfernt« lag. Die Option zerschlug sich jedoch, weil der Erwerb des Hauses für eine Million Reichsmark dem Land Preußen zu teuer erschien.[127] Sehr nahe an einer entscheidenden Vergrößerung wähnte man sich 1938 mit dem schon länger angestrebten Kauf des unmittelbar an das Stammhaus grenzenden Grundstücks Behrenstraße Nr. 68 – 70. Das Gebäude war der Darmstädter Nationalbank abgekauft und im Grundbuch auch schon mit dem Reichskultusministerium als neuem Eigentümer eingetragen worden. Doch beanspruchte erst Görings Reichsluftfahrtministerium einen Großteil der Räume, danach das Heereswaffenamt. Das Kultusministerium nutzte in der gesamten Zeit nur wenige Zimmer des ihm eigentlich gehörenden Gebäudes und protestierte, freilich vergeblich, gegen die Fremdbenutzer.[128]

Angesichts solcher Erfahrungen behielten die Beamten des Kultusministeriums das Schicksal des Geschäftshauses Unter den Linden Nr. 70 und Wilhelmstraße Nr. 69a / Ecke Unter den Linden Nr. 73 besonders genau im Auge.[129] Seit Mitte der 1930er Jahre hatte man gegenüber dem Reichsfinanzministerium größtes Interesse an diesen drei Grundstücken signalisiert. Sie waren an allen Seiten von Gebäuden des Ministeriums umbaut und »würden sich also vorzüglich für eine Erweiterung des Dienstgebäudes eignen«, wie es in einem Brief an den Reichsfinanzminister hieß. Aber die Eigentümer waren amerikanische Staatsbürger. Im Erdgeschoß des Gebäudes führte die American Express Company ein Büro für Überseereisen, im ersten Stock residierte die Firma Opel, während sich in den darüberliegenden Geschossen Wohnungen befanden. Etliche Versuche seitens des Finanzministeriums, den Gebäudekomplex zu erwerben, scheiterten beizeiten an der deutschen Devisenknappheit. Als sich jedoch 1941 die deutsch-amerikanischen Beziehungen verdüsterten und die amerikanischen Staatsbürger das Land verlassen mußten – womit zugleich die Eigentumsfrage aufgeworfen schien –, sah das Kultusministerium seine Chance. Es beauftragte einen Makler, mit den Eigentümern »Fühlung« wegen der Anmietung von Büroräumen aufzunehmen, war aber zunächst noch erfolglos: »Zu einer Abgabe von Räumen haben sie sich nicht bereit gefunden und dabei zum Ausdruck gebracht, daß sie nur der Gewalt wichen.« Im Januar 1942 war es dann soweit; das Haus wurde zwar nicht beschlagnahmt, aber die Amerikaner mußten nun an das Kultusministerium vermieten. Mit Durchbrüchen wurde das Eckhaus mit den Gebäuden des Stammhauses verbunden. Ein Teil der Büroausstattung aus dem Besitz der American Express Company, »alles in bester Ausführung«, wurde mietweise übernommen, der Rest eingelagert. Allein die Beschaffung des Baumaterials glich während des Krieges einem Kunststück. Immerhin ließ sich die bisherige Bürofläche des Ministeriums um stattliche 1 300 qm erweitern. Die Kosten für den Umbau samt Einrichtung beliefen sich auf 115 000 RM, der jährlich zu entrichtende Mietzins auf 19 000 RM. Am Ende entlastete das begehrte Eckhaus freilich nur kurze Zeit von der eklatanten Raumnot, denn am 23. November 1943 wurde es samt dem Hauptgebäude durch Bombenabwurf zerstört.

Der fortwährende Anstieg der Personalzahlen bedingte darüber hinausgehende Veränderungen. Am 1. Januar 1935 informierte ein Rundschreiben des stellvertretenden Staatssekretärs Kunisch die Beamten des Hauses über die Einrichtung einer »Zentralstelle für Stenogramm und Diktat«, in der 8 Stenotypistinnen zur »Erleichterung und Beschleunigung des Geschäftsganges« zur Verfügung standen.[130] Die Kantine im Haupthaus des Ministeriums, in den zwanziger Jahren überhaupt nur behelfsmäßig in zwei Räumen der Ministerwohnung untergebracht, war nicht nur veraltet, sondern vor allem viel zu klein. Sie entsprach in keiner Weise den Richt-

Abb. 10 Unter den Linden / Ecke Wilhelmstraße. Der Gebäudekomplex ist heute im Besitz des Bundestages.

linien der Deutschen Arbeitsfront zum Betrieb öffentlicher Arbeitsstätten. Die meisten Beamten mieden das dunkle, stickige, da viel zu enge Eßzimmer und nahmen ihre Mahlzeiten lieber in ihren Büroräumen oder außerhalb ein. 1937 kam für 49 000 RM eine umfassende Renovierung in Gang, bei der zwei Speisezimmer mit Kaffeeausgabe und eine moderne Küchenanlage entstanden. Von Montag bis Sonnabend konnten nun in der Zeit von 12 bis 15 Uhr Mahlzeiten für rund 200 Personen zubereitet und ausgegeben werden. Ein heller Wandanstrich, Kunstdrucke mit ländlichen Motiven an den Wänden, modernes Mobiliar und neues Weidener Porzellan des Modells »Schönheit der Arbeit« verliehen dem Kasino des Hauses ein neues Gesicht. Der Zutritt stand auch Mitarbeitern umliegender Behörden und Büros offen. Für die körperliche Fitness der Beamten und Angestellten sorgte ein im Dachgeschoß des Haupthauses eingerichteter Gymnastikraum inklusive zweier Personalduschen, während für die Arbeiter neben den Pausenräumen mehrere Duschbäder eingebaut wurden. Aufwendungen in Höhe von rund 100 000 RM verschlangen schließlich die 1937 erfolgte Zusammenlegung und Modernisierung der insgesamt sieben Heizungsanlagen in den verschiedenen Flügeln des Haupt- und Erweiterungsbaus. Die während der Wintermonate stets wiederholte Klage über zu kalte Büroräume verstummte dadurch allerdings auch nicht. Bei Frost waren in vielen der hohen Räume mit der Zentralheizung allein kaum 20 Grad zu erreichen, so daß die noch vielfach vorhandenen Kohleöfen weiterhin ergänzend betrieben werden mußten.[131]

Im Kontrast zu den sichtbaren Innovationen im Arbeitsalltag standen die Sparsamkeitsappelle an die Belegschaft. Sie sollten die Ministeriumsgeschichte durchgängig bestimmen.[132] Dienstreisen durften nur im Notfall getätigt werden, die Verbindung von Dienst- und Urlaubsreisen war strikt untersagt. Die Kraftfahrer sollten Benzin sparen, die Bürokräfte die Telephonkosten senken helfen und bei Papier tunlichst Vor- und Rückseite verwenden. Eine Bestimmung vom 16. Dezember 1935 brachte in Erinnerung, daß zur Senkung der Beleuchtungskosten die Deckenlampen in den Zimmern »nur bei Besprechungen in größerem Kreise oder aus sonstigem besonderen Anlaß einzuschalten« seien, ansonsten sei das Licht der Schreibtischlampen ausreichend. Schreibmaschinen und anderer größerer Bürobedarf wurden aus Kostengründen nicht angeschafft. Mit Kriegsbeginn verschärften sich die Sparaufrufe. Vor allem teure Ferngespräche sollten nun möglichst vermieden und noch mehr als bis dahin durch Briefe ersetzt werden. »Die telefonische Erledigung von Sachen, die bei rechtzeitiger Inangriffnahme schriftlich hätten erledigt werden können, schädigt die Interessen des Hauses und läßt auf Versagen des Bearbeiters in dem betreffenden Fall schließen«, mahnte eine Mitteilung vom 16. September 1939.[133] Kostenintensive »Blitzgespräche« waren »in jedem Fall verboten«. Die Raumtemperatur durfte nun 18 Grad nicht mehr überschreiten, das Aufstellen von Elektroöfen war untersagt.

Raum und Ressourcen waren knapp im Haus Unter den Linden. Dafür hatte es die Fülle an Aufgaben in sich, die den Beamten und Angestellten zur Bewältigung aufgegeben waren. Der tägliche Posteingang aus dem gesamten Deutschen Reich belief sich auf weit über tausend Stück, wobei sich die meisten Vorgänge auf die Ämter Wissenschaft und Erziehung verteilten.[134] In der öffentlichen Wahrnehmung wurde das Ministerium mit diesen zwei Gebieten identifiziert. Reichswissenschafts-, Reichserziehungs- oder Reichsunterrichtsministerium lautete in den Akten und zeitgenössischen Schriften sein Name, während die Bezeichnung Reichsvolksbildungsministerium ungebräuchlich war.[135] Die eigentlich zweckdienliche Bezeichnung Reichskultusministerium blieb Rust hingegen wegen Goebbels versagt. Sich selbst als der berufene Hüter deutscher Kulturbelange begreifend, wachte der Propagandaminister auch beim Blick auf den Namen eifersüchtig über die Wahrung der Ressortgrenzen. Im Sommer 1936 wurde, wohl auch um keine Empfindlichkeiten aufzurühren, als offizielle Kurzbezeichnung der Name Reichserziehungsministerium eingeführt, womit man sicherlich den im Nationalsozialismus besonders hoch geschätzten Erziehungsgedanken unterstreichen wollte. Eine gezielte Schwerpunktsetzung auf den schulischen Sektor war hingegen nicht intendiert. Der zeitweilige Leiter der Hochschulabteilung im Amt Wissenschaft, Franz Bachér, wandte sich in dieser Frage dennoch an den Staatssekretär, um auf eine vor Jahresfrist erhaltene dienstliche Anweisung aufmerksam zu machen. Demnach hatte der Minister persönlich darauf bestanden, in allen die Hochschulabteilung des Hauses betreffenden Belangen die Kurzbezeichnung »Reichswissenschaftsministerium« zu gebrauchen. Aufgrund der Verfügung unsicher geworden, bat Bachér nun um Anweisung, ob die bisherige Gepflogenheit auch zukünftig gegenüber den Hochschulen, den Professoren und Dozenten zulässig sei.[136] Bedenken standen dem nicht entgegen, so daß die gewohnte Bezeichnung von den Referenten des Amtes Wissenschaft auch weiterhin verwendet wurde.

Ämter und Abteilungen

Das Reichs- und Preußische Ministerium für Wissenschaft, Erziehung und Volksbildung erhielt im Sommer 1934 eine neue innere Gestalt. Am 27. August 1934 verfügte der Minister die Gliederung des Reichsministeriums in zwei Dienststellen, in ein Zentralamt und ein Ministeramt. Gleichzeitig erfolgte mit diesem Erlaß ein Umbau des Preußischen Kultusministeriums. Die im Oktober 1932 eingeführte Gliederung in vier Abteilungen wurde aufgegeben und durch eine Mischung aus Ämter- und Abteilungsverfassung ersetzt. Aus der bisherigen Abteilung U I für Wissenschaft entstand das Amt Wissenschaft mit je einer Abteilung für Hochschulen und Forschung. Die Abteilung für Unterricht und Erziehung, bisher U II, wurde zu einem Amt Erziehung mit vier Abteilungen für Volksschulen, höhere Schulen, Berufs- und Fachschulen sowie für landwirtschaftliche Fachschulen ausgebaut. U III, die einstige Abteilung für körperliche Erziehung, verwandelte sich zum Amt für körperliche Erziehung mit zwei Abteilungen für Leibesübungen und Jugendpflege, und aus der ehemaligen Kunstabteilung des preußischen Kultusministeriums ging das Amt Volksbildung hervor. Lediglich die geistliche Abteilung des preußischen Kultusministeriums bestand zunächst noch unter ihrer alten Bezeichnung weiter. Die hier konzentrierten kirchlichen Angelegenheiten gingen nach einem Erlaß Hitlers vom 16. 7. 1935 aber ohnehin auf Reichskirchenminister Hanns Kerrl über. Als weitere selbständige Abteilung firmierte außerdem das Landjahr. Diese zwei Abteilungen, wie bisher Abteilungsleitern unterstellt, standen im Rang gleichberechtigt neben den Ämtern. An der Spitze eines jeden Amtes stand ein mit weitreichenden Befugnissen ausgestatteter Amtschef.[137]

Wie es im einzelnen zu dieser von den sonstigen Reichsministerien abweichenden Gestalt kam, ist nicht bekannt, doch es scheint, als habe Rust die Entscheidung darüber persönlich getroffen. Die Verfügung vom 27. August 1934 ließ er vom Urlaub in Berchtesgaden aus nach Berlin übermitteln. Möglicherweise hatte er sich dort mit Hitler, Göring oder anderen Repräsentanten des Regimes in dieser Frage beraten. Sein Staatssekretär jedenfalls war nicht eingeweiht, was angesichts der Bedeutung des Vorgangs ungewöhnlich war und schon fast einer Mißtrauensbekundung nahekam. Stuckart wußte kaum mehr, als daß ein Umbau bevorstand. Noch wenige Tage vor Bekanntwerden der Verfügung hatte er sich an seinen Minister mit der dringenden Bitte gewandt, ihn wegen der anstehenden Etatverhandlungen und Stellenplanung schon einmal über die Grundzüge des künftigen Ministeriums zu orientieren, war aber ohne Antwort darauf geblieben. Rusts Entscheidung vom 27. August sollte den zweiten Mann im Ministerium dann vor vollendete Tatsachen stellen. Eine sofortige Prüfung der Ministeranordnungen veranlaßte ihn zu erheblichen rechtlichen Bedenken, die Stuckart seinem Dienstherrn auch unverzüglich mitteilen wollte, ohne freilich damit bei Rust etwas zu erreichen. Trotz des mehrfach dringlich vorgebrachten Wunsches nach einem Gespräch ließ sich der Reichsminister am Telephon und in seiner Wohnung verleugnen. Am Ende nahm er lieber den Bruch mit seinem Staatssekretär in Kauf, als sich den begründeten Einwänden zu stellen.[138]

Ein Haupteinwand Stuckarts wie späterer Kritiker richtete sich gegen die Ämterverfassung. Der Staatssekretär sah darin einmal einen Widerspruch zu dem soeben verkündeten Gesetz vom 27. August 1934, das zur Gliederung der preußischen Ministerien in Abteilungen direkt verpflichtete.[139] Darüber hinaus verwies er auf die in diesem Kontext ungebräuchliche Verwendung der Bezeichnung Amt, weil sie vom »allgemeinen Sprach- und Verwaltungsgebrauch« abweiche. Gewöhnlich würden damit nur selbständige Behörden bezeichnet wie Landrats- oder Finanzämter. Der Verwaltungsjurist, der sich seiner Auffassung bei den Ministerialräten Jäger, Bojunga und Frank rückversichert hatte, konnte sich den tieferen Sinn der neuen Struktur nicht erklären.[140] Historisch gewachsen war sie jedenfalls nicht, und Rusts Verfügung vom 27. August enthielt keine inhaltliche Begründung zur Wahl gerade dieses Gliederungsprinzips. Die Ämterverfassung des Hauses wurde schließlich 1937 bei einer Überprüfung des Reichskultusministeriums auch durch den Reichsrechnungshof grundsätzlich moniert. In einem Gutachten vom 17. August des Jahres hieß es dazu in schulmeisterlichem Ton, daß diese aus der Militärverfassung stammende Struktur der zivilen Staatsverwaltung fremd und ihr unangemessen sei. Die in Ämtern zusammengefaßten Aufgabengebiete hielt man für zu umfangreich und Schwierigkeiten im Verwaltungsablauf geradezu für vorprogrammiert. Außerdem erklärten die Gutachter die weithin unabhängige Stellung der Amtschefs mit dem sonstigen bürokratischen Aufbau der Behörde für unvereinbar. Zuletzt wähnten sie generell die erstrebte Einheitlichkeit im Aufbau der Reichsministerien gestört.[141]

Die Reaktion des Ministers verriet, daß Rust seinerzeit wohl doch mehr als die im Gutachten unterstellte bloße Umbenennung der bisherigen Abteilungen im preußischen Kultusministerium in Ämter im Sinn gehabt hatte. In seiner Replik wies er zunächst auf die große Bedeutung der Ämterverfassung in der Militärverwaltung und im Aufbau der NSDAP hin: »Wenn ein ziviles Ministerium in unserer Zeit des politischen Soldatentums seine Organisation den erprobten Formen der Partei und der Wehrmacht annähert, so sollte man diese zeitgemäße Entwicklung nicht verhindern«, hob der Minister den neuartigen Zuschnitt seines Ressorts hervor und nahm damit einem Teil der Kritik den Wind aus den Segeln. Was die befürchtete allzu große Selbständigkeit der Amtschefs betraf, so verwies Rust auf das Führerprinzip, wonach »ein Amtschef sich niemals selbständiger machen [kann] als der Leiter einer ebenso großen Gliederung«. Das in seinem Ministerium herrschende Gleichgewicht würde etwaigen Machtgelüsten einzelner Amtschefs schon von selbst einen Riegel vorschieben. Generell hob er hervor, wie wichtig ihm eine adäquate Bezeichnung der neuen Arbeitseinheiten sei. Man habe sich durch die Zusammenlegung der Ministerialabteilungen bewußt für die Schaffung von Großeinheiten entschieden, weil dies den verwaltungstechnischen Bedürfnissen des Dritten Reichs als Einheitsstaat am besten entspreche. Nun müsse mit der Bezeichnung auch das ausgedrückt werden, »was mit der Gliederung nach großen Gesichtspunkten gedacht und bezweckt« sei. Die herkömmlichen Begriffe wie Hauptabteilung konnten nach Ansicht Rusts diesen Sinn nicht erfassen. Hingegen besaß »der Name ›Amt‹« die nötige Prägnanz, um »eine aus den neuen Zeitverhältnissen heraus notwendig gewordene höhere Zusammenfassung an sich vollwertiger Abteilungen« korrekt zu bezeichnen.[142]

Die neue Organisationsstruktur verriet Gestaltungswillen. Das Reichskultusministerium sollte seinem inneren Zuschnitt und noch mehr dem Anspruch des Ministers nach das bisherige preußische Kultusministerium an Bedeutung, Leistungsfähigkeit und Durchsetzungskraft überflügeln. Angesichts der Größe der bevorstehenden Aufgaben im Reich hielt Rust den Umbau für eine notwendige Erfolgsbedingung. Wichtiger als die Wahrung und Fortführung preußischer Verwaltungstraditionen erschien ihm die Adaption des Ministeriums an den nationalsozialistischen Staat: Die gewandelten politischen Verhältnisse sollten sich in der Gestalt seines Ministeriums spiegeln. Die Ressentiments führender Parteifunktionäre gegen Bürokratie und Verwaltung waren bekannt und dürften Rust durch seinen persönlichen Kontakt zu Hitler noch einmal klarer vor Augen gestanden haben. Er gab seinem Ministerium einen verstärkt politischen Zuschnitt, um es gegen Kritik aus dieser Richtung zu immunisieren. Trotz der Beanstandungen seitens des Reichsrechnungshofes blieb die Ämterverfassung bis zuletzt gültig. Das Ministeramt wurde 1938 zwar auf Empfehlung des Gutachtens aufgehoben und in verkleinerter Form als Ministerbüro weitergeführt. 1942 entstand es aber erneut als Ministeramt, erst mit Heinrich Harmjanz, dann mit Rudolf Kummer als Chef.[143] Auch sonst kam es wiederholt zu internen Umstrukturierungen im Haus Unter den Linden, ohne die Ämterverfassung als solche in Frage zu stellen.

Bis sich die Arbeitsabläufe in den großen Verwaltungseinheiten des Reichs- und preußischen Kultusministeriums eingespielt hatten und die durch den Umbau aufgeworfenen Personalfragen geklärt waren, vergingen Monate. Die Aufstellung von Geschäftsverteilungsplänen für die einzelnen Ämter bzw. Abteilungen erwies sich als schwieriger als vom Minister offenbar angenommen worden war und mußte zudem wegen des häufigen Personalwechsels immer wieder modifiziert werden.[144] Die in den Jahren 1934 und 1935 neu eingestellten Mitarbeiter waren nicht im gewohnten Maß mit dem Ablauf in einer Behörde vertraut, wodurch sich die Einarbeitungszeiten verlängerten. Mißverständnisse in der Kommunikation häuften sich, und die Verfahrensabläufe dehnten sich zeitlich zum Teil gewaltig aus. In dieser Aufbauphase bedeutete der abrupte Weggang Stuckarts im Sommer 1934 einen schweren Verlust. Als Staatssekretär hatte er den bisherigen Geschäftsgang souverän überblickt und wäre gerade bei der Einführung der neuen Strukturen eine Hilfe gewesen. An schnellen Ersatz für ihn war indes nicht zu denken, so daß die wichtigste Position nach dem Minister vorerst nur im Nebenamt verwaltet wurde. Von August bis November 1934 versah der Chef des Amtes Wissenschaft, Theodor Vahlen, die Aufgaben des Staatssekretariats, danach führte Siegmund Kunisch, seit November 1934 zudem Chef des Zentralamts, bis zum März 1936 die Geschäfte kommissarisch weiter. Als von Juli 1935 bis Januar 1936 Rust selbst krankheitsbedingt ausfiel, vertrat Kunisch zu allem anderen auch noch den Minister. Diese Bedeutungsakkumulation versuchte er prompt zum persönlichen Machtausbau zu nutzen, mußte sich aber mit dem zurückkehrenden Minister und bald darauf mit dem neuen Staatssekretär Werner Zschintzsch nolens volens wieder auf sein eigentliches Betätigungsfeld der inneren Ministeriumsverwaltung beschränken.

Bernhard Rust nahm sein Amt überaus ernst. Anders als für Goebbels stand für ihn offenbar nicht bloß die Befriedigung seines persönlichen Ehrgeizes im Vordergrund, sondern die Pflicht zur Lösung der anstehenden sachlichen Aufgaben. Er war ein so disziplinierter wie ausdauernder Behördenchef, dessen Spuren sich in Gestalt hundertfacher Marginalien am Rande von Schriftstücken erhalten haben. Der grüne Ministerstift kommentierte, ergänzte und zeichnete ab, durchkreuzte aber auch oft genug die Vorlagen seiner Räte: Rust war kein bequemer Dienstherr. Er wollte nicht allein Repräsentant seines Ministeriums sein, sondern dessen innere Gestalt und inhaltliche Ausrichtung maßgeblich bestimmen. Die transparente Gliederung der Behörde in Ämter mit verantwortlichen »Chefs« an der Spitze erleichterte ihm die Durchsetzung seines Machtanspruchs als Minister. Dazu reiste er unermüdlich in Dienstgeschäften durchs Land, um sich persönliche Eindrücke von der kultus- und wissenschaftspolitischen Lage zu verschaffen und seine Urteilskraft zu schärfen. Dem Reichsminister war nicht leicht ein X für ein U vorzumachen. Nur seine ohnehin durch Kriegsverletzungen geschwächte Gesundheit litt unter den zahllosen Reisen, und öfter als ihm lieb war, fiel er gesundheitsbedingt aus. Als Rust im Januar 1936 nach längerer Krankheit wieder die »Führung des Ministeriums« übernahm, teilte er dies pflichtbewußt der Belegschaft, aber auch der Parteikanzlei mit. Er dankte seinen Mitarbeitern für die »pflichttreue Arbeit« während seiner Abwesenheit, wollte fortan aber wieder selbst über »alle Vorgänge grundsätzlicher Art, insbesondere Änderungen im Geschäftsgang und Geschäftsverteilungsplan sowie Personalveränderungen im Hause« informiert werden.[145] Rusts Interesse an den Belangen seines Ministeriums sollte sich bis 1945 nicht verlieren.

Die Kultusministerien der Länder

Mit dem »Gesetz über den Neuaufbau des Reiches« vom Januar 1934 und der Gründung des Reichskultusministeriums im Mai 1934 büßten die Fachressorts in den 17 Ländern des Deutschen Reichs ihre Selbständigkeit formal ein; sie wurden aber nicht abgeschafft, sondern ihr Verbleib war als Vermittlungsinstanz zwischen den Reichsfachministerien und den unteren Verwaltungsebenen in den Ländern auch weiterhin vorgesehen. Dazu wurden den Ländern die Hoheitsrechte auftragsweise und im Namen des Reiches zurückübertragen. »Aus ursprünglichem Recht ist übertragenes geworden. An die Stelle der politischen Berufung ist der staatsrechtliche Auftrag getreten«, hieß es im Februar 1934 in einem Schreiben des Reichsfinanzministers an die Länderregierungen.[146] Die obersten Landesbehörden waren dem Reich und nicht mehr wie bisher den Landesregierungen verantwortlich. So bestanden in sieben von zehn Ländern im Reich die Kultusministerien zumeist unter ihren alten Bezeichnungen fort, in Hessen, Sachsen und Hamburg wurden sie aufgelöst und als Abteilungen der Landesregierungen geführt.[147] 1933 waren Minister und führende Beamte der Länderkultusministerien ähnlich wie in Preußen zunächst einmal durch Nationalsozialisten abgelöst worden. Lediglich in Braunschweig, wo mit Dietrich Klagges 1931 der erste nationalsozialistische Kultusminister ernannt worden war, und im Mustergau Thüringen, wo seit August 1932 mit Fritz Wächtler ein Nationalsozialist amtierte, erübrigte sich ein Ministerwechsel. Die meisten 1933 ins Amt gelangten Kultusminister kamen wie Bernhard Rust ursprünglich aus dem Lehrerberuf. Wenn sie sich nicht schon früher ganz der Politik zugewandt hatten, waren sie zuvor an Volks-, Mittelschulen oder Gymnasien tätig gewesen, wie der Volksschullehrer Hans Schemm in Bayern, der seit 1929 zugleich als Gründer und Vorsitzender des Nationalsozialistischen Lehrerbundes eine politisch überaus einflußreiche Rolle im Vorfeld der Machtübernahme spielte.[148]

Obwohl ihm das Amt eines Reichskultusministers entgangen war, schien sich Schemm aufrichtig für seinen Parteifreund Rust zu freuen, als er die Nachricht von dessen Ernennung vernahm. »Treu und innerlich, im Geiste des Nationalsozialismus mit Ihnen verbunden, das Ziel, die Schaffung eines wahren deutschen Erziehungslebens in unserem herrlichen Volk, gemeinsam mit Ihnen erstrebend, beglückwünschen Sie zu Ihrer hohen und wundervollen Aufgabe die 300 000 im Nationalsozialistischen Lehrerbund geeinten deutschen Erzieher«, kabelte der Chef des nationalsozialistischen Lehrerbundes zugleich in seiner Eigenschaft als bayerischer Staatsminister für Unterricht und Kultus nach Berlin.[149] Furcht vor Konkurrenz und zentralistischer Bevormundung scheint somit nicht der erste Gedanke gewesen zu sein, der Schemm beim Hören der überraschenden Neuigkeit beschlich, aber vielleicht die Hoffnung, daß die buntscheckige Bildungslandschaft im Deutschen Reich nunmehr einheitlich gestaltet würde. Das Dritte Reich war nach dem Willen seiner Urheber auf dem Weg zum Einheitsstaat, was neben allen denkbaren Vorzügen auch manche unliebsame Veränderung mit sich bringen mußte, darunter die Abschaffung der länderstaatlichen Autonomie. Im Mai 1934 stand das gewaltige Vorhaben Reichsreform freilich erst am Anfang und wurde jeder Schritt in diese Richtung als Fortschritt begrüßt.

Doch schon im Verlauf des Jahres 1934, als sich das ganze Ausmaß der von einer grundsätzlichen Reform berührten staatlichen Bereiche abzeichnete, begann der Elan zu schwinden. Angefangen bei den komplexen Finanzangelegenheiten zwischen dem Reich und den Ländern über die in den einzelnen Staaten unterschiedlich ausgeprägten Verwaltungsstrukturen bis hin zu abweichenden Verhältnissen in Justiz- und Kultusbelangen waren letztlich alle staatlichen Bereiche betroffen. Speziell für den

Kultusbereich zeichneten sich besonders gravierende Auswirkungen durch den komplizierten Finanzausgleich zwischen dem Reich und den Ländern ab, weshalb man im Reichsinnenministerium zur Überzeugung gelangte, daß dies dasjenige Gebiet sei, welches der Verreichlichung die größten Schwierigkeiten bereiten würde.[150] Gleichzeitig mangelte es an einem klaren Konzept zum genauen Reformablauf. Der Reichskanzler, von seinen Ministern immer wieder um Weisungen gebeten, agierte in dieser Frage lange Zeit unbestimmt und hinhaltend. Die Haltung des Diktators mochte der Überlegung geschuldet sein, daß eine Reform die Leistungsfähigkeit des Staates wenigstens vorübergehend einschränken mußte, aber vor allem für die Machtkonsolidierung der Nationalsozialisten letztlich ein unkalkulierbares Risiko barg. Hitlers Gauleiter oder Reichsstatthalter in den Ländern und kaum weniger die dortigen Ressortminister würden sich nur schwer dazu bewegen lassen, auf Macht und Einfluß in den Einzelstaaten zugunsten des Reichs zu verzichten. Gerade auf ihre unbedingte Loyalität baute der Reichskanzler jedoch ganz besonders und achtete peinlich genau darauf, das gute Verhältnis zu seinen Vasallen nicht durch eine allzu forsche Reformpolitik aufs Spiel zu setzen. Von Frick und seinen Beamten schließlich zur Fortsetzung des Prozesses massiv unter Druck gesetzt, verfügte Hitler im Herbst 1935, »den Zeitpunkt der Weitertreibung der Reichsreform selbst zu bestimmen«. Damit war der Reformprozeß gestoppt. »Wesentliches und Grundsätzliches« sei vorerst auf diesem Gebiet nicht zu erwarten, hieß es aus dem Innenministerium, ob überhaupt je wieder, erschien ungewiß.[151]

Unter den Linden war Otto Graf zu Rantzau mit Fragen zur Reichsreform befaßt. Der frühere Polizeipräsident von Kiel, seit März 1934 im Amt, war verwaltungsjuristisch einschlägig vorgebildet und beriet nach dem Ausscheiden Stuckarts den stellvertretenden Staatssekretär Kunisch in dieser für die Zukunft des Reichsministeriums elementar wichtigen Sache. Denn aller Erfolg künftiger Kultuspolitik hing von den Verwaltungsstrukturen ab, die das Reich einmal erhalten würde. Jeder Reformschritt mußte daher in seinen Intentionen und Wirkungen genau bedacht werden. Über den zukünftigen Aufbau des Reichs, über seine Verwaltungseinrichtungen in den einstigen Ländern waren verschiedene Pläne im Umlauf, die den Beamten der betreffenden Reichsfachministerien aber oft nur gesprächsweise zu Ohren kamen. Was Gerücht war, was Gesetz werden könnte, war so unbestimmt, daß nahezu jede Variante auf ihre praktische Anwendung und Auswirkung für die eigene Arbeit überprüft wurde. Denkschriften und Gutachten entstanden und wurden zwischen den Ressorts ausgetauscht, womit man stets hoffte, auf die Entwicklung gestaltenden Einfluß nehmen zu können. Die Stellungnahmen der Beamten zeugen vielfach von ihrer sachlichen Kompetenz wie von dem Enthusiasmus, den sie dem Thema »Reichsreform« entgegenbrachten. Schließlich wurde ein Abgesandter Rusts persönlich im Reichsinnenministerium vorstellig, was dort offenbar Verwunderung auslöste: »Anscheinend will Minister Rust selbst auf die Verreichlichung der Hochschulverwaltung losgehen.«[152]

Als am 4. April 1935 Staatssekretär Pfundtner vom Reichsinnenministerium auf einer Staatssekretärsbesprechung mitteilte, als erster Schritt zur Vorbereitung der geplanten Reichsmittelbehörden in den Ländern würden die dortigen Fachministerien auf ein Gesamtministerium reduziert und den jeweiligen Regierungschefs unterstellt, lehnten die Beamten des Reichskultusministeriums dies scharf ab. Graf zu Rantzau verwies auf die Gefahren des Machtmißbrauchs und die Verstärkung partikularistischer Tendenzen, gab aber vor allem der Befürchtung Ausdruck, daß die Reichsministerien ihre gerade erst durch das »Neuaufbaugesetz« gewonnene Position auch schon wieder einbüßen könnten: »Sowohl bei dem gegenwärtigen Stande der Reichsreform wie auch späterhin dient es dem Reichsgedanken besser, wenn man den Einfluß der Reichsfachministerien auf die ihnen nachgeordneten Länder-Geschäftsbereiche von Hemmungen und Gegengewichten so frei hält wie irgend möglich und ihn nach jeder Richtung stärkt. Den partikularistischen Strömungen gegenüber, die bekanntlich keinesfalls überwunden sind, gilt das alte Wort: divide et impera.« In Preußen, so belehrte der Ministerialrat den Staatssekretär in seinem Dossier weiter, würde ein solcher Schritt zudem die Rückkehr zu Verhältnissen bedeuten, wie sie vor 1817, dem Jahr der Gründung des preußischen Kultusministeriums, bestanden hätten. Daß dies keine Perspektive für einen modernen Industriestaat wie das Dritte Reich sei, schwang in der Argumentation von Rantzaus in jeder Zeile mit.[153]

Gleichwohl wurde der vom Innenministerium vorgeschlagene Weg zumindest in einigen kleineren deutschen Staaten beschritten. Auf Wunsch Hitlers wurden die dortigen Reichsstatthalter zu Regierungschefs erklärt und ihnen die zu einem Gesamtministerium zusammengefaßten Fachministerien unterstellt. In Hessen etwa ging das vormalige Ministerium für Kultus und Bildungswesen in einer Abteilung für Bildungswesen, Kultus, Kunst und Volkstum im Staatsministerium auf, deren Leitung Reichsstatthalter Jakob Sprenger erhielt. Eine ähnliche Entwicklung nahmen die Verhältnisse in Sachsen und in Mecklenburg-Schwerin.[154] Die neuen Regierungschefs waren den Reichsfachministern zwar gesetzlich unterstellt, was aber die von Rantzau formulierte Gefahr der Bildung von »neue[n] Stammesherzogtümer[n]« keineswegs bannte. Dieser Warnung des Grafen konnte sich auch Staatssekretär Medicus vom Innenministerium nicht verschließen, der in einem Telephongespräch mit dem Ministerialrat aber dazu nur lakonisch meinte, es komme »eben alles darauf an, die den Fachministerien vorzubehaltende Weisungsbefugnis von vornherein straff auszuüben«.[155] Aber das war in der Praxis leichter gesagt als getan.

Die Räte im Haus Unter den Linden drängten ihren Minister das gesamte Jahr 1935 hindurch, sich doch, »solange es noch Zeit ist, gegen die Stärkung der Länder und die vorgekommenen Uebergriffe [zu] wenden.« Staatssekretär Kunisch fürchtete einen Verlust an Autorität in den Ländern und beschwor die Gefahr, »dass wesentliche Teile unserer Zuständigkeit uns in den Ländern genommen werden«.[156] Nachdrücklich bat er Rust, ein vorbereitetes Schreiben an Innenminister Frick zu unterzeichnen. Kunisch kannte die Sorge des Ministers und Gauleiters von Hannover, wegen Kritik an seinen Kollegen in den Ländern womöglich in Konflikt mit der Partei zu geraten, wußte ihn aber in dieser Hinsicht zu beruhigen. Aus Gesprächen mit Angehörigen der Parteikanzlei sei man über die dort herrschende Stimmung genau informiert; der »Vertreter des Stellvertreters des Führers«, Ministerialrat Sommer selbst, habe deutlich gemacht, daß man »im wesentlichen auf unserem Boden [steht]« und an der »Beseitigung der Länderregierungen« ein eigenes Interesse habe. »Die Sache ist sehr dringend«, beschloß Kunisch seinen Brandbrief. Rust unterschrieb.

Das Schreiben an Frick brachte Konflikte zur Sprache, die sich bereits mit dem Reichsstatthalter in Sachsen ergeben hatten. Hier hatte Martin Mutschmann ohne vorherige Abstimmung mit Berlin »eine Anzahl nichtarischer, aber durch das B. B. G. geschützter Professoren entlassen [...], sowie die Überführung der Bergakademie i. Sa. statt in meinen Geschäftsbereich in denjenigen des Herrn Wirtschaftsministers angeordnet«. Im Reichskultusministerium habe man davon erst im nachhinein, zudem nur mündlich und aus der Presse erfahren. »Nunmehr ist die politisch durchaus unerwünschte Lage entstanden, daß der Herr Reichsstatthalter in Sachsen den Auftrag erhalten muß, seine Anordnungen rückgängig zu machen«, hieß es in dem Schreiben bedauernd. Die Lösung des Problems sah Rust allein darin, ihm die »zum Bereich meines Ressorts gehörigen Länderbehörden unmittelbar zu unterstellen, mindestens aber die Regelung von Zuständigkeiten jedem Reichsminister für seinen Geschäftsbereich ausschließlich vorzubehalten.«[157] Die Beamten im Haus Unter den Linden ließen ihren Minister im Laufe des Jahres noch weitere Briefe ähnlichen Inhalts unterzeichnen, freilich ohne damit bei den Adressaten – dem Innenministerium, dem preußischen Ministerpräsidenten oder dem Stellvertreter des Führers – auf substantielle Unterstützung zu treffen.

Indem die Reichsreform nach dem Willen Hitlers ein Torso blieb, wurde die Arbeit des Reichskultusministeriums erheblich erschwert. Die erstrebte Homogenisierung der Wissenschafts- und Bildungslandschaft im Reich kam dadurch langsamer als erhofft in Gang und sah sich immer wieder ernsten Widerständen ausgesetzt. Mit einer die Zuständigkeiten klar regelnden Gesetzgebung wäre nicht nur der Verwaltungsaufwand geringer, sondern auch der Streit zwischen den Instanzen weniger aufreibend gewesen. Vielleicht wäre auch die Wahrnehmung der Ministeriumspolitik im Lande günstiger ausgefallen, die so notwendig unvollkommen erschien. Als 1935 die Vereinheitlichung der Hochschulverwaltungen im Reich auf den Weg gebracht wurde, mußte etwa im Vorfeld Hamburg erst einmal gebeten werden, die noch gültige Hochschulverfassung aus dem Jahre 1921 mittels eines Landesgesetzes zu ändern. Das geschah zwar wunschgemäß, führte aber zu zeitlichen Verzögerungen. Noch weit komplizierter werde sich die Vereinheitlichung des Schulwesens im Reich gestalten, sah der Chef des Amtes Erziehung, Helmut Bojunga, darum schon im Herbst 1935 voraus, falls die Zuständigkeiten nicht doch noch in nächster Zeit klar geregelt würden. Nach dem gegenwärtigen Stand der Reichsreform sei ein Wandel nur dann möglich, wenn sich die Länder bereit fänden, ihre Gesetze nach den Wünschen des Reichskultusministeriums zu modifizieren oder gänzlich neu zu gestalten. Stellten sie sich, was nach den bisherigen Erfahrungen als sicher anzunehmen sei, den Berliner Weisungen entgegen, seien schwere Konflikte absehbar.[158]

Im Reichsinnenministerium reagierte man gelassen auf die Vorstellungen Rusts. Bis wieder Bewegung in die Angelegenheit kommen werde, meinte man hier, müßten die Reichsministerien eben wie bisher mit der Verschiedenheit der Länderverwaltungen zurechtkommen. Sich auf den Wortlaut des Neuaufbaugesetzes stützend, informierte Staatssekretär Pfundtner aber nochmals ausdrücklich darüber, daß die »Länder keine ›Hoheitsrechte‹ und ›keine selbständigen Befugnisse‹ [mehr besitzen]. Die obersten Landesbehörden sind bedingungslos den Weisungen der Reichsministerien unterworfen. Über einen zu geringen Umfang dieses Weisungsrechts, das nur durch die Notwendigkeit ordnungsmässiger Finanzwirtschaft der Länder begrenzt ist, sind daher auch Klagen bisher nicht laut geworden.« Damit war das Reichskultusministerium auf sich selbst verwiesen. Sicher anzunehmen ist freilich, daß nicht nur das Haus Unter den Linden, sondern auch die übrigen obersten Reichsbehörden in den Ländern auf Schwierigkeiten stießen. Wie zum Trost meinte Pfundtner abschließend, daß zur Durchsetzung des Weisungsrechts notfalls doch »der Reichsstatthalter in Anspruch genommen« werden könne – was dem Rat gleichkam, den Teufel mit dem Beelzebub auszutreiben.[159]

Eine Sonderrolle im Spiel Reich versus Länder kam Bayern zu. Im Ursprungsland der Bewegung reagierte man zwiespältig auf die Zentralisierungsbestrebungen Berlins. Adolf Wagner, seit 1929 Gauleiter, seit 1933 Innenminister und stellvertretender Ministerpräsident, herrschte in München, dank Hitler, dem er freundschaftlich eng verbunden war, als der mächtigste Mann. In Sachen Reichsreform kannte er sich aus und war im Stab Heß auch eine Zeitlang persönlich mit ihrer näheren Ausgestaltung befaßt. Aufgrund dessen konnte es zunächst so aussehen, als habe Wagner selbst das größte Interesse an einer raschen Durchführung der Reform. Reichsstatthalter in Bayern war seit 1933 Franz Xaver Ritter von Epp. Alles andere als ein Freund Wagners, sondern weit mehr an der Zügelung des Gauleiters interessiert, war freilich auch ihm viel an der Wahrung einer bayerischen Sonderrolle gelegen. So meinte man in München aus ganz unterschiedlichen Motiven heraus, sich der Weisungsbefugnis der Reichsressorts entziehen zu können, im Kleinen wie im Großen, was zu vielen erregten Briefwechseln und Telephonaten führte.[160]

Die Schwierigkeiten für das Reichskultusministerium wuchsen, nachdem der bayerische Kultusminister Hans Schemm am 5. März 1935 tödlich verunglückt war. In seine Amtszeit war noch eine gemeinsam mit Reichsstatthalter Ritter von Epp angestoßene Initiative »Überleitung der Unterrichtsverwaltungen der Länder auf das Reich« in Gang gekommen, deren schriftliche Ausarbeitung Landgerichtsrat Schneider am 9. März 1935 im Reichskultusministerium mit dem Bemerken übergab, »daß der Herr Reichsstatthalter die Zeit zur Verreichlichung der Länderkultusministerien und auch der anderen noch bestehenden Ressorts für gekommen erachte«.[161] Der für die Beamten des Reichskultusministeriums überraschend aufgetauchte Gesetzentwurf sah als »Zusätze für Bayern« zum einen vor, daß die dortige Unterrichtsverwaltung aus dem Bereich der Landesverwaltung ausscheiden sollte. Zum anderen wollten die Initiatoren die Zuständigkeiten des früheren Staatsministeriums für Unterricht und Kultus auf den Reichskultusminister übertragen: »Deshalb stehen auf dem Gebiete der Ernennung und Entlassung der unmittelbaren Landesbeamten der Landesregierung (Gesamtministerium) und dem Vorsitzenden der Landesregierungen Zuständigkeiten nicht mehr zu.« Epps Plan beschnitt die Macht der bayerischen Staatsregierung, insbesondere die seines Widersachers Wagner, empfindlich.

Doch der Vorstoß des Reichsstatthalters besaß keine Kraft. Rust hatte darauf wohl unmittelbar reagiert, hatte Staatssekretär und Räte zur beschleunigten Bearbeitung des Entwurfs wie zur sofortigen Fühlungnahme mit dem Reichsinnenministerium angetrieben, freilich vergebens.[162] Vom Reichsstatthalter Epp war weiter keine Unterstützung zu erwarten, zumal er sich gerade im Machtkampf mit Wagner wegen der Nachfolge Schemms befand. Direkte Sorge ergriff Rusts Räte jedoch erst, als ihnen die Pläne Adolf Wagners zu Ohren kamen, das Bayerische Kultusministerium seinem Innenministerium einzuverleiben. Kunisch wurde sogleich im Reichsinnenministerium vorstellig, wo ihm Staatssekretär Pfundtner aber nur das Gerücht bestätigen konnte. Zwar habe »der Führer die Sache noch nicht entschieden und auch wenig Neigung, an den bayerischen Verhältnissen zur Zeit etwas zu ändern«, hielt Kunisch in einer Gesprächsnotiz fest. Aber den Worten Pfundtners sei zu entnehmen gewesen, daß Wagners Vorhaben »doch gewisse Aussicht zu haben scheinen«.[163]

Alarmiert durch diese Nachricht wandte sich Kunisch an den Staatssekretär in der Reichskanzlei Hans Heinrich Lammers. Er erläuterte ihm zunächst anhand einiger Beispiele das besondere Interesse des Reichskultusministeriums an der bayerischen Frage, um sodann zum Kern des Problems vorzustoßen. »Ich wies darauf hin, daß uns ein uns unmittelbar unterstehendes, wenn auch nicht immer zu unserer Zufriedenheit arbeitendes selbständiges Bayerisches Kultusministerium doch noch wesentlich günstiger erscheinen müsse als ein entweder dem Bayerischen Innenminister unterstelltes oder sogar eine Unterabteilung des Bayerischen Innenministers.« Zu dieser Auffassung sei man aufgrund der zurückliegenden Erfahrungen mit den bayerischen Instanzen gelangt, die im übrigen auch von anderen Reichsressorts geteilt würden. Lammers konnte allerdings nicht mehr für Kunisch tun, als dessen Bedenken ein wenig zu zerstreuen. Der »Führer sei im Begriff« etwas zu unterzeichnen; worum es sich handelte, mochte Lammers erst nach erfolgter Unterschrift mitteilen. Nur so viel ließ er durchblicken, daß das Kultusministerium vermutlich einige Bereiche an das Innenministerium abtreten, es selbst aber »mit seinen Schul- und sonstigen Aufgaben wohl erhalten bleiben würde«.[164] Ein Jahr später sollte es dann auf andere Weise mit der Unabhängigkeit des Bayerischen Kultusministeriums vorbei sein.

Vom grandiosen Selbstbewußtsein des bayerischen »Stammesfürsten« Wagner zeugt das Schreiben, das er im Januar 1937 am Tag nach der Übernahme des Kultusministeriums an den »[l]ieben Parteigenossen Rust« richtete.[165] Kaum, daß er sich zu einem freundlichen Satz am Anfang durchringen mochte, zeigte er dem Reichskultusminister sogleich die Grenzen künftiger reichspolitischer Weisungen in Bayern auf. Es sei ihm selbstverständlich bekannt, daß es »im Dritten Reich keine Länderinteressen mehr geben kann und geben wird«, und er ließ nicht zuletzt aufgrund seiner eigenen Beschäftigung mit dem Neuaufbau des Reichs wissen, »daß keiner mit mehr Freude als ich mitarbeiten würde, diese Reichsreform möglichst schnell zu verwirklichen«. Aber nachdem »der Führer« den Reformprozeß nun einmal ausgesetzt habe und seine Wiederaufnahme in den Sternen stünde, hätten sich alle beteiligten Instanzen mit der gegenwärtigen Lage, so wie sie nun einmal sei, abzufinden: »Danach gibt es noch ein Land Bayern mit Landesbehörden und Landesministerien. Als bayerischer Innenminister habe ich mich dem Reichsinnenministerium gegenüber absolut durchgesetzt und zwar dahingehend, daß mir vom Reichsinnenministerium nicht in das Bayerische Staatsministerium des Innern hineinregiert wird.« Von Rust erwarte er nun nichts anderes als die gleiche Zurückhaltung; er sei zwar bereit, sich in »nationalsozialistischer Disziplin« den von ihm für notwendig erklärten Anordnungen zu beugen, hielt aber den Reichsminister zugleich dazu an, seinen Beamten deutlich zu machen, daß »ich nie und nimmer ihr Untergebener bin«. Er mahnte seinen Parteifreund eindringlich, »mich, d. h. mein Bayer[isches] Staatsministerium für Unterricht und Kultus mit Kleinkram und überflüssigen Schreibereien« zu verschonen, und beschloß seine Ausführungen mit der schon wieder treuherzigen Versicherung: »Wir machen die Arbeit schon in Bayern und ich bin der festen Überzeugung, daß wir sie so erledigen werden, daß keine Reichsbehörde imstande wäre, dies besser zu tun. Unser ehrlichstes Streben geht jedenfalls in dieser [sic] Richtung.«[166] Damit hatten sich die düsteren Ahnungen der Beamten im Reichskultusministerium bestätigt. Allerdings wirkte das bayerische Gepolter lange nicht so einschüchternd auf sie, wie Gauleiter Wagner in seiner Selbstherrlichkeit angenommen haben mochte.

Eine direkte Antwort Rusts auf die markige Erklärung aus Bayern fehlt. Nur zu vermuten steht, daß man sich im Haus Unter den Linden kräftig ärgerte und einmal mehr die stagnierende Reichsreform verwünschte. An der Politik des Reichsministeriums änderte dies nichts. Wie bisher wurden die Richtlinien aus Berlin auch dem bayerischen Kultusministerium überstellt, das freilich immer wieder eine Sonderrolle zu spielen suchte, mal auf bayerisches Landesrecht pochte, mal die politischen Beziehungen zum »Führer« geltend machte, mal auch den Sinngehalt eines Vorschlags grundsätzlich in Frage stellte. In jedem Fall waren Verzögerungen die Folge und kam die Vereinheitlichung der Bildungs- und Wissenschaftslandschaft im Reich nur mit Mühe voran. Dauerhaft verhindern konnte München den Berliner Einfluß nicht.[167]

Außer Bayern kultivierte Sachsen einen markanten Eigensinn, der sich in der Gestalt des Reichsstatthalters Mutschmann personifizierte. Mutschmann gefiel sich wie Wagner in der Attitüde des absoluten Herrschers und meinte wenigstens in den ersten Jahren seiner Amtszeit, sich um jedes Detail persönlich bekümmern zu müssen. Die Beamten des sächsischen Volksbildungsministeriums standen dagegen den Berliner Vorgaben aufgeschlossener gegenüber. Der Leiter der Hochschulabteilung Werner Studentkowski, seit Februar 1934 zunächst als Oberregierungsrat im Amt, war in der Regel um eine konstruktive Mitarbeit bemüht. Ebenso zeigt der Blick in das Verordnungsblatt des Sächsischen Ministeriums für Volksbildung, daß man sich in Dresden nach und nach mit den Verhältnissen arrangierte. Sämtliche Erlasse, Gesetze und Verordnungen aus Berlin, deren Zahl mit den Jahren kontinuierlich wuchs, wurden hier im Wortlaut abgedruckt. Zuerst wie nebensächlich erwähnt, erhielten sie später eine eigene Rubrik »Amtliche Erlasse«. Schließlich machte es 1935 der Sächsische Volksbildungsminister allen Schulaufsichtsbehörden und Schulen im Land per Erlaß zur Pflicht, das Berliner Reichsministerialblatt zu beziehen. Selbst das eigenwillige Sachsen verharrte also nicht in grundsätzlicher Opposition. Dem Kerngedanken jener Jahre, daß eine vereinheitlichte Schul- und Wissenschaftslandschaft zum Segen der Länder gereiche, mochte man sich hier, wie es scheint, nicht dauerhaft verschließen.[168] Den geringsten Reibungsverlust sollte schließlich die Zusammenarbeit mit den Kultusverwaltungen der mittleren und kleineren Staaten – Württemberg, Baden oder Mecklenburg-Schwerin – erzeugen. Hier stand die Kompetenz des Reichsministeriums weniger in Frage und zeigte man sich von vornherein den Vorteilen größerer Einheitlichkeit gegenüber aufgeschlossen.

Insgesamt blieb das Verhältnis des Reichskultusministeriums zu den Länderministerien aber konflikthaft. Darum ließen die Beamten Unter den Linden keine Gelegenheit verstreichen, das Thema Verreichlichung aufzugreifen und mit dem Ziel voranzutreiben, den Länderpartikularismus endgültig aufzuheben. Der Anschluß Österreichs 1938, die Einverleibung des Sudetengaus und der bald darauf beginnende Krieg boten dazu jeweils Gelegenheiten. Es wurden Gespräche geführt, Absprachen getroffen und wieder gelöst; es wurden Unmengen von Papier beschrieben und anschließend wieder makuliert – wovon im Verlauf der Studie wiederholt die Rede sein wird. Hier galt es zunächst nur, eine erste Verhältnisbestimmung des Reichskultusministeriums zu den ihm unterstellten Einrichtungen in den Ländern vorzunehmen. Das Haus Rust war seiner ursprünglichen Idee nach groß geplant, groß wie die Ziele, die man hier verfolgte. In einem eigentümlichen Mißverhältnis dazu standen die Mittel zu ihrer Durchsetzung. Die Länderministerien konnten nach Lage der Dinge zur Kooperation gebeten, aber nur schwer gezwungen werden. Beharrlichkeit, Kompromißbereitschaft und Verhandlungsgeschick waren darum auch im »Führerstaat« gefragte Beamtentugenden.

Haushalt und Finanzen

Ein meist überlesenes Kapitel in Ministeriumsgeschichten betrifft die Darlegung der Finanzen. Etataufstellungen sind eine trockene Materie, die sich nur schwer zu einem Lesevergnügen aufbereiten läßt; ebenso sind dem tieferen Verständnis von Ministerialhaushalten schnell Grenzen gesetzt. Die Gefahr besteht, sich im Ziffernwust von jährlichem Ordinarium und Extraordinarium, in den langen Listen einmaliger und fortlaufender Einnahmen und Ausgaben zu verlieren. 1934 machte das Reich der öffentlichen Kontrolle seiner Haushaltspläne ein Ende, indem die Publikation der bis dahin alljährlich gedruckten Haushalte eingestellt wurde; ab 1935 gab auch das Statistische Reichsamt keine Angaben mehr zur Finanzsituation des Reiches heraus.[169] Nur für den internen Gebrauch innerhalb der Ministerien wurde Jahr für Jahr ein regelrechter Haushalt aufgestellt und gedruckt. Anhand der dort ausgewiesenen Summen läßt sich immerhin die Finanzentwicklung ablesen und damit die Frage beantworten, wieviel Geld das Reich und Preußen für Bildung und Wissenschaft aufwandten.[170] Dagegen sind andere, nicht minder interessante Sachverhalte, wie solche nach dem Zustandekommen dieser Summen, nach den einzelnen hierüber geführten Verhandlungen zwischen den Beamten des Reichskultusministeriums und denen der beiden hier zuständigen Finanzministerien, schon schwieriger zu recherchieren. Wie gestaltete sich das Verhältnis zum preußischen Finanzminister und wie dasjenige zum Reichsfinanzminister? Konnte das Reichskultusministerium seine Finanzinteressen durchsetzen oder nicht? Läßt sich anhand der Verhandlungsstrategien Rusts und seiner Leute auf das Ansehen seines Ministeriums in der Auseinandersetzung mit anderen Ministerien schließen?

Die Etataufstellung, ihre Anmeldung und Beratung beim Finanzministerium war alljährlich eine so zeitraubende wie nervenaufreibende Angelegenheit. Das galt nicht erst für die Zeit nach 1933. Schon den Beamten des Weimarer Staates verlangten diese Arbeiten einige Anstrengungen ab und dies ganz besonders in den Jahren der restriktiven Sparpolitik. Mit dem Staatsstreich Franz von Papens im Sommer 1932 komplizierte sich die Finanzlage der Ministerien in Preußen weiter, als anstelle der preußischen Minister fortan Kommissare des Reichs das Geschehen überwachten. Die bereits beschriebenen Veränderungen im Aufbau des Kultusministeriums und hier besonders die Verlagerung einzelner Sachgebiete in andere Ressorts brachten den bisherigen Etatplan durcheinander. Eine verspätete Anmeldung für den Haushalt des Jahres 1933 war die Folge, was allein schon den Ärger des seit dem 1. November 1932 kommissarisch als Finanzminister in Preußen amtierenden Johannes Popitz provozierte.

Er sehe sich außerstande, wie es bisher in Preußen üblich gewesen sei, vor der Etataufstellung über alle einzelnen Fragen Besprechungen mit den Ressorts abzuhalten und Entscheidungen über die Fragen durch Beschluß der Kommissare herbeizuführen, ließ er auf einer Sitzung der Reichskommissare im Januar 1933 wissen. Der preußische Etat hänge allein von dem vorhandenen Defizit ab, führte der Minister weiter aus und erklärte, schon in allernächster Zeit eine Gesamtübersicht vorlegen zu wollen. Dazu benötige er freilich umgehend die Etats sämtlicher Ministerien nebst einer Liste der zwischen den Ressorts strittigen Punkte. »Er denke nicht daran, in diesen Fragen diktatorisch zu entscheiden«, wußte Popitz die unter den Anwesenden aufkommende Unruhe zu kalmieren.[171] Aber es war schon allgemein bekannt, daß das Wort des stellvertretenden Finanzministers beträchtliches Gewicht besaß.

Unter den Linden ging man unter Leitung des in Finanzfragen bewährten, wenig später aber dennoch aus dem Dienst entfernten Ministerialdirektors Trendelenburg zügig an die Fertigung der gewünschten Aufstellung, die aufgrund der inneren Neuordnung des Ministeriums freilich anders als in den Jahren zuvor ausfallen mußte. Der Abschnitt »Kirchen« war in der Hierarchie der Posten an eine spätere Stelle gerückt und der Abschnitt »Erziehung und Unterricht« gänzlich neu gegliedert worden. Auf die prompten Nachfragen des Finanzministeriums ließ Reichskommissar Rust nur erklären, daß es seinen Beamten um eine transparente Darstellung der Ministeriumsstruktur zu tun gewesen sei. »Richtunggebend [sei] hierbei das Bestreben gewesen, einen den tatsächlichen Verhältnissen der durch den Zutritt neuer Gebiete erweiterten Verwaltung entsprechenden, klaren und übersichtlichen Aufbau des Haushaltsplans zu erreichen.« Aber diese an sich gute Absicht zählte nicht in den Augen des Finanzministers. Die interne Neuordnung des Kultusministeriums aufgrund der Verordnung vom 29. Oktober 1932 dürfe auf die Aufstellung des Haushaltsplans keinen Einfluß haben, kritisierte er und machte zugleich darauf aufmerksam, daß »die neue Gestalt des Abschnitts ›Unterricht und Erziehung‹ [...] von der Finanzverwaltung nicht gebilligt werden [könne], da sie die Keimzelle des Bestrebens nach weiterer Ausdehnung in sich trüge«. Wehret den Anfängen! mochte Popitz nach dem gerade vollzogenen Machtantritt Hitlers gedacht haben, dem darüber hinaus die Wiedereinstellung eines im Jahr zuvor gestrichenen Postens in Höhe von drei Millionen Reichsmark »Schulbauunterstützungen an leistungsschwache Schulverbände« und die Erhöhung des Betrages für die »Leibesübungen« um 280 000 RM auf 1,3 Millionen RM mißfielen. Auf unbedingte Sparsamkeit bedacht, vermochte Popitz dem ausdrücklich »nicht zuzustimmen«.[172] Im Kultusministerium wurde daraufhin auf weitere Interventionen verzichtet. Wenige Monate später sollte sich der preußische Finanzminister allerdings noch an ein ganz anderes Ausmaß von Veränderung gewöhnen müssen.

Der 1884 in Leipzig als Sohn eines Apothekers geborene Jurist stand im Ruf eines herausragenden Finanzexperten.[173] 1923 war er im Reichsfinanzministerium federführend an der Ausarbeitung des Finanzausgleichsgesetzes beteiligt gewesen, und die Jahre von 1925 bis 1929, in denen er dort als Staatssekretär diente und weitere bedeutende Reformen anstieß, sollten als »Ära Popitz« in die Finanzgeschichte des Deutschen Reichs eingehen. 1929 trat er aus politischen Gründen mit dem sozialdemokratischen Reichsfinanzminister Rudolf Hilferding von seinem Amt zurück. Unter der Kanzlerschaft Kurt von Schleichers am 1. November 1932 zum Reichsminister ohne Geschäftsbereich und zum kommissarischen Leiter des preußischen Finanzministeriums ernannt, wurde er 1933 von Hitler im Amt des preußischen Finanzministers bestätigt. Umfas-

Abb. 11 Johannes Popitz, um 1932

send humanistisch gebildet, war er ein vorzüglicher Kenner und Liebhaber der griechischen Antike; seinem finanzpolitischen Interesse ging er als Honorarprofessor an der Berliner Friedrich-Wilhelms-Universität nach. Dazu legte er eine scharfe Intelligenz und eine ungewöhnlich große Arbeitskraft an den Tag, zeigte sich loyal, unbestechlich und verantwortungsbewußt: Popitz wurde vielfach als eine Verkörperung preußisch-deutscher Pflichtauffassung beschrieben, obgleich er andere Wurzeln hatte. »Ich bin zwar nicht Preuße, sondern Deutscher schlechthin; aber die preußische Legierung macht erst den Deutschen; sei es nun in Berlin […] oder schlechthin vor dem Schicksal«. Die Weimarer Verfassung hielt er für unausgegoren, der parlamentarischen Republik stand er skeptisch gegenüber. Verfassungspolitisch verfolgte er die Idee eines dezentralen Einheitsstaates und sah einen Weg dahin über die Finanzpolitik. Seine persönliche Vorstellung vom Staat faßte er 1941 in einer Rede vor der Berliner Mittwochsgesellschaft zusammen: »Staat ist die auf einem Gebiet lebende und sich ständig verändernde Gruppe von Menschen, die dadurch zusammengefaßt ist, daß sie einer Herrschaftsgewalt untersteht, die ihrerseits dem Grade nach allen anderen in diesem Gebiet noch bestehenden Herrschaftsgewalten übergeordnet ist.«[174] Diese Definition verriet die Hochschätzung des Staates als einziger Ordnungsmacht, wie sie von vielen Konservativen jener Jahre geteilt wurde. Die Herrschaft einer politischen Partei über den Staat war damit aber nicht gut vereinbar. Von den ersten Schritten nationalsozialistischer Politik noch überzeugt trieben den Juristen die konkreten Erfahrungen mit dem Dritten Reich allmählich in die Opposition. Seit 1938 bewegte er sich im engeren Umfeld des Widerstands; am Tag nach dem Attentat vom 20. Juli 1944 wurde er verhaftet und am 2. Februar 1945 in der Haftanstalt Plötzensee hingerichtet.

Im Schattenkabinett der Widerstandsregierung war Popitz ungeachtet seiner eigentlichen Befähigung aber nicht als Finanz-, sondern als Kultusminister vorgesehen. Die Kultivierung und Förderung des Bildungswesens hielt der Jurist für eine zentrale Aufgabe des Staates, wobei seine persönliche Vorliebe den Universitäten und hier besonders den Geisteswissenschaften galt, er aber auch an Fragen der Lehrerbildung reges Interesse nahm. Mit seinem preußischen Ministerkollegen Rust verband ihn außer der Verehrung für das klassische Griechenland und vielleicht noch der Liebe zur Musik freilich nur wenig. Einen über das gewöhnliche Maß hinausgehenden privaten Kontakt pflegten sie nicht miteinander, und nur zu vermuten steht, daß Popitz den Gauleiter von Hannover im Amt des Kultusministers denkbaren Alternativen wie Goebbels vorzog. Enger als vielleicht mit den übrigen Kollegen fand der Finanzminister aber mit Rust gelegentlich über das gemeinsame Interesse an Fragen der Kultuspolitik zusammen und schlug sich bei Konflikten ein ums andere Mal auf dessen Seite.[175] Sein Engagement stieß jedoch immer dann an Grenzen, sobald er sein eigenes Ressort bedroht sah. Einer Übertragung des preußischen Bildungs- und Wissenschaftsetats auf den Reichshaushalt, wie es Rusts Projekt der Verreichlichung vorsah, widersetzte er sich mehrfach mit allen Mitteln. »Inzwischen tritt auch hier wieder Popitz auf. Mentzel hat mich unterrichtet, dass Popitz der Verreichlichung widersprochen hat. Er hat das damit begründet, dass durch die Verreichlichung der Universitäten die Hälfte der Arbeit der Hochbauabteilung seines Ministeriums auf das Reich übergeht und man von ihm nicht verlangen könne, dass er an dem Ast sägt, auf dem er sitzt«, vermerkte Ministerialrat Sommer eine persönliche Intervention des preußischen Finanzministers beim Stab Heß.[176] Auch weitere Versuche des Kultusministers in dieser Hinsicht wußte Popitz erfolgreich abzuwehren, wobei ihn neben der Sorge um den eigenen Einfluß wohl auch die Überzeugung leitete, daß bei einer zu weitgehenden Zusammenfassung der Kultusbelange die Spezifika regionaler Prägungen verloren gehen könnten. So stimmte er für den Hochschulbereich zwar einer Konzentration der Personalsachen in der Hand des Reichskultusministers zu, hielt aber zugleich die dezentrale Verwaltung aller sächlichen Belange für geboten.

Im Haus Unter den Linden war man sich der Macht des preußischen Finanzministers bewußt. Ohne seine Finanzierungszusagen waren Reformen nur schwer ins Werk zu setzen und noch weniger die dringend benötigten Stellen im kontinuierlich expandierenden Ministerium zu bekommen. Beim Stellenplan überwachte Popitz persönlich den Charakter jeder einzelnen Position, um den preußischen Fiskus finanziell nicht über Gebühr zu strapazieren.[177] Auch darum begegneten Minister und Beamte dem »Liebe[n] Herr[n] Popitz!« stets mit ausgesuchter Höflichkeit.[178] Als am 1. November 1942 das zehnjährige Dienstjubiläum von Popitz ins Haus stand, setzte sich Staatssekretär Zschintzsch im Einvernehmen mit Rust beim Reichsinnenministerium für eine Auszeichnung mit der Goethe-Medaille ein. Wenig später erfuhr er zu seiner Verwunderung, daß von der Verleihung abgesehen worden sei und auch »der Führer aus diesem Anlaß eine besondere Ehrung [...] nicht erfolgen lassen« werde. Gleichwohl regte der Staatssekretär das Ministerbüro dazu an, »daß der Herr Minister aus diesem Anlaß seinerseits ein Handschreiben an Herrn Minister Popitz richten sollte, wenn nicht etwa ein Geschenk beabsichtigt sein sollte«, was Zschintzsch selbst wohl für eine angemessene Geste hielt.[179]

Der Haushalt des Reichskultusministeriums basierte auf einer gemischten Finanzierung aus Mitteln des Reichs und Preußens. Er wurde in den Etats des Reiches und des Landes Preußen ausgebracht. Die Bezüge der planmäßigen Reichsbeamten wurden in den Reichshaushalt eingestellt, diejenigen des Ministers und des Staatssekretärs sowie die Kosten für die Ministeramtswohnung je zur Hälfte vom Reich und Preußen bestritten. Alle übrigen persönlichen und sächlichen Verwaltungsausgaben des Ministeriums trug das Land Preußen, wozu das Reich einen Betrag zuschoß. Für das Haushaltsjahr 1936 wurden 503 000 RM an Preußen überwiesen. Der höchste Zuschuß wurde im ersten Kriegsjahr 1940 mit 851 000 RM erreicht, der niedrigste 1943 mit 459 000 RM.[180] Die Aufstellung des Etats mit Einnahmen und Ausgaben spiegelte den Aufbau des Ministeriums und erfolgte in den vier Abschnitten Wissenschaft, Volksbildung, Erziehung und Allgemeine Zwecke, inklusive Sondervermögen. Sie umfaßte außerdem die sächlichen und personellen Aufwendungen des Ministeriums selbst. Arbeitspraktisch gestaltete sich die Haushaltsaufstellung so, daß die Beamten der Haushaltsabteilung jeweils das gedruckte Exemplar des Vorjahres zur Hand nahmen und darin Posten für Posten jeweils Veränderung oder Gleichstand akribisch notierten. Aufgrund dieser Vorlage wurde nach Beratungen mit den beiden Finanzministerien die neue Etataufstellung, freilich nur zum internen Gebrauch, gedruckt.[181]

Die Einnahmen des Ministeriums bestanden aus so unterschiedlichen Quellen wie Verkauf, Vermietung oder Verpachtung von Liegenschaften und ausgemusterten Geräten, aus Prüfungsgebühren aller Art, aus Schul- und Hörergeld, aus Eintrittsgeldern bzw. Gebühren der staatlichen Museen und Bibliotheken sowie dem Erlös aus der Abgabe des Ministerialamtsblatts sowie den sonstigen Veröffentlichungen des Hauses. Sie erreichten im Etatjahr 1936 etwas mehr als 72 Millionen RM und stiegen bis 1943 um rund 13 Millionen auf 85 Millionen RM an. In ganz anderen finanziellen Dimensionen bewegte sich dagegen die Ausgabenseite, die sich im Zeitraum zwischen 1936 und 1943 um einen dreistelligen Millionenbetrag erhöhen sollte: Schlugen die fortdauernden Ausgaben für 1936 noch mit 602 Millionen RM zu Buche, wies das Haushaltsjahr 1943 einen Anstieg auf mehr als 875 Millionen RM aus. Den Löwenanteil an dieser Summe verschlang der Bereich Erziehung, dessen kurrente Ausgaben sich im genannten Zeitraum um 40 % erhöhten: von 497 auf 744 Millionen RM. Dagegen nahm sich die Steigerung der kontinuierlichen Ausgaben für die Wissenschaft bescheiden aus. Hierfür wandte das Ministerium 1936 noch 89 Millionen RM auf, die bis 1943 um rund 25 % auf 112 Millionen RM anwuchsen. Über ein noch schmaleres Budget mit nur geringem Anstieg verfügte der Bereich Volksbildung, dessen fortdauernde Ausgaben sich 1936 auf etwas mehr als 10 Millionen RM beliefen und sich bis 1943 um ein Geringes auf 11,3 Millionen RM steigerten. Die laufenden sächlichen und personellen Kosten des Ministeriumsbetriebs selbst bewegten sich im gesamten Zeitraum zwischen vier und fünf Millionen Reichsmark.

Zu den jährlich wiederkehrenden laufenden Ausgaben kamen einmalige Aufwendungen hinzu. Hierbei handelte es sich um die Förderung besonderer Forschungsaufgaben, um Zuschüsse zu Geräten, Lehrmitteln und gelegentlich auch zu baulichen Erweiterungen an Schulen, Hochschulen und wissenschaftlichen Instituten. So erhielt die Universität Straßburg 1941 eine einmalige Zuwendung über 7,6 Millionen RM zur Beschaffung von Einrichtungsgegenständen, Büchern und sonstigem Unterrichtsmaterial. Der Universität Prag ließ das Ministerium im selben Jahr rund 1,4 Millionen RM zur ähnlichen Verwendung anweisen, während die Versuchsgüter der Universität Posen mit rund 1 Million RM gefördert wurden. Insgesamt verzeichnete das Ministerium für das Rechnungsjahr 1941 einen Betrag von 20 143 900 RM an einmaligen Ausgaben im Bereich Wissenschaft.[182] Im Reichshaushalt unter Kapitel 40 wurden daneben unter dem Titel Sonstige Bewilligungen für Zwecke der Wissenschaft weitere namhafte Summen aufgelistet, die verschiedenen Forschungseinrichtungen zugute kamen. So erhielt die Auslandswissenschaftliche Fakultät der Universität Berlin für 1940 906 000 RM, 1941 weitere 914 350 RM, die Kommission für die neuere Geschiche des ehemaligen Österreichs in beiden Jahren je 10 000 RM zugesprochen und wurde der »Kunsthistorische Stützpunkt Paris« 1941 mit 78 000 RM bedacht. Waren 1941 im Reichshaushalt 31 327 850 RM an Sonstigen Bewilligungen angemeldet und genehmigt worden, stieg die Summe für 1942 auf rund 40 Millionen

RM an, um in den letzten beiden Kriegsjahren auf zuletzt 34 545 650 RM wieder abzusinken.[183] Ohne an dieser Stelle die Aufwendungen für die einzelnen Aufgabenbereiche des Ministeriums näher zu betrachten, ist der Trend auf der Ausgabenseite eindeutig erkennbar. Die Mittel, die das Reich und Preußen für Bildung und Wissenschaft ausgaben, nahmen zwischen 1936 und 1943 signifikant zu. Hinzuzurechnen sind außerdem noch die in den einzelnen Ländern aufgewendeten Beträge, die sich zusammengenommen ebenfalls im dreistelligen Millionenbereich bewegten.

Außer mit dem preußischen Finanzminister mußten sich die Beamten Unter den Linden in Etatangelegenheiten mit dem Reichsfinanzministerium verständigen. Hier war Lutz Graf Schwerin von Krosigk die maßgebliche Gestalt, der wie Popitz im Zuge des »Preußenschlags« 1932 als Minister ins Amt gekommen war und bis 1945 blieb.[184] 1887 auf einem Gut in Anhalt geboren, hatte er in Oxford, Lausanne und Halle Rechtswissenschaften studiert und 1920 den Dienst beim Reichsfinanzministerium aufgenommen. Hier machte er rasch Karriere und galt bald als Experte für Reparationsfragen als unersetzlich. Konservativ-patriotisch gesonnen, hatte der Graf sich mit der Republik so gut wie mit dem Nationalsozialismus zu arrangieren gewußt. Persönlich lebte er ein bescheidenes, von evangelisch-christlicher Ethik geprägtes Dasein, bewohnte mit Frau und neun Kindern in der Thielallee in Berlin-Dahlem nur eine gewöhnliche Beamtenwohnung und pflegte, abgesehen von seiner Jagdleidenschaft, keine standesgemäßen Extravaganzen. Ein privater Kontakt zu Bernhard Rust scheint nicht bestanden zu haben. Von Krosigk hielt den Reichskultusminister für einen »Idealist[en]« und befand ihn als von geradezu »gefühlsbetonte[r], beinahe naive[r] Gläubigkeit«, eine Einschätzung, die allerdings nur wenig zum politisch erprobten Gauleiter von Hannover passen will.[185] Am Ressort des Kollegen war der Reichsfinanzminister nur insoweit interessiert, wie seine Etatplanungen davon berührt wurden. Bei den alljährlichen Haushaltsberatungen gaben sich seine Beamten als harte Verhandlungspartner, denen Erhöhungen nur mühsam abzuringen waren. Anders als der preußische Finanzminister stand Schwerin von Krosigk aber der Verreichlichungspolitik Rusts offen gegenüber und unterstützte cum grano salis dessen Pläne.

Das persönliche Interesse von Popitz an Fragen des Bereichs Bildung und Wissenschaft sollte die Ambitionen des Reichskultusministers manches Mal auf unliebsame Weise durchkreuzen, während die Zusammenarbeit mit Schwerin von Krosigk von dergleichen Einflußnahmen weitgehend unbelastet war. Freilich behielt auch er stets die finanziellen Aspekte im Auge, die eine Maßnahme des Hauses Rust das Reich oder die Länder kosten würde, da er als Reichsfinanzminister zugleich das Finanzgebaren der Länder kontrollierte. Als Rust den Länderkultusverwaltungen 1936 empfahl, nach dem Vorbild Preußens nationalpolitische Lehrgänge für Schüler an höheren Schulen abzuhalten, beschwerte sich von Krosigk, nichts vorab davon erfahren zu haben. Nun fürchtete er Bedarfsanmeldungen seitens der Länder, die nur schwer abzuwehren seien, sobald sie sich mit Nachdruck auf eine ausgesprochene Empfehlung des Reichskultusministeriums berufen könnten: »Eine solche Wirkung Ihres Runderlasses wäre um so unerfreulicher bei Ländern mit wenig günstiger Finanzlage, insbesondere dann, wenn etwa finanziell günstiger gestellte Nachbarländer Ihrem Wunsch bereits entsprochen haben sollten.« Dem dadurch entstehenden Zugzwang wollte man sich im Reichsfinanzministerium künftig nicht länger ausgesetzt sehen.[186] Insgesamt gestaltete sich die Zusammenarbeit zwischen diesen Reichsressorts vergleichsweise friedlich, zumal beide Seiten das eigentliche Ziel des zentralisierten Einheitsstaates teilten.

Die Finanzentwicklung des Reichskultusministeriums verlief günstig, wenn auch nicht spektakulär. Das Reich mit Preußen wandte, anders als vielleicht zu vermuten gewesen wäre, kontinuierlich mehr Mittel für diesen Bereich auf. Manches anfangs von den Nationalsozialisten laut propagierte Ziel, wie die Abschaffung des Schulgelds an höheren Schulen oder eine bessere Besoldung der Volksschullehrer, sollte allerdings aus Budgetrücksichten unerreicht bleiben. Die entstehenden Mehrkosten wären im Reichshaushalt zu Buche geschlagen, was Schwerin von Krosigk wegen fehlender Finanzmittel ablehnte. Mit dem gewaltigen Anstieg des Rüstungshaushalts konnte keines der übrigen Ressorts mithalten, Goebbels' Propagandaministerium mit seinen weit über tausend Mitarbeitern so wenig wie das personell kleinere, aber stetig expandierende Reichskultusministerium. Schätzungen zufolge sollen die Gesamtausgaben für Rüstung der Jahre 1934 bis 1939 zwischen 64 und 65 Milliarden Reichsmark betragen haben, einem Vielfachen von dem, was Rust im selben Zeitraum zur Verfügung stand. Sparsamkeit hieß das Diktat der Stunde, dem sich nach dem Willen der nationalsozialistischen Machthaber der zivile Sektor zu beugen hatte. Der preußische Finanzminister Popitz geizte mit seinen Ressourcen in einem Ausmaß, daß selbst die seinem Ministerium gestellten Rechnungen frühestens nach der zweiten Mahnung, häufig aber noch später beglichen wurden.[187] Unter diesen Bedingungen waren einer großzügig konzipierten Bildungs- und Wissenschaftspolitik klare Grenzen gesteckt.

Der Start des Reichsministeriums für Wissenschaft, Erziehung und Volksbildung im Mai 1934 erfolgte demnach unter gemischten Voraussetzungen. Von Vorteil war es sicherlich, daß das preußische Kultusministerium als das älteste, größte und erfahrenste im Reich die Basis bildete, wodurch das notwendige Gewicht zur Durchsetzung einer auf Vereinfachung und Vereinheitlichung zielenden Bildungs- und Wissenschaftspolitik gegeben war. Wenn auch seine Vorbildfunktion in den Ländern keineswegs unumstritten war, besaßen die preußischen Beamten bei der Behandlung reichsweit relevanter Themen doch hohe Kompetenz und Routine, die andernorts fehlten. Die neuartige Gliederung des inneren Ministeriumsgefüges in Ämter und Abteilungen entsprach den gewandelten politischen Gegebenheiten und gab dem traditionsschweren Ministerium einen stärker zeitgemäßen Anstrich. Tradition und Innovation zog Rust gleichermaßen zur Hilfe, um eine neue Bildungsepoche im Reich zu begründen. Dagegen erwies sich die unvollendete Reichsreform schon nach kurzer Zeit als Klotz am Bein aller Zentralisierungsabsichten. Der Länderpartikularismus hemmte die Direktiven aus Berlin und verlangsamte den angestrebten Homogenisierungsprozeß. Die dadurch heraufbeschworenen Konflikte wurden durch das Verhandlungsgeschick der Beamten im Haus Unter den Linden zwar vielfach behoben, doch war der Reibungsverlust stets enorm. Diese äußeren Rahmenbedingungen bestimmten die Politik dieses Ministeriums wie auch der übrigen Obersten Reichsbehörden, waren aber von den Ressortchefs selbst nur bedingt zu verändern. Angesichts dieser Voraussetzungen kam es auf die Güte der Mitarbeiter besonders an, und so setzte Rust gezielt auf den Einsatz von Experten zur Durchsetzung seiner Bildungs- und Wissenschaftspolitik. Davon soll nun die Rede sein.

III. Die Stunde der Experten: Spieler und Gegenspieler

»Wir sind die Rustika«: die Führungsriege um den Minister

In den ersten zwei Jahren seines Bestehens durchlief das Reichskultusministerium eine Aufbauphase. Diese Zeit war durch häufige Personalwechsel und Änderungen in der internen Aufgabenverteilung charakterisiert, wie es bei Neugründungen nicht eben verwunderlich ist. So machte sich schon bald nach der Entlassung Stuckarts im Sommer 1934 der fehlende Staatssekretär negativ bemerkbar. Die Vakanz endete erst mit dem 1. April 1936, als Werner Zschintzsch zum Staatssekretär ernannt wurde. Mit ihm setzte die Konsolidierung des Ministeriumsaufbaus ein. Der 1888 als Sohn eines Forstrats geborene Jurist war seit 1925 im preußischen Innenministerium tätig und dort zum Ministerialrat aufgestiegen, bis er 1933 das Amt des Regierungspräsidenten von Wiesbaden übernahm. Hier erwarb er sich in den Gemeinden seines Regierungsbezirks allgemeine Anerkennung, so daß man ihn dort 1936 nur ungern in die Reichshauptstadt ziehen sah. In Oberursel war die ansässige Motorenfabrik wieder ans Laufen gebracht und einer »weitausschauenden Kommunalpolitik« durch die Bewilligung zweier Kommunalbeamtenstellen der Weg geebnet worden.[188] Der NSDAP trat Zschintzsch 1933 bei, 1936 folgte die Aufnahme in die SS. Wie Rust auf ihn aufmerksam wurde, liegt im Dunkeln, und nur zu vermuten steht, daß der Minister einer Empfehlung aus dem Reichsinnenministerium folgte. Den stellvertretenden Staatssekretär Kunisch ließ er am 8. März lediglich wissen, daß der neue Mann »nach den Richtlinien des Führers« von ihm ausgewählt und von Partei und preußischem Ministerpräsidenten als Kandidat bereits genehmigt worden sei. Gegen eine persönliche Bekanntschaft spricht, daß der Minister den Namen seines künftigen Staatssekretärs mit »Zinsch« übermittelte.[189]

Daß Zschintzsch Rust von außen »aufgedrückt« worden sei, weswegen er ihn habe »leerlaufen« lassen, wurde zuerst von Helmut Heiber konstatiert und ist nach ihm immer wieder behauptet worden.[190] Sehr plausibel ist diese These nicht. Für eine auch nur halbwegs funktionierende Ministerialpolitik war eine einvernehmliche Zusammenarbeit zwischen Minister und Staatssekretär eine Voraussetzung. Tatsächlich läßt sich ein konstruktives Zusammenspiel an der Ministeriumsspitze beobachten, das bis 1945 anhielt. Der erfahrene Verwaltungsjurist wirkte als Verbindungsglied zwischen dem Minister und seinen leitenden Beamten, er sorgte für einen weitgehend störungsfreien Geschäftsgang und vertrat das Haus Unter den Linden in der Öffentlichkeit. 1939 erhielt er die Würde eines Ehrenbürgers der Universität Frankfurt, 1941 zeichnete ihn der Kaiser von Japan mit dem Erste Klasse Orden des Heiligen Schatzes aus. Auch zum Reichsinnenministerium und hier speziell zu seinem Vorgänger im Amt, Wilhelm Stuckart, unterhielt Zschintzsch solide Kontakte. Als Stuckart 1938 eine neue Fachzeitschrift »Deutsche Verwaltung« ins Leben rief, trug er seinem Kollegen im Reichskultusministerium die Mitherausgeberschaft an.[191] Gewiß führte Zschintzsch ein strenges Regiment. Er achtete auf Präsenz bei Dienstbesprechungen und legte im Falle der Verhinderung auf eine beizeiten eingereichte schriftliche Entschuldigung Wert. Mit führenden Beamten im Haus wie Siegmund Kunisch kam es zu Spannungen, weil sich der Chef des Zentralamts nach bald zweijähriger Vertretung des Staatssekretariats wohl Hoffnungen auf dieses Amt gemacht hatte. Nun lagen die über Monate selbst ausgeübten Direktiven bei Zschintzsch, der darüber hinaus Ansprüche auf die Leitung des Zentralamts geltend machte. Mit dem Chef des Amtes Wissenschaft, Staatsminister Otto Wacker, geriet Zschintzsch über Fragen der Personalhierarchie in Konflikt, die sich erst lösten, als Wacker dem Ministerium aus anderen Gründen den Rücken kehrte. Mißstimmungen der genannten Art lassen sich in Behörden dieser Größenordnung vielfach beobachten. Sie gehen meist auf interne Umstellungsprozesse zurück und lassen nicht unbedingt auf Funktionsweise und Leistungsfähigkeit der Institution schließen.[192]

Dem Staatssekretär direkt zugeordnet war das Zentralamt. Weil der Posten des zweiten Manns im Haus aber nach dem Abgang Stuckarts zwischen 1934 und 1936 unbesetzt blieb, erhielt das Zentralamt eine eigene Führung, mit der sich zugleich die kommissarische Wahrnehmung des Staatssekretariats verband. Die Wahl des Ministers fiel auf den jungen, so ehrgeizigen wie machtbewußten Siegmund Kunisch.[193] 1900 in Hagen als Sohn eines Oberstudienrats geboren, hatte Kunisch von 1919 bis 1923

Abb. 12 Werner Zschintzsch, zweiter von rechts beim Empfang zur Gründung der Deutsch-Ungarischen Gesellschaft 1940 im Foyer des Hotels Kaiserhof

Jura in Marburg, München und Münster studiert. Ein glühender Verfechter völkischer Ideen, wurde er in der Studentenschaft politisch aktiv, trat 1925 in die NSDAP ein und machte sich als Agitator einen Namen. Wegen dieses Engagements kam nach dem Referendariat eine Übernahme in den preußischen Staatsdienst nicht in Frage. Kunisch ließ sich als Rechtsanwalt in seiner Heimatstadt nieder, wo er sich auf die Verteidigung von straffällig gewordenen Parteifreunden verlegte. 1933 trat er ins preußische Justizministerium ein und wechselte im November 1934 als Chef des Zentralamts in den Dienst des Reichskultusministeriums.

Über eine persönliche Verbindung zwischen Rust und Kunisch vor 1933 ist nichts bekannt geworden. Mit dem Minister teilte der Amtschef aber die Mitgliedschaft in der SA, in der er seit 1926 regelmäßig Dienst tat und es 1936 zum Brigadeführer brachte. Von seiner Leidenschaft fürs Militärische zeugt, daß er 1933 im preußischen Justizministerium die Referendarausbildung umgestaltete und am Aufbau des »Gemeinschaftslagers ›Hanns Kerrl‹« federführend beteiligt war.[194] Voller Enthusiasmus pries Kunisch den militärisch geprägten Alltag im Lager Jüterbog, in dem

»alte SA-Führer« den Ton angaben und die preußischen Justizreferendare sechs Wochen ihrem Drill ausgeliefert waren. Hinter der Lageridee stand wie in den zeitgleich für den wissenschaftlichen Nachwuchs eingerichteten Dozentenlagern der nationalsozialistische Erziehungsgedanke. Der Gemeinschaftssinn sollte gestärkt, die weltanschauliche Grundhaltung gefestigt werden. Um dieses Ziel zu erreichen, wurde peinlich auf Disziplin geachtet, mußten »die Führer jede Unordnung, jedes disziplinwidrige Verhalten, jeden schlappen Gruß rügen«.[195] Es spricht viel dafür, daß Rust die stramme Auffassung seines Amtschefs teilte. Bei Kriegsbeginn 1939 war Kunisch vollends in seinem Element. Obwohl der Ministerialdirektor Unter den Linden eigentlich unabkömmlich war, meldete er sich zur Wehrmacht und ließ sich nach dem Abschluß des Frankreichfeldzuges nicht bewegen, wieder an die Spree zurückzukehren. Als der Minister im Dezember 1940 die uk-Stellung seines Zentralamtschefs beantragen wollte, bat Kunisch, davon »Abstand zu nehmen«, und blieb im Rang eines Oberleutnants d. R. bis zum Kriegsende im Einsatz.[196]

Mit dem Gründungserlaß vom 27. August 1934 hatte Rust im Interesse einer »einheitlichen Bearbeitung der kulturpolitischen Reformen« die Errichtung eines Ministeramtes zu seiner persönlichen Verfügung angeordnet. Hier kamen die Pressestelle des Hauses und die persönlichen Referenten des Reichsministers unter, denen aufgegeben war, die geplanten Reformen nach den Maßgaben Rusts inhaltlich »vorzubearbeiten«. Das Amt erhielt die Räume der ehemaligen Ministerwohnung im Hauptgebäude zugeteilt und Ministerialdirektor Reinhard Sunkel zum Chef.[197] Wie Kunisch im Jahre 1900 geboren, hatte der Offizierssohn schon im Kindesalter die vermeintlichen Segnungen einer militärischen Erziehung erfahren, als er 1910 in das Preußische Kadettenkorps Oranienstein in Diez a. d. Lahn aufgenommen wurde und mit Obertertia in die Hauptkadettenanstalt Lichterfelde in Berlin eintrat. Noch während des juristischen Studiums 1920 – 1922 wandte er sich dem Nationalsozialismus zu, trat in die SA und die NSDAP ein, in der er 1930 zum Ortsgruppenleiter, 1931 zum Kreisleiter in Kiel aufstieg und für die er 1932 preußischer Landtagsabgeordneter wurde. Aus dieser Zeit dürfte die persönliche Bekanntschaft mit Rust rühren, der ihn im März 1933 »als Kommissar zur besonderen Verwendung« in das preußische Kultusministerium berief und zunächst mit der Leitung der Pressestelle betraute.[198] Sunkels Laufbahn geriet unerwartet ins Stocken, als Rust ihn im Herbst 1936 der Parteikanzlei für das Kuratorenamt an der Berliner Universität vorschlug. Der im April 1937 erteilten Zustimmung folgte vier Wochen später die Rücknahme ohne nähere Begründung, aber mit dem kryptischen Hinweis versehen, daß eine Verwendung Sunkels an anderer »geeigneterer Stelle« nicht ausgeschlossen sei. Daraufhin wurde der Ministerialdirektor beurlaubt und im August 1937 in den einstweiligen Ruhestand versetzt. Erst in Dokumenten des Jahres 1938 wurde der Grund für das abrupte Karriereende deutlich: Sunkel sei »nicht rein arische[r] Abkunft«.[199]

Der Minister wie die führenden Beamten des Hauses setzten sich nachdrücklich für eine alternative Verwendung des Ministeramtschefs a. D. ein, wobei einmal die Übertragung einer Landratsstelle, ein anderes Mal der Posten eines Kurators der Greifswalder Universität erwogen wurde. Kunisch machte sich intern für Sunkel mit dem Argument stark, daß es dem »Ansehen des Hauses [diene], wenn Männer, die früher leitende Stellen in ihm hatten, wieder verwendet« würden. Dazu hielt er es für »unökonomisch«, einen jungen Beamten eine Staatspension beziehen, seine Fähigkeiten aber ungenutzt zu lassen.[200] Doch der »Führer« lehnte beide Vorschläge ab, machte bei der Landratsstelle die Abstammung, im Falle des Kuratorenamtes die fehlende »wissenschaftliche Fundierung« geltend. Beide Argumente erschienen den Beteiligten allerdings nur vorgeschoben, zumal in dem Schreiben abermals betont wurde, daß gegen eine anderweitige »Beschäftigung Sunkels im öffentlichen Dienst« keine Bedenken bestünden. Ministerialrat Graf zu Rantzau brachte seine Zweifel über die Rechtmäßigkeit dieser Personalentscheidung in einem Vermerk für den Chef des Zentralamts zum Ausdruck. Hinsichtlich der Abstammungsfrage verwies er auf die erste Verordnung des Reichsbürgergesetzes vom 14. November 1935, wonach Sunkel »deutschen oder artverwandten Blutes« sei. Der Ministerialdirektor erfülle außerdem die weit strengeren Anforderungen des deutschen Beamtengesetzes, so daß es nicht mal der Ausnahmeregelung bedürfe, ihn als Beamten zu beschäftigen. »Seine Abstammung ist ja auch kein Hindernis für seinen derzeitigen Dienst bei der Wehrmacht«, schloß zu Rantzau seine Kritik.[201]

Nach all dem schien es offenkundig, daß Feinde Sunkels gezielt seine Demontage betrieben. Ob Wilhelm Stuckart dahinter steckte, weil er Sunkel gemeinsam mit Joachim Haupt im Verdacht hatte, ihn 1934 bei Rust in Mißkredit gebracht zu haben, oder Baldur von Schirach an ihm späte Rache übte, weil Sunkel 1930 im nationalsozialistischen Studentenbund gegen ihn opponiert hatte, soll hier nicht weiter interessieren.[202] Im Reichskultusministerium wurde jedenfalls unverdrossen weiter nach Möglichkeiten seiner Wiederverwendung gesucht. Im Juli 1939 war Sunkel erneut für ein Landratsamt in Schleswig-Holstein im Gespräch, und dieses Mal erklärten sich die beteiligten Instanzen mit seiner Ernennung einverstanden. Mit dem Kriegsbeginn im September verzichtete er jedoch auf den Posten und meldete sich freiwillig zur Wehrmacht. Das Ministeramt war nach seinem Ausscheiden 1938 verkleinert und in Ministerbüro umbenannt worden, das von persönlichen Referenten geleitet wurde. Es stand außer dem Minister nun dem Staatssekretär zur besonderen Verfügung. 1942 kehrte man zum alten Namen Ministeramt zurück, zunächst mit Heinrich Harmjanz an der Spitze. Der Volkskundler sollte nach seiner Enthüllung als Plagiator allerdings sehr bald ruhmlos aus dem Dienst scheiden.[203] So geriet das Ministeramt für die letzten beiden Jahre des Regimes in die Hände des ehemaligen Münchener Staatsbibliothekars Rudolf Kummer.

Kummer hatte seine Karriere vor der Machtergreifung damit begonnen, »die Rassezugehörigkeit der am deutschen Geistesleben beteiligten Persönlichkeiten systematisch zu überprüfen und katalogmäßig festzulegen«. In diesem Sinne war der aus Nürnberg gebürtige Kaufmannssohn seit den späten 1920er Jahren gemeinsam mit Achim Gercke im Münchener »Braunen Haus« tätig gewesen, wo er die Abteilung »Archiv- und Bibliothekswesen« aufgebaut hatte. Diese Arbeiten sowie kräftiger Rückenwind aus Bayern beförderten den promovierten Staatsbibliothekar 1933 nach Berlin, wo er zuerst als Abteilungsleiter beim »Sachverständigen für Rasseforschung« im Reichsinnenministerium einzog, 1935 dann auf Geheiß Theodor Vahlens als Hauptreferent für Bibliothekswesen im Amt Wissenschaft in das Reichskultusministerium wechselte. Unter seiner Zuständigkeit sollte die Gleichschaltung des reichsdeutschen Bibliothekswesens abschließend umgesetzt und die Ausbildung der Bibliothekare grundlegend reformiert werden. Auf ihn ging auch die Gründung eines »Reichsausschusses des deutschen Bibliothekswesens« zurück, der das Deutsche Reich auf den internationalen Kongressen der Bibliothekare repräsentierte. Kummer pflegte kontinuierlichen Umgang mit den Herren der Parteikanzlei wie mit denen aus der »Parteiamtlichen Prüfungskommission zum Schutz des Nationalsozialistischen Schrifttums« Philipp Bouhlers, so daß seine Ernennung zum Chef des Ministerbüros vor allem der

Verbesserung der angespannten äußeren Beziehungen des Ministeriums dienen mochte. Nach zwei glücklosen Vorgängern im Ministeramt, ging Rust mit Kummer also keine großen Risiken mehr ein.[204]

Zschintzsch, Kunisch, Sunkel und Kummer nahmen Schlüsselpositionen in der inneren Verwaltung des Hauses ein. Sie besorgten den ordentlichen Ablauf der Ministeriumsgeschäfte, gaben den Impulsen des Reichsministers zur Gestaltung der angestrebten Reformpolitik Ausdruck und repräsentierten das Ministerium über Pressestelle und Staatssekretariat nach außen. Während Zschintzsch mit Rust etwa gleichen Alters war, eine solide Ausbildung in der Ministerialverwaltung wie langjährige Verwaltungserfahrung besaß, verkörperten die anderen deutlich jüngeren Amtschefs den »politischen Beamten« der »neuen Zeit«. Ihnen mochte sich Rust durch die gemeinsamen »Kampfjahre« gegen das »Weimarer System« verbunden gefühlt haben. Außerdem teilten Kunisch und Sunkel mit dem Minister die Hochschätzung alles Kameradschaftlichen und damit auch seine Vorliebe für die SA statt der ansonsten von den meisten höheren Beamten im Haus bevorzugten SS. Allein die Gunst des Ministers reichte 1937/38 nicht, Sunkel zu halten. Der Gauleiter von Hannover wußte, daß ein Intrigenspiel entschieden war, sobald eine Seite Hitler für sich gewonnen hatte. Was blieb war Schadensbegrenzung, wie sie Rust im Verein mit seinen Beamten für eine anderweitige Unterbringung Sunkels betrieb. Bis zur endgültigen Konsolidierung der Ministeriumsstruktur sollten sich wiederholt Personalkonflikte der geschilderten Art ergeben.

Am 26. Oktober 1936 fand im Besprechungszimmer Theodor Vahlens, des Chefs des Amtes Wissenschaft, ein Gespräch zwischen ihm und dem stellvertretenden Präsidenten der Deutschen Forschungsgemeinschaft, Carl Zimmermann, statt. Gegenstand war ein schon länger schwelender Streit zwischen der Forschungsgemeinschaft und dem Ministerium, der zuletzt über Fragen des Verfügungs- und Bewilligungsrechts von Fördermitteln eskaliert war und die Zusammenarbeit zwischen beiden Häusern fast zum Erliegen gebracht hatte. Der Nobelpreisträger Johannes Stark, durch die Gunst Hitlers seit 1934 Präsident der Forschungsgemeinschaft, war in diesem Konflikt von Anfang an einen kompromißlosen Kurs gegen die Interessen des Ministeriums gefahren, indem er auf die Autonomie seiner Institution gegenüber Rust gepocht und sich um dessen versuchte Einflußnahmen wenig geschert hatte. Bis ihm die Fördergelder gesperrt wurden. Um den Frieden wieder herzustellen und erneut handlungsfähig zu werden, schlug Vizepräsident Zimmermann in der Besprechung eine neue Aufgabenverteilung vor. Dem Ministerium sollten künftig die organisatorischen und verwaltungstechnischen Angelegenheiten obliegen, während sich die Forschungsgemeinschaft der wissenschaftlichen Belange annehmen und die Entscheidungen fällen würde. Aber dies war nun gar nicht nach dem Geschmack des Amtschefs Wissenschaft, dem an der genau umgekehrten Arbeitsverteilung gelegen war. »Präsident Stark gehe von überholten Voraussetzungen aus«, ließ Vahlen den Vertreter Starks wissen. »Früher sei das Ministerium allerdings reiner Verwaltungskörper gewesen«, weshalb die damalige Arbeitsweise der Notgemeinschaft mit ihren Gutachterausschüssen auch sinnvoll gewesen sei, »[h]eute säßen im Ministerium aber keine Bürokraten, sondern Fachreferenten.«[205] Damit hatte der Chef des Amtes Wissenschaft eine entscheidende Veränderung im Haus Unter den Linden zum Ausdruck gebracht. Vielfach selbst aus dem Hochschulbetrieb und somit aus der Praxis stammend, meinten die leitenden Ministerialbeamten ein eigenes Urteil über den Gang der Forschung zu besitzen und Sachentscheidungen selbst treffen zu können. Kaum vier Wochen später war DFG-Präsident Stark seines Postens enthoben.

Das nun zu betrachtende Amt Wissenschaft sah in der Zeit seines Bestehens drei Chefs an der Spitze, jeder auf eigene Weise eine markante Figur, vom beruflichen Herkommen mal mehr Forscher, mal ganz Politiker, mal eine Mischung aus beidem. Nur als bloßer Verwaltungsbeamter wollte sich keiner von ihnen verstehen. Den Anfang machte Theodor Vahlen, ein Professorensohn aus Wien, 1869 geboren und seit 1911 ordentlicher Professor für Mathematik an der Universität Greifswald. Nach dem Ersten Weltkrieg begann er seine politische Karriere zunächst als Mitglied der DNVP. 1923 trat er zur NSDAP über und stieg im Jahr darauf zum Gauleiter in Pommern auf. Nachdem Vahlen 1927 wegen notorischer Renitenz gegen die Republik den preußischen Staatsdienst hatte quittieren müssen, folgte er 1930 einem Ruf an die Technische Universität seiner Heimatstadt Wien. Nach der Machtübernahme holte man ihn an die Universität Greifswald zurück, an der er aber schon nicht mehr als Ordinarius tätig wurde. Denn im März begehrte Rust den »alten Kämpfer« im preußischen Kultusministerium, wo sich der Mathematiker auch sofort mit gewaltiger Energie in die Umgestaltung der deutschen Wissenschaftslandschaft stürzte und die Entlassungspolitik in Hochschulen und wissenschaftlichen Einrichtungen eisern forcierte. Seine Referenten waren mit der rasch wachsenden Arbeitsbelastung bald überfordert, und der Geschäftsgang geriet gelegentlich aus dem Tritt. Aber im Herbst 1936 war der Elan des Professors verbraucht. Kurz vor der Emeritierung schien Amtschef Vahlen nach Meinung aller Beteiligten der Dynamik künftiger Reformarbeit, wie sie der soeben verkündete Vierjahresplan im Bereich Wissenschaft erfordern würde, nicht mehr gewachsen zu sein. Er wurde zunächst beurlaubt und bald darauf mit der ordentlichen Mitgliedschaft in der Preußischen Akademie der Wissenschaften auf für ihn angenehme Weise abgefunden. Vahlen starb 1945 in Prag.[206]

Nach der Ära Vahlen zog mit dem badischen Kultusminister Otto Wacker am 1. April 1937 südwestdeutsche Betriebsamkeit ins Amt Wissenschaft ein.[207] Dreißig Jahre jünger als sein Vorgänger, hatte der Sohn eines Offenburger Architekten noch 1917/18 aktiv am Weltkrieg teilgenommen und anschließend Architektur, Germanistik, Philosophie und Kunstgeschichte studiert. 1927 schloß er sein Studium mit einer germanistischen Dissertation in Freiburg ab. Schon als Student war er der NSDAP beigetreten und schaffte es in der Parteihierarchie bald nach oben. Am Vorabend der »Machtergreifung« amtierte er als Leiter der NSDAP-Presseabteilung im Gau Baden und gab die parteieigene Zeitung »Der Führer« heraus. 1933 wurde Wacker dafür mit der Doppelfunktion eines badischen Kultus- und Justizministers belohnt. Während er das Justizressort aber schon im Dezember wieder abgab, blieb das Kultusministerium bis zu seinem Tod 1940 in seiner Hand. In dieser Eigenschaft war er Reichsminister Rust natürlich kein Unbekannter. Karlsruhe war nach 1933 mit Reformen im Bildungswesen selbstbewußt vorangeprescht und hatte schon im Januar 1934 ein Grund- und Hauptschulgesetz erlassen, dem die neuen völkischen Erziehungsideale eingeschrieben waren. Zudem hatte Baden als erstes Land im August 1933 seinen Universitäten das Führerprinzip oktroyiert. Andere Länder folgten diesem Beispiel, bis 1935 von Berlin aus eine reichsweite Regelung der Hochschulverfassungen getroffen wurde. Mit seiner engagierten Kultuspolitik und seiner erprobten Durchsetzungsfähigkeit empfahl sich Wacker für höhere Aufgaben im Reich. Auch schien er selbst an einem Wechsel interessiert, war aber vorsichtig genug, nicht gleich allen Rückhalt in Karlsruhe fahren zu lassen. Darum trat SS-Oberführer Wacker nur kommissarisch Unter den Linden an. Es spricht manches dafür, daß Himmler für ihn im Hintergrund wirkte, der Wacker vielleicht auch schon als künftigen Reichsminister in Stellung zu bringen suchte.[208]

Wacker blieb aber nur zwei Jahre in Berlin. Durch ihn verbesserte sich das Klima zwischen Ministerium und wissenschaftlichen Einrichtungen, das unter seinem Vorgänger gelitten hatte, indem er eindringlich um Vertrauen in die nationalsozialistische Wissenschaftspolitik warb. Der Amtschef saß den wiederbelebten Rektorenkonferenzen vor, ermunterte die Universitätsvertreter zu konstruktiver Kritik und vermittelte ihnen glaubhaft das Gefühl, mit ihren Sorgen wieder ernst genommen zu werden. Gemeinsam mit Rust verfolgte er das Ziel einer Verreichlichung des deutschen Wissenschaftssystems. Für diesen Plan wurde Wacker rastlos tätig, kam einer Realisierung aber nicht näher. Entnervt von immer wieder neu auftauchenden Hürden verlor der Badener erst die Geduld, dann die Lust an seiner Tätigkeit, für die, wie er meinte, sein bloß kommissarisch ausgeübtes Amt auch keine ausreichende Basis bot. Seinem Abgang aus Berlin bereitete er mit einer Denkschrift an den Minister den Weg, worin er mit Vorwürfen gegen dessen Politik nicht sparte. Die ihm erteilten Vollmachten reichten gegenüber konkurrierenden Reichsressorts wie Parteidienststellen bei weitem nicht aus, um eine »einheitliche Willensbildung zu erzeugen«, hieß es darin, und doch werde er immer wieder persönlich für Versäumnisse verantwortlich gemacht. Die politische Stellung des Ministeriums sei zu »schwach«, weil es an Rückhalt in der Partei mangele. Darum sah Wacker für sein Wirken im Ministerium nur dann eine Chance, wenn er künftig »mit besonderen Vollmachten seitens der Partei und des Staates« ausgestattet werde. Falls Rust seinen Anregungen nicht nachkommen wolle, möge er ihn zum 1. Januar 1939 von seinem Posten entbinden.[209]

Um seinen Worten noch ein wenig mehr Nachdruck zu verleihen, hatte Wacker den Text mit dem Hinweis beschlossen, daß er »seinen Reichsführer SS« über alles informiert habe. Dieser beauftragte den Chef der Sicherheitspolizei, Reinhard Heydrich, in der Parteikanzlei vorstellig zu werden.[210] Für eine »wirklich positive Gestaltung der wissenschaftlichen Arbeit«, schrieb Heydrich auf Geheiß Himmlers an Heinrich Lammers, sei es unabdingbar, Wacker die gewünschten Vollmachten zu erteilen und ihm die Stellung eines Staatssekretärs im Reichskultusministerium zu verschaffen, damit er »freizügiger die notwendige schöpferische Arbeit auf seinem Sachgebiet gestalten« könne. Abschließend bat Heydrich,

»doch den Führer in kurzen Zügen über die Denkschrift des Ministers Wacker zu unterrichten«. Der Kanzleichef entsprach dieser Bitte, doch dürfte das Ergebnis kaum nach Wunsch ausgefallen sein. Denn Hitler wich einer Stellungnahme mit dem Bemerken aus, daß es Rust »überlassen bleiben müsse, für seinen Geschäftsbereich die angeschnittenen Organisationsfragen zu regeln«.[211] Sollte Himmler tatsächlich mit der Installation Wackers an eine gezielte Unterwanderung des Ministeriums mit seinen Leuten und auf mittlere Sicht gar an eine Ablösung Rusts gedacht haben, so hatte sein Plan im Dezember 1938 einen Dämpfer erhalten.

Außer in der Denkschrift hatte Wacker seiner Frustration in einem Brief an Rust Luft gemacht. Er habe in vielen Konflikten den »persönlichen Einsatz« des Ministers, »klare Ministerentscheidungen« und »endgültige Lösungen« vermißt. Auch nehme er an, daß Rust »das böse, im Umlauf befindliche Wort vom ›Ausverkauf‹ des Ministeriums« kenne, was auf der Nachgiebigkeit der Ministeriumspolitik beruhe. So sei es »außerhalb des Ministeriums eine Übung geworden, dass man in allen Fällen, wo man etwas zu holen wünscht, sich unter Umgehung des Amtschefs oder der Referenten an den Reichsminister selbst wendet, da von dort eher eine Nachgiebigkeit zu erwarten sei«. Das war ein maliziös geführter Stich gegen die Ehre des Ministers, den Rust parieren mußte. Ohne Zögern beauftragte er Staatssekretär Zschintzsch, Wacker »zu vernehmen«, und verlangte insbesondere, »lückenlos zu erfahren«, was es mit den angeführten »Tatsachen« auf sich habe.[212]

Im Fortgang der Auseinandersetzung sollten sich dann die profanen Motive des Amtschefs offenbaren. Wacker schien zunehmend unter seiner bloß kommissarischen Stellung im Haus zu leiden. Wenn schon das Ministeramt selbst unerreichbar war, dann wollte der ehrgeizige badische Staatsminister aber wenigstens zweiter Mann im Hause Unter den Linden sein. Nach dem Minister achtete er keinen Beamten im Ministerium für ebenbürtig, schon gar nicht den bloßen »Verwaltungsbeamten« Zschintzsch. Als es in der Statusfrage zwischen beiden zum Streit kam, erklärte Zschintzsch sich zwar bereit, neben Wacker »in gleicher Diensteigenschaft« zu arbeiten, reklamierte aber als der dienstältere Beamte den Titel »geschäftsführender Staatssekretär« für sich. Rust kam seinem meuternden Amtschef in vielem entgegen, in der Frage der Zeichnungsbefugnis ebenso wie hinsichtlich der Besoldung. Auf den Kompromiß, Wacker die Position eines Unterstaatssekretärs mit einem Jahresgrundgehalt nach Besoldungsgruppe B 1 von 22 000 RM zu verschaffen, was immerhin der Remuneration eines Reichskommissars oder Kammergerichtspräsidenten entsprochen und nur geringfügig unter der des Ministers gelegen hätte, ließ sich der Badener nicht ein und zog am Ende den Rückzug nach Karlsruhe vor. Sein Abgang aus Berlin sollte Wellen schlagen bis nach München zu Rudolf Heß. Auf Nachfrage erläuterte Rust den abermaligen Wechsel in seiner Führungsriege knapp damit, daß Wacker die vom Reich zur Ausstattung eines Unterstaatssekretariats gebotenen Konditionen, »die zu ändern ich allein als Reichserziehungsminister völlig außerstande bin«, nicht akzeptiert und er daher dem Demissionswunsch seines Amtschefs entsprochen habe.[213]

Dem badischen Intermezzo folgte mit Rudolf Mentzel eine Gestalt im Amt, die menschlich wie politisch dem Minister ganz nach dem Herzen war.[214] Der Kontakt rührte noch aus gemeinsamer »Kampfzeit«, als Rust als Gauleiter von Hannover Mentzel im Juni 1930 zum Kreisleiter von Göttingen ernannte. Hier hatte der im April 1900 in Bremen geborene Lehrersohn 1919 das Studium der Chemie aufgenommen und nach seiner Promotion 1925 die wissenschaftliche Laufbahn ergriffen. Seit Juni 1926 Privatassistent von Gerhart Jander am dortigen Chemischen Institut, wurde er zwei Jahre später nach längerer Pause erneut in NSDAP und SA aktiv, trat dazu 1932 in die SS ein, wo er es bis zur Regierungsübernahme zum Obergruppenführer brachte. Mentzel entsprach in jeder Hinsicht dem nationalsozialistischen Idealtyp des deutschen Mannes, wie seine Charakterisierung in einem Beurteilungsbogen der SS verrät. »Rassisches Gesamtbild: Groß, kräftig, nordisch. Charakter: Offener, selbstbewußter Charakter. Wille: Sehr energisch; wo notwendig rücksichtslos. Gesunder Menschenverstand: Kluger, strebsamer Charakter. Nationalsozialistische Weltanschauung: Überzeugter Nationalsozialist. Auftreten und Benehmen außer Dienst: Einwandfrei außer Dienst [...] Guter Kamerad. Korrekte Ehe«. Mentzel war seit 1928 verheiratet und wurde im Laufe der dreißiger Jahre Vater von vier Kindern.

Schon in der Göttinger Assistentenzeit hatte der Chemiker illegal und geheim über Kampfstoffe für die Reichswehr geforscht. Auf der Basis dieser Untersuchungen habilitierte er sich nach einem vergeblichen Versuch in Göttingen im Sommer 1933 an der Universität Greifswald und erhielt die Lehrbefugnis für das Fach »Angewandte Chemie unter beson-

Abb. 13 Rudolf Mentzel, um 1937

derer Berücksichtigung des Luftschutzes«. Am glücklichen Ausgang des Greifswalder Verfahrens, in dem das Habilitationsmanuskript wegen eines Geheimvermerks regelwidrig allein den Gutachtern, nicht der gesamten Fakultät vorgelegen hatte, soll Theodor Vahlen seine Hand im Spiel gehabt haben. Danach begann Mentzels rasanter Aufstieg im deutschen Wissenschaftsbetrieb. Schon im Sommer 1933 konsultierte ihn der preußische Kultusminister, und im Juli 1934 wurde er in einer Unterabteilung des Amtes Wissenschaft als nebenamtlicher Referent tätig. Sein Gehalt bezog Mentzel zu dieser Zeit noch als Abteilungsleiter im Kaiser-Wilhelm-Institut für Physikalische Chemie und Elektrochemie; seit 1935 amtierte er außerdem als ordentlicher Professor an der Wehrtechnischen Fakultät der Technischen Universität Berlin. Damit nicht genug, wurde er 1936 Präsident der Deutschen Forschungsgemeinschaft, 1937 Mitglied im Beirat der Kaiser-Wilhelm-Gesellschaft, 1939 Vizepräsident und 1942 schließlich Leiter des Geschäftsführenden Beirats im Reichsforschungsrat.[215] Obgleich spätestens seit 1934 fest mit der Politik des Reichswissenschaftsministeriums verknüpft, tauchte sein Name in den Besoldungslisten des Hauses erst mit dem Antritt der Nachfolge von Wacker auf. Als Ministerialdirektor der Besoldungsgruppe B 5 bezog Mentzel 1939 ein Jahresgehalt von 22 315 Reichsmark, als Ministerialdirigent seit 1942 nach B 4 rund 26 000 Reichsmark.[216] Dazu dürfte er beträchtliche Einkünfte aus seinen zahlreichen sonstigen Funktionen erhalten haben.

Mit Mentzel verdichteten sich die Verbindungen des Reichsministeriums zu den militärischen Stellen im Reich, die Rust von Anfang an bewußt gesucht und gepflegt hatte. Darüber hinaus unterhielt der Ministerialdirektor solide Kontakte zur Partei und zu ihren Gliederungen und beförderte mit viel Geschick die Interessen des Hauses. Hierfür stand ihm ein breites Verhaltensrepertoire zu Gebote, das ihn mal charmant wirken, mal kalt und rücksichtslos handeln ließ, ganz wie es die jeweilige Situation erforderte. Den Beschreibungen nach besaß Mentzel etwas, das ihn über das gewöhnliche Maß des sozialen Aufsteigers hinaus hob. »Pragmatismus und die Absicht, bei Wahrung seiner persönlichen Macht vernünftig und sinnvoll zu entscheiden, zeichneten ihn als Wissenschaftsfunktionär aus«, urteilt Notker Hammerstein über ihn. Für seine gleichwohl vorhandenen zahlreichen Gegner in der Partei war der Mann allerdings ein Ärgernis. Im Propagandaministerium wie im Amt Rosenberg wurde seine Ernennung zum Amtschef Wissenschaft als »Fehlbesetzung« eingestuft und an seinem Stuhl so kräftig gesägt wie an dem seines Ministers. Von bemerkenswerter Vernetzungskunst, beachtlichem Beharrungsvermögen und wohl auch von seiner Qualität als Wissenschaftsmanager zeugt, daß Mentzel bis zur Kapitulation im Amt blieb.[217]

Auf die Besonderheiten dieser drei Amtschefs gesehen, erfüllte jeder von ihnen eine markante Funktion für das Haus. Der Furor des »alten Kämpfers« Theodor Vahlen, der bereits 1933 als preußischer Kultusbeamter an den Hochschulen und wissenschaftlichen Einrichtungen für Irritationen gesorgt hatte, spiegelte zum einen die »revolutionäre« Aufbruchsstimmung zu Anfang der nationalsozialistischen Herrschaft. Zum anderen konnte die Verwendung eines nachgerade klassisch profilierten Professors an einer Schlüsselposition im Ministerium den nach außen beruhigenden Eindruck erwecken, als sei hier jemand aus der Praxis am Werk, der wisse, wo der Wissenschaft der Schuh drückt. Im Herbst 1936 war er aber nicht mehr der rechte Mann am Platz. Nun schlug die Stunde Otto Wackers, jung an Jahren, bewährt als Nationalsozialist und badischer Kultuspolitiker mit Sinn für reichsweite Zusammenhänge. Wacker wirkte in der anbrechenden Konsolidierungsphase konstruktiv im Amt und bahnte auch mancher Reform den Weg, bis er an falschem Ehrgeiz und mangelnder Geduld scheiterte.[218] Er wurde im Frühjahr 1939 mit Rudolf Mentzel durch einen Mann ersetzt, für den die Position des Chefs im Amt Wissenschaft die Krönung seiner bisherigen Laufbahn war. Eingebunden in das bereits eng geknüpfte Netz organisierter Wissenschaft, versprach seine Ernennung die abschließende Konzentration wissenschaftspolitischer Macht im Haus Unter den Linden. Unter den bald darauf eintretenden Kriegsverhältnissen sollte er dieses Ziel auch erreichen.

Der dreimalige Wechsel in der Führung des Amtes Wissenschaft hat im Rückblick den Eindruck erweckt, als habe der Minister kein rechtes Interesse an dieser Personalfrage besessen und sei zudem zu schwach gewesen, sein Haus gegen Einflußnahmen von außen abzuschirmen. Ohnehin sei dem einstigen Studienrat das Schulwesen wichtiger erschienen als die Organisation von Wissenschaft und Forschung, der er wenig Aufmerksamkeit gezollt und die er darum stets rasch zu delegieren gesucht habe.[219] Dies dürfte eine zu einfache Sicht der Dinge sein. Tatsächlich waren die höheren Beamtenpositionen im Staatsdienst des Dritten Reichs hart umkämpft, und Rust unterlag bei Besetzungen wie die anderen Minister den geltenden Bestimmungen. Seit 1935 waren Personalvorschläge dem Stellvertreter des Führers und der Parteikanzlei zu unterbreiten, dann vor den Kabinettskollegen und Hitler zu vertreten. Außer den persönlichen Vorlieben des Ministers mußte ein Kandidat den beamtenrechtlichen Voraussetzungen, aber vor allem den Ansprüchen der Partei genügen.[220] Schon die formale Seite des Verfahrens gestaltete sich somit aufwendig und beanspruchte den ganzen Einsatz des Ministers zur Durchsetzung seiner Interessen. Der Kampf um Personalien war Teil damaliger Ministeriumsrealität, wie sich nachfolgend auch am Beispiel der zweiten Säule des Hauses Rust, dem Amt Erziehung, zeigen läßt.

Im Erlaß des Ministers vom August 1934 war Helmut Bojunga zum Chef des Amtes Erziehung ernannt worden, der zielstrebige Kommunalbeamte aus Hannover. Sein Herkommen und der berufliche Werdegang wurden bereits an anderer Stelle geschildert, dem hier noch hinzugefügt sei, daß er 1933 den Wechsel nach Berlin keineswegs angestrebt, sondern dem »starken Drängen« seines verehrten Lehrers Rust nachgegeben hatte.[221] Der Minister schätzte die fachlichen Fähigkeiten und war von der persönlichen wie politischen Loyalität des Juristen überzeugt. Daß Bojunga bis 1932 der Deutschen Volkspartei angehört und auch nach der Machtübernahme nicht sogleich um Aufnahme in die NSDAP ersucht hatte, störte den Minister nicht. Im Preußischen Kultusministerium zunächst mit der Abteilung Volksschule betraut, fand er sich zügig in sein neues Aufgabengebiet ein und schien 1934, nunmehr als Chef des Amtes Erziehung, der Mann zu sein, mit dem die angestrebte reichsweite Neuausrichtung des Erziehungswesens ins Werk zu setzen sei. Die Arbeiten schritten unter seiner Leitung trotz vieler Widerstände voran und kamen bis 1938 auch zu einem Abschluß. Allein in der Parteikanzlei war man mit dem Ministerialdirektor unzufrieden, der ein solider Verwaltungsbeamter sein mochte, aber in der Schulpolitik dem nationalsozialistischen Erziehungsgedanken doch zu wenig Ausdruck verlieh. In dieser Richtung lagen jedenfalls die Monita, die Martin Bormann Himmler in einem Brief mitteilte, verbunden mit der Bitte, doch seinen »ganzen Einfluss« geltend zu machen, »damit Rust endlich den Ministerialdirektor Bojunga aus seinem Ministerium entfernt und einen anderen tatkräftigen Nationalsozialisten an seine Stelle setzt«. Für noch günstiger wollte es der Stabsleiter halten, wenn Staatsminister Wacker außer mit der Führung des Amtes Wissenschaft sogleich auch mit der »Schulabteilung« betraut würde. »[W]enn die Schulabteilung einmal etwas gebiert, dann sind es Dinge wie Acht-Stunden-Tag, gleitender Schulplan usw., also Dinge, die dem Ansehen des Parteigenossen Rust schon mehr geschadet haben, als er vielleicht selber weiss«, orakelte Bormann.[222] Schon die Bezeichnung »Schulabteilung« für den bei weitem umfangreichsten Sektor im Reichskultusministerium läßt auf geringe Vertrautheit mit der Struktur des Hauses schließen. Der Vorschlag, beide großen Aufgabengebiete unter einer Führung zu vereinen, war zudem realitätsfern und zeugt von der bornierten Herablassung, mit der Stabschef Bormann generell auf die Arbeit nicht nur dieses Ministeriums blickte.[223]

Heinrich Himmler, durch die Vermittlung Wackers zu weiteren Interventionen angespornt, wurde im erbetenen Sinne tätig. Und schon im Herbst des Jahres war die Zukunft Bojungas besiegelt. Am 1. Oktober 1937 teilte Rust dem Stellvertreter des Führers »angesichts der bevorstehenden Wesensveränderung der deutschen Schule aus Konfessionsschule in nationalsozialistische Weltanschauungsschule« die alsbaldige Ablösung seines Amtschefs Erziehung mit. Der Minister gab an, sich auf dem eben stattgefundenen Parteitag in Nürnberg mit Bormann dahin verständigt zu haben, Ministerialrat Albert Holfelder die Aufgabe »unter gleichzeitiger Ernennung zum Ministerialdirektor« zu übertragen. Den bisherigen Amtschef habe er »seinem eigenen Wunsche entsprechend« als Kurator an die Universität Göttingen versetzt.[224] Stärker als der Versetzungswunsch dürfte hier allerdings der Druck aus der Parteikanzlei gewirkt haben. Im Februar 1938, der Amtschef war noch im Dienst, informierte Hans von Helms vom »Stab Heß« die Aufnahmeabteilung der NSDAP, daß sich Bojunga um die Mitgliedschaft in der NSDAP bemühe, »damit er unter diesem Deckmantel weiter im Ministerium verbleiben kann«, und riet zur Anlage einer »Warnkarte«.[225] In der Parteikanzlei zweifelte man also tatsächlich an der politischen Zuverlässigkeit Bojungas und strebte unter allen Umständen nach seiner Entfernung aus dem Ministerialdienst. Einige Wochen später wurde die Gauleitung Süd-Hannover-Braunschweig für den inzwischen von der Spree an die Leine versetzten Ministerialdirektor wegen eines Parteibuchs in München vorstellig, doch abermals vergeblich. Noch zu Beginn des Jahres 1943 begehrte die NSDAP-Kreisamtsleitung vom Göttinger Ortsgruppenleiter Gerber ein politisches Gutachten über den Kurator, den man nun angeblich für eine besondere Aufgabe vorsah. Gerber lobte in seinem Bericht die hohe Intelligenz und fachliche Qualität Bojungas. Nur sein stets skeptischer Blick auf die Dinge, namentlich auf die Kriegsentwicklung im Osten, über die sich der Kurator in geselliger Runde offen zu verbreiten pflege, sei zu beanstanden. Darüber hinaus wußte Gerber Interessantes über Bojungas Berliner Jahre zu berichten. Der einstige Amtschef hatte in Göttingen die Version verbreitet, seinerzeit wegen unüberbrückbarer inhaltlicher Differenzen, insbesondere wegen der Verkürzung der Gymnasialzeit auf acht Jahre, den Dienst quittiert zu haben. »An sich ist eine so entschlossene und entschiedene Haltung sicher aller Ehren wert«, lobte Gerber, und brachte sogar Verständnis dafür auf, daß sich Bojunga »nicht ohne Ironie und Geringschätzung« über seine alte Dienststelle ausließ. Kritisch kommentiert er nur die Neigung des Kurators, seine persönlichen Erfahrungen zu verallgemeinern: »Den nationalsozialistischen Glauben, der Berge versetzt, und den eisernen Willen, sich mit dem für Recht Erkannten unter allen Umständen und mit äussersten Nachdruck durchzusetzen, besitzt er offenbar nicht.« Hier war dem Ortsgruppenleiter wohl entgangen, daß es gerade diese Haltung war, die Helmut Bojunga seine Berliner Position gekostet hatte.[226]

Unter den Kollegen im Ministerium kursierte als »amtliche Begründung«, Bojunga sei wegen seiner Mitgliedschaft im Rotary-Klub nach Göttingen versetzt worden. Tatsächlich lehnten die Nationalsozialisten diese 1905 in Chicago gegründete Organisation mit ihrem Grundgedanken weltumspannender Völkerverständigung ab und sorgten sukzessive für die Verdrängung ihrer Anhänger aus den höheren Beamtenrängen. 1937 folgte die angeblich »freiwillige« Auflösung aller im Deutschen Reich existierenden Klubs. Ehemalige Mitgliedschaften blieben in den Personalakten als Makel vermerkt. Für wirklich glaubhaft scheint sein Nachfolger im Amt, Albert Holfelder, diese Version aber nicht gehalten zu haben. In einem nach dem Krieg gewährten Interview erklärte er das Gerücht, der Nationalsozialistische Lehrerbund habe Bojungas Demontage betrieben, für »unwahrscheinlich«, ohne freilich mit dem aufzuwarten, was er selbst vermutete oder gar wußte. Für wichtig hielt er hingegen den Hinweis, daß Bojunga »in Ehren entlassen« worden sei, angemessen versorgt mit dem vergleichsweise ruhigen Posten eines Universitätskurators.[227]

Albert Holfelder war am 1. April 1934 in den Dienst des Ministeriums eingetreten, nach einem vielversprechenden Karrierestart an der Universität Marburg zunächst als Leiter der dortigen Deutschen Burse, später als stellvertretender Direktor des damit verbundenen Instituts für Grenz- und Auslandsdeutschtum. 1903 in Wien als Sohn eines Musikers geboren, hatte Holfelder Jura und Philosophie an der dortigen Universität studiert und insbesondere bei Otmar Spann gehört. Auf die Promotion 1926 folgten einige Jahre in Marburg, bis er 1930 an die Technische Universität Dresden auf eine Assistenz am Lehrstuhl Alfred Baeumlers wechselte. 1934 folgte seine Ernennung zum Professor an der Hochschule für Lehrerbildung in Kiel, die er freilich niemals ausfüllen sollte, weil er zugleich als Sachbearbeiter für die Lehrerbildung in den Dienst des Reichskultusministeriums trat. Holfelder wirkte offenbar überzeugend auf diesem Gebiet, das dem Minister besonders am Herzen lag; Rust berief ihn in den Kreis seiner persönlichen Referenten und ernannte ihn nach dem Abgang Sunkels zeitweilig zum Leiter des Ministerbüros. Seit 1936 war Holfelder Mitherausgeber der in Lehrerkreisen geschätzten nationalsozialistischen Zeitschrift »Weltanschauung und Schule« und trat auch selbst immer wieder publizistisch in Erscheinung. Der wissenschaftliche Kontakt des Partei- und SS-Mitgliedes zu Alfred Baeumler erwies sich bisweilen als nützlicher Brückenschlag zum Amt Rosenberg, mit dessen Führung das Reichsministerium regelmäßig in Fehde lag. Holfelder handelte hier freilich stets im Interesse seines Ministeriums. In diesen wie in vielen Auseinandersetzungen mit anderen Parteidienststellen und Ressorts agierte der Österreicher geschickt, so daß er als Chef von Amt E bis Ende März 1945 nicht in Frage stand.[228]

Es war ein glattes Parkett, auf dem sich der Reichskultusminister mit seinen Amtschefs bewegte. Selbst der Bereich Volksbildung kam ohne einen mehrfachen Personalwechsel an der Spitze nicht aus, obwohl es sich um ein vergleichsweise kleines »Amt« handelte, dessen Budget so schmal wie die Zahl der Beschäftigten gering war. Das Aufgabengebiet war überschaubar, aber keineswegs unbedeutend, lagen hier doch sämtliche die Kunst und Kunsterziehung in Preußen betreffenden Belange vereint, an denen Goebbels das größte Interesse nahm. Seine wiederholten Versuche, diese Gebiete seinem Ressort einzuverleiben, führten zum chronischen Konflikt mit Rust und stellten die jeweiligen Amtschefs auf harte Bewährungsproben. Wolfgang von Staa machte den Anfang, ein mit 41 Jahren noch junger Verwaltungsbeamter aus Elberfeld, der schon vor 1933 im Dienst des preußischen Kultusministeriums gestanden und hier unter anderem das Kunstreferat besorgt hatte. In der Zentralabteilung beschäftigt und mit Personalangelegenheiten befaßt, muß er sich nach 1933 rasch das besondere Vertrauen des neuen Ministers erworben haben, der ihm im Sommer 1934 die Führung des Amts Volksbildung übertrug. Doch sollte von Staa diese Position nur wenige Monate ausfüllen, wobei die näheren Umstände seines »Sturzes« im Dunkeln liegen. Nur zu vermuten steht, daß er dem kommenden Mann im Amt im Weg stand.[229] Denn schon im November 1934 wurde Otto von Kursell zum Amtschef erhoben, ein 1884 in Petersburg geborener Architekt und bildender Künstler. 1907 hatte es ihn zum Studium der Malerei nach München verschlagen, wo er nach dem Krieg früh zum engsten Umfeld Hitlers zählte und sich mit schäbigen politischen Karikaturen in nationalsozialistischen Tageszeitungen profilierte. 1932 zog der Zeichner nach Berlin, machte rasch von sich reden und brachte es nach der Machtübernahme zum Professor an der Hochschule für Bildende Künste. Von Kursell stand mit seinem baltendeutschen Landsmann Alfred Rosenberg auf gutem Fuß, für dessen »Kampfbund für

Kultur« er die Geschäftsführung versah, und besaß daneben einen Draht zu Rudolf Heß, der ihm 1934 »eine niedrige Mitgliedsnummer aus der Zeit nach 1925« zu verschaffen wußte. Diese Kontakte dürften bereits 1933 Rust dazu bewogen haben, den von Hitler bewunderten Künstler als Kommissar in die Kunstabteilung des Hauses zu berufen. Hier übte sich von Kursell in der publizistischen Verfemung sogenannter »Entarteter Kunst« und betrieb die personellen »Säuberungen« der Kunstschulen. Doch schien ihn dieses Aufgabenspektrum nicht dauerhaft zu fesseln. Als Heß Anfang 1935 mit einer ungleich größeren Aufgabe winkte und ihm die Einrichtung eines »Büros von Kursell« zur Förderung volkstumsdeutscher Arbeit versprach, quittierte er im Mai des Jahres seine Stellung im Reichskultusministerium so unerwartet, wie er sie angetreten hatte.[230]

Auf das Zwischenspiel des baltendeutschen Professors folgten einige Monate Vakanz, bis im Herbst 1935 abermals ein Mann von Stand gefunden war: Klaus Graf von Baudissin. 1891 geboren, hatte er nach dem Ersten Weltkrieg Kunstgeschichte in München und Heidelberg studiert und sein Studium 1922 mit einer Promotion abgeschlossen. Nach einer Zeit als Assistent zuerst am Heidelberger, später am Kieler kunsthistorischen Institut trat er 1925 eine Konservatorenstelle an den Württembergischen Kunstsammlungen in Stuttgart an. 1934 übernahm der Graf die Direktion am renommierten Essener Folkwang-Museum, mußte den Posten aber wenige Jahre später wieder aufgeben, nachdem seine Beteiligung am illegalen Verkauf sogenannter »entarteter Kunst« bekannt geworden war. Einer Verwendung des frühen Parteigenossen und SS-Manns im Reichskultusministerium stand dies jedoch nicht im Wege. Sein Hauptziel galt der Entfernung vermeintlich »undeutscher Kunst« aus den staatlichen Sammlungen, wofür er mit einer Gruppe von Kunstsachverständigen, dem sogenannten »Scharfrichter-Komitee«, zur Begutachtung durch die Kunsthallen und Galerien Preußens zog. Auf sein Geheiß ließ Reichsminister Rust die Abteilung für moderne Kunst im Kronprinzenpalais im Herbst 1936 komplett schließen. Im Jahr darauf folgte gemäß einer Anordnung Görings eine nochmalige Durchsicht der preußischen Kunstsammlungen, die zur Indizierung weiterer Werke der modernen Malerei und Bildhauerei führte. 1938 kehrte Baudissin dem Reichskultusministerium den Rücken und schloß sich 1939 bei Kriegsausbruch den »Kunstschutz-Aktivitäten« der Wehrmacht und des Amts Rosenbergs an, so daß abermals ein Personalwechsel an der Spitze des Amtes Volksbildung erforderlich wurde. Bis 1945 sollte der promovierte Germanist Karl Hermann diese Funktion vertretungsweise übernehmen, seit 1938 als Ministerialdirektor im Ministerium tätig, ein »alter Kämpfer« und SA-Mitglied im Rang eines Sturmführers, der zudem über Verbindungen zur Parteikanzlei verfügt haben soll. Mit wachsender Dauer des Krieges schrumpfte die ohnehin geringe Mitarbeiterzahl weiter und nahmen auch die Aufgaben des Amtes signifikant ab. Am Ende war der Amtschef mit den noch verbliebenen zwei höheren Beamten ausschließlich mit der Sicherung von Kulturgut befaßt – wie im Falle der Quadriga auf dem Brandenburger Tor, um deren Bergung man sich noch im März 1945 nachdrücklich, aber vergeblich bemühte.[231]

Während die Chefs des Amtes Volksbildung dem Reichsminister persönlich nicht weiter nahestanden, sondern ihre Auswahl allein taktischen Überlegungen geschuldet zu sein schien, verhielt es sich mit dem Leiter des Amtes für körperliche Erziehung Carl Krümmel anders. Kriegsfreiwilliger von 1914, Träger des Eisernen Kreuzes Erster und Zweiter Klasse und zu Kriegsende im Rang eines Leutnants stehend, anschließend Freikorpskämpfer im Nordosten des Reichs und frühes Partei- wie SA-Mitglied, erinnerte seine Vita an den Lebenslauf Rusts. Nach dem Krieg hatte Krümmel von 1919 bis 1922 Staatswissenschaften und Anthropologie in München studiert und sich daneben zum Sportlehrer ausbilden lassen; ab 1928 lehrte er an der Heeressportschule Wünsdorf. Von dort berief ihn Rust 1933 ins preußische Kultusministerium, um gemeinsam mit dem Sportpädagogen an die Umformung der alten Kadettenschulen in Nationalpolitische Erziehungsanstalten zu gehen. Mit der Gründung des Reichskultusministeriums 1934 erhielt Krümmel die Leitungsfunktion im Amt körperliche Erziehung, die er ungeachtet der zahllosen Anfeindungen bis zu seinem Unfalltod im Sommer 1942 behauptete. Die Trauerrede des Ministers zeugt von großer innerer Bewegung, die er beim Tod gerade dieses Amtschefs empfand. »Es war das große Glück, daß ich mit Krümmel **den** Mann gewonnen hatte. Ich habe ihm alles Vertrauen geschenkt und zu ihm in allen Stunden gestanden und habe mit seiner Treue und seiner hohen Leistung reichen Dank geerntet.«[232] Nach Krümmel übernahm ein Mitglied aus der Reichsleitung der SA den Chefposten im Ministerium, Robert Schormann, den Rust mit großer Zähigkeit gegen Einwände seitens der Parteikanzlei durchsetzen und bis zum Ende des Dritten Reichs auch halten konnte.[233]

Bernhard Rust war von einem Kreis vergleichsweise junger Beamter umgeben. Bei Gründung des Ministeriums 1934 mit 51 Jahren selbst noch kein alter Mann, betrug der Altersdurchschnitt seiner engeren Führungskräfte gerade einmal 42 Jahre. Auch die übrige, hier nicht weiter betrachtete höhere Beamtenschaft des Hauses, rund hundert Personen, bewegte sich in diesem Altersrahmen, der nur von der Gruppe der Angestellten, die noch jünger war, übertroffen wurde.[234] Hinsichtlich der Personalrekrutierung folgte der Minister den Idealen des nationalsozialistischen Führerprinzips, in dem Vertrauen und Treue eine maßgebliche Rolle spielten. Das galt insbesondere für die Zusammensetzung der Führungsriege, bei der es ihm neben profunder Sachkenntnis fast mehr noch auf die persönliche Loyalität jedes einzelnen ankam. Tatsächlich mangelte es keinem der höheren Beamten an Verbundenheit mit dem Minister, wie dieser seinen von außen angefeindeten Untergebenen nach Möglichkeit »Schutz« gewährte. War jemand dennoch nicht auf seinem Posten zu halten, wurde schon im Interesse des Korpsgeistes für seine anderweitige Verwendung gesorgt. Helmut Heibers Vermutung, das Haus Unter den Linden sei in seinen Spitzenpositionen komplett unterwandert gewesen, denn »fast hinter jedem [habe] irgend jemand« gestanden, »Görings Zschintzsch war Himmlers Wacker, hinter Mentzel stand die Bendlerstraße, hinter Holfelder das Amt Rosenberg, hinter Eckhardt und seinem Nachfolger Engel der SD«, dürfte kaum übertrieben sein.[235] Der Einfluß insbesondere der Parteikanzlei mit ihrer oft widersprüchlichen Interventions- und Vetopolitik wuchs mit den Jahren kontinuierlich, worauf sich das Ministerium wie alle anderen Ressorts einzustellen hatten. »Politisch einwandfrei« mußte ein Spitzenbeamter im Dritten Reich schon sein, während es Karrieren ohne Parteibuch schon bald nach der »Machtergreifung« nur noch in besonders gelagerten Ausnahmefällen gab.[236] Doch Unterwanderung konnte auch Vernetzung bedeuten, solange keine Gruppierung die Oberhand gewann. Auf gute Verbindungen zur Partei und ihren Gliederungen kam es je länger je mehr an, und Rust wußte sich mit seinen Vertrauten darauf einzustellen. »*Wir sind die Rustika, wir sind die Rustika, sowas war niemals da, sowas war niemals da*«, soll das »Kultusministeriumslied« gelautet haben, von Mentzel angeblich mit einigen seiner Kollegen bei einem nächtlichen Trinkgelage im Gesellschaftshaus der Kaiser-Wilhelm-Gesellschaft geschmettert.[237] Selbstverständnis und Selbstbehauptungswille der Beamten sollten auf viele Proben gestellt werden, die mal gewonnen, mal nicht bestanden wurden. Von den einzelnen Gegnerschaften soll nun im Anschluß näher die Rede sein.

Der ewige Neid der Konkurrenz: Alfred Rosenberg und andere Mitspieler

Am 24. Januar 1934 erhielt Alfred Rosenberg die Ernennung zum »Beauftragten des Führers für die Überwachung der gesamten geistigen und weltanschaulichen Schulung und Erziehung der NSDAP«. Die Umständlichkeit des Titels entsprach dem exaltierten Wesen des Publizisten, der sich spätestens mit seiner 1930 erschienenen Studie »Der Mythus des 20. Jahrhunderts« zum maßgeblichen Parteiphilosophen stilisiert hatte. Die sperrige Bezeichnung seiner neuen Position hatte er selbst formuliert. Rosenberg zählte zu den rührigsten Propagandisten der »Bewegung«, er war früh dazugestoßen und hatte sich beizeiten ganz auf das Feld der Kulturpolitik konzentriert. 1928 gründete er den »Kampfbund für deutsche Kultur«, dessen Vorsitzender er wurde. Auf dieser Basis baute 1934 die »Dienststelle Rosenberg« auf. An vornehmer Adresse im Berliner Botschaftsviertel unweit des Potsdamer Platzes schuf sich der Reichsleiter einen beachtlichen Apparat zur Erfüllung seines »Überwachungsauftrags«. Die Dienststelle bestand anfangs aus den »Ämtern« »Schulung«, »Kunstpflege« und »Schrifttumspflege« sowie aus den »Abteilungen« »Vor- und Frühgeschichte«, »Archiv für kirchenpolitische Fragen« und »Wissenschaft«. Weil die »Abteilungen« im Laufe der Jahre an Bedeutung gewannen, wurden sie nach und nach ebenfalls zu »Ämtern« erhoben. So reüssierte die unter der Leitung Alfred Baeumlers stehende »Abteilung Wissenschaft« 1936 zur »Hauptstelle«, 1938 zum »Amt« und 1941 zum »Hauptamt«. Die letzte Erweiterung sollte die Dienststelle im Jahre 1942 erhalten, als das »Amt Volkskunde und Feiergestaltung« dazu stieß.[238]

Schon der Überwachungsauftrag des »Führers« an Rosenberg berührte die Interessen gleich mehrerer anderer Instanzen auf dem Gebiet Kulturpolitik und Kulturpflege. Es heißt, Hitler habe die mehrfache Vergabe von Zuständigkeiten gezielt eingesetzt – zur Disziplinierung seiner Vasallen, die, untereinander in Machtkämpfe verstrickt, ihm nicht gefährlich werden konnten, aber auch zur Befeuerung einer Dynamik im Inneren der staatlichen Verwaltung, um bürokratischer Erstarrung vorzubeugen. Dabei habe er den Kompetenzstreitigkeiten in der Überzeugung zugesehen, daß die stärkere Instanz die schwächere überwinden werde. Kam es auf diese Weise nicht zur Entscheidung, fällte der Diktator sie selbst, was seine Bedeutung nur weiter erhöhte und ihn den Führungskader der Partei in der Hand behalten ließ. Rosenbergs Zuständigkeiten überschnitten sich mit dem Propagandaministerium, das mit der Gründung einer Reichsschrifttumskammer in die Belange der Literatur einzugreifen suchte und ebenso nachdrücklich Befugnisse im Bereich der bildenden Künste für sich reklamierte. Goebbels stand somit von vornherein als »Erzrivale« des »Chefideologen« fest. Kaum geringer konnten die Differenzen mit Reichskultusminister Rust ausfallen, in dessen breite Zuständigkeiten Rosenberg glaubte, qua »Führerauftrag« hineinregieren zu dürfen. An allem wollte der Reichsleiter beteiligt sein, an der Gestaltung von Schulfeierstunden, an Personalentscheidungen, an der Gründung wissenschaftlicher Institute. Letzteres sollte ihn außer mit Rust auch in Konflikte mit den wissenschaftspolitischen Ambitionen Himmlers und dessen Organisation »Das Ahnenerbe« geraten lassen. Rosenberg bemaß den Umfang all seiner Kompetenzen selbst, so wie sie sich nach seiner Meinung aus dem ihm erteilten »Führerauftrag« ableiteten. Der Reichsleiter führte eine ausgedehnte Korrespondenz über strittige Fragen und griff besonders gern zum Medium seitenstarker Denkschriften. Stets beschwor er den Primat der Partei. Als »Speerspitze der ›Bewegung‹« sollte die Partei »oberste Gewalt« in sämtlichen Lebensbereichen sein, der sich nicht zuletzt der Staat selbst unterzuordnen habe.[239]

Mit einem Störmanöver Rosenbergs mußte jederzeit gerechnet werden. Eigentliche Macht zur Durchsetzung seiner Interessen besaß die »Dienststelle« zwar nicht, aber sie konnte die Arbeit anderer erheblich verzögern. An Kooperation wurde daher nur ungern gedacht und oft versucht, Initiativen an Rosenberg vorbei ins Werk zu setzen. Mit Protesten, Eingaben und immer wieder mit Interventionen beim »Führer« setzte sich der Überwachungsbeauftragte zur Wehr, konnte aber nur wenig vereiteln und auch den Einfluß seiner Dienststelle nicht mehren. Zu anhaltenden Bündnissen unfähig, manövrierte sich Rosenberg allmählich ins Abseits. »Der Leiter des Amtes Wissenschaft im Reichsministerium für Wissenschaft, Erziehung und Volksbildung, Prof. Mentzel, gestützt auf ausgezeichnete Beziehungen zur SS und zur Wehrmacht, ignoriert die Dienststelle Rosenberg ebenso wie den Stab Hess«, klagte Heinrich Härtle 1941 seinem Reichsleiter, und fügte hinzu, daß es mit dem Verhältnis der Dienststelle zum »Ahnenerbe« oder zum Stab Heß auch nicht besser stünde.[240] Erstaunlich und letztlich nur aus den besonderen Verhältnissen des »Führerstaats« heraus zu erklären ist es, daß es Rosenberg gelegentlich gelang, als Punktsieger aus einem Konkurrenzkampf hervorzugehen. Aus dem Reichskultusministerium fiel 1936 der Rechtshistoriker Karl August Eckhardt einer Intrige des Amtes zum Opfer, 1942 Heinrich Harmjanz.[241] Ärgerlicher als diese beiden Personalien waren für das Haus Rust jedoch die Pläne Rosenbergs zur Gründung sogenannter »Hoher Schulen« als Alternative zum bestehenden Universitätssystem. Seit 1934 gedanklich erwogen und Hitler wiederholt unterbreitet, arbeitete Rosenberg in den folgenden Jahren an der Realisierung, zeitweilig einvernehmlich zusammen mit Robert Ley und Heinrich Himmler, doch stets ohne Rust. Daraufhin versuchte das Ministerium gar nicht erst zu opponieren, sondern spielte auf Zeit. Der Krieg ließ alle Planungen ins Leere laufen. Immerhin gelang es Rosenberg 1940, Hitlers ausdrückliche Zustimmung zu diesem Projekt zu erwirken, wenn auch erst für die Zeit nach dem Krieg. Bis dahin war dem Weltanschauungsbeauftragten die Beschlagnahme von Bibliotheken als »Vorbereitungsarbeit« gestattet; im besetzten Paris fiel die stattliche Büchersammlung des Hauses Rothschild diesem Plan zum Opfer. Die zur Realisierung des Bibliotheksprojekts erforderliche Summe Geldes von jährlich 1,5 Millionen Reichsmark sollte nach dem Willen des Diktators »aus den Forschungsmitteln des Reichserziehungsministeriums« aufgewendet werden.[242] 1943 wurden sämtliche Aktivitäten zur Gründung einer »Hohen Schule« eingestellt.

Von ganz anderem Kaliber als die oft blind geführten Streiche Rosenbergs gegen Rust war der Einfluß des Stabes Heß auf das Reichskultusministerium. Im April 1933 hatte Hitler den verdienten Privatsekretär Rudolf Heß zu seinem Stellvertreter ernannt. Seit dem Herbst lautete auch der offizielle Titel »Stellvertreter des Führers«, wodurch der übrigen Parteielite die besondere Wertschätzung Hitlers signalisiert wurde. Diese hatte sich der Kaufmannssohn in vielen Jahren an der Seite des »Führers« erworben, dem er bei der Niederschrift von »Mein Kampf« geholfen sowie Terminplanung und Korrespondenz erledigt hatte. Natürlich kannten sich auch Rust und Heß aus der Zeit vor 1933 persönlich und standen einander nach allem, was darüber bekannt geworden ist, wohlwollend gegenüber. Heß begann unmittelbar nach der Machtübernahme mit dem Aufbau

Abb. 14 Bernhard Rust (zweite Reihe links), Alfred Rosenberg (vorn, zweiter von links) und neben ihm Rudolf Heß als Ehrengäste zum 50. Geburtstag Hitlers am 20. April 1939

seiner Stabsstelle. In personeller Hinsicht tat er im Juli 1933 einen entscheidenden Griff, als er den in Parteikreisen noch weithin unbekannten Funktionär Martin Bormann zum Stabsstellenleiter ernannte. Im Oktober desselben Jahres zum Reichsleiter befördert, zählte Bormann bald zu den einflußreichsten Figuren im inneren Machtgefüge der NSDAP.[243]

Aufgabe des Stabes Heß war es zunächst, den Stellvertretungsauftrag Hitlers gegenüber der Partei und den Dienststellen des Staates durchzusetzen. Aber damit nicht genug, suchte Heß schon bald nach Wegen, den Einfluß der Partei auf das gesamte Staatsleben auszudehnen. Im Juni 1934 erhielt er ein Mitwirkungsrecht an der Reichsgesetzgebung, wonach ihm alle Gesetzentwürfe spätestens zur gleichen Zeit wie den übrigen Reichsministern vorzulegen waren. Ab April 1935 galt dieser Erlaß auch für sämtliche Ausführungsbestimmungen und Durchführungsverordnungen. Eine weitere Ausdehnung seiner Befugnisse gelang dem Stab Heß auf dem Gebiet der Beamtenpolitik. Hatte sich hier die Rolle des SdF zunächst auf die Überprüfung der »politischen Zuverlässigkeit« von Beamtenanwärtern beschränkt, sah der »Führererlaß« vom 24. September 1935 seine Beteiligung bei der Ernennung aller Reichs- und Landesbeamten des höheren Dienstes vor.[244] Beide Weiterungen erstreckten sich auf sämtliche Ministerien im Deutschen Reich gleichermaßen. Um ein Gesetz oder eine Personalie möglichst reibungslos, d. h. ohne großen Zeitverlust beim »Führer« durchzusetzen, mußten zuvor Wege gefunden werden, dessen Stellvertreter zu überzeugen.

Direkt auf zentrale Belange des Hauses Rust gerichtet war die »Hochschulkommission der NSDAP« beim Stab des SdF. Heß hatte sie im August 1934 mit dem Ziel gegründet, vor der Berufung von Professoren deren »weltanschauliche Eignung« festzustellen.[245] Chefideologe Rosenberg war mit von der Partie und drängte wohl auch nach dem Vorsitz, den aber Heß selbst übernahm. Zu Mitgliedern der Hochschulkommission wurden die Hochschulreferenten des Reichsjustizkommissars, Carl Schmitt und Ludwig Fischer, der Reichswalter des NS-Lehrerbundes, Alois Schemm, sowie der Vorsitzende des Sachverständigenbeirates für Volksgesundheit, Gerhard Wagner, bestellt. Fritz Todt sichtete die Berufungen im technischen Bereich, während Walter Frank für den Bereich Geisteswissenschaften zuständig war; daneben wirkten noch einige Fachreferenten. 1935 erhielt Hitler einen Bericht über die Kommissionsarbeit. Demnach war die Tätigkeit zunächst auf gute Resonanz bei den Länderkultusministerien gestoßen, welche die Empfehlungen offenbar hilfreich gefunden und dankbar genutzt hatten. Seit Bestehen des Reichserziehungsministeriums war die Lage jedoch eine andere geworden. Das Ministerium hatte die Hochschulkommission bei Berufungen nicht vorab konsultiert, und die zuständigen Referenten hatten auf entsprechende Nachfrage erklärt, als Nationalsozialisten selbst über die politische Eignung eines Kandidaten urteilen zu können. In einer Aussprache zwischen Heß und Rust hatte dieser zwar ausdrücklich seine Bereitschaft zur Zusammenarbeit betont, praktisch jedoch die Kommission weiter ignoriert. Der Reichskultusminister war so weit gegangen, die Einflußnahmen per Hauserlaß auf diejenigen Sachverhalte zu begrenzen, für die Heß als »beteiligter Reichsminister« hinzuziehen war – bei Gesetzentwürfen und Rechtsverordnungen. Mit dem Führererlaß vom April 1935, durch den der Stab Heß ein Mitwirkungsrecht bei der Besetzung aller höheren Beamtenstellen in den Ländern und im Reich erlangte, war es mit dieser

Abb. 15 Bernhard Rust im Gespräch mit Rudolf Heß, um 1933

Verfahrensweise vorbei. Die »Hochschulkommission« ging 1937 im NS-Dozentenbund auf, was aber die Ministeriumsarbeit keineswegs erleichterte. Personalfragen blieben konflikthaft und nahmen an Schärfe in dem Maße zu, wie sich die Machtbefugnisse des Stabes verdichteten.

Nach dem Englandflug von Rudolf Heß nahm Martin Bormann seinen Platz ein. »Die bisherige Dienststelle des Stellvertreters des Führers führt von jetzt ab die Bezeichnung Partei-Kanzlei. Die Partei-Kanzlei ist dem Führer persönlich unterstellt. Ihr Leiter ist Reichsleiter Bormann,« hieß es in einem Erlaß vom 23. Mai 1941 an alle obersten Reichsbehörden. Bormann erhielt außerdem die Befugnisse eines Reichsministers, womit er Mitglied der Reichsregierung und des Ministerrats für die Reichsverteidigung wurde.[246] Bei Gesetzgebungsverfahren, Beamtenernennungen wie Beförderungen und in allen grundsätzlichen und politischen Fragen war Bormann wie vor ihm Heß die maßgebliche Instanz zur Interessenvertretung der Partei. Anders als Heß besaß sein Nachfolger aber einen maßlosen Ehrgeiz. Die Art, wie er seine Kompetenzen gegenüber den staatlichen Einrichtungen ausspielte, und der gewaltige Einfluß, den er auf den Diktator gewann, sind gut bekannt. Nun selbst der erste Mann hinter Hitler baute Bormann seine zuvor bereits einflußreiche Position während der letzten Kriegsjahre weiter aus und griff immer selbstherrlicher in die Belange staatlicher Stellen ein. Dabei ließ er die Parteifunktionäre bei vielen Gelegenheiten fühlen, wie sehr er sich ihnen mit seiner Machtfülle überlegen wußte.

Im Spätsommer 1941 stand der Leiter der Volksschulabteilung im Amt E, Dr. Karl Frank, vor seiner Beförderung. 1920 in den Dienst des preußischen Finanzministeriums getreten, hatte ihn Johannes Popitz im Herbst 1932 ins Kultusministerium vermittelt. Ein in jeder Hinsicht tadelloser Beamter, machte er sich als Fachreferent für das Volks- und Mittelschulwesen bald unverzichtbar und stieg im Reichskultusministerium bis zum Ministerialdirigenten auf. Einer politischen Partei hatte er sich in der Weimarer Zeit nicht angeschlossen, suchte aber nach der Machtergreifung alsbald um die Aufnahme in die NSDAP nach, die ihm 1937 auch gelang. Doch als es nun galt, die nächste Beförderungsstufe zu erklimmen, schaltete sich Bormann mit einem Schreiben an Rust ein. Schon der mit persönlichen Spitzen angereicherte Auftakt des Briefes ließ schwierige Verhandlungen erahnen und verriet zugleich das beträchtliche Selbstvertrauen des Reichsleiters: »Ministerialdirektor Holfelder hat wiederholt

Abb. 16 Martin Bormann mit Hitler auf dem Obersalzberg, 1. August 1940

meinen Sachbearbeitern Ihren Wunsch mitgeteilt, den Ministerialdirigenten Dr. Frank zum Ministerialdirektor zu ernennen. Er hat dabei auch zum Ausdruck gebracht, daß Sie, sehr verehrter Herr Parteigenosse Rust, die Angelegenheit gerne mit mir persönlich besprochen hätten. Ich bin zur Zeit dauernd im Führerhauptquartier festgehalten und bedauere, daß sich Ihr Wunsch, die Angelegenheit in einer persönlichen Rücksprache zu klären, in absehbarer Zeit nicht durchführen lassen wird. Ich teile Ihnen daher meine Auffassung schriftlich mit.«[247] Frank sei »der Typ des unpolitischen Fachbeamten«, hieß es weiter, in seiner Arbeit »befähigt und gewissenhaft« und als Parteimitglied wohl auch in politischer Hinsicht »zuverlässig«. Doch für eine Beförderung, so Bormann, sei dies keineswegs ausreichend: »Diese Stellen sollen nur durch bewährte Nationalsozialisten besetzt werden, die aus innerster Überzeugung die Grundsätze des Nationalsozialismus in ihrer Amtsführung zur Geltung bringen. Eine solche aktive nationalsozialistische Haltung kann ich jedoch bei Dr. Frank nicht feststellen«, tadelte Bormann und bat, von einem offiziellen Ernennungsvorschlag abzusehen. Vielmehr forderte er Rust auf, einen »besonders befähigten alten Parteigenossen« in Franks Abteilung einzustellen, »der sich in dieses überaus wichtige Arbeitsgebiet einarbeiten und später die Leitung der Abteilung übernehmen kann«. Großzügig bot er seine Hilfe bei der Personalsuche an. Alle nachfolgenden Interventionsversuche des Reichskultusministers für Frank, so stichhaltig und eingehend begründet er sie auch vorbrachte, scheiterten an der Intransigenz Bormanns. Allerdings ließ es Rust auch nicht zu dem angeregten Wechsel in der Abteilungsleitung kommen.[248]

Der »Fall Frank« wie die zuvor beschriebenen Personalien Sunkel und Bojunga waren keine Einzelfälle. Ähnliches trug sich auch in anderen staatlichen Behörden zu, weil die Partei allerorten je länger, je mehr ihren Einfluß mit Macht auszuweiten versuchte. Dem Reichskultusministerium mit seinem ideologisch maßgeblichen Aufgabengebiet galt allerdings die spezielle Aufmerksamkeit Bormanns, zumal ab 1940 nach einem Beschluß Hitlers zur Einführung von Hauptschulen tief in die Politik des Ministeriums eingegriffen wurde. Das Beispiel Frank lehrt, daß man sich in der Parteikanzlei vom bloßen Besitz des Parteibuches nicht beeindrucken ließ, hier wurde mehr erwartet. Es galt, die nationalsozialistische Überzeugung durch kontinuierliches Engagement zu beweisen, und es war gewiß kein Nachteil, im Organisationsgefüge der Partei und ihrer

Gliederungen gut vernetzt zu sein. Brave Beamte wie Frank hatten diesen Aspekt einer Beamtenkarriere im Dritten Reich unterschätzt.

Schließlich darf eine Betrachtung der »Parteiamtlichen Prüfungskommission zum Schutz des NS-Schrifttums« (PPK) nicht fehlen, eine weitere Organisationseinheit beim Stab Heß mit besonderem Interesse am Hause Rust.[249] Diese Abteilung war im April 1934 mit dem Ziel gegründet worden, sämtliche auf den Nationalsozialismus bezogene Schriften vor ihrem Erscheinen einer Prüfung zu unterziehen. Dadurch sollte einer inflationären Verwendung des Begriffs Nationalsozialismus vorgebeugt und zugleich eine weitgehende inhaltliche Kontrolle der politischen Publikationen ermöglicht werden. Heß ernannte den langjährigen Geschäftsführer der NSDAP, Philipp Bouhler, zum Leiter der Kommission, eine schillernde Persönlichkeit, klug, aber selbstverliebt und eitel, dazu von beachtlicher Durchsetzungsfähigkeit. Ihm gelang es in den folgenden Jahren, seine zunächst auf das NS-Schrifttum beschränkte Kompetenz auf die gesamte politisch relevante Buchproduktion auszuweiten. Der wachsenden Bedeutung dieser Abteilung entsprach die kontinuierlich steigende Mitarbeiterzahl, die bei Kriegsbeginn 127 fest angestellte Personen und daneben noch eine stattliche Anzahl »Außenlektoren« in freier Mitarbeit umfaßte. Auch hier überschnitt sich die Zuständigkeit mit der anderer Parteistellen, so daß Konflikte vorprogrammiert waren. Der »Überwachungsauftrag« Rosenbergs war mit dem »Prüfungsauftrag« Bouhlers schwer vereinbar, der darum zum »kompromißlosen Rivalen« des Chefideologen wurde und ihn schließlich 1943 überwand.[250] Konfliktreich gestaltete sich auch das Verhältnis Bouhlers zum Verleger Max Amann und zu Reichsarbeitsdienstführer Robert Ley, die den »Prüfungsbeauftragten« in ihren Bereichen nicht anerkennen wollten. Notdürftig zu arrangieren wußte sich Bouhler allein mit Goebbels, dessen Reichsschrifttumskammer in Fragen der Indizierung das letzte Wort besaß. Nach einigen vergleichsweise harmlosen Plänkeleien mit dem Reichskultusministerium in den ersten Jahren führte hier die Schulbuchfrage spätestens ab 1940 zum Dauerstreit.

Bouhlers »Mann fürs Grobe« in der Dienststelle, ihr eigentlicher Kopf und Verhandlungsführer in zahllosen Streitfällen war Karl-Heinz Hederich.[251] Im Jahr der »Machtergreifung« lag eine bewegte Berufsbiographie hinter dem Lehrersohn aus Wunsiedel, der nach dem Ersten Weltkrieg eine Schlosserlehre angefangen und wieder aufgegeben hatte, um vorübergehend als Bürohilfe und Bauarbeiter in München seinen Lebensunterhalt zu bestreiten. Von 1922 bis 1924 studierte er an der höheren technischen Staatslehranstalt Nürnberg und der Technischen Hochschule München Tiefbau, brach das Studium aber nach dem vierten Semester ab. Der Hitler-Partei trat er 1922 bei und behauptete später, beim Putsch aktiv dabeigewesen zu sein. Hederich wurde 1925 Mitglied in der Burschenschaft Arminia, setzte sein Studium 1929 an der TH Danzig fort und schloß 1931 an der Technischen Hochschule München mit dem Titel eines Diplomingenieurs ab. Es folgten zwei Jahre als Regierungsbauführer bei der Reichsbahn, in denen er aber Verbindung zur Burschenschaftswelt wie zum nationalsozialistischen Studentenbund hielt und auch seine Wiederaufnahme in die NSDAP erfolgreich betrieb. Hederich muß frühzeitig über einen guten Kontakt zu Rudolf Heß verfügt haben, der sich des vitalen, wortgewandt und sicher auftretenden Ingenieurs annahm. Im Mai 1933 bestimmte Heß ihn zu einem der drei »Beauftragten der NSDAP für die Behandlung aller die studentischen Verbände angehenden Fragen« und im Frühjahr 1934 zum Geschäftsführer der Parteiamtlichen Prüfungskommission. Zwei Jahre später war Hederich ihr stellvertretender Vorsitzender im Rang eines Ministerialrats.

Bouhler, der außer als Chef der Prüfungskommission noch in anderen Feldern, wie dem der Euthanasie, tätig war, ließ dem Stellvertreter in allen Fragen freie Hand. Nur wenn die Konflikte ins Auswegslose zu kippen drohten und ihre Lösung das Gewicht des Reichsleiters erforderten, schaltete er sich ein. Dann stärkte er seinem Stellvertreter stets den Rücken, selbst in Fällen, in denen sich dieser nachweislich ins Unrecht gesetzt hatte. Bouhler schätzte die Ergebenheit und treue Anhänglichkeit Hederichs, dem, um die Prüfungskommission als maßgebliche Instanz zu etablieren, um die Macht seines Chefs und damit die eigene Position zu behaupten und auszubauen, jedes Mittel recht war. Hederich denunzierte, intrigierte und log, daß sich die Balken bogen, wußte aber, wenn die Situation es erforderte, ebenso sicher einen vermittelnden Ton anzuschlagen.[252] Auf diese Weise gelang ihm 1937 sogar der Einzug in das Propagandaministerium, wo ihn Goebbels zum Leiter der Abteilung VIII und noch dazu zum stellvertretenden Präsidenten der Reichsschrifttumskammer ernannte. Damit war die von Bouhler schon seit geraumer Zeit angestrebte wichtige Verbindung zu Goebbels geschlagen. Aber Hederich muß dieser Coup dann doch zu Kopfe gestiegen sein. Den eigenen wie den Einfluß seines Mentors überschätzend, geriet er mit den Parteiverlegern Max Amman und Wilhelm Baur aneinander. Vor allem gegenüber Baur vergriff er sich sehr deutlich im Ton, reagierte auf dessen Protest eigentümlich verstockt und erhielt, nachdem Rosenberg die Sache Goebbels zu Ohren gebrachte hatte, zunächst einen »scharfen Verweis« des Propagandaministers. Das genügte dem »Geschädigten« Baur nicht, so daß Hederich nach kaum einem Jahr wieder aus dem Dienst des Propagadaministeriums scheiden mußte.[253]

Seinen Untergebenen in der Parteiamtlichen Prüfungskommission begegnete Hederich, wie es ein versierter Kaderfunktionär der SED nicht besser hätte machen können. Zur Mobilisierung seiner Leute wurden regelmäßige Arbeitsbesprechungen anberaumt, in denen sie über ihre Tätigkeit zu vermeintlich offenem, kritischem und vor allem selbstkritischem Bericht angehalten wurden. Allen war bekannt, daß Hederich mit Bouhler über seine Referenten sprach. Als die Arbeiten Anfang 1944 einmal ins Stocken gerieten, die Dienststelle war im November 1943 ausgebombt worden und hatte ein Ausweichquartier beziehen müssen, übte Hederich Druck aus, indem er über ein Gespräch mit dem Reichsleiter und von dessen angeblichem Zorn über die mangelnde Arbeitsmoral der Kommission berichtete. Nur mit Mühe habe er Konsequenzen für die Arbeitsgruppe abwenden können, erwarte nun aber auch, quasi zum Dank, ein verstärktes Engagement seiner Untergebenen. »Das ist der Sinn meiner Rücksprache mit dem Reichsleiter, meiner Aussprache mit Euch und meiner weiteren Aussprache mit dem Reichsleiter«, erklärte Hederich sein Vorgehen, »[e]r soll ja sehen, wie es dem einzelnen ums Herz ist. Er sieht aus der Entfernung manches anders und kommt zu subjektiven Urteilen, die wir dann berichtigen können. Er ist außerordentlich zugänglich für jedes offene Wort.« Persönlich an einen Referenten gewandt, der mit der Erstellung eines Spitzelberichts über das Reichskultusministerium zeitlich in Rückstand geraten war, meinte er: »Ich kann nicht zulassen, daß alles verschoben oder unklar dargestellt wird. Diese Aussprachen dienen doch dazu, um mit Dir, Hagert, zu sprechen, den Seelenschleim zu lösen, gewissermaßen ein inneres Bad zu nehmen.« Auf den darauf folgenden Vorschlag, die Besprechungen künftig gemeinsam mit dem Reichsleiter abzuhalten, ging Hederich wohlweislich nicht ein, hätte ihn dies doch um ein zentrales Mittel zur Disziplinierung seiner Mitarbeiter gebracht. Ihnen zum Hohn heuchelte Hederich auch noch Bedauern über die Subjektivität seiner Beurteilungen, »weil wir alle Menschen sind; daß sie möglichst objektiv werden und sind, liegt an Euch und an dem Verhältnis, das Ihr zu mir habt«.[254]

Seinen Opponenten in Partei und Staat gegenüber war Hederich in der Wahl seiner Mittel nicht zimperlich. »Wir werden uns in der Reichsstelle die Position verschaffen, die wir in unserer Arbeit in Zukunft auch benötigen«, gab er seinen Referenten selbstbewußt als Ziel vor. Angesichts der in der Schulbuchfrage zu erwartenden »großen Schwierigkeiten« mit dem Reichskultusministerium hielt er seine Leute dazu an, schon vorab die Biographien einzelner Abteilungsleiter gezielt zu durchleuchten, wie die des angeblich besonders sperrigen Ministerialrats Thies: »Wenn wir konkrete Dinge wissen, werden wir gegen ihn vorgehen.« Den naiven Einwand eines Referenten, wonach doch mit Thieß eigentlich gut zu arbeiten sei, weil er zu den wenigen gehöre, »die offen sagen, was sie gegen die Arbeit der Reichsstelle vorzubringen haben. Er spielt nicht verstekken«, überging Hederich mit Schweigen. Mit offenem Visier zu streiten, war seine Sache nicht; im Hintergrund zog er die Fäden und brachte es auf diese Weise bis 1944 zu erstaunlichem Einfluß in seinem Bereich. Dienststellenleiter Hederich verdankte seinen Aufstieg im Dritten Reich der Gunst Bouhlers und tat alles, sich dieser Gunst nicht zu entschlagen, sondern sich vielmehr immer wieder um diese verdient zu machen. Er wußte der Eitelkeit seines Chefs zu schmeicheln, etwa indem er dessen schriftstellerische Ambitionen nach Kräften lobte. Bouhlers Versuch über »Napoleon – Kometenpfad eines Genies« wurde den Referenten als Schrift eines herausragenden Staatsmanns vorgestellt, der den Vergleich mit Churchill nicht zu scheuen brauche.[255] Hederich forderte seine Mitarbeiter auf, den Reichsleiter zu weiteren »Staatsschriften« anzuregen und ihn bei der Abfassung tunlichst zu unterstützen, denn »mit diesem Pfund, das in unserer Hand liegt, müssen wir wuchern. Wir müssen dazu helfen, daß er mehr spricht, mehr zu Worte kommt, denn in seinen Worten wirken wir ja mit.«[256]

Für Alfred Rosenberg war Hederich das sprichwörtliche rote Tuch. Nicht genug, daß er mit der Prüfungskommission zu beachtlichem Einfluß auf die Entwicklung des politischen Schrifttums gelangt war, hatte sich Hederich auch selbst als Autor profilieren wollen und einige politische Zeitschriftenartikel und Broschüren publiziert. Hier sei »eine mit

Abb. 17 Karl-Heinz Hederich auf einer Weihnachtsfeier am Tisch rechts neben Hitler sitzend, 18. Dezember 1937

Exekutive ausgestattet hochgekommene Subalternität« am Werk, erfaßte Rosenberg 1938 in einem Brief an Heß einmal ungewöhnlich scharfsichtig den Charakter Hederichs, dies freilich gegenüber der falschen Adresse, denn Heß schätzte ihn nach wie vor. »Die sogenannten philosophischen Liebhabereien des Herrn Hederich, die er ja [...] als nationalsozialistische Weltanschauung ausgeben wollte, waren derart falsch, primitiv und unzulänglich, dass einen nur der Schrecken packen kann, wenn man sich vorstellen müßte, dass diese Herrschaften noch lange Einfluß auf die nationalsozialistische Geistes- und Charakterhaltung ausüben könnten.«[257] Es war dies der Zeitpunkt, an dem Hederich den Dienst bei Goebbels quittieren mußte, und Rosenberg im Glauben war, diesen Gegner damit für immer erledigt zu haben. Doch auch die weiteren, vom Weltanschauungsbeauftragten recherchierten und aufgedeckten angeblichen Unzulänglichkeiten Hederichs – dessen Hochschätzung der Astrologie, die ihm den Spitznamen »Weltanschauungspendler« eingetragen hatte, oder »homosexuelle Betätigung« – blieben in seinem Fall merkwürdig stumpfe Waffen.²⁵⁸ Da Hederich sich gut vernetzte und geschickt mit wechselnden Koalitionen spielte, war seine Stellung nur schwer zu erschüttern. »Leider würde man Reichsleiter Amann im Augenblick kaum als aktiven Bundesgenossen gegen Hederich einsetzen können, da er mit diesem z. Zt. in der Frage des Schulbuchverlages zusammenarbeite«, hieß es in einem Gesprächsprotokoll aus dem Jahre 1944 zwischen Reichsleiter Rosenberg und einem Referenten, »[d]agegen sind Reichsminister Rust und Brigadeführer Ohlendorf vom SD. sofort gegen Hederich zu gewinnen«.²⁵⁹ Im Rückblick ist bemerkenswert, welch große Rolle eine mäßige Begabung wie Karl-Heinz Hederich im öffentlichen Leben des Dritten Reichs spielen konnte.

Das Reichserziehungsministerium hielt in der Zusammenarbeit mit der Prüfungskommission meist eine defensive Linie, suchte durch Verhandlungen und Absprachen ein Auskommen zu erzielen, was freilich immer nur partiell und temporär gelang. Im Zusammenhang mit der Schulbuchfrage wird darauf noch einzugehen sein. Ein Machtmittel gegen die Dienststelle Bouhler besaß Rust wie die anderen von ihr behelligten Institutionen nicht; ob sich das Ministerium ähnlich wie das Amt Rosenberg mittels Denunziation Hederichs zu entledigen suchte, war nicht zu ermitteln. Vielleicht war eine Strategie der umarmenden Bekämpfung auch mehr nach dem Geschmack des Ministers. Der Chef des Amtes Wissenschaft, Rudolf Mentzel, soll Hederich im April 1944 angeboten haben, »im Bereich des Reichsforschungsrates eine entsprechende Arbeit« zu übernehmen, »[m]an sei an ihn in dieser Sache schon herangetreten«. Dies notierte Hederich jedenfalls sichtlich zufrieden über einen Besuch Mentzels bei ihm in der Parteikanzlei, wo die Prüfungskommission seit ihrer Ausbombung räumlich untergekommen war. Der Gesprächsanlaß wie der tatsächliche Inhalt von Mentzels Vorschlag bleiben allerdings im Dunkeln.²⁶⁰

Das »Amt Rosenberg«, der »Stab Heß«, die »Dienststelle Bouhler« – die Liste der konkurrierenden Parteieinrichtungen auf dem weiten Arbeitsgebiet des Reichskultusministeriums ist damit noch keineswegs komplett. Eine maßgebliche Rolle in der Hochschulpolitik versuchte der Nationalsozialistische Deutsche Dozentenbund zu spielen, 1935 reichsweit etabliert und eng am Stab Heß orientiert, während die Hitlerjugend zunächst unter Leitung Baldur von Schirachs einen angemessenen Mitgestaltungsanspruch im Bereich Erziehung erhob. Auch diese beiden Parteigliederungen operierten mit weitreichenden Sondervollmachten und persönlichen »Führerentscheidungen« gegenüber dem Ministerium und unterschieden sich mit ihrem Vorgehen kaum von dem der übrigen Konkurrenten. Davon wird an gegebener Stelle noch zu sprechen sein. Vorab soll eine letzte Riege Gegenspieler vorgestellt werden, die aus dem Ministerium für Volksaufklärung und Propaganda heraus das Haus Rust heftig befehdete.

Ein spezieller Feind des Ministers: Joseph Goebbels und der Streit um die Kunst

Rusts Ernennung zum Kultusminister hatte das einst freundliche Verhältnis zu Goebbels zerstört. Der Reichsminister für Volksaufklärung und Propaganda war bitter enttäuscht über diese Entscheidung Hitlers, auch wenn er sich mit dem Aufbau seines Ministeriums zunächst abzulenken wußte. Minister des Kultus oder der Propaganda zu sein, mithin einem klassischen Ressort oder politischem Neuland vorzustehen – das machte einen Unterschied für den promovierten Germanisten aus kleinen Verhältnissen, zumal sich für Goebbels allein mit dem Begriff Propaganda schon ein »bitterer Beigeschmack« verband; er dürfte selbst am besten gewußt haben, warum. So brauchte er einige Zeit, bis er sich zu einem positiven Verständnis seiner neuen Aufgabe durchgerungen hatte.[261] Die Kränkung über das entgangene Kultusministerium saß gleichwohl anhaltend tief, und die Schuld daran gab er nicht Hitler, sondern Rust. Nur so ist Goebbels' nachgerade kindlicher Eifer zu begreifen, mit dem er um jede noch so banale Angelegenheit mit seinem Ministerkollegen stritt. Ob es um Fragen der Ressortzuständigkeit, um Personalien oder um Mitwirkungsansprüche ging, stets wurden mit Nachdruck die vermeintlichen Interessen des Propagandaministeriums vorangespielt und verteidigt, als stünden letzte Werte auf dem Spiel. Diese Haltung belastete die Beziehung zwischen beiden Häusern von Anfang an. Einen Vorteil besaß Goebbels sicherlich durch seinen vertraulichen Umgang mit Hitler, den er oft genug gegen Rust zu wenden verstand. Goebbels rang dem Diktator manchen zeitlichen Aufschub, bisweilen sogar Entscheidungen ab. Freilich sollte der »Führer« seinen Propagandachef auch nicht in allen Angelegenheiten stützen, wie aus den nachfolgend skizzierten Querelen um die Kunst zu ersehen ist.[262]

Der Streit rührte aus der Anfangszeit des Dritten Reichs her. Beim Aufbau seines Ministeriums hatte Goebbels sofort sein besonderes Interesse für alle Zuständigkeiten erklärt, die mit Kunst und Kultur im Zusammenhang standen. Damit verhielt es sich in der föderalen Struktur des Deutschen Reichs verwaltungsmäßig ähnlich wie mit dem Kultus. Etliche Belange unterstanden dem Reichsinnenministerium, während die meisten anderen seit jeher Ländersache waren und dort mal in den Kultus-, mal in den Innenministerien angesiedelt waren. So unterstanden in Preußen die Kunsthoch- und Kunstfachschulen, die Akademie der Künste, die Schlösser, Museen, Gärten und preußischen Denkmäler dem Kultusministerium. Nach der Verordnung vom 30. Juni 1933 wurden dem Reichspropagandaministerium aus dem Geschäftsbereich des Reichsinnenministeriums, abgesehen von einigen Ausnahmen, die gesamte Kunst- und die Musikpflege übertragen. Da das Haus Rust damals noch nicht Reichsministerium war und der preußische Ministerpräsident Zuständigkeiten nur ungern abgab, blieb das Ministerium von diesem Vorgang vorerst unbehelligt.

Die ersten Schwierigkeiten ergaben sich mit dem Reichskulturkammergesetz vom 22. September 1933, von Goebbels ohne vorherige Absprache mit den davon berührten Ressorts ins Werk gesetzt. Einer Mitteilung des preußischen Finanzministers Popitz zufolge hatte der Propagandaminister im Vorfeld selbst eine Aufforderung Hitlers, sich »in den Fragen der Reichskulturkammer mit dem preußischen Kultusminister ins Benehmen zu setzen«, wohlweislich ignoriert.[263] Das Gesetz sah eine Zwangsmitgliedschaft für jeden vor, der »bei der Erzeugung, der Wiedergabe, der geistigen oder technischen Verarbeitung, der Verbreitung, der Erhaltung, dem Absatz oder der Vermittlung des Absatzes von Kulturgut mitwirkt«. Betroffen waren nicht nur Einzelpersonen, sondern auch Gesellschaften, Vereine oder Stiftungen des privaten Rechts; inhaltlich bezog sich das Gesetz auf literarische und wissenschaftliche Texte. Nachdem der Reichsverband Deutscher Schriftsteller die Hochschulen und Hochschullehrer zum Beitritt in die Kammern aufgerufen hatte, forderte Reichsinnenminister Frick die zweifelsfreie Klarstellung von Goebbels, wonach wissenschaftliche Leistungen von dem Gesetz ausgenommen würden. Im Reichsinnenministerium vertrat man die Auffassung, daß Wissenschaftler nicht in den Anwendungsbereich des Kulturkammergesetzes fielen, sondern dieses nur für Personen in Frage kam, deren Hauptberuf ein schriftstellerischer sei. Kultusminister Rust schloß sich der Meinung des Reichsinnenministers an und verbot den preußischen Hochschulen und Professoren die Mitgliedschaft in der Reichskulturkammer. Sofern dies bereits geschehen sei, sollte die Beitrittserklärung unter Berufung auf den Ministererlaß zurückgenommen werden.[264]

Mit den Ergänzungsverordnungen zum Reichskulturkammergesetz verschärfte sich die Lage. So wurde im Juni 1934 eine Sitzung des Reichskabinetts anberaumt, in der über die Frage der Abgrenzung beider Geschäftsbereiche verhandelt werden sollte. Zu diesem Zweck fertigte man Unter den Linden eine Übersicht über die unstreitigen bzw. strittigen Punkte an. Das Reichskultusministerium vertrat den Grundsatz, lediglich diejenigen Angelegenheiten auf das Propagandaministerium übergehen zu lassen, bei denen es sich um Kunstpolitik, künstlerisches Schaffen sowie um die ständische Erfassung und die Erziehung von Künstlern handelte, während beim Kultusministerium die Angelegenheiten der Forschung, der Kunstwissenschaft sowie die Pflege der volkserzieherischen Auswertung von Kunst- und anderen Kulturgütern verbleiben sollten. Man erklärte sich bereit, die Hochschulen für bildende Künste, die Musikhochschulen und den Privatmusikunterricht an Goebbels abzutreten, reklamierte aber die Ausbildungsanstalten für Zeichen- und Schulmusiklehrer für sich. Zu einer Einigung kam es auf dieser Besprechung nicht. Dem anschließenden Briefwechsel zwischen beiden Häusern ist vor allem zu entnehmen, daß Goebbels kontinuierlich nach Ausdehnung seiner Befugnisse strebte. So legte er im Juni 1934 unvermittelt einen Gesetzentwurf vor, der sich außer auf die bereits abschließend verhandelten Streitpunkte nun auch noch auf die Übertragung der mit Architektur und Kunsthandwerk befaßten Ausbildungsstätten bezog.

Um aus seinem letztlich ungeliebten Propagandaministerium unter der Hand doch noch das maßgebliche Kulturministerium zu machen, zog Goebbels alle Register. Im Sommer 1934 trat er mit dem genannten Gesetzentwurf an die Kultusministerien der Länder heran, stieß aber damit bei Bayern, Württemberg und Baden auf Ablehnung. Das Reichskultusministerium protestierte ebenfalls, wobei man sich auf Hitler berief, der auf der gemeinsamen »Chefbesprechung« vom 19. Juni 1934, die »Kunstwissenschaft, das gesamte Museumswesen, die Denkmalpflege einschließlich der Bodenaltertümer, die Betreuung der staatlichen Schlösser, Gärten und Seen, die Ausbildung der Zeichenlehrer und der Schulmusiker, den Unterrichtsfilm und Unterrichtsfunk« in die Zuständigkeit des Kultusministeriums verwiesen hatte.[265] Doch das Propagandaministerium ließ sich davon nicht beeindrucken, sondern faßte die Kammerzugehörigkeit vielmehr als eine Frage zwischen dem Reich und den Ländern auf, die unabhängig von der Ressortabgrenzung geregelt werden könne. Das Reichskultusministerium hielt dagegen, und eine Vertagung der Angelegenheit war die Folge.

Im März 1935 wurden die Fäden wieder aufgenommen, nun lediglich mit drei Streitpunkten auf der Tagesordnung, die Volksbüchereien, den Heimatschutz und die Kirchenmusik betreffend.[266] Rust und Goebbels berieten sich persönlich, fanden aber zu keiner Einigung. Nach bald einem Jahr erneuter Pause, Zschintzsch hatte gerade den Posten des Staatssekretärs im Reichskultusministerium bezogen, ergriff sein Kollege Funk aus dem Hause Goebbels im Juni 1936 mit einem persönlichen Schreiben die Initiative – vielleicht in der Annahme, mit dem neuen Mann ein leichtes Spiel zu haben. Aber Zschintzsch zeigte sich loyal und notierte nach einer Rücksprache mit Rust in einem Vermerk für die Akten nur: »Herr Minister lehnte eine Abgabe der Angelegenheiten an das Propagandaministerium und weitere Besprechungen ab. Einstweilen nichts zu tun.« Dem Brief Funks hatte der Vorschlag für eine Vereinbarung beigelegen, die Rust im Gespräch mit Zschintzsch für vollkommen indiskutabel erklärt hatte. Goebbels und Funk ließen auch danach nicht locker. Im Herbst des Jahres erfolgte ein nächster Vorstoß des Staatssekretärs für einen »technisch einwandfreien und gangbaren Weg« zur Lösung der strittigen Ressortfragen. Während einer gemeinsamen Unterredung schlug er kurzerhand die Verreichlichung der mit Kunst und Musik befaßten Anstalten vor. Der anwesende Staatssekretär Landfried vom preußischen Finanzministerium wollte sich dazu freilich erst dann bereit erklären, wenn das Aufgabengebiet der Kunstpflege auch in allen anderen Ländern verreichlicht würde – beim damaligen Stand der Reichsreform ein unmögliches Unterfangen, wie Funk bald herausfand.

Im Propagandaministerium verfolgte man die Sache weiter und suchte nach immer neuen Wegen zum hartnäckig verfolgten Ziel. Im Januar 1937 wartete Funk mit dem Vorschlag auf, »in Preußen eine selbständige oberste Landesbehörde für Kunstangelegenheiten zu schaffen unter Zurückstellung der Überleitung des Landeseigentums auf das Reich«. Das preußische Finanzministerium und das Reichskultusministerium lehnten dies unter Protest ab, aber Goebbels gewann die Reichskanzlei für seine Position. Die Initiative scheiterte zuletzt am Einspruch des preußischen

Ministerpräsidenten, der die preußische Akademie der Künste nun unter seinen persönlichen Schutz stellte. Die Herren im Reichskultusministerium dürften sich bei Erhalt dieser Nachricht die Hände gerieben haben; jedenfalls wollte man von hier aus nichts weiter unternehmen, »als beatus possidens können wir ja warten«, meinte Graf zu Rantzau gelassen.[267] Bei einer gemeinsamen Besprechung mit Rust und dem Präsidenten der Akademie der Künste, Adolf Ziegler, auf seinem Landsitz Karin-Hall hatte Göring erklärt, »daß von einer Abgabe der bisher von dem hiesigen Ministerium verwalteten Hochschulen und Institute an die Kammern nicht die Rede sein könne«.[268] Dann lenkte die außenpolitische Entwicklung 1938 vorübergehend von den inneren Verwerfungen ab.

Das Thema kam erneut auf die Tagesordnung, als im Frühjahr 1939 die Berliner »Hochschule für Politik« vom Propagandaministerium auf das Reichskultusministerium überging. In diesem Zusammenhang fand ein Gespräch zwischen Rust und Staatssekretär Karl Hanke vom Propagandaministerium statt. Überraschend erklärte Hanke nun, daß die Übertragung der Kunsthochschulen und Schulen nicht mehr beansprucht, sondern seitens des Propagandaministeriums nur noch eine Beteiligung an den Lehrplänen der betreffenden Anstalten gewünscht würde. »Diesem Wunsch müsse entsprochen werden«, hielt Zschintzsch die Entscheidung seines Ministers in einem Aktenvermerk fest.[269] Bei dieser Verhandlung vielleicht nicht ganz bei der Sache oder ihrer auch nur überdrüssig, mochte Rust die zu erwartenden Folgen der Vereinbarung nicht bedacht haben. Im Amt Volksbildung wurde die Möglichkeit der direkten Einflußnahme des Propagandaministeriums in inhaltliche und personelle Fragen allerdings sofort als Gefahr erkannt. Darauf aufmerksam gemacht, entschied Rust, abzuwarten, »ob das Reichspropagandaministerium wegen des Maßes seiner Beteiligung an uns herantrete«.[270] Damit ruhte die Angelegenheit erneut. In der täglichen Arbeit der betreffenden Institute kam es freilich zu verwirrenden, weil häufig einander widersprechenden Anweisungen aus beiden Ministerien.

Das letzte Kapitel dieser Posse spielt im Sommer 1940. Überraschend kündigte Ministerialdirigent Schmidt-Leonhardt aus dem Propagandaministerium seinen Besuch im Haus Unter den Linden an, vorgeblich, um »einen Modus vivendi für die Kriegszeit« mit den Herren vom Kultusministerium auszuhandeln, »damit der unerträgliche Zustand aufhöre, daß nachgeordnete Stellen von beiden Ministerien mit verschiedenen Weisungen versehen würden«.²⁷¹ Schmidt-Leonhardt schlug ein informelles »gentlemen's agreement« zwischen beiden Häusern dergestalt vor, daß auf dem umstrittenen Gebiet eine »dauernde Mitzeichnung beider Ressorts« vereinbart würde. Damit sollte nach außen hin für Übersichtlichkeit gesorgt, aber vor allem die einvernehmliche Zusammenarbeit beider Ministerien demonstriert werden. An ein »Präjudiz« sei dabei »in keiner Weise« zu denken, beteuerte der Gesandte aus dem Propagandaministerium, dessen Angebot bei Ministerialrat Brenner dennoch auf Mißtrauen stieß. Als Brenner auf die mündliche Vereinbarung seines Ministers mit Staatssekretär Hanke von vor gut einem Jahr verwies, wurde diese von Schmidt-Leonhard mit dem Bemerken vom Tisch gewischt, daß Goebbels an eine solche Erklärung wohl kaum zu binden sein würde. Sollte Staatssekretär Hanke tatsächlich eine solche Vereinbarung getroffen haben, so sei er dazu sicherlich nicht befugt gewesen. Spätestens mit dieser leichtfertigen Bemerkung über die Verhandlungen eines Vorgesetzten war Brenner gewarnt, daß es sich um mehr als einen gutgemeinten Versuch auf Ministerialratsebene zur Beilegung der Streitigkeiten handelte. Er ließ sich auf einen weiteren Austausch nicht mehr ein und bezweifelte gegenüber Schmidt-Leonhardt nur, daß ein »Provisorium so ohne jede Rücksicht auf die definitive Lösung möglich sei«. Dies war auch das Ergebnis der nach dem Besuch aus dem Propagandaministerium stattfindenden Besprechung zwischen Brenner, dem stellvertretenden Chef des Amtes Volksbildung, Karl Hermann, und Graf zu Rantzau. Dem anschließenden Telephonat mit Schmidt-Leonhardt war schließlich die Enttäuschung der Goebbels-Entourage zu entnehmen, das Kultusministerium nicht wie erhofft, getäuscht zu haben: »Eine Verhandlung auf Grund der angeblichen Erklärung von Staatssekretär Hanke bedeute für sie ja wohl eine Art Kapitulation«, notierte Brenner die verschnupfte Reaktion Schmidt-Leonhardts in einem Gesprächsprotokoll. Nachdem die Initiative der klammheimlichen Übervorteilung gescheitert war, suchte Schmidt-Leonhardt nach anderen Mitteln, um Druck auf die Beamten des Kultusministeriums auszuüben. Der seit Jahren bestehende »dauernde Kriegszustand« zwischen beiden Ressorts war auf diese Weise allerdings nicht zu beenden und hielt bis zum Untergang des Dritten Reichs an.²⁷²

Im gesamten Konflikt um die Kunst steuerte Rust lange Zeit einen kompromißbereiten Kurs. Nach der »Chefbesprechung« vom 19. Juni 1934 hatte der Reichskultusminister die preußischen Zuständigkeiten auf Gebieten, die auch seiner Meinung nach »von reichswegen« unzweifelhaft zum Propagandaministerium gehörten, nicht mehr ausgeübt und Goebbels das Feld überlassen. Einige noch bestehende »Restbefugnisse« wie Kunstankauf und Künstlerförderung, eine bescheidene Förderung musikalischer Unternehmungen sowie die Mitbetreuung moderner Kunst in Ausstellungen stellte Rust sogar zur Disposition. Nicht verhandelbar waren für ihn einzig jene Belange, die der Sache nach zum Bereich Wissenschaft und Erziehung gehörten. Dazu zählte die Akademie der Künste, die Goebbels als maßgeblicher »Kunstminister« unter allen Umständen seiner Aufsicht unterstellen wollte. Über diese Frage schwand die kompromißgeneigte Haltung Rusts, und die oft unfaire Verhandlungsführung von Goebbels samt seinen Leuten dürfte zur wachsenden Verstimmung sehr beigetragen haben. Besonders hart traf den Kultusminister in diesem Zusammenhang, daß Goebbels 1938 das lang beratene Reichsschulgesetz auf der entscheidenden Kabinettssitzung wegen dieses »Kunstkriegs« platzen ließ.

Abb. 18 Hitler, Rust und Goebbels bei einem Rundgang durch die »Große Deutsche Kunstausstellung« im Haus der Deutschen Kunst in München, 10. Juli 1938

Das Ausmaß gegenseitiger Abneigung zeigte ein weiterer markanter Vorgang, in dem außer Goebbels auch Alfred Rosenberg eine zentrale Rolle spielte. Wenngleich das Verhältnis zwischen Propagandaminister und Weltanschauungsbeauftragten alles andere als freundlich war, geriet dies für Goebbels, sobald es gegen Rust ging, offenbar zur Nebensache. Allein in ihrer großen Verehrung des »Führers« standen die beiden Altparteigenossen Rust und Goebbels einander in nichts nach.[273] Als 1939 der fünfzigste Geburtstag Hitlers nahte, warf die Frage, wie dieser Tag angemessen zu würdigen sei, bereits früh seine Schatten voraus. Im Oktober lud Goebbels zu einer Vorbesprechung ein, an der für das Kultusministerium Graf zu Rantzau teilnahm. Hier und in weiteren Nachbesprechungen im Haus Unter den Linden wurde festgelegt, wie sich das Kultusministerium »einbringen« würde, mit reichsweit anberaumten Schulfeiern, einer Radioansprache des Ministers, schließlich mit der Beteiligung des Ministeriums an der von Goebbels geplanten Ausstellung »Ein Reich – Ein Volk – Ein Führer«.[274] Außerdem hatte Oberregierungsrat Huber aus dem Amt W noch eine Idee. Er schlug seinem Chef Otto Wacker die Erstellung einer Festschrift für Adolf Hitler vor. In einem »künstlerisch ausgestatteten« Band, so Huber, könnten die wichtigsten Forschungsergebnisse und Fortschritte niedergelegt werden, und zwar sowohl aus technisch-naturwissenschaftlichem wie aus geisteswissenschaftlichem Gebiet. Ein solcher Band konnte dann dem »Führer« in feierlicher Form durch den Minister unter Beteiligung des Amtschefs W und im Beisein von Vertretern der Universitäten und sonstigen wissenschaftlichen Einrichtungen überreicht werden. Diesem Vorschlag stimmte der Minister zu, indem er »sofortige Ingangsetzung in Amt W« befahl.[275]

Die Fachreferenten einigten sich schnell auf geeignete Autoren, die angeschrieben und um einen Beitrag zur Füllung des Ehrenbandes gebeten wurden. Repräsentanten des Maschinenbaus, des Bauingenieurwesens und der Architektur waren ebenso darunter wie Mediziner, Naturwissenschaftler, Juristen und Geisteswissenschaftler; allein die Theologie fehlte.[276] Das Anschreiben des Ministeriums hatte klare Vorgaben enthalten, wie die Texte abzufassen seien. Sie sollten jeweils eine Übersicht über das Forschungsgebiet und über das wissenschaftliche Verfahren enthalten, »so dass dem Leser ohne weiteres klar wird, wie auf dem betreffenden Fachgebiet von Seiten der Forschung an den Hochschulen und in der Praxis gearbeitet wird«. Erwünscht war außerdem die Benennung von

»praktischen Auswirkungen unter Betonung der letzten Jahre und dann noch ein kurzer Hinweis auf die der Forschung weiter gestellten Aufgaben und die dabei angestrebten grossen Ziele«. Keiner der ausgewählten Professoren sagte seine Beteiligung an der Hitler-Festschrift ab.[277] Vielmehr lieferten sie ihre Beiträge termingerecht, so daß sie im Februar 1939 dem Leipziger Verlag Hirzel überstellt werden konnten. Die Auflage umfaßte 1000 Exemplare, sollte aber nicht in den Handel gelangen. Der Reichskultusminister entschied, daß die Festgabe »Die deutsche Wissenschaft. Arbeit und Aufgabe« heißen und mit einer Widmung versehen werden sollte: »Dem Führer und Reichskanzler legt die Deutsche Wissenschaft zu seinem 50. Geburtstag Rechenschaft ab über ihre Arbeit im Rahmen der ihr gestellten Aufgabe«. Es folgten der Name des Ministers und der des Chefs von Amt W faksimiliert darunter. Die Autoren und die Vertreter der obersten Reichsbehörden, insgesamt 108 Personen, und natürlich der Jubilar erhielten ein Exemplar, der Rest war für die Bibliotheken bestimmt.[278]

Über den Moment der Übergabe des Festbandes an Hitler ist nichts Näheres bekannt, so daß seine Reaktion nur vermutet werden kann. Den Briefen nach, die Rust von den mit einem Exemplar bedachten Repräsentanten des Regimes erhielt, war die Hitler-Festschrift jedenfalls ein Erfolg. Zahlreiche mit »Lieber Bernd!«, »Lieber Bernhard«, »Lieber Parteigenosse Rust!« oder auch nur mit »Sehr geehrter Herr Reichsminister!« überschriebene Danksagungen erreichten den Schreibtisch des Ministers. Der Tenor war durchweg lobend, auch wenn wohl kaum einer von ihnen den Band gelesen haben dürfte. Aber die Idee, die Leistungen der Wissenschaft und damit zugleich die des Wissenschaftsministeriums auf diese Weise ins Licht zu rücken, wurde allgemein anerkannt.

Kritik kam nur von zwei offiziellen Stellen, aus dem Amt Rosenberg und von Joseph Goebbels. Beide waren nicht vorab in das Projekt eingeweiht worden und blickten schon von daher mit Mißgunst auf die Festgabe. So erreichte im Oktober 1939 ein Brief Rosenbergs das Haus Unter den Linden, in dem er sich über die Zusammenstellung der Beiträge, vor allem aber über die Aufsätze des Pädagogen Ernst Krieck und des Philosophen Erich Jaensch beschwerte. Er und sein Amtschef Alfred Baeumler würden darin von Krieck persönlich angegriffen, eiferte Rosenberg, und die Wissenschaft, insbesondere die nationalsozialistische Philosophie werde »vor dem Führer und dem In- und Ausland« denunziert. Überdies würden ganze Bereiche der Volks- und Germanenkunde, der allgemeinen Wehrlehre und Erziehungswissenschaft in dem Band fehlen, so daß das »Ergebnis in einem bedauerlichen Missverhältnis zur begrüssenswerten Absicht des Werks« stehe, urteilte Rosenberg. Er bat, den Band sofort zurückziehen und im Falle einer Neuausgabe den Beitrag Kriecks zu streichen.[279]

Das Amt Wissenschaft und der Minister reagierten zuerst gelassen. Heinrich Harmjanz wollte die Kritik Rosenbergs vorausgesehen haben, weil er wußte, daß beide Autoren im Amt Rosenberg als »besonders unerwünscht« galten. So riet er, auf das Schreiben außer mit einer Eingangsbestätigung gar nicht erst zu antworten. Eine Zurückziehung des Werks komme nicht in Frage, an eine Neuauflage sei nicht gedacht, und überhaupt sei es sinnlos, mit Rosenberg zu argumentieren, befand Harmjanz.[280] Doch Rosenberg ließ nicht locker und stellte ohne weitere Ankündigung einen Verbotsantrag beim Propagandaministerium. Darüber informierte Anfang November ein Brief aus dem Hause Goebbels, der zugleich erklärte, daß man sich der Meinung des Weltanschauungsbeauftragten anschloß: »Die gesamte geistige und weltanschauliche Gegnerschaft des Nationalsozialismus wird [...] ihre wahre Freude daran haben, dass im Rahmen eines solchen Geschenkes derartige, unseres Erachtens unerhörte Fehler vorgekommen sind«, tadelte der Beamte im Auftrag von Goebbels. Zugleich wurde darum gebeten, dem »ausdrücklichen Wunsch des Reichsleiters« zu entsprechen, »indem Sie das sofortige Verbot dieses Werkes veranlassen«.[281] Mit der anfänglichen Gelassenheit im Kultusministerium war es nun vorbei, und der Minister selbst mußte tätig werden. Auf Nachfrage beim Verlag Hirzel erfuhr man, daß 206 Exemplare bereits verkauft, 95 noch auf Kommission bei den Händlern lagen. Außerdem vermerkte Huber, ein Exemplar in der Auslage einer Berliner Buchhandlung liegen gesehen zu haben.[282]

Rust reagierte mit ausweichenden Beschwichtigungen. Die Zeit sei zu knapp zum intensiven Studium jedes Beitrags gewesen, schrieb er an Rosenberg. Als Minister habe er sich ganz auf seinen Amtschef Wissenschaft verlassen, der wiederum die Sachbearbeiter mit der Angelegenheit betraut habe. Dabei seien die Spannungen zwischen den Beiträgen zwar aufgefallen und beanstandet worden, doch Wacker habe auf dem Beitrag Kriecks bestanden. Er selbst sei über den Text auch nicht eben glücklich, gab aber zu bedenken, daß es nicht Sache der Reichsregierung oder der

Reichsleitung sein könne, »wissenschaftliche Lehrmeinungen als richtig oder unrichtig zu bezeichnen«. Diesen Gedanken noch einmal stärker betonend meinte Rust am Ende des Schreibens unmißverständlich: »Solange eine wissenschaftliche Meinung als solche nicht den Interessen des Volkes schadet, verlangt es m. E. der Grundsatz der richtig verstandenen Freiheit der Wissenschaft, den auch wir uns zu eigen machen, daß wir uns bei wissenschaftlichen Lehrmeinungen nicht auf Dogmen festlegen und jede Meinung, die gegen dieses Dogma verstößt, als unrichtig verdammen.« Um einen versöhnlichen Ton bemüht, bot Rust am Ende an, die weitere Auslieferung von Exemplaren beim Verlag zu unterbinden. Gleichzeitig bestand der Kultusminister aber darauf, daß Rosenberg den Verbotsantrag »sofort« zurückziehe.[283]

Anders als Rosenberg erhielt Goebbels zunächst keine Antwort aus dem Reichskultusministerium. Ein Entwurf wurde zwar im Amt W erstellt und dem Minister auch vorgelegt, der sich aber weigerte, das Schreiben abzuzeichnen. Der Brief blieb im Hause, während das Propagandaministerium wiederholt vergeblich auf eine Stellungnahme drängte. Als im Mai 1940 die sechste Erinnerung auf dem Tisch des Ministers lag, vermerkte dieser mit grünem Ministerstift nur unwillig: »Eine Information an das Reichspropagandaministerium soll Amt W geben. Der Antrag an das Reichspropagandaministerium ist so unmöglich, dass ich darauf zu antworten ablehne.« So blieb Rudolf Mentzel die Replik an Goebbels überlassen. Darin lehnt es auch der Amtschef W kategorisch ab, in eine wissenschaftliche Kontroverse einzugreifen, die, weil das Buch gar nicht für den Handel bestimmt war, nicht einmal öffentlich geworden sei. Mentzel erklärte es für grotesk, »ein Werk, das der Führer anläßlich seines 50. Geburtstags als Geschenk entgegengenommen hat, nachträglich zu verbieten«.[284] Dieser Hinweis scheint am Ende überzeugt zu haben, denn der Streit um die Führer-Festschrift versiegte.

Das konfliktträchtige Verhältnis der nationalsozialistischen Minister untereinander gehört zu den bereits früh beobachteten und vielfach behandelten Themen zur Geschichte des Dritten Reichs. Es bestimmte den Alltag in den Ministerien und griff tief in die Verwaltungspraxis aller Instanzen ein. Im Rahmen dieser Auseinandersetzungen spielte Reichsminister Rust keine schlechtere Rolle als andere Kollegen, mal setzte er sich durch, mal unterlag er in strittigen Fragen. Auch in der ministeriellen Bilanz von Goebbels, Reichsinnenminister Frick oder Alfred Rosenberg standen Erfolge und Mißerfolge nebeneinander, so daß von hier aus der Stellenwert eines Ministeriums im Regierungsgefüge des nationalsozialistischen Staates nur schwer abzuschätzen ist. Anders verhält es sich beim Blick auf den sachlichen Gehalt der Politik, auf das, was ein Ministerium in seinem Zuständigkeitsgebiet auf legalem Weg erreichte. Davon wird im folgenden Kapitel zunächst am Beispiel des Schulwesens zu handeln sein.

IV. Genormte Bildung

Der »neue Mensch« als bildungspolitische Aufgabe

Im Kern nationalsozialistischer Gesellschaftsvorstellungen stand die Idee der Volksgemeinschaft. Damit verband sich in erster Linie ein Gegenentwurf zum demokratischen Gesellschaftsmodell der Weimarer Jahre mit seiner Hochschätzung des Individuums, seinem Pluralismus an Lebensentwürfen und Lebensweisen. Der Nationalsozialismus hielt dem seine Vision vom rassisch homogenen Volksstaat entgegen, in dem Klassengegensätze wie Standesunterschiede aufgehoben und parteipolitische Interessen überwunden sein würden. Das individuelle Interesse des Einzelnen hatte zum Nutzen des »Volksganzen« zurückzustehen gemäß der Maxime »Gemeinnutz vor Eigennutz«. Es wurde gezielt an Gemeinschaftsvorstellungen aus der Zeit des Ersten Weltkriegs angeknüpft mit dem stark idealisierten Erlebnis der »Frontgemeinschaft« im Zentrum, das nach dem Krieg sowohl in den völkischen Zirkeln der politischen Rechten als auch in Kreisen des nationalkonservativen Bürgertums kursierte. Die nationalsozialistische Volksgemeinschaft war rassisch bestimmte, den Geboten der Rassereinheit und Erbgesundheit unterworfene »Blutsgemeinschaft«, sie bot sich als »Sozialgemeinschaft« der solidarisch miteinander verbündeten »Hand- und Kopfarbeiter« an und verstand sich zuletzt als Rechtsgemeinschaft mit der Kraft eigener Rechtsetzung: »Jetzt ist das Volk die lebendige Gemeinschaft aller Deutschen, und der Staat dient in der Hand des Führers Zwecken der Volksgemeinschaft. Nicht mehr der Staat gibt dem Volk sein Recht, sondern er empfängt seine Berechtigung aus der Volksgemeinschaft«.[285] Die so definierte nationalsozialistische Gesellschaft der Zukunft bedurfte des »Neuen Menschen«, weshalb der Erziehung im Dritten Reich eine zentrale Bedeutung zugemessen wurde.

Gegen den vermeintlichen Hyperindividualismus des bürgerlichen Zeitalters gerichtet, würde der Volksgenosse der Zukunft Gemeinschaftsmensch sein. Mehr dem Gemeinnutz als dem eigenen Interesse verpflichtet, sollte er charakterfest, willensstark und gesund sein, dazu deutsch denken und schließlich die Behauptung der eigenen »Rasse« als Selbstverpflichtung empfinden. Hitler hatte dieses Menschenbild in »Mein Kampf« mit groben Strichen festgehalten, und seine mit Kultur und Erziehung befaßten Vasallen, darunter natürlich der Reichskultusminister, folgten ihm darin.[286] Utopien wie diese waren freilich nicht neu. Schon die Kulturkritik des Fin de siècle hatte von einer anderen, besseren Gesellschaft samt »neuem Menschen« geschwärmt. Die um 1900 entstandenen Entwürfe wurzelten in unterschiedlichen Kontexten, kamen mal aus der avantgardistischen, mal aus der kulturrevolutionären oder lebensreformerischen Ecke. Das politische Spektrum reichte von links bis rechts, wobei sich Motivation und jeweilige Inszenierung stark voneinander unterschieden. Ein gemeinsamer Nenner aller dieser Bestrebungen dürfte jedoch das Unbehagen an der Moderne gewesen sein, die Kritik am Epigonentum der Zeit, am Eklektizismus in Kunst und Literatur, an der Überfremdung des Lebens durch die Errungenschaften von Naturwissenschaft und Technik. Schließlich schürten auch Zweifel an Vernunft und Rationalität der bürgerlichen Gesellschaft den Protest. Der tradierten Normen überdrüssig, machten sich viele Menschen auf die Suche nach neuer Einfachheit und Natürlichkeit, forschten nach Quellen neuer Kreativität und Originalität. Die späteren Ideale einer nationalsozialistischen »Lebens- und Schaffensgemeinschaft« speisten sich aus den verschiedenen Ursprüngen der Kulturkritik und des Kulturpessimismus der Jahrhundertwende.[287]

Selbstredend standen auch Schule und Schulerziehung um 1900 in der Kritik. So ziemlich alle Erscheinungen des damaligen Unterrichtswesens wurden hinterfragt, angefangen bei der Segmentierung in ein höheres, mittleres und niederes Schulwesen, über die Ausbildung der Lehrer, die Lerninhalte und Methoden der Wissensvermittlung bis zu den Unterrichtsstätten selbst. Weil die Schulerziehung auf bloße Stoffvermittlung reduziert sei, gerate das Leben ins Hintertreffen, hieß es in der aufkommenden reformpädagogischen Literatur jener Jahre, die sich der Pädagogik Rousseaus verpflichtet wußte und mit der schwedischen Erzieherin Ellen Key der Meinung war, Kinder besäßen ein Recht auf ein »volles starkes Kinderleben«, dem die Schulzeit zu entsprechen habe. Tatsächlich sah der Alltag in vielen Klassenzimmern trist aus und dürfte in keiner Schulform besonders kindgerecht ausgefallen sein. Die deutschen Staaten hatten andere Prioritäten gesetzt und zunächst den Schulausbau forciert. Bis 1900 war das Land mit einem vergleichsweise dichten Netz öffentlicher Schulen überspannt, womit im Deutschen Reich immerhin eine Alphabetisierungsrate nahe 90 Prozent erreicht wurde. Die Zahl der Lehrer war kontinuierlich gestiegen, und die Ausbildung zumal der Volksschullehrer verbessert worden. Viele von ihnen nahmen engagiert am kultur- und schulkritischen Diskurs der Jahrhundertwende teil, der bis in die Weimarer Jahre hineinreichte.

Die Kritik der Nationalsozialisten am Schulwesen zielte auf die angeblich mangelnde Formung des Charakters und des Willens, die unzureichende Pflege einer nationalen Gesinnung und des rassischen Bewußtseins. »Man kann nicht einen Staat Adolf Hitlers erobern mit den Tugenden des Mutes, der Zähigkeit und der Treue, in der Schule aber einen faden Intellektualismus züchten«, kritisierte Reichskultusminister Rust die überkommene Schulpraxis und sprach sich bei anderer Gelegenheit für die »Ausbildung des Körpers bis zur Härte gegen sich selbst« aus.[288] Statt auf Bildung sollte das Schwergewicht an den Schulen künftig

Abb. 19 Gauleiter Bernhard Rust schreitet eine Formation der Hitlerjugend auf der Einweihung des Herrengartens in Hannover ab

auf der Erziehung liegen, sollte die Stärkung des Charakters und des Willens gleichrangig neben die Wissensvermittlung treten. Auf diese Weise glaubte Rust, die entstandene »Kluft zwischen dem neuen Geist des jungen Deutschland und dem des staatlichen Schulwesens« schließen zu können. Allen Hoffnungen auf eine rasche Realisierung seines Programms erteilte er von vornherein eine Absage. Der Weg zur »neuen Schule« des Nationalsozialismus würde »nicht mit Siebenmeilenstiefeln durchschritten«, sondern Zeit kosten. Zur Veranschaulichung seiner Ideen bemühte Rust wiederholt den Vergleich mit der Forstwirtschaft, welche den Zeitfaktor auch nicht einfach außer Kraft setzen könne: »Ich kann eine neue Generation nicht schneller hinstellen als der Förster den neuen Wald. Das ist ausgeschlossen. Das sind Naturgesetze, die sind dieser Materie immanent.«[289] Der Gedanke von einem auf tausend Jahre projektierten Dritten Reich mochte Rust in seinen Vorstellungen bestärkt haben. Allerdings sah sich der Reichskultusminister nicht unumstritten in der Verantwortung für das Erziehungswesen. Andere Funktionsträger im nationalsozialistischen Staat mit hohem Geltungsbedürfnis wie Reichsarbeitsminister Robert Ley oder Reichsjugendführer Baldur von Schirach reklamierten ein Mitspracherecht und brachten allenfalls geringes Verständnis für die eigentlich erforderliche Dauer der Rust'schen Erziehungsreform auf.

Die Erziehungshoheit im Dritten Reich lag bei der »nationalsozialistischen Bewegung«; Partei und Staat bildeten die »zweieinige Erziehungsmacht«.[290] Die Kirchen sollten ihren Einfluß sukzessive verlieren, während die Familie auf die Erziehung ihrer Kinder während der frühen Lebensjahre zu reduzieren sein würde. Zwar blieb das Erziehungsrecht der Eltern formal unangetastet, doch wurde ihre »Erziehungsarbeit« zu einem Teil der »nationalsozialistischen Gesamterziehung des deutschen Volkes« erklärt, über die Partei und Staat als »Treuhänder des deutschen Volkes« verantwortlich wachten. Diese Definition öffnete Eingriffen der Partei in die privaten Belange der Familien Tür und Tor. So selbstverständlich wie kompromißlos suchten die parteieigenen Organisationen Hitler-Jugend, die entsprechenden Abteilungen der Deutschen Arbeitsfront, SA und SS die Erziehungshoheit der »Bewegung« auszuüben, wo alles auf eine rasche und umfassende Ideologisierung vor allem der heranwachsenden Generation, aber auch der jungen Erwachsenen zielte. Mit dem hier angeschlagenen Tempo konnten die staatlichen Instanzen – die Ministerien, Schulen und Hochschulen – kaum mithalten. In den Vorstellungen vieler

Ministerialbeamter wirkten die alten bürgerlich geprägten pädagogischen und schulpraktischen Überzeugungen nach und hatte jeder Reformschritt in rechtlich geordneter Form zu erfolgen. Schließlich stammte der Minister selbst aus dem Bildungsbürgertum Hannovers und hatte lange Jahre als Studienrat unterrichtet. Von einer Entfremdung oder gar einem Bruch mit seiner Herkunft konnte trotz seiner nationalsozialistischen Überzeugung bei Rust keine Rede sein, der seinen gewohnten Lebensstil nach 1933 vielmehr weiter pflegte. Seine Schulpolitik war zwar energisch auf eine nationalsozialistische Umgestaltung des Erziehungswesens ausgerichtet, sollte aber nicht übers Knie gebrochen werden. Darüber geriet der Reichskultusminister in vielfältige Spannungen mit den stets vorauseilenden Ansprüchen der Partei und ihrer Gliederungen.

Eine bereits vor der Machtübernahme erhobene schulpolitische Forderung der Nationalsozialisten zielte auf die Abschaffung des Schulgeldes an den mittleren und höheren Schulen im Deutschen Reich. Damit sollte das Bildungsvorrecht des Bürgertums beendet und ein sozial egalisierender Zug im Schulwesen wirksam werden. Im Ministerium schloß man sich nach 1933 diesem Gedanken dahingehend an, »jedem geistig und charakterlich für den Ausbildungsgang der höheren Schule hervorragend begabten Kinde« den Besuch zu ermöglichen, »wenn es auch statt Geld und Gut nur gesundes Erbgut mit sich bringt«. Allein die Begabung dürfe über die Bildungsbiographie bestimmen, während im Falle mangelnder Eignung die Volksschule besucht werden müsse, gleich welcher sozialen Herkunft ein Kind sei.[291] Die Diskussion hierüber erstreckte sich über die gesamten dreißiger Jahre, aber die finanzielle Seite zog allen Plänen enge Grenzen. Schon eine allgemeine Senkung des Schulgeldes hätte die Schulträger – in der Regel Städte und Gemeinden – in erhebliche Schwierigkeiten gebracht, ganz zu schweigen von einer kompletten Schulgeldfreiheit, die finanziell jenseits aller Vorstellungen lag.

Zur Kostenübernahme durch das Reich und die Länder waren weder der Reichs- noch der preußische Finanzminister zu gewinnen. Rust wurde bei Popitz wie bei von Krosigk wiederholt auch persönlich in Sachen Schulgeld vorstellig. Nachdem er mit seinen Forderungen 1933 und 1934 in Preußen gescheitert war, setzte er für das Haushaltsjahr 1935 zu einer erneuten Initiative an und forderte in einem Brief an Popitz, wenn schon keine gänzliche Beseitigung der Gebühren möglich sei, wenigstens eine spürbare Senkung.[292] Preußen zählte mit 240 Reichsmark im Jahr zu den

Ländern mit den höchsten Schulgeldsätzen, während in Baden, Bayern und Braunschweig 200 Reichsmark und in Württemberg nur zwischen 120 und 160 Reichsmark erhoben wurden. Von 1927 bis 1935 hatte sich das Schulgeld in Preußen verdoppelt, die Gehälter hingegen waren zweimal gekürzt worden. »Auf allen Gebieten sind in den letzten Jahren die Lebenshaltungskosten gesenkt. Nur das Schulgeld nicht«, wurde seitens des Kultusministeriums gegenüber dem Finanzminister geltend gemacht.[293] Doch Popitz war für den Vorschlag nicht zu haben, weil dies den Staat »annähernd 4 Millionen Reichsmark und die Gemeinden das Dreifache (!) dieses Betrages« kosten würde. Er erinnerte an die Bewilligung »einer großen Anzahl von fortdauernden Mehranmeldungen« des Kultusministeriums im Haushalt des kommenden Jahres, denen er nur unter der Bedingung zugestimmt habe, »daß es bei dem bisherigen Schulgeldsatz bleibt«. Tatsächlich hatten unter anderem Einrichtung und Ausbau des Landjahrs, Gründung und Ausstattung der Hochschulen für Lehrerbildung den Etat des Kultusministeriums beträchtlich erhöht.[294]

Im Hause Rust wollte man es dennoch nicht dabei bewenden lassen und bestand auf einer »Chefbesprechung« zwischen beiden Ministern. Hierfür faßte Ministerialrat Kurt Klamroth die im Kultusministerium verfochtene Linie noch einmal zusammen. Die gegenwärtige Höhe des Schulgeldes sei unsozial und stehe im Gegensatz zum Grundgedanken der nationalsozialistischen Volksgemeinschaft, erinnerte er den Minister: »Sie wirkt in der Richtung eines Bildungsprivilegs besitzender Schichten und verhindert den Zugang begabter Kinder unbemittelter Volksgenossen zur höheren Schule.« Außerdem werde damit gegen das nationalsozialistische Ausleseprinzip verstoßen. Angesichts der bekannten Sparhaltung des preußischen Finanzministers schlug Klamroth dem Kultusminister eine vermittelnde Verhandlungsstrategie vor; da eine Senkung vermutlich nicht »durchzudrücken« sei, müsse wenigstens eine Erhöhung des Schulgeldabschlages von 15 auf 20 % gelingen. Der dadurch entstehende finanzielle Ausfall würde sich für den preußischen Staat auf eine Million Reichsmark belaufen, für Staat und Gemeinden zusammen auf etwa 2,5 Millionen. Zuletzt spornte der Ministerialrat seinen Minister mit dem Hinweis auf das zu erwartende öffentliche Interesse an dieser Angelegenheit an. Da die Schulgeldfrage schon bei den Etatverhandlungen der letzten beiden Jahre gescheitert sei, müsse sie in diesem Jahr »mindestens zu einem Teilerfolg führen«. Schließlich einigten sich Rust und Popitz tatsächlich auf einen Mittelweg. Die Herabsetzung des Schulgeldes an den höheren Schulen Preußens wurde wie vom Finanzminister gewünscht noch einmal zurückgestellt, aber der Schulgeldabschlag nach dem Vorschlag Klamroths um 5 % erhöht.[295]

Finanzpolitische Kompromisse wie dieser gehörten zum Ministeriumsalltag. Auch in den folgenden Jahren blieb eine namhafte Senkung des Schulgeldes aus, geschweige denn, daß sich der Wunsch des Ministers nach vollkommener Schulgeldfreiheit in Gestalt eines »Reichschulgeldgesetzes« erfüllt hätte – und dies, obwohl die sinkenden Abiturientenzahlen eine offensive Schulpolitik eigentlich dringend nahelegten. Das Veto der beiden Finanzminister stand jeder grundlegenden Reform entgegen. Ungeachtet dessen hielt die NSDAP an ihrer populistischen Maximalforderung fest: »Zur Schulgeldfreiheit vertrete die Partei den Standpunkt, daß künftig vollkommene Schulgeldfreiheit an sämtlichen Schulen und Hochschulen bestehen müsse«, ließ Kurt Krüger vom Stab Heß im Dezember 1940 die Beamten im Haus Unter den Linden wissen.[296] Im Ungewissen blieb nur, was genau unter »künftig« zu verstehen sei. Waren es vor 1939 Aufrüstung und Arbeitsbeschaffungsmaßnahmen, die einen beachtlichen Teil des Staatshaushalts verschlungen und den Ausbau des zivilen Sektors eingeschränkt hatten, waren es danach die Kosten der Kriegführung. Auf der Prioritätenskala des Regimes rangierte das Bildungswesen ungeachtet der laut tönenden Propaganda sehr deutlich hinter den militärischen Interessen. Somit war im Dritten Reich der Besuch von höheren Schulen und Hochschulen wie gehabt wesentlich von der wirtschaftlichen Leistungsfähigkeit der Familien abhängig und blieb bis in die zweite Nachkriegszeit ein vornehmlich bürgerliches Privileg.

Während das Schulgeld einerseits dem Prinzip der Volksgemeinschaft widerstrebte, stand es andererseits dem nationalsozialistischen Gedanken der Auslese nahe. Kultusbeamte wie Kurt Klamroth bezeichneten darum das Schulgeld gelegentlich auch als eine »gesunde Schranke«, die Unbegabte und sozial Unerwünschte von den höheren Schulen fernhalten würde. Daher favorisierte er anders als sein Minister statt der Abschaffung des Schulgeldes eine sozial verträgliche Senkung bzw. Staffelung der Beiträge.[297] »Auslese« hieß das Gebot der Stunde, das im Gegensatz zu den integrativen Konzepten der Weimarer Schulpolitik auf die bewußte Trennung der Begabten von den Unbegabten, der Leistungsfähigen von den Leistungsschwachen setzte. Der Ministererlaß vom 27. März 1935 erklärte dieses Prinzip zu einem »Kernstück der Schulreform«, dessen Anwendung die nationalsozialistisch geprägte Führerpersönlichkeit hervorbringen werde. Körperliche Tüchtigkeit wurde gleich geschätzt mit geistiger Leistungsfähigkeit und bei der Schülerauswahl »schärfste Auslese« verordnet. Nicht durchgängig gute, sondern allein herausragend Begabte sollten in den Genuß einer höheren Schulausbildung kommen, um »selbstsichere deutsche Jungen und Mädchen, denen Inhalt und Klarheit mehr ist als Form und Schein«, hervorzubringen. In der Erläuterung zum Erlaß wurde auf die vermeintlich häufig zu beobachtende verspätete Entwicklung der »nordisch bestimmte[n] und stadtferne[n] Jugend« hingewiesen und die Lehrerschaft dazu angehalten, vor dem Schulverweis eines Schülers »auf Grund minderer geistiger Leistungen sorgfältig zu prüfen, ob hier tatsächlich Unfähigkeit zum Denken oder lediglich eine langsamere Entwicklung« vorliege. Im Subtext dieser ministeriellen Erläuterung schwang kaum verhüllt Kritik an dem mit, was zeitgenössisch verachtet und bewundert zugleich als »jüdische Intelligenz« galt und besonders von den Nationalsozialisten als analytisch »zersetzend« verfemt wurde. Der Erlaß zur Schülerauslese gehörte mit zum Kreis der gesetzlichen Bestimmungen und Verordnungen, die auf den Ausschluß der Juden aus den deutschen Schulen hinausliefen.[298]

Die Selbstverwaltung der Schulen wurde nicht aufgehoben, aber ihre Organisation den nationalsozialistischen Vorstellungen angepaßt. Die kollegialen, aus Weimarer Tagen rührenden Verwaltungsstrukturen verschwanden mit dem Gesetz über die Aufhebung der Schuldeputationen, Schulvorstände und Schulkommissionen vom 26. März 1935. Statt der verschiedenen Aufsichtsorgane bestand nur noch ein Schulbeirat, zusammengesetzt aus Vertretern der Schule, des Staates, der Gemeinde und der Elternschaft. Als ein »Miteinander von verantwortungsbewußter Selbstverwaltung und bestimmender Staatsführung« deklariert, waren die Schulbeiräte gleichwohl nach dem Führerprinzip organisiert. Eine direkte Mitwirkung der Partei bestand zwar nicht, aber sie erhielt ein Mitspracherecht bei der Benennung von Beiräten aus dem Kreis der Gemeinde und der Bürgerschaft. Ein Mitglied war zudem mit der Hitlerjugend einvernehmlich zu bestimmen. Das Gesetz gewann Gültigkeit für das gesamte Schulwesen, bezog also auch die Berufs- und Fortbildungsschulen mit ein und diente dem generellen Vereinheitlichungs- und Vereinfachungstrend der Zeit.[299]

Auch die ausgedehnte schulpolitische Gesetzgebung des Reichskultusministeriums zielte in erster Linie auf die Normierung des vielgestaltigen Schulwesens, das private und öffentliche, weltliche und konfessionelle, konventionelle und innovative Anstalten kannte. In den Weimarer Jahren war das bereits im Kaiserreich weit gespannte Experimentierfeld Schule noch einmal expandiert und hatten reformpädagogische Überlegungen in den staatlichen Einrichtungen verstärkt Einzug gehalten. Die Vereinheitlichungsbestrebungen der Nationalsozialisten kamen freilich nur langsam voran, so daß die Schulvielfalt noch einige Zeit über 1933 bestehen blieb und Raum bot zur Erprobung neuer pädagogisch-didaktischer Überlegungen.

Zu den bis heute vielbeachteten Schulversuchen gehörte die 1933 in Tiefensee bei Berlin gegründete einklassige Landschule Adolf Reichweins. Der Erziehungswissenschaftler war den Idealen der Lebensreform verpflichtet und suchte, ähnlich wie Theodor Litt, einen Mittelweg zwischen einer Pädagogik des »Führens« und des »Wachsenlassens«. Reichwein betonte den Gemeinschaftsgedanken in seinem Konzept der »selbsttätigen Erziehungsgemeinschaft«, das freilich jugendbewegt, nicht nationalsozialistisch inspiriert war. Sein 1937 publizierter Bericht »Schaffendes Schulvolk« stieß gleichwohl auf lebhafte Resonanz in den Fachzeitschriften.[300] Die meisten ebenfalls aus der Lebensreformbewegung heraus entstandenen und den Gemeinschaftsgedanken pflegenden Landerziehungsheime bestanden nach 1933 fort und wurden in ihrer Bedeutung auch gewürdigt. Im Juli 1936 fand in Bielefeld und Hannover der 3. Internationale Freiluftschulkongreß statt, der vom Reichskultusministerium unterstützt und mit einer Rede des Ministers eröffnet wurde.[301] Damit griffen die Nationalsozialisten auf Ideen aus dem reformpädagogischen Umfeld zurück, die sie geschickt für ihre erziehungspolitischen Ziele, für die von Rust angestrebte humane »Aufforstung« der Gesellschaft nutzten.

Aus den Staatlichen Bildungsanstalten der Weimarer Jahre, den früheren königlich-preußischen Kadettenanstalten zur Offiziersausbildung, entstanden nationalpolitische Erziehungsanstalten des Staates, »Versuchsinstitute für unsere Ziele«, wie Rust sie in einer Rede 1934 vorstellte. Promotor dieses Schulversuchs war Joachim Haupt, ein Vertrauter des Ministers und selbst Absolvent der königlich-preußischen Hauptkadettenanstalt in Berlin-Lichterfelde. Rust ernannte ihn 1934 zum »Inspekteur der Landesverwaltung der Nationalpolitischen Erziehungsanstalten«.

1936 löste August Heißmeyer, ein hochrangiger SS-Mann, Haupt ab, und weitere Einrichtungen in anderen deutschen Staaten kamen hinzu. Hier sollten Gemeinschaftserziehung und Charakterbildung im Vordergrund stehen, mit der Erteilung von Sportunterricht »weit über den Rahmen der allgemeinen Turn- und Sportstunden hinaus« bei gleichzeitiger Vermittlung des realgymnasialen bzw. humanistischen Lernstoffes. »Das Leben in der Gemeinschaft zwingt das Mitglied zur Selbstbeherrschung und Einordnung einerseits und formt es zum sozialen Wesen. Andererseits wächst aus der Selbstbehauptung im Wettbewerb mit den Kameraden und im Streben, sich selbst als Führer durchzusetzen, die kraftvolle Führerpersönlichkeit«, führte Rust über das den Internaten zugrundeliegende Erziehungskonzept aus. Aus den Absolventen der »Napolas« solle sich die künftige politische Führungsschicht des Reiches rekrutieren, lautete das Ziel, das ihm allerdings seitens der verschiedenen Parteiorganisationen Hitlerjugend, SA, SS und Arbeitsdienst mit ihren »weltanschaulichen Schulungen« von Anfang an streitig gemacht wurde. »Die staatliche Erziehung erstrebt die Erzeugung derselben Wirkung mit ihren Mitteln«, hielt der Minister 1934 der Parteikonkurrenz entgegen. Rust unterschied zwischen staatlicher und parteipolitischer Erziehung und favorisierte den Primat des Staates. Der Schule maß er eine Schlüsselfunktion für die Entstehung einer staatsloyalen Haltung zu, womit er nicht einmal sehr fern lag von Überlegungen, wie sie bereits die Schulpolitiker der Weimarer Jahre angestellt hatten.[302]

Ein anderer Versuch der erzieherischen Neugestaltung war das »Landjahr«. Die Idee geht auf Rust selbst zurück, der erste Überlegungen dazu bereits im Februar 1933 erwogen hatte. Damals habe sich ihm die Frage gestellt, wie »ein voller Jahrgang der Jugend, der acht Jahre durch die Schulen des von uns abgelösten Systems gelaufen ist«, noch für den Nationalsozialismus zu gewinnen sei. Das Anhängen eines neunten Schuljahrs habe sich aus verschiedenen Gründen, aber vor allem deswegen verboten, weil die Jugendlichen in ihrem sozialdemokratisch oder sozialistisch geprägten Sozialmilieu verblieben und durch »Schulvorträge« allein kaum für den Nationalsozialismus zu begeistern gewesen wären. Das neue Regime sollte unmittelbar erfahrbar werden, und so entstand der Plan, einen Teil der städtischen Schulabgänger für einige Wochen in Gruppen zusammengefaßt und mit meist jungen Erziehern als Aufsicht aufs Land zu versetzen: »Man mußte sie nicht [in den nationalsozialisti-

Abb. 20 Besuch des Reichserziehungsministers bei einem Gemeinschaftslager von Napola-Schülern in Kärnten, Juli 1939

schen Staat] hineinunterrichten, sondern sich hineinleben lassen.«[303] Aus dem Großstadtleben herausgelöst, sollten die Jugendlichen, von denen manche, wie der Minister festgestellt haben wollte, »noch kein Kornfeld und keine Kuh gesehen hatten«, in Gemeinschaftslagern mit dem Landleben vertraut gemacht werden. Nach dem Pilotversuch des Jahres 1934 entstand das Landjahr als eigenständige, von April bis Dezember eines jeden Jahres während Einrichtung. Die Auswahl der Teilnehmer, Jungen und Mädchen beider Konfessionen, erfolgte unter rassischen und sozialpädagogischen Gesichtspunkten. 1934 nahmen etwa 22 000 Jugendliche aus Preußen daran teil, 1935 stieg ihre Zahl auf 35 000; das Saarland, Braunschweig, Bremen, Württemberg, Sachsen und schließlich auch Bayern schlossen sich dem preußischen Vorbild an. Das Modell »Landjahr« trug, was das gemeinschaftliche Lagerleben samt Freizeitgestaltung anlangt, starke erlebnispädagogische Züge. Der Hauptakzent lag allerdings auf der landwirtschaftlichen und handwerklichen Arbeit: »Landerziehung, Gemeinschaftserziehung und Erziehung durch Arbeit, das ist das Neue«, erläuterte der Minister diese pädagogische Sondermaßnahme seines Hauses. Mit Blick auf Erziehungsprojekte, wie sie etwa die Landerziehungsheime aus dem Umfeld der Lebensreformbewegung schon viel früher kultiviert hatten, erscheint das Landjahr indes nicht sonderlich innovativ. Neu war nur, daß der Staat nun selbst als Organisator in Erscheinung trat und Elemente dieser Pädagogik für seine ideologischen Ziele offen instrumentalisierte.[304]

Die nationalsozialistische Schulpolitik knüpfte vielfach an Vorangegangenes an, freilich ohne sich explizit darauf zu berufen. Dauerhaft formuliert wurde lediglich die bewußte Absetzung vom Erziehungsprogramm der bürgerlichen Vorgängerregierungen. Eine eigenständige Theorie wurde nicht angestrebt, nachdem der Nationalsozialismus, so der Minister, »ein in Theorien verfangenes Volk sich selbst zurückgegeben« hatte. Gleichwohl ließ Rust seine Eingriffe in das staatliche Erziehungswesen durch Einrichtungen wie das »Zentralinstitut für Erziehung und Unterricht«, das 1915 als eine pädagogisch-didaktische Beratungsstelle mit eigenem Forschungsanspruch gegründet worden war, begleiten. Das Institut behielt den Charakter einer selbständigen Stiftung, wenngleich der Beirat nach dem Führerprinzip modifiziert und dem Reichserziehungsministerium unterstellt wurde, von wo auch die Finanzierung erfolgte. Seit 1938 stand Ministerialrat Rudolf Benze an seiner Spitze.[305] Das Zentralinstitut wurde zur Vorbereitung der schulischen Reformen herangezogen. Es unterhielt in Rankenheim bei Berlin ein eigenes Schulungszentrum und betreute darüber hinaus das deutsche Auslandsschulwesen, organisierte den Aufenthalt ausländischer Pädagogen in Deutschland und beförderte umgekehrt die Reisen deutscher Pädagogen ins Ausland. Außerdem gab es die Fachzeitschrift »Pädagogisches Zentralblatt« heraus. Mit dem Zentralinstitut blieben die »Reichsstelle für das Schulwesen«, hervorgegangen aus der zuvor von Preußen unterhaltenen »Staatlichen Auskunftsstelle für Schulwesen«, die »Hauptstelle für den naturwissenschaftlichen Unterricht« und die »Reichsstelle für den Unterrichtsfilm« bestehen. Den mit dem Ministerium um die Erziehungshoheit konkurrierenden Parteiorganisationen waren diese gut eingeführten, auch international renommierten staatlichen Stellen allerdings ein Dorn im Auge.[306]

Der »neue Mensch« als nationalsozialistisches Erziehungsziel brachte unwillkürlich auch eine Reform in der Ausbildung der Volksschullehrer mit sich. Hier griff das Reichskultusministerium normierend ein, indem es zunächst die unterschiedlichen Ausbildungswege in den deutschen Staaten vereinheitlichte. In einer Reihe von Ländern war nach 1918 ein Studium an Universitäten oder Technischen Hochschulen zur Voraussetzung für den Beruf des Volksschullehrers gemacht worden, während der Weg in Preußen über den Besuch einer Pädagogischen Akademie geführt hatte.[307] Die vom Deutschen Lehrerverband mit der »Machtergreifung« gehegte Hoffnung, die Nationalsozialisten würden zur Aufwertung ihres Berufsstandes beitragen und die Lehrerbildung reichsweit an die Universitäten verlegen, sollte sich nicht erfüllen. Unter anderem hatte sich der Physiker Johannes Stark für diesen Plan eingesetzt und dafür sogar die Unterstützung Hitlers gewonnen, während Rust die »volksnahe«, mehr auf eine praktische als auf eine abstrakt-wissenschaftliche Ebene zielende Ausbildung an einer hochschulähnlichen Einrichtung präferierte und damit durchdrang. Ab 1933 entstanden zunächst in Preußen, ab 1934 sukzessive auch in den übrigen deutschen Staaten »Hochschulen für Lehrerbildung«.

Der Hochschulcharakter kam schon allein darin zum Ausdruck, daß ihre Betreuung seitens des Ministeriums zunächst über das Amt Wissenschaft erfolgte; erst ab 1938 wurde die Abteilung dem Amt Erziehung zugeordnet. »Ich habe mit vollem Bewußtsein das Wort ›Pädagogische Akademien‹ ersetzt durch ›Hochschulen für Lehrerbildung‹«, führte der Minister zur Bezeichnung der neuen Einrichtungen aus, wozu er bei anderer Gelegenheit ergänzte, daß der »Fremdname oft Symbol […] für eine verwaschene Menschheits-Pädagogik« gewesen sei, »die in spitzfindiger Dialektik vergleichende, analysierende und historisierende Methoden anwandte und selten zu eindeutiger willensbetonter charaktervoller Werthaltung durchstieß«[308]. Die neuen gebührenfreien Einrichtungen wurden in bewußter Abgrenzung von den vorhergehenden Überlegungen preußischer Kultusbeamter wie Becker und Grimme in die kleinen und mittleren Städte der Provinz verlegt, um so der »Großstadtverherrlichung« entgegenzuwirken. »Der Nationalsozialismus hat den Marsch des ungebrochenen Volkstums von Bauernhof und ländlicher Heimat in die Asphaltwüsten der Großstädte angehalten. Er sucht den Weg aus den Stätten des Volkstodes zu den ewigen Quellen von Blut und Boden«, erläuterte Rust reichlich pathetisch die hinter dieser Entscheidung stehende Ideologie. So gesehen war die Gründung der Hochschulen tatsächlich mehr als eine bloße Umbenennung der früheren Pädagogischen Akademien. Einen direkten Vorbildcharakter besaß die 1937 eingeweihte »Bernhard Rust-Hochschule« in Braunschweig. Die Attraktivität des Berufsstandes konnte durch die Reform der Ausbildung allerdings nicht gehoben werden.[309]

Zugangsvoraussetzung zu den Hochschulen für Lehrerbildung war in der Regel das Abitur und ausnahmslos die »arische« Abstammung: »Juden können nicht Lehrer oder Erzieher der deutschen Jugend sein«, dekretierte ein Erlaß des Reichsministers.[310] Das Studium erstreckte sich über vier Semester und dauerte zwei Jahre. Weder Universität noch Fachschule, bestand das Ausbildungsziel in der Hervorbringung eines »politischen Standes im Geiste der Staatsführung« – der Volksschullehrer der Zukunft sollte vor allem anderen »politischer Erzieher« des Volkes sein. Die politische wie körperliche Schulung der Studierenden lag in den Händen verschiedener Parteigliederungen, namentlich der SA, während die fachliche Unterweisung durch hochschuleigene Dozenten erfolgte. Nur ein Teil von ihnen stand im Rang von Universitätsprofessoren. Der Ausbildungskanon umfaßte insgesamt 20 Lehrgebiete, die nach einem festen Studienplan mit 24 Wochenstunden im ersten, zwischen 25 und 30 Stunden im zweiten und dritten sowie 18 im vierten Semester zu absolvieren waren. Hinzu kamen schulpraktische Übungen ab dem ersten Semester mit weiteren vier Wochenstunden. Im dritten Semester war ein mehrwöchiges Stadtschulpraktikum und in den Ferien zwischen drittem und viertem Semester ein Landschulpraktikum abzuleisten. Die verbleibende freie Zeit der Hochschüler war den vielfältigen sonstigen Verpflichtungen wie Mitarbeit in den Parteigliederungen oder der Vorbereitung von Hochschulfesten und -feiern zu opfern. Auf die Verrichtung dieser Dienste wurde peinlich genau geachtet; eine Verweigerung konnte den Hochschulverweis zur Folge haben. Die Unterbringung erfolgte in Gemeinschaftsunterkünften, sogenannten Kameradschaftshäusern, in denen SA-Männer den Ton angaben. »Die deutsche Volksschule«, heißt es in den entsprechenden Studienrichtlinien, »hat Lehrer nötig, die politisch und leiblich erzogen, wissenschaftlich befähigt und unterrichtlich erfahren sind und die an ihrem Wirkungsort vorbildlich leben können«.[311]

Der Reichskultusminister war von seinem Konzept so sehr überzeugt, daß ab 1937 auch für das Studium der höheren Lehrämter vorab zwei Semester an einer Hochschule für Lehrerbildung vorgeschrieben wurden:

alle Pädagogen – Volksschullehrer wie Studienräte – sollten eine gemeinschaftliche Grundausbildung erhalten. Das führte zu einigem Unmut an den Universitäten und beschäftigte schließlich selbst die Hochschulrektorenkonferenz. Der Rektor der Universität Münster, Walter Mevius, gab den Protest vieler Studierender weiter, die in den beiden obligatorischen Vorsemestern nichts als Zeitverschwendung erblicken mochten. »Ich habe keinen einzigen gesprochen, der gesagt hätte: Ich habe etwas auf der Hochschule für Lehrerbildung bekommen. Sie haben alle nur über die Hochschule für Lehrerbildung geschimpft. Was sie als Wissenschaft vorgesetzt bekommen hätten, sei keine Wissenschaft gewesen.« Hier spielten sicherlich auch manifeste Standesinteressen eine Rolle. Die »Philologen« an höheren Schulen hatten seit jeher auf die bloßen »Schulmänner« des mittleren und niederen Schulwesens heruntergeblickt und sie in wissenschaftlicher Hinsicht für »nicht satisfaktionsfähig« gehalten. Ähnliche Pläne in Preußen zur Zeit der Weimarer Republik waren darum auch von den Philologen noch erfolgreich abgewehrt worden. Mit Kriegsbeginn 1939 war die Regelung, freilich aus anderen Gründen, wieder vom Tisch.[312]

Weit problematischer für das Ministerium als diese Monita war der bald nach 1933 auftretende Mangel an Interessenten. Angesichts allgemein verbesserter Berufsaussichten entschieden sich immer weniger junge Menschen für den Beruf des Volksschullehrers. Bezahlung und soziales Prestige waren mäßig, die Aufstiegsmöglichkeiten begrenzt. Anders als noch wenige Jahre zuvor eröffnete das Abitur in der Tasche nun wieder vielerlei Perspektiven, neben den Berufen im höheren Staatsdienst oder einer Ausbildung beim Militär lockte ein breites Stellenangebot in der privaten Wirtschaft. Das Studium an einer Hochschule für Lehrerbildung in der Provinz mit ausgedehntem Stundenplan und quasi kaserniertem Leben im Kameradschaftshaus schreckte dagegen ab. Sosehr der Minister den Volksschullehrer als »politischen Erzieher« in seinen Reden aufzuwerten suchte, an den Idealismus der jungen Menschen appellierte und schließlich auch speziell Frauen für dieses Berufsfeld zu interessieren suchte, es fanden sich immer weniger Abiturienten eines Jahrgangs zur Aufnahme eines Lehrerstudiums bereit. Darüber geriet das Ministerium in die Kritik vor allem der Partei, die der Akademisierung dieses Berufsstandes ohnehin von vornherein mißtrauisch gegenübergestanden hatte. »Die auftretenden Schwierigkeiten dürfen aber auch nicht dazu führen, wegen einer vielleicht nicht allzu langfristigen Periode des Lehrermangels die Lehrerbildung abermals völlig zu ändern, insbesondere den hochschulmässigen Charakter aufzugeben«, hieß es beschwörend in den Aufzeichnungen des Ministeriums.[313] Hier sann man auf alle nur denkbaren Auswege zur kurzfristigen Behebung des Mangels – das Abitur als Zugangsvoraussetzung sollte vorübergehend wieder fallen, so daß sich der Nachwuchs erneut verstärkt aus dem Feld der mittleren Schulen und Volksschulen rekrutieren würde. Spezielle Aufbaulehrgänge sollten auf das Studium an den Hochschulen für Lehrerbildung vorbereiten und so der vierzehnjährige Volksschüler nach insgesamt sechs Jahren, der Mittelschüler nach vier und der Abiturient nach zwei Jahren für den Beruf fertig ausgebildet sein. Man erinnerte an das zyklische Auf und Ab in den akademischen Berufen und riet zu flexiblen Maßnahmen, um im Falle wiederkehrender Überfüllung handlungsfähig zu sein: »Es kommt zur Zeit in erster Linie darauf an, den infolge des Rückgangs der Abiturienten zu schwach gewordenen Unterbau zu stärken, ohne daß der Zugang aus der höheren Schule als der normale Weg zum Studium aufgegeben wird.« Damit war das Hauptanliegen des Ministers formuliert, dem an der weiteren Professionalisierung des Volksschullehrerberufs und damit am Erhalt seiner Hochschulen für Lehrerbildung sehr gelegen war.

Die zeitgenössische Diskussion um den eklatanten Mangel an Volksschullehrern kratzte an der Reputation des Ministeriums. Obwohl die Ursachen, namentlich die schwachen Geburtsjahrgänge 1915 – 1919 oder die Schließung der preußischen Pädagogischen Akademien 1931, auf der Hand lagen und keineswegs den Maßnahmen des Hauses geschuldet waren, wurde ihm der fehlende Lehrernachwuchs als politisches Versagen angelastet. Auf der Suche nach Verbündeten wandte sich Rust im Februar 1939 an den preußischen Ministerpräsidenten, der sich jedoch unerwartet ganz ins Lager der Gegner schlug.[314] Göring mahnte eine »erhebliche Vereinfachung« der Ausbildung an und erklärte ein Studium für vollkommen überflüssig. Der Beruf des Volksschullehrers sollte »allen Jungen, die das Zeug dazu haben«, offenstehen, die »bodenständig« und im Sinne des Nationalsozialismus verläßlich seien: »Auf keinen Fall kann die Lehrerausbildung über die Universität erfolgen, da der Lehrer keine derartige Ausbildung nötig hat (sie wäre geradezu schädlich) und dazu die Universitäten außerdem in keiner Weise eingerichtet sind.« In eine ähnliche Kerbe schlug der Reichsstatthalter Thüringens, Fritz Sauckel, der gönnerhaft »auch intelligente Arbeiter- und Bauernkinder« als Lehrer empfahl, wozu der Besuch eines Lehrerbildungsseminars im Anschluß an die Volksschule, »der billig ist« und sich auf Elementarfächer beschränke, freilich genügen müsse: »Fremdsprachen, Integralrechnung, ein Teil der Philosophie sowie der Geschichte der pädagogischen Wissenschaftssysteme [sic!] sind dabei überflüssig«, urteilte Sauckel kategorisch. Darüber hinaus schien ihm endlich eine Bemerkung zur Ehegattinnenwahl der Volksschullehrer fällig, die statt nach »höheren Bürgerst[öchtern]« Ausschau zu halten, sich besser an »bodenständige Kind[er]« hielten, die »Landlehrerfrau[en]« werden wollten.[315] Noch größeres Erstaunen sollte am Ende aber der Vorschlag des preußischen Finanzministers Popitz erregen, dem Sparsamkeit oberstes Gebot war. Er wartete damit auf, die Ausbildung nach dem Vorbild der Handwerkerlehren zu gestalten, mit dem Volksschullehrer als Meister und geeigneten Schülern der höheren Volksschulklassen als Lehrlingen. Im Ministerium reagierte man fassungslos auf diese Idee, die, wie man hier meinte, historisch in das frühe achtzehnte Jahrhundert gehöre: »Der Ausbildungsvorschlag [...] ist in prinzipieller Betrachtung ein kaum begreifliches Unikum, in politisch-geschichtlicher Beleuchtung ein grotesker Anachronismus«, lautete der Kommentar im Haus Unter den Linden.[316]

Der Lehrermangel sollte sich während des Dritten Reichs nicht mehr beheben lassen. War es vor dem Krieg das breite Stellenangebot einer expandierenden Berufswelt, die vom Ergreifen des Lehrerberufs abhielt, verschärfte nach 1939 der »Soldatenhunger« Hitlers die Lage. Gleichwohl wurde zeitgenössisch die hauptsächliche Verantwortung dem Reichskultusministerium zugeschoben, dessen Versuche der professionellen Aufwertung der Volksschullehrerschaft von vielen Parteigrößen als überspannt, nicht »volksnah« genug, aber vor allem zu kostspielig abgelehnt wurden. Schließlich sollten sich nach 1940 auch die schlimmsten Befürchtungen des Ministers bestätigen und die Hochschulen für Lehrerbildung im Reich auf Lehrerbildungsanstalten nach österreichischem Vorbild reduziert werden – gegen seinen ausdrücklichen Willen und unter Protest der von Schließung betroffenen Einrichtungen. Mit dieser Entscheidung wurde ein Kernstück nationalsozialistischer Bildungsreform wieder aufgegeben. Vom Kräftespiel, das binnen weniger Jahre zu dieser zweiten Reform der Lehrerbildung führte, muß an späterer Stelle noch eingehend gehandelt werden.

»Die Leistung der Schule von heute ist die Leistung der Wirtschaft von morgen, darum gehört eine gute Schule zu den besten und sichersten Investitionen, die ein Volk überhaupt vornehmen kann«, hieß es in einer Denkschrift des Ministeriums. An Ideen, wie diese wohl zeitlos gültige Feststellung umzusetzen und eine entsprechend leistungsfähige Schule ins Werk zu setzen sei, fehlte es Unter den Linden nicht. Hier entstanden außer jeder Menge Richtlinien und Vorgaben für den Unterricht an sämtlichen Schulformen erstaunliche Konzepte für den Bau moderner lehr- und lerngerechter Schulgebäude, die groß, hell und gut durchlüftet, Lehrern und Schülern anregende Arbeitsbedingungen bieten sollten. Einmal mehr orientierte man sich an Modellen alternativer Versuchsschulen und machte Anleihen an lebensreformerisch inspirierten Vorhaben, wobei die meisten der Baupläne wegen beschränkter Finanzen unausgeführt blieben. Die Einrichtung von Schulgärten wurde gezielt angeregt, »Belehrungen in Ernährungsfragen« erteilt und die in Preußen schon seit 1926 geübte regelmäßige Schulgesundheitsvorsorge weiter ausgebaut. 1937 erfolgte im Einvernehmen mit Reichsinnenminister Frick und Reichsärzteführer Conti ihre Ausdehnung auf das gesamte Reichsgebiet unter Hinzunahme der Schulzahnpflege.[317]

Angesichts der Hochschätzung alles Körperlichen und der Vorliebe für militärischen Drill in den Erziehungsvorstellungen der Nationalsozialisten mag zuletzt das gesteigerte Interesse an der Schulmusik erstaunen. In Preußen mit dem Erlaß zur Förderung der Volks- und Hausmusik schon im März 1927 eingeführt und im November 1932 erstmals mit einem »Tag der deutschen Hausmusik« öffentlich begangen, erfuhr die Musikerziehung in den Schulen nach 1933 reichsweit gezielte Aufmerksamkeit. »Die Musik soll das Leben der Kinder mit Freude und Frohsinn erfüllen und durch ihre völkische und gemeinschaftsbildende Kraft dazu mithelfen, die Kinder zu deutsch bewußten Menschen zu erziehen [...]. Aus der musikalischen Erziehung der Volksschule sollen Befähigung und Wille erwachsen, auch nach der Schulzeit am Musikleben des Volkes freudigen Anteil zu nehmen.«[318] Bernhard Rust beförderte den Schulmusikunterricht in der Meinung, daß dies zu einem abgerundeten Persönlichkeitsprofil dazugehöre, und knüpfte damit einmal mehr an frühere Reformkonzepte der preußischen Kultuspolitik an.[319] Während der ersten vier Grundschuljahre zählte Singen zum Unterrichtskanon und erlernten die Kinder den Umgang mit einfachen Musikinstrumenten. Dementsprechend zählte an den Hochschulen für Lehrerbildung die musikalische Unterweisung der Volksschullehrer in Gesang wie am Instrument zum Pflichtprogramm. Selbst im kulturell schlicht gestalteten Lagerleben des Landjahrs wurde gesungen und musiziert. Schließlich wurde an den Schulen der alljährlich einem anderen Komponisten gewidmete Hausmusiktag vorbereitet, der bis in die Kriegsjahre hinein die Unterstützung des Reichskultusministeriums fand. Ein letzter solcher Tag fand im November 1942 statt mit dem Werk Johann Sebastian Bachs als Thema. Der besonderen musikalischen Förderung einschlägig begabter Kinder sollte schließlich das 1939 in Frankfurt gegründete erste Musische Gymnasium dienen, wovon im nächsten Kapitel im Zusammenhang mit der Reform des Höheren Schulwesens die Rede sein wird.[320]

Modernisierung durch Reduzierung: Schulen im Dritten Reich

Die Schulgesetzgebung des Weimarer Staates war hinsichtlich einer reichsweiten Ausgestaltung unvollkommen geblieben. Zwar waren in Artikel 145 der Reichsverfassung die sukzessive Vereinheitlichung festgeschrieben und wiederholt auch entsprechende Initiativen gestartet worden, doch hatten sie zu keinem erfolgreichen Abschluß geführt. Weder für ein Reichsvolksschulgesetz noch für ein Reichsschulpflichtgesetz waren parlamentarische Mehrheiten im Reichstag zustande gekommen, was außer auf politischem ebenso auf konfessionellem Interessenwiderstreit beruht hatte. So war es bei den überkommenen landestypischen Ausformungen geblieben, wonach es je nachdem konfessionelle, weltliche und Gemeinschaftsschulen gab oder der Volksschulbesuch in Preußen acht Jahre, in Bayern und Württemberg zumeist sieben, in Schleswig-Holstein aber neun Jahre währte.[321] Hinzu kamen die Vielgestalt an mittleren, höheren, Berufs- und Fachschulen sowie gravierende Unterschiede zwischen städtischen und ländlichen Volksschulen. All dies hatte verbreitet Unzufriedenheit gestiftet, so daß nach 1933 eine rege Reformtätigkeit in den Länderkultusministerien einsetzte. Nachdem die reichsweite Neugestaltung der Schullandschaft zunächst dem »Ausschuß für das Unterrichtswesen« beim Reichsinnenministerium unterstanden hatte, trat 1934 das Reichskultusministerium in diese Funktion: »Mit Rücksicht auf die hier im Gang befindlichen Reformarbeiten spreche ich die Bitte aus, die bei den Unterrichtsverwaltungen der Länder etwa in Angriff genommenen Schul- und Hochschulreformen einstweilen zurückzustellen«, hieß es aus Berlin. Gleichzeitig kündigte der Minister an, sich am Reformvorhaben des Hauses alsbald zu beteiligen.[322]

Der maßgebliche Mann am Schulreformwerk des Reichskultusministeriums hieß Helmut Bojunga, der Vertraute des Ministers aus der Heimatstadt Hannover. Als Chef des Amtes Erziehung lag die rechtliche Grundlegung des gesamten Schulwesens anfangs ganz in seiner Hand, die Ministerialräte Benze und Bargheer arbeiteten ihm inhaltlich zu.[323] Kulturell so vielschichtig wie politisch komplex stand diese Aufgabe im Kontext der 1934 begonnenen allgemeinen Reichsreform. Das Amt Erziehung erarbeitete in einem ersten Schritt die Gesetzesvorlagen, die sodann intern diskutiert und wiederholt überarbeitet wurden. Danach gingen die modifizierten Entwürfe den übrigen damit befaßten Instanzen zu, dem »Stab Heß«, dem Nationalsozialistischen Lehrerbund, den Unterrichtsverwaltungen der Länder sowie den Städten und Gemeinden in ihrer Eigenschaft als Schulträger. Stellungnahmen waren ausdrücklich erwünscht und Änderungsvorschläge wurden, sofern sie dem spezifischen Charakter des Vorhabens entsprachen, berücksichtigt: »Aus der Fülle der schulrechtlichen Bestimmungen der einzelnen Länder muß im Dritten Reiche der Weg zu einem einheitlichen Reichsrecht gefunden werden. Dieses Reichsrecht kann sich nicht, wie es die Weimarer Verfassung tat, auf wenige mehr oder minder programmatisch bleibende Bestimmungen beschränken, sondern es muß für das ganze Reich ein in allen wesentlichen Zügen einheitliches Schulrecht schaffen und in Geltung setzen«, bezeichnete Bojunga das Ziel seiner Arbeit. Ihm standen grundgesetzliche Bestimmungen vor Augen, eine Art Rahmengesetz, in dem sich dann die nähere Ausgestaltung der einzelnen Schulformen vollziehen würde. Eine gesetzliche Regelung speziell für jede Schulart lehnte er ab, weil dies die einheitliche Neuausrichtung gefährden könnte: »Jedenfalls stellen Schulaufbau und Schulpflicht so sehr die Grundpfeiler des ganzen Gebäudes dar, daß hier eine geschlossene Gesamtregelung erst die Grundlage schaffen muß, auf der dann alles andere aufbauen kann.« Der Ministerialdirektor hielt seine Mitarbeiter zur zügigen Bearbeitung an, so daß im Frühjahr 1936 die ersten Entwürfe für ein Schulaufbau- und ein Reichsschulpflichtgesetz erörtert werden konnten.[324]

Das Schulaufbaugesetz Bojungas folgte berufsständischen Interessen und orientierte sich an den Bedürfnissen der drei hauptsächlichen Berufsgruppen im Deutschen Reich mit einer wissenschaftlichen, handwerklichen und einer dazwischen liegenden handwerklich-theoretischen Ausbildung. Zur Befriedigung des Nachwuchsbedarfs sollte das Schulsystem in drei »grundständige« Formen, in höhere, mittlere und Volksschulen gegliedert werden. Darüber hinaus hatte das Gesetz dem »Bedürfnis der Führerauslese« zu genügen. »Das Volksganze kann nur gedeihen, wenn alle Bürger auf ihrem Platze die rechte Ausbildung erhalten haben und wenn Führerpersönlichkeiten herangebildet werden«, hieß es in der beigefügten Begründung. Die bisherige »Führerauslese« in Form der Begabtenauswahl erklärte der Ministerialdirektor für unzulänglich, weil sie sich allein auf den Bildungsgang der höheren Schule beschränkt habe. Dieser Verkürzung sollte mit dem Ausbau aller drei Formen zu gleichwertigen Bildungswegen nun wirksam begegnet werden. »Die Eltern sollen es wieder lernen, daß auch der Weg über die Volksschule, Berufsschule, Fachschule zu einer Führerauslese führt und daß auch diese Berufe den Anspruch darauf erheben, daß gutbegabte Kinder in sie eintreten.« Der Kommentar enthielt eine scharfe Kritik an der in den Weimarer Jahren geübten Begabtenauslese, die in der Regel in einem zu frühen Kindesalter erfolgt sei. Dies habe zur Frustration derjenigen geführt, die als vermeintlich Nichtbegabte vom höheren Bildungsweg ausgeschlossen blieben, und die Mißachtung der handwerklichen Berufe zur Folge gehabt: »Diesen ganzen Anschauungen liegen eine liberalistisch-demokratische Grundeinstellung, eine wirklichkeitsfremde Überschätzung der akademischen Ausbildung und der akademischen Berufe gegenüber der bildenden Kraft des Handwerks und der handwerklichen Berufe zu Grunde, die heute ihre Rechte verwirkt haben«, monierte der Entwurf. Während die Weimarer Schulpolitik die »Einheitsschule nach amerikanischem Muster« im Blick gehabt habe, ziele der Schulaufbau im Dritten Reich nun darauf, »die Gleichwertigkeit an die Stelle der Gleichheit« treten zu lassen. Mit Übergangsmöglichkeiten zwischen den Schulformen sollte später entwickelten Kindern die Chance auf einen mittleren oder höheren Bildungsweg erhalten bleiben.[325]

In den Erläuterungen zum Schulaufbaugesetz wurde eigens auf die Bedeutung einer spezifischen Frauenbildung verwiesen. An die Stelle der allgemeinen Menschenbildung sollte eine geschlechtsspezifische Bildung treten und damit die »unnatürliche Trennung zwischen Allgemeinbildung und hausfraulicher Bildung« aufgehoben werden: »Das Dritte Reich hat der Frau ihren natürlichen Beruf wiedergegeben, das muß grundlegend im Schulaufbau zum Ausdruck kommen.« Darüber hinaus unterschied Bojungas Entwurf zwischen ländlichen und städtischen Bildungsbereichen, auf deren je spezifische Bedürfnisse das künftige Schulwesen auszurichten sei, »um nicht unsere bäuerliche Art totzuschlagen«. Aufbauschulen und mittlere Schulen sollten auf dem Land bestehenbleiben und wie bisher als Zwischeninstanzen zur höheren Schulbildung führen. Insgesamt strebte der Entwurf nach »bedeutender Vereinfachung« des bisherigen verzweigten Schulaufbaus. Einzelne Typen der höheren Schule und die Handelsschule sollten künftig fortfallen, das Mittelschulwesen insgesamt aber gestärkt werden. Bojunga vermerkte ausdrücklich, daß die Bezeichnung der verschiedenen Schulformen äußerlich sei und sich damit keinerlei Urteil über die jeweils vermittelte Bildung verbinde. Der Begriff Mittelschule erklärte sich demzufolge schlicht daraus, daß sie »ihrem Wesen nach in der Mitte zwischen Volks- und Berufsschule einerseits und der Studienanstalt andererseits steht.«[326]

Auch das Schulpflichtgesetz zielte auf die Vereinheitlichung der bislang in den deutschen Ländern unterschiedlich gehandhabten Regelungen und stand damit im Zusammenhang mit der reichsrechtlichen Neugestaltung des Schulaufbaus.[327] Künftig sollte sich die allgemeine Schulpflicht auf den Besuch einer achtjährigen Volksschule erstrecken, wovon die ersten vier Jahre in der »Grundschule« von allen Kindern gemeinsam absolviert werden sollten. Daran schlossen sich wahlweise weitere vier Jahre Volksschule und eine dreijährige Berufsschulzeit oder der Besuch einer mittleren Schule mit anschließender zweijähriger Berufsschulzeit oder der Besuch einer höheren Bildungsanstalt mit der Reifeprüfung als Abschluß an. »Für die enge Auffassung, daß die Schulpflicht sich in Volks- und Berufsschulpflicht erschöpfe und daß die Besucher höherer Schulen und anderen Unterrichts ihr enthoben seien, ist hiernach kein Raum«, wurde zur Hervorhebung der prinzipiell gleichwertigen Bildungsgänge im Kommentar zur Gesetzesvorlage eigens betont. Schließlich erstreckten sich Schulpflicht- und Schulaufbaugesetz auch auf die Beschulung geistig und körperlich behinderter Kinder, die nun selbst gegen den Willen der Erziehungsberechtigten in »für sie geeignete[n] Hilfsschulen« auszubilden sein würden.

Mit dem Reichsschulpflichtgesetz kündigten sich zum Teil enorme

Mehrbelastungen für Gemeinden und Städte an. Allein die einheitliche Durchführung der achtjährigen Volksschulpflicht wurde im Entwurf für Württemberg auf 500 000 Reichsmark jährlich aufzuwendender und etwa 1,5 Millionen Reichsmark einmaliger Mehrbelastung beziffert, während die Lasten für Bayern auf 2,5 Millionen laufender und 7,5 Millionen einmaliger Ausgaben geschätzt wurden. Die Berechnungen erklärten sich vor allem aus der Notwendigkeit, daß in diesen Ländern mit einer bislang nur siebenjährigen Volksschule vermehrt neue Lehrerstellen einzurichten sein würden. Da sich die Realisierung der Berufsschulpflicht noch weit kostspieliger gestalten würde, sah das Ministerium zunächst nur eine schrittweise Umsetzung vor. »Bei der Bedeutung des Erziehungswesens und seiner ordnungsgemäßen Gestaltung für den Aufbau des nationalsozialistischen Staates dürften jedenfalls Bedenken wegen der erörterten Aufgaben dem Reichsschulpflichtgesetz nicht hindernd im Wege stehen«, ließ der Entwurf, Widerstände der Finanzministerien vorausahnend, am Ende wissen.[328] Tatsächlich waren es weit weniger materielle als vielmehr ideologische Gründe, die sich der Verabschiedung dieser beiden Gesetze in den Weg stellten.

Bojungas Vorlagen zeugen von dem Willen des Reichskultusministeriums zur planvollen Regulierung. Abgesehen von der völkischen Grundierung, die den Entwurf für ein Schulaufbaugesetz wie ein roter Faden durchzog, stand der Sachgehalt des Vorhabens – Vereinheitlichung durch Reduzierung – im Vordergrund. Das künftige Bildungssystem sollte transparent gestaltet, die einzelnen Schulformen organisch aufeinander bezogen werden. Das Ministerium beschränkte sich bewußt auf die bloße Rahmengesetzgebung, deren inhaltliche Auffüllung erst späterhin erfolgen sollte. Damit gehörte der Gesetzentwurf in den Kontext der Arbeiten für eine allgemeine Reichsreform: Bojungas »Schulaufbaugesetz« glich nicht nur semantisch dem »Neuaufbaugesetz« vom Januar 1934, wie das »Gesetz über den Neuaufbau des Reichs« in Kurzform hieß, sondern war wie dieses grundlegend und überzeitlich projektiert. Nach eingehender interner Erörterung im Haus erhielten die Unterrichtsverwaltungen der Länder sowie Gemeinden und Städte den Entwurf zur Begutachtung. Unter den eingesandten Stellungnahmen nahmen diejenigen des Leipziger und des Frankfurter Oberbürgermeisters den Charakter regelrechter Denkschriften an.

Carl Friedrich Goerdeler, seit 1930 Oberbürgermeister in Leipzig und zeitweilig Wirtschaftsberater der Reichsregierung, zeigte sich mit dem

Vorhaben insgesamt zufrieden. Eine Reform des allgemeinen Schulwesens hielt er lange für überfällig, nachdem das Berechtigungswesen während der zurückliegenden 18 Jahre unnötig ausgedehnt worden sei. Inzwischen werde es für normal gehalten, daß die Bäckerinnungen Frankfurts das »Einjährige« forderten und auch der mittlere Beamtendienst immer höhere Zugangsvoraussetzungen verlange. Hinter diesem Trend mutmaßte Goerdeler allein egoistische Motive, die Konkurrenz im Handwerk sollte kleingehalten werden, die mittleren Beamten schneller in höhere Besoldungsstufen aufsteigen können. Dazu berichtete der Oberbürgermeister als Mitglied einer staatlichen Prüfungskommission aus eigenen Erfahrungen. Als beste Kandidaten für den mittleren Beamtendienst hätten sich demnach die Volksschüler empfohlen, die »klug und energisch [waren], denn ohne diese Eigenschaften hätten sie nicht hochkommen können«. Ein ebenso gutes Zeugnis stellte er den Militäranwärtern aus, weil sie »erfahren und charakterlich gut durchgebildet« seien. Als durchgängig schlecht hätten sich hingegen die Kandidaten mit einer abgebrochenen höheren Schulbildung erwiesen, unter denen ihm die Abiturienten stets als »Allerschlechteste« erschienen seien: »[D]enn wer einmal die höhere Schule voll durchgemacht hat, muß, wenn er ein Kerl ist, nach Höherem streben als nach der Tätigkeit des mittleren Beamten.« Die Mittelschule wollte der Leipziger Oberbürgermeister gegenüber den Volksschulen nicht künstlich begünstigt sehen, die sich vielmehr als eigenständige Schulform mit spezifischem Bildungsziel behaupten müßten.

Goerdeler begrüßte das Schulaufbau- wie das Reichsschulpflichtgesetz als Grundlage eines einheitlichen Bildungswesens. Privatschulen, gleichviel ob konfessionell oder weltanschaulich geleitet, lehnte er ab. Die bisherige Vielzahl der Schulformen und die Wahlmöglichkeiten von Eltern und Schülern zur Förderung vermeintlich spezifischer Talente, hielt das Leipziger Stadtoberhaupt letztlich sogar für schädlich: »Jede Wahlmöglichkeit fördert Weichlichkeit und Egoismus.« Goerdeler votierte für eine starke Allgemeinbildung, wie sie das Schulsystem des Kaiserreichs noch vermittelt habe, und erinnerte daran, wie sehr dies eine Voraussetzung für die technischen und wissenschaftlichen Innnovationen des 19. Jahrhunderts gewesen sei. Ebenso befürwortete er die völkische Ausrichtung des Schulwesens, die dem »deutschen Menschen« das organische Denken wieder nahebringen werde. Das »Kulturvolk« sollte wieder »naturhaft denken« lernen, um im Lebenskampf der Völker bestehen zu können. »Entschuldigen Sie gütigst, daß die Ausarbeitung etwas lang geworden ist, aber der Gegenstand ist wichtig genug für unsere Zukunft«, beschloß Goerdeler seine Stellungnahme, die ihrem gesamten Tenor nach die nationalkonservative Grundhaltung des Juristen spiegelte.[329]

Ebenso ausführlich und mit ähnlichem Pro und Contra versehen äußerte sich der Amtskollege Goerdelers aus Frankfurt, Friedrich Krebs, mit einer Denkschrift »Die Neuordnung des deutschen Schulwesens und die Gemeinde«. Hier lag der Schwerpunkt zunächst auf dem Mitgestaltungsrecht der Gemeinden und Städte, denen bei der anstehenden Reform nicht nur die pekuniären Lasten bleiben dürften. Ansonsten forderte auch die Stadt Frankfurt Maßnahmen, die auf eine »Verminderung der nach ›liberalistischen‹ Grundsätzen auf jede Sonderbegabung, auf jedes ›Talentchen‹ eingestellten und daher unheilvoll zersplitterten Schulformen« zielten. Zwei bis drei Varianten, so meinte man am Main, »müssen genügen«. Freilich sei der Gemeinde auch über die Art der Schule die Entscheidung zu überlassen. So könne eine Stadt wie Frankfurt auf ein humanistisches Gymnasium neben der an sich begrüßenswerten Einheitsform der höheren Schule schlecht verzichten. Darüber hinaus lobte man die Betonung des Eigenwerts aller drei Schularten. Hinsichtlich der Berufsschulen wurde auf eine besondere Praxis Frankfurts im Umgang mit »Ungelernten« verwiesen, die hier ebenso wie die Lehrlinge berufsschulmäßig erfaßt würden. Mit dieser Praxis sollte das Selbstbewußtsein der Betroffenen gestärkt und ein Empfinden für den Wert auch einfacher Verrichtungen vermittelt werden: »Ob man diese Arbeiter in besonderen Schulen oder als Sonderklassen an den übrigen Berufsschulen einschult, ist eine Äußerlichkeit. Das Wesentliche ist, daß sie als gleichwertige Volksgenossen von der Volksgemeinschaft geachtet und bewertet werden.« Hier scheinen sozial integrative Überlegungen auf, wie sie mit Blick auf den Volksgemeinschaftsgedanken vielfach kursierten. Auch die Rolle des Staates wurde fixiert: »Dabei fällt der Berufsschule die Aufgabe zu, in enger Zusammenarbeit mit dem Berufsamt die Umleitung in einen nach persönlicher Eignung und dem Bedarf der Wirtschaft geeigneten ›gelernten‹ Beruf zu versuchen.«[330]

Die Stellungnahmen der Städte und Gemeinden signalisierten hohe Zustimmung und zeigten, wie wichtig man eine reichseinheitliche Regulierung einstufte. Auch der Nationalsozialistische Lehrerbund erklärte sich mit dem Kern des Vorhabens einverstanden, was einmal auf einen geglückten Informationsaustausch zwischen Lehrerbund und Ministerium schließen läßt. Dazu wurde gezielt für die Verbreitung der schulpolitischen Absichten durch einschlägige Publikationen der Beamten gesorgt. Bojunga selbst äußerte sich 1937 in einer Broschüre über »Das Schulwesen« und tat auch sonst mit kleineren Veröffentlichungen viel zur Erläuterung »seines« Reformwerks.[331]

Die Verabschiedung des »Schulaufbaugesetzes« hätte einen Meilenstein in der deutschen Bildungsgeschichte markiert und den Ministerialdirektor vielleicht sogar in die Nähe berühmter Bildungsreformer gerückt. Indem die begonnene Reichsreform im Herbst 1935 aber durch ein Wort Hitlers auf Eis gelegt wurde, verlor das »Schulaufbaugesetz« an Attraktivität, um am Ende gar nicht erst in der vom Ministerium erwünschten Gestalt als Rahmengesetz vorgelegt und verabschiedet zu werden. Was Bojunga eigens zu verhindern gesucht hatte, nämlich die Bearbeitung jeder einzelnen Schulform, sollte nun doch Praxis werden. Die allgemeinen Bestandteile der Vorlage flossen in einen Entwurf für ein Reichsschulgesetz ein, die speziellen Ausführungen in die »Richtlinien« zur Neuordnung des Schulwesens. Allein das Reichsschulpflichtgesetz blieb zunächst noch im Gesetzgebungsverfahren, und hinzu kam das Konzept für ein Reichsschulgesetz. Dieses sollte den formalen Charakter der »deutschen Schule« umreißen, die »in allen ihren Arten, Stufen und Unterrichtsfächern Erziehung und Unterricht im Geiste des Nationalsozialismus« zu gestalten habe. Als öffentliche Regelschule würde sie der deutschen Jugend ohne Ansehen von Herkunft und Konfession zur Verfügung stehen und damit Gemeinschaftsschule sein. Neben dem Reichskultusministerium und dem Reichskirchenministerium drängten gleich mehrere Instanzen auf eine rasche Verabschiedung dieses Reichsschulgesetzes, allen voran Reichsleiter Bormann beim Stab Heß, stand hier doch der Konflikt mit den beiden Kirchen um den Bestand der Bekenntnisschule im Hintergrund.

Seit dem Kaiserreich gehörte die Diskussion um die Bekenntnisschule zu den Dauerthemen der deutschen Bildungsgeschichte, sie hatte die gesellschaftspolitischen Debatten der Weimarer Jahre geprägt und beherrschte auch nach 1933 die Tagesordnung.[332] Die Volksschule im Deutschen Reich baute auf christlicher Grundlage auf und zwar vorwiegend in der Form der Bekenntnisschule, in einzelnen Landesteilen auch in der Form der christlichen Gemeinschaftsschule. Dabei kam es nach den geltenden Gesetzen nicht allein darauf an, daß Religionsunterricht der einzelnen Konfessionen erteilt wurde, sondern vor allem darauf, daß zwischen dem Religionsbekenntnis des Lehrers und der Schüler Übereinstimmung herrschte. So beruhte die konfessionelle Ausrichtung des preußischen Schulwesens auf dem Volksschulunterhaltungsgesetz von 1906. Dazu gab es Kirchenverträge mit den protestantischen Landeskirchen und Konkordate mit der katholischen Kirche, die einer reichsweiten Einführung der Gemeinschaftsschulen, die sich der Nationalsozialismus auf die Fahnen geschrieben hatte, im Wege standen. Der Reichskultusminister befürwortete zwar die Gemeinschaftsschule nachdrücklich, riet aber angesichts der erheblichen innen- wie außenpolitischen Bedeutung dieser Frage von Anfang an zu einer sorgfältigen Prüfung der kirchenrechtlichen Seite. Für Bormann hingegen zählte religiöse Glaubensfreiheit angeblich zu den unveräußerlichen Maximen des Nationalsozialismus. Schon im Oktober 1933 gab der Stab Heß eine Verfügung heraus, wonach »kein Nationalsozialist [...] irgendwie benachteiligt werden [darf], weil er sich zu einem bestimmten Glaubensbekenntnis bekennt«. Religiöser Glaube sei Gewissensangelegenheit, und Gewissenszwang dürfe nicht ausgeübt werden.[333] Drei Jahre nach der »Machtergreifung« mahnte der Reichsleiter die zügige Umsetzung dieser Maxime im Schulwesen an, wobei seine Initiative selbstredend nicht der Verwirklichung von Bekenntnisfreiheit, sondern der Begrenzung des kirchlichen Einflusses diente. Auf Bormanns energisches Drängen erarbeitete man Unter den Linden darum parallel zum Reichsschulgesetz einen Entwurf »Gesetz zur Gewährleistung der Gewissensfreiheit an den deutschen Schulen«. Es sah die Einführung der Gemeinschaftsschule anstelle der Bekenntnisschule sowie die Aufhebung des Konfessionszwanges für Lehrer vor. Gesetzentwurf und erste Ausführungsverordnung wurden im Ministerium gemeinsam mit dem Stab Heß beraten, wobei viel juristische Spitzfindigkeit darauf verwendet wurde, das Reichskonkordat mit der katholischen Kirche möglichst nicht zu berühren. Aber auch dieser Entwurf gelangte nicht zur Verabschiedung. Das Reichsschulgesetz suchte in der Konfessionsfrage schließlich den Ausweg über eine Sonderregelung. Sah § 2 der Vorlage die Gemeinschaftsschule als Regelschule vor, gestand § 3 dem Reichskultusminister die Gewährung von Ausnahmen hiervon zu. Der Gesetzentwurf überwand tatsächlich alle Hürden, scheiterte jedoch zuletzt an Hitler, der den absehbaren Konflikt mit dem Heiligen Stuhl scheute.[334]

Die reichsweite Neuordnung des Schulwesens wurde dem Reichskultusministerium nicht eben leicht gemacht. Das lag außer an den Störversuchen mißgünstiger Ministerkollegen wie Joseph Goebbels auch an der »großen Politik« des Reiches, die Hitler mit Täuschung und Verstellung seinen Interessen dienstbar zu machen suchte. So erlangte das im März 1938 zur abschließenden Vorlage bereits fertiggestellte Privatschulgesetz aus Konkordatsrücksichten ebenfalls keine Gültigkeit. Die Schließung der häufig in konfessioneller Trägerschaft geführten Einrichtungen hätte zweifellos großes öffentliches Aufsehen erregt, so daß man hier zur fallweisen Lösung des Problems auf »kaltem Wege« schritt.[335] Gegnern von Privatschulen wie Göring ging dies freilich nicht schnell genug, weshalb er wiederholt die Abschaffung insbesondere der konfessionell geführten Schulen anmahnte. Rust tat, was er konnte, mußte aber gerade im ländlichen Raum strukturbedingt vielfältige Rücksichten nehmen.[336] Schließlich kam auch das Reichsschulgeldgesetz über einen Entwurf nicht hinaus, weil es nach Meinung des preußischen wie des Reichsfinanzministers aktuell nicht finanzierbar erschien. Allein das Reichsschulpflichtgesetz wurde mit Datum vom 7. Juli 1938 im Reichsgesetzblatt ausgebracht, vier Jahre nach Beginn der Arbeiten und in dem Moment, als sein Haupturheber Bojunga den Dienst beim Reichskultusministerium quittieren mußte. Angesichts der Verwässerung seiner ursprünglichen Idee dürfte Bojunga der Abschied aus Berlin nicht weiter schwer gefallen sein.[337]

Alle Reformvorhaben des Ministeriums standen unter genauer Beobachtung der Partei samt ihren Gliederungen, wobei man hier nur selten sonderliches Verständnis für die juristisch komplexe Materie aufbrachte. Mancher einflußreiche Parteifunktionär war der Meinung, daß es allein auf eine rasche Ideologisierung des Schulwesens ankomme. In diese Richtung gingen etwa die Pläne Robert Leys und Baldur von Schirachs, die zeitgleich mit den Verhandlungen um Bojungas Gesetze im Herbst 1936 in einer Denkschrift zur Errichtung von Adolf-Hitler-Schulen Gestalt annahmen. Als Parteieliteschulen konzipiert, sollten sie wie die »Ordensburgen« der staatlichen Schulaufsicht entzogen sein und den Gauleitern direkt unterstellt werden. Der Reichskultusminister erhielt von der Idee freilich erst an dem Tag Kenntnis, als bereits ein Gründungsaufruf in den Tageszeitungen über die neuen Schulen informierte. Da hatte Hitler das Papier schon lange zur Kenntnis genommen, den Inhalt genehmigt und mit seiner Namensgebung sichtbar die Patronage über das Vorhaben übernommen. Mehr als die Tatsache, daß ohne sein Wissen eine weitere Parteischule entstehen würde, erregten den Minister jene Passagen in der Denkschrift, die, wie er annehmen mußte, das langfristige Interesse der Partei an der Schulfrage enthüllten. »Die Aufsicht über die Volksschulen übt die Partei aus. Der Ortsgruppenleiter der NSDAP ist örtliche Schulbehörde«, hieß es in dem Text, den Rust am 19. Januar 1937 von Ley mit dem Bemerken erhalten hatte, zugleich »zwei Grundgedanken über die Volksschule« darin formuliert zu haben. Rusts Zorn richtete sich jedenfalls besonders auf diesen Punkt in seinem Antwortschreiben, worin er dem Kabinettskollegen neben Illoyalität auch »Mißbrauch des Führerwillens« vorwarf: »Nach dieser eindeutigen Darstellung ist mit der Bewilligung der Bezeichnung Adolf-Hitler-Schulen also auch schon das gesamte Volksschulwesen der Partei unterstellt und es läge nur bei der Partei, ob sie morgen die Schulaufsicht über dieses Volksschulwesen gleichfalls durch eine Veröffentlichung von ›Grundsätzen‹ in die Hand nehmen will. Hier wird deutlich, was aus einer ›Billigung einer Denkschrift‹ gemacht werden kann. Alle öffentliche Ordnung gerät dadurch ins Wanken«.[338] Das war keine gespielte, sondern die ernste Empörung dessen, dem als zuständiger Reichsminister die Neuausrichtung des staatlichen Schulwesens aufgetragen war.

Rusts Befürchtungen hinsichtlich der Volksschulen bestätigten sich zwar nicht, aber sein Versuch, Hitler zu einer Rücknahme seiner Entscheidung zu bewegen, scheiterte. Am 15. Januar 1938 erfolgten die Spatenstiche für gleich zehn Schulneubauten an verschiedenen Orten des Deutschen Reichs. Als absehbar wurde, daß die neuen Schulen tatsächlich gegründet würden, verlegte sich das Ministerium auf eine Verschleppungstaktik. Lehrkräfte aus staatlichen Schulen wurden nur zögernd für den Dienst an den neuen Schulen bereitgestellt und die unteren Schulverwaltungsorgane zur Ausübung der Schulaufsicht auch gegen anders lautende Weisungen der Partei angehalten. Die Adolf-Hitler-Schulen, der »neue gewaltige Auftrag« Hitlers an Ley und von Schirach, blieben so mit gerade einmal 1500 Schülern eine vernachlässigbare Größe im reichsdeutschen Bildungssystem. 1941 informierte eine Pressenotiz darüber, daß Reichsminister Rust gemeinsam mit Robert Ley die Adolf-Hitler-Schule in Sonthofen besucht und sich persönlich »von der systematischen wissenschaftlichen,

Abb. 21 Reichserziehungsminister Rust mit Robert Ley und Baldur von Schirach (rechts) auf einer Jugendkundgebung im September 1933

musischen und körperlichen Erziehung, die auf diesen Schulen in revolutionärer Weise aufgebaut worden ist«, überzeugt habe. Vom übermäßigen Stolz der Urheber zeugt diese Mitteilung nicht. Dazu bestand freilich auch kein Anlaß, nachdem man binnen drei Jahren kaum über erste Anfänge hinausgekommen war. Aber der Segen des Reichskultusministers galt nun doch wieder mehr. Daß Rust wegen der Adolf-Hitler-Schulen 1938/39 einen Selbstmordversuch unternommen haben soll, erscheint unwahrscheinlich.[339]

Zum Ärger über die neuen Eliteschulen und den hürdenreichen Gesetzgebungsprozeß kamen die Intrigen Bormanns und Himmlers gegen Bojunga und andere Beamte Rusts hinzu. Bojungas peinlich genaue Beobachtung verwaltungsrechtlicher Grundsätze beim Schulaufbau war den Parteifunktionären ein Dorn im Auge. Sie hielten die Vorgehensweise des gewissenhaften Ministerialdirektors letztlich für ein Relikt des bürgerlichen Zeitalters; statt Klarheit im Aufbau behielt Stabsleiter Bormann allein die umfassende Ideologisierung der Schulen im Auge. Er teilte diesen Pragmatismus mit den meisten anderen Funktionären und verstand es wiederholt zum Nachteil des Ministeriums, Hitler von seiner Sicht zu überzeugen. Dem Reichskultusminister blieb der Weg über den Kompromiß mit sachlichen und personellen Opfern. Mit Bojunga verlor Rust gewiß einen seiner fähigsten Verwaltungsjuristen. Gleichwohl blieb die Hauptlinie des Ministeriums – Vereinfachung und Vereinheitlichung – auch unter seinem Nachfolger Albert Holfelder erhalten. »Die Richtlinien sind das Werk Holfelders«, charakterisierte Alfred Baeumler die Arbeit des Nachfolgers von Bojunga. Bis Ende 1939 waren die wesentlichen Schritte zur Schulreform unternommen.[340]

Rund 95 % eines Jahrgangs besuchten während des Dritten Reichs die Volksschule. Das Reichsschulpflichtgesetz vom Juli 1938 legte den Beginn der Schulzeit für alle Kinder auf die Vollendung des 6. Lebensjahres fest. Sie erstreckte sich über insgesamt acht Jahre, an die eine dreijährige Berufsschulpflicht anschloß. Einer im Ministerium erstellten Übersicht zufolge gab es 1937 im Deutschen Reich 51 739 Volksschulen mit 191 153 Klassen und 7 758 307 Schülern. Die weitaus größte Zahl stellten die ein- und zweiklassigen Volksschulen auf dem Land (20 118 bzw. 10 751), während lediglich 5095 städtische Volksschulen bereits über acht Jahrgangsklassen verfügten.[341] 433 Volksschulen meist kleinerer und mittlerer Provinzstädte unterhielten spezielle Klassen für begabte Schüler, die über das Volksschulniveau hinausgehenden Unterricht erteilten. Diese »gehobenen Klassen« bauten auf dem vierten, sechsten oder siebten Schuljahr auf und verhalfen ihren Schülern in sechs, vier oder drei Jahren zu einem mittleren Schulabschluß. Als Sonderformen der Volksschulen galten Hilfs-, Gehörlosen- und Blindenschulen. Hier lernten Kinder, die dem regulären Unterricht aufgrund ihrer Behinderungen nicht folgen konnten, aber im Sinne des Nationalsozialismus »zu brauchbaren Gliedern der Volksgemeinschaft« erzogen werden sollten. 1937 gab es 684 selbständige öffentliche Hilfsschulen und außerdem 547 an öffentliche Volksschulen angegliederte Hilfsschulklassen mit zusammen 85 169 Schülern. Die Kosten für den Schulbetrieb oblagen Gemeinden und Staat gemeinsam, wobei der Verteilungsschlüssel in den einzelnen Ländern verschieden war.

Die sächlichen Kosten für das Schulhaus, die laufenden Betriebs- und Lehrmittel wurden grundsätzlich von den Gemeinden aufgebracht, an denen sich der Staat durch feststehende Anteile, bei finanzschwachen Gemeinden auch mit darüber hinausgehenden Zuschüssen beteiligte. 1937 trugen außerdem »hier und da« noch Stiftungen, Kirchengemeinden oder Patrone zu den Betriebskosten bei.[342] Dem Staat oblag die Lehrerbesoldung, zu der wiederum die Gemeinden Beiträge leisteten. Generell waren diese finanziellen Aspekte von Land zu Land verschieden geregelt. Preußen erhielt im Dezember 1936 ein Volksschulunterhaltungsgesetz, das die materiellen Belange der Volksschulen auf eine neue Grundlage stellte. Der Besuch einer Volksschule war im gesamten Deutschen Reich schulgeldfrei.[343]

Mit Erlaß vom 4. April 1936 wurden zunächst die privaten dreiklassigen Vorschulen und die Vorklassen abgebaut. Fortan gingen alle Kinder eines Jahrgangs vier Jahre gemeinsam in eine staatliche Grundschule.[344] Die Nationalsozialisten propagierten den nunmehr unvermeidlichen Besuch der unteren Volksschuljahrgänge als lange überfällige egalisierende Maßnahme, als das »erste großartige Band, das in den ersten vier Schuljahren alle jungen Volksgenossen – ohne Unterschied – umschließt. Der Sohn und die Tochter des Handarbeiters sitzen mit dem Sohn und der Tochter des Bauern, des Landwirts, des Angestellten und Kaufmannes, des Industriellen und des Beamten auf der gleichen Schulbank«, schwärmte eine zeitgenössische Darstellung, als wenn dies nicht bereits zuvor für die große Mehrheit der Schüler gegolten hätte. Schon die Weimarer Reichsverfassung hatte die sukzessive Auflösung der privaten Vorschulen vorgeschrieben und zugleich die öffentliche Grundschule »für alle gemeinsam« verbindlich zu machen gesucht. Nur aufgrund der zu erwartenden sozialen Härten für das Unterrichtspersonal war die definitive Abschaffung wiederholt vertagt worden. Dem Erlaß folgten zunächst im April 1937 die »Richtlinien für die unteren Jahrgänge der Volksschule«, die das Ministerium zur Neugestaltung des mittleren und höheren Schulwesens als Basis brauchte und daher bevorzugt erarbeitet hatte, bis im Dezember 1939 für alle Jahrgänge der Volksschulen geltende »Richtlinien« erschienen.[345]

Hauptaufgabe der Volksschule war die Vorbereitung der Kinder auf ein Leben in der nationalsozialistischen Volksgemeinschaft. Die Ausbildung der körperlichen, seelischen und geistigen Anlagen der Kinder sowie die Vermittlung elementarer Grundkenntnisse und Fertigkeiten unterlagen dieser Zielsetzung. Von darüber hinausgehenden Bildungszielen wurde abgesehen, da es nicht Aufgabe der Volksschule sei, »vielerlei Kenntnisse zum Nutzen des einzelnen zu vermitteln«, sondern zum künftigen »Dienst an Volk und Staat« zu befähigen. Dementsprechend sollte sich der Unterricht stark an der Lebenswelt der Kinder und Jugendlichen orientieren und während der Grundschuljahre die Erfahrungen in der Familie, in den höheren Jahrgangsklassen die Berufswelt der Eltern spiegeln: »Hierdurch und durch die Eingliederung der Werkarbeit für Jungen und Mädchen in den Unterricht trägt die Volksschule dazu bei, daß die Bedeutung der Arbeit im Leben unseres Volkes, insbesondere der Handarbeit, richtig erkannt und gewürdigt wird.« Der Lehrer als »Führer« des Klassenverbands besaß Vorbildfunktion. Er hatte ein kameradschaftliches Klima zu erzeugen, in dem die Sorge für die Gemeinschaft den individuellen Interessen übergeordnet war. Schwächere Schüler sollten vom Lehrer und von den Mitschülern gemeinsam unterstützt werden, um sie »in der Gemeinschaft zu erhalten«. Gleichzeitig hatte der Pädagoge sein Augenmerk auf »Führerauslese und Führerbildung« zu richten und geeignete Schüler frühzeitig zu verantwortlichem Handeln im Dienste der Gemeinschaft anzuleiten. Des Lehrers »freudige Bejahung der nationalsozialistischen Weltanschauung« sowie sein »überzeugendes Vorbild« sollten für den Nationalsozialismus werben, während das »Zerreden« und »Zerfragen« politischer Themen, die Behandlung abstrakter Theorien und »gedächtnismäßiger Drill« tunlichst zu vermeiden seien. Hier genüge, so hieß es in den Richtlinien, das »klare, begeisternde Lehrerwort«. Der Unterricht war möglichst anschaulich zu gestalten und sollte je nach Altersjahrgang Raum zur selbständigen Betätigung der Schüler in Form von Einzel- und Gruppenarbeit bieten. Die »Stillarbeit« als ein besonders geeignetes Instrument zur »Selbstbildung« war gezielt einzuüben und bei allen geeigneten Unterrichtsthemen anzuwenden. Dadurch würde der Wille zur selbständigen Leistung gestärkt und schließlich »zum Erkennen und Handeln sowie zum bereitwilligen Dienst für die Gemeinschaft« anhalten.[346]

Das erste Schuljahr begann mit 18 Wochenstunden Gesamtunterricht, wovon zwei Stunden auf den konfessionellen Religionsunterricht fielen. In der zweiten Klasse begann die Auffächerung der einzelnen Stoffgebiete zunächst mit drei Stunden Sport, elf Stunden Deutsch und Heimatkunde, einer Stunde Musik, vier Stunden Rechnen und Raumlehre sowie zwei

Stunden Religionsunterricht. In der dritten Grundschulklasse kamen je eine weitere Deutsch- und Musikstunde sowie Zeichnen und Werken, in der vierten je eine weitere Sport- und eine Deutschstunde hinzu. Das fünfte und sechste Schuljahr der oberen Volksschuljahrgänge sah sodann 30 Wochenstunden verteilt auf neun Fächer vor; Geschichte und Erdkunde wurde in je zwei, Naturkunde in drei Stunden erteilt. Für die Klassen sieben und acht erhöhte sich der wöchentliche Schulbesuch auf 32 Stunden, wobei je eine mehr Geschichte, Naturkunde, Rechnen und Raumlehre erteilt wurde. Der Unterricht in der Abschlußklasse sah eine Deutschstunde mehr vor, verkürzte aber den Religionsunterricht um eine Stunde. Dieser erfolgte während der gesamten Schulzeit nach Konfessionen getrennt, während der Unterricht in den übrigen Fächern konfessionsübergreifend erteilt wurde. In der maßgeblichen Literatur der Zeit hieß es zu diesem umstrittenen Punkt nur eigentümlich unbeteiligt, der Nationalsozialismus fördere die »Entwicklung zur Gemeinschaftsschule« und gestatte die Erteilung konfessionellen Religionsunterrichts, werde aber den »Unterricht der übrigen Fächer von konfessioneller Einseitigkeit« freihalten.[347]

Der Deutschunterricht verfolgte das Ziel, den Schülern Sprache als »Ausdruck ihres Volkstums« zugänglich zu machen. Dazu waren Beispiele volkstümlicher Prosa und Dichtung heranzuziehen, um die mündliche und schriftliche Ausdrucksfähigkeit zu stärken. Neben Werken der Klassik und Romantik erfuhr die Weltkriegslyrik sowie die »Kampfdichtung der nationalsozialistischen Bewegung« besondere Aufmerksamkeit. In jedem Schuljahr war eine Anzahl »wertvoller Gedichte« einzustudieren und auswendig aufzusagen, wobei den Lehrern die Auswahl der Stücke freistand. In den schriftlichen Übungen wurde auf »Sicherheit in der Rechtschreibung« gesehen und die schriftliche Ausdrucksfähigkeit geübt. Am Ende sollten die Schüler in der Lage sein, sich im Medium des Aufsatzes klar, verständlich und in korrekter Sprache auszudrücken. In speziellen Schreibstunden wurde zu einer »natürlichen, deutlichen, geläufigen und gefälligen Schrift« angehalten, die ausgereift einmal »ein persönliches Gepräge« tragen sollte. Es wurde zunächst in »deutscher«, ab der zweiten Hälfte des dritten Schuljahres in lateinischer Schrift geschrieben. Die Heimatkundestunden der ersten vier Volksschuljahre dienten der Stiftung von Vaterlandsliebe und Heimatverbundenheit, hier sollten die Kinder ihr Lebensumfeld »erleben und lieben lernen« und sich zugleich als »Glieder des deutschen Volkes« begreifen. Dazu waren Sitten und Gebräuche der Familien, des Dorfes und der Region am Beispiel von Heimaterzählungen, Liedern, Märchen und historischen Erzählungen zu behandeln, in denen das heroische Moment stets besonders herauszustellen war: »Helden der Heimat, des Weltkrieges und der nationalsozialistischen Bewegung, der stille Held des Alltags, der Held der Sage sollen das Kind begeistern.«[348] Die heimatliche Umgebung sollte naturkundlich erschlossen, das Wetter beobachtet, die Sternbilder erläutert und der Verlauf von Sonne und Mond im Jahresrhythmus vermittelt werden. Die Richtlinien formulierten als allgemeines Ziel des Heimatkundeunterrichts, die Kinder zur ernsthaften Beschäftigung mit der Natur anzuhalten, sie zur »Ehrfurcht vor dem Schöpfer und Freude am Leben der Natur« wie zum pfleglichen Umgang mit der Natur zu erziehen.[349]

Die vier Grundschuljahre dienten der Vermittlung erster elementarer Kenntnisse; darüber hinaus sollten schon die sechs- bis zehnjährigen Kinder für die Idee der nationalsozialistischen Volksgemeinschaft seelisch gewonnen werden, wofür ungeniert an kindliche Phantasie und Begeisterungsfähigkeit zu appellieren war. Diesen unbewußt wirkenden Formen der Indoktrination trat in den oberen Jahrgangsklassen der Volksschule die gezielt verstandesmäßige Beeinflussung an die Seite. Die nunmehr erteilten Geschichtsstunden dienten ausdrücklich der politischen Erziehung und hatten die Schüler außer mit »Ehrfurcht vor unserer großen Vergangenheit und mit dem Glauben an die geschichtliche Sendung« noch mit ausgeprägtem »Wehrwillen« zu erfüllen. Die im deutschen Volk wirkenden »rassischen Grundkräfte« waren aufzuzeigen und die »großen Leistungen unseres Volkes und seiner Führer« hieraus abzuleiten. Um eine Grundlage für dieses Verständnis zu legen, sah das fünfte Schuljahr noch keine an der geschichtlichen Zeitenfolge orientierten Geschichtsstunden, sondern »Gegenwartskunde« mit den jüngsten politischen Ereignissen im Zentrum vor. Schon die Zehnjährigen sollten das aktuelle Zeitgeschehen sowie den Sinn der zahlreichen »Feierstunden des deutschen Volkes« begreifen lernen und diesen fortan mit »innerer Anteilnahme« beiwohnen können.[350]

Auch in den anderen Fächern des Volksschulunterrichts war neben der Vermittlung von Sachwissen möglichst stets ein Gegenwartsbezug herzustellen. Die Erdkundestunden sollten über die geographische Struktur und geologische Beschaffenheit Deutschlands hinaus auch die wehrgeographischen Folgen thematisieren, wie sie sich aus seiner besonderen Mittellage heraus ergaben. Daneben waren die volkswirtschaftlichen, infrastrukturellen und bevölkerungspolitischen Belange des Reichs im Vergleich mit den europäischen Nachbarn darzustellen. Die im Rahmen des Naturkundeunterrichts erteilte Lebenskunde wartete außer mit Kenntnisvermittlung der wichtigsten Tiere und Pflanzen zugleich mit der Unterweisung in »lebenskundlichem Denken und Handeln« auf. Hier sollte der »Einklang der nationalsozialistischen Lebens- und Volksauffassung mit den Gesetzmäßigkeiten des organischen Lebens« deutlich und die »Notwendigkeit der Erhaltung und Pflege der rassischen Werte unseres Volkes eindringlich und verpflichtend« herausgestellt werden. Die Gesetzmäßigkeiten der Mendelschen Vererbungslehre und die Beschaffenheit der Keimzelle sollten den Kindern auf »einfachste Weise« nahegebracht und ihnen außerdem die »lebensgesetzliche Bedeutung der Anlage, der Auslese, Gegenauslese und Ausmerze« klargemacht werden: »Für das Verständnis der Wesensverschiedenheit der Rassen und der Gefahren der Rassenmischung ist in der Tier- und Pflanzenwelt der Grund zu legen. Die Folgerungen für das Menschenleben und ihre erziehliche Auswertung fallen in der Volksschule vornehmlich dem Geschichts-, Deutsch- und Erdkundeunterricht zu.«[351]

Das Fach »Hauswirtschaft«, unterteilt in »Handarbeit« und »Hauswerk«, richtete sich allein an die Schülerinnen. Hier folgten die Richtlinien dem zeitgenössisch vielfach propagierten Bildungsziel der Frau zur »Hausfrau und Mutter«. Die Mädchen waren mit den Techniken der Hand- und Hausarbeit vertraut zu machen und sollten zu den üblichen Tugenden wie »Ordnung, Umsicht, Sauberkeit, Sparsamkeit, Verantwortung und Selbständigkeit in Denken und Tun« erzogen werden. Auch dieser Unterricht bezweckte freilich ein höheres Ziel, sollten sich die künftigen Hausfrauen doch bewußt werden, später »Mitwalterin unseres Volksvermögens und verantwortliche Mitarbeiterin an dem Werk unseres Führers« zu werden. Die hauswerklichen Stunden waren im wesentlichen praktisch zu gestalten und sollten außer der Zubereitung von Speisen auch den Einkauf der Zutaten umfassen, über den Nährwert verschiedener Lebensmittel, Aufbewahrungstechniken und -zeiten informieren sowie Zeit- und Preisberechnung einüben.[352]

Das Pendant für Jungen war der Werk- und Zeichenunterricht vor allem der letzten beiden Volksschuljahrgänge, in denen Modellflugzeuge

Abb. 22 Zwei Schülerinnen gratulieren Reichskultusminister Rust zum Geburtstag, 30. September 1937

entworfen und gebaut wurden. Darüber hinaus fand der Sportunterricht nach Geschlechtern getrennt statt, während die übrigen Schulstunden in den zumeist ein- oder zweiklassigen Volksschulen Jungen und Mädchen nur gemeinsam erteilt werden konnte. Die von den Nationalsozialisten eigentlich erstrebten Jungen- und Mädchenschulen blieben ein Desiderat.

Mit Beginn des Schuljahrs 1939/40 traten die »Richtlinien für die Volksschule« in Kraft. Die Unterrichtsverwaltungen der Länder wurden zur Umsetzung angewiesen, wobei dem allein angesichts der sehr unterschiedlich entwickelten Volksschulen im Deutschen Reich Grenzen gezogen waren: noch 1940 waren lediglich 10 % achtklassig ausgebaut, 40 % hingegen nur einklassig, so daß in den meisten Schulen eine bestenfalls grobe Orientierung am Lehrplan der Richtlinien möglich war. Immerhin stieg der Anteil voll ausgebauter Volksschulen zwischen 1931 und 1939 reichsweit um 12 %.[353] Hinzu kam die vielfach karge Ausstattung der ländlichen Volksschulen mit elementaren Lehr- und Lernmitteln. Wandkarten, naturkundliche Exponate oder einfachste technische Ausstattungen fehlten in der Regel, waren schadhaft oder hoffnungslos veraltet. Solche Mißstände abzustellen, oblag den Gemeinden als Schulträger, während die Kosten für die Schulbücher von den Eltern aufzubringen waren. Hier wie dort fehlte es jedoch an Geld. Der Reichskultusminister mahnte zwar wiederholt eine bessere Ausstattung der Volksschulen an, indem er per Erlaß den Aufbau von Schulbüchereien verfügte, und appellierte an die Schulträger für mehr Mittel zur besseren materiellen Ausstattung ihrer Volksschulen. Aber das Deutsche Reich war groß und Berlin vielerorts weit weg. So blieb anschaulicher Unterricht der persönlichen Gestaltungskraft und dem Engagement des Lehrers überlassen. Schlecht dotiert, noch schlechter untergebracht und nicht selten die einzige Lehrkraft am Ort, war die Motivation vieler Dorflehrer allerdings nicht eben hoch. Selbst die alten Lernbücher blieben verschiedentlich bis in die Kriegszeit hinein im Gebrauch. Mit Verzögerung kam neues Unterrichtsmaterial in die Schulen, wie das »Reichslesebuch«, das zuerst für das fünfte und sechste Schuljahr, dann für das zweite, dritte und vierte Schuljahr erschienen war; der letzte Band für die siebte und achte Klasse sollte im Sommer 1938 erscheinen.[354] Ein »Erfolg« war die Volksschulreform jedoch im Hinblick auf das primäre Ziel des Reichskultusministeriums nach reichsweiter Vereinheitlichung und Vereinfachung des deutschen Bildungswesens. In diesem Punkt war man im Haus Unter den Linden einen entscheidenden Schritt vorangekommen, wenngleich Richtlinien keine Reichsgesetze waren, sondern immer noch reichlich Spielraum für eigentlich unerwünschte Abweichungen boten.

Die Neuordnung des Volksschulwesens wurde im Ministerium zeitgleich mit dem Umbau der mittleren und höheren Schulen betrieben, nur daß man damit schon um einiges früher zum Abschluß gekommen war. Am 1. Juli 1938 erging ein Erlaß, der das vielgestaltige Mittelschulwesen auf einen Kernbestand zurückführte. Die Mittelschulen waren aus den einstigen Stadt-, Rektorats-, Bürger- und gehobenen Volksschulen der kleinen und mittleren Städte hervorgegangen. Ihre Klientel rekrutierte sich aus den wohlhabenderen Familien am Ort, deren Kinder zwar keine höhere, aber doch eine über das Volksschulniveau hinausgehende Schulbildung erhalten sollten. Anders als die gymnasialen Lehranstalten trugen die mittleren Schulen durchweg keinen staatlichen Charakter, d. h. sie standen in öffentlich-rechtlicher Trägerschaft der Land- oder Stadtgemeinden, Kreise, Schulverbände oder wurden von privaten Unternehmen wie Kuratorien, religiösen Gemeinschaften oder Einzelpersonen geführt. Letztere unterhielten meist die privaten, sogenannten höheren Mädchenschulen. Die Anstellung der Lehrer erfolgte durch den Schulträger, so daß die Lehrkräfte keine Staats-, sondern Kommunalbeamte waren. Dem Staat stand freilich ein weitreichendes Genehmigungs- und Aufsichtsrecht über diese Schulen zu. 1930 existierten allein in Preußen rund 800 Mittelschulen, mit etwa 8 000 Lehrern und 180 000 Schülern. Sie unterschieden sich in Einrichtungen, die nach den Bestimmungen vom 1. Juli 1925 arbeiteten, und sogenannte Rektoratsschulen, in denen nach den Richtlinien für die höheren Schulen unterrichtet wurde. Während die erste Gruppe Mittelschulen ein eigenständiges »mittleres« Bildungsziel verfolgten, waren Rektoratsschulen unvollständige höhere Lehranstalten, die auf den Besuch der Gymnasien und Realgymnasien vorbereiteten. Obwohl für den Besuch einer Mittelschule Schulgeld erhoben wurde, handelte es sich um eine beliebte Schulform mit wachsenden Schülerzahlen. Die preußische grundständige sechsstufige Mittelschule besaß für die meisten deutschen Staaten Vorbildcharakter und wurde vielfach übernommen.[355]

Der Erlaß vom 1. Juli 1938 sah die grundständige Mittelschule mit sechs Klassen, aufbauend auf vier Jahren Grundschule vor. Bei genügend hoher

Schülerzahl sollten Jungen und Mädchen getrennt unterrichtet werden. Wo dies nicht möglich war, galt der Lehrplan für Jungenschulen, für die Mädchen freilich um »Nadelarbeit« und »Hauswerk« ergänzt; auch waren »Leibesübungen« und »Lebenskunde« stets für Mädchen gesondert von den Jungen zu erteilen. Englisch war ab der ersten Klasse Pflichtfach, ab dem dritten Schuljahr konnte wahlweise eine zweite Sprache hinzugenommen werden. Neben dieser »grundständigen« Variante gab es Mittelschulen in Form vierstufiger Aufbauzüge an Volksschulen. Sie schlossen an das sechste Volksschuljahr an und folgten dem Lehrplan der Mittelschule mit Englisch als Pflichtsprache, jedoch ohne weitere wahlfreie Fremdsprache. Ob die Reform des mittleren Schulwesens ihre große Beliebtheit bei den Eltern weiter erhöht hat, ist schwer zu ermessen, Schulen und Schülerzahlen stiegen jedenfalls kontinuierlich. Im Mai 1939 zählte das Deutsche Reich 1207 öffentliche und 232 private Mittelschulen mit 277 313 Schülern, darunter 266 öffentliche und 11 private Aufbauzüge mit 32 665 Schülern. Dazu half nicht zuletzt die im Februar 1939 verabschiedete »Verordnung über die Vorbildung und die Laufbahnen der deutschen Beamten«, wonach das Abschlußzeugnis der anerkannten voll ausgebauten Mittelschule zum Eintritt in den gehobenen Dienst berechtigte. Dies wertete die Mittelschule gegenüber den höheren Lehranstalten entscheidend auf. Im Dezember 1939 folgten die »Bestimmungen über Erziehung und Unterricht in der Mittelschule«, womit die ministerielle Reform dieses Schulzweiges abgeschlossen war.[356]

Die Mittelschule bereitete auf die »gehobenen Berufe« in Landwirtschaft, Handel, Handwerk, Technik und Industrie sowie die mittleren Positionen in Verwaltung und Wehrmacht vor. Darüber hinaus eröffnete sie den Zugang zu den hauswirtschaftlichen, pflegerischen, sozial- und technisch-künstlerischen Frauenberufen. Abgesehen von der Fremdsprache Englisch, die in der ersten und zweiten Mittelschulklasse mit sechs, danach mit vier Wochenstunden erteilt wurde, und der speziellen Unterweisung in Kurzschrift und Maschineschreiben, glich der Fächerkanon annähernd dem der Volksschule. Immerhin wurde Fachunterricht von Lehrern mit erweiterter Fachausbildung gegeben und war die Zahl der Schulstunden höher. Der Akzent lag auf anschaulichem, gegenwartsnahem und lebendigem Unterricht, der den Schüler zur vertieften Kenntnis der politischen, kulturellen und wirtschaftlichen Grundlagen des Deutschen Reiches befähigen, aber auch die klassischen Bildungsinhalte aus

Kunst und Literatur nicht vernachlässigen sollte. Dadurch würde eine »verantwortungsbewußte Bindung an Volk und Gott« erreicht, hieß es in den »Bestimmungen«, in der die »deutsche Auffassung vom Sinn des Lebens ihre Krönung findet«. Auch hier wurde der Gemeinschaftsgedanke betont, freilich ohne daß er wie in den »Richtlinien zum Volksschulunterricht« allzu plakativ hervortrat. Eine intakte Klassengemeinschaft wurde gepriesen und ein möglichst vertraulicher Kontakt zur Hitler-Jugend für wünschenswert erklärt. Den Lehrern wurde es zur Pflicht gemacht, die »erziehlichen Kräfte des Elternhauses plan- und taktvoll mit denen der Schule zu verbinden«. Lehrerbesuche bei den Eltern, Sprech- und Beratungsstunden in den Schulen sollten den Grundstein dazu legen.

Ein eigenständiges Bildungsziel mit klaren Berufsperspektiven grenzte die Mittelschule von Volksschule und höherer Lehranstalt ab und begründete ihre Stellung als dritte vollwertige Schulform. Bis zu dieser Entscheidung waren verschiedene Planungen durchgespielt worden. So erwog man zeitweilig, das deutsche Schulwesen auf überhaupt nur noch zwei Grundformen – Volksschule und höhere Lehranstalt – zu reduzieren, was die mittleren Schulen, Schulträger und Eltern gleichermaßen vehement ablehnten; solche Überlegungen widerstrebten freilich noch mehr den Berufsverbänden, die sich um ihren künftigen Nachwuchs sorgten. Unterstützung kam vom nationalsozialistischen Lehrerbund, der sich für diese Schulform als die maßgebliche Anstalt des Mittelstandes einsetzte. Hier sah man den Staat in der Pflicht, dem doch »die Pflege des Mittelstandes so sehr am Herzen liegt«, zum Erhalt und Ausbau dieses Schultyps beizutragen: »Alle unsere Maßnahmen zur Stärkung des Mittelstandes sind erfolglos, wenn sie im Wirtschaftlichen stecken bleiben und nicht dem Mittelstande die Bildung sichern und bringen, die er zur Erfüllung seiner Aufgaben im Volksstaat benötigt«, argumentierte Reichsfachschaftsleiter Nicolaus Hansen vom NS-Lehrerbund in einem Brief an den Reichsminister. Die Abschaffung der Mittelschule würde den eigentlich unerwünschten hohen Zustrom zur höheren Schule nur weiter stärken und das berüchtigte »Berechtigungswesen« in Geltung halten.[357]

Ein anderer, von außen an das Ministerium herangetragener Plan sah die Stärkung der Mittelschulen auf Kosten der höheren Schulen vor, ja ging in Teilen sogar so weit, sie anstelle der höheren Lehranstalten allgemein einzuführen. So sollten die Mittelschulen in den Provinzstädten die höheren Schulen ersetzen. Im Hintergrund solcher Überlegungen stand der Wunsch nach jüngeren Schulabgängern. Hinzu kam die nationalsozialistische Bildungskritik, wie sie vor allem unter Parteifunktionären kursierte und in der Behauptung gipfelte, das Bildungsgut der höheren Schulen sei ohnehin überdehnt und vielfach überflüssig. Dem wurden die Lehrpläne der mittleren Schulen mit ihrer berufsnahen Ausrichtung als weit nützlicher vorgezogen. Schließlich versprachen kürzere Schulzeiten auch eine nennenswerte finanzielle Entlastung.

Protest gegen derart weitreichende Eingriffe in das Bildungswesen blieb nicht aus. Amtschef Wacker warnte seinen Minister vor den absehbaren Folgen, die eine Hebung mittlerer Schulformen auf Kosten der höheren Schule haben müsse. Die schon geringe Zahl an Abiturienten würde weiter schrumpfen, weil die Eltern angesichts verbesserter Berufsaussichten für mittlere Schulabschlüsse ihre Zöglinge gar nicht erst auf eine höhere Schule schicken würden. Dazu verwies er auf den absehbaren Niveauverlust in der schulischen Ausbildung mit bedenklichen Folgen für das Studium an Universitäten und Hochschulen. Wacker mochte sich für die Mittelschule allenfalls »als Ausnahmeeinrichtung für größere Städte« aussprechen, die darüber hinaus aber noch Übergangsmöglichkeiten zur höheren Schule bieten müsse. Auch verlangte er eine Vereinbarung, wonach mit Erreichen eines konkreten Ausbildungsabschnitts der Zugang zu bestimmten Berufen möglich sei, »ohne Abschluß der höheren Schule und Abitur«. Damit wollte Wacker sichergestellt wissen, daß die Schüler höherer Lehranstalten hinsichtlich des Zugangs zur mittleren Beamtenlaufbahn nicht schlechter gestellt würden als künftige Mittelschulabsolventen.[358]

Die ministerielle Lösung schrieb am Ende die Mittelschule als eigenständige Schulform neben Volks- und höherer Schule fest. Damit wurde ein attraktiver Schultyp reichsweit gesichert, der bei Eltern, Gemeinden und Berufsverbänden Zuspruch fand und wie zur Bestätigung auf kontinuierlich wachsende Schülerzahlen verweisen konnte. Um so unverständlicher mußten die wenig später auftauchenden Initiativen der Parteikanzlei wirken, die soeben im Reich propagierte Mittelschule auch schon wieder abzubauen, um an ihre Stelle die Hauptschule nach österreichischem Vorbild zu setzen – davon wird an anderer Stelle noch ausführlich zu handeln sein. Hier gilt es zunächst noch die nationalsozialistische Umgestaltung des höheren Schulwesens auszuleuchten, die, nachdem Bojungas ursprünglicher Plan einer Schulreform »aus einem Guß« gescheitert war, am

Anfang aller ministeriellen Reformanstrengungen stand. Mitte der 1930er Jahre gab es im Deutschen Reich 1457 öffentliche und 69 private höhere Jungenschulen mit zusammen 465 652 Schülern, darunter 33 752 Mädchen, weiterhin 504 öffentliche sowie 252 private höhere Mädchen- und Frauenschulen mit 203 930 Schülerinnen und 1313 Jungen. Gemessen an mehr als 7,5 Millionen Volksschülern stellten die Besucher höherer Schulen mithin eine kleine, aber vielbeachtete Minderheit dar.[359]

Den »Studienanstalten« galt seit jeher die besondere Aufmerksamkeit der staatlichen Bildungspolitik. Aus dem Kreis ihrer Absolventen rekrutierte sich die Elite des Landes, die entsprechende Stellungen im höheren Staatsdienst oder Führungspositionen in der privaten Wirtschaft einnahm. Zwei Erlasse des Reichserziehungsministeriums legten zunächst die künftig für den Besuch einer höheren Schule geltenden Auslesekriterien fest.[360] Unterschieden in körperliche, charakterliche, geistige und »völkische Auslese«, sollten nicht mehr nur individuelle Begabung oder die Wirtschaftskraft der Eltern über die Schullaufbahn eines Kindes entscheiden. Den höheren Schulen wurde zur Aufgabe gemacht, die »Ungeeigneten und Unwürdigen« von den »Geeigneten und Würdigen« abzugrenzen. Als generell »untauglich« wurden etwa Kinder mit »schweren dekompensierten Herzfehlern«, schwerem Asthma oder chronischem Nierenleiden angesehen; ebenso sollten »manisch-depressives Irresein« oder »schwere Psychopathien« fortan den Zugang zu einer höheren Schule versperren, dazu »ekelerregende Krankheiten wie: chronische flächenhafte Ekzeme; angeborene Lues mit schweren Hauterscheinungen«. Mit diesen Erlassen folgte das Ministerium den erbbiologischen Vorgaben der Partei, deren »Rassenpolitisches Amt« entsprechende Kriterienkataloge aufgestellt hatte. Dennoch sollte ein körperlicher Mangel nicht per se schon die Untauglichkeit eines Schülers begründen, zumal dann nicht, wenn das Handicap die spätere Einbindung »als nützliches Mitglied der Volksgemeinschaft« nicht beeinträchtigte. So schloß der »Klumpfuß«, einerlei ob angeboren oder, wie im Falle des Propagandaministers, erworben, nicht von der höheren Schullaufbahn aus.[361] Für entsprechende Ausnahmeregelungen hatten sich die Länderkultusministerien Württembergs und Sachsens schon 1933 mit dem Hinweis stark gemacht, daß die »deutsche Geistesgeschichte [...] eine Reihe der hervorragendsten Männer« mit schweren Mißbildungen aufweise. »Die völkische Gesamtheit hat ein Interesse an jeder überragenden geistigen Leistung, auch wenn sie von körperlich Behinderten stammt«, hatte der sächsische Ministerialrat Kleint seinerzeit zu Protokoll gegeben, während der Vertreter Lübecks, Ministerialrat Wolff, generell vor einer »allzu mechanischen Beurteilung« der Gesamtpersönlichkeit warnte. Er machte Bedenken gegen eine Überbewertung des Körperlichen geltend und mochte sich darum auch nicht der Meinung des preußischen Kultusministers Rust anschließen, daß bereits ein ›Gut‹ im Turnen ein ›Nichtgenügend‹ in Latein auszugleichen vermöge«.[362] Einwendungen wie diese fanden in den späteren Auslese-Erlassen des Reichskultusministeriums Berücksichtigung. Auch wenn die nationalsozialistischen Erziehungsvorstellungen für Zöglinge an höheren Lehranstalten fortan den körperlich »intakten« Menschen favorisierten, ging die überkommene Wertschätzung geistiger Leistungen nicht ganz verloren.

Im Jahre 1935 wies das höhere Schulwesen im Deutschen Reich rund 25 verschiedene Typen auf, die sich im Laufe der zurückliegenden Jahrzehnte aus den je besonderen regionalen Voraussetzungen und Interessen herausgeschält hatten. Besonders verbreitet war die Formenvielfalt im Westen und Norden des Landes, was zumeist der wirtschaftlichen und industriellen Höherentwicklung großer Teile dieser Gebiete im Vergleich zu stark landwirtschaftlich geprägten Regionen wie Bayern oder Ostpreußen geschuldet war. Hier setzte die nationalsozialistische Politik der »Vereinheitlichung und Vereinfachung« mit zwei zu Ostern 1937 ergangenen Erlassen ein, die eine radikale Reduzierung auf wenige höhere Schulformen vornahmen. Fortan sollte die »grundständige Oberschule für Jungen und Mädchen« die Regelschule bilden neben einer sechsklassigen »Aufbauform« als Variante. Das klassische Gymnasium blieb als Sonderform bestehen, war aber Jungen vorbehalten und durfte von Mädchen nur mit ministerieller Sondergenehmigung besucht werden. Die oberen Jahrgangsstufen der Jungenoberschule teilten sich in einen sprachlichen und einen mathematisch-naturwissenschaftlichen, die der Mädchenoberschulen in einen sprachlichen und einen hauswirtschaftlichen Zweig. Verbindliche Arbeitsgemeinschaften ab der sechsten Klasse bereiteten auf die Gabelung vor. Erste Fremdsprache war mit Beginn des Schuljahres 1937 Englisch; nur an den humanistischen Gymnasien begann die Sexta wie gehabt mit Latein als erster Fremdsprache.

Einen weiteren gravierenden Einschnitt markierte die Verkürzung der neunjährigen Schulzeit auf acht Jahre, wofür das Ministerium in erster

Linie bevölkerungspolitische Rücksichten geltend machte. Die Ausbildungszeiten der Elite im Lande sollten kürzer und damit Familiengründungen künftig früher möglich werden. Entsprechende Wünsche wurden vor allem seitens der Partei und des Militärs formuliert und konnten vom Kultusminister nur schwer unerfüllt bleiben. Allerdings wurde der so erzielte Zeitgewinn durch Arbeitsdienst- und Wehrpflicht gleich wieder aufgezehrt.[363]

Den durchgreifenden Veränderungen im höheren Schulwesen waren intensive Beratungen vorausgegangen. Schon 1933, im »Ausschuß für das Unterrichtswesen« beim Reichsinnenministerium, hatten verschiedene Maßnahmen der späteren Reform zur Diskussion gestanden. Weitgehende Einigkeit bestand unter den Vertretern der Länderkultusministerien hinsichtlich der Schulzeitverkürzung. Fraglich war nur, ob hierfür die Grundschuljahre von vier auf drei oder die neunjährige höhere Schule auf acht Jahre zu reduzieren sei. Württemberg und mit ihm die Vertreter Lübecks und Danzigs traten für drei Jahre Grundschule ein, dem sich das Reichsinnenministerium in Gestalt des Ministerialrats von Hoff mit dem Hinweis anschloß, er betrachte vier Jahre Grundschule mit dem Blick auf ein möglichst frühes Heiratsalter als einen »eugenischen Fehler«. Preußen und Anhalt hielten hingegen an vier Jahren Grundschule mit der Begründung fest, »man könne nicht Grundschule, Eugenik und Heiratsalter miteinander verquicken«, während Hamburg eine »allgemeine sechsjährige Grundschule« forderte.[364]

Das Thema »Verkürzung der Grundschulzeit« kam im Verlauf des Dritten Reichs wiederholt auf die Tagesordnung. 1936 erfolgte aus dem Amt Wissenschaft heraus ein entsprechender Vorstoß im Hause, den der Minister ebenso wie der Chef des Amtes Erziehung, Bojunga, jedoch gemeinsam abbogen. Der Lernstoff könne gerade für sehr kleine Kinder nicht ohne Schaden beliebig weit zusammengepreßt werden, hielt Bojunga in einem Aktenvermerk für Amt W fest und verwies zugleich auf bereits laut gewordene Klagen über einen allgemeinen Niveauverlust an staatlichen Schulen.[365] Als im Januar 1941 der preußische Finanzminister die Wiederherstellung der neunjährigen höheren Schule anregte, der »Stellvertreter des Führers« aber eine Ausdehnung der Gesamtschulzeit über zwölf Jahre hinaus strikt ablehnte, tauchte die Variante drei Jahre Grundschule plus neun Jahre höherer Schule erneut Unter den Linden auf. Mit Nachdruck ließ der Reichskultusminister seine Beamten wissen,

»er wünsche nicht, daß die Frage 3 + 9 Jahre im Ministerium überhaupt aufgeworfen, geschweige denn behandelt wird«, und erläuterte seine Haltung, daß sonst von Seiten der Parteikanzlei »sofort gefolgert und durchgesetzt« würde, drei plus acht Jahre wären ausreichend, weil das »Ministerium sich selbst mit 3 Jahren Grundschule begnügen wolle und vorher 8 Jahre Höhere Schule als ausreichend anerkannt habe«. Inzwischen kannte Rust die Strategie seiner Gegenspieler zur Genüge. Dem Druck der Partei nach abermaliger Kürzung der Ausbildungszeiten mußte 1943 gleichwohl nachgegeben werden. Die Schulzeit an höheren Schulen wurde von acht auf sieben Jahre verkürzt, aber dafür sollte es bei vier Grundschuljahren bleiben.[366]

Spannungen hatten sich auch hinsichtlich der Fremdsprachen ergeben. Während Latein ab der ersten, Griechisch ab der dritten Klasse des humanistischen Gymnasiums nicht ernsthaft zur Disposition standen, schieden sich die Geister an der Frage, ob auf den neusprachlich ausgerichteten Anstalten mit Englisch oder Französisch zu beginnen sei. Das Reichsinnenministerium hätte es 1933 für »[m]ethodisch richtig« gehalten, Französisch als eine vergleichsweise schwer zu erlernende Sprache mit hohem Auslesefaktor an den Anfang zu setzen. Da jedoch in den Mittelschulen und Aufbauklassen durchweg Englisch die erste Pflichtfremdsprache war, Französisch hingegen nur wahlweise ab der siebten Klasse hinzukam, mußte zur Gewährleistung eines Schulwechsels auch an den höheren Schulen mit Englisch begonnen werden. Die Reform des Schulwesens zielte somit von Anfang an außer auf Vereinheitlichung auch auf eine vermehrte Kompatibilität der Schulformen. Entsprechend plädierte das Reichsinnenministerium auf der Konferenz 1933 für Englisch als erste Fremdsprache an Oberschulen. Die Vertreter Preußens, Bargheer und Benze, stellten dagegen den Auslesefaktor »Fremdsprache« überhaupt in Frage. »Preußen wolle nicht mehr eine sprachliche Formalbildung«, hielt das Protokoll die Stellungnahme Benzes fest. »Es wolle Menschen in Führerstellen bringen, die die deutsche Kultur in höchster Tiefe erfassen könnten. [...] Fremdsprachen seien daher nur in dem Maße darzubieten, als sie dazu beitrügen, die deutsche Kultur zu verstehen.« Benze schlug Englisch in der Unterstufe als diejenige Sprache vor, »die uns am nächsten« sei, und Latein als zweite Sprache ab Untertertia. Dem widersprach der Vertreter Lübecks, der Latein ab der ersten Klasse an allen höheren Schulformen für das Gebotene hielt, während Bayern,

Württemberg und Sachsen die alten Sprachen auf die humanistischen Anstalten beschränkt sehen wollten, für die übrigen Zweige aber Englisch als Hauptfremdsprache favorisierten. Nachdem auch die Stellungnahme seitens der Partei in dieser Richtung ausgefallen war, fiel nach der im November 1935 in Berlin stattfindenden Arbeitstagung »Reform der höheren Schulen« die Entscheidung des Ministers für Englisch als erste Fremdsprache. Ausnahme blieb das Gymnasium für Jungen, an dem nach den klassischen Sprachen Englisch erst ab Obertertia dazukam.[367]

Ein Ministerialerlaß vom 29. Januar 1938 dekretierte die rasche Umstellung von den alten Lehrplänen zu den neuen Bestimmungen. Die Schulen selbst sollten bis zur Bekanntgabe neuer Lehrpläne Übergangslehrpläne erstellen und darüber hinaus Sorge tragen, daß keine Lücken bei der Darbietung des Stoffes aufträten. Da es an neuem Unterrichtsmaterial für die höheren wie auch für alle anderen Schulen mangelte, blieben die alten Lehrbücher noch vielfach im Gebrauch, durch einzuklebende »Deckblätter« und »Ergänzungsbögen« notdürftig an den neuen Geist adaptiert. Die allgemeinen Ausführungen über das Wesen der höheren Schule betonten den Gedanken der nationalpolitischen Erziehung, die freilich nicht länger auf dem Bildungsidealismus des frühen 19. Jahrhunderts gründen, sondern der völkischen Lebensphilosophie verpflichtet sein sollte: »Alle echte Bildung stammt aus dem Leben, und Leben kann nur durch Leben entzündet werden. Wenn der Nationalsozialismus den Vorrang des Lebens und der Tat vor allen Systemen der Erziehung und Bildung behauptet, dann spricht er das Gesetz der Entwicklung jeder großen Kultur aus.«

Die Vergemeinschaftungsprinzipien der SA und der Hitler-Jugend wurden einmal mehr zu Vorbildern nationalsozialistischer Erziehung stilisiert und nun auch für die Neuausrichtung des höheren Schulwesens als maßgebend erklärt. Daneben betonte das Ministerium allerdings auch die Bedeutung der Selbsttätigkeit des Schülers, die es als Voraussetzung aller schöpferischen Leistung fernerhin im Schulunterricht zu fördern gelte. Die höheren Lehranstalten erhielten zur Aufgabe, pflichtbewußte entscheidungsfreudige Glieder der Volksgemeinschaft heranzubilden, die zur selbständigen Wissensaneignung fähig seien. Ein bloß mechanisches Einüben von Fertigkeiten, bloß äußerliches Einpauken von Kenntnissen wurde als lebensfern abgelehnt; vielmehr sollten jugendliche Phantasie und Geisteskraft angeregt und entfaltet werden. Das gebotene Mittel zur

Umsetzung dieser Ziele hieß Arbeitsunterricht: »Alles was die Selbsttätigkeit des Schülers fördert, ihn zu eigenem Handeln und Urteilen führt, ist Arbeitsunterricht, mithin das lebendige Lehrgespräch und der zur Mitarbeit anspornende Lehrervortrag ebenso wie die richtig vorbereitete und geleitete Gemeinschaftsarbeit«, formulierten die ministeriellen Bestimmungen. Sie orientierten sich damit unverhohlen an Überlegungen, wie sie bereits in der Schulreform von 1925 enthalten gewesen waren. Nach wie vor sollten die höheren Lehranstalten allgemeinbildend wirken und nicht auf bestimmte Berufszweige ausgerichtet sein. Breite Kenntnisse der eigenen wie der Kultur fremder Völker gehörten dazu, was dem Fremdsprachenunterricht, wie man meinte, aber auch dem Erhalt des humanistischen Gymnasiums seine Berechtigung gab: »Denn es gilt, die fruchtbare Spannung zwischen Abstand und Nähe, die unser Verhältnis zu Hellas und Rom kennzeichnet, der Erziehungsaufgabe der Höheren Schule nutzbar zu machen.« Damit setzte sich das Ministerium über die utilitaristischen Tendenzen im Erziehungsdenken der Zeit hinweg.[368]

Ein im Frühjahr 1938 gegründeter Ausschuß im Ministerium kontrollierte die Neuordnung des höheren Schulwesens vor Ort. Dem Gremium gehörten Vertreter der Hauptfächer an, zumeist erprobte Schuldirektoren und damit »Männer der praktischen Schularbeit«, wie Ministerialrat Alfred Huhnhäuser seinem Minister in einem Memorandum zuvor geraten hatte. Aufgabe der Ausschußmitglieder war es, im ersten Jahr der Reform »einmal in allen Schulen gewissermaßen eine Bestandsaufnahme zu machen [...], wie es um die höheren Schulen z. Zt. steht«. Im September 1938 startete der Besichtigungsausschuß unter Vorsitz des Oberstudiendirektors Erich Röver zu ersten Inspektionsreisen an Schulen des Bezirks Schleswig-Holstein. An zwei Vormittagen wohnten die Beamten dem Schulunterricht bei, überprüften an den Nachmittagen die schriftlichen Leistungen und führten Gespräche mit den Lehrern. Auf einer anschließenden Konferenz wurden die so gewonnenen Eindrücke mit Vertretern der Schule diskutiert, die daraus vor allem Folgerungen »für ihre Weiterarbeit im Sinne der Reform« ziehen sollten. Im Januar 1939 schlossen sich Reisen nach Pommern, im März des Jahres nach Bayern an, die durch den Ausbruch des Krieges nur vorübergehend eingestellt, ab 1940 wieder aufgenommen und kontinuierlich weitergeführt wurden. Durch Berichte wurde der Minister über den Stand der Reform unterrichtet.[369]

Die Neuordnung des höheren Schulwesens vollzog sich in vielen zähen Verhandlungsschritten unter Beteiligung der maßgeblichen politischen Instanzen. Das Reichserziehungsministerium wirkte in diesem Prozeß als treibende Kraft, entschied aber keineswegs kompromißlos über die Köpfe der übrigen Beteiligten hinweg. Dennoch wuchs nach der Mitte der 1930er Jahre, nachdem die ersten Reformmaßnahmen gerade in Kraft getreten waren, auch schon die Kritik an der Schulpolitik des Hauses. Insbesondere das spürbar sinkende Niveau an den höheren Schulen rief bei vielen Beobachtern Besorgnis hervor. Die Abiturienten würden nicht mehr mit der gewohnten »Reife« an die Hochschulen kommen, hieß es in einer akademischen Denkschrift 1939, so daß die Studienziele und bald auch die Güte universitärer Wissenschaft gefährdet schienen. Ebenso beklagten Wehrmacht und öffentlicher Dienst die zusehends geringeren Kenntnisse, mit denen die Absolventen der mittleren und höheren Schulen in die Berufsausbildung eintraten. Die Monita waren nicht leicht von der Hand zu weisen, aber ihre Ursachen strittig. Das Kultusministerium stellte sich der Kritik und ließ den Gründen für den Leistungsabfall an den Schulen und Hochschulen auf den Grund gehen.[370]

Unter den Linden führte man den Niveauverlust im Kern auf Reizüberflutung zurück. Schon sehr junge Schüler und Schülerinnen seien durch die außerschulische Beanspruchung vor allem seitens der Hitler-Jugend über Gebühr strapaziert, so daß Ruhe und Konzentrationsfähigkeit empfindlich gestört würden. Anders als der erwachsene Mensch sei das Kind mit der dauernden Anspannung seiner Geisteskräfte durch immer neue Eindrücke überfordert: »Es steht noch mitten in der Entwicklung. Dazu braucht es Ruhe und gelegentliche Einsamkeit.« Das Wort Goethes vom »Schwall der Zerstreuung« aufgreifend, warnte das Ministerium in seiner Stellungnahme vor den mannigfachen Ablenkungen, die auf Dauer innere Sammlung und seelische Einkehr verhinderten und damit die Aufnahmefähigkeit erschöpften: »Wenn dem Kinde die Zeit genommen wird, sich auf einen Eindruck, eine Mitteilung zu besinnen, dann leiden nicht nur die höheren Vermögen des Geistes, sondern auch seine Gedächtniskraft.« Die Fähigkeit zum Lernen sei keineswegs von intellektuellen Gaben allein abhängig, sondern kaum weniger eine Leistung des Willens wie des Gefühls. Beides müsse wohl dosiert geweckt und gefördert werden: »Das Vielerlei der von außen herangebrachten Eindrücke und Aufgaben verflacht den jungen Menschen, stumpft die Sinne und den echten Willenstrieb ab, ermüdet den Verstand, lähmt die Entschlußfähigkeit und Willenskraft und erzeugt den im Grunde bildungsfeindlichen Besserwisser und gelangweilten Nichtskönner.« Hier sei eine Abrüstung der Reize das Gebot der Stunde, was freilich von den Schulen allein nicht ins Werk zu setzen sei, sondern das Zusammenspiel aller beteiligten »Erziehungskräfte« erfordere. Unausgesprochen hieß das, die außerschulische Ablenkung der Kinder deutlich abzubauen und ihnen schlicht wieder mehr Raum zur persönlichen Entfaltung zu gewähren: »Dem Unterricht muß der Erfolg versagt bleiben, wenn es dem Schüler an Möglichkeit zur Besinnung fehlt. Die Voraussetzung zur Besinnung aber heißt Muße und deren äußeres Substrat: freie Zeit.«[371]

Ähnlich wie in dem ministeriellen Memorandum hatte Alfred Baeumler schon in anderem Zusammenhang argumentiert. In einem Gutachten über einen Band mit Kindergeschichten wies der Pädagoge auf die Gefahr unentwegter Appelle und Aufrufe als Mittel der direkten weltanschaulichen Beeinflussung von Kindern hin, wie es ein falsch verstandenes Führertum an Schulen und in den Jugendveranstaltungen der Partei praktiziere. Das eigentliche Ziel der politischen Indoktrination werde nicht erreicht, umso mehr aber die jugendliche Aufsässigkeit geschürt. Auf kurz oder lang, so die Auffassung Baeumlers, sei die »Unansprechbarkeit der Jugend durch die ältere Generation« die Folge und würden damit die Ideale der Volksgemeinschaft nicht mehr vermittelbar sein. An mehr Freizeit und subtilere Methoden der weltanschaulichen Beeinflussung von Kindern und Jugendlichen war allerdings nach dem Willen der Regierung während des Krieges nicht zu denken, im Gegenteil, ihre außerschulische Belastung wuchs mit vermehrtem Arbeitsdienst und sonstigen »kriegswichtigen« Einsätzen weiter.[372] Nur an wenigen Orten konnten pädagogische Einsichten, wie sie Baeumler und die Beamten des Reichskultusministeriums vertraten, wirksam werden. Das 1939 gegründete Musische Gymnasium in Frankfurt dürfte in Teilen wenigstens ein solcher pädagogischer Schutzraum gewesen sein.

Die Idee ging auf einen Beamten des Hauses, auf Oberregierungsrat Martin Miederer zurück. Der vom bayerischen Innenministerium 1937 für das Musikreferat im Amt Volksbildung freigestellte Jurist hatte sich zuvor in Regensburg einen Namen als Chorleiter der Regensburger Domspatzen gemacht. In dieser Eigenschaft war er 1936 samt Chorknaben einmal auf dem Obersalzberg zu Besuch gewesen, hatte vor Hitler mit einer

Darbietung geglänzt und danach von ihm den Auftrag für eine Denkschrift über die Errichtung eines »Deutschen Musikgymnasiums« erwirkt.[373] Kaum zwei Jahre später war es soweit. Am 12. Juli 1939 fand in Frankfurt die feierliche Eröffnung der neuartigen Unterrichtsstätte samt Internat im Beisein des Reichskultusministers statt. Schulträger war die Stadt, während der Staat einen Zuschuß leistete.[374] Der Musikwissenschaftler Kurt Thomas übernahm die Direktion der Schule, deren Lehrplan dem des humanistischen Gymnasiums folgte, aber die Musikerziehung in den Mittelpunkt stellte: »Die Bezeichnung ›Musisches Gymnasium‹ bedeutet, daß an dieser Schule eine organische Synthese der deutsch-völkischen Kulturwerte und der artverwandten kulturellen Leistungen des klassischen Hellenismus in Kunst, Philosophie und Gymnastik geschaffen werden soll«, hielt ein Merkblatt des Ministeriums die Eigenarten dieser gymnasialen Sonderform fest.[375] Freilich war damit nicht etwa die Wiederbelebung des alten humanistischen Gymnasiums, sondern eine genuine Neuschöpfung im Rahmen der »nationalsozialistischen Schulerneuerung« gemeint. Die Selbsttätigkeit der Schüler sollte durch intensive Musikerziehung gefördert werden, aber die sonstige geistige und vor allem körperliche Förderung dahinter nicht zurückstehen. So widersetzte sich das Amt Körperliche Erziehung im Ministerium auch gleich zu Anfang allen Bestrebungen, die Turnstundenzahl am Musischen Gymnasium von wöchentlich fünf auf drei Stunden herabzusetzen und dafür den Frühsport etwas auszudehnen.[376] Dennoch wich der Alltag an dieser Einrichtung schon allein aufgrund der individuellen Übungszeiten am Instrument stark vom Leben an gewöhnlichen Oberschulen ab. Am Ende der achtjährigen Schulzeit stand die »musisch-wissenschaftliche-gymnastische Reifeprüfung«, die außer zum unmittelbaren Eintritt in eine Musikhochschule zum Studium aller Fächer an allen Hochschulen des Reiches berechtigte.

Für die Aufnahme in das Musische Gymnasium gab die musikalische Begabung den Ausschlag. Die Schulbehörden im ganzen Reich wurden angewiesen, geeignete Kandidaten nach Berlin zu einer ersten Vorprüfung zu melden. Von dort gingen die Unterlagen für die eigentliche Aufnahmeprüfung nach Frankfurt. Obwohl das Ministerium der Überzeugung war, daß der Vorschlag eines Jungen eine überaus ehrenvolle Sache sei, zeigten sich keineswegs alle Familien erfreut. Etliche Reaktionen lassen vielmehr erkennen, wie verunsichert die Eltern auf die nationalsozialistische Schulpolitik reagierten und wie wenig Neigung viele von ihnen besaßen, die

Erziehung ihrer Kinder ganz in die Hände des Staates zu legen. Ein Vater im Rheinland lehnte die Nominierung seines Sohnes glattweg mit der Begründung ab: »Ich weiß ja nicht, ob mein Sohn in solch einer Anstalt in *meinem* Sinne erzogen wird!«[377] Ein anderer ließ die Beamten aus seinem Fronturlaub heraus wissen, daß er »nicht gewillt« sei, »solange ich zur Kriegsdienstleistung einberufen bin, meinen Jungen in die Fremde zu geben«.[378] Mit leicht ironischem Unterton suchte sich ein wiederum anderer Vater aus der Affäre zu ziehen, indem er die vermeintliche Untauglichkeit seines Kindes herausstrich: »Für die Zulassung meines Sohnes zur Teilnahme an der Aufnahme-Prüfung verbindlichen Dank! Ich weiss die darin liegende besondere Vergünstigung sehr wohl zu würdigen«, begann er seinen Absagebrief. Nur habe die Rücksprache mit dem Musiklehrer des Knaben leider ergeben, daß dessen musikalisches Talent auch nach fünf Jahren Klavierunterricht »bei weitem nicht den Anforderungen genügen könne, die an die Schüler des Musischen Gymnasiums in Frankfurt/Main gestellt werden müssen, wo sich die Musikbegabtesten eines Achtzig-Millionen-Volkes treffen sollen«.[379] Neben persönlichen Vorbehalten wurde oft die finanzielle Seite – Schulgeld und Kosten für die Internatsunterbringung – geltend gemacht. Das Ministerium hakte in kaum einem der Fälle nach und legte die Briefe meist kommentarlos zur Seite. Denn die Zahl der Bewerber überstieg diejenige der Absagen bei weitem, so daß am Ende mehr Jungen geprüft wurden, als aufgenommen werden konnten.

Das Musische Gymnasium war ein nationalsozialistisches Prestigeobjekt, das den »Kulturwillen« des Dritten Reichs im Bereich Schule unterstreichen sollte. Die Parteikanzlei schoß auf Wunsch Hitlers jährlich 12 000 Reichsmark hinzu und selbst der Rivale Rusts, Joseph Goebbels, ließ sich die Unternehmung jährlich 4 500 Reichsmark kosten.[380] Schulorchester und Chor gastierten an vielen Orten des Deutschen Reichs und machten sich im Mai 1943 auch zu einer Konzertreise in die Schweiz auf. Selbstredend diente dies in erster Linie der Propaganda im neutralen Ausland. Daher wurden die Schüler dazu angehalten, nicht nach Manier der Hitlerjugend in der Öffentlichkeit aufzumarschieren, sondern sich gruppenweise, in kurze schwarze Hosen und weißes Hemd gekleidet, möglichst unauffällig zu bewegen. »All das, was bei uns der totale Krieg unmöglich gemacht hat, ist uns dort wie ein Traum vorgekommen. So auch die unbesetzten D-Züge, in die man sich nicht mit Mühe und Not gerade hineindrängen muß, sondern leere Wagen, in denen die Bequemlichkeit von den kleinsten Dingen zu erkennen ist«, hielt der Gymnasiast Jürgen Jürgens seine Eindrücke von der Schweizfahrt in einem Aufsatz fest. Darüber hinaus lobte er die prachtvolle Verpflegung der Gäste durch viele mit dem nationalsozialistischen Deutschland sympathisierende Deutsch-Schweizer.[381]

Den Sonderbedingungen am Musischen Gymnasium war es nicht zuletzt geschuldet, daß Lehrkräfte und ältere Schüler vom Kriegsdienst zumeist unabkömmlich gestellt wurden und nach dem verheerenden Bombenangriff auf Frankfurt im Dezember 1943 alsbald ein angemessenes Ausweichquartier bezogen werden konnte. Ministerialrat Miederer setzte seinen ganzen Ehrgeiz in die Aufrechterhaltung des Schulbetriebs unter den Bedingungen des totalen Krieges, wobei ihn außer seinem Minister der Reichsführer SS unterstützte. Im März 1944 legten die ersten sechs Absolventen des Frankfurter Musikgymnasiums ihre Reifeprüfung ab.[382]

Dem Musischen Gymnasium Frankfurt folgten 1940/41 weitere Gründungen in Leipzig und Wien mit einem ähnlich starken Zuspruch. Abgesehen vom politischen Prestige, das sich für das Regime nach innen und außen mit dem Ausbau dieser Spezialschulen verband, spielten auch moderne pädagogische Erkenntnisse eine Rolle und weckten das Interesse vieler Eltern. So schienen einschlägige Untersuchungen zu belegen, daß Fortschritte der Schüler in der Musik oftmals mit Leistungssteigerungen in den wissenschaftlichen Fächern einhergingen. Die staatliche Unterrichtsverwaltung fühlte sich daher mit der Förderung sogenannter kreativer Fächer – Zeichnen, Werken, Handarbeiten, Musizieren –, wie sie für alle Schulformen vorgesehen waren, bestätigt.[383] Auf die Volks- und Mittelschulen bezogen sahen die Richtlinien eine verstärkte Entwicklung des Unterrichts aus dem Spiel heraus und die Ausdehnung des Werkunterrichts vor. Für die höheren Schulen war der Arbeitsunterricht mit dem selbsttätig lernenden Schüler das Ziel. Allen Schulformen gemeinsam war die Betonung des gemeinschaftlichen Lernens. Damit setzte das Ministerium nolens volens wesentliche Punkte der preußischen Schulreformen während der Weimarer Jahre fort. Die auf Nützlichkeitserwägungen versessenen Parteifunktionäre waren mit derlei Erkenntnissen jedoch nicht zu überzeugen. Sie setzten auf pragmatische, möglichst kostensparende Wege der Beschulung und zeigten sich in erster Linie an kurzen Ausbildungszeiten interessiert. Die staatliche Schulpolitik im Dritten Reich geriet dadurch in permanente Interessenkonflikte mit der Partei, was die Umsetzung des Reformprogramms erschwerte.

Weithin unumstritten waren hingegen alle jene Maßnahmen, die auf die Entfernung der Juden aus den staatlichen Schulen zielten. Dies war der erklärte Wille des Ministers, dem seine Beamten geflissentlich Rechnung trugen. Der Verdrängungsprozeß vollzog sich wie die Verfolgung der Juden insgesamt in Etappen – am Anfang stand das Berufsbeamtengesetz bzw. die Begrenzung der Zahl jüdischer Kinder an den höheren Schulen durch die Einführung eines Numerus clausus; dem folgten oft demütigende Schikanen durch spezielle Erlasse wie diese, daß jüdische Kinder an Schulfeiern, Turnfesten und Klassenfahrten bald nicht mehr teilnehmen durften. Von den »nationalpolitischen« Schulungen der Hitler-Jugend, jeweils sonnabends am sogenannten Staatsjugendtag, konnten sie sich »auf Wunsch« befreien lassen, wie es in einem Erlaß des Ministeriums scheinheilig hieß, wobei selbstredend kein Jugendführer an der Teilnahme von »Nichtariern« interessiert war.

Doch zunächst setzte die allgemeine Reichsschulpflicht einer durchgreifenden Separation noch Grenzen. Das Gesetz erstreckte sich auf alle im Reich lebenden Kinder deutscher Staatsangehörigkeit im Alter zwischen sechs und achtzehn Jahren. Reichsminister Rust wollte die Rassenlehre aber nicht nur im Unterricht theoretisch erörtert wissen, sondern an den Schulen handfest praktiziert sehen: »Die Herstellung nationalsozialistischer Klassengemeinschaften als Grundlage einer auf dem deutschen Volkstumsgedanken beruhenden Jugenderziehung ist nur möglich, wenn eine klare Scheidung nach der Rassenzugehörigkeit der Kinder vorgenommen wird.«[384] Daher sah ein Plan des Ministeriums mit Beginn des Schuljahres 1936/37 zunächst die Sammlung der jüdischen Schulkinder an den jeweiligen Schularten in eigenen Klassen vor, was sich in den meisten Fällen aber nicht umsetzen ließ. Zumal in den einklassigen Landschulen mit ihrer ohnehin sparsamen personellen wie räumlichen Ausstattung war die Rassentrennung schwer umzusetzen. Gleichzeitig mit diesem Erlaß wurde die Errichtung staatlicher jüdischer Volksschulen forciert, was aus Kostengründen aber auch nur schleppend voranging.

Eine Radikalisierung in der Schulpolitik setzte nach dem 9. November

1938 ein, als ein Ministerialerlaß jüdische Kinder vom Besuch deutscher Schulen ausschloß. Da auch dies angesichts fehlender Einrichtungen nicht von einem auf den anderen Tag zu verwirklichen war, die Reichsschulpflicht aber gleichwohl gewahrt bleiben sollte, regelte ein Übergangserlaß den Schulbesuch. 1939 wurde es der Reichsvereinigung der Juden in Deutschland zur Pflicht gemacht, jüdische Volksschulen zu errichten und zu unterhalten. Dem Staat oblag die Schulaufsicht, die er aber faktisch kaum ausübte.[385] Mit Deportation und Vernichtung der deutschen Juden ging sodann die Zerschlagung des jüdischen Schulwesens im Land Hand in Hand. 1941 wurde der Bestand jüdischer Schulen auf Großstädte eingeschränkt; im Sommer 1942 erfolgte die Schließung auch dieser Anstalten. Wenn sich die Schulpolitik des Hauses sonst vielfach in preußischen oder reformpädagogischen Traditionslinien bewegte, waren Rassentrennung und gezielte Zerschlagung der deutsch-jüdischen Assimilation ohne Beispiel.

Wie bei allen Verwaltungsangelegenheiten legten die Beamten Unter den Linden auch in der »Judenfrage« zumeist größte Sorgfalt an den Tag. Es scheint, daß sie von der Bedeutung des Rassegedankens für eine völkisch homogene Gesellschaft überzeugt waren und eine entsprechende Gesetzgebung für zeitgemäß hielten. So wurde an gleich zwei Stellen des Hauses gewissenhaft Buch über sämtliche einschlägigen Erlasse geführt, um die »erforderliche Zielsicherheit und Einheitlichkeit der dem Ministerium in rassenpolitischer und erbbiologischer Beziehung obliegenden Entscheidungen zu gewährleisten«. Ministerialdirektor Graf zu Rantzau hielt seine Mitarbeiter zur peinlich genauen Beobachtung dieser Anweisung an und erklärte »Fehlanzeige« zur Pflicht. Wie wichtig man diesen Komplex nahm und wie sehr darauf geachtet wurde, nur keinen Fehler zu begehen, keinen Trend zu verpassen, zeigt eine Anfrage des Oberbürgermeisters der Stadt Breslau 1935, ob Juden vom Besuch staatlicher Museen und Bibliotheken auszuschließen seien. Über diese Frage fand ein lebhafter Austausch unter den Beamten statt, der sich in einer Reihe schriftlicher Aktenvermerke niedergeschlagen hat.[386]

So hielt der zunächst damit befaßte Referent Prof. Dähnhardt aus dem Amt Volksbildung eine Differenzierung des Museums- und Bibliothekspublikums nach Ariern und Nichtariern für undurchführbar, solange jedenfalls nicht gleich mit Erwerb der Eintrittskarte auch schon die arische Abstammung nachgewiesen werden müsse. Er gab weiter zu bedenken, daß eine solche Regelung »bei dem großen Kontingent aus ausländischen Besuchern nicht gerade zu besonders erfreulichen Ergebnissen führen« würde. Während Dähnhardt also noch Reserven hegte, war Graf zu Rantzau gedanklich schon weiter. Er gab dem »Sachverständigen für Rassenfragen« im Haus, Rudolf Frercks, zu verstehen, daß die Schließung der »deutschen Kulturstätten« für Juden eigentlich wünschenswert sei, verwies aber auf die technischen Schwierigkeiten bei ihrer Durchsetzung. Hier könnte später einmal das Reichsbürgergesetz helfen, meinte der Graf, mit dem all jenen, die sich dann nicht mehr als Reichsbürger würden ausweisen können, der Zutritt zu verwehren sei. Bis dahin müsse dem Besuch »deutscher Kulturstätten« durch »Fremdblütige« leider zugesehen werden, »[m]an könnte an das Schild ›Juden unerwünscht‹ denken, aber daran halten sich gerade die Frechsten nicht.« Die Ministerialräte Kummer und Krüger fanden es, da »die Juden Steuern für den deutschen Staat [zahlen], aus denen die Bibliotheken, Museen etc. mitunterhalten werden«, immerhin nur recht und billig, daß sie diese auch besuchen dürften, wenigstens solange es »keine jüdischen Bibliotheken usw.« gäbe.

Für gewöhnlich argumentierten die Beamten in diesen Fällen von einem rechtlichen Standpunkt aus, was freilich nicht nur für das Kultusministerium galt, sondern wohl generell typisch für den deutschen Beamtenstaat war. Die menschliche Dimension oder auch nur Fragen des Anstands traten dahinter zurück. Dementsprechend erhielt Graf zu Rantzau 1936 auf seine Anfrage an das Reichsinnenministerium nur lapidar zur Antwort, daß aufgrund der herrschenden Rechtslage »den Juden in der Benutzung [der öffentlichen Bibliotheken und Museen] keine besonderen Beschränkungen auferlegt werden dürfen«.[387] Das Ansinnen selbst stellte niemand in Frage. Als die Judenverfolgung mit dem Novemberpogrom 1938 ein neues Stadium erreichte, wurde zugleich die Zutrittsfrage wieder aktuell und Graf zu Rantzau besprach sich erneut mit dem Rassenbeauftragten Frerks. Das Ergebnis hielt er in einer Notiz an seine Mitarbeiter fest, wonach »der Besuch von Juden in öffentlichen Bibliotheken und Museen« nun künftig zu unterbinden sei. Von einer ausdrücklichen Regelung durch Runderlaß wollte man offenbar mit Rücksicht auf die Außenwirkung aber weiterhin absehen, es sei, lautete die Empfehlung des Grafen zu Rantzau, tunlichst »mit ruhiger Unauffälligkeit« vorzugehen.[388]

Erziehung zum Beruf: Das Berufs- und Fachschulwesen

Weit bunter als die allgemeine Schullandschaft war das Berufs- und Fachschulwesen im Deutschen Reich gewachsen.[389] Hier traten neben Ländern und Gemeinden auch wirtschaftliche Verbände, private Initiativen und die Kirchen als Schulträger in Erscheinung. Beaufsichtigung und Organisation dieser Schulen waren bis 1934 Sache der Länder gewesen, wobei in Preußen und einigen weiteren deutschen Staaten die Zuständigkeiten nicht in den Kultusministerien lagen, sondern auf die verschiedenen Fachministerien verteilt waren. So ressortierten in Hessen die gewerblichen Berufs- und Fachschulen im Staatsministerium für Wirtschaft und Arbeit, während die Berufsschulen in Sachsen dem Kultusministerium unterstanden, die Aufsicht über die Fachschulen aber dem Wirtschaftsministerium oblag. Das Reich hatte sich in die landesrechtliche Zersplitterung des Berufsschulwesens zunächst nur in geringem Umfang eingeschaltet. Einen groben Rahmen hatte zuerst die Gewerbeordnung des Deutschen Bundes, später die Reichsgewerbeordnung vorgegeben, wonach Gesellen, Gehilfen und Lehrlinge zum Besuch von Fortbildungsschulen verpflichtet werden konnten. Erst nach 1918 kam ein planvoller Ausbau des Berufsschulwesens unter dem Einfluß von Sozialdemokratie und Gewerkschaften in Schwung. Die notwendigen Rahmenrichtlinien gab das Reichsinnenministerium vor. Artikel 145 der Weimarer Reichsverfassung schrieb eine allgemeine Berufsschulpflicht nach Abschluß der Volksschule bis zum 18. Lebensjahr fest, die aber vorerst nur eingeschränkt wirksam werden konnte, weil es in den Ländern an unentgeltlich zu besuchenden Berufsschulen mangelte. Infolge der Weltwirtschaftskrise 1929 geriet das Reformwerk in die Krise. Viele Schulen wurden geschlossen, und tausende Berufsschullehrer verloren ihre Stellungen. Mit der wirtschaftlichen Belebung nach 1933 verbesserte sich die Situation vergleichsweise rasch, entlassene Lehrer wurden, sofern sie die nunmehr geltenden Voraussetzungen erfüllten, wieder eingestellt, weitere Schulen errichtet und bestehende mit entsprechenden Werkstätten und Lehrmitteln ausgestattet. Ein Überblick über die Entwicklung der Berufsschulen in Preußen zwischen 1920 und 1936 zeigt, wie energisch seit dem Ende des Weltkrieges an ihrem Ausbau gearbeitet wurde: 1920 besuchten etwas mehr als eine halbe Million Schüler und Schülerinnen eine Berufsschule, 1936 hatte sich die Zahl fast verdoppelt. 1920 standen 2330 hauptamtliche Berufsschullehrer im Schuldienst, 1936 waren es 4200. Die Zahl der Wochenstunden belief sich 1920 auf 126 000, 1936 wurden 220 000 Stunden wöchentlicher Berufsschulunterricht erteilt. Ähnlich entwickelten sich die Verhältnisse auch in den übrigen deutschen Staaten. 1936 besuchten rund 1 800 000 Schüler und Schülerinnen im Deutschen Reich eine Berufsschule, für die mehr als 140 Millionen Reichsmark aufgewendet wurden.[390]

Mit der Verabschiedung des Reichsschulpflichtgesetzes 1938 wurde zugleich die allgemeine Berufsschulpflicht wirksam. Zu ihrer Durchführung waren bedeutende materielle Veränderungen seitens des Reiches vorausgegangen, wie die Einführung der Realsteuergesetze vom 1. Dezember 1936, dem wenig später die »Grundsätze über den Finanz- und Lastenausgleich zwischen Ländern und Gemeinden (Gemeindeverbänden)« vom 10. Dezember 1937 folgten. Mit dieser Steuerreform wuchs der finanzielle Gestaltungsraum der Städte und Gemeinden beachtlich. Das Gesetz sah künftig die Stadt- und Landkreise grundsätzlich als Träger der Berufsschulen vor, die 75 % der Kosten aufzubringen hatten. Der Rest entfiel auf die Staatskasse. Gleichzeitig wurde eine Beschulungspflicht der Schulträger gesetzlich verankert. Sobald die entsprechenden Voraussetzungen gegeben waren, hatten die Schulträger Berufsschulen zu errichten, zu unterhalten und auszubauen. Freilich ließ sich das Gesetz in den Ländern des Altreichs wegen der bestehenden Strukturen nicht sogleich umsetzen, sondern wirkte sich zunächst nur auf die nach 1938 hinzukommenden Gebiete aus.[391]

»Die Schulaufsicht über die Berufsschulen führt in oberster Instanz der Reichsminister für Wissenschaft, Erziehung und Volksbildung«, hieß es in der 1943 von Ministerialrat Erwin Gentz vorgelegten Schrift »Reichsberufsschulrecht«.[392] So selbstverständlich dieser Satz erschien, so schwierig hatte sich der Weg zur einheitlichen Aufsicht über das berufliche Schulwesen gestaltet. Der Vereinheitlichungsprozeß wurde einmal mehr von langwierigen Auseinandersetzungen begleitet, in denen der Kultusminister und seine Beamten in einer Front gegen Reichsarbeits-, Reichslandwirtschafts- und Reichswirtschaftsministerium standen. Noch vor der Gründung des Rust'schen Ministeriums im Mai 1934 war Robert Ley unter Berufung auf das »Gesetz über den Neuaufbau des Reiches« an den Reichsinnenminister herangetreten und hatte die Übertragung der beim Reichsinnenministerium liegenden Befugnisse über das Berufsschulwesen auf sein Ressort verlangt, ohne aber damit bei Frick durchzudringen. Änderungen im Geschäftsbereich seien Sache des Kanzlers allein und könnten nicht von einzelnen Ministern vorgenommen werden, belehrte er den Ministerkollegen. Zugleich gab Frick einen vagen Hinweis auf ein künftiges Reichskultusministerium, wonach eine »grundsätzliche Neuregelung der Verwaltung des Erziehungs- und Unterrichtswesens im Reich [...] im Augenblick noch nicht stattfinden [kann], da die Frage der einheitlichen Zusammenfassung des gesamten Erziehungs- und Unterrichtswesens sowohl innerhalb der Reichsverwaltung wie im Verhältnis zwischen dem Reich und Preußen noch im Flusse ist«. Da waren die Planungen für ein Reichskultusministerium schon weit gediehen und entsprechend kühl fiel die Antwort Rusts auf dasselbe wie an Frick gerichtete Verlangen Leys aus.[393]

Bernhard Rust hatte in Preußen schon gleich nach der Machtübernahme erste Schritte unternommen, das Berufs- und Fachschulwesen im Interesse einer einheitlichen Erziehungspflege seinem Ressort einzuverleiben. Dies war nicht ohne Reibungen vonstatten gegangen, wie der Streit zwischen Landwirtschafts- und Kultusministerium um das Veterinärwesen beispielhaft lehrt: Hier hatte zuletzt der preußische Finanzminister Popitz für die Position Rusts erfolgreich Partei ergriffen. Von der Zielstrebigkeit wie von der Kompromißfähigkeit des Reichskultusministers zeugte eine im Juni 1934 mit dem Reichswirtschaftsminister erzielte Vereinbarung. Danach wurde Unter den Linden eine Abteilung »Berufliches Ausbildungswesen« errichtet, der die Beaufsichtigung des Berufs- und Fachschulwesens in den Ländern unterlag. Der Abteilungsleiter sollte freilich von beiden Ministern gemeinsam bestellt werden und zudem als nebenamtlicher Referent im Reichswirtschaftsministerium tätig werden. Außerdem war bei Fragen von grundsätzlicher Bedeutung der Reichswirtschaftsminister zu konsultieren.[394] Schließlich erhielt Rust auf der Grundlage eines »Führererlasses« im Oktober 1934 die im Reichsinnenministerium liegenden Zuständigkeiten. Er wies daraufhin diejenigen Länderregierungen, in denen dieser Bereich noch nicht auf die Unterrichtsverwaltungen übergegangen sei, an, die entsprechenden Maßnahmen einzuleiten. Im Jahr darauf wußte der Reichsminister darüber zu informieren, daß die Länderregierungen von wenigen Ausnahmen abgesehen »meinem Ersuchen Folge geleistet« hatten. Bis 1937 waren auch die letzten Widerstände überwunden.[395]

Nach dem Willen Rusts sollte das Berufsschulwesen aus seiner bisherigen Isolation vom übrigen Schulwesen herausgelöst und den allgemeinen Erziehungszielen des nationalsozialistischen Staates unterstellt werden. Das Ziel lautete, »durch Vorbereitung, Ergänzung und Vertiefung der praktischen Ausbildung die leistungsfähige Teilnahme der Jugendlichen am Arbeitsleben zu fördern und hochwertige Arbeiter zu erziehen, die, in Blut und Boden wurzelnd, willens und fähig sind, der Volksgemeinschaft im Beruf zu dienen.« Ähnliches galt für die Kategorie der Fachschulen des Baus und Maschinenbaues, deren Lehrpläne auf die Erfordernisse der Wehrmacht und der Reichsbetriebe sowie auf die »lebenswichtigen Belange der deutschen Wirtschaft gleichmäßig auszurichten« waren. 1938 wurde mit der Aufstellung reichseinheitlicher Lehrpläne für Berufsschulen begonnen, die zwei Jahre später vorlagen. Auch mußten die Schulen selbst geprüft werden, ob sie den Anforderungen als staatlich anerkannte Berufs-, Berufsfach- oder Fachschulen genügten.[396]

Der Reformprozeß gestaltete sich im »Altreich« wegen der bereits vorhandenen Strukturen ungleich schwieriger als in den nach 1938/39 hinzukommenden Gebieten, wo das Reichsberufsschulrecht unmittelbar wirksam wurde und mit dem Neuaufbau sogleich begonnen werden konnte. Im Referat E IV Unter den Linden stand eine ganze Riege an erfahrenen Verwaltungsbeamten zur Verfügung, von denen etliche aus den Fachministerien des Reichs und der Länder ins Kultusministerium übernommen worden waren. Unter ihnen herrschte ein vielfach konservatives Grundverständnis von Bildung und Ausbildung, dem Ministerialrat Hermann Südhoff 1935 in einem Artikel beispielhaft Ausdruck verlieh. Einmal mehr wurde die mangelnde Wertschätzung der praktischen Bildung beklagt und zum Ziel künftiger Schulpolitik erklärt, eine »den Erfordernissen des Volksstaates« angepaßte Berufsbildung ins Werk zu setzen. Nach den gesellschaftlichen Vorstellungen des Ministerialrats sollten künftig in der Masse Handwerker bzw. Facharbeiter ausgebildet werden; darüber würde eine deutlich kleinere Schicht an Meistern entstehen, während eine Minderheit an akademisch gebildeten Menschen die Berufsspitze bilden würde. Mit dem Blick auf die Lage in den europäischen Nachbarstaaten, in denen zu dieser Zeit ebenfalls Berufsschulen eingerichtet und staatlich gefördert wurden, pries Südhoff am deutschen Modell die exzeptionelle Verzahnung von Theorie und Praxis.[397]

Die führende Figur bei der Ausgestaltung des staatlichen Berufs- und

Fachschulwesens war Wilhelm Heering. 1877 geboren, hatte er sich noch im Kaiserreich vom Volksschullehrer zum Gewerbe- und Handelsschullehrer weitergebildet und war 1929 zum Professor für Staatsbürgerkunde am Berufspädagogischen Institut in Berlin ernannt worden. Nach 1933 genoß er namhaften Rückhalt beim nationalsozialistischen Lehrerbund. Hans Schemm hielt persönlich seine Hand über Heering, bestellte ihn 1934 zum Reichsreferenten für das berufliche Bildungswesen und gleichzeitig zum Abteilungsleiter in der Reichsleitung des NSLB. Heering sollte in dieser Funktion den Aufbau des Berufschulwesens im Reich leiten, wofür er »entsprechende Vorschläge offiziellen Charakters nach vorheriger Verbindung mit der Reichsleitung den zuständigen Stellen zuzuleiten« hatte.[398] Daneben diente Heering von Anfang an im Reichskultusministerium. Im Juli 1934 wurde ihm die Abteilungsleitung des Referats Berufs- und Fachschulwesen angetragen, die er bis 1945, zuletzt im Rang eines Ministerialdirigenten, versah. Mit dieser Doppelstellung erfüllte er für Rust eine wichtige Funktion im Geflecht aus staatlichen und parteipolitischen Interessen. Er besaß eine kämpferische Natur und war vom Sinn einer zeitgemäßen Gestaltung des Berufs- und Fachschulwesens zutiefst überzeugt. Den nach 1933 erweiterten Spielraum nutzte er nach Kräften. Um das gesetzte Ziel zu erreichen, wich er keiner Auseinandersetzung aus, so daß Konflikte mit dem Chef der Deutschen Arbeitsfront, Robert Ley, dessen eigene ambitionierte Pläne Heering wiederholt durchkreuzte, unausweichlich waren. Seinem Mitarbeiter Erwin Gentz zufolge habe sich Heering »energisch und im allgemeinen mit Erfolg den Forderungen der Arbeitsfront widersetzt«, worauf Ley mit persönlichen Angriffen reagiert und immer wieder Zweifel an der politischen Zuverlässigkeit Heerings gesät habe. Neben dem Minister habe vor allem der Chef des Amtes Erziehung, Albert Holfelder, seinem Referatsleiter stets loyal den Rücken gestärkt und damit die kontinuierliche Weiterarbeit der Abteilung gesichert.[399]

Während sich die Zusammenarbeit mit den Ministern für Wirtschaft, Arbeit und Landwirtschaft in der Folgezeit vielfach konflikthaft gestalten sollte, entwickelte sie sich mit den Ländern insgesamt günstiger. In den Unterrichtsministerien begrüßte man die Tendenz zur Vereinheitlichung, und entsprechend konstruktiv wurde an ihrer Umsetzung mitgearbeitet. Angesichts der gravierenden Unterschiede war auch das Reichsministerium auf die Mitgestaltung durch die Länderkultusministerien angewiesen. So entstanden die Rahmenrichtlinien für den Aufbau des Berufs- und Fachschulwesens aus der Zusammenarbeit zwischen Reich und Ländern, wozu Berlin die zuständigen Referenten regelmäßig in den großen Sitzungssaal Unter den Linden einlud, sie über die beabsichtigten Maßnahmen informierte, ihnen die Pläne erläuterte und diese anschließend mit ihnen diskutierte. Es sollten die jeweiligen Besonderheiten in den Ländern möglichst berücksichtigt, die gewachsenen Strukturen integriert werden. Die einvernehmliche Zusammenarbeit auf Referentenebene brachte den Aufbau des Berufs- und Fachschulwesens im Reich bis 1939 voran, wenngleich das eigentlich anvisierte Ziel einer flächendeckenden Berufsschulung im Dritten Reich bis zuletzt unerreicht blieb.[400]

»Unser Schulwesen war in der Vergangenheit einem abstrakten Intellektualismus verfallen. Die Reformen, die ich eingeleitet habe und jetzt durchführe, richten sich sämtlich gegen einen einseitigen Intellektualismus«, faßte Reichserziehungsminister Rust 1938 das Ziel seiner Reformpläne in einer Rede zur Eröffnung des Internationalen Kongresses für berufliches Bildungswesen in Berlin zusammen. Die »Handarbeit« sollte gegenüber der vermeintlich überschätzten »Kopfarbeit« der Intellektuellen wieder höher geachtet, der Aufstieg der Werktätigen durch Berufsschulung und Weiterbildung bis zum Studium an Hochschulen und Universitäten befördert werden. Erste Schritte in diese Richtung wurden mit Erlaß vom 20. Dezember 1937 unternommen, als die Typenvielfalt an Schulen auf dem Gebiet der Berufsbildung auf drei Formen beschränkt wurde: Fortan unterschied das berufliche Ausbildungswesen Berufsschulen, Berufsfachschulen und Fachschulen.[401] Während die Berufsschule unmittelbar an die Volksschule anschloß und von gleichzeitig in der praktischen Ausbildung, in Arbeit befindlichen oder arbeitslosen Jugendlichen pflichtmäßig besucht wurde, bereiteten die Berufsfachschulen ohne praktische Berufsvorbildung in Kursen, die sich mit ganztägigem Unterricht über mindestens ein Jahr erstreckten, auf einen handwerklichen, kaufmännischen oder hauswirtschaftlichen Beruf vor. Als Fachschulen galten schließlich die in den verschiedenen Branchen – Landwirtschaft, Gartenbau, Bergbau, Handel und Gewerbe etc. – bestehenden Einrichtungen ohne Hochschulanerkennung. Eine entsprechende praktische Vorbildung stellte die Voraussetzung zu ihrem Besuch dar, wobei der Lehrgang mindestens einen Halbjahreskurs mit ganztägigem Unterricht oder insgesamt 600 Unterrichtsstunden umfassen mußte. Der erfolgreiche Abschluß berechtigte in Verbindung mit einigen Jahren Berufspraxis seit 1939 zum Aufstieg in die Ingenieur- oder Architektenlaufbahn, die bis dahin den Absolventen höherer Schulen vorbehalten gewesen war. Der »zweite Bildungsweg« zum Studium ohne Reifeprüfung, schon zur Weimarer Zeit als Idee vorhanden, wurde damit eröffnet, wenn er auch zunächst auf wenige Kandidaten beschränkt blieb. Mit dieser vorsichtigen Relativierung der Bildungs- und Ausbildungswege glaubte mancher zeitgenössische Beobachter das Egalisierungsversprechen der Nationalsozialisten wenigstens ansatzweise eingelöst zu sehen.[402]

Auf den Ausstoß an Erlassen, Verordnungen und Richtlinien gesehen, stand die Abteilung E IV anderen im Hause an Aktivität in nichts nach. Ein Rechenschaftsbericht vom Juni 1939 vermittelt einen Eindruck davon, wie intensiv Wilhelm Heering sein Referat mit sachlich beteiligten Instanzen verbunden hatte und die bestehenden Beziehungen pflegte. Die Liste umfaßte das Reichsinnenministerium und das Reichsluftfahrtministerium, führte das Reichspost- ebenso wie das Reichsverkehrsministerium auf. Mit den Oberkommandos der Wehrmacht und der Kriegsmarine, dem Beauftragten für den Vierjahresplan und dem Generalinspekteur für das Straßenwesen standen die Referenten der Abteilung in Verbindung und hielten selbstverständlich auch zu Wirtschaftsverbänden, Reichsinnungsverbänden und dem Reichsstand des deutschen Handwerks regelmäßigen Kontakt.[403] Der breiten Öffentlichkeit präsentierte man sich auf einer Tagung im Juni 1938 in Berlin zum Thema »Berufliches Bildungswesen«, der eine vom hausnahen »Zentralinstitut für Erziehung und Unterricht« erarbeitete umfangreiche Ausstellung über die in den einzelnen Ausbildungsberufen vollzogenen Veränderungen an die Seite gestellt wurde. Rust persönlich eröffnete den Kongreß mit einer Rede, an die sein Widersacher Ley mit einer Ansprache anschloß.

Während sich die Zusammenarbeit mit den staatlichen Instanzen von gelegentlichen Reibereien abgesehen dennoch vielfach konstruktiv gestaltete, sollten die Spannungen mit den Gliederungen der Partei wie DAF, Reichsstudentenbund oder NS-Frauenschaft nicht abreißen, »weil diese Stellen die vom Führer geforderte Respektierung der Grenzen nicht beachten, sondern versuchen, über ihre Kompetenzen hinaus sowohl in die sachlichen Aufgaben wie in die Personalfragen der Abteilung E IV einzugreifen«, wie Heering seinem Minister gegenüber beklagte. So habe der NS-Studentenbund, »offensichtlich angekränkelt von den Resten einer liberalistischen Vergangenheit«, dringend notwendige Maßnahmen zur Leistungssteigerung an den Fachschulen dadurch unterlaufen, daß unter den Fachschülern gegen Klausurarbeiten und pflichtmäßigen Unterrichtsbesuch Stimmung gemacht worden sei. Nur wenig kooperativ habe sich auch die NS-Frauenschaft gezeigt, indem sie die Kriegsvorbereitung der Frauen in den Berufs- und Berufsfachschulen durch unmotivierte Eingriffe erheblich gestört habe. Angesichts dessen riet Heering seinem Minister, sich von Göring »mit generellen Vollmachten auf dem Gebiet der Gesamterziehung« ausstatten zu lassen – ein gut gemeinter Rat, dem allerdings nur schwer zu folgen war.[404]

Kaum geringeren Anstrengungen sah sich die Abteilung V »Landwirtschaftliches Berufs- und Fachschulwesen« gegenüber, wo es nach 1933 zu den vielleicht durchgreifendsten Umgestaltungen kam. An ihrer Spitze stand kontinuierlich Valentin Döring, ein 1893 geborener, berufserfahrener Beamter wie Heering mit zunächst, wie es schien, sehr zuverlässigen Verbindungen zu den Landwirtschaftskammern bzw. zum »Reichsnährstand« sowie zum Landwirtschaftsministerium. Ähnlich wie im übrigen berufsbildenden Bereich waren in den Weimarer Jahren bereits Reformen angestoßen worden, an die der Nationalsozialismus nun anknüpfen konnte. Aus den »ländlichen Fortbildungsschulen« gingen die Landwirtschaftlichen Berufsschulen hervor, in denen alle in der Landwirtschaft beschäftigten Jugendlichen beiderlei Geschlechts unterrichtet wurden, Jungen für die Dauer von zwei Jahren, Mädchen in einem einjährigen Lehrgang. Der Berufsschulunterricht wurde auf die Besonderheiten der Landarbeitslehre abgestimmt und folgte in der Praxis der im Jahreszyklus anfallenden Landarbeit. Am Ende der Ausbildung stand die Prüfung zum »Landwirtschaftlichen Facharbeiter« resp. zur »Landwirtschaftlichen Hauswirtschafterin«. Bei Kriegsausbruch besuchten rund 320 000 Jugendliche im Deutschen Reich eine landwirtschaftliche Berufsschule. Das Lehrpersonal bestand aus staatlich geprüften Landwirten mit einer fünf- bis sechsjährigen Berufserfahrung.[405] Aus den Höheren Lehranstalten für praktische Landwirte ging 1935 die einjährige Höhere Landbauschule hervor, die zum »Staatlich geprüften Landwirt« ausbildete. Die Fachschulen erfuhren außerdem dadurch eine signifikante Aufwertung, daß erfolgreiche Absolventen nun, analog zu den Bestimmungen in anderen Ausbildungsberufen, zum Hochschulstudium ohne Reifeprüfung zugelassen wurden. Darüber hinaus berechtigte dieser Abschluß zu einer zweijährigen landwirtschaftspädagogischen Ausbildung mit dem Berufsziel »Landwirtschaftlicher Berufsschullehrer«. Außer den Höheren Landbauschulen gab es die zumeist aus den früheren »Ackerbauschulen« hervorgegangenen Landwirtschaftsschulen verschiedener Fachrichtungen, die während zweier Winterhalbjahre mit bis zu 30 Wochenstunden Unterricht zum Facharbeiter für Gartenbau, Weinbau, Fischerei oder Forstwirtschaft ausbildeten.[406]

Die Entwicklung des landwirtschaftlichen Berufs- und Fachschulwesens wurde nachdrücklich forciert, weil der Nationalsozialismus im Bauerntum die Grundlage völkischer Erneuerung sah. Für Reichsbauernführer Walther Darré verkörperte dieser Berufsstand den »Lebensquell der nordischen Rasse«, den es mit allen Mitteln zu erhalten und zu stärken gelte. So wurde der völkischen Blut- und Bodenideologie Darrés im Berufsschulunterricht durch Einführung eines entsprechenden »Nationalpolitischen Unterrichts« Rechnung getragen, welcher den Schülern Aufgabe und Bedeutung des Landvolkes im Rahmen der »Volksgemeinschaft« vermitteln und in ihnen eine »starke Liebe zur Heimat und den Willen zur Mitarbeit in der Volksgemeinschaft« wecken sollte. Dementsprechend standen Themen wie die »Bäuerliche Familie«, der »Bauer und seine Gefolgschaft«, »bäuerliches Brauchtum« und »Vererbung und Erbgesundheit« auf dem Berufsschulstundenplan für Jungen, während sich die Mädchen der »Gesundheitspflege und Ernährung«, der »Rassen- und Erbpflege« sowie der bäuerlichen »Ahnenforschung« umfassend zu widmen hatten. In den Landwirtschaftsfachschulen entfielen auf das Unterrichtsfach »Deutsches Bauerntum« immerhin 80 Jahresstunden, womit es gemessen an der Zahl der sonst zu erteilenden Unterrichtsstunden unter acht Fächern an vierter Stelle rangierte.[407] In Fragen der inhaltlichen Gestaltung des ländlichen Berufs- und Fachschulunterrichts wie in Fragen der Personalrekrutierung reklamierte der Reichsbauernführer ein maßgebliches Mitspracherecht für sich, was viele fruchtlose Konflikte mit dem Reichskultusminister zur Folge hatte.

Am planmäßigen Ausbau des Berufs- und Fachschulwesens durch das Rust'sche Ministerium trat der umfassende Erziehungsanspruch des Nationalsozialismus beispielhaft zutage. Der Unterricht an diesen Schulen erfolgte in erster Linie als eine die praktische Ausbildung begleitende theoretische Fundierung, die den Wert der Ausbildung erhöhen und die

Qualität der Facharbeit verbessern sollte. Es wurde zugleich der Zugriff des Staates auf die Jugendlichen über die allgemeine Schulzeit hinaus verlängert, so daß sie der nationalsozialistischen Ideologisierung weiterhin ausgesetzt blieben. Gleichwohl gewannen die Ausbildungsberufe an Prestige, das sich weiter erhöhte, als ein erfolgreicher Fachschulabschluß in Kombination mit beruflicher Praxis ein Studium ohne Reifeprüfung in Aussicht stellte. Zwar blieben die alten Bildungsberechtigungen bestehen, aber mit Eröffnung des »zweiten Bildungswegs« war eine Lücke in die Exklusivität der akademischen Berufswelt geschlagen, womit verbreiteten Egalisierungswünschen entsprochen und der »Volksgemeinschaftsgedanke« gestärkt wurde.

Die Verschulung des Geistes:
Neue Studiengänge und Prüfungsordnungen

Die Uniformierungsanstrengungen der Nationalsozialisten machten auch vor dem Hochschulstudium nicht halt. Parallel zur Reform des Schulwesens wandte sich das Reichskultusministerium mit Nachdruck der Studienreform an Universitäten und Hochschulen zu. Ihre Durchführung war Sache des Amtes Wissenschaft, das freilich in vielen Fragen mit den Kollegen aus dem Amt Erziehung eng zusammenarbeitete. Die Studiengänge und Prüfungsordnungen sämtlicher Fächer kamen auf den Prüfstand, wobei die reichsweite Standardisierung und damit bessere Vergleichbarkeit der Abschlüsse ebenso wie die Verkürzung der Studiendauer die Ziele markierten. Erste Initiativen hinsichtlich einer Regulierung der Hochschulstudien rührten noch aus wilhelminischer Zeit und wurden nach 1918 im Zuge der republikanischen Hochschulreform zum Teil weitergeführt. Medizin und Jura folgten festen, Natur- und Geisteswissenschaften hingegen, vom Lehramtsstudium einmal abgesehen, locker gefügten Plänen und wiesen von Hochschule zu Hochschule, von Land zu Land beträchtliche Unterschiede auf. Die Freiheit des Studiums galt noch als ein Wert an sich, was von manchem Beamten Unter den Linden auch nach 1933 bis zu einem gewissen Grad geteilt wurde. So lehnte der Oberregierungsrat Franz Kock die seitens des NS-Studentenbundes dringend gewünschte »Grundstudienordnung« mit der Begründung ab, es sei »im ganzen gesehen, zuviel Zwang und Pflicht« damit verbunden, und spielte damit auf die vielen politischen »Dienste« an, die während der ersten Semester zu erbringen waren. Nach den Vorstellungen des für die technischen Studiengänge zuständigen Referenten im Amt W, Heinrich Nipper, war zunächst kaum mehr als der »große Schritt« zu tun, um »gewissermaßen von planloser Verteilung im Raum auf eine einheitliche Ebene zu kommen mit den Studienplänen«. Ihm stand die Erstellung von Rahmenvorgaben für das Studium an den Technischen Hochschulen vor Augen, die nach Bedarf erst später, nach ihrer »reibungslosen Einspielung« präzisiert und spezifiziert werden sollten. Diese »von uns absichtlich gelassene Freiheit« wurde keineswegs von allen Beteiligten verstanden, wie Nipper dem Chef des Amtes Wissenschaft mit Blick auf den Dozentenbund klagte. Diesem war es zur besseren Kontrolle der Studierenden wie der Dozenten um eine möglichst exakte Festlegung der Studiengänge bis in die Art der Lehrveranstaltungen hinein zu tun – ob Seminar, Vorlesung oder Kolloquium zu belegen waren. Im Grunde genommen konnte dies nicht überraschen, entsprach es doch der politischen Leitlinie, die vorhandenen Spielräume an Universitäten und Hochschulen einzugrenzen und Freiheit zu beschränken mit dem Ziel höherer Vergleichbarkeit und effizienterer Kontrolle.[408]

Die Normierung der Studien- und Prüfungsordnungen setzte auf Reichsebene unmittelbar nach der Gründung des Reichsministeriums ein und betraf das gesamte Fächerspektrum, die Rechts-, Staats- und Verwaltungswissenschaften ebenso wie die Medizin, das landwirtschaftliche, tierärztliche und forstwissenschaftliche wie das Studium der Natur- und Geisteswissenschaften. An den Arbeiten waren stets die jeweiligen Fachvertreter der Hochschulen, die Ressortminister und entsprechenden Parteiinstanzen beteiligt, während das Reichsministerium als Koordinierungsinstanz das Tempo vorgab und die Fäden zusammenhielt. Die Planungen lagen in den Händen von Experten wie Karl August Eckhardt, der als zeitweiliger Leiter der Hochschulabteilung und Referent für die Fächer Recht, Staat, Politik, Wirtschaft und Geschichte unmittelbar mit Dienstantritt im Oktober 1934 an die Reform des juristischen Studiums ging. Wie dringlich die Neuordnung gerade dieses Studiengangs empfunden wurde, mag daran abzulesen sein, daß der ehrgeizige Rechtshistoriker kaum sechs Wochen später einen ersten Entwurf unterbreiten konnte. Die Rechts- und Staatswissenschaften besaßen für den Nationalsozialismus ideologisches Primat; ihre bisherige Rückbindung an ein bürgerliches

Staatsverständnis war aufzulösen und das völkische Denken an seine Stelle zu setzen. Im Studium sollte die bisherige Unterscheidung von privatem und öffentlichem, von römischem und germanischem Recht fallen, sollten Rechtspraxis und Rechtsprechung nicht länger abstrakten Kategorien folgen, sondern völkisch gefaßt werden. Dazu sollte der Rechts- und Verfassungsgeschichte künftig deutlich größerer Raum gegeben werden.[409]

Der »›Macher‹ mit Macht« (Ewald Grothe) Karl August Eckhardt setzte die juristische Studienreform binnen kürzester Zeit durch. Schon am 18. Januar 1935 konnte Reichsminister Rust die neuen »Richtlinien« für das juristische Studium verkünden, deren markanteste Veränderung vielleicht darin bestand, daß dem eigentlichen Fachstudium nunmehr ein »politisches Grundstudium« vorangestellt wurde. Vieles dieser Reform war dem revolutionären Impuls zu Anfang des Dritten Reichs geschuldet und sollte sich in der Praxis des Studiums nicht bewähren. Die nach zwei Jahren vom Ministerium ausgehende Befragung der juristischen Fakultäten fiel im Ergebnis auch nicht eben positiv aus; der Frankfurter Rechtswissenschaftler Ernst Forsthoff hielt die neue Studienordnung gar für vollkommen fehlgeschlagen. Eine Überarbeitung der Reform war die Folge, abermals unter Beteiligung aller maßgeblichen Instanzen, die freilich erst im Wintersemester 1944/45 Gültigkeit erlangte und damit während des Dritten Reichs faktisch nicht mehr erprobt wurde. Das Ministerium hatte bei den Arbeiten an diesem zweiten Entwurf versucht, den wissenschaftlichen Charakter des juristischen Studiums zu stärken und dem in der Neufassung entsprechende Geltung zu verschaffen.[410]

Im Studiengang Medizin ließ die neue Studienordnung bis kurz vor Kriegsausbruch auf sich warten. Frühere Ansätze hatte es wohl gegeben, sie waren aber aufgrund von Meinungsverschiedenheiten zwischen dem Reichsinnenministerium und der Reichsärzteführung nicht zu einem reichseinheitlichen Abschluß gekommen. Der eklatante Ärztemangel wie der generelle Wunsch nach einer verkürzten Ausbildung, »damit der Arzt früher in seinen Beruf kommt und ihm die Frühehe ermöglicht wird«, brachten das Reformwerk schließlich zum 2. Februar 1939 in Geltung.[411] Es sah eine Kürzung der Studienzeit auf zehn Semester, einen innerhalb dieses Zeitraums zu leistenden sechswöchigen Fabrik- und Landdienst sowie sechs Wochen Famulatur vor. Der Studienbeginn sollte künftig stets auf das Sommersemester fallen; dazu war ein genau geregelter Studienplan erstellt worden, dessen Einhaltung den Studenten dringend empfohlen wurde. Der neuen Studienordnung korrespondierte eine Änderung der ärztlichen Bestallungsordnung durch den Reichsinnenminister vom Sommer 1938. Die zweigeteilte ärztliche Vorprüfung fiel weg, die Prüfungsdauer wurde insgesamt verkürzt und die Pflicht zum praktischen Jahr aufgehoben. Dafür sollte die gesamte Ausbildung von praktischen Tätigkeiten wie Krankenpflege, Luftschutzsanitätsdienst, Dienst in Fabriken und in der Landwirtschaft durchzogen sein. Ausbildungsziel war der praktisch orientierte Allgemeinmediziner, wozu das bisherige theoretische Rüstzeug auf das Notwendige zu reduzieren war. Die Kenntnis »der Namen noch der kleinsten Nerven und Muskeln« hielt man da schon mal, wie der maßgebliche Ministeriumsreferent Max de Crinis feststellte, für entbehrlich. »[D]ie Studenten können das gar nicht behalten, der Arzt könne es später ja nachlesen bei Bedarf«, hieß es im Protokoll einer Sitzung von Ministerialbeamten und Professoren der Medizin im März 1939. Neu hinzugefügt und verbindlich gemacht wurden hingegen die Fächer Arbeits- und Sportphysiologie, rassekundliche und bevölkerungspolitische Vorlesungen sowie, nach dem besonderen Wunsch des Stellvertreters des Führers, die Teilnahme an einer Heilkräuterexkursion.[412]

So markant die Eingriffe in das Medizinstudium waren, hielten keineswegs alle Instanzen die beschlossenen Veränderungen für ausreichend. »Ich bin mir darüber klar, dass dieser Studienplan noch lange nicht das Endziel einer Studienreform bedeutet«, wandte Ministerialrat Max de Crinis im Gespräch mit den Sitzungsteilnehmern beschwichtigend ein und bedauerte, »dass sich im Moment eine Reform des Studiums, wie sie z. B. in der von Prof. Stein geleiteten Jungärztekameradschaft heute durchgeführt wird, für die Gesamtheit der Medizinstudierenden nicht ermöglichen läßt«. Gemeint war die Initiative des Heidelberger Internisten Johannes Stein, die schon seit 1934 den Praxisbezug in der ärztlichen Ausbildung auf Kosten der theoretischen Unterweisung in den Vordergrund gestellt hatte. Mehrheitsfähig war das Heidelberger Modell freilich nicht.

Abgesehen davon, daß sich die Verhältnisse an den Universitätskliniken zum Teil erheblich voneinander unterschieden, mehrten sich auch die Stimmen, die, wie der Vorsitzende der Deutschen Pharmakologischen Gesellschaft Behrens, in einem vermehrten Praxisbezug eine Gefahr für die Güte künftiger Mediziner erblickten. Behrens wollte lieber an der »dem deutschen Wesen entsprechenden betont gründlichen theoretischen Vorbildung« festhalten; die Anreicherung des Medizinstudiums mit praktischen Übungen betrachtete er hingegen als »einen Schritt in die Richtung der französischen Medizinschulen« und damit als falsch.[413] Andere Kollegen äußerten sich ähnlich, und auch im Ministerium versuchte man, den allzu weitgehenden Entwürfen seitens der NS-Ärzteschaft entgegenzusteuern. Letztlich, so kommentierte de Crinis am Ende versöhnlich, solle die praktische Seite des Medizinerberufs ebenso wie andere Spezialkenntnisse nicht überbewertet werden, komme es in der ärztlichen Kunst doch auf die Synthese »von Wissen, Glaube und Güte des Herzens« an. Fehle es an letzterem, entstünde durch keine noch so nachdrückliche Maßnahme aus dem einzelnen »bestimmt kein besserer Arzt«.

Die neue Medizinische Studienordnung trat zum 1. April 1939 in Kraft. Keine drei Jahre später erfolgte wie in den Rechtswissenschaften auch hier eine Überarbeitung. Angesichts des Ärztemangels während des Krieges wurde die Studienzeit abermals gestrafft, was freilich unmöglich durch eine weitere Verkürzung der Fachausbildung zu erzielen war, sondern vermehrt auf Kosten vor allem der ideologisch bedingten Neuerungen wie alternative Heilmethoden oder die Teilnahme an Heilkräuterexkursionen ging. Sie traten nun wieder in den Hintergrund.[414]

Die neuen Studien- und Prüfungsordnungen entstanden in enger Zusammenarbeit zwischen Ministerium und Hochschulen. In allen Fällen wurden in einem ersten Schritt die Fakultäten der Universitäten und Hochschulen zu Vorschlägen aufgefordert, die Unter den Linden zunächst gesammelt, gesichtet und mit den zuständigen Parteistellen sowie mit allen sonst daran beteiligten Behörden diskutiert wurden. Die solcherart bearbeiteten Vorschläge gingen an die Fakultäten zur Beratung zurück, bis das Ministerium in einem dritten Arbeitsschritt zu eingehender Konsultation nach Berlin einlud. So fand die endgültige Redaktion der neuen Studien- und Prüfungsordnung für die Technischen Hochschulen in der Zeit vom 7. bis 23. September 1939 statt, worauf das Ergebnis den Hochschulen nochmals zur abschließenden Stellungnahme übersandt wurde. Zwar hieß es am Ende aus Berlin, man habe »vielen speziellen Wünschen« nicht entsprechen können, »da sich die Auffassungen widersprechen und die meistbefriedigende Lösung gesucht werden mußte«. Der Wunsch des

Ministeriums zum Konsens mit den Hochschulen in dieser Frage war ausgeprägt und wurde nach Möglichkeit befolgt, so daß von einem Oktroi nicht die Rede sein kann. Abgesehen von den gar nicht wenigen Stimmen, die vor einer Verschulung des Studiums warnten, überwog doch die Überzeugung, daß geregelte Studiengänge und Prüfungsordnungen notwendig seien. An den Technischen Hochschulen erlangten sie zum 1. September 1940 unter Gewährung von Übergangszeiten Gültigkeit.[415]

In einigen Fällen reichten die Initiativen des Ministeriums noch über die bloße Normierung der Studiengänge hinaus, wie im Fach Biologie, das mit dem in diesen Jahren entwickelten Studienabschluß »Diplombiologe« zugleich ein eigenständiges Berufsbild erhalten sollte. Bis dahin war das Studium der Biologie weitgehend ungeregelt und besaß abgesehen von der Promotion kein eigenes Abschlußexamen. Für Studenten der Medizin und Pharmakologie oder des Lehramts an höheren Schulen gehörte die Beschäftigung mit Biologie zwar zum Ausbildungskanon, erfüllte hier aber kaum mehr als die Funktion einer »Hilfswissenschaft«. Das war manchem Fachvertreter, wie dem Direktor des Instituts für Pflanzenkrankheiten an der Universität Bonn, Blunck, schon länger nicht genug, der darum dem Plan, »die Vertreter der Biologie aus ihrer unbestimmten Stellung als Vorstufe oder Anhängsel zu anderen Berufen« herauszulösen und »die Biologie zu einem geschlossenen Berufsstand zu erheben«, etwas abgewinnen konnte. Im Ministerium trieb Heinrich Krüger die Angelegenheit als zuständiger Referent voran. Er nahm Verbindung zum Vorsitzenden des Reichsbundes für Biologie, Heinrich Weber, in Straßburg auf. Weber entwarf eine Studien- und Prüfungsordnung für das Fach, die er in einem ersten Arbeitsschritt mit seinen Straßburger Kollegen eingehend besprach. Den daraus hervorgehenden zweiten Entwurf versandte er mitsamt einem Fragebogen an etwa 50 Vertreter der Biologie im Reich zur Stellungnahme. Das Ganze geschah während des Krieges und zeigt, wie wichtig die Einführung eines Diplomstudienganges Biologie genommen wurde.[416]

Webers Fragebogen umfaßte insgesamt drei Seiten und erbat Auskunft darüber, ob künftig noch ein Latinum und Graecum verlangt werden sollte, in welchem Umfang welche Teilgebiete der Biologie im Studienplan zu berücksichtigen seien und schließlich auch, ob die Einführung einer Diplomprüfung für Studierende der Biologie überhaupt sinnvoll sei. Die befragten Kollegen waren um Antworten nicht verlegen und ließen es selbst an grundsätzlicher Kritik nicht fehlen. So hielt Wilhelm Troll die »innere Belebung des wissenschaftlichen Interesses« junger Menschen für wichtiger als die Erstellung einer Studien- und Prüfungsordnung, stand ihm doch »der katastrophale Rückgang des Biologen-Nachwuches vor Augen, den wir schon längst vor dem Kriege verzeichnen mußten, obwohl noch nie so viel über Biologie und ihre Bedeutung für die Allgemeinheit die Rede war wie in unsrer Zeit«. Der Professor aus Halle befürchtete, daß der Diplomstudiengang die Studenten zu früh von der Hochschule wegführe, noch bevor sie in Kontakt mit der eigentlichen Wissenschaft getreten wären. Sein Fachkollege Hans Weinert vom Anthropologischen Institut der Universität Kiel lobte die Weite des Fachs Biologie und beschwor die Gefahr allzu enger Eingrenzung der Disziplin, die sich mit der Einführung eines Diplomstudiengangs jedoch zwangsläufig einstellen müsse. Ein Praktiker aus der Industrie, Reinhold Meyer, seit zwanzig Jahren bei Merck in Darmstadt beschäftigt, erklärte das gesamte Verfahren für überflüssig und wollte lieber alles beim Alten lassen.[417]

Letztlich überwog die Zustimmung. Zwar wurde die Angst, das Fach könne seine Doktoranden verlieren und damit seiner Wissenschaftlichkeit verlustig gehen, von vielen geäußert. Gleichzeitig benannte man aber auch die Notwendigkeit und Vorteile, die sich mit einem Abschluß »Diplombiologe« ergeben würden. »Wir haben die Verpflichtung, dafür zu sorgen, dass nicht die Schule uns die Hochschule vernichtet«, votierten zwei Biologen aus Königsberg. Sie machten den wachsenden Bedarf der Industrie an Biologen geltend, auf deren spezielle Bedürfnisse verstärkt einzugehen sei. Aufgabe der Hochschulen müsse es sein, neben dem Lehramt einen entsprechenden Studiengang Biologie mit eigenen Anforderungen und Zielen anzubieten. »Wer Lehrer wird, macht das Staatsexamen, wer nicht Lehrer wird, macht den Diplombiologen«, weshalb der Diplomstudiengang spätestens nach der Zwischenprüfung von Schulanforderungen freizuhalten sei.[418] Diese und etliche andere Stellungnahmen wurden dem Ministerium von Heinrich Weber überstellt. Um Ministerialrat Krüger zu einem sachkundigen Urteil zu verhelfen, achtete der Straßburger Professor auf eine gerechte Verteilung der Zustimmungen und Ablehnungen und legte insbesondere diejenigen Voten vor, die von den Autoren ausdrücklich zur Übermittlung an das Reichsministerium abgegeben worden waren. Außerdem übersandte er den abschließend überarbeiteten Entwurf für einen Diplomstudiengang Biologie. In der Präambel hob er die gewandelten Anforderungen für Biologen im Bereich Wirtschaft und Industrie hervor. Ziel des Studienganges sei es, »den verschiedensten Berufszweigen ausreichend vorgebildete Fachkräfte zur Verfügung zu stellen«. Das Examen war »frühestens« nach dem siebten Semester vorgesehen, wobei die Ausdehnung auf ein Staatsexamen oder auf die Promotion grundsätzlich erhalten bleiben sollte. Der Studienplan selbst war flexibel und suchte eine zu frühe Spezialisierung zu vermeiden. Vor allem legte der Entwurf Gewicht auf eine solide Ausbildung in den biologischen Kernfächern. Heinrich Weber hatte ungeachtet des Krieges einen bemerkenswerten Aufwand betrieben und keine Mühen gescheut, die Meinung seiner Fachkollegen einzuholen und ihre Vorschläge fair zu integrieren.[419]

Unter den Linden wollte man nach dem Empfang der Voten und des Weberschen Entwurfs die Sache zunächst »vom Standpunkt des Ministeriums überprüfen« und das Ganze anschließend zum Gegenstand einer Besprechung mit Fachvertretern und Vertretern der Reichsstudentenführung machen. Weber hatte vorgeschlagen, in Straßburg mit Repräsentanten aller wichtigen biologischen Fächer zu tagen und dazu vor allem diejenigen einzuladen, »die hinsichtlich der Prüfungsordnung sehr verschiedene Meinungen vertreten«. Krüger stimmte dem Vorschlag im Namen des Hauses ausdrücklich zu. Nachdem Frühjahr und Sommer ohne Nachricht aus Berlin ins Land gegangen waren, fragte der Straßburger Biologe im August 1944 bei Oberregierungsrat Demel nach dem Stand der Dinge, blieb aber ohne Antwort. Danach überschlugen sich die Ereignisse. Mit der Flucht deutscher Professoren aus dem Elsaß zum Jahresende 1944 hatte sich der Tagungsort Straßburg erledigt. In den Wirren des untergehenden Dritten Reichs wurde der Plan einer Diplomstudienordnung für Biologen schließlich auf die Zeit nach dem Krieg vertagt.[420]

Der Regulierungsfuror des Ministeriums war umfassend und machte auch vor den Lehramtsstudien nicht halt. Ganz im Gegenteil hatte hier das persönliche Interesse des Ministers hineingespielt, so daß die Beamten des Amtes Erziehung unter Beteiligung interessierter Parteikreise wie des NS-Lehrerbundes schon frühzeitig zur Tat geschritten waren und im Sommer 1937 »Richtlinien für die Ausbildung für das Lehramt an höheren Schulen« vorlegten. Bemerkenswert war der fortan für alle Studierenden verpflichtende Besuch einer Hochschule für Lehrerbildung vor Aufnahme des eigentlichen Studiums, eine Lieblingsvorstellung des Ministers, nach der Volksschullehrer und Studienräte zur Stärkung der Volksgemeinschaft ein gemeinsames Ausbildungsjahr verbringen sollten. Bald nach Kriegsbeginn wurde davon aufgrund des Nachwuchsmangels aber schon wieder abgerückt. Nach den Richtlinien waren fortan für das höhere Lehramt ein Hauptfach und zwei Nebenfächer in sechs Semestern zu studieren; eine dreimonatige Hausarbeit und schriftliche Klausuren standen am Ende des Studiums. Im Vergleich zur bis dahin gültigen Wissenschaftlichen Prüfung für das Lehramt an höheren Schulen von 1917 – mit einer Mindeststudienzeit von acht Semestern, zwei Hauptfächern und einem Nebenfach sowie mit einer fünfmonatigen Abschlußarbeit nebst mündlichen Prüfungen – dienten fast alle Punkte der Richtlinien der beschleunigten Ausbildung. Während des Krieges kamen weitere Erleichterungen hinzu.[421] 1937 erlangte außerdem die »Reichsordnung der Pädagogischen Prüfung« Gültigkeit. Sie setzte die bis dahin bestehenden Länderordnungen außer Kraft und verschaffte den erfolgreichen Absolventen eine nunmehr reichsweit geltende Zulassung zum Studienassessor. Die Reform der Lehramtsstudien war von neu aufgestellten Lehrplänen »Erziehung und Unterricht« flankiert, die man den Hochschuldozenten zur Befolgung an die Hand gab. Außer auf vermehrte pädagogisch-didaktische Unterweisung zielte die ministerielle Bildungspolitik auf die Verkürzung der Studienzeiten. Bis zur Herausgabe der Richtlinien 1937 waren seit Bestehen des Reichserziehungsministeriums drei Jahre ins Land gegangen. Angesichts der Größe der Aufgabe und der auf Konsens gerichteten Arbeitsweise des Ministeriums wäre das Vorhaben selbst unter anderen politischen Bedingungen kaum zügiger ins Werk zu setzen gewesen.[422]

Im Amt Erziehung war ein ganzer Mitarbeiterstab mit der Reform befaßt. Unter den Beamten tat sich Erich Röver bei der Erstellung der Lehramtsstudiengänge und Prüfungsordnungen hervor. Ein Altphilologe wie sein Minister, war er 1935 aus dem Amt eines Oberstudienrats in den Dienst des Reichsministeriums gewechselt und seither intensiv mit den anstehenden Reformarbeiten befaßt. Nachdem die ersten Maßnahmen das Haus verlassen hatten, machte sich Röver ab 1938 auf den Weg in die Hochschulen und Prüfungsämter des Reichs, um die Umsetzung der Reformen zu beobachten. So wohnte er an den Universitäten Breslau,

Greifswald, Heidelberg, Jena, Frankfurt, Freiburg und Marburg jeweils an mehreren Tagen den wissenschaftlichen und pädagogischen Prüfungen verschiedener Fächer bei, besprach mit Rektoren und Professoren den Leistungsstand der Studierenden und verschaffte sich vor allem selbst ein Bild über die Wirkung der Reform. Darüber hinaus nutzte er die Gelegenheit zur Visitation einzelner Vorlesungen und nahm an Seminarveranstaltungen teil, um sich von den didaktischen Qualitäten der Dozenten zu überzeugen. Über seine Dienstreisen legte Röver jeweils umfassende Berichte an, die auch den Minister erreichten und von diesem mit sichtlichem Interesse studiert wurden.[423]

So hielt Röver über den Besuch an der Universität Frankfurt befriedigt fest, daß bei vielen Professoren »der Wille da« sei, »die wissenschaftliche Ausbildung der Studenten auf die Forderungen der Höheren Schule mehr als früher auszurichten«. Allerdings, so mußte er eingestehen, waren noch nicht alle Dozenten mit den in »Erziehung und Unterricht« niedergelegten didaktisch-pädagogischen Anregungen vertraut, doch »in dieser Richtung fördernd zu wirken, war ich ja beauftragt und fand bei allen Herren Verständnis und Entgegenkommen«. Wie tiefgehend das Verständnis tatsächlich war, in dem Moment, wo ein Abgesandter des Ministeriums den Herren Professoren prüfend auf die Finger schaute, sei dahin gestellt.[424] Generell, so faßte er einen Besuch an der Universität Breslau im Sommer 1939 zusammen, sei die Akzeptanz der Neuerungen groß. Die neue wissenschaftliche Prüfungsordnung sei hier »begrüßt und ersehnt« worden, wobei das Studium eines Grundfachs mit zwei Nebenfächern »als eine besonders glückliche Lösung« gepriesen worden sei. Mit Genugtuung verzeichnete Röver die Orientierung an »Erziehung und Unterricht« als »eine in ihrer Bedeutung klar erkannte Notwendigkeit«; auch sei man sich in Breslau »[ü]ber den Ernst der Lage der höheren Schule und der Hochschule und den grundlegenden Umbruch in der Neugestaltung [...] restlos klar«. Ähnlich erfreut zeigte er sich beim Besuch der Universität Marburg an der Lahn, wo er im Gespräch mit dem Germanisten Leo Weisgerber »volle Vertrautheit mit den Forderungen der neuen Lehrpläne, Anerkennung für ihre Gestaltung und das Bestreben, den Unterricht auf der Hochschule auf diese Richtung einzustellen«, fand. Dazu hatten ihn Rektor und Kurator höflichst ihrer Freude versichert, weil er »als Referent im Ministerium zu persönlichem Besuch in den Prüfungen und zur Rücksprache mit den Professoren nach Marburg gekommen« sei.

Es ist schwer zu sagen, wie groß die Freude wirklich war. Die ministerielle Macht zu hofieren, daran war man an den Universitäten seit jeher gewohnt.[425]

Die Kritik Rövers erstreckte sich auf die mangelnden pädagogischen und didaktischen Fertigkeiten vieler Dozenten. Daran ließ nach seiner Auffassung vieles zu wünschen übrig, doch war er zuversichtlich, daß sich »die wissenschaftliche Behandlung im Seminar mit dem pädagogischen Gesichtspunkt« künftig besser verbinden lasse. Ausgerechnet an der Arbeit des Vorzeigepädagogen im Reich Ernst Krieck, im Ministerium nun gewiß kein Unbekannter, hatte der Regierungsdirektor allerdings besonders viel auszusetzen. In Heidelberg nahm er im März 1941 an einer Prüfung Kriecks »Philosophie und Weltanschauung« teil, die gemäß der neuen Prüfungsordnung die Gesinnungsfestigkeit der Prüflinge testen sollte. Der Pädagoge war laut Bericht nervös, wechselte häufig den Platz und fiel der Kandidatin ein ums andere Mal ins Wort oder nahm ihr die Antworten vorweg, um selbst ausschweifend zu dozieren. »In der Besprechung nach der Prüfung erkannte er ihr ›konventionelle Vorstellungen, an der Oberfläche, nur schwach imstande mitzugehen‹ zu und schlug als Prädikat ›Ausreichend‹ vor.« Es scheint, als sei Röver weder mit dem Verhalten des Prüfers noch mit dessen Notenvergabe einverstanden gewesen, er hatte sich aber mit Kritik im Gespräch mit dem Professor zurückgehalten. Gute und sehr gute Prüfungsnoten waren in diesen Jahren ohnehin selten. Als Röver den Abschlußexamen an der Universität Frankfurt beiwohnte, fielen von 15 Kandidaten zehn durch. Das war ein ungewöhnlich schlechtes Gesamtergebnis, obwohl die Anforderungen unter Kriegsbedingungen laut Röver nicht einmal überhöht, sondern lediglich »angemessen« waren. Auch sonst zeigte er sich mit dem Kenntnisstand der Studierenden oftmals nur bedingt zufrieden.[426]

Die kontinuierlich sinkenden Schul- und Studienleistungen waren ein heiß diskutiertes Thema in den späten Jahren des Dritten Reichs, das in anderem Kontext noch einmal gesondert behandelt werden muß. Unter den Linden wurde das Phänomen mit Sorge verfolgt. Als Hauptursache für das fallende Niveau an Schulen und Hochschulen wurde allgemein die Überlastung der Studenten und höheren Schüler mit Diensten und Verpflichtungen geltend gemacht, die auf Geheiß der Partei, namentlich der Hitlerjugend und des NS-Studentenbundes, zum Wohl der Volksgemeinschaft verlangt wurden. Erich Röver hielt die hieraus resultierenden Mißstände in vielen seiner Visitationsberichte fest und beklagte, daß zur eigentlichen »Bildung« an Schulen und Hochschulen immer weniger Zeit bleibe. Das Studium vergehe in atemloser Hetze und sei mit allzu vielen, an seinem eigentlichen Sinn vorbeiführenden Dingen angefüllt. Die Betroffenen übten sich nach seiner Beobachtung in Gleichmut und versuchten, sich auf je eigene Art durchzubringen: »Es fehlt fast allen«, so hielt er mit Blick auf die Prüflinge an den Universitäten Freiburg und Heidelberg fest, »die Arbeit an sich selbst, die Selbstkritik, die Initiative, das über das bloße Hinnehmen und Sich ad-hoc Anlesen hinausstrebende persönliche Gestalten, das eigene Ringen und Werdenwollen.« Rövers Lamento erinnert an das überkommene Ethos bürgerlicher Selbstbildung, das den Altphilologen des Jahrgangs 1891 noch selbst geprägt haben dürfte. Mit den alten Idealen war aber inzwischen gründlich aufgeräumt worden und der Nationalsozialismus auf dem Weg zum »neuen Menschen« offenbar weit vorangekommen. Röver riet zu verbessertem Zeitmanagement und sah die Professoren in der Pflicht, solches den Studierenden zu vermitteln: »Bei der sonstigen starken Beanspruchung der Studierenden muß von Seiten der Hochschullehrer neben der Darbietung des wissenschaftlichen Gutes eine Anleitung und u. U. eine Überprüfung zu einer Ökonomie der Zeiteinteilung und Konzentrierung der Arbeit der Studenten geleistet werden.« Überzeugend klang das nicht. Die eigentlich naheliegende Forderung nach einer Reduzierung der »Dienste« wurde wohlweislich nicht erhoben, weil sie nach aller Erfahrung politisch nicht durchsetzbar gewesen wäre. Am verkürzten und straff reglementierten Studium wollte man aber nicht rühren, weil man von seiner Notwendigkeit zutiefst überzeugt war. So blieb es beim gemeinsamen Klagelied Rövers und der Dozenten über »[d]ie beschämende Unbelesenheit, die Verengung des Horizontes, die geistige Verarmung« der Studenten, was »aufs Ganze und auf die Zukunft gesehen ernste Folgen für unser Volk haben muß«.[427]

Im Dritten Reich wurden die Weichen gestellt für die Verschulung der Universitäten. Verkürzte Studienzeiten und neue Studien- sowie Prüfungsordnungen führten zum einen zur Komprimierung des Stoffes und zur Festlegung von Studienplänen, die zusammen mit den darüber hinaus von den Studierenden verlangten »Diensten« wenig Muße ließen für »geistige Umwege«. Zum anderen erfuhren pädagogische und didaktische Techniken an den Universitäten durch die Ministerialbürokratie eine

Aufwertung. Dies schlug sich beispielsweise in dem zeitweise verbindlich gemachten Jahr an einer Hochschule für Lehrerbildung vor Beginn des eigentlichen Fachstudiums nieder. In die gleiche Richtung wirkten die Handreichungen »Erziehung und Unterricht«, vom Pädagogischen Zentralinstitut im Auftrag des Ministeriums zur Orientierung der Dozenten erstellt und verbreitet. Die Frage nach ihrer Berücksichtigung in der universitären Lehre zählte zu den ersten, die Röver bei seinen Kontrollbesuchen an Professoren und Dozenten richtete. Dazu hielt er die pädagogischen und didaktischen Fertigkeiten der von ihm in den Lehrveranstaltungen besuchten Dozenten genau fest und ließ sich in seinem Urteil selbst von »großen« Namen wie Ernst Krieck nicht blenden. Auch wenn seine Besuche vermutlich mehr den Schein als die Wirklichkeit an den Hochschulen spiegelten, wo man den Wünschen des Ministeriums nach mehr Lehrgeschick im internen Gespräch bereitwillig nachzugeben schien, gewann die Didaktik an den Universitäten gegenüber den Fachwissenschaften an Gewicht. Wie stark dieser Trend empfunden wurde, verdeutlicht die Äußerung jenes oben zitierten Biologen, der glaubte, davor warnen zu müssen, »dass nicht die Schule uns die Hochschule vernichtet«. Er befürchtete eine weitgehende Anpassung der universitären Lehre an die Bedürfnisse der zukünftigen Studienräte und damit ein Absinken des wissenschaftlichen Niveaus. Mancher Beamte im Amt Wissenschaft Unter den Linden teilte die Auffassung des Biologen; aber im Ganzen war man vom Segen straffer Regulierung überzeugt. Wie sich das Reichsministerium generell zum Komplex Wissenschaft stellte, welche Rolle Universitäten, Hochschulen, wissenschaftliche Institute und Akademien im Bildungsplan des Ministers und seiner Beamten spielten, wird im folgenden das Thema sein.

V. Geplante Wissenschaft

Im Zeichen des Vierjahresplanes

Auf dem Weg in die nationalsozialistische Zukunftsgesellschaft sollte nichts dem Zufall überlassen bleiben. »Planung« und »Lenkung« hießen die Instrumente, die vor der Jahrhundertwende in den hochindustrialisierten Ländern aufgekommen waren und seither die Gedanken rechter wie linker Ideologen und Politiker zunehmend beherrschten. Dies korrespondierte mit der von wortgewandten Publizisten verbreiteten Überzeugung, daß das menschliche Vermögen in wissenschaftlicher und technischer Hinsicht grenzenlos sei. Im Ersten Weltkrieg und noch mehr in den Krisenjahren danach galt Planung als politisches Gestaltungsmittel schlechthin, im kommunistischen Rußland so gut wie in der westlichen Welt. Viele Wissenschaftler und Ingenieure machten sich zu Anwälten eines Denkens, das selbst vor Projekten größten Ausmaßes nicht zurückschreckte. Die geplante Umsiedlung ganzer Völkerschaften im Osten Europas, wie sie deutsche Experten schon zwischen 1914 und 1918 erwogen, waren typisch für die technokratische Hybris der Zeit, ebenso die spätere sowjetische Planung gigantischer Industrierevire zur erzwungenen Transformation Rußlands in einen modernen Industriestaat. Das zeitgenössische Vertrauen in die segensreiche Wirkung planvoller Politik war groß, wenngleich es an früher Kritik nicht fehlte. Planung verhieß in den Worten ihrer Verfechter Ordnung, Sicherheit und eine goldene Zukunft. Sie diente nicht zuletzt dem politischen Machterhalt. Der Geist des zwanzigsten Jahrhunderts sollte sich vielerorts im »Plan« manifestieren.[428]

Der technische Fortschritt seit dem ausgehenden 19. Jahrhundert, die Errungenschaften in Naturwissenschaften und Medizin schienen die Planer zu bestätigen und beflügelten Machbarkeitsphantasien vor allem in den Köpfen der Politiker. An Ideen, wie die Welt zum nationalen Vorteil zu verändern sei, herrschte im Deutschen Reich wie andernorts kein

Mangel, und die vielen Politik und Staat nahegebrachten Vorschläge besaßen mal seriöse, mal weniger seriöse Urheber. Alles, nicht zuletzt die Gesellschaft selbst, erschien demnach plan- und steuerbar, zumal die aufkommende Statistik die notwendigen Informationen mit wachsender Präzision bereitstellen konnte. Ob die Lösung der um 1900 vieldiskutierten »sozialen Frage« oder das erstrebte Ideal des »gesunden Volkskörpers«, die »Sozialingenieure« der Zeit waren um Strategien zum Erreichen ihrer Ziele sowenig verlegen wie die Bauingenieure und traten mit entsprechendem Nachdruck an Politik und Öffentlichkeit heran. Schon bald war wissenschaftliche Expertise nicht nur erwünscht, sondern wurde zunehmend nachgefragt und in Auftrag gegeben. Ein Klima der gegenseitigen Anregung entstand, das den Gestaltungsspielraum für beide Seiten vergrößerte. Viele Vorhaben kamen freilich über den Projektstatus nicht hinaus und verschwanden als »Weiße Elefanten« in den Schubladen der Ministerien und Industriearchive. Die Vorstellung, daß die vorausschauende Gestaltung der Verhältnisse per se etwas Gutes sei, blieb davon jedoch unberührt.[429]

Die Planungseuphorie machte vor der Wissenschaftsorganisation nicht halt, obwohl Planung eigentlich nur schwer mit dem Gedanken der voraussetzungslosen Forschung vereinbar ist. Auch hier wirkte der Erste Weltkrieg als Katalysator, als die staatlichen Forschungseinrichtungen im Deutschen Reich den Bedingungen der Kriegswirtschaft unterworfen und zur zielgerichteten Zusammenarbeit angehalten wurden. Die erste disziplinübergreifende Projektforschung entstand in diesen Jahren zur Sicherstellung der Nahrungs- und Rohstoffversorgung im Lande ebenso wie zur Entwicklung und gesteigerten Produktion neuer Rüstungsgüter. Institutionell wurden mit der 1916 gegründeten »Kaiser-Wilhelm-Stiftung für kriegstechnische Wissenschaft« neue Wege beschritten, mit Aufgaben vornehmlich koordinierender Art. Hier fanden staatliche, wirtschaftliche und wissenschaftliche Interessen im Dienst der nationalen Sache zusammen. Die durch den Krieg beförderte gemeinschaftliche Projektarbeit war freilich keine Erfindung der Deutschen allein, sondern ließ sich als genereller Trend der Zeit auch in Großbritannien und den USA beobachten. Tatsächlich sorgte die konzentrierte Mittelvergabe für eine beachtliche Effizienzsteigerung. Im Kaiserreich sollte sich dies außer auf die Rüstungsforschung besonders auf den Bereich der Rohstoffersatzforschung erstrecken, woran nach dem Krieg, bestärkt durch die bedenkliche Versorgungslage, festgehalten wurde. Das im Ersten Weltkrieg geschmiedete Interessenbündnis aus Staat, Militär, Wirtschaft und Wissenschaft überdauerte die Niederlage und drückte dem Forschungsgeschehen im Weimarer Staat den Stempel auf.[430]

Militärisch überwunden und wirtschaftlich ruiniert, schien das Deutsche Reich nach 1918 zunächst auch in wissenschaftlicher Hinsicht am Ende zu sein. Die Vermögensverluste der Universitäten, Hochschulen, wissenschaftlichen Akademien und Stiftungen waren gewaltig und ließen wenig Hoffnung, daß Deutschland im internationalen Wettstreit künftig noch eine Rolle spielen würde. Dem sollte mit der 1920 auf Initiative Friedrich Schmidt-Otts, Adolf von Harnacks und Fritz Habers gegründeten »Notgemeinschaft der deutschen Wissenschaft« entgegengewirkt werden. Als selbstverwaltete Körperschaft war die reichsweit konzentrierte Forschungsförderung das erklärte Ziel, wozu Staat und Industrie die notwendigen Ressourcen bereitstellen, die Mittelvergabe aber im freien Ermessen der Notgemeinschaft liegen sollte. Auf diese Weise hofften die Initiatoren, am Kulturföderalismus vorbei das Reich für die Belange der Wissenschaft in die Pflicht zu nehmen. Wissenschaftliche Forschung sollte künftig zweckdienlicher organisiert und zugleich der Wirkungsgrad der Mittel optimiert werden. Das Vorhaben stieß auf überraschend großen Zuspruch, und der Erfolg ließ nicht lange auf sich warten. Spätestens mit der Einführung sogenannter Gemeinschaftsarbeiten zur forcierten Rohstoffersatz- und Gesundheitsforschung gegen Ende der zwanziger Jahre, die interdisziplinär ausgerichtet und unter gemeinsamer Fragestellung erfolgten, hatte sich die Notgemeinschaft als integraler Bestandteil der deutschen Wissenschaftslandschaft behauptet. Der gelungenen Konsolidierung entsprach die Umbenennung 1929 in »Deutsche Gesellschaft zur Erhaltung und Förderung der Forschung«, wofür sich schließlich die bis heute gängige Bezeichnung »Deutsche Forschungsgemeinschaft« einbürgerte. Mit acht Millionen Reichsmark für das Rechnungsjahr 1928 war ein erster Etathöchststand erreicht, der jedoch, bedingt durch die Weltwirtschaftskrise, bis 1933 wieder auf die Hälfte schrumpfte.[431]

Mit der sinkenden Finanzkraft des Weimarer Staates gewann der Planungsgedanke im Denken von Politikern und Wissenschaftsorganisatoren neuerlich an Gewicht. Angesichts knapper werdender Ressourcen schien die vorhandene Vielfalt an Forschungseinrichtungen im Reich kaum mehr finanzierbar zu sein, so daß Überlegungen Raum griffen, die Mittel auf bestimmte Forschungsgebiete und einige wenige Institute zu konzentrieren. Gefördert werden sollte, was den größten allgemeinen Nutzen versprach. In diese Richtung bewegte sich Reichsinnenminister Carl Severing, als er 1929 die Gründung eines »Reichsbeirats auf dem Gebiet der Wissenschaftspflege« erwog. Der aus Vertretern des Staates, der Wissenschaft und der Industrie bestehende Rat sollte das Reich »bei der planmäßigen und einheitlichen Durchführung« aller in seiner Zuständigkeit liegenden Aufgaben beraten und zugleich die staatlichen Interessen zur Erforschung »bestimmter wissenschaftlicher Aufgaben« wahren. Faktisch ging es Severing um den Ausbau des reichsministeriellen Einflusses auf den Gang der Wissenschaft.[432] Mit der Idee freier Forschung war dies allerdings schwer vereinbar, worauf Kritiker wie der Bonner Physiker Heinrich Konen aufmerksam machten: »Ich halte darum Versuche zu einer sogenannten Planwirtschaft, wenn sie nicht ganz vorsichtig und zurückhaltend gemacht wird, für grundsätzlich verfehlt und im Endeffekt teuer.« Konen, seit 1929 Mitglied im Präsidium der Forschungsgemeinschaft, plädierte für den Erhalt einer vielfältigen Institutsstruktur im Reich, die vom Staat wie von der Wirtschaft möglichst unabhängig zu stellen sei.[433] Die meisten seiner Kollegen teilten diese Auffassung. Aber die Vorstellung einer zentral gesteuerten, planmäßig gestalteten und darum effizienter arbeitenden Wissenschaft besaß bereits einflußreiche Anhänger, die nach Wegen zu ihrer Umsetzung suchten.

Dem Nationalsozialismus war Planung als politisches Steuerungsinstrument nicht fremd: »Gebt mir vier Jahre Zeit!« hatte Hitler bei der Regierungsübernahme vollmundig geworben. Nach Ablauf dieser Zeitspanne wollte er mittels gezielter staatsinterventionistischer Maßnahmen die Wirtschafts- und Beschäftigungskrise überwunden haben. Die Rüstungsproduktion besaß für Hitler Priorität, wenngleich der Aufbau einer schlagkräftigen Armee ein vorerst verborgen verfolgtes Ziel war. Dazu erhielt der zivile Sektor nennenswerte Summen. Zur Verwirklichung von öffentlichen Großprojekten gab der Staat schon 1933 rund zwei Milliarden Reichsmark aus, die unter anderem in den Straßenbau, in die Verbesserung der agrarischen Infrastruktur, den privaten wie kommerziellen Hausbau flossen. Auch in den folgenden Jahren geizte die Regierung nicht mit Investitionen zur beschleunigten Konjunkturbelebung. Durch die hier und in der inzwischen boomenden Rüstungsindustrie entstandenen Arbeitsplätze herrschte 1936 annähernd Vollbeschäftigung, aber der Preis für die arbeitsmarktpolitische Scheinblüte war hoch: Die Staatsverschuldung stieg von 14 Milliarden Reichsmark im Jahre 1933 auf 42 Milliarden im letzten Friedensjahr des Dritten Reichs. Ungeachtet dessen setzte das Regime den eingeschlagenen Kurs fort.

Als die im Sommer 1936 auftretende Außenhandels- und Devisenkrise Hitlers Autarkie- und Rüstungspolitik gefährdete, war der Zweite Vierjahresplan die Antwort. Er wurde am 9. September auf dem Nürnberger Parteitag verkündet und Hermann Göring zum »Beauftragten für den Vierjahresplan« ernannt. Sein einige Monate zuvor gegründeter »Rohstoff- und Devisenstab« bildete den Kern eines zentralistisch aufgebauten, von loyalen Nationalsozialisten kontrollierten Steuerungsapparates, der im Rang einer Obersten Reichsbehörde weitreichende Befugnisse bis hin zur selbständigen Erstellung von Rechtsverordnungen und Verwaltungsvorschriften besaß. Die von Göring ausgehenden Direktiven zur »Planerfüllung« ließen kein Wirtschaftsunternehmen und kein staatliches Ressort unberührt.[434]

Die »reichseinheitliche Betreuung und Planung« im Bereich der deutschen Wissenschaft hatte das Haus Rust von Anfang an als eine zentrale Aufgabe angesehen. »Das Wort Planung hat in der Systemzeit einen etwas anrüchigen Beigeschmack bekommen, da oft Planung genannt wurde, was in Wirklichkeit Drosselung von Mitteln war«, hielt Oberregierungsrat Hans Huber vom Amt Wissenschaft den verbreiteten Bedenken gegen eine planvolle Wissenschaftspolitik entgegen.[435] Als *Reichs*ministerium zielte man auf die Überwindung der föderalen Strukturen zu Gunsten einer planmäßig gesteuerten Wissenschaftsverwaltung. Die bis dahin beim Reichsinnenministerium liegende Aufsicht über die Deutsche Forschungsgemeinschaft, die Institute der Kaiser-Wilhelm-Gesellschaft sowie der übrigen wissenschaftlichen Einrichtungen des Reichs wie der Physikalisch-Technischen Reichsanstalt und der Chemisch-Technischen Reichsanstalt gingen im Sommer 1934 auf das Reichswissenschaftsministerium über. Im »Amt Wissenschaft« des Hauses, anfangs untergliedert in eine Hochschulabteilung (W I) und eine Forschungsabteilung (W II), liefen die Fäden zur Forschungskoordination zusammen. Zum ersten Chef von Amt W ernannte Rust den Mathematiker Theodor Vahlen, der zunächst auch die Leitung von W I übernahm, aber nach einem Jahr von seinem Protegé, dem Chemiker und Professor an der Technischen Universität Charlottenburg Franz Bachér, in dieser Funktion abgelöst wurde. Die

Leitung von W II übernahm Erich Schumann, ein habilitierter Musikwissenschaftler mit dem Schwerpunkt Akustik und Physik. Der 1898 als Sohn eines Heeresmusikmeisters in Potsdam geborene Schumann stand seit 1926 in Diensten des Reichswehrministeriums, in dem er 1929 die Direktion über die »Wissenschaftliche Zentralstelle für Heeresphysik und Heereschemie« erhielt und sich mit der Erforschung von Sprengstoffen befaßte. Mit ihm gelang der von Rust früh angestrebte Brückenschlag von der zivilen zur militärischen Forschung. Mit gleich mehreren einschlägigen Positionen versehen, schied Schumann 1937 aus dem Reichswissenschaftsministerium aus, nachdem er die Führung der Geschäfte wohl nicht zuletzt aus Gründen der Arbeitsüberlastung schon geraume Zeit zuvor seinem Stellvertreter und befreundeten Kollegen Rudolf Mentzel überantwortet hatte. Der gute Kontakt des Ministeriums zu den Forschungseinrichtungen des Militärs blieb darüber erhalten.[436]

Kennzeichnend für die Arbeitsweise in Amt W war anfangs die vermehrte Beschäftigung von Vertretern aus der Praxis des Hochschullehrerberufs, der zivilen und militärischen Forschung. Mit sogenannten nebenamtlichen Referenten rückte eine neue Personalkategorie vorübergehend in die Ministerialbürokratie Unter den Linden ein, um die sachliche Kompetenz auf dem Gebiet der Wissenschaftsplanung zu stärken. Rust selbst hatte sich für sie als »Männer der Hochschulen, d. h. von der Front« eingesetzt und das Fachreferentensystem zu einem innovativen Element seiner Ministeriumspolitik erklärt. Die Referenten im Nebenamt behielten ihre bisherigen Positionen an Hochschulen und Forschungseinrichtungen inklusive ihrer dortigen Bezüge bei, verbrachten aber ihre Dienstzeit im Ministerium, wofür sie eine zusätzliche Vergütung in Höhe von 100 Reichsmark empfingen. 1936 waren neun nebenamtliche Referenten allein in W I beschäftigt, die ihre Tätigkeit in der Regel sehr ernst nahmen.[437] Sie sollten eine qualitätsvolle Berufungspolitik sicherstellen und zugleich die Nazifizierung von Hochschulen und Wissenschaft forcieren. Unter Franz Bachér wurden regelrechte »Gesamtplanungen« für die einzelnen Fächer aufgestellt, nachdem die Entlassungspolitik nach 1933 vielfach tiefe Lücken gerissen hatte. Der Chemiker beschwor den Wert praktischer Erfahrung, womit die frühere rein »büromäßige« Bearbeitung von Berufungen überwunden worden sei. »Es ist erstaunlich«, trumpfte er gegenüber Amtschef Vahlen auf, »was alles die Fakultäten früher hierher berichteten, weil sie auf den fachlichen Unverstand im Ministerium spekulieren konnten!« Damit sollte es nach dem Willen Bachérs nun für immer vorbei sein. Sein recht selbstherrliches Regiment nach innen und außen verschaffte dem Charlottenburger Ordinarius im Hochschuldienst freilich schnell mehr Feinde als Freunde. Der konzentrierte Sachverstand im Ministerium zog die Berufungsverhandlungen vielfach in die Länge, was zur Verärgerung an den Hochschulen, bei Gauleitern und Parteiführung wie zu Beanstandungen des Reichsrechnungshofes führte und mit dem wiederholten Hinweis auf die Größe der dem Ministerium zur Bewältigung aufgetragenen Arbeit auf Dauer nicht zu besänftigen war. Hinzu kamen persönliche Reibereien und Intrigen von außen gegen einzelne Referenten, etwa von Rosenberg gegen Karl August Eckhardt, so daß Rust von diesem Instrument der Wissenschaftsplanung in seinem Haus schließlich wieder abrückte. Vordergründig wurden nun Bedenken geäußert wegen der vermeintlichen Unvereinbarkeit von Professorenberuf und ministerieller Tätigkeit. So fiel das Fachreferentensystem der Umgestaltung von Amt W Anfang 1937 zum Opfer.[438]

Der Planungsgedanke nahm bald nach der Gründung des Ministeriums mit der Idee zur Gründung einer »Reichsakademie der Forschung« konkrete Gestalt an. Mit ihr sollte eine Neuordnung der Forschungslandschaft erfolgen und zugleich eine Einrichtung entstehen, die »den einheitlichen Einsatz der Kräfte und Mittel der Forschung in Zukunft sicherstellen« würde. Schon im Oktober 1934 legte Amt W zwei Gesetzentwürfe dazu vor. Denn den daran beteiligten Herren Mentzel, Hinz, Schumann, Bachér und Sunkel schien Eile geboten, um anderen, ähnliche Ziele verfolgenden Initiativen möglichst zuvorzukommen. Gemeint waren Bemühungen wie die des Reichsluftfahrtministers Göring, sämtliche die Interessen der Luftfahrt berührende wissenschaftliche Einrichtungen seiner Aufsicht zu unterstellen. Auch hatte der seit Juni 1934 an der Spitze der Deutschen Forschungsgemeinschaft stehende Johannes Stark Hitler bereits zwei Denkschriften über die Errichtung einer »Reichsakademie der Wissenschaften« sowie eines »Reichsforschungsrats« übermittelt. In dieser Phase der umfassenden staatlichen Neuordnung galt es zu handeln, solange die Situation noch offen schien.[439]

Bei den zwei Rust im Oktober 1934 vorgelegten Entwürfen des Amtes W handelte es sich um das eigentliche Gründungsgesetz für eine Reichsakademie der Forschung und um ein »Gesetz über die Unterstellung der hochschulfreien Forschungsinstitute und Prüfanstalten unter die zuständigen Reichsminister«, das als »notwendige Ergänzung« erst die eigentliche Basis für eine Reichsakademie bilden würde. Es sah die Unterstellung der außeruniversitären Institute und wissenschaftlichen Anstalten im Reich unter den jeweils zuständigen Reichsminister vor, sofern sie sich zu 50 % aus öffentlichen Mitteln finanzierten. Die Reichsakademie selbst sollte als Körperschaft des öffentlichen Rechts mit Sitz in Berlin und dem Reichswissenschaftsminister als Präsidenten an der Spitze entstehen und primär dazu dienen, einen »Überblick über Stand, Weg und Ziel der Forschung zu gewährleisten«, Forschungsförderung zu betreiben und dabei für die »wirtschaftlich günstigste« Mittelvergabe zu sorgen. Nachdem Hitler von dem Vorhaben mündlich in Kenntnis gesetzt worden war und offenbar sein Plazet erteilt hatte, ging die überarbeitete Version des Gründungsgesetzes, nicht jedoch das über die »Unterstellung der hochschulfreien Forschungsinstitute« Anfang Februar an die Reichskanzlei und die Reichsminister mit der Bitte, es zum Gegenstand der nächsten Kabinettssitzung zu machen. Abweichend vom ersten Entwurf war nun Hitler an der Spitze vorgesehen, während Rust sich mit der Position des Vizepräsidenten begnügen wollte.[440]

In der einige Tage später nachgereichten Begründung machte man in erster Linie die mangelnde Übersichtlichkeit der Forschung im Reich geltend. Selbst die bedeutendste Forschungsförderungseinrichtung im Land, die Deutsche Forschungsgemeinschaft, sei bei der Bewilligung von Anträgen im Ungewissen »ob nicht dieselben Vorhaben bereits an anderen Stellen in Angriff genommen werden oder ob nicht wenigstens Erfahrungen auf diesem Gebiet vorliegen«. Ein effektiver Einsatz von Fördergeldern sei unmöglich, so daß die Wissenschaft auf Dauer Gefahr laufe, international nicht mehr konkurrenzfähig zu sein. Darüber hinaus sollte es nach dem Willen ihrer Urheber Aufgabe der Reichsakademie sein, »als staatsnotwendig erkannte wissenschaftliche Aufgaben durch die deutsche Forschung lösen zu lassen«. Grundlagen, innerer Aufbau und Forschungspraxis sollten davon freilich unberührt bleiben, ebenso die Stellung des Wissenschaftlers. In der Reichsakademie werde sich »das bewährte Alte mit dem guten und notwendigen Neuen« verbinden, hieß es zur Beruhigung etwaiger Kritiker, wobei als »bewährt« die Verbindung von Lehre und Forschung an den Universitäten galt, das Zusammenspiel von Forschung und Industrie sowie die Fachausschüsse der Notgemeinschaft samt den von ihr angestoßenen »Gemeinschaftsarbeiten«.

Die innere Organisation der Reichsakademie sah für jedes Fach die Ernennung eines besonders herausragenden Wissenschaftlers vor, der mit ähnlichen Befugnissen ausgestattet sein würde wie die bisherigen Ausschußvorsitzenden der Notgemeinschaft. Jeder dieser etwa 34 Gelehrten sollte im Bereich seiner Disziplin »die Planung und Mittelverteilung für ganz Deutschland« vorschlagen. Außerdem sollten alle Mitglieder über den Stand ihrer Disziplin an sämtlichen Forschungseinrichtungen im Reich informiert werden, um »den Staat bezüglich Planung und Mittelverteilung« künftig »bestens« beraten zu können. Sei auf diese Weise erst einmal eine »zuverlässige Übersicht« geschaffen, könnte die bisher von der Notgemeinschaft finanzierte und »bestens bewährte Einrichtung« der »Gemeinschaftsarbeiten« in großem Stil fortgeführt werden: dazu waren »Arbeitsgemeinschaften durch Zusammenarbeit dieser 34 Fachgelehrten in verschieden großen und wechselnden Gruppen, je nach Überschneidung der einzelnen Wissenszweige bei den jeweiligen Fragestellungen« einzurichten. Während die Deutsche Forschungsgemeinschaft damit künftig obsolet sein würde, wollte man am Bestand der Kaiser-Wilhelm-Gesellschaft aus Gründen des Prestiges, die sie im Ausland genoß, sowie wegen ihrer Verbindung zur Industrie nicht rühren. Ähnliches galt für die verschiedenen forschenden Reichs- und Länderanstalten. Freilich war an eine Beteiligung der dort wie an den Kaiser-Wilhelm-Instituten wirkenden Direktoren gedacht, die zu den Ausschußsitzungen ihrer jeweiligen Fächer eingeladen werden sollten und so über den Stand der Forschung auf dem Laufenden gehalten würden.[441]

Mit dem Plan einer »Reichsakademie der Forschung« zielte das Wissenschaftsministerium auf die Kontrolle über sämtliche Forschungseinrichtungen im Reich. Vor allem sollte der Zugriff auf die den einzelnen Fachministerien unterstehenden Reichsprüfämter, wissenschaftlichen Reichsanstalten und Reichsämter sichergestellt werden. Hier hatte man bislang wenig Neigung gezeigt, sich den Ambitionen von Amt W zu beugen, und vielmehr energisch auf die jeweilige Ressortzugehörigkeit gepocht. Die Urheber des Reichsakademie-Gesetzes wußten um solche Empfindlichkeiten und betonten darum den rein konsultativen Charakter der geplanten Institution, die »ohne Befehlsgewalt, lediglich durch sachgemäße Beratung und Einsicht in die Zusammenhänge ausgleichend« wirken werde. Auch sollte die Entscheidung über den Einsatz von Forschungsgeldern wie bisher den Fachministern vorbehalten bleiben. Lediglich hinsichtlich der dem Reichswissenschaftsministerium unterstellten Hochschulinstitute kündigte man an, sich über die Mittelvergabe vom konzentrierten Sachverstand des Rats verbindlich beraten zu lassen, weil dort »die Erfahrungen sämtlicher staatlicher und zahlreicher privater Forschungsinstitute Deutschlands, der Reichs- und Länderanstalten, Hochschul- und Kaiser-Wilhelm-Institute« demnächst zusammenlaufen werden.[442]

Die Akademiepläne des Wissenschaftsministeriums blieben nicht lange verborgen und riefen wie erwartet Proteste hervor. DFG-Präsident Stark konnte sich schon deshalb nicht mit dem Plan einverstanden erklären, weil eine Reichsakademie die eigene Einrichtung auf die Dauer überflüssig machen würde. Ebenso wenig mochte sich Max Planck an der Spitze der Kaiser-Wilhelm-Gesellschaft mit dem Gedanken befreunden, weil ihm selbst bei Erhalt der eigenen Selbständigkeit die bisherige Unabhängigkeit der deutschen Forschung vom Staatsinteresse gefährdet schien. Planck legte darüber hinaus mit der »Denkschrift über die Berufung eines Nationalen Forschungsrats« konkrete eigene Überlegungen vor. Darin warnte er vor einer Zentralisierung des Wissenschaftssystems, die nur der »Bürokratisierung und Verknöcherung« Vorschub leisten werde.[443] Und selbst der Parteifreund Rusts, Reichsjustizminister Hans Frank, zeigte wenig Neigung, die Aufsicht der ihm unterstehenden rechtswissenschaftlichen Institute und schon gar nicht seine »Akademie für Deutsches Recht« auch nur ein Stück aus der Hand zu geben. Als Stark Kenntnis davon erhielt, daß der Gesetzentwurf bereits auf der nächsten Kabinettssitzung verhandelt werden würde, intervenierte er gemeinsam mit Philipp Lenard bei Hitler. Gegenüber der Reichskanzlei denunzierte er den Plan, zu dem er selbst nicht, dafür aber Repräsentanten eines bürgerlichen Wissenschaftsverständnisses gehört worden seien, als Gefahr, durch die sich der »jüdisch-demokratische Einfluss« der Weimarer Jahre erneut Geltung in der deutschen Wissenschaft verschaffen könnte. Damit war wohl die im Januar 1935 unter anderem mit Max Planck stattgefundene Beratung im Ministerium gemeint. Prompt wurde der Gesetzentwurf von der Tagesordnung gestrichen und Rust am 22. Februar über den Abbruch des Verfahrens informiert.[444]

Im Reichswissenschaftsministerium begann nun die fieberhafte Suche nach alternativen Modellen zur Forschungslenkung. Aus den jüngsten Erfahrungen zog der Kreis um Mentzel den Schluß, fortan lieber auf die eigene Kraft zu bauen und eine Form zu finden, die aus dem Ministerium heraus »gleiche Ziele mit eigenen Mitteln« verfolgen könnte. Als Hauptproblem erwies sich die anzustrebende rechtliche Gestalt. Die eigentlich notwendige Form als »Rechtspersönlichkeit des öffentlichen Rechts« war ohne Gesetz unerreichbar, an ein neuerliches Gesetzgebungsverfahren aber angesichts der allgemeinen Verstimmung vorerst nicht zu denken. Ohne eine ausreichende Gesetzesgrundlage, erklärte Mentzel seinem Minister, stünden dem Organ aber die nötigen »Zwangsbefugnisse und weitere Möglichkeiten unmittelbarer Einwirkung sowohl auf die einzelnen an der deutschen Forschung beteiligten Institute als auch auf die Forscher selbst« nicht zu Gebote, und es würde damit kaum wirksam arbeiten können. So ganz »ohne Befehlsgewalt«, wie in den Gesprächen zuvor behauptet worden war, sollte das Unternehmen also doch nicht dastehen. Eine Fundierung als »bürgerlich-rechtlicher Verein« schloß Mentzel ebenfalls wegen mangelnder »Zwangsbefugnisse nach außen« aus, so daß er Rust schließlich die Errichtung einer »behelfsmäßigen Reichsakademie der Forschung« vorschlug. Ihr sollten zur Entfaltung des notwendigen Drucks auf die Forschung vom Reichsfinanzminister diejenigen Finanzmittel zur Verfügung gestellt werden, die bisher an die Deutsche Forschungsgemeinschaft gegangen seien, denn »[n]ur wenn ein genügender Sachfond hinter der Akademie steht, kann ihre Arbeit eine ähnliche Bedeutung gewinnen, wie sie ihr ein Gesetz mit den daraus erwachsenden Möglichkeiten unmittelbarer Einwirkung auf die Forschung gegeben haben würde«. Mit anderen Worten hieß das: »Wer zahlt, schafft an«. Sobald das Ministerium erst einmal allein über die Fördermittel des Reichs verfügte, konnte gezielt geplant werden. Damit war das weitere Vorgehen von Amt W vorgezeichnet und als nächster Schritt die vollständige Übernahme der Deutschen Forschungsgemeinschaft durch das Ministerium Rust ins Auge gefaßt.[445]

Die Demontage Johannes Starks als Präsident der Deutschen Forschungsgemeinschaft wurde inzwischen mehrfach ausführlich nachgezeichnet, so daß sich hier eine nochmalige Schilderung erübrigt.[446] Das Treiben erstreckte sich über mehr als ein Jahr und war im November 1936 mit dem Rücktritt Starks und der Ernennung Rudolf Mentzels zum kommissarischen Leiter der Forschungsgemeinschaft beendet. In der Wahl ihrer Mittel war die junge Garde in Amt W nicht eben zimperlich gewesen, wo man gegen Stark gesammelt hatte, was irgend verwertbar erschien. Allerdings hatte es das selbstherrliche Regiment des Physik-Nobelpreisträgers seinen Feinden leicht gemacht, wie allein das bizarre Beispiel der enorme Mittel verschlingenden Moorgold-Forschung zeigt. Ein ganzes Bündel an Verfehlungen lag Unter den Linden gegen ihn vor, so daß am Ende selbst die persönliche Verbindung zu Hitler nicht mehr stach.[447] Mit seiner Demission kam Stark nur der drohenden Absetzung zuvor. Er behielt die Präsidentschaft über die Physikalisch-Technische Reichsanstalt, so daß er weiterhin am Forschungsgeschehen beteiligt blieb, ohne die Kreise des Ministeriums zu stören. Diesem bedeutete die Übernahme der Deutschen Forschungsgemeinschaft freilich einen wichtigen Etappensieg auf dem Weg zu umfassender Forschungskontrolle.

Der Gedanke an ein staatliches Instrument zur Forschungslenkung lebte mit dem Vierjahresplan wieder auf. Schon einige Monate zuvor war General Karl Becker, Chef des Heereswaffenamtes und Dekan der Wehrtechnischen Fakultät an der Technischen Hochschule Berlin, an Rust herangetreten und hatte die planvolle Zusammenarbeit der technisch-naturwissenschaftlichen Institute an Universitäten und Hochschulen im Dienste »reiner Zweckforschung« angeregt. Dahinter stand, wenig verborgen, die Absicht, die wissenschaftliche Forschung an den staatlichen Instituten den Heeresinteressen dienstbar zu machen.[448] In seinem Schreiben an das Ministerium forderte Becker nachdrückliche Maßnahmen zur »Straffung und Bündelung der Forschungsaktivitäten«, in die auch selbständige Einrichtungen wie die Kaiser-Wilhelm-Gesellschaft möglichst mit einzubinden wären. Einmal mehr wurde das Fehlen einer »Spitzenorganisation« zur Forschungssteuerung beklagt, die »gerade im Hinblick auf den Vierjahresplan des Führers jetzt beschleunigt aufgebaut werden« müsse. Der General hoffte auf die »Einschaltung« des Reichswissenschaftsministeriums auf der Grundlage seiner Überlegungen und bot sein Institut zur Mitarbeit an, dem er »in der Zweckforschung klare Ziele und scharf umrissene Forschungsaufgaben« zu weisen wüßte. Reichsminister Rust, den Becker bereits zuvor im persönlichen Gespräch über seine Pläne unterrichtet hatte, war beeindruckt und erklärte die Angelegenheit kurzerhand zur Chefsache.[449]

Am 25. Mai 1937 war es soweit. An diesem Tag fand im großen Festsaal des Reichswissenschaftsministeriums die feierliche Eröffnung des Reichsforschungsrates statt, im Beisein Hitlers, Görings, des Reichswissenschaftsministers und seiner Beamten sowie der maßgeblichen Repräsentanten aus Forschung und Wissenschaft. Das Berliner Instrumentalkollegium unter Leitung von Generalmusikdirektor Stein leitete die Feierstunde mit einem Concerto grosso Händels ein, dem eine Ansprache Rusts und eine des Präsidenten, Karl Becker, folgten. Allein daß Hitler teilnahm, dem die etablierte Wissenschaft ansonsten herzlich gleichgültig zu sein pflegte, adelte die Veranstaltung im Verständnis der Zeit, und dementsprechend war der Festsaal bis auf den letzten Platz besetzt. Zwar blieb der Diktator stumm, schien aber den Ausführungen seines Wissenschaftsministers in typischer Haltung, mit beiden Armen auf dem rechten Oberschenkel abgestützt und den Blick starr auf das Rednerpult gerichtet, konzentriert zu folgen. »Sie haben dieser Stunde durch Ihre Anwesenheit eine Bedeutung gegeben und unserem Beginnen ein Vertrauen geschenkt, das von der gesamten Forscherschaft als eine Verpflichtung zu geschichtlicher Leistung empfunden werden wird. Sie haben dem ganzen deutschen Volke Wunderkraft gegeben«, dankte Rust für die Gegenwart des »Führers«. Nach wenig mehr als anderthalb Stunden klang die Feier mit Musik von Mozart aus. Eine von der Pressestelle des Ministeriums aufwendig erstellte Broschüre mit den Redetexten, mit Photos der Feierstunde sowie Portraits der im Reichsforschungsrat künftig wirkenden Wissenschaftler sollte den Zeitgenossen die hohe Bedeutung dieses Augenblicks nahebringen.[450]

Aufgabe des Präsidenten war es an diesem Tag gewesen, dem Publikum Funktionsweise und Ziele des neuen Steuerungsinstruments in aller Kürze zu entfalten. Dazu verwies er zunächst auf den bisherigen Zustand mangelhafter Koordination, der vielfach zu Doppelforschung und damit zu Verschwendung wichtiger Ressourcen geführt habe. Vordringlichstes Ziel des Rates sei es nun, die Forschung an den rund 1000 staatlichen Instituten künftig besser aufeinander abzustimmen und die Mittel entsprechend ihren Forschungskapazitäten effizienter zu verteilen. Der Forschungsrat sollte im Kern aus Fachgliederungen der wichtigsten naturwissenschaftlich-technischen sowie medizinischen Disziplinen bestehen, die den »bewährten« Fachausschüssen der Deutschen Forschungsgemeinschaft nachgebildet waren und von anerkannten Gelehrten an der Spitze geleitet wurden. Ihnen oblag die wissenschaftliche Planung und vor allem die Mittelvergabe an die Institute, was sich freilich vorerst noch auf die dem Reichswissenschaftsminister unterstehenden Einrichtungen beschränken

Abb. 23 Gründungsfeier des Reichsforschungsrats, 25. Mai 1937

mußte. Görings Luftfahrtforschung, die Kaiser-Wilhelm-Gesellschaft und die Technischen Reichsanstalten waren nicht in die Neuordnung einbezogen worden, wie Becker mit Bedauern bemerkte. Er zeigte sich aber optimistisch, daß es dennoch zu einer konstruktiven Zusammenarbeit mit dem Reichsforschungsrat kommen werde, zumal die personelle Verflechtung der Fachspartenleiter mit den übrigen Einrichtungen im Reich schon jetzt hoch sei. Und er stellte für die fernere Zukunft »geeignete weitere Maßnahmen« in Aussicht, mit denen etwa die Direktoren sämtlicher Kaiser-Wilhelm-Institute mit dem Reichsforschungsrat »zusammenzubringen« seien.[451]

Als ein erstes wichtiges Ziel des neuen Gremiums formulierte Becker die Indienstnahme der Wissenschaft zur Lösung staatswichtiger Aufgaben, unter denen die Erfüllung des Vierjahresplanes absoluten Vorrang genießen sollte. Der General war ein Mann der Praxis und das Befehlen gewohnt. Nach seiner Vorstellung hatte der Reichsforschungsrat den wissenschaftlichen Instituten die Richtung vorzugeben, in der künftig gezielt zu forschen sei; »minder Wichtiges« war gegebenenfalls zurückzustellen oder auch ganz stillzulegen. Becker ging es vor allem darum, die angewandte Forschung mit allen Mitteln zu forcieren, während er die

Grundlagenforschung nur dann für förderungswürdig erklärte, wenn die Forscher in den betreffenden Instituten wenigstens »einige Gewähr für den Erfolg« zu bieten hätten. Damit sprach sich der Präsident zwar nicht für die Abschaffung der generell in der deutschen Wissenschaftstradition kultivierten Grundlagenforschung aus, wies ihr aber im Rahmen künftiger Planungen einen nachrangigen Status zu. Daran, daß das Gros der Fördermittel in die Zweckforschung fließen würde, »um dem großen Gedanken des Führers im Vierjahresplan zum vollen Erfolg zu verhelfen«, ließ Becker keinen Zweifel.

Die Gründung des Reichsforschungsrats markierte nach der »Eroberung« der Deutschen Forschungsgemeinschaft im November 1936 den zweiten Teilsieg des Ministeriums im Wettlauf um den größtmöglichen Einfluß auf das Forschungsgeschehen im Reich. Wenngleich diese Lösung unterhalb der vom Wissenschaftsministerium erwogenen Maximalforderung lag, nämlich die allein maßgebliche Instanz zur Forschungssteuerung zu sein, hatte man sich gegenüber der übrigen Konkurrenz im Feld strategisch geschickt positioniert. Mit Becker im Amt des Präsidenten war der bereits bestehende Brückenschlag zum Militär weiter gefestigt, so wie die Berufung auf die einzelnen Fachleiterpositionen ebenfalls mit Forschern erfolgte, die nicht nur fachlich besonders geeignet waren, sondern auch in anderen Kontexten eine wichtige Rolle spielten. So folgte die Besetzung des Bereichs »Landbauwissenschaft und Allgemeine Biologie« mit Konrad Meyer dem Kalkül, damit die Verbindung zu Reichsbauernführer Walter Darré zu schlagen. Mit Ferdinand Sauerbruch als Leiter der Gliederung Medizin war ein international hoch angesehener Gelehrter gewonnen worden, der dem Forschungsrat allein durch sein Renommee Gewicht verlieh. Die Fachspartenleiter gaben in Absprache mit dem Präsidium der Forschung die Richtung vor, begutachteten die Anträge und entschieden über die Bewilligung von Forschungsmitteln. Allein die Geisteswissenschaften erhielten keine Vertretung im Reichsforschungsrat, da sie zur Bewältigung der durch den Vierjahresplan konkret gestellten Aufgaben nichts beizutragen hätten. Für sie blieb weiterhin die Forschungsgemeinschaft zuständig, so daß von einer grundsätzlichen Vernachlässigung geisteswissenschaftlicher Forschung im »Dritten Reich« keine Rede sein kann.[452]

Bis zum Krieg durchmaß der Reichsforschungsrat eine Konsolidierungsphase. Von der Schaffung eines eigenen Verwaltungsapparates wurde gemäß der Maxime, aus eigener Kraft zu agieren, abgesehen und stattdessen auf die funktionierenden Strukturen der Deutschen Forschungsgemeinschaft zurückgegriffen. Die von ihr ernannten Einzelberater wirkten in den jeweiligen Gebieten zugleich als Mitarbeiter und Sachbearbeiter für Aufgaben des Forschungsrates, was die zeitgenössische Kritik nährte, der Reichsforschungsrat sei im Grunde wenig mehr als eine reformierte Forschungsgemeinschaft. Dieser Eindruck mochte entstehen, weil der angestrebte Effekt effizienter Forschungskoordination nicht unmittelbar sichtbar wurde, sondern sich erst allmählich einstellte.

Mit den gewachsenen Ansprüchen an die Verwaltung erhöhte sich der Raumbedarf, so daß die gemietete Immobilie aufgegeben und man 1939 nach Dahlem in ein neu errichtetes, großzügig bemessenes Dienstgebäude in der Grunewaldstraße 35 umzog.[453] Hier tagten auch die Gremien des Forschungsrates. Damit waren beide Einrichtungen unter einem Dach vereint, zumal deren Führung ohnehin wesentlich in der Hand eines Mannes, nämlich Rudolf Mentzels, lag. Nachdem Rust seinen jungen Protegé im November 1936 zum Präsidenten der Forschungsgemeinschaft gemacht hatte, berief er ihn im März 1937 als Mitglied in den Reichsforschungsrat. 1939 folgten Mentzels Ernennung zum Chef von Amt W im Reichswissenschaftsministerium und Vizepräsidenten des Reichsforschungsrats, womit er nunmehr drei Schlüsselpositionen im deutschen Wissenschaftssystem einnahm. Sein Konzept der zentralen Forschungslenkung aus den vorhandenen Strukturen heraus hatte sich vor allem für ihn selbst auf das Schönste konkretisiert.

In einem Rückblick aus dem Jahr 1939 rühmte sich der Reichsforschungsrat, »jährlich mehrere Tausend Forschungsvorhaben unterstützt, hunderte von Stipendien gewährt und sich um einen leistungsfähigen Nachwuchs auf den von ihm betreuten Gebieten bemüht« zu haben. Nachgerade überdeutlich wurde in dem Papier darauf hingewiesen, daß der »Grundsatz der freien Forschung« unberührt geblieben und nicht nur die Zweckforschung, sondern auch die Grundlagenforschung mit erheblichen Fördermitteln bedacht worden sei. »[D]enn anwendbare wissenschaftliche Erkenntnisse«, hieß es weise, »sind nur dann in ausreichendem Maße zu finden, wenn die selbstlose Forschungsarbeit an wissenschaftlichen Fragen unbeirrt weiter geführt wird.«[454] Dies dürfte vielen Forschern an den staatlichen Instituten aus der Seele gesprochen gewesen sein. Der nationalsozialistische Planungsfuror griff tief in gewachsene

Strukturen ein, was zusammen mit den politischen Anforderungen an den einzelnen Wissenschaftler bald zu Störungen, aber vor allem zu einem signifikanten Leistungsabfall beim wissenschaftlichen Nachwuchs führte. »Ist der Vorrang der deutschen Forschung gefährdet?« titelte 1939 der »Wirtschaftspolitische Dienst«, nachdem der Chef der neu gegründeten Abteilung Wissenschaft im OKW, Erich Schumann, für einen erhöhten militärischen Einfluß auf das Forschungsgeschehen an Hochschulen und staatlichen Forschungseinrichtungen eingetreten war. Ein wenig scheinheilig wurde in dem Beitrag die Frage erörtert, ob nun die Wissenschaft unter Kommando gestellt werde oder ob in Zukunft gar von einer kommandierten Wissenschaft gesprochen werden müsse. Der Autor beeilte sich im Fortgang des Artikels zwar, diese Überlegungen als vollkommen haltlos abzutun, was aber den Ärger Unter den Linden über die unverhohlene Kritik an der Politik des Reichswissenschaftsministeriums nicht besänftigen konnte.[455]

Führung durch Vernetzung

Zu den ersten Handlungen Mentzels in seiner neuen Eigenschaft als Chef des Amtes Wissenschaft zählte eine persönliche Mitteilung an alle maßgeblichen Einrichtungen im Reich. Mentzels Formulierungen lassen ahnen, daß die bis dahin erbrachte Konzentrationsleistung offenbar hinter den Erwartungen des Ministeriums zurückgeblieben war, und dementsprechend wartete der neue Amtschef bei seinen Adressaten mit drei Überlegungen für die zukünftige Gestaltung der Forschungspolitik auf. Als erstes schien es ihm vordringlich zu sein, das Ansehen der Wissenschaft und des Forschers in der »völkischen Gemeinschaft« zu heben, das besonders in den ersten Jahren des Regimes unter allzu harscher Kritik gelitten habe. Für nicht weniger wichtig hielt er sein zweites Ziel, nämlich den inzwischen katastrophalen Nachwuchsmangel in vielen Disziplinen zu bekämpfen, d. h. mehr Abiturienten zur Aufnahme eines Studiums zu bewegen und die besten Nachwuchswissenschaftler anschließend auch in den staatlichen Forschungseinrichtungen zu halten. Die Behebung der Nachwuchsnot besitze, so erklärte der neue Amtschef, einen mit anderen »*völkischen Aufgaben*« vergleichbaren Rang. Schließlich setzte sich Mentzel mit seiner dritten Überlegung dafür ein, die staatliche Forschungsförderung massiv zu erhöhen und die Vergabe dieser Mittel zu vereinfachen, d. h. möglichst in einer Hand zu konzentrieren. Der Zwang für jeden Wissenschaftler, »sich bei allen möglichen öffentlichen und privaten Stellen um Unterstützung für sich und seine Arbeit bewerben« zu müssen, lenke von der eigentlichen Arbeit ab und berge darüber hinaus die Gefahr, daß er »in eine gefährliche Abhängigkeit von Außenstehenden« gerate.[456]

Mit dem Wechsel an der Spitze des Amtes Wissenschaft 1939 nahm das Ministerium also die Gelegenheit zur Neupositionierung wahr. Mentzels Dreipunkteprogramm griff zum einen geschickt die inzwischen aus unterschiedlichen Richtungen laut gewordene Kritik an der Wissenschaftspolitik des Ministeriums als ineffezient auf und nahm ihr damit einigen Wind aus den Segeln. Zum anderen markierte er die Ansprüche seines Hauses und gab die Linie vor, in welche Richtung künftig zu agieren sei. Die meisten Empfänger bedankten sich höflich für das Schreiben und gratulierten Mentzel zu seiner Ernennung. Auf die Glückwünsche von Carl Bosch antwortete der neue Amtschef mit der ausdrücklichen Versicherung, »in der Kaiser-Wilhelm-Gesellschaft von jeher einen integrierenden Faktor der deutschen Wissenschaft gesehen« zu haben, den er nun »mit allen Mitteln« auch in der Zukunft weiter zu fördern gedenke. Da lag die »Eroberung« der renommierten Forschungseinrichtung durch das Reichswissenschaftsministerium bereits einige Zeit zurück.[457]

Schon am 27. Juli 1934 war der Gesellschaft offiziell mitgeteilt worden, daß die laut Satzung bislang dem Reichsinnenminister zustehenden Rechte nunmehr auf das Reichswissenschaftsministerium übergingen. Damit zerschlugen sich die noch im April dieses Jahres ernstlich gehegten Hoffnungen des Präsidenten Max Planck, die »unmittelbar bevorstehende Regelung der Reichskulturverwaltung« werde die bisherige Kulturabteilung im Reichsinnenministerium und nicht das preußische Kultusministerium zum Ausgangspunkt haben. Denn mit dem Haus Unter den Linden befinde man sich seit der »Machtergreifung« regelmäßig in Konflikt, wie er dem Zoologen Fritz von Wettstein in einem privaten Schreiben klagte. Tatsächlich hatte die Hochschulabteilung des Ministeriums unter Leitung Theodor Vahlens von Anfang an nach maximaler Einflußnahme auf sämtliche Angelegenheiten der Kaiser-Wilhelm-Gesellschaft gestrebt und besonders massiv in Personalfragen eingegriffen.[458] Doch selbst für wissenschaftlich an sich belanglose Fragen, ob offizielle Würdigungen für verstorbene Institutsdirektoren wie Fritz Haber oder Erwin Baur statthaft seien, behielt sich das Ministerium die Entscheidung vor, indem es sich auf den Standpunkt stellte, »daß die Abhaltung von Gedächtnisfeiern für verstorbene deutsche Gelehrte, selbst wenn sie zu den größten und bedeutendsten gehören, nur in ganz bestimmtem Maße geschehen darf«; in welchem Maße genau, ließ der Minister im Ungewissen. Die Folge dieser kaum verhüllten Disziplinierungsmaßnahmen waren Verstimmungen im Verkehr zwischen Ministerium und Forschungsverbund. Dergleichen Interventionen war man aus der früheren Zusammenarbeit mit den zuständigen Staatsstellen, namentlich mit Ministerialrat Max Donnevert aus dem Reichsinnenministerium, nicht gewohnt gewesen.

Die Rigorosität, mit der man Unter den Linden auf die Umsetzung des Berufsbeamtengesetzes in den Kaiser-Wilhelm-Instituten pochte, wurde inzwischen gewissenhaft erforscht, ebenso die couragierten, aber vergeblichen Interventionsversuche des Präsidenten, Max Planck, wie des Generaldirektors, Friedrich Glum, für eine halbwegs würdige Behandlung der entlassenen Gelehrten und Senatoren. An der Spitze der Gesellschaft war man freilich zugleich um den Fortbestand und den Erhalt der Handlungsfähigkeit besorgt, was die Kompromißgeneigtheit gegenüber dem Staat beförderte. Im Mai 1933 trat der Senat der Kaiser-Wilhelm-Gesellschaft geschlossen zurück. Bei der Benennung neuer Senatoren achtete man nun sehr genau darauf, den veränderten politischen Verhältnissen Rechnung zu tragen, und bedachte unter anderem Theodor Vahlen, Johannes Stark und Philipp Lenard mit dieser Würde. Die so wichtige wie politisch heikle Präsidentenfrage wurde indes mit der Wiederwahl des fünfundsiebzigjährigen Max Planck für drei Jahre aufgeschoben, womit sich die neuen Machthaber einverstanden erklärten. Der Nobelpreisträger pflegte einen höflichen, von Vorsicht bestimmten Umgang mit ihnen und verbarg seine tiefsitzende Verachtung des inhumanen Charakters dieses Regimes.[459] Friedrich Glum hingegen sollte die neue Situation gründlich verschätzen. Der eigentlich mit allen Finessen der geschickten Menschenführung vertraute Generalsekretär sah allzu offensichtlich auf »die Nazis« als generell ungebildet und sozial nicht satisfaktionsfähig herab und verzichtete darum wohl auch darauf, Zutritt zum Kreis der nunmehr in der Wissenschaftspolitik den Ton angebenden Elite zu gewinnen. Sein in den Weimarer Jahren kultiviertes, für die Belange der Kaiser-Wilhelm-Gesellschaft überaus erfolgreiches »Networking« in den nationalkonservativen Honoratiorenklubs der Stadt erwies sich bald nach 1933 als wirkungslos. Die »bisher gepflegten Methoden paßten nicht mehr in die gegenwärtige Zeit«, hielt hingegen Ernst Telschow in einem Aktenvermerk 1933 fest und begann seinerseits mit der systematischen Pflege von »nationalsozialistischen Größen«. Sein Engagement zahlte sich aus. 1937 übernahm Telschow an Stelle Glums das Generalsekretariat der Gesellschaft.[460]

Durch politisch motivierte Entlassungen und den plötzlichen Tod zweier Institutsdirektoren waren nach 1933 gleich fünf Direktorenstellen gleichzeitig neu zu besetzen, was schon zu normalen Zeiten ein anstrengendes Unterfangen gewesen wäre, nun aber angesichts der unerprobten Strukturen direkt kompliziert war. In allen diesen Fällen beanspruchte das Kultusministerium ein über das bis dahin gewohnte Maß hinausgehendes Mitspracherecht, wobei es mit erstaunlicher Offenheit sein eigentliches Interesse, nämlich die Indienststellung der einschlägigen Institute für Zwecke der Rüstungsforschung, erkennen ließ. Dies traf insbesondere auf das von Fritz Haber begründete Institut für physikalische Chemie und Elektrochemie in Dahlem zu. Nach dem erzwungenen Rücktritt Habers 1933 hatte Rust nicht lange gezögert und im Einvernehmen mit dem Reichswehrministerium, aber bezeichnenderweise ohne vorherige Absprache mit dem Präsidium der Kaiser-Wilhelm-Gesellschaft, den Göttinger Chemiker Gerhart Jander zum kommissarischen Direktor ernannt. Gleichzeitig mit ihm hielten Mentzel und Thiessen Einzug in führende Positionen des Instituts. Als mit der Berufung Janders an die Universität Greifswald 1935 die Direktorenfrage erneut auf die Tagesordnung kam, setzte das Ministerium die Ernennung Thiessens gegen den erklärten Willen der Kaiser-Wilhelm-Gesellschaft durch, die den Münchner Chemiker und Nobelpreisträger des Jahres 1930, Hanns Fischer, favorisiert hatte.[461]

In der Sitzung des Verwaltungsausschusses am 9. April 1935 war die umstrittene Direktorenwahl eingehend erörtert worden und hatte Max Planck zunächst den Ministeriumsvertreter Mentzel der Form halber um Erlaubnis gebeten, »Verhandlungen mit Herrn Fischer [...] führen« zu dürfen. Mit ihm, einem »international bekannten« Forscher, lobte der Präsident, würde den »berechtigten Wünschen des Reichswehrministeriums« bestens entsprochen werden. Offenbar nahm er an, mit dem Hinweis auf zuvor geführte Verhandlungen mit militärischen Stellen auch schon allen etwaigen Einwänden des Ministeriums die Stoßkraft genommen zu haben. Aber dort hielt man an der Besetzung der Position mit Thiessen fest. »Es handelt sich hierbei nicht um ein Kommissariat für Herrn Thiessen, sondern um eine Dauerstellung«, unterstrich Mentzel die Ernsthaftigkeit der ministeriellen Entscheidung. Man komme den Interessen der Heeresverwaltung entgegen, die gezwungen sei, »in dem Institut brennende Tagesfragen in Arbeit zu nehmen«, zumal man dort über eine eigene wissenschaftliche Einrichtung noch nicht verfüge; später »könne das Institut aber wohl der Kaiser-Wilhelm-Gesellschaft für allgemeine wie wissenschaftliche Fragen wieder freigegeben werden«. Es folgten erregte Entgegnungen seitens der Ausschußmitglieder, die an Mentzel jedoch wie an einer Mauer abprallten. Auch der vier Wochen später von Planck unternommene Versuch, den Minister im persönlichen Gespräch umzustimmen, scheiterte. Er habe »dem Vorschlag des Herrn Ministers nicht freudig zugestimmt«, verteidigte sich Planck gegen die Kritik Eugen Fischers und Otto Hahns, es angesichts »der gegenwärtigen Lage [...] aber für richtig gehalten, sich dem klar ausgesprochenen Willen des Ministers zu fügen«.

Die verdeckte staatliche »Beschlagnahmung« des physikalisch-chemischen Instituts für Zwecke der Rüstungsforschung war eine beschlossene Sache und sollte bis 1945 bestehen bleiben. Da war es ein geringer Trost, daß sich die finanzielle Lage der Gesellschaft nach 1933 spürbar verbesserte. »Er könne mit besonderer Freude feststellen«, verkündete Max Planck auf der erwähnten Sitzung, »daß die nationalsozialistische Regierung für die finanziellen Bedürfnisse der Kaiser-Wilhelm-Gesellschaft großes Verständnis gezeigt habe und die Gesellschaft in die Lage versetzt habe, ihre Arbeit, die vorher unter Geldmangel erheblich gelitten habe, fruchtbringend fortzusetzen.« Bis 1938 hielt der Trend wachsender staatlicher Zuwendungen an. Der hierfür zu zahlende Preis war freilich hoch; mit einer Mischung aus Entgegenkommen und Zwang machte sich das Ministerium die Kaiser-Wilhelm-Gesellschaft in den maßgeblichen Bereichen nach und nach gefügig.[462]

Eine weitere Gelegenheit zur Steigerung des ministeriellen Einflusses bot die Nachfolge im Präsidentenamt. Am 1. April 1936 lief die verlängerte zweite Amtszeit Plancks aus. Natürlich war diese bedeutende Personalie schon im Vorfeld von allen beteiligten Instanzen intensiv erörtert worden, aber die Entscheidung lag bei Rust. Bis zum Abschluß des Verfahrens sollte mehr als ein Jahr ins Land gehen und Planck die Präsidentschaft kommissarisch versehen. Das Wissenschaftsministerium faßte zunächst Philipp Lenard ins Auge, den 1862 geborenen Physiker und Nobelpreisträger des Jahres 1905. Wie ein Brief von ihm an Vahlen zeigt, nahm er aber nur wenig Anteil am Geschick der Gesellschaft, die er aus antisemitischen Ressentiments heraus am liebsten aufgelöst gesehen hätte. Unter den Linden dürfte man an den Vierundsiebzigjährigen ernstlich auch nur als eine vergleichsweise leicht zu lenkende Stellvertreterfigur gedacht haben, die über wissenschaftliches Renommee verfügte und dazu als offensiver Vertreter einer »deutschen Physik« keinen Zweifel an ihrer politischen Zuverlässigkeit ließ. In dieser Hinsicht hätte Lenard sich zudem gut geeignet, um gegen Johannes Stark ins Feld geführt zu werden, an dessen Demontage vom Amt des DFG-Präsidenten man im Wissenschaftsministerium gerade mit Hochdruck arbeitete. Hier richtete sich das Interesse einzig auf die Stärkung des Beziehungsdreiecks Reichsministerium, Heeresverwaltung und Kaiser-Wilhelm-Gesellschaft. Diesem Anspruch sollte der Kandidat neben den sonstigen Anforderungen an ein solches Amt in erster Linie genügen.

Der Gesellschaft selbst waren beide Kandidaten gleichermaßen unerwünscht. Mehr als einen von diesen fürchtete man insgeheim nur noch den freilich unwahrscheinlichen Oktroi Mentzels oder eines vergleichbar hohen Funktionärs. Schließlich schlug das Präsidium dem Ministerium Carl Bosch, Senator und amtierender Schatzmeister der Gesellschaft, als Nachfolger Plancks vor. Nach anfänglichen politischen Bedenken gegen den Mitbegründer des »Haber-Bosch-Verfahrens« und Chemienobelpreisträger des Jahres 1931 – Bosch galt als regimekritisch, unter anderem weil er 1933 persönlich bei Hitler für seinen Freund Fritz Haber interveniert hatte – stimmte man Unter den Linden dem Vorschlag zu. Diese Wahl bot beiden Seiten Vorteile. Als Vorstandsvorsitzender der IG Farben stand Bosch im Zentrum der chemischen Industrieforschung, als Präsident der Wissenschaftlichen Gesellschaft für Luftfahrtforschung kam er den militärischen Interessen des Ministeriums entgegen und stärkte die Verbindung zu Göring. Nicht zuletzt hatte Bosch aus wirtschaftspolitischen Rücksichten seit 1933 mit dem Nationalsozialismus sympathisiert. Allerdings war er, wie allgemein bekannt war, gesundheitlich angeschlagen und neigte zu übermäßigem Alkoholgenuß.[463]

Das Ministerium knüpfte Bedingungen an die Präsidentschaft Boschs.

Eine dem Führerprinzip Rechnung tragende Satzung mußte erarbeitet und die Gesellschaft sich von ihrem langjährigen Generaldirektor Friedrich Glum trennen. Die Dienstaufsicht des Reichsministeriums wurde nun auch in der Satzung festgeschrieben, ebenso das Recht des Ministers, den Präsidenten und die Senatoren auf Vorschlag des Senats zu ernennen. Bis zur letzten Stunde hatte man um Änderungen gerungen, waren die Satzungsentwürfe zwischen beiden Häusern hin und her gegangen. So war die auf der Senatssitzung am 29. Mai 1937 schließlich verabschiedete Version dem inzwischen nur noch kommissarisch amtierenden Präsidenten Planck erst am Vortag zugegangen. Als Planck mit der Behandlung des ersten Tagesordnungspunkts »Wahl des Präsidenten« beginnen wollte, bestand der Vertreter des Reichswissenschaftsministers und Chef des Amtes Wissenschaft Wacker darauf, zunächst den zweiten Punkt »Satzungsänderung« vorzuziehen. Nach »eingehender Beratung« jedes einzelnen Paragraphen stimmten die Senatoren dem Satzungsentwurf geschlossen zu. Erst danach folgte die Wahl Boschs zum neuen Präsidenten. Schon die von Wacker geforderte Umstellung der Tagesordnung war keine bloße Formalie, sondern demonstrierte bereits die neue ministerielle Macht.[464]

Im Ministerium sah man auch in der Folgezeit sehr genau auf die Beachtung der neuen hierarchischen Strukturen. Mit der im Juli 1937 vom Senat überstellten Liste der neu vorgeschlagenen Senatoren erklärte sich der Minister zwar einverstanden, verbot jedoch eine Mitteilung an die betreffenden Senatoren, bevor nicht jeder von ihnen eine schriftliche »Annahmeerklärung« abgegeben habe. »Es ginge nicht an«, so hielt der neue Generaldirektor Ernst Telschow einen Anruf Mentzels in einem Vermerk fest, »daß der Minister sich nach Abgabe seiner Einverständniserklärung einer eventuellen Ablehnung durch einzelne Senatoren aussetze.« Die angedeutete Prestigefrage war nebensächlich; wichtiger war, daß sich dadurch die satzungsgemäße Mitwirkung des Ministeriums bei der Bestimmung der Senatoren noch einmal erhöht hatte. Man ließ hier nicht nur den Senat als Ganzes »übers Stöckchen springen«, indem die Senatorenliste dem Minister zur Genehmigung vorzulegen war, sondern verlangte von jedem einzelnen vorgeschlagenen Senator einen Unterwerfungsakt in Form eines schriftlich erklärten Einverständnisses, die angetragene Senatorenwürde auch anzunehmen. Auf vergleichbarer Linie lag die von Wacker auf der Senatssitzung im Juli 1937 verlangte Wiederholung der Wahl Boschs zum Präsidenten. Zwar war diese bereits rechtskräftig durch den alten Senat erfolgt, doch bestand Wacker darauf, daß auch das neu zusammengesetzte Gremium dem Minister einen Vorschlag zur Genehmigung einreiche. Erst nachdem Bosch auf der Sitzung erneut vorgeschlagen worden war, vollzog Wacker stellvertretend für seinen Minister die Ernennung und übergab die Urkunde.[465]

Der schärfere Wind in den Spitzengremien der Kaiser-Wilhelm-Gesellschaft kam mit der Neubesetzung des Amtes Wissenschaft im Ministerium durch Otto Wacker auf. Mit ihm gewann die Ministeriumspolitik an Bestimmtheit gegenüber den wissenschaftlichen Einrichtungen, was dort natürlich nicht unbemerkt blieb. Man versuchte sich elastisch auf die Veränderungen einzustellen, wie Max Planck, der den »sehr verehrten Herr[n] Staatsminister« bat, als neuer Chef der Hochschulabteilung künftig am besten persönlich als Vertreter des Ministers an den Senatssitzungen teilzunehmen, »wie dies früher immer der Fall war«. Wacker replizierte zuckersüß auf die »liebenswürdige Einladung« des scheidenden Präsidenten und sagte seine regelmäßige Teilnahme im Senat der Gesellschaft zu.[466] Unter Präsident Bosch erhielt Wacker außer der Senatorenwürde den einflußreichen Posten eines ersten Vizepräsidenten der Kaiser-Wilhelm-Gesellschaft. Neben ihm hatte vor allem Mentzel ein Auge auf die Forschungsinstitution. Soeben als Nachfolger von Johannes Stark zum Präsidenten der Forschungsgemeinschaft ernannt, wurde er gemeinsam mit dem Präsidenten des Reichsforschungsrats, Karl Becker, Mitglied im Beirat der Gesellschaft.[467] Das Reichswissenschaftsministerium hatte 1937 sein Ziel, die wohl renommierteste Forschungseinrichtung im Reich weitgehend unter seine Kontrolle zu bringen und dem Regime dienstbar zu machen, erreicht.

Mit großer Energie wußte Mentzel, zunächst noch gemeinsam mit Wacker, auch in den folgenden Jahren den Einfluß seines Hauses in der Kaiser-Wilhelm-Gesellschaft auszudehnen. Am gewaltigen Forschungspotential der Gesellschaft war Reichsernährungsminister Darré ebenso interessiert wie das Luftfahrtministerium Görings, so daß beide Ministerien jeweils hohe Summen zu Forschungszwecken bereitstellten. Der Anteil dieser Sonderzuweisungen erreichte 1938 fast die Höhe des vom Reichswissenschaftsministerium gewährten ordentlichen Zuschusses und beförderte den Wunsch nach entsprechender personeller Berücksichtigung in den Leitungsgremien der Gesellschaft. Dem wurde mit der Ernennung von Herbert Backe, Staatssekretär im Reichsernährungsministerium, und Erhard Milch, Staatssekretär im Reichsluftfahrtministerium, zu Senatoren der Kaiser-Wilhelm-Gesellschaft auch entsprochen.[468] Unter den Linden wußte man sich Nolens volens mit der Konkurrenz zu arrangieren, was freilich später unter den spezifischen Bedingungen des Krieges stetig schwerer fiel. Die Dienstaufsicht über die Kaiser-Wilhelm-Gesellschaft und damit das maßgebliche Steuerungsinstrument blieb jedoch bis 1945 in der Hand Rusts, dessen Protegé Mentzel mit gezielter Vernetzung für die Absicherung der ministeriellen Macht sorgte.

Nachdem Otto Wacker nach gerade einmal zwei Jahren sein Amt aufgegeben hatte und im Frühjahr 1939 nach Karlsruhe zurückgekehrt war, erschien es nur folgerichtig, daß Mentzel seine Nachfolge antrat.[469] Es ist schwer zu sagen, welche seiner Positionen die einflußreichste war, zusammengenommen verstärkten sich die Effekte jedenfalls beträchtlich, so daß Mentzel als maßgeblicher Wissenschaftsorganisator fortan nur schwer zu ignorieren war. Doch weder die geschickte Ämterakkumulation noch die Hand des Ministers schützte immer ausreichend vor Gegnern, von denen Mentzel einige besaß. Sein hoher SS-Rang versprach zwar einen gewissen Rückhalt bei Himmler ebenso wie seine Verbindungen zum Militär seine Stellung stärkten, was jedoch angesichts der allgemein verbreiteten Neigung zur Intrige nicht viel heißen mußte. Der vom Amt Rosenberg unterstellte »SS-Ring im Dozentenbund, Studentenbund, Parteikanzlei und Erziehungsministerium« arbeitete längst nicht so einvernehmlich zusammen, wie dort vermutet wurde. Allianzen mußten immer wieder erneuert, Verbindungen regelmäßig gepflegt werden, eine Kunst, die mit verbohrten Parteiideologen wie Alfred Rosenberg nicht eben leicht fiel. Mentzel bemühte sich jedenfalls um ein verbessertes Verhältnis des Ministeriums zu Martin Bormann. Gleich nach Amtsantritt fragte er in der Parteikanzlei um Audienz nach, erhielt aber erst nach einigen Wochen die huldvolle Mitteilung, daß »Reichsleiter Bormann Herrn Mentzel in den nächsten Tagen zu einer Besprechung zur Verfügung stehen« werde.[470]

Ein gewisser Rückhalt in der Partei war für eine störungsfreie Wissenschaftspolitik unerläßlich und damit das Antichambrieren der Wissenschaftsfunktionäre in der Parteikanzlei alternativlos. Mentzel dürfte aus den Erfahrungen seines Vorgängers im Amt viel gelernt haben. Zuletzt hatte Otto Wacker in seinem Abschiedsgesuch an den Minister noch einmal auf die Pflege guter Beziehungen mit den Parteidienststellen aufmerksam gemacht und ein einvernehmliches Zusammenwirken des Ministeriums mit der Partei angemahnt. Auf den Bereich Wissenschaft bezogen plädierte er dafür, daß »an der Spitze eine klare Zusammenfassung durch Personalunion herbeigeführt« werde, um »die Kräfte der Partei und die Kräfte des Staates bezüglich dieses Sektors in eine zielklare, zweckmäßige und einfache Arbeitsrichtung zu bringen«.[471] Der scheidende Amtschef ließ offen, ob er insgeheim nicht an sich selbst als diejenige Person dachte, die den bestehenden Dualismus zwischen Staat und Partei überwinden könnte. Reichsminister Rust scheint Wacker in solchen Ambitionen aber nicht bestärkt zu haben, denn er zeigte kein besonderes Interesse an seinem Verbleib. Durch Wackers Ausscheiden kam Rusts Günstling Mentzel zum Zuge.

Seit der Gründung des Reichswissenschaftsministeriums im Mai 1934 hatte sich die Forschungslandschaft im Deutschen Reich mit der Zentralisierung ihrer Strukturen gründlich verändert. Die Förderung der Wissenschaften durch die Deutsche Forschungsgemeinschaft lag komplett in der Hand des Ministeriums, diejenige durch den Reichsforschungsrat zum großen Teil. Hinzu kam die Einflußnahme auf den wohl wichtigsten teilstaatlichen Forschungsverbund Kaiser-Wilhelm-Gesellschaft, über die das Wissenschaftsministerium die Dienstaufsicht errang und auf den Gang der Forschungsentwicklung einwirken konnte. Hitler bekräftigte den Vorrang des Ministeriums vor konkurrierenden Instanzen gelegentlich sogar persönlich, etwa mit der Entscheidung, Rust bei der Nachfolge Plancks freie Hand zu lassen. Abgesehen von der rigiden Entlassungspolitik der ersten Jahre vermied man Unter den Linden offen gewaltsame Eingriffe in die inneren Strukturen der Forschungseinrichtungen und wartete auf günstige Gelegenheiten zur sukzessiven Verbreiterung des Einflusses, wie der Wechsel im Präsidentenamt der Kaiser-Wilhelm-Gesellschaft 1937 eine war. Ohne Mitwirkung der wissenschaftlichen Elite war die erwünschte Steigerung der Forschungsproduktivität auch kaum zu haben, so daß die Beamten im allgemeinen eine kooperative Politik dem Konflikt vorzogen. Auf diese Weise war es Mentzel binnen vier Jahren gelungen, sich in gleich mehreren strategisch wichtigen Funktionen zu positionieren und damit den Vernetzungsgrad des Hauses im deutschen Wissenschaftssystem zu optimieren. Die Forschungseinrichtungen im Reich profitierten vom wissenschaftlichen Interesse des Regimes, denn die materiellen Zuwendungen des Staates vor allem in den autarkie- und rüstungsrelevanten Bereichen stiegen signifikant.

Die Zentralisierungsbestrebungen des Reichswissenschaftsministeriums wurden freilich durch die Einflußnahme der Partei und ihrer Gliederungen immer wieder aufs neue empfindlich angegriffen. Der hohe Parteirang des Ministers und die von etlichen seiner Beamten eingenommenen hohen SS-Ränge immunisierten keineswegs in allen Fällen. Mit Triumph warf der letztlich unfreiwillig scheidende Amtschef Wacker Rust die vermeintlich schwache politische Stellung seines Hauses vor, das den ursprünglichen Charakter »eines rein staatlichen und damit auf den staatlichen Bereich beschränkten Arbeitskörpers« bewahrt und im Unterschied zu anderen Reichsbehörden kein »konstruktive[s] Verhältnis« zur Partei gefunden habe. Sein Rat an Rust, wie der Konflikte zukünftig besser Herr zu werden sei, lief auf die Auslieferung des Ministeriums an die Partei hinaus: »Es kann gar keinen Zweifel darüber geben, daß die [...] Probleme ohne die engste Zusammenarbeit, ja ohne die Zusammenfassung der schöpferischen Kräfte in Partei und Staat in einer Hand nicht gelöst werden können, daß also eine organische oder organisatorische Verbindung des Amtschefs Wissenschaft [...] mit einer entsprechenden Dienststelle innerhalb der NSDAP notwendig ist, um der hier zu leistenden Arbeit die nötige Wucht und Durchschlagskraft zu geben und schöpferische Ideen, die aus dem Geiste des Nationalsozialismus lebendig werden, in die reale Wirklichkeit umsetzen zu können, ohne daß bürokratische Hemmungen dazwischengeschaltet sind.«[472] Unterstützt vom Reichsführer-SS kamen die Vorschläge Wackers bis zum Vortrag vor Hitler. Der zeigte sich freilich unbeeindruckt und stärkte einmal mehr Rust in seiner politischen Stellung. Abgesehen davon, daß der Diktator am uferlosen Anwachsen des SS-Einflusses kein Interesse besaß, sah er vermutlich klarer als Wacker, daß der Nationalsozialismus von der Durchdringung der »realen Wirklichkeit« im Land noch weit entfernt war.[473] Eine stärkere Ideologisierung der Wissenschaftsstrukturen hätte die kooperationsbereiten Eliten in den Forschungseinrichtungen verschreckt und das eigentliche Ziel ihrer Indienstnahme zum Zweck der Kriegführung gefährdet. Dagegen versprach die Rust'sche Politik der beharrlichen Indoktrination zwar keinen raschen, auf längere Sicht aber einen anhaltenderen Erfolg.

Schon der Umbau der Forschungsstrukturen im Reich kostete das Reichsministerium erhebliche Energien. Kaum geringer waren die Anstrengungen, die zur Nazifizierung der Universitäten und Hochschulen erbracht wurden. Zwar stellte sich sogleich eine ganze Reihe von »Beratern« dem Ministerium zur Verfügung, die zum Teil ungebeten mit Gutachten und Denkschriften den Aufbau der Hochschulwelt nach »völkischen« Gesichtspunkten mitbefördern wollten. Vor allem aber traf das Interesse der Partei an der Wissenschaft mit dem an der Erziehung der geistigen Elite zusammen und begründete einen umfassenden Mitgestaltungsanspruch, der regelmäßig in Gegensatz zur Politik des Reichswissenschaftsministers geriet. Häufiges Taktieren im Haus Unter den Linden war einmal mehr die Folge, so daß die Hochschulpolitik zeitgenössisch alsbald den Eindruck mangelnder Beständigkeit erweckte.

Die schwierige Steuerung der Universitäten und Hochschulen

Am 30. Januar 1939, dem sechsten Jahrestag des nationalsozialistischen Regierungsantritts, hielt Oberregierungsrat Hans Huber einen Vortrag vor der Berliner Verwaltungsakademie. Er fand im Rahmen der »fachwissenschaftlichen Woche für Universitätsbeamte« statt, die von Vertretern des Reichskultusministeriums gern als Gelegenheit wahrgenommen wurde, ihre Kollegen an der universitären »Front« über die Veränderungen in der Hochschullandschaft zu informieren. Huber sprach über den »Aufbau des deutschen Hochschulwesens«, an dem sich seit 1933 vieles gravierend gewandelt hatte. Mit einigem Recht durfte sich der 1907 in Freiburg geborene Jurist ein Experte auf diesem Gebiet nennen, seit er im Gefolge Otto Wackers von Karlsruhe 1937 an die Spree gezogen und im Bereich der Hochschulverwaltung tätig geworden war. Wegen seiner beachtlichen Kenntnisse ordnete ihn der Minister nach dem »Anschluß« Österreichs zeitweilig nach Wien ab, um die nationalsozialistische Umgestaltung der dortigen Hochschulen zu begleiten. Huber war 1933 in die NSDAP eingetreten, im gleichen Jahr in die SS aufgenommen worden und diente seither auch dem Sicherheitsdienst des Ordens als Spitzel. Einem internen Gutachten zufolge leistete er auf diesem Gebiet ebenso »hervorragende Arbeit« wie im Ministerium – nur worüber er im einzelnen berichtete, ob über seine Kollegen oder gar über den Minister, dazu geben die Unterlagen keinen Aufschluß. Als Wacker im Frühjahr 1939 Berlin den Rücken kehrte, blieb Huber im Dienst des Reiches. Seine Loyalität galt nun dem neuen Amtschef Mentzel, dem er bis zu seiner Einberufung 1942, zuletzt im Rang eines Ministerialrats zuverlässig diente. Mit Helmut Bojunga, Gerhard Kasper, Otto von Rottenburg und vielen anderen nach 1933 in den Dienst des Kultusministeriums getretenen Beamten gehörte er zum Kreis der juristisch gebildeten höheren Funktionselite, auf der die Ministeriumsarbeit maßgeblich basierte.[474]

Mit seinem Vortrag vor der Berliner Verwaltungsakademie zog Huber Bilanz über sechs Jahre nationalsozialistischer Hochschulpolitik. Sie fiel erwartungsgemäß positiv aus, ohne daß der Oberregierungsrat die nach wie vor herrschenden Schwierigkeiten und unerreicht gebliebenen Ziele verschwiegen hätte. Als Einstieg in das Thema griff er die im westlichen Ausland kursierende, angeblich zumeist von jüdischen Emigranten geübte Kritik an der wissenschaftlichen Entwicklung Deutschlands auf. Huber verteidigte die nach 1933 erfolgte »Ausmerzung dieser Kräfte«, worin er auch im Nachhinein keinen besonderen Verlust für die Wissenschaft erblicken mochte. Auf die tatsächlich oft prekären Existenzbedingungen von vielen aus Deutschland vertriebenen Gelehrten anspielend, suggerierte er seinem Publikum, daß ihre wissenschaftliche Bedeutung doch offenbar weit überschätzt werde: »Wäre es möglich«, gab er zu bedenken, »daß das Ausland diese angeblich wertvollsten Kräfte, die doch – so wird behauptet – Weltruf und Vorrang der deutschen Wissenschaft ausgemacht haben sollen –, ohne wichtige Funktion und teilweise ohne Erwerb brachliegen ließe, wenn es sich wirklich um so hervorragende Geister handeln würde?« Das war ein reichlich zynischer Blick auf die Lage der deutschen Emigranten, der von einiger Hartherzigkeit, aber mehr noch von der wissenschaftspolitischen Kurzsichtigkeit des Regierungsrats zeugte. Dennoch scheint die internationale Schelte nicht gänzlich wirkungslos geblieben zu sein, wenn sie so ausdrücklich erörtert wurde. Die nach wie vor hohe Attraktivität deutscher Hochschulen und Universitäten werde durch die wachsende Zahl ausländischer Gelehrter auf wissenschaftlichen Tagungen unterstrichen, behauptete Huber zur Abwehr von Kritik, die wohl kaum alle nach Deutschland kämen, wenn »sie doch bei dem angeblichen Tiefstand unserer Wissenschaft nichts lernen und nichts Neues sehen« würden. Schließlich verwies er auf den vermeintlich »vertraulichen Bericht« einer amerikanischen Studienkommission zum Stand der wissenschaftlichen Forschungseinrichtungen in Europa, unter denen die deutschen Institute als »mustergültig bezeichnet«

worden seien. Den Nachweis dieser schmeichelhaften Expertise blieb Huber seinen Zuhörern freilich schuldig.[475]

Die nationalsozialistische Entlassungspolitik griff gravierend in den Personalbestand sämtlicher wissenschaftlichen Einrichtungen ein. Allein an Universitäten und Hochschulen betraf dies rund 45 % aller Stellen, die bis 1939 neu, mit zumeist jungen Kräften besetzt worden waren. In konkreten Zahlen hatte das Ministerium einer intern aufgestellten Liste zufolge binnen sechs Jahren 1231 Besetzungsverfahren durchgeführt und damit den gleichfalls von den Nationalsozialisten angestrebten Effekt erzielt, daß sich die akademischen Lehrkörper allerorten verjüngten. Von Entlassung und sonstigen Repressalien waren nicht nur jüdische Wissenschaftler betroffen; auf sie richtete sich aber das besondere Interesse der Ministerialbeamten, so daß Franz Bachér sich mit der Behauptung brüstete, die Hochschulabteilung des Hauses habe »die Nichtarierfrage praktisch wahrscheinlich am schärfsten gehandhabt von allen anderen Behörden«. Der am Ende der Weimarer Jahre aufgelaufene Stau schlecht versorgter oder stellenloser Nachwuchswissenschaftler hatte sich auf diese Weise weitgehend aufgelöst.[476] Im Zuge der ersten Entlassungswelle 1933/34 waren freilich auch viele unerwünschte Töne vor allem seitens des nationalsozialistischen Studentenbundes gefallen. Mit starkem antiintellektuellen Ressentiment zogen die Studentenbundsfunktionäre schon bald nicht mehr nur gegen politisch mißliebige Professoren zu Felde, sondern richteten ihren Protest gegen den Typus des bürgerlichen Gelehrten schlechthin. Von Pressekampagnen des Propagandaministeriums begleitet, nahmen die Auseinandersetzungen der ersten Jahre vielfach Züge eines Generationenkonflikts an, den die Universitäten so wenig steuern konnten wie der Staat. Das Ansehen des Gelehrtenstandes sank in der Öffentlichkeit, worauf die Länderministerien, aber auch das Reichskultusministerium erst spät und dann mit geringem Nachdruck reagierten. Der ab Mitte der dreißiger Jahre in den akademischen Berufen drängend werdende Nachwuchsmangel besaß wohl auch darin eine Ursache.[477]

Den wachsenden Reputationsverlust vor Augen schlug Regierungsrat Huber 1937 die Veranstaltung sogenannter Hochschulwochen vor, die sich an die breite Öffentlichkeit richten sollten. Otto Wacker griff diese Idee auf und empfahl sie im Februar 1938 per Erlaß den Hochschulen. Die später darüber nach Berlin erstatteten Berichte zeigen, daß diese neue Form der Werbung in der Bevölkerung gut angenommen wurde. In seinem Berliner Vortrag stilisierte Huber die Hochschulwochen zur Gelegenheit für Professoren, »ihre Arbeit in das Volk zu tragen, zu zeigen, daß es sich hier nicht um das geheimnisvolle, unproduktive Tun einer kleinen Zunft handelt, sondern um eine lebenswichtige, Idealisten und Aktivisten als Mitarbeiter erfordernde Arbeit für das Gesamtvolk«. Nur sollte sich die einmal verlorene Reputation so schnell nicht wiederherstellen lassen. Zwar gab Goebbels die Polemiken gegen die Professoren nach Kriegsausbruch auf und vollzogen die Kritiker aus den Reihen der SS sogar eine vollkommene Kehrtwendung, indem nun der ganz besondere Wert gerade des Professorenstandes für die Volksgemeinschaft beschworen wurde. Bis zum Ende des Dritten Reichs blieb der Akzeptanzverlust der Akademiker in der Gesellschaft jedoch ein von Hochschulen und Ministerium gleichermaßen beklagter Mißstand.[478]

Auf dem Gebiet der Hochschulverwaltung galt die Vereinheitlichung der von Land zu Land unterschiedlich ausgeformten Hochschulverfassungen als das Gebot der Stunde. Mit den »Richtlinien zur Vereinheitlichung der Hochschulverwaltung« vom 1. April 1935 war der Anfang gemacht. Damit hielt zunächst das Führerprinzip reichsweit einheitlich geregelt Einzug in Universitäten und Hochschulen. Ähnlich wie beim preußischen Erlaß vom Oktober 1933 »Vorläufige Maßnahmen zur Vereinfachung der Hochschulverwaltung« stand auch hier der Wille des Ministeriums nach vermehrter Transparenz und Vereinfachung für eine planvolle Hochschulpolitik im Hintergrund.[479] Die Punkte eins bis drei des Erlasses suchten zunächst den Kernbestand der Universitäten mit der Gruppe der Dozentenschaft auf der einen, der Studentenschaft auf der anderen Seite zu bezeichnen. Die Studentenschaft wurde zum eigenständigen, fest umrissenen Glied der Hochschulen erklärt, sämtliche Lehrkräfte zur Dozentenschaft zusammengefaßt, wobei die bis dahin maßgebliche Unterscheidung zwischen Ordinarien und Nichtordinarien fortfiel. Die Bildung von Dozentenschaften war als eine Art Standesvertretung der nichtbeamteten Dozenten im Oktober 1933 zuerst in Preußen erfolgt, dem die anderen Länder bald folgten. Im März 1934 fand der Zusammenschluß aller Lehrkörper an Universitäten und Hochschulen zur »Deutschen Dozentenschaft« statt. Es bestand eine Mitgliedspflicht für nichtbeamtete Lehrkräfte, nicht hingegen für die bestallten ordentlichen und außerordentlichen Professoren, an deren politische Beeinflußbarkeit die Nationalsozialisten wohl selbst nicht recht glaubten. Sie zielten auf den jüngeren Hochschullehrernachwuchs, den sie leichter für ihre Ziele zu gewinnen hofften als die bereits fest etablierten Kräfte. So gaben die Nichtordinarien in den ersten Jahren des Dritten Reichs vielfach den Ton an den Universitäten an. Sie verstanden sich als Repräsentanten einer neuen Zeit, die der Macht der Ordinarien ein Ende bereiten würde. Die Aktivisten unter ihnen traten in allen Gremien den Professoren wie selbstverständlich an die Seite und gewannen tatsächlich einigen Einfluß auf das Hochschulgeschehen, auch in Personalfragen. Darüber hinaus legitimierte sich die Deutsche Dozentenschaft durch den Betrieb von Dozentenlagern und Kursen an eigens gegründeten Dozentenakademien, die ab Herbst 1933 jeder Nachwuchswissenschaftler durchlaufen mußte. Mit Beginn des Wintersemesters 1935/36 führte das Reichswissenschaftsministerium vorübergehend die Aufsicht über Dozentenlager und Akademien, bis der Betrieb 1938 zugunsten der von der Parteikanzlei ausgerichteten Beamtenlehrgänge in Bad Tölz aufgelöst wurde.[480]

Die Position des Rektors wurde unter Punkt vier der »Richtlinien« dahingehend präzisiert, daß er als »Führer der Hochschule« dem Reichswissenschaftsminister direkt unterstellt und diesem »allein verantwortlich« sei. Neu war, daß der Minister und nicht wie seit 1933 der Rektor die Dekane samt Stellvertreter ernannte. Auch bei der Ernennung des Prorektors sowie der Dozentenschafts- und Studentenschaftsführer erhielt der Rektor lediglich ein Mitsprache- und Vorschlagsrecht. Dies stand im Widerspruch mit dem Führungsgebot des Rektors, der in Schwierigkeiten geraten mußte, sobald diese Positionen nicht mit Personen seines Vertrauens besetzt wurden. Aber zunächst sah es nach Verabschiedung der »Richtlinien« im Frühjahr 1935 so aus, als seien »alte Zöpfe« auf immer abgeschnitten, traditionelle Vorrechte abgeschafft und zugleich die Grundlage für einen überschaubaren und einheitlichen Verwaltungsablauf gegeben, der im Kern nach dem nationalsozialistischen Prinzip von Führung und Gefolgschaft funktionierte.

Die Richtlinien vom 1. April 1935 waren als ein erster Schritt auf dem Weg zur Verreichlichung der Hochschulen gedacht, dem alsbald ein »Gesetz zur Überleitung der Hochschulverwaltung auf das Reich« folgen sollte. Rust bat seine Beamten dringend um die Ausarbeitung eines entsprechenden Gesetzes, »das ihn ermächtigt, sämtliche Hochschulreformangelegenheiten zu regeln«. Aber die Materie war komplex und ein wasserdichter Gesetzestext kaum im Handumdrehen zu erstellen. Taktische Erwägungen über den »richtigen« Zeitpunkt zur Vorlage beim Stellvertreter des Führers kamen hinzu, so daß sich die Arbeiten bis in den Herbst 1935 verzögerten. Zugleich verdüsterten sich die Chancen auf eine rasche Durchführung der begonnenen Reichsreform. Schließlich meldete der preußische Finanzminister Popitz »Bedenken grundsätzlicher Art« gegen das Vorhaben an, mit dem sich nach seiner Auffassung vorerst noch kaum lösbare Schwierigkeiten hinsichtlich des Reichsfinanzausgleichs zur Hochschulfinanzierung ergaben. Popitz riet dazu, zunächst die »gesetzgeberische Lösung einzelner besonders brennender Fragen« wie die Verreichlichung des Hochschullehrerbesoldungsrechts und die Schaffung von gesetzlichen Vorkehrungen zur Verlegung von Lehrstühlen, Instituten und ähnlichen wissenschaftlichen Einrichtungen anzustreben. Als sich abzeichnete, daß der Prozeß der Reichsreform ins Stocken geriet, schloß man sich Unter den Linden den Vorschlägen des preußischen Finanzministers an und versuchte auf dem Weg der Einzelgesetzgebung dem erwünschten Ziel der Verreichlichung des Hochschulwesens näherzukommen.[481]

Der verbesserten Planbarkeit und Kontrolle diente schon die Reichshabilitationsordnung vom Dezember 1934.[482] Die wesentliche Neuerung war, daß Habilitation und Erteilung der Lehrbefugnis fortan zwei getrennte Verfahren waren. Mit erfolgreich absolvierter Habilitation erwarb der Kandidat den neu eingeführten akademischen Grad eines habilitierten Doktors oder Lizentiaten seines Faches und war berechtigt, seinem Doktorgrad den Zusatz »habilitatus«, abgekürzt »habil.« anzufügen. Für das Verfahren war wie gehabt eine wissenschaftliche Qualifikationsschrift vorzulegen und eine wissenschaftliche Aussprache vor der Fakultät zu bestehen. Erst danach konnte in einem zweiten Schritt die Lehrerlaubnis erworben werden. Dazu mußte der habilitierte Doktor eine öffentliche Lehrprobe ablegen und an einem Lehrgang im Dozentenlager, ab 1938 im Reichslager für Beamte in Bad Tölz teilnehmen. Hier wurden die didaktischen Fähigkeiten der Kandidaten, vor allem aber ihre »persönliche und charakterliche Eignung als Lehrer an den Hochschulen des nationalsozialistischen Staates« überprüft. Über jeden Verfahrensschritt wurden Gutachten angefertigt, auf deren Grundlage der Reichsminister am Ende über die Erteilung der Lehrbefugnis entschied. Im positiven Falle ernannte er den Bewerber unter Berufung in das Beamtenverhältnis zum Dozenten, der zwar zunächst noch keine Stelle erhielt, aber beihilfeberechtigt war und sich somit in materieller Hinsicht bereits besser stand als der frühere Privatdozent. Für Franz Bachér, einen der Urheber des neuen Verfahrens, war der »Dozent neuer Ordnung« die zeitgemäße Antwort auf den gesteigerten Bedarf an Lehrkräften und die erhöhte Lehrintensität. Dafür waren die Fakultäten in ihrer Macht beschnitten worden, während Staat und Partei an Einfluß auf den künftigen Hochschullehrernachwuchs gewonnen hatten. Nicht das Verfahren vor der Fakultät, sondern die Erlangung der Lehrbefugnis bildete nun das eigentliche Nadelöhr zum Beruf des Hochschullehrers. Die Zulassung zur Habilitation sollte nach dem Willen des Ministeriums künftig vom zahlenmäßigen Bedarf an Lehrkräften abgekoppelt werden, um aus einem möglichst großen Reservoir geeignete, d. h. möglichst gesinnungskonforme Hochschullehrer auswählen zu können. 1938 erfolgte eine Neufassung der Reichshabilitationsordnung, welche die Verfahrensdauer abkürzte und eine regelrechte Besoldung der Dozenten als »außerplanmäßige Beamte auf Widerruf im Sinne des Deutschen Beamtengesetzes« vorsah.[483]

Die vielleicht nachhaltigste Neuerung auf dem Gebiet der Hochschulverwaltung erlangte das im Februar 1939 in Kraft tretende »Gesetz über die Besoldung der Hochschullehrer«. Es regelte die reichseinheitliche Remuneration der ordentlichen und außerordentlichen Professoren sowie der Dozenten und wissenschaftlichen Assistenten an den Hochschulen und sorgte vor allem beim wissenschaftlichen Nachwuchs für eine spürbare Verbesserung seiner materiellen Lage. Hierauf vor allem hatte man Unter den Linden gemeinsam mit Finanzminister Popitz bei Reichsfinanzminister von Krosigk beharrlich gedrungen. Für verheiratete planmäßige Assistenten brachte das Gesetz eine durchschnittliche Erhöhung der Einkünfte um 27 %, bei den ledigen planmäßigen Assistenten eine von gut 11 %, und dies alles auf der Basis der bis dahin in Preußen gezahlten, im Ländervergleich durchweg höheren Bezüge. Damit sollten Frühehe und Elternschaft unter Akademikern gefördert und zugleich die vorzeitige Abwanderung insbesondere der Naturwissenschaftler und Mediziner in die Industrie verhindert werden. Auf die materielle Besserstellung geschaut, war das Hochschullehrerbesoldungsgesetz sicherlich geeignet, die Akzeptanz des Nationalsozialismus beim wissenschaftlichen Nachwuchs zu erhöhen. Unter den vom Reichsministerium auf den Weg gebrachten gesetzlichen Regelungen war es das bedeutendste, weil man damit dem erstrebten Ziel einer Verreichlichung des Hochschulwesens ein gutes Stück näher rückte.[484] Hitlers Krieg 1939 vereitelte freilich, daß auf diesem Weg weiter geschritten wurde.

Berufungen von Professoren gehörten zum Kerngeschäft des Amtes Wissenschaft. Sie waren das gegebene Instrument zur Umgestaltung der Hochschulen im Sinne des Nationalsozialismus. Die einzelnen Berufungsvorgänge waren grundsätzlich als »eilige Akten (roter Aktendeckelrand)« im Geschäftsgang des Hauses unterwegs, häufig zusätzlich mit Vermerken wie »Sofort« oder »Noch heute« zur vordringlichen Bearbeitung gekennzeichnet.[485] Formal verlief das Verfahren so, daß der Dekan mit Zustimmung der Fakultät dem Rektor einen Dreiervorschlag unterbreitete, den dieser nach eingehender Prüfung dem Ministerium zustellte. Daraufhin setzte Berlin die weitere Durchleuchtung der Kandidaten in Gang, darin freilich schon von interessierten Parteikreisen »unterstützt«. Das Ganze schien auf den ersten Blick kein übermäßig komplexes Procedere zu sein. Und doch häufte sich in den ersten Jahren die Kritik vor allem an der Verfahrensdauer, auf die Franz Bachér dem Staatssekretär Zschintzsch 1936 allerdings nur erwiderte, daß schließlich mit der Ernennung gerade eines jüngeren Wissenschaftlers die Entwicklung einer Disziplin unter Umständen »für ein ganzes Menschenalter« festgelegt werde. Darüber hinaus verwies er auf insgesamt elf Stellen, die an dem Vorgang beteiligt seien, so daß dessen zeitlicher Abschluß unmöglich genau vorhersagbar sei. Er selbst neige allerdings zur Auffassung, »dass es auf die Gewissenhaftigkeit und wissenschaftliche, charakterliche und pädagogische Vertretbarkeit eines Vorschlags mehr ankommt als auf eine terminmässige Erledigung«.

Zweifellos besaß der Planungsgedanke für Bachér Priorität. Hochschullehrergesetz und Ariergesetzgebung hätten zu zahlreichen Vakanzen geführt, die nun die »Möglichkeit der Durchführung von Gesamtplanungen ganzer Fächer durch Neubesetzung von einer ganzen Reihe von Lehrstühlen« eröffneten. Da in solchen Fällen gleich mehrere Universitäten beteiligt seien, müßten freilich erst alle Berufungsvorschläge abgewartet werden, um festzustellen, »wieweit die Wünsche der Fakultäten mit dem erwünschten fachlichen Aufbau in Übereinstimmung zu bringen« wären. Nachverhandlungen seien unvermeidlich, aber »angesichts der Bedeutung, die gerade diese Planung hat, vollkommen unwesentlich«. Es läßt sich leicht vorstellen, daß das gehäufte Aufkommen von Berufungen einen beträchtlichen Arbeitsaufwand für die Referenten bedeutete, und es scheint, als habe man diese Tätigkeit tatsächlich sehr ernst genommen. Eine »rein büromäßige Erledigung« der Vorgänge erschien Bachér, wie er eigens betonte, jedenfalls unmöglich, solange man die früher »an den Hochschulen herrschenden beklagenswerten Zustände« vermeiden wolle. Damit gemeint war die vielfach kritisierte »Cliquenwirtschaft« der nunmehr überwunden geglaubten bürgerlichen Universität, in der Berufungen angeblich mehr nach persönlichen Vorlieben als nach fachlicher Qualität erfolgt seien. Doch die Kritik am planvollen Vorgehen Bachérs und seiner Kollegen riß nicht ab. 1937, als Otto Wacker das Regiment im Amt Wissenschaft übernahm, war es mit den Professoren im Dienst des Reichsministeriums bald vorbei. Die Schwierigkeiten blieben.

Abgesehen von den Klagen über den Verfahrensstau im Ministerium, nahmen die Monita am sachlichen Gehalt vieler Berufungen rasch zu. So ergriff der Direktor des pathologischen Instituts der Universität Breslau, Martin Staemmler, 1937 die Gelegenheit eines Ministerbesuchs und machte Rust gleich auf eine ganze Reihe seiner Meinung nach komplett mißlungener Vorgänge aufmerksam. Ob dem Reichsminister das Ausmaß kritikwürdiger Verfahren tatsächlich so unbekannt war, wie er in Breslau vorgab, sei dahin gestellt, aber er erteilte Staemmler den ausdrücklichen »Befehl, [ihm] 12 Fehlbesetzungen von Universitätsordinarien zu nennen«. Staemmler zögerte nicht und legte mit Schreiben vom 26. Februar 1937 die befohlene Aufstellung vor: »Die Liste wäre leicht durch die Nennung einer Anzahl Ordinarien zu erweitern, die auch von Fachgenossen als unzureichend angesehen werden, es aber vielleicht nicht in so hohem Grade sind, wie die oben genannten.« An erster Stelle der Liste stand der Fall des Münchener Rassenhygienikers Lothar Gottlieb Tirala, ein zeittypisches Kabinettstückchen, das 1933 begonnen hatte und seither Ministerien und Parteistellen beschäftigte.[486] Ihm folgte der 1934 an der Universität Bonn ins Amt gekommene Kinderarzt Hans Knauer, dem mehrere wissenschaftliche Betrugsversuche nachgewiesen worden waren, ohne daß dies ernste Konsequenzen für den Professor gehabt hätte. Politische »Verdienste« hatten 1933 auch die Berufung von Hans Fliege zum Ordinarius für Zahnheilkunde an der Universität Marburg befördert, wobei man in seinem Fall immerhin geltend machen konnte, daß er zwar keine wissenschaftlichen Meriten gesammelt habe, dafür aber ein tüchtiger Zahnarzt sei – womit sich die übergangene Fakultät zufrieden geben mußte.[487] Einige dieser Berufungen waren noch während der »revolutionären« Phase nationalsozialistischer Hochschulpolitik durchgeführt worden, als ein Reichswissenschaftsministerium noch nicht existierte und die soeben von Nationalsozialisten »eroberten« Kultusministerien in den Ländern flankiert von der Partei zum Sturm auf die Universitäten bliesen. Somit waren nicht alle Fehlbesetzungen Rusts Beamten anzulasten. Anhand der sofort im Haus angestrengten Überprüfung der Staemmler-Liste wird freilich der eingeschränkte Entscheidungsspielraum des Ministeriums deutlich, sobald politische Interessen geballt, d. h. von gleich mehreren Parteiinstanzen ins Spiel gebracht wurden.

So vermerkte der zur Stellungnahme aufgeforderte Referent, Werner Jansen, über die 1935 erfolgte Ernennung des Chirurgen Max Kappis an der Universität Würzburg, diese habe der »Reichsärzteführer gegen den Willen des Reichsministeriums [...] erzwungen. Das Ministerium hat die Berufung zur Vermeidung politischer Schwierigkeiten gutgeheißen«. Bei der Berufung des Leipziger Dozentenbundführers Max Clara zum Professor für Anatomie habe sich das Ministerium der eindringlichen Intervention von Franz Wirz seitens der Hochschulkommission beugen müssen »trotz aller Bedenken«. Im Falle des Greifswalder Neurologen Ernst Jacobi wies Jansen seine persönliche Beteiligung zurück, da das Verfahren vor seinem Eintritt in das Reichsministerium bereits angelaufen, dabei aber »mit so merkwürdigen Umständen verknüpft« gewesen sei, »daß auch hier nichts anderes übrig blieb, als Ja und Amen zu sagen«. Allerdings wollte Jansen keineswegs alle zwölf Berufungen als Fehlbesetzungen bezeichnen, nur weil ein Dozent wie der Frankfurter Ordinarius Pfuhl vielleicht »äußerst langweilig, aber wissenschaftlich in Ordnung« sei. Alles in allem scheint der politische Druck seitens der Partei bei Berufungsverfahren jedenfalls groß gewesen zu sein, die Gegenwehr des Ministeriums hingegen oftmals nur gering.

Die NSDAP wollte den angestrebten »Gestaltwandel« der Universitäten nicht dem Staat überlassen. Hier mißtraute man den ministeriellen Anstrengungen und reklamierte ein Mitspracherecht der zu diesem Zweck vom »Stellvertreter des Führers« eingerichteten »Hochschulkommission«. Franz Wirz hieß der maßgebliche Mann, ein 1923 an der Münchener Universität im Fach Dermatologie habilitierter Mediziner, der seit 1927 die Position eines nichtbeamteten außerordentlichen Professors und Oberarztes an der Münchener Universitätsklinik einnahm. Obgleich erst seit 1933 Mitglied der NSDAP, bestellte ihn Rudolf Heß 1934 zum Geschäftsführer der neu gegründeten Kommission. Wirz genoß das besondere Vertrauen des Reichsärzteführers Wagner, der ihm auch bei seiner Berufung 1939 an die Münchener Universität bereitwillig sekundierte. Fest verwoben mit den bayerischen Strukturen sorgte Wirz nachdrücklich für die Berücksichtigung des Parteiinteresses, aber dies stets so, wie es seinem persönlichen Verständnis entsprach. Den Reichswissenschaftsminister verachtete und bekämpfte er: Solange Wirz Referent in der Hochschulkommission sei, »dürfte von vornherein jedes Gesetz, das die Befugnisse des Herrn Ministers erweitert, der Ablehnung verfallen«, urteilte Bachér düster über ihn.[488] Ebenso verhielt es sich bei Personalfragen. Beim Stab Heß lag ein früh verbrieftes Recht zur Zustimmung oder Ablehnung eines Kandidaten aus politischen Gründen. War letzteres der Fall, mußte nachverhandelt werden. Außer dieser Instanz mischten Studenten- und Dozentenbund und der betreffende Gauleiter respektive Reichsstatthalter in Personalangelegenheiten mit. In den geisteswissenschaftlichen Disziplinen glaubte sich zudem das Amt Rosenberg zur Mitwirkung berechtigt. Mindestens gehört werden wollten schließlich auch die Kreisleiter der Partei sowie die Oberpräsidenten in der Provinz. Es herrschte gerade in den ersten Jahren ein ungeregeltes Durcheinander an Einflußnahmen, das sich nur schwer in geordnete Bahnen lenken ließ.

Als Otto Wacker Anfang 1937 die Leitung des Amtes Wissenschaft übernahm, sah er es als eine seiner ersten Aufgaben an, dem vertrackten Geschäft ein Ende zu machen und das Berufungsverfahren in Absprache mit München ein für alle mal neu zu regeln. Vielleicht um den Einwänden in Zukunft die Wirksamkeit zu nehmen, vielleicht auch, um die Bereitschaft des Ministeriums zu signalisieren, Berufungen nicht allein, sondern mit maximalem Sachverstand durchzuführen, beriet er sich zunächst mit Regierungsrat Huber in der Frage, ob nicht die Gründung eines speziellen Beraterausschusses eine Lösung sei. Dem widerriet Huber energisch. Da ohnehin schon »so viele Stellen eingeschaltet« seien, hielt es der Regierungsrat für einen Fehler, noch mehr Personen Einblicke in die Amtsgeschäfte des Ministeriums zu gewähren. »Es dürfte doch wohl genügen, wenn der zuständige Sachbearbeiter von sich aus an einzelne Gutachter« herantritt, meinte er, »ohne das Ministerium durch die Bestellung eines ständigen Ausschusses an dessen Anhörung zu binden«. Huber befürchtete, damit nur ein weiteres Einfallstor für »unerwünschte Einschaltung außerhalb des Hauses stehender Stellen« zu öffnen. Ernst Bach, nach Werner Jansen der zuständige Referent im Sachgebiet Medizin, schloß sich der Meinung Hubers an und riet wie bisher, »Erkundigungen über sachliche und persönliche Angelegenheiten beim jeweiligen Vorsitzenden der betr. Deutschen Gesellschaft« einzuholen.[489]

Die Hochschulkommission beim Stab des Stellvertreters des Führers übte gegenüber Berlin eine Politik der sukzessiven Ausdehnung ihres Einflusses. In der Vorgehensweise folgte man stets dem gleichen Muster, anfangs eine meist nur bescheidene Beteiligung zu fordern, die im Laufe der Zeit zur umfänglichen Kontrolle anwuchs. So gab man sich bei Berufungen von Hochschullehrern schon bald nicht mehr mit der »Endkontrolle« der Verfahren zufrieden, sondern drängte darauf, möglichst früh, am besten bereits an der Auswahl der Kandidaten beteiligt zu werden. Nachdem es über diese Frage wiederholt zu Konflikten im Verfahrensablauf gekommen war, erzielte Amtschef Wacker nach eingehenden Verhandlungen im Frühjahr 1938 eine schriftlich fixierte »parteiinterne Regelung« zwischen Reichsministerium und Stab Heß. Demnach sollte München künftig »unmittelbar unterrichtet« werden, sobald das Ministerium eine Lehrstuhlbesetzung ohne Berücksichtigung des Fakultätsvorschlags beabsichtigte. Darüber hinaus sah die Einigung vor, daß der Partei fortan nicht nur der vom Ministerium auf Vorschlag der Fakultät ausgewählte Kandidat genannt werde, sondern auch die Namen der übrigen vom Fakultätsausschuß vorgeschlagenen Dozenten. Noch bevor man Unter den Linden die schriftliche Bestätigung in den Händen hielt, meldete sich Reichsdozentenführer Schultze zu Wort und teilte mit, daß die neue Verfahrensweise »heute im Stabe des Stellvertreters des Führers durchbesprochen« worden sei. Dem Schreiben lag die schriftliche Stellungnahme Schultzes zum Verfahrensablauf bei, wonach er künftig ebenfalls wünschte, »beratend hinzugezogen« zu werden. Mit Runderlaß vom 14. Mai 1938 teilte das Ministerium den neuen Verfahrensgang bei Berufungen offiziell mit.[490]

Wenn Wacker glaubte, damit die Konfliktlinie zum Stab Heß dauerhaft befriedet zu haben, wie er sichtlich stolz auf der Rektorenkonferenz im Herbst 1938 verkündete, so hatte er sich getäuscht. Als er im Frühjahr des folgenden Jahres dem Reichsministerium den Rücken kehrte, kamen die

Schwierigkeiten Berlins mit München aufs Neue zurück. Sein Nachfolger Mentzel führte die Verhandlungen mit Heß, später mit dem Leiter der Parteikanzlei Bormann fort, wo man mit großer Beharrlichkeit an der weiteren Ausdehnung des Parteieinflusses arbeitete. Seit 1940 war Kurt Krüger, als Leiter der Gruppe III D zuständig für Kirchenfragen, Erziehung, Schulen und Hochschulen, sein Ansprechpartner. Die Belange des Reichsministeriums waren dem Ministerialrat nicht fremd, der von 1935 bis 1938 als Regierungs- bzw. Oberregierungsrat im Zentralamt gesessen und von 1938 bis 1940 die Nazifizierung des österreichischen Schul- und Hochschulwesens besorgt hatte. Man war gut miteinander bekannt und duzte sich, ohne daß dies zum besseren Einvernehmen bei der Klärung von Sachfragen beigetragen hätte.[491] Im Oktober 1940 ließ Krüger den »Lieben Kamerad Mentzel« wissen, daß man künftig am besten schon an der Habilitation eines Dozenten beteiligt werde, was für das Reichsministerium doch »kaum eine Mehrarbeit mit sich bringen«, dem Dozenten aber in »politischer Hinsicht« schon frühzeitig signalisieren würde, »woran er ist«. Auf diese Weise sollte verhindert werden, »daß politisch nicht erwünschte Leute als Dozenten an die Hochschulen kommen und dort Einfluß auf die Hochschuljugend bekommen«. Darüber hinaus wollte man in München nun auch bei der kommissarischen Besetzung von Professuren und Kuratorenstellen sowie bei »bloßen Versetzungen von Professoren« konsultiert werden. »Bei Hochschullehrern ist es nicht ohne weiteres gleichgültig, an welchem Ort sie ihre Tätigkeit ausüben«, belehrte Krüger den Chef des Amtes Wissenschaft, »weil hierbei auf die Zusammensetzung des Lehrkörpers der Hochschule und auf die Belange der einzelnen Fakultäten Rücksicht genommen werden muß.« Daß die Beantwortung der Anfrage trotz zweier Erinnerungen erst rund zwei Monate später erfolgte, mag gleichermaßen von Ratlosigkeit wie vom Ärger Mentzels zeugen. In seiner Replik an den »Lieben Kamerad[en] Krüger!« ging er scheinbar verständnisvoll auf die Forderungen ein, gab aber in der Sache selbst zunächst nicht nach. Besonders in der Frage der Versetzung von Hochschullehrern lehnte er eine Beteiligung des Stellvertreters des Führers mit der Begründung ab, dieser könne die komplexen Zusammenhänge gar nicht in all ihren Aspekten überblicken. Nur weitere allseits unerwünschte Verzögerungen wären im Falle seiner Beteiligung die Folge. Schließlich erinnerte Mentzel auch an das Recht der Universitäten, über ihre Zusammensetzung selbst zu befinden, zumal nur so ein kollegiales Arbeitsklima entstehen könne: »[D]enn ich sehe in dem wiedererstehenden Korpsgeist der Hochschullehrer ein wesentliches Mittel, die Leistungen der Hochschulen zu steigern, da nach allen Erfahrungen normalerweise bei den meisten Forschungsaufgaben nicht mehr die Einzelleistung, sondern die Gemeinschaftsleistung vorherrscht.« Hier hatte der Amtschef vornehmlich Naturwissenschaften und Medizin vor Augen, deren Stärkung im gerade begonnenen Krieg, wie er meinte, im allgemeinen Interesse lag. Der Partei hingegen war der akademische Korpsgeist ein Dorn im Auge.[492]

Mit rationalen Argumenten war den Ansprüchen der Partei nicht beizukommen. Einige Wochen später lag ein weiteres Schreiben aus München vor, das erneut die Berücksichtigung des Stabes Heß bei den genannten personellen Maßnahmen reklamierte. Auf die geforderte Mitwirkung bei der Ernennung von Dozenten wurde zwar großzügig verzichtet, nicht aber auf die Beteiligung bei kommissarischen Ernennungen und Versetzungen von Professoren. Besonders auf letzteres wurde nun Wert gelegt, um, wie es hieß, der drohenden »Cliquenbildung« an den Universitäten vorzubeugen. Nach weiteren Erörterungen gab das Reichsministerium schließlich in einigen wesentlichen Punkten nach und gestand mit Erlaß vom 27. August 1941 eine Beteiligung des Stellvertreters des Führers auch bei der kommissarischen Ernennung von planmäßigen Professoren, Universitätskuratoren, Kuratoren sonstiger wissenschaftlicher Einrichtungen und Rektoren sowie vor der Ernennung eines Dozenten zum außerplanmäßigen Professor zu. Nicht gewährt wurde hingegen eine Mitwirkung bei der Ernennung von Dozenten und bei der Versetzung von Professoren. Aufs Ganze gesehen handelte es sich um einen beachtlichen, wenn auch keinen vollständigen Sieg der Partei über Rust.[493]

Es fehlt nicht an Zeugnissen, daß dem Reichsminister die anmaßenden Parteifunktionäre in München zuwider waren. Ihre ständigen Versuche der Einflußnahme torpedierten seine Reformpolitik, die darüber ins Stokken geriet und sich an den Hochschulen nicht entfalten konnte. Es fehlte auch nicht an Warnungen seitens der Mitarbeiter, die wie Franz Bachér wiederholt auf Rust eindrangen, sich der systematischen Aushöhlung seiner Politik zu widersetzen.[494] Rusts hinhaltende Taktik gegenüber der Partei wurde vielfach als politische Schwäche gedeutet. Allerdings wußte der Gauleiter von Hannover, wie Funktionäre funktionieren, ihm war das Wesen der »Bewegung«, jener personalistische, ganz auf den Führerwillen abgestellte Charakter vertraut. Dem war nach aller Erfahrung mit offenem Widerstand nicht beizukommen. Rusts Kurs vermied nach Möglichkeit Konflikte und suchte die Verständigung.[495] Schließlich war die Entwicklung der »nationalsozialistische[n] deutsche[n] Hochschule« zur »Arbeits- und Erziehungsgemeinschaft« auch ihm ein Anliegen. Wenigstens in dieser Hinsicht zog der Reichswissenschaftsminister mit den Parteifreunden im Münchener Braunen Haus an einem Strang.

Neben dem Stab Heß glaubte sich auch der »Nationalsozialistische Deutsche Dozentenbund« zur Mitwirkung an der Hochschulverwaltung berufen. Im Sommer 1935 in München als Reichsdozentenbund gegründet, schrieb sich dessen »Führer« Walter Schultze die restlose Nazifizierung der Hochschulen auf die Fahnen, darin unterstützt vom bayerischen Staatsminister und Reichsärzteführer Gerhard Wagner. Dem Reichsdozentenbund gehörten sämtliche Lehrkräfte an Universitäten und Hochschulen mit NSDAP-Parteibuch an, er repräsentierte gemeinsam mit dem NS-Studentenbund die Partei an den Hochschulen. Seine Aufgabe war es, »allen deutschen Dozenten Anstoß zur Besinnung auf das neue geistige Werden zu geben, sie zu einer festen weltanschaulich-wissenschaftlichen Kampfgemeinschaft zusammenzuführen, sie in ihrer weltanschaulichen Haltung und in ihrer wissenschaftlichen Arbeit nach der nationalsozialistischen Idee auszurichten und dadurch den Neubau von Hochschule und Wissenschaft zu sichern«, verbreitete eine Informationsschrift, gerade so, als stünde man damit 1935 noch ganz am Anfang.[496] Postulate wie Freiheit von Forschung und Lehre oder die wissenschaftliche Wahrheitssuche zählten nichts in den Augen des Reichsdozentenbundsführers, alles hingegen die verbindliche Implementierung der nationalsozialistischen Weltanschauung. Schultze, ein Mediziner im Rang eines Ministerialdirektors beim bayerischen Innenministerium, außerdem »Alter Kämpfer« aus dem unmittelbaren Umfeld Hitlers, erklärte das Reichsministerium für unfähig, in dieser Richtung wirksam zu werden. Rusts Beamte blickten 1935 daher mit Sorge auf die Münchener Neugründung, als ahnte man handfeste Konflikte durch die Mitwirkung Schultzes voraus.[497]

Schon die ersten »längeren Verhandlungen« Bachérs als Leiter der Hochschulabteilung mit Reichsamtsleiter Schultze waren spannungsgeladen und hatten lediglich zu einem »vorläufigen Stillhalteabkommen« geführt, »auf Grund dessen neue Maßnahmen im gegenseitigen Einvernehmen getroffen werden sollten«. Dem waren verschiedene Störmanöver seitens des Dozentenbundes mit dem Ziel vorausgegangen, an den Universitäten rasch an Einfluß gegenüber dem Ministerium zu gewinnen. Einen ersten Höhepunkt in den Auseinandersetzungen markierte eine vom Reichsdozentenbund durchgeführte Tagung im niedersächsischen Dozentenlager Alt-Rhese im Oktober 1935. Es handelte sich um eine Schulungsveranstaltung für Studenten- und Dozentenbundsführer, an der »maßgebende Führer der nationalsozialistischen Bewegung« mitwirkten. Am Schluß des ersten Tages wurden die Teilnehmer dazu aufgefordert, über die Zustände an ihren jeweiligen Hochschulen und speziell über ihre Erfahrungen mit dem Reichswissenschaftsministerium zu berichten. Die Aussprache fand coram publico, d. h. in Anwesenheit aller gerade im Schulungslager einsitzenden Dozenten, statt und gipfelte, wie unmittelbar nach Berlin berichtet wurde, in Schimpf- und Schmähreden über die staatliche Hochschulpolitik.[498]

Von Reichsamtsleiter Schultze »herzlich« zu dieser Veranstaltung eingeladen, erschien Bachér am zweiten Schulungstag in Begleitung von drei Referenten in Alt-Rhese und wurde Zeuge weiterer Attacken gegen das Reichsministerium. Schultze geißelte erneut dessen angeblich mangelnde Kooperationsbereitschaft mit München und forderte, daß die staatlichen Instanzen in Sachen Hochschulreform künftig den Vorgaben der Partei zu folgen hätten. Als »Führer der jüngsten Kampftruppe der Bewegung« werde er fortan über die reibungslose Umsetzung nationalsozialistischer Maßnahmen an den Hochschulen wachen und es dabei an drastischen Mitteln zu ihrer Durchsetzung nicht fehlen lassen. Mit dem Hinweis auf eine offenbar bekannte Gewohnheit Wagners, sich »nur ungern und selten von seiner geliebten Reitpeitsche« zu trennen, drohte er den anwesenden Ministerialbeamten damit, in Auseinandersetzungen mit ihnen nicht länger »Zuckerbrot reichen«, sondern die »Reitpeitsche einsetzen« zu wollen: »Zu irgendwelchen Verhandlungen habe er keine Lust mehr; wer etwas von ihm wolle, möge zu ihm kommen«, faßte Bachér die Rede in seinem Bericht für den Minister zusammen. Eine unmittelbare Stellungnahme wurde den Beamten verwehrt. Erst am nächsten Morgen erhielt Bachér Gelegenheit zur scharfen Replik, auf die Schultze aber nur lässig erwiderte, er »lehne es ab, die Reitpeitsche in die Ecke zu stellen«. Fassungslos über die öffentliche Beleidigung, drang Bachér in Berlin bei Rust auf Genugtuung. Gleichzeitig sandte er eine Kurzform des Berichtes an Himmler mit der freilich vergeblich bleibenden Bitte, dem Reichsführer-SS in der Sache persönlich vortragen zu dürfen. Der Vorgang ereignete sich just in der Zeit, als Rust krankheitsbedingt wochenlang ausfiel. Als er im Januar 1936 wieder den Dienst antrat, stand die Klärung dieses Vorfalls wie überhaupt des Verhältnisses von Hochschulkommission resp. Reichsdozentenbund und Ministerium noch aus.[499]

Das in den Handakten Bachérs niedergelegte Konzept für den Beschwerdebrief Rusts an den Stellvertreter des Führers zeigt, wie vergiftet die Atmosphäre zwischen Reichsministerium und der Münchener Parteizentrale zum Jahreswechsel 1935/36 war.[500] Von »Wühlarbeit der Hochschulkommission« und »planmäßige[r] Hetze gegen mein Ministerium« war darin die Rede, schließlich vom Schaden, den die nach außen getragene Uneinigkeit zwischen Partei und Ministerium an den Hochschulen selbst anrichte. Dort würden Anordnungen des Ministers von Vertretern des Dozentenbunds inzwischen ignoriert, bisweilen sogar offen bekämpft, was die Autorität Berlins untergrabe. Auch gegenüber der Person des Reichskultusministers würde mit Kritik nicht gespart, vielmehr öffentlich die Einschätzung vertreten, daß es an den Hochschulen nicht eher besser werde, »als bis Rust fort ist«. Seine Verteidiger würden als »Feinde der Bewegung« und als »Staatsbonzen« verächtlich gemacht, was die Motivation der noch nicht eben zahlreichen Nationalsozialisten und NS-Sympathisanten an den Hochschulen weiter gefährde. Das Schreiben gipfelte in der Forderung, der Hochschulkommission künftig strikt zu verbieten, »einmal von mir getroffene Entscheidungen als verfehlt oder gar unnationalsozialistisch der Front gegenüber hinzustellen, um die vom Führer gewollte und öffentlich proklamierte Einheit von Partei und Staat im Bereich der Hochschularbeit eindeutig wiederherzustellen«. Zuletzt monierte Rust, den ursprünglichen, im Kern aus alten Parteigenossen bestehenden Dozentenbund im NS-Lehrerbund einfach aufgelöst zu haben. Die hier über Jahre geleistete Arbeit werde nun von Schultze und seinen jungen Aktivisten systematisch entwertet und dem »höhnischen Lächeln der Reaktion« preisgegeben, nur um sich »neue ›Möglichkeiten‹ für die ›Revolutionierung‹ der Hochschule zu verschaffen«. Auf den Vorfall in Alt-Rhese anspielend, warnte Rust vor der dauerhaften Spaltung der Parteigenossenschaft unter den Dozenten. Von daher mochte er Schultzes Drohung mit der Reitpeitsche nicht als bloß verbale Entgleisung durchgehen lassen, sondern verlangte ausdrücklich die Ahndung dieses »unglaublichen Vorgangs« durch die Partei.[501]

Die Vorkommnisse im Dozentenlager Alt-Rhese wurden von Schultze und Wagner bewußt inszeniert, um das Ansehen des Reichswissenschaftsministeriums zu beschädigen und gleichzeitig den Dozentenbund als neue maßgebende politische Instanz an den Hochschulen zu profilieren. Man zielte mit dieser öffentlichen Provokation nicht ohne Geschick auf die Stärkung des Parteiinteresses an den Hochschulen, dem das Ministerium als ein Instrument des Staates angeblich nur unzureichend Geltung verschafft habe. Dazu hegte Schultze ebenso wie manch anderer Parteifunktionär vermutlich auch schon Hoffnungen auf den Posten Rusts. Doch der ehrgeizige, aber politisch talentlose Dozentenbundsführer sollte das taktische Vermögen und die Beharrungskraft des Reichswissenschaftsministers unterschätzen. Rust erkannte genau die Absicht Münchens, seine Rolle auf die eines bloßen Staatsministers zu reduzieren, der die Ideologisierung der Hochschulen der Partei zu überlassen habe. »Es ist unmöglich alles, was irgendwie mit nationalsozialistischer Weltanschauung zusammenhängt, meiner unmittelbaren Einwirkung zu entziehen, weil ich als nationalsozialistischer Wissenschaftsminister die Aufgabe habe, die Wissenschaft im Sinne des Totalitätsanspruchs der Partei nationalsozialistisch vom Kern her zu gestalten«, hielt Rust diesem Plan offensiv entgegen.[502] Es scheint, als sei dieses Argument nicht wirkungslos geblieben. Schultze gelang es jedenfalls nicht, sich in München dauerhaft auf Kosten des Reichsministeriums zu profilieren; was er am Ende erreichte, war die kurzzeitige Verärgerung des Ministers samt seinen Beamten und eine Verschlechterung des politischen Klimas an den Hochschulen.

Alt-Rhese wirkte in der Erinnerung Bachérs noch einige Zeit nach, um dann aber in eine geradezu einvernehmliche Zusammenarbeit mit Schultze zu münden. Davon zeugt jedenfalls die Korrespondenz in den Handakten des Hochschulabteilungsleiters, die er in den letzten Monaten bis zu seiner Rückkehr als Professor an die TH Berlin mit Schultze pflegte. Ausführlich nahm Bachér etwa zu einer Anfrage des Dozentenbundsführers Stellung, die sich auf ein »recht kniffliges Thema«, nämlich die Behandlung sogenannter Mischlingsehen bei Hochschullehrern bezog. Dazu führte Bachér aus, daß, nachdem seine Abteilung einen »wie ich zugebe, sehr scharfe[n] Judenkurs« verfolgt hatte, nun die weitere Verdrängung des jüdischen Einflusses an den Hochschulen durch die Rassengesetze erschwert würde. »Wer die Verhältnisse an den Hochschulen kennt, weiss auch, dass leider Gottes in sehr vielen Fällen Einfluß von Dozentenfrauen vorhanden ist«, dozierte der Hochschulreferent im Nebenamt, und wollte »gerade in der wissenschaftlichen Arbeit und in der Gesamthaltung vieler Professoren, die mit Jüdinnen [...] verheiratet sind [einen] Einfluß dieser Rasse« feststellen, und dies vor allem dann, »wenn es sich um etwas weltabgewandte und nicht im Strom des tätigen Lebens stehende Wissenschaftler handelt«.[503] Deshalb habe man es auch im Ministerium bislang als eine zusätzliche Aufgabe angesehen, nicht nur »die Juden und Mischlinge (bis herunter zu 12 ½ %), abzubauen oder wenigstens zunächst durch sonstige Maßnahmen mattzusetzen«, sondern soweit möglich auch die mit einer Jüdin verheirateten Wissenschaftler. Dem bereite die »Nürnbergergesetzgebung« nun ein Ende. Da es unmöglich sei, »sich gegen die vom Führer selbst gegebene Gesetzgebung zu stellen«, die Herausgabe entsprechender Richtlinien also nicht in Frage komme, schlug Bachér für die Zukunft die Beschreitung informeller Wege vor, um die Berufung »jüdischversippter Dozenten« zu vereiteln. Gemeint war das Fernhalten dieser Fälle von den Berufungslisten, bis man sicher sei, »dass auch nur annähernd gleichwertige Männer in charakterlicher und wissenschaftlicher Hinsicht nicht zur Verfügung stehen«. So würde die vermeintliche Gefahr weiterer »jüdischer Versippung« nur noch im Ausnahmefall in Kauf genommen werden müssen. »Ich rege an, dass wir uns vielleicht gelegentlich unseres Schriftwechsels in Berufungsfragen im Einzelfall auf die Tatsache einer vorliegenden nichtarischen Versippung jeweils aufmerksam machen und in solchen Fällen gemeinsam ganz besonders ernsthaft prüfen, ob tatsächlich auf diesen Mann zurückgegriffen werden muss«, schlug Bachér als künftige Verfahrensweise vor.[504]

In den Verhandlungen zwischen Reichsministerium und Dozentenbund stellte sich nach den Turbulenzen der Anfangszeit also ein Klima der Verständigung ein, in dem Argumente, nicht Schläge mit der Reitpeitsche ausgetauscht wurden – was allerdings nicht heißt, daß die Zusammenarbeit fortan komplett konfliktfrei gewesen wäre. Die Politik des Reichsdozentenbunds blieb für das Reichsministerium vielmehr bis in die Kriegsjahre hinein schwer berechenbar, was an den Nerven der Beamten zerrte und für Unmut an den Hochschulen sorgte. Die vielen Klagen an das Ministerium über ungeregelte Eingriffe des Dozentenbunds sprechen eine deutliche Sprache.[505] Aber zum eigentlich erwünschten maßgeblichen Einfluß auf die innere Gestaltung des Hochschulwesens reichte es bei Schultze nicht. So scheiterte seine Übernahme des »Reichsdozentenwerks«, eine von Berlin ausgehende Initiative zur Förderung des Hochschullehrernachwuchses, am konzertierten Widerstand Rusts und des preußischen Finanzministers Popitz. Sie sorgten gemeinsam dafür, daß die Sicherung ausreichenden wissenschaftlichen Nachwuchses eine Angelegenheit des Staates blieb. Im Umgang mit dem Dozentenbund wie mit den anderen an Hochschulfragen interessierten Gliederungen der Partei setzte Rust auf eine Strategie der »Zähmung durch Einbindung«, wovon die zahllosen schriftlich fixierten Vereinbarungen über die Mitwirkung an den Belangen der Hochschulen zeugen. Damit signalisierte er Bereitschaft zu einvernehmlicher Zusammenarbeit, die in der Praxis aber keineswegs immer zu den vom Dozentenbund respektive von der Partei gewünschten Zielen führen sollte.[506]

Das Verhältnis des Reichsministeriums zu den Gliederungen der Partei blieb, den zahlreichen Abkommen zum Trotz, bis zum Ende des Dritten Reichs gespannt. Dagegen entwickelte sich der Kontakt zu den direkten Adressaten seiner Arbeit, zu Universitäten und Hochschulen, schon glücklicher. Wenngleich auch hier keineswegs in jeder Hinsicht Einvernehmen herrschte, war angesichts eines schon länger empfundenen Reformbedarfs an den Hochschulen der Wille zur Zusammenarbeit mit den neuen Machthabern doch ausgeprägt. Das mag auch die Euphorie vieler Hochschulangehöriger erklären, mit der sie 1933 dem Nationalsozialismus entgegenkamen. Einige von ihnen wie Erich Rothacker, Wilhelm Mannhardt oder Erich Jaensch taten sich mit Denkschriften zur Gestaltung des »völkischen Neuaufbaus« der Hochschulen hervor, und Ernst Krieck zählte zeitweise zu den exklusiven Beratern der Hochschulabteilung.[507] Unter den Linden jedenfalls warb man in den Hochschulen von Anfang an eindringlich um Verständnis für die im Prozeß der »Neugestaltung« auftretenden Schwierigkeiten; von einer »Übergangszeit« war die Rede, nach deren Überwindung die Früchte nationalsozialistischer Hochschulpolitik bald sichtbar würden. Das waren die Worte Otto Wackers auf der Rektorenkonferenz 1937, einer Versammlung aller Universitätsrektoren, die fortan wieder regelmäßig stattfand. Diese Zusammenkünfte dienten dem Ministerium einerseits als Mittel zur Selbstdarstellung und Erläuterung seiner Tätigkeit, andererseits als Gelegenheit, über die Wirkung der ministeriellen Maßnahmen einmal persönlich und nicht auf dem

Wege schriftlicher Mitteilung in Form von Eingaben oder Denkschriften informiert zu werden. Die Rektoren als »Führer« der Universität waren in der Regel selbst überzeugte Nationalsozialisten, denen an der nationalsozialistischen Umgestaltung der Hochschulwelt gelegen war. Sie traten gegenüber den Beamten selbstbewußt auf und nahmen in ihrer Kritik an den ministeriellen Maßnahmen kein Blatt vor den Mund.[508]

Die erste Konferenz nach der Gründung des Reichsministeriums fand am 31. Mai 1935 im Ministeriumshauptgebäude statt. Der Leiter der Hochschulabteilung, Franz Bachér, nahm als erster das Wort und erläuterte Aufbau und Funktionsweise des neuen Hauses. Er hob besonders den speziellen Sachverstand hervor, der mit der Hinzuziehung von aktiven Professoren wie ihm die Ministeriumspolitik bestimmen würde. An den Hochschulen sollte ein »kameradschaftlicher Geist« einziehen und vor allem der wissenschaftliche Nachwuchs »menschlich« behandelt werden. Hinsichtlich der Partei, deren Eingriffsversuche bereits zu beträchtlicher Unruhe an den Hochschulen geführt hatten, verwies Bachér mit großer Geste auf ein soeben an die Hochschulkommission abgegangenes Schreiben seines Ministers, womit die Zuständigkeiten grundsätzlich geklärt worden seien: »In diesem Brief hat also der Herr Reichsminister Rust gesagt, dass er die Hochschulkommission anerkennt, aber die Rechte dieser Hochschulkommission beschränkt wissen will auf die diejenigen Verordnungen, die in diesem Sinne sämtliche andere Minister auch dem Stellvertreter des Führers vorlegen müßten. Das heisst also praktisch – und das müssen Sie wissen –, dass bei Besetzungen an den Hochschulen die Hochschulkommission überhaupt nichts zu sagen und zu schreiben hat.« Sollte dennoch »von dort her irgendein Brief« kommen, ermunterte Bachér dazu, ihn umgehend dem Ministerium zu überstellen: »In der Hochschulsphäre hat die Hochschulkommission nichts mehr zu suchen«, formulierte er kategorisch und stellte voller Zuversicht in Aussicht, daß sich die »Aufbauarbeit« an den Hochschulen erfreulicher gestalten werde – wie sehr hier der Wunsch Vater des Gedankens war, sollte sich erst noch herausstellen.[509]

Im weiteren Verlauf der Konferenz wurden zunächst Verfahrensfragen geklärt, wie sie die neue Reichshabilitationsordnung aufwarf, und die Lage des wissenschaftlichen Nachwuchses eingehend erörtert. Für dessen Interessen schienen sich die Beamten besonders erwärmt zu haben und warteten mit einer Reihe von Maßnahmen auf. So stellte Amtschef Vahlen einen erhöhten Lehrauftragsfonds zur besseren Vergütung in Aussicht und warb bei den Rektoren nachdrücklich für einen sozial verträglichen Umgang mit älteren Dozenten in Oberassistentenpositionen. Ihnen »nach 10 oder 12 Jahren Dienst« die Verträge zu kündigen, wie es einige Universitäten verlangt hätten, erklärte Vahlen für »asozial«, und wies die Rektoren an, von solchen Bitten an das Ministerium abzusehen. Zudem versprach er die vermehrte Errichtung planmäßiger Extraordinariate zur Versorgung von jungen Wissenschaftlern. Nach der »sozialdemokratischen Revolte« 1918 habe man vor allem in Preußen viele dieser Stellen in Ordinariate umgewandelt, was ein Fehler gewesen sei. Unter dem Beifall der Runde kündigte Vahlen eine Umkehr auf diesem Weg an und erläuterte den Plan des Hauses, künftig jedes Fach wieder durch ein Ordinariat und »zwei oder drei Extraordinariate« je nach Größe der Hochschule vertreten zu lassen. Dabei stützte sich der Mathematiker womöglich auf eigene Erfahrungen aus seiner Zeit als aktiver Hochschullehrer, wenn er zur Begründung auf die vielfachen Unterschiede in Charakter und Leistungsfähigkeit der Gelehrten verwies: »Auf diesen Zustand müssen wir wieder kommen, weil sich gezeigt hat, daß die menschliche Natur so geartet ist, daß nicht jeder Mensch den dauernden Motor des Handelns in sich trägt und es zweckmäßig ist, an Lebensjahren jüngere Kollegen nicht gleich zum Ordinarius, sondern erst einmal zum Extraordinarius zu berufen, damit die Betreffenden da oben immer noch einen Stern winken sehen, wo sie einmal hingelangen können«. Vahlen appellierte an die Rektoren, das Ministerium beim Prozeß der Rückstufung von Ordinariaten zu unterstützen, damit die so freigestellten Mittel dem wissenschaftlichen Nachwuchs zugute kämen. Er versuchte die Anwesenden bei der Standesehre zu packen, indem er es für »schlicht unwürdig« erklärte, den akademischen Nachwuchs »weiter hungern« zu lassen, während »andere Volkskreise wieder langsam anfangen zu verdienen«. Für die Frage des Gießener Rektors Paler, wie sich die Universitäten am besten der »überalterten Privatdozenten« entledigen könnten, brachten die Beamten daher kein rechtes Verständnis auf.[510]

Vahlens und Bachérs universitäre Vorstellungen waren in vielen dieser Punkte weniger nationalsozialistisch gefärbt als an der Blütezeit deutscher Universitäten im Kaiserreich orientiert. An der klassischen Verbindung von Forschung und Lehre wollten beide nicht rühren, und so energisch sie den wissenschaftlichen Nachwuchs verteidigten, so eindringlich warben sie auch für die Hebung des universitären Ansehens in der Gesellschaft. »Wir müssen erreichen, daß es als eine Ehre angesehen wird, dem Gremium einer Hochschule anzugehören«, rief Bachér beschwörend in die Runde und sah darin zugleich eine Chance, »Männer der Praxis« an die Hochschulen zu ziehen, allein des Ansehens und nicht der hohen Besoldung wegen. Er verlangte mehr Selbstbewußtsein seitens der Hochschullehrer, weil sie nur dann für »wirklich hervorragende Menschen« attraktiv würden, und verwies auf den aktuellen Zulauf junger Leute zum Militär als ein gelungenes Beispiel für die erfolgreiche Imagepflege eines Berufsstandes. Selbst Kriegsfreiwilliger im August 1914, verbarg Bachér seine Vorliebe für alles Militärische nicht, der er in seinen abschließenden Worten vielmehr noch einmal kräftig Ausdruck verlieh. Auf seine eigene Erfahrung als Hochschullehrer und die seiner Referenten verweisend, betonte er, wie sehr man sich im Haus Unter den Linden der universitären »Front« nahe fühle, ja wie »hier vielleicht eine der frontnahesten Verwaltungen in Deutschland« überhaupt entstanden sei: »Ich hoffe, daß wir überall Resonanz an der Front finden, dass man überall erkennt: hier sitzen nicht rasselnde kalte Puppen, die nicht wissen, wie es in der Wirklichkeit aussieht, sondern Männer, die die Front aus eigenem Erleben genauso kennen wie Sie.«[511] Die erste Rektorenkonferenz unter der Regie des Reichswissenschaftsministeriums schloß nach acht Stunden des intensiven Meinungs- und Informationsaustausches. Auf der nächsten Versammlung zwei Jahre später waren Vahlen und Bachér schon nicht mehr im Amt.

Unter Amtschef Wacker erfolgte 1937 die endgültige Wiederaufnahme jährlich stattfindender Rektorenkonferenzen, die einige Zeit sogar zweimal im Jahr abgehalten wurden, jeweils mit einem Frühjahrstermin im Ministeriumshauptgebäude und einem weiteren im Herbst an wechselnden Universitätsorten im Reich. Außerdem berief Wacker 1937 die Kuratoren und Vertreter der Landesunterrichtsverwaltungen nach Berlin ein. Von den Verwaltungsbeamten, die wie der Marburger Kurator Ernst von Hülsen über jahrelange Erfahrung verfügten, versprach er sich Aufschluß über den Stand der Vereinheitlichungsbestrebungen wie generell über die Stimmung an den Universitäten. So ermunterte der Amtschef sie auch zum freimütigen Meinungs- und Erfahrungsaustausch, wozu sich die Teilnehmer nicht lange bitten ließen. Zu loben war ihrer Meinung nach im Moment freilich nur wenig, während sie ihre Kritik mit großer Anschaulichkeit vorzubringen wußten. Vom Vertreter Bayerns, Ministerialrat Müller, waren etliche Beispiele für mißlungene Berufungsverfahren zu hören, die von Berlin ohne ausreichende Konsultation der bayerischen Instanzen vollzogen worden waren. Er nannte den konkreten Fall des Kieler Professors für physikalische Chemie, Wolf, der »eines Tages in Würzburg auftauchte und die Schlüssel verlangte, ohne daß jemand eine Ahnung hatte«. Zwar konnte man sich in München daraufhin erfolgreich gegen die endgültige Bestellung Wolfs an der Würzburger Universität wehren, wo weder die »wissenschaftliche Richtung« passe, noch ausreichende Arbeitsbedingungen vorhanden seien: »Das Würzburger Institut ist klein, wir können es leider auch nicht größer machen«, faßte Müller zusammen, »wenn wir vorher gefragt worden wären, hätten wir gesagt: Bitte nicht Herr Wolf«. Angesichts dieser und anderer ähnlicher Erfahrungen bat Müller dringend um eine verbesserte Kommunikation im Vorfeld von Berufungen. Gegen die Zentralisierungspolitik Berlins an sich hatte der bayerische Vertreter hingegen nichts einzuwenden. Er wollte sie freilich auf den Erlaß von Richtlinien beschränkt und nicht bis ins Kleinste hinein geregelt wissen.[512]

Der sächsische Oberregierungsrat Werner Studentkowski, bis 1933 Schriftsteller und NSDAP-Gauredner von Beruf, schloß sich den Ausführungen Müllers »vollinhaltlich« an. Auch er befürwortete die Zentralisierung des Hochschulwesens im Reich, klagte aber über unzumutbare Einmischungen der Parteigliederungen, ganz besonders in Personalfragen. Er brachte das Beispiel eines habilitierten Dozenten der Technischen Hochschule Dresden zur Sprache, der vom Sicherheitsdienst als politisch bedenklich eingestuft worden sei, so daß weitere Ermittlungen folgten. Der Dozent erhielt Besuch vom Blockleiter, der ihn befragte und über diese Befragung einen Bericht an den Kreisleiter schrieb. Dieser Bericht habe am Ende genügt, ein Urteil über die politische Haltung des Dozenten zu begründen, ein unmögliches Verfahren, wie Studentkowski fand, das der »Kapitulation vor nichtwissenschaftlichen Instanzen und damit [der] Auslieferung der Wissenschaft an Stellen [gleichkomme], die gar nicht übersehen können, worum es sich handelt«. Beredt schilderte er die durch Studenten- und Dozentenbund an den Hochschulen aufgekommene Unruhe und verlangte eine radikale Beschneidung ihrer Zuständigkeiten, wenn »nicht die Hochschulen und die Wissenschaft ernstlich Schaden nehmen« sollten. Sein Thüringer Kollege Friedrich Stier schloß sich mit der Forderung nach mehr Klarheit bei Berufungsverfahren an, während der Vertreter Mecklenburgs, Karl Dehns, sich für »untergeordnete Dinge generell mehr Dezentralisation« wünschte.[513]

Für Wacker dürften die meisten vorgebrachten Monita kaum neu gewesen sein. Aber sie in dieser Dringlichkeit aus dem Munde zumeist sehr erfahrener Verwaltungsbeamter zu hören, bestärkte seine Anstrengung, der Hochschulpolitik des Hauses neue Ziele zu weisen. Was die Probleme mit den Landesunterrichtsverwaltungen anlangte, so führte er sie im Kern auf den noch unfertigen Stand der Reichsreform zurück, durch den sich die Befugnisse des Reichsministeriums zu den jeweiligen Länderinstanzen höchst unterschiedlich gestalten würden: »Wir haben heute beispielsweise Länderregierungen, die gleichzeitig Reichsregierung sind; wir haben Länderregierungen, die selbständig sind, aber noch einen Reichsstatthalter im Lande haben, der seinerseits die Landesregierung aber nicht führt; in einem anderen Lande wieder ist der Reichsstatthalter der Chef der zuständigen Länderregierung, wobei der Reichsstatthalter vielleicht für den Bereich der Landesregierung auch gleichzeitig Gauleiter ist; wir haben dann wieder den Fall, wo wir einen Reichsstatthalter haben, der nicht Gauleiter und nicht der Chef der Landesregierung ist, dabei ist ein Gauleiter Mitglied der Landesregierung, ein anderer Gauleiter ist nicht Mitglied der Regierung; oder wir haben wiederum ein Land, in dem der zuständige Gauleiter gleichzeitig der zuständige Reichswissenschaftsminister ist«, faßte Wacker den chaotischen Zustand der politischen Verfassung des Reichs zusammen. Man befinde sich auf dem Weg in den zentralen Einheitsstaat, dessen Vollendung freilich unabsehbar sei, so daß Improvisation noch auf unbestimmte Zeit das Gebotene bleibe.

Wacker erklärte viele Konflikte außerdem mit der spezifischen Gründungsgeschichte des Hauses. Während etwa Justiz und Finanzen bereits vor der Machtergreifung als Reichsministerien bestanden hätten, sei dem preußischen Kultusministerium 1934 »sozusagen nur als Dienstbezeichnung« der Name Reichs- und Preußisches Ministerium verliehen worden, ohne zugleich für die Bewilligung eines entsprechenden Reichshaushalts Sorge zu tragen: »Die Haushalte der Länder sind noch bei den Ländern«. Eine vorgezogene Verreichlichung wenigstens der Hochschulhaushalte sei zwar eine denkbare Lösung, doch stünden dem wiederum komplexe politische wie verwaltungsrechtliche Gründe entgegen. So werde auch in Zukunft alles auf die einvernehmliche Zusammenarbeit seines Hauses mit den beiden zuständigen Finanzministerien ankommen, »[a]ber glücklich ist die ganze Entwicklung bis jetzt nicht gewesen«. Schließlich erinnerte der Amtschef an den anhaltenden Widerstand vor allem des preußischen Finanzministers in dieser Angelegenheit. Popitz' Veto habe Gewicht, weil er nun einmal das Vertrauen des »Führers und Reichskanzlers« besitze, auf dessen ausdrücklichen Wunsch er an den Kabinettssitzungen der Reichsregierung teilnehme und »also weitgehend in das Vertrauen der Reichsregierung einbezogen« werde. Wegen Popitz wolle auch der Reichsfinanzminister seine Kompetenzen nicht überschreiten und lehne die Behandlung aller das Hochschulwesen betreffenden Budgetfragen mit dem Hinweis auf die zuständigen Länderverwaltungen ab. »Das kann natürlich nur ein Übergangszustand sein«, erläuterte Wacker zuversichtlich, mußte aber die Frage, wann dieser Zustand denn ein Ende haben würde, offen lassen.[514] Die Rolle seines Hauses in diesem Spiel brachte er mit dem programmatischen Satz auf den Punkt: »Protektor der Wissenschaft ist das Reichserziehungsministerium.« Aber dies war ein schwieriges Geschäft, das Wacker nach kaum zwei Jahren als Chef des Amtes Wissenschaft enttäuscht wieder fahren ließ.[515]

Universitäten und Hochschulen im Dritten Reich waren nur schwer zentral von Berlin aus zu steuern. Zu den mit der gescheiterten Reichsreform aufgeworfenen Schwierigkeiten und den Eingriffsversuchen der Partei traten die je unterschiedlich gewachsenen Strukturen der Hochschulen. Schon die Größe der Lehrkörper wie die Zahl der Studierenden variierte an den vielen Hochschulen zwischen Kiel und München, Königsberg und Aachen erheblich. Hinzu kamen regional bedingte Eigenheiten wie konfessionelle, großstädtische oder ländliche Prägungen, die den Einrichtungen einen je spezifischen Charakter verliehen. Auf Vereinheitlichung zielende Reformerfolge waren unter diesen Bedingungen generell nicht schnell, sondern im Gegenteil nur auf lange Sicht zu erzielen. Den Berliner Hochschul- und Wissenschaftspolitikern mußte daher der Faktor Zeit schon bald als die eigentliche Mangelware im Land erscheinen. Die Dynamik nationalsozialistischer Politik stand einer konsequent durchgeführten Hochschulreform entgegen. So konnte auch Hans Huber in seiner 1939 vor der Berliner Verwaltungsakademie gezogenen Bilanz nur feststellen, »noch keineswegs an unserem Endziel angelangt« zu sein. Nur unter den »gleichen Vorbehalten« wie sie auch für andere außerhalb der Partei bestehende Einrichtungen gelten würden, wollte Huber der Universität seiner Gegenwart die Bezeichnung »nationalsozialistisch« zuerkennen.[516]

Die damit verbundenen Vorstellungen zielten auf die Transformation der »bürgerlichen« Universität in eine »Volksuniversität«, mit »strammen« Nationalsozialisten auf den Kathedern und offen für den Besuch aller Begabten unabhängig von Herkunft und Vermögen. Das meiste davon war 1939 noch Zukunftsmusik, denn weder waren die Studiengebühren abgeschafft noch ein komfortables Stipendiensystem eingerichtet worden, so daß ein Hochschulstudium allen nationalsozialistischen Egalisierungsversprechen zum Trotz die Angelegenheit einer Minderheit blieb. Immerhin gelang die Weichenstellung für die Etablierung des »zweiten Bildungsweges«, indem die Bedingungen für ein Studium ohne Reifeprüfung durch Begabtenprüfungen gelockert oder den Fachschulabsolventen mittels einer Sonderreifeprüfung die Tore zu den Universitäten geöffnet wurden. Nicht zuletzt hoffte man damit, den Trend sinkender Studentenzahlen aufzuhalten.[517] Was inhaltlich an den Universitäten und Hochschulen geschah, welche Disziplinen in der Hochschulpolitik des Ministeriums eine Rolle spielten und welche nicht, wird nachfolgend zu erörtern sein.

Geförderte und vernachlässigte Disziplinen

Die Wissenschaftsfeindlichkeit des Nationalsozialismus galt in der historischen Forschung lange Jahre als ausgemacht. Dazu genügte ein Blick auf die rigorose Entlassung politisch mißliebiger Gelehrter, von denen viele internationales Ansehen genossen hatten und als Aushängeschilder deutscher Wissenschaft im Land verehrt worden waren. Insbesondere jüdische Gelehrte verloren nach 1933 ihre Positionen, egal wie exzellent sie waren und wie tief sie in der deutschen Kultur wurzelten, einerlei auch, ob man sie ersetzen konnte oder nicht. Es greift vielleicht zu weit, ihre Vertreibung als intellektuellen »Aderlaß« zu interpretieren, der mit den vorhandenen Personalressourcen nicht kompensiert werden konnte und darum die Wissenschaft in Deutschland auf Jahrzehnte zurückgeworfen habe. Aber der Substanzverlust in den Natur- wie Geisteswissenschaften war gleichwohl enorm und besaß weitreichende Folgen für die Wissenschaftsentwicklung.

Er betraf vielfach junge, noch im Aufbau befindliche Disziplinen, denen mit der jüdischen Emigration die innovativen Köpfe verloren gingen. Der Protest unter den deutschen Kollegen blieb weitgehend aus. Hier mochte das verbreitete antijüdische Ressentiment ebenso eine Rolle spielen wie der eklatante Stellenmangel unter Nachwuchswissenschaftlern, die nun auf eine Chance hofften. Die nationalsozialistische Entlassungspolitik war weder klug noch zukunftweisend, im Gegenteil, sie stärkte die späteren Kriegsgegner USA und Großbritannien, weil dort die aus dem Reich emigrierten Spitzenwissenschaftler in der Forschung tätig wurden und sich dem Kampf gegen Nazi-Deutschland zur Verfügung stellten. Im Hintergrund der Vertreibung stand neben maßloser Selbstüberhebung der groteske Irrglaube, das universelle Wissenschaftsverständnis durch ein völkisches ersetzen zu können.[518]

Direkt wissenschaftsfeindlich war der Nationalsozialismus aber nicht. Eine intensivierte wissenschaftsgeschichtliche Forschung hat in den letzten Jahren das alte Bild revidiert und in etlichen fach- und institutionengeschichtlichen Studien die nachdrückliche Förderung der Wissenschaft im Dritten Reich herausgearbeitet. In die Kaiser-Wilhelm-Institute sowie in die sonstigen Forschungseinrichtungen floß reichlich staatliches Geld, wenn auch verstärkt in solche Bereiche, die der Kriegsvorbereitung bzw. nach 1939 der Kriegführung dienten. Ebenso stieg die Mittelvergabe der Deutschen Forschungsgemeinschaft zur Förderung der Geisteswissenschaften, von denen man gleichfalls lange angenommen hatte, wegen mangelnder Nützlichkeit von den Nationalsozialisten grundsätzlich vernachlässigt worden zu sein. Aus diesen Mitteln wie aus dem ministeriumseigenen Dispositionsfonds erhielten nicht nur zeittypische Projekte wie Walter Franks obskures »Reichsinstitut für die Geschichte des neuen Deutschland« oder die Ahnenforschung der SS materielle Unterstützung, sondern es wurden auch Vorhaben wie die der Reformationskommission gefördert, die sich thematisch nicht von dem unterschieden, was in den Weimarer Jahren im Forschungstrend gelegen hatte. So wird in den jüngeren wissenschaftsgeschichtlichen Studien die Kontinuität in der Entwicklung vieler Fächer zwischen 1920 und 1970 besonders hervorgehoben, in die sich, abgesehen von den Personalveränderungen, die Zeit des Dritten Reichs ohne große Besonderheiten einzufügen scheint. Freilich birgt eine solche Sicht die Gefahr, daß die Eigentümlichkeiten nationalsozialistischer Wissenschaftspolitik darüber aus dem Blick geraten.[519]

An allgemeinen Äußerungen aus dem Reichsministerium über die zukünftige Gestaltung der Wissenschaft an Universitäten und außeruniversitären Einrichtungen fehlt es nicht, während man nach einem leitenden Master-Plan vergeblich sucht. Der Minister selbst hielt sich in dieser Hinsicht mit konkreten Vorstellungen zurück und überließ diese Fragen dem jeweiligen Chef des Amtes Wissenschaft. Von grundstürzenden Veränderungen ist freilich bei keinem von ihnen die Rede. Alle drei Amtschefs wollten mehr oder weniger an der Grundorganisation von Wissenschaft festhalten, diese aber nach den Maßgaben nationalsozialistischer Bedürfnisse modifizieren. Allgemein betrachtete man Wissenschaft als ein Ganzes. Dem Prozeß wachsender Ausdifferenzierung seit dem 19. Jahrhundert, die eine Aufspaltung vieler Disziplinen in immer mehr Spezialgebiete und Fächer zur Folge hatte, stand man skeptisch gegenüber und wollte diesen Trend eher umkehren als befördern. Referenten wie Franz Bachér waren jedoch professionell genug, die Eigendynamik moderner Wissenschaftsentwicklung nicht zu unterschätzen. Er trat für eine gezielte Förderung der Randgebiete selbst über die Fakultätsgrenzen hinweg ein, die er für nicht mehr als ein überkommenes Ordnungsprinzip ohne größere Verbindlichkeit hielt. Bezogen auf das von ihm an der Technischen Universität Charlottenburg vertretene Fach Chemie meinte er jedenfalls, daß es nicht nur eine Angelegenheit der Chemiker selbst sein dürfe, sondern auch in den benachbarten Disziplinen wie Medizin oder Biologie eine Rolle spielen müsse. Für ein konkretes Programm zur Wissenschaftsgestaltung im Dritten Reich reichte es beim Hochschulabteilungsleiter indessen nicht.[520]

Kaum bestimmter waren die Überlegungen, mit denen Otto Wacker im April 1937 die Ministeriumsbühne betrat. Der Amtschef sah sich an der Schwelle einer neuen Ära, nachdem die »Säuberung« der Hochschulen von politisch unerwünschten Personen weitgehend abgeschlossen war und die Wissenschaft nach nationalsozialistischen Gesichtspunkten ausgerichtet werden sollte. Was er diesbezüglich öffentlich bekannte, kam zunächst einigermaßen harmlos daher. Wacker nahm die Marburger Rektorenkonferenz 1937 als Gelegenheit, über den zukünftigen Kurs des Reichsministeriums zu informieren. An der Universitas litterarum, der Gesamtheit aller Wissenschaften, sollte festgehalten werden, womit er sich ausdrücklich gegen bereits kursierende Pläne wandte, die ein oder andere Universität oder Fakultät zu schließen, einzelne Disziplinen oder

Fächer abzubauen. Selbst kleine Universitäten wie Gießen, Greifswald oder Marburg, deren Studentenzahlen Mitte der dreißiger Jahre auf einem Tiefpunkt angelangt waren, sollten in jedem Fall erhalten bleiben. Zur Begründung verwies Wacker auf die zum Teil »sehr alte Tradition« dieser Anstalten, die zum Renommee deutscher Wissenschaft in der Welt beigetragen hätten und nicht ohne Reputationsverlust aufzugeben wären. Die Preisgabe auch nur einer dieser Universitäten würde im Ausland als Bestätigung für die Vernachlässigung der Wissenschaft durch den Nationalsozialismus aufgefaßt werden und »Wasser auf die Mühlen der Emigranten und Feinde Deutschlands« leiten. So sehr sich das Ministerium ansonsten gegen ausländische Kritik verschloß, ganz ohne Einfluß auf dessen Politik blieb sie demnach nicht.[521]

Aus der bisherigen Gesamtheit aller Wissenschaften sollte nach dem Willen des Amtschefs Wacker die Universitas des 20. Jahrhunderts erwachsen, wobei er freilich zunächst offen ließ, was genau er darunter verstand. »Ziel muß sein: die Universitas«, erklärte er so knapp wie kategorisch, wobei er den Begriff als »eine allumfassende Lehr- und Forschungsstätte« interpretierte mit den für Lehre und Forschung entscheidenden »Grundfakultäten«. Demzufolge sollte also der Grundstock klassischer Universitäten überall erhalten bleiben, bestimmte Forschungsschwerpunkte aber an einigen Stätten vertieft, an anderen vernachlässigt werden. An diesem Punkt erinnerte Wacker an Friedrich Althoff, der schon im Kaiserreich die Auffassung vertreten habe, daß nicht an allen Universitäten alle Fächer vorhanden sein könnten, Fächer und Mittel vielmehr konzentriert und aufkommende Synergieeffekte vermehrt genutzt werden müßten. Universitäten mit besonderer Tradition sollten darin auch weiterhin gestärkt werden, sie müßten dafür aber in anderer Hinsicht Abstriche hinnehmen. Von einer Reduzierung der Universitäten auf das Niveau von Fachhochschulen wollte Wacker indessen nichts wissen. Wiederholt beschwor er den Erhalt der Universitas, freilich einer, die den spezifischen Anforderungen des 20. Jahrhunderts genügen würde. Auf der Rektorenkonferenz im Februar 1939 ließ Wacker in groben Zügen erkennen, was er mit der »tatsächliche[n] ›universitas des 20. Jahrhunderts‹« im Schilde führte.

Unter dem Tagesordnungspunkt »Lehre und Forschung. Universität, Forschung, Hochschule« hatte sich zunächst eine ausgedehnte Debatte über die Forschungssituation an den Universitäten ergeben. Der Freiburger Rektor Otto Mangold beklagte die zunehmende Verschulung in Fächern wie Medizin und Forstwissenschaft samt der damit verbundenen »Bürokratisierung des Professors« und warnte vor einem Verlust an Wissenschaftlichkeit in der Ausbildung. Im Fach Medizin sei die Biologie aus dem Lehrplan weithin gestrichen und würden Vorlesungen über exakte Vererbungswissenschaft und Entwicklungsbiologie nicht mehr gehalten. »Das sind heute Weltwissenschaften«, mahnte Mangold, die vermittelt werden müßten, wenn an der wissenschaftlichen Ausbildung der Ärzte festgehalten werden solle.[522] Von hier aus führte die Diskussion zu klassischen Fragen wie die nach der Einheit von Forschung und Lehre als Grundprinzip der deutschen Universität oder derjenigen nach dem Primat der Grundlagenforschung vor der Zweckforschung, wobei man sich unter den Rektoren rasch einig war, an beidem möglichst nicht zu rühren. Paul Ritterbusch empfahl, die Einheit von Forschung und Lehre als »das allein jeder Erkenntnis und jedem Leben« entsprechende Prinzip einfach anzuerkennen, und wurde vom Wiener Rektor Fritz Knoll darin bestätigt, der gestand, die besten wissenschaftlichen Einfälle stets beim Unterrichten gehabt zu haben. Viel beklagt wurde die knappe Mittelverteilung an den Universitäten, die zudem durch die Entstehung der zahlreichen außeruniversitären Forschungsinstitute zur Erfüllung des Vierjahresplans unter wachsenden Druck gerieten. Mit der inzwischen auch an einigen Hochschulen praktizierten Auftragsforschung in sogenannten Vierjahresplaninstituten mochten sich die meisten Hochschulvertreter nicht arrangieren, wie der Münchner Physiologe Philipp Broemser, der eindringlich darauf verwies, daß »die wirklich großen Fortschritte der Grundlagenforschung« nun einmal nicht vorab zu formulieren seien.[523]

Die Ministeriumsvertreter gaben vor, auf Seiten der Hochschulen zu stehen, wenngleich ein Mann der Praxis wie Rudolf Mentzel nicht recht einsehen mochte, was ein wenig mehr an gut bezahlter Auftragsforschung den Universitäten schaden könne. Von den Finanzministerien seien nennenswerte Etaterhöhungen kaum zu erwarten, während die Forschung durch die Anforderungen des Vierjahresplans auf vermehrte Zuwendungen hoffen dürfe. Mentzel sah darin keine Einschränkung der Forschungsfreiheit, sondern im Gegenteil durch den erhöhten Geldfluß ganz neuartige Perspektiven auf die Hochschulen zukommen: »Wenn ich ein großes Stück Kapital bekomme, kann ich für die Forschung, die mir persönlich am Herzen liegt, ein großes Stück abschneiden und die Mittel dafür verwenden«, gab er zu bedenken und stellte ein Szenario des Geldüberflusses vor Augen, sobald die Professoren ihre letztlich unbegründete Abneigung gegenüber der Zweckforschung abgelegt hätten. »Ich bitte doch, sich in eine bessere Position zu begeben. Es gibt nur eine Forschung. Denn ob es sich um ein angewandtes oder um ein Grundgebiet handelt, die Methodik des Forschens muß die gleiche sein. Infolgedessen ist die geistige Tätigkeit in Kraft und Richtung die gleiche. Nur die Ausgangsfrage und die Endfragen sind hier etwas verschieden gestellt.« Den ein oder anderen schien er damit beeindruckt zu haben, denn das Protokoll hielt »Beifall« für die Ausführungen Mentzels fest.[524]

Auch Oberregierungsrat Huber stärkte den pragmatischen Standpunkt und wollte bezüglich der Forschungspraxis an den Hochschulen zuallererst eine »realpolitische Frage« erblicken, die nämlich nach der möglichst effizienten Verteilung der Forschungsmittel: »Es gilt für uns, den vorhandenen Topf möglichst günstig zu verteilen und darüber hinaus ihn zu vergrößern.« Ebenso pragmatisch behandelte er die Frage, ob an den Universitäten neben der Grundlagenforschung auch für die Zweckforschung Raum sein müsse. Für den Oberregierungsrat war dies selbstverständlich, wollte man den Einfluß des Hauses auf die Wissenschaftsgestaltung nicht einbüßen: »Wenn wir uns auf den Standpunkt gestellt hätten, in erster Linie Grundforschung zu treiben und die Zweckforschung nur insoweit, als sie nicht durch die Grundforschung wegfallen muß, dann hätten wir erlebt, daß diese Institute [gemeint sind die Vierjahresplaninstitute, A. Chr. N.] trotzdem entstanden wären, aber ohne uns.« Einmal mehr arrangierte man sich somit im Haus Unter den Linden mit der Realität im Dritten Reich. Schließlich sei die »Ehe mit der Zweckforschung« auch nicht auf Dauer angelegt, meinte Huber beruhigend, sondern werde zu anderen Zeiten sicherlich wieder geschieden werden. An eine Umwandlung der Universitäten zu anwendungsorientierten Fachschulen, wie von den Kritikern befürchtet, dachte laut Huber im Ministerium angeblich niemand.[525]

Wissenschaft und Forschung nahmen einen hohen Stellenwert im Dritten Reich ein. Im Reichswissenschaftsministerium herrschte ein pragmatisches, von Nützlichkeit und Effizienzgesichtspunkten geleitetes Denken vor, das jedoch die Einheit der Wissenschaft an den Universitäten zu bewahren suchte. Große Summen flossen in Medizin, Technik- und Naturwissenschaften, wobei Physiologie, Biologie, Physik und Chemie zu den energisch geförderten Fächern zählten. Der angestrebten Wehrhaftmachung diente die Einrichtung einer speziellen Fakultät für Wehrwissenschaft an der Technischen Hochschule Berlin, das Lieblingsprojekt des zeitweiligen Hochschulreferenten Franz Bachér, der sich in dieser Sache auch der besonderen Gunst des Reichsministers Rust sicher sein konnte. Die Kaiser-Wilhelm-Institute und die staatlichen Reichsforschungsanstalten profitierten vom Pragmatismus des Regimes und dem unverblümt ausgesprochenen Ziel, durch die Entwicklung von Ersatzstoffen so rasch wie möglich unabhängig von der Rohstoffeinfuhr zu werden. Die Geisteswissenschaften wurden darüber nicht per se vernachlässigt, sondern in den Bereichen besonders gefördert, wo auch sie nutzbringend zu sein versprachen. Indem sie die legitimatorischen Bedürfnisse des Regimes befriedigten, erfuhren Geschichte, Soziologie und Völkerkunde großzügige Zuwendungen. Kleine Spezialfächer wie Kunstgeschichte, Ägyptologie oder Orientalistik mit geringerem direkten Anwendungspotential überdauerten, weil sie prestigeträchtig waren und man zu Recht fürchtete, daß ihre Vernachlässigung dem Ansehen des Deutschen Reichs im Ausland schaden würde. Nur mit l'art pour l'art, mit Wissenschaft um der Wissenschaft willen, sollte es nach dem Willen der Machthaber vorbei sein. Wenn auch die Selbstreferentialität der Wissenschaft vielleicht nur ein Mythos ist und man zu keiner Zeit vollkommen selbstlos geforscht haben dürfte, für die Wissenschaftsfunktionäre im Dritten Reich war mit der Verkündung des Vierjahresplans ein Schalter umgelegt und die Grundlagenforschung fortan nur noch von sekundärem Rang. In diesem Sinne war der Nationalsozialismus wissenschaftsfeindlich, indem er sich ungeachtet aller Kritik gleichgültig gegenüber den Grundbedürfnissen moderner Wissenschaft verhielt.[526]

Zu den bewußt vernachlässigten, aber nicht offen bekämpften Disziplinen zählte die Theologie. Dies fiel zunächst nicht weiter auf, weil wegen bestehender Verträge mit beiden großen Kirchen der Bestand an Professuren nicht einfach abgebaut werden konnte. Der Kirchenkampf und fast mehr noch der Streit »Gemeinschaftsschule versus Konfessionsschule« in Bayern und Baden hatte zudem einen öffentlichen Rückhalt der Kirchen im Land demonstriert, mit dem in Partei und Staat so nicht gerechnet worden war. Dies galt es bei allen künftigen Maßnahmen auf diesem Gebiet zu berücksichtigen, und infolgedessen drang nur wenig über die ministeriellen Absichten nach außen. Bernhard Rust selbst war nicht als

Abb. 24 Grundsteinlegung zur Wehrtechnischen Fakultät an der Technischen Hochschule Berlin, 27. November 1937

besonders kirchenfeindlich bekannt. Wenn er auch seinerzeit als Student vom Katholizismus zum Protestantismus konvertiert war, so wollte er sich wegen der größeren Nähe des Protestantismus zur Wissenschaft wohl eher der eigenen Modernität versichern als grundsätzliche Ablehnung demonstrieren. Später als Minister pflegte er freundschaftliche Verbindungen zu Reichskirchenminister Kerrl, den er persönlich schätzte und dessen Politik er unterstützte. Freilich forderte er die Universitätstheologie wiederholt öffentlich dazu auf, sich mit dem Geist der neuen Zeit besser zu arrangieren, etwa die Existenz von Völkern und Rassen, aus denen sich doch eine je spezifische Art des Handelns und Denkens ableiten lasse, endlich als »göttliche Offenbarung« anzuerkennen. Mehr war an programmatischer Zielsetzung für die Zukunft der Universitätstheologie aus dem Munde des Wissenschaftsministers nicht zu vernehmen. Um so erstaunlicher dürften die Verlautbarungen gewirkt haben, die Otto Wakker auf der ersten »großdeutschen« Rektorenkonferenz Ende Februar 1939 zur Zukunft der Theologie machte.[527]

Der badische Staatsminister setzte zu ausschweifenden Erläuterungen an, nachdem der Hallenser Universitätsrektor Johannes Weigelt die Ministeriumsvertreter dazu ermuntert hatte, mehr über die im Haus Unter den Linden geleistete Arbeit in der Öffentlichkeit zu berichten. Schließlich werde Propaganda gegenwärtig »auf allen Gebieten groß geschrieben«, so daß es Weigelt nur natürlich erschien, »wenn man von unserem Amt Wissenschaft aus auch die richtige Spritze Propaganda in die deutsche Presse geben würde«. Damit traf er bei Wacker den richtigen Nerv. Mit einem Seitenhieb auf die Propaganda, »bei der immer geredet« werde, »gegebenenfalls über nichts«, weckte er die Neugier der Anwesenden mit Andeutungen über angeblich unmittelbar bevorstehende »Maßnahmen« seines Hauses zur Theologie. Hier seien geheime Vorbereitungen im Gange, deren Auswirkungen sicherlich »größte propagandistische Wirkung« entfalten würden, aber gegenwärtig leider noch nicht öffentlich mitgeteilt werden könnten. Die Theologie sollte nach dem Willen der nationalsozialistischen Wissenschaftsfunktionäre in der »Universitas des 20. Jahrhunderts« keine Rolle mehr spielen und werde stillschweigend abgebaut. »Wir müssen also durch Verschweigen sprechen«, raunte der Amtschef vielsagend, um sodann mit einem wissenschaftsgeschichtlichen Exkurs fortzufahren.[528]

Die Epoche, in der die Theologie noch im geistigen Mittelpunkt der Universität gestanden habe, gehe lange, bis auf das »Zeitalter Bernhards des Verschleimten« zurück, witzelte Wacker, als der Gedanke an eine kritische Wissenschaft noch nicht geboren war. Inzwischen habe der Nationalsozialismus aber erkannt, daß die Theologie überhaupt gar keine Wissenschaft sei. Denn die einzelnen Wissenschaften hätten sich erst aus dem Abgrenzungswillen gegenüber der Theologie entfaltet, die bis heute in weiten Teilen höchst spekulativ geblieben und im eigentlichen Sinne wissenschaftlich nur in der Schriftexegese sei. »Da fragen wir uns: gehört die Theologie überhaupt noch in den Raum der Wissenschaft?« Darüber habe man sich im Amt Wissenschaft mit dem Stellvertreter des Führers ausgetauscht, der die Sache ähnlich beurteile und für eine Entfernung der Theologie von den Universitäten plädiere. Nur sei dies wegen der gültigen Reichskonkordate auf gesetzlichem Wege nicht zu machen, was bleibe, sei allein der Verwaltungsweg. »Es gibt also nur eine Möglichkeit: so lange zu planen, bis es zurecht geplant ist. Wenn wir auf anderen Gebieten planen, warum nicht auch auf dem Gebiete der Theologie?« Schon habe man die katholisch-theologischen Fakultäten in Salzburg und

München geschlossen, darüber aber nur je drei Zeilen an die Presse gegeben.[529] Die künftigen Planungen sähen keine kompletten Aufhebungen, sondern vor allem Zusammenlegungen von Fakultäten vor. Die dadurch frei werdenden Professuren, da »Doppelbesetzungen für Dogmatik« wohl kaum mehr in Frage kämen, würden der philosophischen Fakultät zugeschlagen und könnten zum Ausbau der Vorgeschichte, der Religionsgeschichte oder der vergleichenden Religionswissenschaft genutzt werden. Auf diese Weise entstünde »überhaupt erst ein wissenschaftliches Bild von den Religionen«, ja würde sich Theologie »zum ersten Mal seit dem Mittelalter auf das Gebiet der freien Forschung« begeben. All dies könne freilich in den Medien »nicht wie ein politisches Tagesproblem« behandelt werden, da es im Widerspruch zu den Verabredungen des Reichskonkordats stehe und auch in der Öffentlichkeit, »wo diese Erkenntnis noch nicht überall hingedrungen ist«, kein Verständnis finde. Deutlich wird, wie überzeugt der Amtschef von dieser »Erkenntnis« war und wie gern er die Öffentlichkeit über die Absichten seines Hauses informiert hätte. Von den Tagungsteilnehmern ergriff indessen niemand das Wort, und auch das Protokoll notierte weder Zustimmung noch Ablehnung, wie dies sonst gelegentlich zu einem der markigen Sprüche Wackers der Fall war. Daß die borniertes Ausführungen des Amtschefs den ein oder anderen Universitätsrektor peinlich berührt haben dürften, kann also nur vermutet werden.

Die Verabschiedung der Theologie aus der Universitas des 20. Jahrhunderts sollte sich nach dem Willen Wackers möglichst rasch und geräuschlos vollziehen. Die Parteikanzlei sekundierte dem Amtschef nach Kräften, so daß schwer zu entscheiden ist, von wem die stärkeren Impulse ausgingen. Im Falle Salzburgs wurden die Pläne für ein naturwissenschaftliches Forschungsinstitut an Stelle der bisherigen katholisch-theologischen Fakultät schon bald von Überlegungen verdrängt, die bis zum »Anschluß« Österreichs mit einigem Erfolg von den Theologen veranstalteten Salzburger Wissenschaftswochen fortzuführen, aber dies nun unter gemeinsamer Regie des Reichswissenschaftsministeriums und des »Ahnenerbes der SS«. Oberregierungsrat Huber führte hierüber mit dem Geschäftsführer der SS-Forschungsgemeinschaft, Wolfram Sievers, im Februar und März 1939 die entsprechenden Verhandlungen. Vorgesehen war ein Überblick zum Stand der Wissenschaft im Deutschen Reich, der von renommierten Forschern gegeben werden und sich gleichermaßen an das In- wie Ausland wenden sollte.⁵³⁰ Sämtliche Hochschulrektoren, Kuratoren und Oberpräsidenten im Reich wurden eingeladen und bei dieser Gelegenheit noch einmal nachdrücklich auf den besonderen Charakter der Veranstaltung als eine gemeinsam von Reichsministerium und Ahnenerbe organisierte Unternehmung verwiesen. Trotz des Kriegsausbruchs am 1. September fand die Reichswissenschaftswoche wie geplant in der Zeit vom 23. August bis 2. September 1939 statt, zeitgleich übrigens mit den Salzburger Festspielen. Am Tag des Kriegsbeginns sollten sich freilich die Reihen der Dozenten, Minister und Ministerialbeamten lichten, die an ihre Dienststellen zurückbeordert wurden.⁵³¹

Ähnlich wie der katholisch-theologischen Fakultät in Salzburg erging es derjenigen an der Universität Innsbruck. In diesem Fall wurde der Rektor Harold Steinacker in Berlin persönlich vorstellig und appellierte an das Amt Wissenschaft, die von Jesuiten dominierte Fakultät »in irgendeiner Form« aufzulösen oder wenigstens in eine mit »Weltgeistlichen« besetzte umzuwandeln. Dem Vorschlag Steinackers sekundierte wenig später Reichskirchenminister Kerrl, der aus »politischem Interesse« die baldige Schließung der Einrichtung wünschte. Nachdem man Unter den Linden die Sache zunächst vorsichtig, unter genauer Beachtung der Rechtsgrundlagen behandeln und dafür zunächst auf die Ausführung des Berufsbeamtengesetzes in der »Ostmark« warten wollte, setzte sich schon wenig später die Meinung durch, die »totale Aufhebung« der Innsbrucker Fakultät zu betreiben. Die Entscheidung des »Führers«, daß für Österreich keine konkordatrechtlichen Bindungen mehr bestünden, beschleunigte den Entschluß, mit Beginn des kommenden Wintersemesters die Innsbrucker »Jesuiten-Fakultät« aufzulösen. Gegenüber dem Orden und der Öffentlichkeit wurde die Aufhebung mit organisatorischen Rücksichten begründet, wonach es nach dem »Anschluß« Österreichs an das Deutsche Reich das Interesse der Hochschulverwaltung sein müsse, die Verhältnisse in der »Ostmark« denen im Reich anzunähern.⁵³²

Durch »Erfolge« wie diese angeregt, ging Wacker im Spätherbst 1938 noch einen Schritt weiter und schlug Reichsleiter Bormann die generelle Reduzierung der theologischen Fakultäten beider Konfessionen vor. Von den katholischen sollte München mit Würzburg, Tübingen mit Freiburg, Bonn mit Münster und schließlich die Regensburger philosophisch-theologische Fakultät mit Passau zusammengelegt werden. Bei den evangelisch-theologischen Fakultäten sah er eine Verlegung Heidelbergs nach

Tübingen, Kiels nach Göttingen, Leipzigs nach Jena und Halle, Gießens nach Marburg, Greifswalds nach Berlin oder Königsberg und Rostocks nach Berlin vor. Gegenüber der Öffentlichkeit wollte Wacker dies mit der erwarteten Kostenersparnis begründen und außerdem darauf verweisen, daß Zusammenlegungen ebenso in anderen Fächern wie der Pharmazie oder Astronomie stattfänden. Zuletzt wies der Amtschef allerdings darauf hin, daß es sich zweifellos um einen Vertragsbruch handeln würde, der im Ausland negative Schlagzeilen machen könnte. Dies dürfte auch den Herren in der Parteikanzlei klar gewesen sein, von denen vor allem Bormann am theologiefeindlichen Kurs festhielt und insgeheim wissen ließ, wie sehr ihm speziell an einer Schließung der theologischen Fakultät der Universität Rostock gelegen war, die von der »gesamten Parteigenossenschaft Mecklenburgs sowie bei der Bevölkerung und unter den Dozenten und Professoren begrüßt« werden würde.[533]

Am Ende sollten zuerst die vielen Einwände des »Stellvertreters des Führers«, später der Krieg die Pläne Wackers und Wünsche Bormanns durchkreuzen. Heß hatte an so gut wie jedem von Wackers Vorschlägen etwas zu kritisieren. So fand er es zwar richtig, die Berliner Theologie keinesfalls in die geplante Hochschulstadt Berlin zu integrieren, weshalb sie »in absehbarer Zeit verschwinden« müsse. Nicht in Frage komme jedoch ihre Verlegung an die Universität Greifswald, um auszuschließen, »daß etwa eine größere Zahl von Theologie-Studenten, die durch eine solche Zusammenlegung in eine kleine Universitätsstadt kommen, dieser Stadt und womöglich noch der gesamten Umgebung ihr Gepräge geben«. Da der Bau der Berliner Hochschulstadt ohnehin erst in einigen Jahren abgeschlossen sein würde, sollte die theologische Fakultät bleiben, wo sie war. Als dieser Brief das Ministerium im Frühsommer 1939 erreichte, war Wacker und damit der energischste Verfechter einer theologiefeindlichen Politik im Haus schon außer Dienst.[534] Mehrere Gespräche unter den beteiligten Referenten, mit dem Staatssekretär und Reichsminister Rust im April 1940 führten schließlich zum Ergebnis, daß während des Krieges an die geplante Zusammenlegung nicht zu denken sei und dies selbst an denjenigen Universitäten nicht, wo die Zahl der Studenten »auf Null herabginge«. Nach Kriegsschluß wollte man dann energisch an die Umsetzung der Pläne gehen und eine »erhebliche Verringerung der theologischen Fakultäten in die Tat« umsetzen. Bis dahin sollten der Ausbau der Fakultäten eingestellt, die Etats heruntergefahren und auch keine »Dozenten neuer Ordnung« mehr ernannt werden, womit man einer Anregung aus dem Reichskirchenministerium folgen wollte. Die Reichsuniversität Posen wurde ohne eine theologische Fakultät errichtet. Im September 1940 erreichte schließlich eine vertrauliche Mitteilung aus dem Reichsinnenministerium den Minister, derzufolge Hitler künftig alle offen antikirchlichen Maßnahmen seitens des Staates wie der Partei zu vermeiden wünsche. So blieb nur, der Theologie an den Universitäten »im Stillen weiter das Wasser abzugraben«.[535]

Während an der Ablehnung der Theologie durch den Nationalsozialismus kein Zweifel herrschen kann, zeigt sich beim Blick auf die übrigen Geisteswissenschaften ein weniger eindeutiges Bild. Wackers Nachfolger als Chef im Amt Wissenschaft, Mentzel, waren die sogenannten Buchwissenschaften ziemlich gleichgültig, deren Förderung er zumal im späteren Verlauf des Krieges für »nicht so wichtig« hielt. Aber sie deswegen abzubauen oder ernsthaft zu vernachlässigen stand zu keiner Zeit zur Diskussion. Schließlich maß der Minister, selbst ein studierter Altphilologe, gerade den Geisteswissenschaften einen hohen erzieherischen Wert zu, den es freilich für die Ziele des Nationalsozialismus nutzbar zu machen galt. Auf die bloße Mittelvergabe geschaut, überragten die Ausgaben für Naturwissenschaft und Medizin diejenigen für die geisteswissenschaftlichen Disziplinen bei weitem. Und wäre es nach dem Willen des Reichsfinanzministers gegangen, so wären etwa an den Technischen Hochschulen die geisteswissenschaftlichen Lehrstühle reduziert, wenn nicht gar vollständig eingespart worden. Als es um die Haushaltsaufstellung der Danziger Technischen Hochschule ging, deren Förderung dem dortigen Reichsstatthalter schon aus kulturpolitischen Rücksichten dringend geboten schien, wollte von Krosigk die Geisteswissenschaften zur Disposition stellen. In der 1904 eröffneten Danziger Hochschule dominierten die Abteilungen für Mathematik, Physik und Chemie und genossen die Bereiche Schiffbau und Schiffsmaschinenbau Renommee. Die Geisteswissenschaften wurden hingegen im wesentlichen durch die historischen und philologischen Fächer repräsentiert; die Danziger Hochschule selbst wünschte den Ausbau der geisteswissenschaftlichen Abteilung und wurde darin vom Ministerium unterstützt.[536]

Keine der Technischen Hochschulen im Reich wollte einen geisteswissenschaftlichen Lehrstuhl verlieren, vielmehr sprachen sich alle Rektoren für deren Erhalt und Ausbau aus. Schließlich waren es die allgemeinbildenden Fächer, die den einstigen »polytechnischen Anstalten« überhaupt erst den Hochschulcharakter verschafft hatten. So hielt der Rektor der Technischen Hochschule in Aachen es sogar für dringend geboten, diese Fächer zu stärken, um einer geistigen Verengung der Studenten entgegenzuwirken. Nach seiner Erfahrung sei es »grotesk, was auf diesem Gebiet von den Studenten häufig geleistet wird«, und er schlug vor, die bisher nur fakultativ zu besuchenden Veranstaltungen künftig zu Pflichtfächern zu erheben. Allein der badische Kultusminister mochte sich mit einer Reduzierung der Geisteswissenschaften arrangieren. Was die Technische Hochschule in Karlsruhe anlange, so meinte er, Geschichte und Literaturwissenschaft nicht durch Ordinarien vertreten lassen zu müssen. Die Hochschule selbst sah das allerdings anders und kam an das Ministerium in Berlin mit der dringenden Bitte um Wiederherstellung eines Lehrstuhls für Geschichte ein.[537]

Martin Bormann ventilierte schließlich den Vorschlag, an den Hochschulorten mit Universität *und* Technischer Hochschule die geisteswissenschaftlichen Lehrstühle zusammenzulegen. Den Studenten sollte es jeweils freistehen, an den betreffenden Vorlesungen teilzunehmen, ohne bei beiden Hochschulen zugleich eingeschrieben sein zu müssen; die betreffenden Hochschullehrer sollten den Professorenkollegien beider Hochschulen angehören. Dem Reichsleiter schwebte eine Entwicklung vor, an deren Ende Technische Hochschulen und Universitäten fusionieren würden. Er maß dem Plan grundsätzliche Bedeutung zu, nachdem sich die Technischen Hochschulen nach Jahrzehnten einen gleichberechtigten Platz an der Seite der Universitäten erkämpft hätten. Warum sie am Ende dennoch nicht als historisch gewachsene Einrichtungen neben den Universitäten bestehenbleiben sollten, bleibt das Geheimnis des ehrgeizigen Nachfolgers Rudolf Heß'.[538] Sein Einfluß auf das bildungs- und wissenschaftspolitische Geschehen wuchs während des Krieges kontinuierlich und löste Unter den Linden größtes Unbehagen aus.

Nützlichkeitserwägungen und Pragmatismus beherrschten den Blick der Nationalsozialisten auf Bildung und Wissenschaft, was der Medizin, der Technik- und Naturwissenschaft besonders zugute kam und sich an der beachtlichen Steigerung der Etats ablesen ließ. Die Geisteswissenschaften erhielten unterm Strich wohl um einiges weniger, blieben aber bestehen und wurden in etlichen Bereichen ausgebaut. Daß es der soliden geistigen Ausbildung der Studierenden aller Disziplinen zur Schulung der Vorstellungskraft bedurfte, damit wissenschaftliche Erkenntnis gerade auch in den Naturwissenschaften überhaupt erst möglich würde, war damals noch eine verbreitete Auffassung. Selbst Hitler war dieser Zusammenhang nicht fremd, wenn er im zweiten Teil von »Mein Kampf« vor den Gefahren einer übertrieben materialistischen Haltung in Bildung und Wissenschaft warnte und sich für die Beibehaltung einer humanistischen Grundausbildung aussprach. So sehr der moderne Industriestaat auch durch »reale Fächer« wie Technik und Chemie regiert würde, dürfe die allgemeine Bildung dem nicht zum Opfer fallen und müsse vielmehr »immer eine ideale sein. Sie soll mehr den humanistischen Fächern entsprechen und nur die Grundlagen für eine spätere fachwissenschaftliche Weiterbildung bieten. Im anderen Fall verzichtet man auf Kräfte, welche für die Erhaltung der Nation immer noch wichtiger sind als alles technische und sonstige Können.«[539] Dieses leise Plädoyer für die Pflege humanistischer Bildung erscheint angesichts von deren massiver Verunglimpfung durch führende Vertreter der Partei nachgerade unwirklich; es könnte aber erklären, warum die Universität als Ganzes im Dritten Reich erhalten blieb und selbst während des Krieges nicht auf das Niveau bloßer Fachhochschulen herabgedrückt wurde. Von den Sonderbedingungen, die ab September 1939 im Bereich Bildung und Wissenschaft herrschten, soll nun die Rede sein.

VI. Das Ministerium im Krieg

Präludium: Gründung der »Ostmark« und des »Protektorats«

»Das sind jetzt Tage, die zu erleben für Jahre des Ungemachs entschädigen wird. Wieviel Stunden wir seit Freitag am Radio saßen, kann ich nicht mehr zählen. Aber es geht nicht, man hat keine Ruhe und hört immer wieder den ungeheuren Lärm der tosenden Jubelrufe. Eben hörte ich im Strassburger Radio, dass der englische Premierminister dem deutschen Außenminister gesagt habe, dass er erwarte, dass die Volksabstimmung wirklich frei sein werde. Die Kerle sind doch verrückt und können es absolut nicht lassen, sich zu blamieren, hätte Herr Chamberlain doch nur ein wenig das Radio gehört, dann wäre er wirklich beruhigt wegen der Freiheit der Wahl.« Der dies aus Freiburg über die Ereignisse im März 1938 an einen Freund in Wien schrieb, war Theodor Mayer, der Mediävist und spätere Präsident des Reichsinstituts für ältere deutsche Geschichte, wie das Flaggschiff deutscher Mittelalterforschung, die Monumenta Germaniae Historica, zwischen 1935 und 1945 hieß. 1930 von der deutschen Universität Prag an die Universität Gießen berufen, hatte Mayer im Deutschen Reich glanzvoll Karriere gemacht – 1934 folgte er dem Ruf nach Freiburg, 1938 dem nach Marburg, wo er von 1939 bis zum Wechsel nach Berlin 1942 auch noch als Rektor amtierte. Mayer war der erste Katholik und bis heute einzige Österreicher im Amt des Monumenta-Präsidenten, wie er nach dem Krieg betonte, und hatte sich seit 1918 für den Zusammenschluß der beiden deutschen Staaten publizistisch ins Zeug gelegt, freilich ohne in der Alpenrepublik damit etwas auszurichten. Die Tat Hitlers 1938 fand er politisch genial und erwartete für die Zukunft seiner Landsleute das Beste. »Ich gönne es den Österreichern wirklich, daß sie auf diese Weise doch den Anschluß erreicht haben. Ich denke noch an unsere Artikel im Wiener Mittag, die sicher auch nicht gerade geschadet haben. Aber es mußte doch eine neue Generation kommen, die ihn machte. Wir waren nur Vorbereiter, aber diese hinreißende Macht der

Bewegung war vor 20 Jahren nicht denkbar.« Mit dem »Wiedervereinigungsgesetz« vom 13. März 1938 begann die Eingliederung Österreichs in das Reich, wovon auch das Reichskultusministerium unmittelbar berührt war.[540]

Die Umstellung der österreichischen Verwaltung erfolgte unter Federführung des Reichsinnenministers Wilhelm Frick. Er sollte die Übertragung des Reichsrechts in all ihren organisatorischen und personellen Konsequenzen überwachen und war von den Fachressorts zur Sicherstellung eines einheitlichen Vorgehens vorab zu konsultieren. Eine eigens errichtete Zentralstelle im Reichsinnenministerium unter Leitung seines Staatssekretärs Wilhelm Stuckart sowie eine Zentralstelle in Wien, wo seit dem 19. März der »Reichsbeauftragte für Österreich«, Wilhelm Keppler, wirkte, dienten als Exekutivorgane. Allerdings wurde die Machtstellung Fricks ebenso wie die des Reichsstatthalters von Österreich, Arthur Seyß-Inquart, schon bald von Josef Bürckel beschnitten, den Hitler am 23. April 1938 zum »Reichskommissar für die Wiedervereinigung Österreichs mit dem Deutschen Reich« ernannte. Damit erhielt Bürckel eine »führerunmittelbare« Stellung, worauf er fortan ein umfassendes politisches Mitwirkungsrecht gründete. Der bereits im Altreich bestehende Antagonismus zwischen Staat und Partei hielt damit auch in der Ostmark Einzug. Für den Aufbau der inneren Verwaltungsstrukturen sorgte das sogenannte Ostmarkgesetz vom 14. April 1939, an dessen Ausarbeitung Stuckart maßgeblich mitgewirkt hatte. Es sah die Aufteilung Österreichs in sieben Reichsgaue mit je einem Reichsstatthalter an der Spitze vor, dem abweichend von den Kollegen im Altreich der gesamte Verwaltungsapparat in der Mittelinstanz unterstellt wurde. Außer für Bahn, Post, Justiz und Finanzen besaßen die Reichsstatthalter ein Weisungsrecht, wodurch sie gegenüber den Zentralinstanzen einiges an Gewicht erlangten. Schließlich amtierten sie außerdem als Gauleiter der NSDAP. Damit war eine zentrale Forderung nationalsozialistischer Verwaltungsreform, die »Einheit von Partei und Staat« bis in die untersten Verwaltungsinstanzen hinein zu verwirklichen, erstmals praktisch umgesetzt.[541]

Bis zur Auflösung der österreichischen Zentralbehörden am 1. April 1940 arbeitete das vormalige Unterrichtsministerium als Abteilung des Innen- und Kulturministeriums weiter. Es unterstand dem Reichskultusminister in Berlin und nicht dem Reichsstatthalter in Wien, der sich dem Ostmarkengesetz zufolge mit einem nicht näher bestimmten Informations- und Weisungsrecht begnügen mußte. Unter den Linden war man nach den zurückliegenden Erfahrungen mit vergleichbaren Instanzen in den Ländern auch über diese eingeschränkte Beteiligung nicht besonders glücklich. Immerhin konnte der Plan des Reichsstatthalters, dauerhaft eine eigene Kultusabteilung in seinem Haus zu etablieren und mit der Aufsicht über Schulen und Hochschulen zu betrauen, vereitelt werden. Über die Frage, wie die Schul- und Hochschulangelegenheiten des ehemaligen Österreich im Großdeutschen Reich zu gestalten seien, wurden erwartungsgemäß langwierige Verhandlungen geführt. Im Reichswissenschaftsministerium sah man es als alternativlos an, die österreichischen Hochschulen der reichsunmittelbaren Verwaltung zu unterstellen und eine Übernahme in den Reichshaushaltsplan des Ministeriums zu erwirken, als »Anfang der wirklichen Verreichlichung der gesamten Hochschulen«.[542]

Der Staatssekretär im Reichsinnenministerium Stuckart hielt es freilich nicht für ratsam, den Einfluß des Reichsstatthalters allein auf das gesetzlich Zugestandene zu reduzieren. Es bestünde die Gefahr, meinte er im Gespräch mit Zschintzsch, daß er dann »an den Hochschulen kein Interesse« mehr nehmen und ihnen folglich auch die notwendige politische Unterstützung versagen könnte. Um unnötigen Reibereien vorzubeugen, hielt Stuckart also die Beteiligung des Reichsstatthalters »in irgendeine[r] Form« für geboten und schlug vor, »daß der Kurator der Hochschule dem Reichsstatthalter als Sachbearbeiter in Hochschulangelegenheiten zur Verfügung gestellt werde«. Nach Rücksprache Zschintzschs mit dem Chef des Amtes Wissenschaft, Mentzel, erklärte man sich unter der Bedingung, daß der Kurator kein Beamter des Reichsstatthalters, sondern ein auf dem Etat der Hochschule stehender und dem Reichskultusminister direkt zugeordneter Beamter sein würde, einverstanden. In diesem Sinne hatte sich zuvor auch der preußische Finanzminister Popitz ausgesprochen, die Kuratoren sollten mit den Reichsstatthaltern in politischen Fragen »Fühlung halten«, aber nicht Teil der Regierung des Reichsstatthalters sein.[543] Als Hauptbedingung forderte man Unter den Linden im Gegensatz zu Popitz allerdings, die »Hochschulen in echter Form auf das Reich« zu überführen, d. h., die Personal- *und* Sachmittel nicht auf den »territorialen Etat des Reichsstatthalters, sondern auf den zentralen Etat des Reichserziehungsministeriums« auszuweisen. Auf der Durchsetzung dieses Prinzips beharrte Rust, »weil hier das Muster für die demnächstige Verreichlichung der gesamten deutschen Hochschulen geschaffen wird«. Wie die Hochschulen sollten auch sämtliche wissenschaftlichen Institute – die Akademie der Wissenschaften, die Nationalbibliothek, das Zentralinstitut für Meteorologie und Geodynamik, die Lehranstalt für orientalische Sprachen – auf den Reichsetat übernommen werden. Über diese Fragen fand bis in das erste Kriegsjahr hinein ein reger Austausch unter den beteiligten Instanzen statt, bis das Reichskultusministerium im Frühjahr 1940 einen Teilsieg errungen hatte.[544]

Auf die Ausdehnung der Rust'schen Befugnisse hielt die Parteikanzlei ein wachsames Auge und versuchte ihrerseits, den Einfluß auf die staatliche Kulturpolitik möglichst zu erhöhen. Aus dem Münchener Braunen Haus kam schon wenige Monate nach dem »Anschluß« der Vorschlag, im Reichskultusministerium eigens eine »Österreichabteilung« einzurichten und mit deren Leitung den seit 1935 im Zentralamt des Reichsministeriums, seit 1938 in Wien tätigen Oberregierungsrat Kurt Krüger zu betrauen. Der 1906 als Sohn eines Werftinspektors geborene Verwaltungsjurist besaß als einstiger Hochschulgruppenführer des NSDStB Berlin gute Beziehungen zum Stellvertreter des Führers, auf dessen ausdrücklichen Wunsch man ihm im März 1938 auch die Wiener Schul- und Kultusabteilung überantwortet hatte.[545] Die bevorstehende Auflösung des Ministeriums vor Augen, suchte man in München nach einer adäquaten Verwendung dieses verläßlichen Vertrauensmannes, an dem das Reichsministerium allerdings kein großes Interesse mehr besaß. Hier erkannte man die eigentlichen Absichten Münchens und verständigte sich auf einer internen Hausbesprechung über die Abwehr des Plans. So verwies Oberregierungsrat Hans Huber darauf, daß andere Länder dann ebenfalls mit einigem Recht auf die Bildung eigener Abteilungen dringen könnten, was »vom Standpunkt der Reichsreform nicht vertretbar« sei, und sah außerdem die Gefahr, daß »derartige Territorialabteilungen ihrer Natur nach ein Vetorecht erhielten und geeignet seien, den Geschäftsgang erheblich zu erschweren«. Als jemand die Nachricht in die Runde warf, Krüger werde »sicherem Vernehmen« nach im Anschluß an seine Wiener Tätigkeit in der Stabsstelle Heß untergebracht, wurde dies allgemein mit Erleichterung quittiert. In diesem Fall stünde nicht mehr zu befürchten, »daß man sich in einen Widerspruch gegenüber der Partei begebe, wenn man die Frage einer Österreichabteilung im Hause sachlich betrachte«. An dieser Bemerkung wird deutlich, wie groß der auf den Ministerien lastende politische Druck war und wie wichtig man Unter den Linden ein gütliches Arrangement mit der Partei nahm. Tatsächlich besaßen weder der Minister noch einer seiner Amtschefs ein Interesse an der Einrichtung einer speziellen Österreichabteilung, gegen die Ministerialrat Karl Frank sogar eigens mit einer Denkschrift argumentiert hatte. Vom robusten Charakter Mentzels zeugt, daß für ihn die Sache in dem Moment erledigt war, als Krüger ihm versicherte, daß die geplante »Österreichabteilung« sich nicht auf das Amt W, sondern allein auf das Schulwesen beziehen werde. Und hier schien nicht einmal das Berufs- und Fachschulwesen gemeint zu sein, das Krüger angeblich nicht interessierte, weil »der Religionsunterricht dort bereits abgeschafft sei«, wie Oberregierungsrat Gentz an die Bemerkung Mentzels anschloß.[546] 1940 in den Rang eines Ministerialrats aufgestiegen, nahm Krüger den Dienst in der Parteikanzlei auf, wo er ab 1942 als Leiter der Gruppe III D für Kirchenfragen, Erziehung, Schule und Hochschule fungierte. In dieser Eigenschaft trat er später überaus selbstbewußt mit weitreichenden schulpolitischen Forderungen an das Reichsministerium heran, was an anderer Stelle noch von Interesse sein wird.

Neben politischen Organisationsfragen sah man sich in Berlin mit der Aufgabe konfrontiert, die durch die Auflösung der Wiener Ministerien freigesetzten Beamten zu versorgen. Generell galt die Devise, daß jedes Ministerium im Reich das jeweilige österreichische Ressort zu übernehmen habe, wobei der Reichsfinanzminister ein Auge darauf hielt, die Zahl der Beamtenstellen nicht ins Uferlose anwachsen zu lassen. Die österreichischen Beamten wurden zunächst der obligatorischen politischen Überprüfung unterzogen und viele von ihnen als vermeintlich untragbar sofort aus dem Staatsdienst entfernt. Übrig blieben einige wenige »Einwandfreie«, die nun auf Stellen mit »kw-Vermerk« weiter beschäftigt werden sollten, sowie eine ganze Reihe politisch minder »schwere Fälle«, die man freilich nur noch solange im Dienst belassen wollte, bis die Aufhebung der Behörde endgültig vollstreckt war. Der dazu anberaumte erste Termin am 30. September 1939 sollte freilich bis in den April 1940 hinein immer wieder verschoben werden.

Unter den Linden begann daraufhin die Suche nach Beschäftigungsmöglichkeiten für die freigesetzten österreichischen Kollegen.[547] Aber es fehlte an Bedarf so gut wie an Stellen; hinzu kam, daß man in Berlin den Wiener Kollegen auch fachlich wenig zutraute. Mentzel meldete für das Amt Wissenschaft »Verwendungsmöglichkeit in ganz beschränktem Umfang« und begründete dies offen mit deren vermeintlicher Untauglichkeit. Für die Umstellung des Hochschulwesens in den neuen Reichsgauen wünschte er besonders erfahrene, mit einschlägiger Kenntnis des Reichsrechts und der Verwaltungspraxis ausgestattete Beamte und lehnte selbst für die in Wien einzurichtenden Verwaltungsstellen des Hauses die Übernahme österreichischer Beamter ab, um »lokalen Gesichtspunkten keinen Vorrang einzuräumen«. Dazu verwies der Amtschef auf die Weigerung einiger nationalsozialistischer Professoren an den Hochschulen, weiterhin mit den früheren Mitarbeitern des Unterrichtsministeriums zusammenzuarbeiten, »weil sie, nicht mit Unrecht, aus der dauernden Tätigkeit der Beamten unter allen möglichen Systemen auf eine charakterliche Schwäche und eine politisch wenig glückliche Haltung schließen« würden. Am Ende erklärte sich Mentzel zur Übernahme von gerade einmal zwei Beamten bereit, die er in der Haushaltsabteilung des Amtes unterzubringen gedachte. Sein handschriftlicher Vermerk für den Chef des Zentralamts schloß mit unverhohlener Kritik an der korrupten Personalpolitik auch der reichsdeutschen Stellen in Wien, die »für besonders gut bei ihnen angeschriebene Beamte und Angestellte offensichtlich eine Verwendung an Ort und Stelle vorgesehen haben, die von hier aus, soweit das Amt W beteiligt ist, nicht gut geheißen werden kann«.[548] Ähnlich reserviert reagierten auch die übrigen Ämter. Nach erneuter dringlicher Umfrage im Januar 1940 beantragte Rust beim Reichsfinanzminister Stellen für sieben Ministerialräte, einen Regierungsoberinspektor sowie einige Beamte des gehobenen Dienstes, dem Schwerin von Krosigk auch zustimmte. Sobald es um die Verteilung der begehrten Staatsstellen ging, war es mit dem hochgepriesenen großdeutschen Gedanken offenbar nicht mehr weit her.[549]

Über die Reaktionen der betroffenen österreichischen Beamten schweigen die Berliner Akten. Zwischen den Zeilen wird gelegentlich deutlich, daß unter ihnen keineswegs nur Freude über den Wandel der politischen Verhältnisse an der Donau herrschte. Mit einem Umzug nach Berlin erklärten sich überhaupt nur zwei Beamte einverstanden, die ihre Bereitschaft kurz darauf aber auch schon wieder zurückzogen. Ministerialrat Zenker, den man gern in Berlin beschäftigt hätte, weigerte sich standhaft und war bereit, für den Verbleib in Wien selbst eine Niederstufung zum Verwaltungsreferenten in Kauf zu nehmen. Viele österreichische Beamte dürften das Gefühl, bloße Verfügungsmasse in der »Personalbewirtschaftung« der neuen Machthaber zu sein, bitter empfunden haben. Hinzu kam die Willkür der politischen Beurteilung durch die Partei, die bei den Betroffenen wie bei den beteiligten Ministerien immer wieder für Irritation sorgte.[550]

An den Schulen, Universitäten und Technischen Hochschulen Österreichs kam man den Deutschen im Frühjahr 1938 allgemein erwartungsvoll entgegen, wie an der Universität Wien, wo sich die politische Gleichschaltung »rasch, reibungs- und widerstandslos« vollzog. Schon zehn Tage nach dem Einmarsch am 15. März empfing der »Führer« den neuen systemkonformen Rektor Friedrich Knoll im Hotel Imperial, und wiederum eine Woche später, am 22. März legten die an der Universität verbliebenen Professoren den Eid auf Hitler ab.[551] Die Vertreibung der politisch mißliebigen Wissenschafter, insbesondere der Juden, war zu dieser Zeit bereits durch eine Initiative des Wiener Unterrichtsministeriums in Gang gekommen. Sie erfolgte zunächst auf der Grundlage österreichischer Landesgesetze und führte zur zwangsweisen Versetzung in den Ruhestand all derjenigen Professoren, die Juden im Sinne der Nürnberger Gesetze waren. Mit der Verordnung zur Neuordnung des österreichischen Berufsbeamtengesetzes vom 31. Mai 1938 kam die reichsdeutsche Beamtengesetzgebung zur Anwendung, wodurch noch einmal zahlreiche Planstellen an den Schulen und Hochschulen Österreichs vakant wurden. Schon im Sommer 1938 war die erste Welle im »Säuberungsprozeß« weitgehend abgeschlossen, und am Jahresende rühmte sich die Wiener Universität als »judenfrei«. Die Einführung des reichsdeutschen Habilitationsverfahrens und des »Dozenten neuer Ordnung« 1939 sorgte noch einmal für eine systematische Durchleuchtung der Lehrkörper. Bis heute herrscht keine vollkommene Klarheit über das Ausmaß des personellen Verlustes. Doch wird geschätzt, daß an der Universität Wien rund 50 % des wissenschaftlichen Personals entlassen wurde. Allein in der philosophischen Fakultät mußten 31 % der ordentlichen, 50 % der außerordentlichen und 41 % der emeritierten Professoren sowie 35 % der Privatdozenten den Dienst quittieren; die juristische Fakultät soll 50 %, die medizinische 67 % ihrer aktiven Professoren eingebüßt haben. An der Technischen Hochschule Wien sah die Lage nicht anders aus, hier verloren allein an der medizinischen Fakultät 12 Professoren ihre Lehrstühle und wurden in den Ruhestand versetzt. Die Neubesetzungen erfolgten ungewöhnlich rasch und waren im Spätsommer 1938 bereits weitgehend abgeschlossen, wobei wohl in erster Linie Kandidaten aus dem »Altreich« zum Zuge kamen. Schließlich wurden entsprechende Maßnahmen auch gegen jüdische Studierende wirksam, deren Immatrikulation schon zum Sommersemester 1938 einem Numerus clausus unterlag.[552]

Die innere Neuorganisation der österreichischen Schulen und Universitäten wurde von den Beamten des Reichskultusministeriums beratend begleitet. Oberregierungsrat Hans Huber stellte sich dem Aufbau des Hochschulwesens freiwillig zur Verfügung und wurde für einige Monate an das Wiener Unterrichtsministerium abgeordnet, ebenso der bereits erwähnte Kurt Krüger aus dem Zentralamt des Reichsministeriums, der auf besonderen Wunsch der Parteikanzlei das Schulwesen übernahm. Beide beförderten die Umsetzung der reichsministeriellen Vorstellungen. Die Verfassung der Universitäten wurde mit Erlaß vom 31. Mai 1938 »Vorläufige Maßnahmen zur Vereinheitlichung der Hochschulverwaltung in Österreich« auf das Führerprinzip umgestellt, mit dem Rektor »als Führer« und den Dekanen als seinen »Unterführern«. Die Hörerzahl an der Wiener Universität wurde um eintausend auf etwa 8000 Studierende gesenkt, 7000 sollten aus Österreich, eintausend aus dem Altreich zugelassen werden, womit die Größe Berlins freilich immer noch übertroffen war. Die Einschreibung jüdischer Studierender unterlag fortan einem Numerus clausus, doch erging gleichzeitig eine Direktive an die Dozenten, den jüdischen Examenskandidaten den Abschluß ihrer Studien zu ermöglichen, damit sie rasch die Universität verließen. Huber kündigte einen Sonderetat zur Verbesserung der universitären Ausstattung an und erklärte, daß am bisher gewohnten Berufungsverfahren festgehalten werde, aber die Bestätigung des Dreiervorschlags von nun an dem Reichsminister vorbehalten sei.[553]

Die Berufungspolitik des Reichsministeriums zielte auf eine Durchmischung der Lehrkörper mit österreichischen und reichsdeutschen Professoren, um, wie es intern hieß, die »Gefahr einer Inzucht von vornherein« auszuschließen und möglichst umgehend zu einer Angleichung des wissenschaftlichen Niveaus zu gelangen. Dementsprechend wurden die Hochschulen aufgefordert, bei der Erstellung der Dreierlisten nicht die einheimischen Dozenten zu bevorzugen, sondern gezielt reichsdeutsche Kandidaten zu berücksichtigen. Auch sollten die vor dem »Anschluß« ins Deutsche Reich berufenen Hochschullehrer nicht an ihre alten Wirkungsstätten zurückkehren, selbst in den Fällen nicht, wo sie Opfer des österreichischen »Systems« gewesen seien. Zumal der Universität Wien kam in den Überlegungen des Reichsministeriums eine herausgehobene Bedeutung zu, als »Bollwerk deutschen Geistes und deutscher Weltanschauung« wollte man sie den übrigen Universitäten und Hochschulen der »Ostmark« als Vorbild voranstellen und durch »besonders starke Besetzungen« vor allem das Ausland vom wissenschaftlichen Potential des »Dritten Reichs« überzeugen. Damit wandte sich das Ministerium gegen vereinzelt geäußerte Vorschläge, die Wiener Universität personell und materiell am besten zu marginalisieren, nachdem sie zuvor mehr als andere österreichische Hochschulen staatlichen Eingriffen ausgesetzt gewesen sei und geradezu als Symbol des »Ständestaats« gegolten habe. Nun sollte entschieden darauf geachtet werden, bei Berufungen an die Hochschulen der »Ostmark« »dieselben strengen wissenschaftlichen, politischen und weltanschaulichen Forderungen« anzulegen, »wie wir sie im Altreich durchzuführen bemüht sind«. In diesem Sinne äußerte sich im Sommer 1938 jedenfalls Amtschef Wacker gegenüber Reichsdozentenführer Schulze; der Rektor der Wiener Universität Friedrich Knoll bat darum, klare Berufungsfälle möglichst rasch zu klären, zumal zur Zeit an der Universität Wien »etwa 40 – 50 richtige Lehrkanzeln unbesetzt [seien], ungerechnet die Lehrkanzeln, welche von der Partei gewünscht würden«.[554]

Außer der Universität und den vier übrigen Hochschulen Wiens gelangten vier weitere Hochschulen in die Zuständigkeit des Reichskultusministeriums, die in den als »Reichsgaue« neu gegründeten Verwaltungseinheiten Oberdonau, Kärnten, Steiermark und Tirol lagen. Folgt man einem zu Beginn des Jahres 1943 dem Chef der Parteikanzlei erteilten Bericht des Reichskultusministeriums über die Entwicklung der ehemals österreichischen Hochschulen, so profitierten diese seit dem »Anschluß« in gleich mehrfacher Hinsicht. Das Lehrpersonal nahm an Zahl beträchtlich zu, die Aufwendungen für die materielle Ausstattung und zur Bauunterhaltung stiegen signifikant. Hatte der laufende Gesamtaufwand 1938 noch 20 151 100 Schilling betragen, belief er sich 1941 auf 27 586 350 Reichsmark. Hinzu kamen rund 770 000 Reichsmark für den Hochschulsport sowie weitere zwei Millionen Reichsmark direkt aus dem Zentralfond des Ministeriums. Mit diesen Mitteln war die Gesamtzahl der akademischen Lehrer von 958 auf 1473 erhöht worden; die Ordinariate vermehrten sich von 306 auf 333, die der außerordentlichen Professuren von 114 auf 116 und die der Assistentenstellen von 538 auf 915. Weitere 109 vergütete Dozentenstellen, die es im österreichischen Hochschulsystem nicht gegeben hatte, waren »völlig neu geschaffen« worden. Enorme Mittel verschlang die Unterhaltung der Gebäude, die man nach dem vorliegenden Bericht 1938 »vernachlässigt« vorgefunden hatte und deren technische Ausstattung besonders auf naturwissenschaftlichem und technischem Gebiet als »vielfach außerordentlich dürftig« bezeichnet wurde. So sei die medizinische Einrichtung in den Labors der Universitätskliniken »sehr mangelhaft« gewesen; an der Universität Wien mußte die »völlig ungeschützte Röntgeneinrichtung« komplett erneuert werden, die ansonsten, »mit absoluter Sicherheit für das länger dort beschäftigte Personal schwerste gesundheitliche Gefährdungen (Röntgenkrebs)« mit sich gebracht hätte. Ebenso habe man das Allgemeine Krankenhaus in Innsbruck, das den Medizinstudenten der Innsbrucker Universität zu Lehrzwecken diente, nicht nur in einem sehr schlechten baulichen Zustand vorgefunden, sondern darüber hinaus festgestellt, daß die apparative Ausstattung »in keiner Weise der Neuzeit« entsprach und nicht mal »ein Milligramm Radium vorhanden« gewesen sei. Dem Ministeriumsbericht zufolge wurde auch der Büchereitat seit 1938 mehr als verfünffacht, der zuvor allein aus Studiengebühren bestritten worden war. Zur Modernisierung der Gebäude erhielten die Hochschulen der Ostmark überdies Zuwendungen aus dem »100-Millionen-Kredit des Reiches«. Am Ende hielt der Bericht zwar eine deutliche Hebung des äußeren Zustands der Universitäten sowie der Einrichtung ihrer Bibliotheken und Labore fest, vermerkte aber zugleich, daß »[l]eider der Krieg und die dadurch eingetretenen Beschaffungsschwierigkeiten eine vollkommene Verbesserung verhindert« hätten. Hitler scheint persönlich regen Anteil am Ausbau der Hochschulen seiner österreichischen Heimat genommen zu haben und stimmte dem Antrag Rusts auf weitere Sondermittel im Haushaltsjahr 1943 für die Hochschulen in Graz, Leoben und Innsbruck zu. Wenn auch angenommen werden muß, daß diese Erfolgsbilanz zur Vorlage bei der Parteikanzlei in besonders strahlenden Farben gemalt war, wird man angesichts der tatsächlich in den Wissenschaftsbetrieb geflossenen Gelder gleichwohl von einem Modernisierungsschub an den einstigen österreichischen Hochschulen ausgehen können.[555]

Das renommierte Institut für österreichische Geschichtsforschung an der Wiener Universität fiel ebenfalls in die direkte Zuständigkeit des

Reichskultusministeriums. Das Geschichtsinstitut fungierte als Hauptausbildungsstätte für die österreichischen Archivare und diente daneben traditionell auch der Ausbildung vieler reichsdeutscher Mediävisten, die während ihres Studiums zum Besuch des zweijährigen »Kurses« eigens nach Wien gezogen waren. Hier wurde der Zusammenschluß mit dem Deutschen Reich emphatisch begrüßt und als besondere Auszeichnung angesehen, in direktem Bezug zum Berliner Kultusministerium zu stehen. Der Etat zum Ankauf von Büchern, zur Herstellung und Herausgabe der institutseigenen Zeitschrift sowie für Reisestipendien stieg um mehr als ein Drittel auf rund 13 500 Reichsmark, die vom Zentralfond des Reichskultusministeriums aufgebracht wurden. Das Ministerium zeigte sich gegenüber den materiellen Forderungen des Direktors Hans Hirsch durchweg aufgeschlossen und gab ihm nur in einem Punkt nicht nach, in dem Wunsch nämlich, die Einrichtung künftig als »Reichsinstitut« bezeichnen zu dürfen und sich damit auf eine Ebene mit dem Berliner »Reichsinstitut für ältere deutsche Geschichte« zu heben. Man stritt zudem lange Jahre um eine neue Institutssatzung, die im Kern wohl schon im April 1942 vom Minister genehmigt worden war, über die in einigen Punkten jedoch bis März 1945 hin und her verhandelt wurde.[556]

Von den geschichtsforschenden Einrichtungen des einstigen Österreich bemühte sich zudem die »Kommission für neuere Geschichte Österreichs« unter ihrem Direktor Heinrich von Srbik um eine direkte Unterstellung unter das Rust'sche Ministerium. Von Srbik warb mit dem besonderen Wert der österreichischen Geschichtswissenschaft für die Pflege einer gesamtdeutschen Gesinnung, die sich nach dem Anschluß »auch im großdeutschen Reich bewähren kann und bewähren wird«. Von reichsdeutschen Kollegen warm empfohlen, nahm sich das Ministerium der Kommission an und bewilligte auch die beantragten 10 000 Reichsmark Institutsetat, verfügte aber zugleich die Abänderung des Namens in »Landesgeschichtliche Kommission für neuere Geschichte der Ostmark«. Auf diesen Vorschlag mochte sich Kommissionschef von Srbik freilich nicht einlassen. Zwar liege es ihm fern, replizierte er postwendend, die politischen Entscheidungen Berlins zu kritisieren, hielt es aber für unmöglich, mit der Bezeichnung »Ostmark« den alten beziehungsreichen Namen »Österreich« zu ersetzen. In langen Ausführungen legte er dem Chef des Amtes Wissenschaft und Präsidenten der Deutschen Forschungsgemeinschaft Mentzel die historische, politische und kulturelle Bedeutung Österreichs in der neueren Geschichte dar, um am Ende mit einem Schuß Wiener Ironie zu fragen: »Und nun, verehrter Herr Präsident«, bitte ich zu bedenken, ob sich eine Kommission, die der neueren Geschichte des gewesenen Gesamtstaates, in seiner Weltmacht- und seiner Großmachtphase gewidmet ist, ohne schweres Opfer ihres wissenschaftlichen Gewissens Kommission für ›neuere Geschichte der Ostmark‹ nennen kann.« In Berlin war man einsichtig und gab der von Srbik vorgeschlagenen Abwandlung des Namens in »Kommission für neuere Geschichte des ehemaligen Österreichs« nach.[557]

In den Jahren nach 1938 kam es an der Wiener Universität außerdem zur Gründung von insgesamt neun neuen Instituten, angefangen bei der Errichtung eines Hochschulinstituts für Leibesübungen 1938 bis zur Etablierung eines Instituts für Postwesen 1943. Damit setzte sich in Wien der zuvor schon an anderen Universitäten im Reich zu beobachtende Trend vermehrter Institutsgründungen fort, die eine vertiefte wissenschaftliche Bearbeitung des jeweiligen Gebiets versprachen und außerdem zur Profilierung der Universität dienen sollten. An der philosophischen Fakultät der Universität Wien entstanden Institute für »spezielle Dogmatik«, Zeitungs- und Theaterwissenschaften, germanisch-deutsche Volkskunde und für Dolmetscherausbildung, an der juristischen Fakultät Institute für Rechtsvereinheitlichung und Lebenswirtschaftskunde.[558] Diese Gründungen folgten freilich nicht allein Impulsen aus dem Fach, der Universität oder gar des Reichskultusministeriums, sondern wurden vielfach von außen, oftmals durch die Fachministerien angestoßen und in aller Regel auch von diesen finanziell unterstützt. So stand 1942 bei der Errichtung eines Instituts für Zeitungswissenschaft, der ersten Einrichtung dieser Art im ehemaligen Österreich, Reichspressechef Otto Dietrich im Hintergrund, der auch auf die Besetzung des entsprechenden Lehrstuhls für Zeitungswissenschaft nachdrücklich Einfluß zu nehmen versuchte.[559]

Neben der Errichtung von Universitätsinstituten und der gezielten Förderung der Technischen Universität am Ort erfuhr der Wissenschaftsstandort Wien durch die Etablierung von gleich zwei Kaiser-Wilhelm-Instituten eine weitere willkommene Aufwertung, 1941 entstand das KWI für Ernährungsforschung und 1943 das für Kulturpflanzenforschung. Aber diese sichtbare Begünstigung der Donaumetropole weckte unwillkürlich bei den übrigen Städten und dortigen Parteiinstanzen Begehrlichkeiten, und dies selbst bei Orten wie Linz, das sich angesichts der hier geplanten Technischen Hochschule über mangelnde Förderung eigentlich nicht beklagen konnte. Das Berliner Kultusministerium bezog die Universitäten der Ostmark in Wien, Innsbruck und Graz in seine wissenschaftspolitische Gesamtplanung ein, wonach die Universitäten unter Wahrung der universitas zu erhalten, der Bau von Fachhochschulen aber tunlichst zu vermeiden war. Eine entsprechende Anfrage aus Linz, unterstützt von Gauleitung und Parteikanzlei, in der 250 000 Einwohner zählenden Stadt auf der Basis des vorhandenen Krankenhauses eine Medizinische Akademie zu gründen, erhielt daher einen abschlägigen Bescheid. Solange die medizinische Ausbildung an den Universitäten konzentriert sei, so wurde in Berlin argumentiert, bedeute die Errichtung von speziellen medizinischen Akademien »nur eine Verzettelung unserer finanziellen und personellen Mittel«. Zudem hielt man hier inzwischen auch einen Punkt für erreicht, an dem man keinen dringenden Bedarf an weiteren akademischen Ausbildungsstätten mehr sah, zumal sich spätestens mit Beginn des Krieges die Personalfrage immer dringlicher stellte.[560] Die möglichst rasche Angleichung der Verhältnisse in der »Ostmark« an die des Reiches war in der Wissenschaftspolitik das Ziel und sollte ebenso die Maßgaben in der Bildungspolitik bestimmen.

Die Adaption des österreichischen Schulwesens bedeutete schon angesichts der schieren Zahl an Einrichtungen und Lehrern eine besondere Herausforderung für das Reichskultusministerium. Auch für diesen Bereich ordnete das Haus eigens Beamte ab, wie Ministerialrat Martin Mökkelmann, der, 1939 zum Ministerialdirigenten befördert, nach Wien ging, um dort bis zur vollständigen Auflösung der Zentralbehörden im »Ministerium für Innere und Kulturelle Angelegenheiten« die bildungspolitische Gleichschaltung der »Ostmark« mit dem Reich zu leiten. Die zentrale Aufsicht über das Schulwesen übte fortan Berlin aus, während bei den Regierungen der Reichsstatthalter spezielle Abteilungen für »Erziehung, Volksbildung, Kultur und Gemeinschaftspflege« entstanden, die mit der Umsetzung der Berliner Direktiven befaßt waren. Am 8. Juli 1938 trat das »Reichsschulpflichtgesetz« in der Ostmark in Kraft, und mit Wirkung vom 12. September 1938 erfolgte die Neuordnung des höheren Schulwesens nach dem Erlaß vom 21. Januar 1938. Damit wurde die »Oberschule« wie im Reich zur Hauptform der Sekundarstufe, das Gymnasium zu einer Sonderform erklärt und die bestehenden Mittelschulen dem Vorbild im

Reich angeglichen. Mit großer Energie wurde gegen das in Österreich ausgeprägte Privatschulwesen vorgegangen, worüber es im Herbst 1938 zum offenen Konflikt mit der katholischen Kirche als dem größten privaten Schulträger kam. Trotz energischer Intervention seitens der katholischen Kirche und lebhafter Unterstützung aus der Elternschaft wurden zahlreiche namhafte Klosterschulen in staatliche »Deutsche Heimschulen« überführt und sämtliche sogenannten Knabenseminare geschlossen.[561]

An den Schulen selbst wurde der »Anschluß« zunächst vielfach begrüßt, von den Mitgliedern des bis dahin illegalen NS-Lehrerbundes, vielen mit dem Nationalsozialismus sympathisierenden Eltern und Schülern zumal. Doch setzte auch die »Säuberung« der Lehrerschaft unmittelbar ein und sorgte schon bald für verbreitete Verunsicherung in der Bevölkerung. Keine Schulform blieb unberührt, die Volksschulen sowenig wie Mittelschulen und Gymnasien, Berufs-, Fach- und Musikschulen, und selbst das Personal in den Kindergärten wurde auf seine politische Zuverlässigkeit überprüft. Etwa 3000 Pflichtschullehrer verloren aus politischen Gründen ihre Stellen, ebenso traf es zahlreiche Direktoren, von denen allein in Wien 34 den Dienst quittieren mußten, in Niederösterreich sogar nahezu alle. Besetzt wurden die freigeräumten Positionen zumeist mit zuvor im »Ständestaat« aus politischen Gründen entlassenen Kräften, deren Zahl freilich bei weitem nicht die entstandenen Vakanzen auszugleichen vermochte, so daß etwa 1400 Stellen neu ausgeschrieben werden mußten. Angesichts des zu dieser Zeit bereits spürbaren Lehrermangels im Reich blieben zahlreiche Stellen vor allem in den Randzonen und ethnisch gemischten Regionen der Ostmark unbesetzt. Im Sommer 1938 wurden weite Teile der Lehrerschaft in Lagerkursen auf die neuen Lehrpläne eingeschworen und ideologisch auf Parteikurs gebracht.[562] Auch hier genoß die Lehrerbildung das besondere Augenmerk des Ministers. Nach seinem Wunsch sollte die Ausbildung der Volksschullehrer wie im Reich fortan auf anderem Niveau erfolgen, die Lehrerseminare sollten abgeschafft werden und Hochschulen für Lehrerbildung entstehen – eine Forderung, die schon zuvor von den ehemals österreichischen Verbänden der Volksschullehrer erhoben worden war. Allerdings scheiterte dieser Plan später am Einspruch der Parteikanzlei.

Ziel reichsdeutscher Schulpolitik in der Ostmark war zunächst die Vereinheitlichung der äußeren Gestaltung des Schulwesens, die Überwindung des kulturellen Partikularismus in den Regionen und die möglichst zügige Adaption an die im Reich geltenden Vorgaben. Freilich war dieser Prozeß bis 1938 auch unter den Ländern im Reich bei weitem nicht abgeschlossen, wenngleich mit der Verabschiedung des Reichsschulpflichtgesetzes und den Erlassen zur Vereinheitlichung der Schulformen entscheidende Schritte zurückgelegt worden waren. Der äußeren Gleichschaltung sollte eine innere folgen, mit der die Unterschiede zwischen den einzelnen Volksstämmen im Deutschen Reich einzuebnen waren. In dieser Hinsicht stellte die Ostmark mit ihrer Vielzahl an ethnischen Minderheiten allerdings eine Herausforderung ganz anderen Ausmaßes dar. Der Beschulung »fremdvölkischer« Schüler wandte man darum in den Reichsgauen auch besondere Aufmerksamkeit zu. So wurden in Slowenien und Kroatien Kindergärten eingerichtet, um den Kindern das Erlernen der deutschen Sprache zu erleichtern, und an den Volksschulen wurde die Zahl der Deutschstunden erhöht. »Die Verwendung volkspolitisch geschulter junger deutscher Lehrkräfte an kroatischen Schulen hat sich sehr gut bewährt«, meldete Ministerialrat Kampas nach Berlin, und der »Eindeutschungsprozeß« in vier Gemeinden in dieser Region sei nahezu abgeschlossen: »Zusammenfassend kann berichtet werden, daß sich die Neugestaltung der staatsrechtlichen Verhältnisse auf das deutsche Schulwesen im Gaue Niederdonau äußerst günstig ausgewirkt hat.« Berlin quittierte diese Anstrengungen zwar mit Wohlwollen, ließ den Ministerialrat aber gleichwohl vorsorglich wissen, daß den dort ansässigen deutschen Kindern keine Nachteile entstehen dürften. Die Förderung der deutschen Kinder habe im Vordergrund zu stehen, während »das Interesse der fremden Volksgruppen von nachgeordneter Bedeutung ist«. Im Verlauf des Krieges sollte sich die Konzentration auf das Volkswohl dramatisch verstärken und die anfängliche auf »Eindeutschung« zielende Schulpolitik vielfach konterkarieren und zunichte machen.[563]

Die Umorganisation des Schul- und Hochschulwesens in der Ostmark war in vollem Gange, als mit der Abtretung der sudetendeutschen Gebiete an das Deutsche Reich am 1. Oktober 1938 überraschend eine neue Situation entstand. »Die [...] Aktion gegen die Tschechei hat nun stattgefunden, glänzend durchgeführt, zur völligen Überraschung der Welt, die entsetzt den Mund aufsperrt. Ein äußerer Erfolg ohnegleichen. Trotzdem wird mir angst und bange dabei«, vertraute Ulrich von Hassel am 22. März seinem Tagebuch an.[564] Hitler ernannte Konrad Henlein zum

Reichskommissar, den er mit weitreichenden Befugnissen ausstattete, und beauftragte Wilhelm Frick mit der zentralen Koordinierung der Eingliederungsmaßnahmen in den Verwaltungskörper des Deutschen Reichs. Es folgte die Aufteilung des Gebietes in drei Bezirke, mit je einem Regierungspräsidenten in Karlsbad, Aussig und Troppau als nachgeordnete Behörden des Reichskommissars. Mit Gesetz vom 14. April 1939 wurde die Reichsgauverfassung eingeführt, womit sich die Verwaltung des Sudentenlandes gemäß den im Reichsinnenministerium gepflegten Vorstellungen über drei Instanzen vom Landrat über die drei Regierungspräsidenten zum Reichsstatthalter erstreckte.[565]

Unter den Linden gab als Zentralinstanz die Rahmenbedingungen vor, der Reichskommissar übte die konkrete Planung und Steuerung auf dem Gebiet der Volksschule, den mittleren und höheren Schulen, Fach- und Berufsschulen, Kunstgewerbeschulen, der Volksbildung und des Denkmalschutzes aus. Die Schulaufsicht über alle Schularten lag bei den Regierungspräsidenten, wofür sich besonders der Stellvertreter des Führers stark gemacht hatte. Allein der Reichskommissar, und damit keine weitere Instanz, war zu Weisungen an die Regierungspräsidenten befugt. Die Staatssekretäre im Reichskultusministerium und Reichsinnenministerium, Zschintzsch und Stuckart, arbeiteten auch in diesen Fragen vielfach einvernehmlich zusammen, so daß sich die Umstellung der Kultusverwaltung weithin reibungslos vollzog. Bernhard Rust absolvierte gleich im November 1938 eine zehntägige Reise durch das Sudetenland, mit übervollem Programm und zahlreichen Kundgebungen, auf denen er die Schulpolitik des Reiches propagierte.[566] Wenige Monate später ging mit der Unabhängigkeitserklärung der Slowakei die Tschechoslowakische Republik zu Bruch. Es folgte die Annexion des restlichen tschechischen Gebiets und die Proklamation des »Protektorats Böhmen und Mähren« durch Hitler am 16. März 1939.

Mit dieser neuerlichen Gebietserweiterung griff die deutsche Regierung erstmals auf ein Territorium zu, das mehrheitlich nicht von Deutschen bewohnt war. Dies und die Reaktionen des Auslands im Blick, sollte das Protektorat nach dem Willen Hitlers weitgehende Autonomie erhalten und sich selbst verwalten, wurde aber zugleich unter den besonderen »Schutz« des Deutschen Reichs gestellt. Der bisherige Staatspräsident der Tschechoslowakischen Republik, Emil Hácha, wurde zum Präsidenten des Protektorats bestimmt, als »Wahrer der Reichsinteressen« mit umfassenden Ermächtigungen zunächst Konstantin von Neurath als »Reichsprotektor« eingesetzt. Das Reich nahm die auswärtigen Angelegenheiten des Protektorats wahr, verpflichtete sich zu militärischem Beistand und führte die direkte Aufsicht über das Verkehrs-, Post- und Fernmeldewesen. Tschechisches Recht blieb in Geltung, sofern es nicht mit dem durch das Reich gewährten »Schutz« in Widerspruch stand. Darüber wachte der Reichsinnenminister, an dessen Zustimmung auch die übrigen obersten Reichsbehörden gebunden waren. Böhmen und Mähren gehörten damit zwar nicht formal, jedoch nach Lage der Fakten zum Deutschen Reich. »Es ist der erste Fall offenbarer Hybris«, kommentierte von Hassel diese Entwicklung, »das Überschreiten aller Grenzen, zugleich jedes Anstands.«[567]

Im Haus Unter den Linden machte man sich mit einiger Routine an die Umstellung des dortigen Schul- und Hochschulwesens. Der Verwaltungsaufbau der deutschen Schulen folgte dem Vorbild in den sudetendeutschen Gebieten; Universitäten und Hochschulen wurden sämtlich Rust direkt unterstellt. Noch vor der »Ostmark« gelang es, den Etat dieser Hochschulen im Reichshaushalt des Reichskultusministeriums auszubringen, womit eine seiner Lieblingsforderungen erfüllt war, die im Reich selbst noch immer der Verwirklichung harrte. Dazu war in langwierigen Verhandlungen eine »günstige Zuständigkeitsabgrenzung« mit dem Reichsprotektor in Prag erzielt worden, von der man nun hoffte, sie als Folie für die noch laufenden Verhandlungen in der Ostmark verwenden zu können. Zwar mußte Rust von Neurath ein Mitwirkungsrecht bei der Ernennung von Professoren und Dozenten zugestehen, behielt seinem Haus aber die Steuerung des Wissenschaftssystems nach reichseinheitlichen Grundsätzen vor: »Die für alle deutschen wissenschaftlichen Hochschulen im ganzen Reichsgebiet in Kraft zu setzenden Gesetze, Verordnungen und wichtigen Erlasse sollen in Zukunft auch für die deutschen Hochschulen im Protektorat gelten, wobei ich in allen Fällen das Einvernehmen mit dem Herrn Reichsprotektor herbeiführe.« 1940 kam sodann eine ähnliche Einigung mit den Reichsstatthaltern der Ostmark zustande, so daß eher als im Reich in den annektierten Gebieten eine zentrale Forderung nationalsozialistischer Hochschul- und Wissenschaftspolitik erfüllt worden war.[568]

An den Universitäten und Hochschulen des Protektorats war die Lage hingegen alles andere als harmonisch. Besonders an der Prager Universität, seit 1882 in eine deutsche und eine tschechische Universität gespalten, nahmen mit dem Einmarsch der Deutschen die nationalen Konflikte zu. Im Herbst 1939 kam es zu heftigen Unruhen, als die Nationalsozialisten eine Demonstration von Studenten der Prager tschechischen Universität zum Jahrestag der Republik zerschlugen und dabei einen Studenten erschossen. An die Beerdigung schlossen sich weitere Demonstrationen an, so daß von Neurath am 17. November sämtliche tschechischen Hochschulen in Böhmen und Mähren schließen ließ. Neun tschechische Studenten wurden hingerichtet, zahlreiche weitere verhaftet und rund 1200 im Konzentrationslager Sachsenhausen interniert. Außerdem verurteilten die Deutschen mehr als zwanzig tschechische Hochschullehrer zum Tode. Diese Bilanz war kaum geeignet, das konflikthafte Verhältnis zwischen Tschechen und Deutschen beizulegen, und sollte dies wohl auch nicht. Es erhöhte vielmehr den Widerstand gegen die deutschen Invasoren, worauf die im Protektoratsstatut gewährte Autonomie immer weiter eingeschränkt wurde.

Die deutsche Universität Prag spielte in der nationalsozialistischen Universitätspolitik dagegen eine ganz andere Rolle. Sie wurde am 4. November 1939 im Beisein von Reichsminister Rust feierlich in den Kreis der reichsdeutschen Hochschulen aufgenommen und erfreute sich in den nächsten Jahren der besonderen Gunst Berlins. Entsprechende Pläne kursierten schon bald im Kreis der Hochschullehrerschaft und kamen auch Theodor Mayer zu Gehör, dessen universitäre Karriere einst in Prag, dem damaligen Zentrum des deutsch-tschechischen Nationalitätenkonflikts der 1920er Jahre, begonnen hatte. Er schrieb seinem Freund Wilhelm Bauer nach Wien über die vermeintlich großartigen Pläne Berlins für Prag, die man »groß aufziehen will, man will Berufungen an die besten Leute ergehen lassen« und ihnen hohe Gehälter zahlen. Freilich wußte er auch zu berichten, daß die bereits dort lehrenden Professoren nicht einmal das Besoldungsniveau des Reichs erreicht hätten, sondern im Gegenteil »recht wenig« erhielten, »ein alter Ordinarius rund 400 RM«. Ferner kolportierte Mayer, daß im Ministerium ernsthaft erwogen werde, »Altreichsdeutschen, die nach Prag kommen, Ost- oder Gefahrenzulage« zu zahlen. An seine eigene Zeit in Prag erinnernd, in der er selbst noch den Nationenstreit publizistisch angefeuert hatte, hielt er diese Maßnahme nun doch für überzogen: »Ganz kann man das nicht verstehen«, schloß er den Brief an Bauer.[569] Einmal mehr waren zahlreiche Vakanzen aufgrund politischer Säuberungen entstanden, die schon im Spätherbst 1938 einsetzten und jüngsten Erhebungen zufolge den Verlust von mehr als 32 % des Prager Lehrkörpers bedeuteten, so viel wie sonst nur noch an den Universitäten in Berlin, Frankfurt und Wien.[570] Während des Krieges gelang es nicht, diese Lücken aufzufüllen. Dennoch konnte sich das aufgebotene Berufungstableau zum Ausbau des Prager Lehrkörpers im reichsweiten Vergleich sehen lassen. Nur blieben die neu ernannten Professoren nie lange, sondern bemühten sich rasch um Rückberufungen ins Reich. Diese Praxis blieb dem Reichsprotektor für Böhmen und Mähren, Karl Hermann Frank, nicht verborgen, der sich wiederholt an das Reichskultusministerium wandte und sich dort über die Wegberufung von Prager Professoren beklagte. Als 1941 die Berufung des Historikers Heinz Zatscheck nach Wien bevorstand, wies Frank im Brief an Rust eigens auf die Bedeutung der deutschen Hochschulen in seinem Machtbereich hin, »auf deren Ausgestaltung ich den grössten Wert legen muss«; daher bat er Rust dringend, »vor der Abberufung von Professoren an andere Hochschulen des Reiches mit mir das Einvernehmen zu pflegen, da ich es nicht hinnehmen kann, dass die hiesigen deutschen Hochschulen durch die Abberufung von Professoren, die mit dem Raum vertraut sind, eine Einbuße erleiden.«[571] Den Interventionen des Reichsprotektors sowie den Anstrengungen Berlins zum Trotz ließ sich die deutsche Universität Prag bis 1945 nicht zu der erwünschten großdeutschen Musteruniversität ausbauen, sondern rangierte für die restliche Zeit ihres Bestehens als Hochschule mittleren Niveaus.

Die auf Zentralisation ausgerichtete Bildungs- und Wissenschaftspolitik des Reichskultusministeriums erhielt durch die territoriale Expansion 1938/39 einen entscheidenden Schub. »Ostmark« und »Protektorat« dienten als Versuchsbühnen, auf denen die zukünftige Entwicklung im Reich schon einmal probeweise durchgespielt wurde. Dieser politische Erfolg Rusts und seiner Beamten stärkte die Position des Reichskultusministeriums und nährte die Hoffnung, daß sich im Fortgang der Entwicklung auch das übrige »Dritte Reich« bildungs- und wissenschaftspolitisch beschleunigt vereinheitlichen und zentralisieren lassen würde. Der deutsche Einmarsch in Polen 1939, die territoriale und zeitliche Ausdehnung des Krieges sowie die damit verbundene Aufgabenerweiterung des Ministeriums ließen die Hoffnung auf eine rasche Realisierung freilich bald wieder schwinden.

Im Großdeutschen Reich

Der Kriegsbeginn am 1. September 1939 sollte niemanden in Berlin sonderlich überraschen. Die deutsche Außenpolitik war spätestens mit der Errichtung des »Protektorats« in ein gefährliches Fahrwasser gesteuert, aus dem herauszufinden Hitler keine ehrliche Anstrengung unternommen, sondern im Gegenteil die zögernden Mächte England und Frankreich mit einigem diplomatischen Geschick hingehalten hatte, um daneben schon den Konflikt mit Polen zu schüren. Auch wenn Goebbels' Propagandamaschinerie buchstäblich ihr Bestes gab, den Einmarsch in das Nachbarland als einen Akt der Prävention zu bemänteln, dürfte dies kaum einen politischen Beobachter ernsthaft überzeugt haben. Begeisterte Kundgebungen wie im August 1914 blieben aus, und auch in den Akten des Reichskultusministeriums haben sich keine Zeugnisse der Zustimmung niedergeschlagen. Vielleicht hielten die Menschen hier wie andernorts den Atem an, ob diese neuerliche Runde im Vabanquespiel des »Führers« mit den europäischen Mächten noch einmal gutgehen, der nun begonnene Krieg also nicht von langer Dauer sein würde, oder das Spielerglück mit der Errichtung des »Protektorats« nicht doch schon ausgereizt worden war.

Reichsminister Rust soll jedenfalls bei Vernehmen des ersten Mobilmachungsbefehls am 25. August in tiefe Grübelei verfallen sein und von Anfang an keinen guten Kriegsverlauf vorausgesehen haben.[572] Seine öffentlichen Verlautbarungen bei Kriegsbeginn waren allerdings frei von defätistischer Nachdenklichkeit. Im Neujahrserlaß an die Arbeiter, Angestellten und Beamten des Hauses ließ der Minister 1940 keinen Zweifel am siegreichen Ausgang im »Entscheidungskampf« zwischen dem Deutschen Reich und seinen Feinden: »Den Blick auf den Führer gerichtet, gehen wir, seine Befehle erwartend, in das Neue Jahr mit der unbedingten Zuversicht und dem unbeirrbaren Glauben, daß am Ende dieses Kampfes der Sieg steht, und wir ein noch schöneres und herrlicheres Vaterland unser eigen nennen werden.« Den Mitarbeitern wurde die Aufstellung von Radioapparaten in den Büros gestattet, die fortan den ganzen Tag über liefen, um, wie es hieß, Nachrichten und militärische Sondermeldungen nicht zu verpassen, aber wohl mehr noch aus Spaß an der reichlich ausgestrahlten Tanzmusik.[573]

Unter den Linden hatte man sich zunächst äußerlich auf die Kriegszeit einzustellen. Als erstes waren Maßnahmen zur Verdunkelung der Dienst-

Abb. 25 Auf der Parteigründungsfeier am 24. Februar 1940 war die Welt noch in Ordnung: Bernhard Rust neben Martin Bormann stehend im Profil, im Sessel sitzend mit der Hand am Kopf Joseph Goebbels

räume zu ergreifen, die aber nur schrittweise erfolgen konnten, weil das hierfür notwendige Material schwer zu beschaffen war. Darüber hinaus hatte der preußische Finanzminister Popitz an äußerste Sparsamkeit erinnert und die Verwendung möglichst preiswerter Materialien wie Papier und Pappe angemahnt. Wem das zu bunt wurde, der mußte auf eigene Kosten tätig werden. Der Referent für die Technischen Hochschulen im Amt Wissenschaft, Heinrich Nipper, ließ sich seine private Initiative eigens bescheinigen und in den Akten niederlegen, daß die Verdunkelung »aus von ihm zu beschaffenden Mitteln durchgeführt« worden sei, während durch »Vermittlung des Ministeriums lediglich die erforderlichen Stoffe beschafft« worden seien.[574] Erhöhte Sparsamkeit bestimmte auch die folgenden Kriegsjahre, von Finanzminister Popitz den preußischen Beamten und Angestellten zur Pflicht gemacht und strikt überwacht. Ferngespräche waren auf ein Minimum zu reduzieren, Papier und Lichtstrom noch mehr als bisher zu schonen. Bereits im ersten Kriegswinter herrschte Kohleknappheit im Haupthaus wie in den dazu gemieteten

Räumen des Ministeriums im Stadtgebiet, so daß der Staatssekretär Anfang Februar 1940 für die am Kronprinzenufer tätigen Mitarbeiter der Auslandsabteilung Sonderarbeitszeiten verordnete. Da dort ab sofort gar nicht mehr geheizt werden konnte, wurde der Dienstantritt auf morgens zehn Uhr festgelegt, und es mußte selbst bei großer Kälte solange gearbeitet werden, bis »die wichtigsten und unaufschiebbaren Angelegenheiten, wenn auch vielleicht fernmündlich, erledigt sind«. Die Referenten, Verwaltungsangestellten und Sekretärinnen hatten sich bei Oberregierungsrat Scurla als Chef der Auslandsabteilung jeweils an- und abzumelden. Es galt als selbstverständlich, »dass jeder Betroffene diese Unbequemlichkeit ohne Murren und Beschwerden erträgt«.[575]

Am 28. August 1939 ließ der Generalbevollmächtigte für die Reichsverwaltung durch Stabsleiter Wilhelm Stuckart einen »Führererlaß« zur Vereinfachung der Verwaltung an sämtliche oberste Reichsbehörden herausgehen.[576] Darin wurden die Ministerien aufgefordert, entsprechende Verordnungen für ihren jeweiligen Zuständigkeitsbereich auszuarbeiten und anschließend dem Generalbevollmächtigten zu unterbreiten. Nach erfolgter Prüfung sollten sie per Ministerratsbeschluß Gesetzeskraft erlangen. Die Beamten Unter den Linden, seit Jahren mit der planmäßigen Vereinheitlichung und Zentralisierung der Strukturen befaßt, waren auf den Vorstoß des Innenministeriums gut vorbereitet und legten nur fünf Tage später am 2. September die erwünschte »Verordnung über die Vereinheitlichung und Vereinfachung der Verwaltung im Geschäftsbereich des Reichsministeriums für Wissenschaft, Erziehung und Volksbildung« vor. Sie sah im Kern die Verreichlichung des Hochschulwesens und der wissenschaftlichen Einrichtungen vor, an der zuletzt Amtschef Wacker mit großer Energie, freilich ergebnislos gearbeitet hatte. Nun hoffte man, das Ziel mit einem Schlag zu erreichen.[577]

Der Entwurf beinhaltete den Übergang sämtlicher wissenschaftlichen Hochschulen und Einrichtungen in die »unmittelbare Verwaltung des Reiches«, wozu am Ort entsprechende Verwaltungsstellen einzurichten waren, die nach zentraler Weisung aus Berlin den geordneten Verwaltungsablauf besorgen würden. Zudem wurde die Übernahme von Professoren und Dozenten, Angestellten und Arbeitern in den Dienst des Reiches gefordert. Die Finanzierung der Hochschulen sollte weiterhin durch die bisher zuständigen Stellen – in der Regel die Länder – erfolgen, wobei Rust die alleinige Verfügungsgewalt über die in den Länderhaushalten ausgebrachten Mittel aber für sein Haus reklamierte. Er behielt sich außerdem für die Zeit des Krieges ein Eingriffsrecht in die inneren Strukturen der Hochschulen vor bis hin zu Entscheidungen über eine vollständige oder teilweise Aufhebung. Hinsichtlich der dem Reichsministerium unterstehenden wissenschaftlichen Einrichtungen verfügte der Vorschlag ein Recht des Ministers, ihnen zur Steigerung der Leistungsfähigkeit »neue und zusätzliche Aufgaben zuweisen, die Zurückstellung bisher in Angriff genommener Arbeiten anordnen sowie die Verwendung der vorhandenen Mittel und Einrichtung neu ordnen« zu können. Überdies behielt sich der Minister vor, diese »Ermächtigung ganz oder teilweise« dem Präsidenten des Reichsforschungsrats zu übertragen. Zur Förderung der im Krieg besonders wichtigen Studienzweige ordnete der Entwurf eine Anzeigepflicht für alle öffentlichen und privaten Stipendiengeber an, wobei die Verfügungsgewalt über diese Mittel einmal mehr in der Hand des Reichskultusministers liegen sollte.[578]

Die Belange der Hochschulen und wissenschaftlichen Einrichtungen standen klar im Mittelpunkt des Ministeriumsentwurfs, was an der seit Jahren empfundenen Dringlichkeit gerade dieser Maßnahme liegen mochte, von der man Unter den Linden nun meinte, sie ohne großen Widerstand realisieren zu können. Auf den Gebieten Erziehung, Volksbildung und für das Landjahr strebte der Vorschlag ebenfalls nach weiterer Homogenisierung der Strukturen, wie die Überführung der Lehrer an öffentlichen Schulen in den unmittelbaren Dienst des Reiches. Der Reichsminister erhielt das Recht auf vereinheitlichende Eingriffe in die Schulaufsicht des öffentlichen und privaten Schulwesens sowie in die Lehrerbildung samt Prüfungswesen. Im Bereich Volksbildung zielte die Verordnung auf die endgültige Abtretung der zwischen Propaganda- und Reichskultusministerium noch strittigen Hochschulen für Kunst, Musik und Musikerziehung. Schließlich wurde das Landjahr zu einer »Angelegenheit des Reichs« erklärt mit verpflichtender Teilnahme für alle Kinder. Die diesbezüglichen Rechts- und Verwaltungsvorschriften sollten in alleinige Zuständigkeit des Reichsministers fallen, während bei den Kosten Einvernehmen mit dem Reichsfinanzminister herzustellen war. Der Verordnungsentwurf war radikal zentralistisch konzipiert und zielte auf die abschließende Überwindung der föderalen Strukturen im Kultusbereich. Von Berlin aus sollte der Rahmen vorgegeben werden, innerhalb dessen Schule, Hochschule und Wissenschaft im Reich einheitlich organisiert und verwaltet würden.

Damit hätten die Einzelstaaten in diesem Bereich endgültig ausgedient, und das Reich wäre zum alleinigen Träger der Kultushoheit avanciert.[579]

Die »amtliche Stellungnahme des Generalbevollmächtigten« ließ nicht lange auf sich warten. Hier hatte man sich eingehend mit dem Verordnungsentwurf befaßt und dem Reichskultusministerium ein entsprechendes Gutachten mit der Bitte überstellt, die Monita in einer Neufassung zu berücksichtigen. Anschließend sollte zu einer Sitzung aller beteiligten Instanzen eingeladen werden. Was die Vereinheitlichung des Hochschulwesens betraf, so monierte Stuckart eine gewisse Unbestimmtheit bei dem Vorschlag, die Hochschulverwaltungen zu verreichlichen, den Verwaltungsetat aber in den Länderhaushalten mit der Maßgabe zu belassen, daß allein der Reichskultusminister darüber verfügen könne. Er hielt es kaum für zumutbar, den Ländern »die gleichen Leistungen wie bisher für die wissenschaftlichen Hochschulen« aufzubürden, während sie »mit ihrem überwiegenden Einfluß aus der Verwaltung ausgeschieden werden«. Allerdings wollte sich Stuckart auch nicht der Notwendigkeit eines »planmäßigen Einsatzes der Hochschulen [...] gerade unter den Kriegsverhältnissen« verschließen und schlug als einfachsten Weg die Übernahme der wissenschaftlichen Hochschulen auf das Reich und ihre Verwaltungen auf den Reichsetat vor. Nur für den Fall unüberbrückbaren Widerstands seitens des Reichsfinanzministers wollte sich der Generalbevollmächtigte mit der »Notlosung« abfinden, die wissenschaftlichen Hochschulen als Einrichtungen der Länder weiter bestehen zu lassen, wobei dem Reichskultusminister dann aber das Recht zu »allgemeinen organisatorischen Anordnungen« zu erteilen wäre, um den gezielten Kriegseinsatz der wissenschaftlichen Hochschulen zu fördern. Sollte tatsächlich einmal die vollständige Aufhebung einer Hochschule erwogen werden, mahnte Stuckart eine vorherige Rücksprache mit ihm an, da dies die »Reichsreformplanung« im Innenministerium berühre. An weiteren gravierenden Bedenken machte der Stabsleiter nur noch geltend, daß er eine Anzeigepflicht über die den Hochschulen von privater Seite zur Verfügung gestellten Mittel »für verfehlt« halte, zumal dann, wenn vom gewünschten Verwendungszweck eines Stifters abgewichen werde. »Ein solcher Eingriff, durch den die meist aus persönlicher Liebe zur Sache erwachsenen freiwilligen Zuwendungen in starre, unpersönliche Zwangsleistungen umgewandelt werden sollen«, führe binnen kürzester Zeit zum Rückzug der Mäzene, womit niemandem gedient sei.[580]

Bezogen auf das Hauptanliegen des Wissenschaftsministeriums kam die Stellungnahme Stuckarts den Vorstellungen Rusts weit entgegen. Entsprechend rasch, mittels »Schnellbrief!«, erfolgte die Reaktion aus seinem Haus noch vor dem Jahreswechsel. Die Verwirklichung der im Verordnungsvorschlag unterbreiteten Maßnahmen für die Bereiche Schule, Volksbildung und Landjahr gestaltete sich dagegen vielfach einfacher und wurde auf dem Erlaßwege umgesetzt. Der Verreichlichung galt das eigentliche Ministeriumsinteresse, auf das sich nun alles Unter den Linden konzentrierte. Dazu wurde noch einmal die Dringlichkeit der Sache herausgestrichen, an der man seit Jahren gearbeitet und inzwischen auch die meisten Widerstände aus dem Weg geräumt habe. Im überwiegenden Teil des Reichs seien die Voraussetzungen für eine unmittelbare Verwaltung und Betreuung des Hochschulwesens durch das Reich schon gegeben, etwa im Bereich der Personalplanung, hieß es in der Stellungnahme. Des weiteren wurde auf die Sachlage in der Ostmark und dem Protektorat verwiesen, wo im ersten Fall mit Verabschiedung der 6. Verordnung des Ostmarkengesetzes die Übernahme unmittelbar bevorstünde und im zweiten Fall bereits vollzogen sei. Auch für die neu geplanten Hochschulen in Linz und Posen erklärte es Rust für selbstverständlich, daß diese »nicht als Einrichtungen irgendwelcher örtlichen Gebietsverwaltungen, sondern nur als Reichshochschulen entstehen können«, womit sich nicht zuletzt der »Führer« einverstanden erklärt habe. Mit Fragen der Reichsreform habe der bevorstehende Schritt indessen nichts zu tun, der lediglich »die Vollendung und der Abschluß einer Entwicklung [ist], die durch die oben aufgeführten Maßnahmen bereits in weitestgehendem Umfange vollzogen« worden sei. Was die Beanstandungen des Generalbevollmächtigten anlangte, war man bereit, seinen Vorschlägen in fast allen Punkten zu folgen. Wo dies nicht der Fall war, sollten die Verhandlungen auf einen späteren Zeitpunkt verschoben werden. Abschließend bat Rust, von weiteren Ressortbesprechungen abzusehen, zumal das Einverständnis aller maßgeblichen Instanzen bereits vorliege und die zügige Verwirklichung der Verordnung nun dringend sei. Dem Schnellbrief war die überarbeitete Fassung des Entwurfs und eine Erläuterung beigefügt. Wie ungeduldig man auf den Abschuß dieses kapitalen Vorhabens drängte, mag daran abzulesen sein, daß die Verordnung schon am 1. Januar 1940 in Kraft treten sollte.[581]

Zeitgleich mit dem Schreiben an Stuckart wandte sich Rust an den preußischen Finanzminister. Nach den zurückliegenden Erfahrungen verkörperte er die größte Hürde, die darum auch nicht gleich zu Anfang, sondern erst nach genügender Vorbereitung genommen werden sollte. Nun, da der Generalbevollmächtigte grünes Licht gegeben zu haben schien und die übrigen beteiligten Instanzen ihr Plazet erteilt hatten, sah Rust den Zeitpunkt gekommen, den »Liebe[n] Herr[n] Popitz!« über das Bevorstehende in Kenntnis zu setzen, »damit Sie nicht erst durch die auf dem Dienstweg an Sie gelangende Abschrift über die von mir vorgeschlagene Maßnahme verständigt werden«. Dieser ein wenig gönnerhaften Formulierung folgte eine kurze Erläuterung der geplanten Vorgehensweise mit der wie selbstverständlich eingeflochtenen Eröffnung, »daß auch die preußischen wissenschaftlichen Hochschulen aus dem Haushalt des Landes Preußen und damit aus Ihrer Zuständigkeit bezüglich der Finanz- und Bauverwaltung ausscheiden« würden. Rust warb mit warmen Worten um Verständnis für diesen Schritt und sprach Popitz schon einmal, so als handele es sich tatsächlich um ein Fait accompli, den »herzlichsten Dank« für sein hochschul- und wissenschaftspolitisches Interesse während der letzten Jahre aus, von dem er hoffe, auch in der Zukunft profitieren zu können. Indem er sich bewußt freundlich auf »eine weitere fruchtbare und erfolgreiche Zusammenarbeit« berief, endete das Schreiben an den einflußreichen Kabinettskollegen mit dem obligatorischen Hitlergruß und der Versicherung großer persönlicher Ergebenheit mit »Ihr Bernhard Rust«. Aber die »graue Eminenz« am Kastanienwäldchen teilte diese Ergebenheit nicht. Ohne jede Anrede ließ Popitz gleich am nächsten Tag nur sachlich kühl verlauten, daß eine Überleitung der Hochschulen auf das Reich zum 1. Januar 1940 wegen der Kürze der Zeit »völlig ausgeschlossen« sei. Zudem stellte er »vorsorglich« schon einmal klar, gar nicht daran zu denken, auf seine Zuständigkeit für die Hochbauverwaltung im Falle einer Verreichlichung der Hochschulen zu verzichten, die vielmehr im Interesse einer geschlossenen Hochbauverwaltung »unter allen Umständen gewahrt bleiben« müsse. Hinsichtlich der inhaltlichen Bedenken zum Plan verwies er auf seine Stellungnahme vom 14. März 1939 zu Fragen nach der künftigen Organisation des Hochschulwesens im Protektorat und in der Ostmark. Das knappe Schreiben endete grußlos mit »Popitz«.[582]

Abgesehen von der impliziten persönlichen Kränkung, als Chef der Hochbauverwaltung in Preußen abgesetzt zu werden, stand für Popitz die

Frage nach dem rechten Verhältnis von Zentralisation und Dezentralisation im Vordergrund. Über den künftigen Aufbau des Reichs und seiner Verwaltungsstrukturen hatte er sich seit der Machtübernahme wiederholt mit namhaften Vertretern der Verwaltungswissenschaft ausgetauscht und seine diesbezüglichen Gedanken auch mit verschiedenen Mitgliedern der Berliner Mittwochsgesellschaft diskutiert. Popitz' Reformvorstellungen besaßen nicht zuletzt im Reichsinnenministerium Gewicht, wo man regelmäßig um entsprechende Stellungnahmen bei ihm nachsuchte und sich gern seiner Expertise bediente. Mit Blick auf die Lage in einem Großdeutschen Reich warnte Popitz im März 1939 vor der Gefahr einer »Aufblähung« der Reichsministerien, die personell und hinsichtlich der Konzentration von Zuständigkeiten nur so weit ausgebaut werden dürften, daß der einzelne Minister überhaupt noch die Übersicht über alle fälligen Entscheidungen behalten könne. Hiervon ausgehend trat er außer für eine Zentralisierung zugleich für eine gezielte Dezentralisierung in der Reichsverwaltung ein. Auf das Hochschulwesen bezogen, machte er sich etwa die Vorstellung Rusts sehr wohl zu eigen, die Personalplanung zentral von Berlin aus zu verwalten, »denn mit der Besetzung der Lehrstühle hängt die gesamte Leitung des Lehr- und Forschungsbetriebes zusammen, die als eine im höchsten Maße politische Angelegenheit nur von einer Stelle aus geleitet und geführt werden kann«. Dagegen befürchtete er in der Überleitung auch der Sachverwaltung aller reichsdeutschen Hochschulen auf das Reichskultusministerium eine Überdehnung der vorhandenen Kapazitäten und riet für den noch zu schaffenden Verwaltungsaufbau im Reich zur »finanziellen Dezentralisation«. Wie bisher sollten Mittelinstanzen beibehalten und etwa in Gestalt der künftigen Gauregierungen in Fragen der sächlichen und baulichen Verwaltung der Hochschulen verantwortlich herangezogen werden – der Reichsminister würde dann lediglich eine Fachaufsicht ausüben und auf diese Weise für eine gleichmäßige Verteilung der Ressourcen sorgen. Die Verhältnisse in Preußen, wo mit der Zentralisierung gute Erfahrung gemacht worden seien, ließen sich nicht einfach auf das Großdeutsche Reich übertragen, das doppelt so groß wie Preußen sei und zahlreiche Hochschulen »von ausgeprägter Eigenentwicklung« wie München, Dresden oder Heidelberg mitbringe. Auf die Verbundenheit der Hochschulen mit ihrer Region verweisend, die es zum Besten der Wissenschaft zu erhalten gelte, warnte Popitz vor den Gefahren zu weitgehender Zentralisierung. Er vertrat diesen Standpunkt auch, als die Diskussion zum Jahreswechsel 1939/40 mit dem Vorstoß des Reichskultusministeriums erneut aufkam.[583]

Das Schreiben Bernhard Rusts vom 22. Dezember 1939 auf dem Tisch, wandte sich der preußische Finanzminister mit »einigen Zweifelsfragen« noch am selben Tag direkt an den Generalbevollmächtigten. Moniert wurden etliche ungeklärte Punkte, wie sich etwa die Bauunterhaltung der Universitätsliegenschaften künftig gestalten würde, und in welchem Umfang die Länder resp. die Gaue zur Finanzierung und Mitwirkung herangezogen würden. Beides scheint den Herren im Innenministerium eingeleuchtet zu haben, jedenfalls erhielt das Reichskultusministerium die Mitteilung, daß ungeachtet aller Dringlichkeit eine weitere Verhandlung der Sache unter Hinzuziehung der beteiligten Ressorts nun doch notwendig sei. Der 1. Januar 1940 als Datum für das Inkrafttreten der Verordnung war damit unmöglich einzuhalten, so daß Stuckart den 1. April 1940 in Aussicht stellte. Der Plan Rusts, die lange angestrebte Verreichlichung des Hochschulwesens mit den bei Kriegsbeginn anstehenden Veränderungen quasi im Handstreich zu erledigen, hatte einen ersten Dämpfer erhalten.[584] Es folgte, was so oft beim Blick auf die Bildungs- und Wissenschaftspolitik jener Jahre zu beobachten ist, nämlich eine Beratung nach der anderen, zu der alle Beteiligten mit immer neuen Vorschlägen, Änderungswünschen und Anträgen aufwarteten. Durch den Brief von Popitz angeregt, meldete Reichsleiter Bormann noch am Silvestertag 1939 ebenfalls Änderungswünsche an. Hatte der Verordnungsvorschlag für den Hochschulbereich ursprünglich sechs Paragraphen umfaßt, war er nach eingehenden Beratungen im April 1940 auf das Doppelte angewachsen, während der Termin seiner Realisierung in immer weitere Ferne rückte.[585]

Am 5. Januar 1940 fand im Reichsinnenministerium die von Stuckart anberaumte Besprechung unter Vorsitz von Ministerialdirigent Medicus statt. Außer vom Innenministerium nahmen Vertreter des Reichsfinanzministeriums, des preußischen Finanzministeriums, des Beauftragten für den Vierjahresplan und des preußischen Ministerpräsidenten teil. Vom Stab Heß war, nachdem sich Mentzel und Sommer am Vortag geeinigt hatten, niemand erschienen. Die Interessen des Reichskultusministeriums vertraten die Ministerialräte Brenner und Breuer sowie Oberregierungsrat Huber, der zudem einen mehrseitigen Vermerk über den Sitzungsverlauf zu den Akten gab.[586] Medicus hatte gleich zu Anfang die Tagesordnung auf die Diskussion von drei Verhandlungspunkten festgelegt. Es sollte die Frage nach der Zukunft der preußischen Hochbauverwaltung, nach der Beteiligung der Reichsgaue resp. der Länder an den sächlichen Belangen der Hochschulen in ihrer Region sowie das Datum, an dem die Verordnung in Kraft treten würde, geklärt werden. Hinsichtlich der Hochbauverwaltung bekräftige Ministerialrat Becker vom preußischen Finanzministerium die bereits bekannte Haltung von Popitz, der diese Abteilung seines Hauses keinesfalls aus der Hand zu geben, sondern sie wegen ihrer außerordentlichen »Sachkunde« und im Hinblick auf »etwaige größere Aufgaben« in der Zukunft geschlossen in seinem Ressort zu behalten wünsche. »Gemeint ist dabei die Absicht des Herrn Ministers Popitz, aus der Preuß. Hochbauverwaltung ein Reichsbauministerium bzw. Reichsministerium für öffentliche Arbeiten unter seiner Leitung zu machen«, fügte Huber den Worten Beckers in Parenthese hinzu. Da mochte etwas Wahres dran sein. Popitz besaß ein persönliches Interesse an der öffentlichen Baukultur Preußens und brachte zumal während des Bombenkrieges beachtliches Organisations- und Finanzgeschick zum Erhalt der historischen Bauten Berlins auf. Allerdings konnte sich der Reichsfinanzminister die Errichtung einer Reichsbauverwaltung auch in seiner Zuständigkeit gut vorstellen, wozu, wie sein Vertreter Robel meinte, die hochgelobte Sachkunde der preußischen Hochbaubeamten einfach hinzuzuziehen wäre. Hier lag das Streitobjekt somit allein zwischen Popitz und Schwerin von Krosigk. Dem Vertreter Rusts war die Klärung dieses Punktes hingegen herzlich gleichgültig, solange nur die Zusammenfassung der Bauverwaltung »in der Zentrale« erfolgen würde, ob nun am Kastanienwäldchen oder am Wilhelmsplatz – darüber mochten sich die beiden Finanzminister einigen, freilich ohne die Verabschiedung der dringend erwünschten Verordnung dadurch noch länger hinauszuzögern.[587]

Kontroverser ging es bei der Behandlung des zweiten Tagesordnungspunktes zu, von Medicus mit der Bemerkung eingeleitet, daß der Reichsinnenminister es für notwendig halte, die regionalen Gewalten auch zukünftig für die Belange der Hochschulen zu interessieren und sie darum in geeigneter Form an der Mitwirkung beteiligt sehen wollte. Dem widersprach Oberregierungsrat Huber vehement. Es sei das erklärte Ziel des Reichskultusministers, nach Jahren intensiver Vorbereitung nun »die gesamte Lenkung und Planung des deutschen Hochschulwesens in die Hand zu bekommen« und zwar mittels ihrer vollständigen Finanzierung durch das Reich. Er lehnte es im Namen seines Ministers ab, »irgendwelche Kompromisse« in dieser Frage einzugehen, die zu nichts führen, sondern im Gegenteil nur die »zentrifugalen Kräfte der örtlichen Stellen« stärkten. Die Befürchtung des Reichsinnenministeriums, eine zu weitgehende Zentralisierung könnte eine »Uniformierung des deutschen Geisteslebens« zur Folge haben, konterte Huber mit dem Argument, daß es Landeshochschulen im eigentlichen Sinne schon seit Abschaffung der Länder nicht mehr gebe, die Hochschulen vielmehr längst dem Reich dienten. Dementsprechend könne auch nicht länger die Verbundenheit mit der Landschaft, sondern müsse der Reichsgedanke im Vordergrund stehen; schließlich gebe es auch »nur eine deutsche, aber keine bayerische, preußische, württembergische Wissenschaft«. Was die erwünschte Beteiligung der örtlichen Dienststellen anlangte, so stellte Huber eine Regelung in Aussicht, wie sie für die Ostmark vorgesehen und im Protektorat bereits verwirklicht sei, mit eigens bestellten Kuratoren, die »unbeschadet ihrer unmittelbaren Unterstellung unter den Reichserziehungsminister zugleich Sachbearbeiter der Reichsstatthalter zu deren Unterrichtung über Hochschulfragen werden sollen«. Huber erklärte ausdrücklich, daß diese Regelung auch vom Stellvertreter des Führers favorisiert werde.[588]

Während sich der Vertreter des Reichsfinanzministeriums auf die Seite Hubers schlug und »unter allen Umständen« die Gesamtfinanzierung der Hochschulen durch das Reich forderte, gab Ministerialrat Becker vom preußischen Finanzministerium noch einmal die bereits bekannten Einwände seines Ministers zum besten. Am Ende einigte man sich auf den Vorschlag des Vorsitzenden Medicus, der Verordnung einen Passus beizufügen, wonach der Reichskultusminister gemeinsam mit dem Reichsinnenminister für die Wahrung der landschaftlichen Verbundenheit der Hochschulen Sorge tragen würde. Hinsichtlich des Inkrafttretens ließ Becker wissen, daß Popitz die Verreichlichung genau wie die auf Eis gelegte Reichsreform zum gegenwärtigen Zeitpunkt überhaupt für »unzweckmäßig« halte, weil der Umstellungsprozeß nur Unruhe schüren und zu Verstimmungen der »örtlichen Stellen« führen werde. Dagegen stellte Ministerialdirigent Medicus fest, daß es sich hierbei nicht um einen »Akt der Reichsreform« handele und das Vorhaben darum auch nicht wie diese vorläufig zurückzustellen sei: »Alle maßgebenden Reichsstellen seien vielmehr übereinstimmend der Auffassung, daß die Vereinheitlichung der Wissenschaftsverwaltung bald, und zwar gerade jetzt im Kriege notwendig sei«. Als Datum des Inkrafttretens schlug der Vorsitzende den 1. April 1940 vor. Huber erstattete Zschintzsch und Mentzel »umgehend« Bericht über das Verhandlungsergebnis. Seinem Vermerk fügte er unter dem 8. Januar noch die Mitteilung an, daß nun auch Himmler dringend empfohlen habe, die Länder von dem Vorhaben vorab zu informieren, »damit nicht nach der Verabschiedung der Verordnung ein beschwerdeführendes Vorgehen der Reichsstatthalter und Gauleiter beim Führer erfolge«. Selbst der Reichsführer SS stand also hinter dem Reformschritt, den er ebenfalls für »absolut notwendig« erklärte.[589] Rusts Projekt hatte reichlich Wind unter die Flügel bekommen und wurde unter Aufbietung allen Sachverstands im Haus vorangetrieben.

Am 20. Februar war der Verordnungsentwurf in eine neue Form gegossen, wurde allen Beteiligten erneut zur Begutachtung zugestellt und auf einer Besprechung am 15. März im Reichsinnenministerium diskutiert. Aber als Verhandlungsergebnis hielt man nun fest, daß eine Verordnung angesichts der weitreichenden Bedeutung des Vorhabens nicht ausreiche, sondern besser ein Gesetz angestrebt werde; eine entsprechende Ausarbeitung lag Mitte April vor. Doch nun wurde der preußische Finanzminister Popitz tätig und brachte seine Bedenken Göring in einer vertraulichen Unterredung vor. Der Ministerpräsident ließ sich überzeugen und dem Reichskultusminister sogleich übermitteln, daß die Verreichlichung der Hochschulen bis Kriegsende zurückzustellen sei, »da während der Kriegsdauer eine solche Aushöhlung der preußischen Kompetenzen« keinesfalls wünschenswert sei. Zwei Brandschreiben Rusts an den »Sehr verehrte[n] Herr[n] Generalfeldmarschall! Lieber Parteigenosse Göring!« mit der dringenden Bitte um ein Gespräch blieben wirkungslos. Stattdessen erreichte ein Brief aus der preußischen Staatskanzlei das Haus, der alle Hoffnung auf die baldige Inkraftsetzung des Gesetzes zerstörte. Ohne jede persönliche Anrede und auch nur von Staatssekretär Körner unterzeichnet, erhielt Rust die Mitteilung von den »ernsten Bedenken«, mit denen »Staatsminister Professor Dr. Popitz« Göring überzeugt habe, daß die Übertragung der Hochschulen auf das Reich »unter völliger Ausschaltung der Länder« grundsätzlich falsch sei. Dazu wurde auf den absehbaren Verlust eines »sehr wichtigen Arbeitsgebietes« des Finanzministers verwiesen[590], der nicht hinnehmbar sei. Auch die übrigen von Popitz wiederholt vorgebrachten Einwände, die Verreichlichung könne als ein Teil der Reichsreform nur zusammen mit dem verwaltungsmäßigen Neuaufbau des Reiches durchgeführt werden, würden von Göring geteilt. Jede weitere »Einschränkung der Tätigkeit und des Amtes des Preußischen Finanzministers«, so Körner am Ende, stieße auf den »schärfsten Widerstand« des Ministerpräsidenten, der »gegebenenfalls auch eine entsprechende Entscheidung des Führers herbeiführen werde«. Die Tatsache, daß sich alle übrigen Instanzen positiv zu Rusts Vorhaben stellten, hatte keinerlei Effekt gezeigt. Deutlich wird hingegen, welch großen Einfluß Johannes Popitz nicht nur auf Göring, sondern generell im Ministergefüge des Dritten Reichs besaß.[591]

Alle weiteren Versuche Rusts, das Blatt zu wenden, schlugen fehl. Göring verweigerte dem Parteifreund jedes persönliche Gespräch, während die eigentlich gebotene Unterstützung seitens der Partei ausblieb. Unter den Linden reagierte man verärgert und suchte fieberhaft nach Auswegen aus der verfahrenen Situation. Vor allem Amtschef Mentzel mochte an die Unüberwindbarkeit von Popitz nicht glauben und bat Regierungsrat Kasper herauszufinden, wie sich der Finanzminister »grundsätzlich zur Verreichlichung der Hochschulen stellt und zwar unabhängig von den letzten Vorgängen«. Wenig später legte Kasper einen Briefentwurf für den Minister zum Zweck der Fühlungnahme mit Popitz vor, der aber das Haus nicht verließ, weil Rust sich an dem allzu devoten Ton des Schreibens stieß. Der Reichskultusminister befahl nun selbst, die Sache vorerst nicht weiterzuverfolgen. Als Begründung nannte er den »Führererlaß« vom 5. Juni 1940, der eine vorübergehende Einschränkung der Gesetzgebung verfügte, so daß der Entwurf selbst dann nicht zu fördern sei, »wenn es möglich sein sollte, mit dem Herrn Preuss. Finanzminister zu einem Einvernehmen zu gelangen«. Ein weiteres Eindringen auf ihn ließe zudem nur den Eindruck entstehen, als werde »der Intervention des Herrn Preuss. Finanzministers beim Herrn Preuss. Ministerpräsidenten Rechnung getragen«. Diesen Triumph sollte Popitz nicht auch noch feiern.[592]

Der letzte Akt in diesem Stück ging Anfang 1942 über die Bühne, als die Obersten Reichsbehörden erneut per Erlaß zur Vereinfachung ihrer Verwaltungen angehalten wurden. Das Reichskultusministerium trat sofort mit seinem alten Vorschlag auf den Plan, den man nach den zurückliegenden Erfahrungen jedoch dahingehend modifiziert hatte, während des Krieges nicht gleich alle Hochschulen zu verreichlichen, sondern zunächst nur die Universitäten Gießen, Hamburg, Jena und Rostock sowie die Technischen Hochschulen Braunschweig und Darmstadt. Den besonderen Verhältnissen in Preußen kam Rust entgegen, indem er gegenüber Göring ausdrücklich auf eine Übernahme der Hochschulen verzichtete, »solange noch ein besonderes Preußisches Finanzministerium unter Ihrer Leitung besteht«. Amtschef Mentzel übernahm es persönlich, Popitz von dem Plan schrittweiser Verreichlichung zu unterrichten. Dem sekundierte ein Schreiben Rusts mit der Versicherung, daß sich für Preußens Hochschulen nichts ändern werde, »solange ein Preußisches Finanzministerium unter Ihrer Leitung besteht und solange ich gleichzeitig Reichs- und Preußischer Wissenschaftsminister bin«.[593] Endlich stimmte Popitz, wenngleich unter Vorbehalt, zu; aber statt seiner kam nun Reichsinnenminister Frick mit »schweren Bedenken«, ob sich mit diesem Teilschritt tatsächlich eine Vereinfachung der Verwaltung einstellen und Personal freigestellt werde, ob überhaupt jetzt im Krieg der richtige Zeitpunkt dazu sei. Reichsfinanzminister von Krosigk, bis dahin immer ein starker Befürworter des Unternehmens, hielt die partielle Umstellung für eine schlechte Lösung, zumal dann, wenn für Preußens Hochschulen eine Sonderregelung getroffen werde. Sicherlich nicht unberechtigt, erklärte er es in diesem Fall »für ganz ausgeschlossen«, daß sich die anderen Länder zur Übernahme ihrer Hochschulen durch das Reich bereit fänden. Das ursprüngliche Einvernehmen war dahin. Ende März 1942 beschloß Hitler, von Lammers durch »eingehenden Vortrag« unterrichtet, »die Verreichlichung der Hochschulen für die Dauer des Krieges aufzuschieben«, um sie später auf dem Gesetzweg umzusetzen. Eine weitergehende Begründung blieb aus, und nur zu vermuten steht, daß die Parteispitze die Vermeidung von Unruhe während des Krieges höher gewichtete als die theoretischen Vorzüge der Reform.[594]

Die endgültig auf die Nachkriegszeit vertagte Verreichlichung des Hochschulwesens brachte das Reichskultusministerium zwar nicht um seine zentrale Stellung im Wissenschaftssystem des Dritten Reichs. Aber sie sorgte dafür, daß die Arbeit auf diesem Feld weiterhin schwierig blieb, von fruchtlosen Reibereien um Kompetenz und Einfluß begleitet, zum Nachteil effizienter Mittelverteilung an Hochschulen und wissenschaftlichen Einrichtungen. Dabei wurden diese Schwächen des Systems von nahezu allen Beteiligten genau erkannt: Vom Stellvertreter des Führers über SS- und Gestapo-Chef Himmler bis zum Reichsinnenminister herrschte Einigkeit darüber, daß die zentrale Lenkung der Wissenschaft das Gebot der Stunde, das Reichskultusministerium der gegebene Ort dafür sei. Umso bemerkenswerter ist es, daß ausgerechnet der hinhaltende Widerstand des preußischen Finanzministers den Plan vereitelte. Dazu hatte sich Popitz geschickt der Allianz mit Göring versichert, dem das preußische Ministerpräsidentenamt unter allen seinen Ämtern vielleicht das liebste war. Die Verreichlichung der preußischen Hochschulen hätte keine große Machteinbuße bedeutet, aber doch, wie Popitz ihm eingab, eine weitere »Aushöhlung« preußischer Kompetenzen zur Folge gehabt. Darüber hinaus wußte Popitz die Repräsentationsgelüste seines Dienstherrn durch die Bereitstellung mancherlei Geldes zur Verwirklichung seiner Bauvorhaben zu befriedigen, so daß auch der mit der Verreichlichung verbundene Verlust der preußischen Hochbauverwaltung Göring untragbar erschien. Über Popitz' eigenes Interesse in dieser Angelegenheit wissen wir indessen wenig. Seine wachsende Distanz zum Regime seit 1938 ist bekannt ebenso wie seine Hochschätzung preußischer Wissenschaft und Kultur, deren spezifischen Charakter er durch die Einebnung in ein Reichsganzes gefährdet sah. Ob weitergehende Motive, gar gezielter Widerstand gegen die nationalsozialistische Wissenschaftspolitik, eine Rolle spielten, bedarf der Untersuchung. Zweifellos trug seine Politik zum wachsenden Mißtrauen der Partei gegen ihn bei. Hier registrierte man jeden seiner Schritte genau und fand die Unbeugsamkeit seiner Position in dieser Frage »zur weiteren Kennzeichnung der Persönlichkeit des Preuss. Finanzministers Popitz wesentlich«. Bald darauf stand die »graue Eminenz« unter dauernder Beobachtung der Geheimen Staatspolizei.[595]

Im Zuge des Führererlasses vom 28. August 1939 zur Verwaltungsvereinfachung hatte das Reichskultusministerium bereits wunschgemäß etliche Maßnahmen zur Abgabe zentraler Zuständigkeiten getroffen. Allein für den Schulbereich erfolgten zwischen Oktober 1939 und Januar 1942 dreizehn Erlasse, die verschiedene Einzelentscheidungen wieder in die Zuständigkeit nachgeordneter Behörden abtraten, wie etwa die Ernennung von kleineren Beamten oder die Aufteilung einiger Zentralfonds an regionale Zahlungsstellen. Ähnliches geschah für den Hochschul- und Wissenschaftsbereich. Hier gingen einige der bisherigen Zuständigkeiten der Zentralbehörde auf Rektoren, Kuratoren bzw. Institutsdirektoren über. Für die Dauer des Krieges konnten etwa die Hochschulrektoren Vertreter für ausgefallene Lehrkräfte bestellen, wozu die Genehmigung des Ministers erst im Nachhinein einzuholen war, und sie durften darüber

Abb. 26 Görings Geburtstag, 12. Januar 1937, neben Göring von links Bernhard Rust, Wilhelm Frick, Johannes Popitz und Reichsjustizminister Franz Gürtner

hinaus Assistenten und wissenschaftliche Hilfskräfte selbständig einstellen. Die sonstigen Beamten an den Hochschulen waren, sofern vorhanden, vom Kurator, ansonsten vom Rektor zu ernennen.[596] Hinzu kam die Einsparung von Personal im Haus Unter den Linden. Seit Kriegsbeginn waren rund 35 % des höheren und 28 % des gehobenen Diensten einberufen worden, wobei man die entstandenen Lücken durch die Verwendung von Pensionären wettzumachen versuchte. Der personelle Verlust war damit freilich nicht zu kompensieren, und entsprechend nahmen die Klagen über ein ständig wachsendes Übermaß an Arbeit zu. Oberregierungsrat Huber beschwerte sich nachdrücklich bei Mentzel über den Personalmangel im Amt Wissenschaft, der angesichts der kriegsbedingt erhöhten Arbeitsvorgänge dringend abzustellen sei. Auch in den Reihen des gehobenen Dienstes herrschte Mißvergnügen über die permanente Arbeitsüberlastung. Regierungsinspektor Burmeister meldete in einer Notiz an Regierungsrat Rode »absoluten Personalnotstand« in Abteilung IV von Amt W und sagte baldigen »Arbeitsstillstand« voraus. Ähnlich beschwerte sich Regierungsoberinspektor Dietzmann, der, nachdem er zuletzt ständig bis tief in die Nacht über den Akten gesessen hatte, angesichts der anstehenden Vorbereitungen zum Haushaltsvorentwurf 1941 und dessen Drucklegung nicht mehr wußte, wie der kommenden Belastung Herr zu werden sei: »Es ist menschenunmöglich, daß ich diese gewaltsame Arbeit neben dem umfangreichen laufenden Pensum allein bewältigen kann«, schrieb er entnervt an Rode und bat um die Zuteilung wenigstens einer weiblichen Hilfskraft, »die auch etwas rechnen kann.«[597]

Dementsprechend gering fielen die Vorschläge des Reichskultusministers auf den zweiten von Hitler ausgegebenen Erlaß zur Verwaltungsvereinfachung aus. Eine neuerliche Personaleinsparung im Haus war unmöglich ebenso wie die Delegierung weiterer Zuständigkeiten der Zentralbehörde an nachgeordnete Instanzen. Eine auch nur vorübergehende »Stillegung« ganzer Bereiche auf kulturellem Gebiet lehnte Rust kategorisch ab, weil der Verlust an Bildung und Ausbildung später nicht mehr aufzuholen sei. Mit dem Verweis auf den bereits vorhandenen Mangel an Abiturienten, Akademikern und Facharbeitern beschwor er die Gefahren, die aus einer Vernachlässigung des Kultussektors nicht zuletzt für die Zeit nach dem Krieg resultieren müsse. Beklagt wurden die vielen Versuche der Einmischung aus dem außerschulischen Bereich, die nicht nur den Schulbetrieb störten, sondern auch das Ministerium selbst mit unnötiger Mehrarbeit konfrontierten: »Ich werde mich daher infolge der Kriegsnotwendigkeiten in Zukunft genötigt sehen, mehr noch als bisher nur die wirklich kriegswichtigen Wünsche und Anregungen zu bearbeiten«, ließ Rust den Chef der Reichskanzlei wissen.[598]

Auf dem Gebiet der Wissenschaft und Forschung bestand die vielleicht bedeutsamste Veränderung während des Krieges in einer Reform des Reichsforschungsrats. Das 1937 unter Federführung Rusts und Mentzels geschaffene Gremium hatte bis Kriegsbeginn erfolgreich als Ressourcenverteilungsstelle im Bereich der Natur-, Technik- und Wehrwissenschaften gewirkt. Aber dies hatte sich auf die in der Zuständigkeit des Reichskultusministeriums liegenden Forschungseinrichtungen und die vorrangige Förderung der Grundlagenforschung bezogen. Auf die Steuerung der Industrie- und Militärforschung war sein Einfluß hingegen geringer geblieben, hatte aber immerhin zu regelmäßigem Erfahrungsaustausch und Kooperationsabsprachen geführt. So kam in vielen Bereichen eine gewinnbringende Zusammenarbeit verschiedener staatlicher und industrieller Forschungseinrichtungen zustande, welche die bisherige »Auffassung einer chaotischen und ineffizienten Arbeitsweise des RFR deutlich relativiert«. Für ein gutes Zusammenspiel der Kräfte hatte vor allem Rudolf Mentzel gesorgt, der im Hintergrund des Reichsforschungsrats die Interessen des Kultusministeriums besorgte. Mit dem Freitod des Ratspräsidenten Karl Becker im April 1940 setzte sich zunächst Rust selbst an die Spitze. Aber im Sommer 1942 erschien eine grundsätzliche Neuordnung der Forschungslandschaft im Reich unter Einbeziehung aller staatlichen und nichtstaatlichen Einrichtungen angesichts der weitgespannten Kriegspläne Hitlers unausweichlich.[599]

Nach Gesprächen Görings mit Rüstungsminister Albert Speer und Unterredungen Speers mit Hitler unterzeichnete dieser schließlich am 9. Juni 1942 einen Erlaß zum »Kriegseinsatz der deutschen Forschung«. Er stellte Göring an die Spitze des neu zu gründenden Reichsforschungsrats, der freilich mit der Übernahme sämtlicher früheren Fachspartenleiter auf Vorschlag Rusts sowie mit Mentzel als Leiter des Geschäftsführenden Beirats gerade so wie das alte Gebilde aussah. Nur stand der modifizierte Forschungsrat jetzt fester im Zentrum staatlicher Macht, was seine wissenschaftspolitische Wirksamkeit signifikant erhöhte. Die angestrebte vertiefte Kooperation sämtlicher naturwissenschaftlich und technisch forschenden Einrichtungen namentlich auf dem Gebiet der Rohstoffversorgung und Rüstungsforschung erreichte in den verbleibenden Kriegsjahren ein beachtliches Niveau.[600] Amtschef Mentzel hielt die wissenschaftspolitische Verbindung nach allen Seiten und fühlte sich darin durch die nahezu parallel verlaufenden Entwicklungen in den Staaten der Kriegsgegner bestätigt. So werde auch in England Planung groß geschrieben und Gemeinschaftsforschung forciert, wie er der internationalen Wissenschaftspresse entnahm. Einen Artikel aus »Nature« las er wie zur Bestätigung, mit dem Reichsforschungsrat organisatorisch auf dem »richtigen Wege« zu sein: »Die Entwicklung gehört in die Hand des Produktionsministers«, schrieb er dem persönlichen Referenten Görings, Fritz Görnnert, »und die Forschung in die Hand des stärksten Mannes, damit sie einmal unabhängig gehalten, zum anderen kräftig angeregt und unterstützt wird, damit die von der Technik verbrauchte Fülle wissenschaftlicher Erkenntnis neu nachgeliefert werden kann.« Mentzel verstand sich auf des Tyrannen Lob, um selbst im Hintergrund weiterhin kräftig die Fäden zu ziehen.[601] Wäre noch dazu die Verreichlichung der Hochschulen gelungen – der Einfluß des Amtschefs hätte eine weitere grandiose Steigerung erfahren. Letztlich haben die durch den Reichsforschungsrat beförderten Ergebnisse Hitlers Krieg nicht entscheiden können, aber sie trugen zu seiner Verlängerung bei. Wenn Rust und seine Beamten auch das hauptsächliche Ziel der Verreichlichung von Hochschulen und staatlichen Wissenschaftseinrichtungen 1942 verfehlten, so hielt der geschickt eingefädelte Umbau des Reichsforschungsrats sie dennoch im Zentrum des nationalsozialistischen Wissenschaftssystems.

Mit Kriegsbeginn geriet die Hochschulpolitik dauerhaft unter Druck. Im September 1939 sah ein »Führererlaß« die Schließung der Universitäten und Hochschulen vor, die erst zum Jahresbeginn 1940 den Lehrbetrieb wieder aufnahmen. Studenten und Dozenten erhielten die Einberufung zum Kriegsdienst, soweit sie nicht in kriegsrelevanten Disziplinen wie Medizin und Chemie eingeschrieben bzw. tätig waren. Der Studienbetrieb wurde in Trimester eingeteilt und damit zusammen mit der allgemeinen Herabsetzung der Studiendauer auf sechs Semester die Studienzeit empfindlich verkürzt. Bei all diesen Maßnahmen agierte man Unter den Linden einerseits defensiv, ohne eigene Impulse. Weder die vorübergehende Schließung, noch die Verkürzung der Studienzeiten oder die blinde Einberufungspraxis gingen auf Initiativen im Haus zurück, wo vielmehr über die Qualität der Ausbildung und über den Mangel an akademischem Nachwuchs schon längere Zeit geklagt wurde. Andererseits erklärte sich Rust zur Unterstützung der von Göring und anderen Militärs geforderten Maßnahmen bereit und sagte vollmundig die »wirkungsvolle Erfassung und Heranziehung der Wissenschaft in Forschung und Lehre und darüber hinaus der gesamten Erziehung« zu. Dies mochte taktischen Rücksichten in der Verfolgung seiner anderen soeben beschriebenen Ziele geschuldet sein, änderte aber nichts an der Tatsache, daß in der Öffentlichkeit Rust und kein anderer Ressortminister in der Verantwortung für die Zustände an Schulen und Hochschulen wie an den staatlichen wissenschaftlichen Einrichtungen stand.[602] Nachdem sich die erste Anspannung bei Kriegsausbruch gelegt hatte, kehrte man ab Sommersemester 1941 zur alten semesterweisen Studieneinteilung zurück. Zu diesem Schritt hatte auch die Diskussion beigetragen, die sich an das Erscheinen zweier Denkschriften über den rapiden Verfall des Bildungsniveaus von Abiturienten und Studenten anschloß.

Im November 1939 hatten die beiden Berliner Professoren Feyerabend und Koch ein Manifest »Schweigen hieße Verrat« verschiedenen staatlichen Stellen sowie der Partei zugespielt, dem im April 1940 ein weiterer, von William Guertler, alter Nationalsozialist und Professor an der Technischen Hochschule Dresden, verfaßter und Hitler direkt überstellter Brief folgte. In beiden Texten wurden die mangelhafte Reife der an die Hochschulen gelangenden Abiturienten und das allgemein sinkende geistige Niveau beklagt, was zu größter Besorgnis Anlaß gebe. Hierfür wurden verschiedene Ursachen namhaft gemacht, wie der gründliche Autoritätsverlust von Universität und Wissenschaft durch öffentliche Stimmungsmache seitens der Partei. Die Verunglimpfung der Professoren als »Intellektuelle« und damit »geradezu als grundsätzlich anfechtbare Erscheinung« habe ihre Wirkung nicht verfehlt und seit 1933 zu einer Abwendung der Jugend von allem Geistigen geführt, hieß es im Text von Feyerabend und Koch. Wissenschaftler spielten im öffentlichen Leben des Dritten Reichs keine Rolle mehr und würden obendrein der Lächerlichkeit preisgegeben. Zur Illustration verwiesen sie auf die berüchtigte Rede des Gauleiters Streicher 1938 vor Professoren der Berliner Universität, der das Publikum mit der Frage provoziert hatte: »Wenn man die Gehirne sämtlicher Universitätsprofessoren in die eine Waagschale legte und das Gehirn des Führers in die andere, welche Waagschale, glauben Sie, wird sich senken?« Eine ähnlich abschätzige Rhetorik hatten sie auch in Artikeln der SS-Zeitschrift »Das Schwarze Korps« ausgemacht, in denen gegen vermeintlich »überzüchtete Lehrmeinungen und ihre Träger« polemisiert, Gefühl und Instinkt hingegen als eigentlich hochzuschätzende Kategorien verherrlicht würden. Dies und die Politisierung von Wissenschaft und Hochschulen seit 1933 hätten zu einem spürbaren Absinken des wissenschaftlichen Niveaus geführt, das zu großer Besorgnis Anlaß geben müsse.[603]

Im Fortgang der Kritik wurde die Abwertung der Geisteswissenschaften gegenüber den Technik- und Naturwissenschaften als kurzsichtig getadelt, weil technische Innovation ohne geistige Schulung »gar nicht denkbar« sei. Dementsprechend bedauerten die Autoren die Abschaffung der philosophischen Prüfung bei Promotionen, die den Studierenden bis dahin wenigstens noch eine gewisse Denkschulung abverlangt hätten. Überhaupt wurden die zahllosen Erleichterungen im Studium zur Verkürzung der Studienzeiten und Verjüngung der Absolventen beklagt, zumal die außeruniversitäre Inanspruchnahme der Studenten durch Studentenführung, Arbeitsdienst und Wehrmacht inzwischen überhandgenommen habe. »Niemandem fällt es ein, die Ausbildung des Soldaten, des Handwerkers usw. mit soviel Forderungen zu belasten«, stellten die Autoren fest und forderten die Schonung der studentischen freien Zeit zur »Entwicklungs- und Bildungsmöglichkeit«.[604] Sechs Jahre nach der nationalsozialistischen Regierungsübernahme lag damit ein beunruhigendes Manifest auf dem Tisch, das von der verbreiteten Frustration unter Professoren und Studierenden an den Hochschulen berichtete und die drohenden Folgen des zunehmenden Leistungsabfalls anschaulich vor Augen stellte. Zusammen mit der wenig später auftauchenden Guertler-Denkschrift verfehlte der Text seine Wirkung nicht. Unter den Linden war die Lage freilich hinlänglich bekannt. Mißstände der geschilderten Art waren auf den jährlichen Rektorenkonferenzen wiederholt erörtert worden und viele der negativen Erscheinungen den Hochschulreferenten bei Visitationen vor Ort auch persönlich begegnet. Dem Reichskultusminister konnte eine Diskussion über die Ursachen der Misere nur recht sein, zumal die von seinem Haus ausgehenden Versuche, die Politisierung des Hochschul- und Wissenschaftsbetriebs durch eine sachliche Politik zurückzudrängen, bislang nur mäßig erfolgreich waren.

Von der Reichskanzlei zu einer Stellungnahme aufgefordert, ließen die Ressortminister mit Äußerungen nicht lange auf sich warten. Unter den Voten ragten die des Reichskultusministers, des preußischen Finanzministers und des Wehrmachtschefs Keitel durch klare Analysen hervor. So räumte Rust die angeführten Mißstände unumwunden ein, die schon lange kein Geheimnis mehr und von ihm auch wiederholt namhaft gemacht worden seien. Zugleich verwies er darauf, für die gegenwärtige Misere nicht verantwortlich gemacht werden zu können, nachdem er sich bei Kriegsbeginn im Ministerrat gegen die Trimestereinteilung wie gegen die Kürzung der Studiengänge ausgesprochen hatte, vom Oberkommando der Wehrmacht und Göring aber überstimmt worden war. Auch gegen das Überhandnehmen der außerschulischen und außeruniversitären Beanspruchung von Schülern und Studenten durch Hitlerjugend bzw. Studentenbund habe er stets, bislang allerdings vergeblich opponiert. Um hier möglichst rasch eine Änderung der auch von ihm als verheerend betrachteten Zustände zu erreichen, sprach sich der Reichskultusminister für ein Machtwort des »Führers« aus.[605]

Schützenhilfe kam ausgerechnet vom preußischen Finanzminister. Popitz wandte sich mit einem ausführlichen Schreiben an den Chef der Reichskanzlei Lammers und bestätigte Guertlers Kritik in vollem Umfang. Zudem wollte er außer bei Schülern und Studenten auch schon beim wissenschaftlichen Nachwuchs für den Hochschullehrerberuf einen bedenklichen Leistungsabfall festgestellt haben. Klug verwies er auf die Bedeutung gut ausgebildeter Akademiker, die sich soeben im Krieg bewährten, auf die ein »moderner Großstaat« aber auch im Frieden schlecht verzichten könne. Er gab zu bedenken, daß die aktuelle Überlegenheit deutscher Waffentechnik auf der geistigen Vorarbeit früherer Generationen beruhe, die noch eine »vollwertige wissenschaftliche Ausbildung« erfahren hätten: »Es besteht die Gefahr, dass die jüngere Generation, die heute auf den Hochschulbänken sitzt, im gleichen Falle versagen würde, weil ihr die entsprechend vertiefte Durchbildung fehlt.« Angesichts des verbreiteten Mangels an Bildung handele es sich auch keineswegs um eine Krise der Technik- und Naturwissenschaften allein, sondern ebenso um eine der Geisteswissenschaften. Schon auf das Studium durch zweieinhalb Jahre Arbeits- und Wehrdienst schlecht vorbereitet, weil da bereits vieles vergessen werde, sorge die außeruniversitäre Beanspruchung der Studenten sodann dafür, daß keine Zeit zum konzentrierten Studium bleibe. Die Trimestereinteilung müsse wenigstens für einige Fächer sofort fallen, die Studienzeitverkürzung generell aufgehoben werden, forderte Popitz. Über den Reichskultusminister wußte er zu sagen, daß dieser allein »aus dem Zwange von besonderen Zeitumständen heraus den Forderungen der Wehrmacht entsprochen« habe, womit immerhin angedeutet wurde, daß Rust die Dinge nicht etwa leichtfertig hatte treiben lassen. Am Ende seines Schreibens bat Popitz dringend darum, seine Bedenken im »beabsichtigten Vortrag beim Führer« einfließen zu lassen.[606]

Erstaunlicherweise schlug der Chef des Oberkommandos der Wehrmacht, Wilhelm Keitel, in die gleiche Kerbe. Auch er räumte eine schädliche Überbeanspruchung der Studenten aller Hochschulen durch universitätsfremde Belange ein, wollte aber im Augenblick auf kaum mehr als auf eine »natürliche Rückentwicklung« der Misere nach dem Krieg hoffen. Bemerkenswert ist, daß inzwischen selbst beim Militär ein markanter Leistungsabfall in den Geisteswissenschaften registriert worden war, so daß Keitel den Direktor des Wehrpolitischen Instituts an der Universität Berlin, Oberst Niedermayer, um eine Stellungnahme gebeten und diese seinem Schreiben an Rust beigelegt hatte.[607] Niedermayer verwies auf die bedenklichen Folgen, die ein einseitig geförderter Pragmatismus in der Wissenschaft haben müsse, und strich die Bedeutung des Zusammenspiels von Geistes-, Natur- und Technikwissenschaften heraus. Eine anhaltende Verminderung geistiger Anregung müsse auf die Dauer zu einem Absinken der geistigen Leistungsfähigkeit im Volk führen, was nicht ohne Folgen für die wissenschaftliche und technische Innovationskraft bleiben werde. Den Studenten selbst sei kein Vorwurf zu machen, denn sie wären ja bemüht, wohl aber den politisch Verantwortlichen an den Hochschulen, wie Studenten- und Dozentenbund. Die Politisierung der Hochschulen sei so, wie sie 1933 ins Werk gesetzt worden sei, in eine völlig falsche Richtung gelaufen, was Niedermayer am Ende seiner Stellungnahme mit dem forschen Appell quittierte: »Fort mit der organisierten Halbwissenschaft und den politisierenden Konjunkturrittern, die das akademische Leben stören und vergiften, und her mit wahrer nationalsozialistischer wissenschaftlicher Führung.« Die Überdehnung des Politischen an den Hochschulen, aber ebenso der sichtbare, als schädlich empfundene »Strukturwandel der Wissenschaft« war unvermittelt zum Gegenstand professoraler Kritik geworden.[608]

Eine ganze Staffel von Briefen mit Einschätzungen über den Bildungsstand der Hochschulabsolventen erreichte die Reichskanzlei, darunter auch eine Stellungnahme der Reichsstudentenführung, die freilich nicht die studentische Dienstpflicht, sondern die mangelnde Schulbildung als Ursache der Bildungsmisere ausmachte. Allen eventuell einschränkenden Maßnahmen schon einmal prophylaktisch begegnend, warnte der Reichsstudentenführer davor, »dass das deutsche Studententum bewusst oder unbewusst von der nationalsozialistischen Bewegung ferngehalten werden soll«.[609] Daneben fiel die Äußerung des Reichsarbeitsministers auf, der die Monita grundsätzlich anerkannte, aber für die Beibehaltung des studentischen Ernteeinsatzes eintrat, zumal dieser schließlich in die »Ferien« falle. Ansonsten überwogen die Forderungen nach rascher und möglichst weitgehender Entlastung der Studierenden. Beim Oberkommando des Heeres wollte man sich sogar bereits im Herbst 1938 in vermeintlicher Sorge um einen »hochwertigen Führernachwuchs« an Rust gewandt haben, nachdem ein bedenklich abgesunkener Bildungsstand festgestellt worden sei. Wissen und Können, auch die Fähigkeit zu logischem Denken und logischer Ausdrucksfähigkeit wären bei den Offiziersanwärtern kontinuierlich gesunken, auch habe es an Bereitschaft zu

»eigener Bildung«, ja sogar am korrekten Gebrauch der deutschen Sprache gefehlt. Schließlich wurde bemängelt, daß vielfach »die Weckung eines höheren Verantwortungsgefühls gegenüber dem nationalsozialistischen Staat als Erziehungserfolg der Höheren Schulen ausgeblieben« sei.[610] Selbst wenn man in Rechnung stellt, daß Kulturkritik zu allen Zeiten eine gern gepflegte Übung ist, so überrascht doch das ganz ungewohnte Einvernehmen verschiedener Instanzen. Bemerkenswert ist auch, daß eigentlich keines dieser Voten den Reichskultusminister direkt für die Misere verantwortlich machte. Rust konnte mit der Bilanz seiner Schul- und Hochschulpolitik kaum zufrieden sein und dürfte im Verlauf der Diskussion schon auf ein vermehrtes Verständnis für die Belange der Kultuspolitik gehofft haben. Am Ende nahmen sich die ergriffenen Maßnahmen einigermaßen bescheiden aus.

In der Reichskanzlei verpuffte die Aufregung so schnell wie sie aufgekommen war, und Lammers behandelte die Sache nur noch dilatorisch. Dies nahm zwar den unmittelbaren Handlungsdruck vom Reichskultusministerium, minderte aber zugleich dessen Gewicht bei der Durchsetzung gegensteuernder Maßnahmen. Letztlich beförderte dies den kompromißgeneigten Kurs Rusts zum Verdruß seiner Beamten, die nur zu gern die Gelegenheit genutzt hätten, der Politik des Hauses größere Durchschlagskraft zu verleihen. Ministerialrat Kasper mit dem Entwurf eines Schreibens an Lammers beauftragt, wollte von Huber nach dessen Vortrag beim Minister zunächst »konkrete Einzelheiten« wissen, wie er die »Abstandnahme« von weiteren Maßnahmen nun begründen sollte, zumal, wie er meinte, »blosse allgemeine Redensarten« wohl kaum »am Platze« seien. Rust selbst befand sich zu dieser Zeit in Berchtesgaden, wo er »auf Vorsprache beim Führer« wartete, mit Lammers aber schon gesprochen hatte, »und zwar, wie er dem Büro mitteilen liess: mit 100 %-igem Erfolg«. Unter den schließlich von Rust verfügten Maßnahmen blieb die Wiedereinführung der Semestereinteilung mit Erlaß vom 24. April 1941 die bedeutendste, während die Rücknahme der mit Kriegsbeginn verhängten Verkürzung der Studiengänge erst für die Zeit nach dem Krieg in Aussicht gestellt wurde. Mit dem Reichsstudentenführer hatte er sich hinsichtlich der studentischen Dienstpflicht geeinigt, daß eine Beeinträchtigung des Studiums nicht eintreten dürfe – was sich schön auf dem Papier las, in der Praxis hingegen nur schwer zu kontrollieren war. Ob die darüber hinaus mit Scheel getroffene Vereinbarung, die Studenten nur ausnahmsweise zu Arbeiten außerhalb der Universität einzusetzen, eingehalten wurde, dürfte sich ebenfalls der genauen Überprüfung entzogen haben.[611]

Während des Krieges sollte das Ministerium an der Situation der Studierenden und Abiturienten nicht mehr viel ändern. Es blieb beim studentischen Arbeitseinsatz und der Erfassung zuletzt selbst der sechzehnjährigen Oberschüler zur Flakabwehr und anderen militärischen Hilfsdiensten – wofür Rust zwar nicht eintrat, was er aber auch nicht zu verhindern verstand. Unter den Linden war der Blick da schon auf die Planungen für die Zeit nach dem Krieg gerichtet. 1940 übernahm Oberregierungsrat Carl Brandt das statistische Büro im Haus, das sich seit 1937 intensiv mit der Bedarfserhebung für die akademischen Berufe befaßte und nun auch um Voraussagen über die Entwicklung in den einzelnen Studiengängen nach dem Krieg bemüht war. Im April 1943 informierte Brandt Mentzel über die sich stetig verdüsternden Prognosen, bedingt durch die unerwartet lange Kriegsdauer und wachsenden Verluste an jungen Männern. So hatte er bei Kriegsbeginn auf der Grundlage von »mittleren Annahmen über die Höhe der Kriegsverluste« sowie weiteren statistischen Komponenten noch eine relative Überfüllung der wissenschaftlichen Hochschulen für die ersten fünf bis sechs Nachkriegsjahre errechnet, kam aber in den Monaten nach Stalingrad zu ganz anderen Prognosen: »Ich bin durch neuere Nachrichten über die ganz ausserordentlichen Kriegsverluste gerade der Abiturienten und über die ständig steigende Neigung der im Wehrdienst stehenden Abiturienten und Studenten, sich vom Studium abzuwenden und einen nichtakademischen Beruf zu ergreifen, zu der Überzeugung gekommen, dass die akademische Nachwuchslage mit jedem Monat leider unweigerlich schwieriger wird, als ich es bisher annahm«, vermerkte er für Amtschef W und bat, beim Oberkommando der Wehrmacht genaue Angaben über die Zahl der gefallenen Abiturienten und Studenten in Erfahrung zu bringen. 1944 erhielt Carl Brandt die Leitung der Abteilung »Quantitative Planung« im Reichsforschungsrat, ein Projekt, mit dem Mentzel die Federführung des Reichskultusministeriums für das akademische Berufsfeld unterstrich.[612]

Die Vorstellung umfassender Plan- und Steuerbarkeit reichte über Wissenschaft und Forschung hinaus in die gesamte akademische Berufswelt. Beamte des Reichskultusministeriums warben während des Krieges mit Vorträgen an den Hochschulen für die akademischen Berufe, wie Erich

Röver 1942 vor Professoren der Kölner Universität. Er räumte den Verlust an substantieller Bildung unter der gegenwärtigen Studentengeneration ein, dessen Folgen für die Zukunft noch gar nicht voll abzusehen seien, und erklärte es zur Pflicht der Professoren, einem weiteren Niveauverfall nach Möglichkeit entgegenzuarbeiten: »Wir müssen auf allen Gebieten, nicht nur in der Technik, den Wettkampf mit den Akademikern der Welt aufnehmen können; wir müssen trotz der jahrzehntelangen Störungen die Stellung erringen und behaupten, die wir als Großdeutsches Reich und als führende Macht in Europa einnehmen«, beschwor Röver seine Zuhörerschaft.[613] Da stand das Dritte Reich noch im Zenit seiner Macht. Mit dem »Kriegseinsatz der Geisteswissenschaften«, einer vom Reichskultusministerium angestoßenen Initiative unter Leitung Paul Ritterbuschs, sollten die notwendigen Grundlagen für die geistige Vorherrschaft der Deutschen nach dem Krieg gelegt werden. In eine ähnliche Richtung zielte der Auf- und Ausbau zahlreicher geisteswissenschaflicher Institute in vielen Städten Europas, mit dem man die Kulturhoheit des nationalsozialistischen Deutschland unterstreichen wollte. Dergleichen Initiativen waren vornehmlich auf den kerneuropäischen Raum konzentriert, nicht hingegen auf Osteuropa, dem man sich kulturell maßlos überlegen fühlte.

Das Bildungssystem in den besetzten Ostgebieten sollte den Planungen im Haus Unter den Linden zufolge von Anfang an auf die Vermittlung elementarer Kenntnisse heruntergefahren, die Ausbildung der polnischen Bevölkerung zumal auf ein absolutes Minimum beschränkt werden. Nicht einmal Ärzte sollten akademisch herangebildet, sondern die medizinische Versorgung im Land »qualifizierten Dorfbadern« überantwortet werden. Das ging selbst der Hauptabteilung Wissenschaft und Unterricht bei der Protektoratsregierung zu weit, wo man die Gründung einer Universität in Krakau erwog und dafür bei allen Stellen kräftig warb, bei Rust damit jedoch auf taube Ohren stieß. Allein die Reichsuniversität Posen sollte bestehen bleiben, daneben zwei Staatsbibliotheken in Krakau und Warschau, deren Bestände aber nur Deutschen zur Nutzung vorbehalten war, um dem Selbststudium der Polen einen Riegel vorzuschieben. So spielte das Generalgouvernement in den Planungen des Reichskultusministeriums generell keine große Rolle, und Rust ließ die Protektoratsregierung meist ohne große Einwände gewähren.[614]

Anders sah es im Norden und Westen Europas aus. In den Niederlanden warben die Nationalsozialisten zunächst mit Macht um Kollaborateure, um damit nach wenigen Monaten auf ganzer Linie zu scheitern. Schließlich wurden die Universitäten geschlossen, und der Plan einer »Frontuniversität Leiden« zur gezielten Germanisierung der niederländischen Elite blieb unrealisiert.[615] Für Paris sah die Politik Berlins wohl den ungestörten Betrieb an der Sorbonne vor, der, wie Rust als Losung ausgab, weder zu hindern noch zu befördern sei. Abgesehen von äußeren Widrigkeiten wie Papiermangel, schlechter Ernährungslage und Eingriffen der Zensur ging das akademische Leben an Frankreichs größter Universität zwischen 1940 und 1944 kontinuierlich weiter. Doch die eigentlich erwünschte Kollaboration von Professoren und Studenten mit den Besatzern blieb aus, und es kam auch nicht zur gesteigerten Bewunderung deutscher Kulturleistung durch die französische Bildungselite. Dazu besaßen Auswärtiges Amt und Sicherheitsdienst ein besonderes Interesse an der Wissenschafts- und Kulturförderung in Paris, was das Reichskultusministerium zu unliebsamen Koordinierungen und lästigen Absprachen zwang.[616] Von einer zentralen planvollen Steuerung der Bildungs- und Wissenschaftspolitik in den vom Dritten Reich besetzten Gebieten kann somit kaum die Rede sein. Schon mit den Verhältnissen im Großdeutschen Reich seit 1938 an die Grenzen der Leistungsfähigkeit gestoßen und nicht einmal mit genügend Zeit zur Adaption der höchst heterogenen Bildungs- und Wissenschaftssysteme ausgestattet, vermochte das Reichskultusministerium in den während des Krieges okkupierten Gebieten nur geringe Impulse zu setzen.

Rückschläge im Reformprogramm

Im September 1940 informierte ein Telegramm des Reichsleiters Bormann die Beamten Unter den Linden darüber, daß nach dem Wunsch Hitlers der Schulbeginn ab sofort für alle Einrichtungen auf mittags 12 Uhr festzusetzen sei. Irritiert griff Staatssekretär Zschintzsch zum Telephonhörer und setzte Bormann die Schwierigkeiten einer Realisierung dieser Anordnung auseinander. Er erklärte ihm unter anderem, daß ein so später Schulbeginn den ordnungsgemäßen Unterricht in all denjenigen Fällen, in denen das Schulgebäude in der Nutzung gleich mehrerer Einrichtungen stünde, unmöglich machen würde, zumal mit Einbruch der Dunkelheit der Unterricht ja beendet sein müsse. Man habe »diese Frage beim Führer bereits erörtert«, gab Bormann von oben herab zur Antwort, und »der Führer« habe gemeint, daß in den Schulen ohnehin allzuviel »Unnützes« vermittelt würde und man den Unterrichtsstoff jetzt in der Kriegszeit von allem Ballast tunlichst befreien solle. »›Im übrigen sei noch niemand an Dummheit gestorben‹ (wörtlich)«, hielt der Vermerk Zschintzschs für seinen Minister empört fest, nachdem Bormann offenbar nicht zu sagen gewußt hatte, was die Parteispitze im einzelnen für überflüssig hielt, »außer Religion«. Weiteres Insistieren des Staatssekretärs führte zwar am Ende zum erneuten Vortrag beim »Führer« mit dem Effekt, daß die Anordnung auf die schulpflichtige Jugend zu beschränken sei, hingegen keine Gültigkeit für die Berufsschulen erlangen sollte. Doch wird an diesem Vorgang bereits deutlich, mit welcher Nonchalance die Partei nach Kriegsbeginn glaubte, nun in elementare Abläufe der Kultusbürokratie hinein regieren zu dürfen.[617]

Schon mit der Gründung der »Ostmark« 1938 hatte die ideologische Einflußnahme auf den Bildungssektor durch die Parteispitze merklich zugenommen. Nicht nur im Hause Rust glaubte man die Gunst der Stunde, die sich in der Neugestaltung der bildungs- und wissenschaftspolitischen Landschaft des ehemaligen Österreich scheinbar eröffnete, ergreifen zu müssen. Auch Martin Bormann ahnte seine Chance zur persönlichen Profilierung, und Ministerialrat Kurt Krüger, zu dieser Zeit nach Wien zur Neuordnung des Schulwesens abgeordnet, sekundierte ihm dabei nach Kräften. Der Konflikt sollte sich vor allem an zwei Bereichen der Rustschen Politik entzünden, zum einen an dem Lieblingsprojekt des Ministers, der Ausbildung der Volksschullehrer, zum anderen an der Hauptschule, einer österreichischen Spezialität, welche im Reich an die Stelle der Mittelschule treten sollte. Um beides wurde bei Kriegsbeginn mit Zähigkeit gerungen, auch weil sich Kernforderungen nationalsozialistischer Bildungspolitik damit zu verbinden schienen.

Im Frühjahr 1939 erreichte das Reichskultusministerium ein erster Brief Bormanns, in dem sehr deutlich der Wunsch zum Ausdruck kam, die Lehrerbildung im Reich nach österreichischem Vorbild umzugestalten. Im Ständestaat hatte das alte Seminarwesen aus den Tagen Kaiser Franz Josephs überdauert, zur Frustration der dortigen Lehrerverbände, die vergeblich eine Modernisierung der Ausbildung gefordert und voller Neid auf die Aufwertung ihrer Kollegen im Dritten Reich geblickt hatten. Nach dem »Anschluß« sah sich Rust darum schon bald einer Lehrerdelegation gegenüber, welche die schnellstmögliche Übertragung des deutschen Systems auf die »Ostmark« erbat. Da dies ohnehin vorgesehen war, gab er dem Gesuch statt und ließ die Planung zur Errichtung entsprechender Hochschulen anlaufen. Bormann blieb vorerst ohne Antwort auf sein Schreiben. Aber schon im Juni 1939 hakte der Reichsleiter Unter den Linden nach und äußerte noch einmal unmißverständlich, daß das Vorgehen des Reichskultusministers in der »Ostmark« nicht die Billigung des Stellvertreters des Führers finde, der dort vielmehr die seminaristische Lehrerausbildung beibehalten und alsbald auch auf das Reich übertragen wolle. Spätestens jetzt dürfte der Chef des Amtes Erziehung, Albert Holfelder, den Ernst der Lage erfaßt haben. Nach Rücksprache mit dem Minister gab er die Erstellung einer Denkschrift zur Frage der Lehrerbildung und der Lehrernachwuchsgestaltung in Auftrag.[618]

Der Text plädierte eindringlich für die Beibehaltung der reformierten Lehrerbildung. Gerade eben erst eingeführt, dürfe der Prozeß der Neugestaltung nicht mit einem Mal aufgegeben oder gar vollkommen umgekehrt werden. Den aktuellen Lehrermangel führte man in erster Linie auf eine verfehlte Politik vor 1933 zurück, als in Preußen gerade Überfluß an Lehrern geherrscht habe und die Pädagogischen Hochschulen geschlossen wurden, weil der Staat meinte, im großen Stil einsparen zu können. Hätte man damals nur die überzähligen Lehrer durch den Ausbau des Volksschulwesens untergebracht und die Lehrerausbildung nicht für zwei Jahre ausgesetzt, so die Argumentation in der Denkschrift, wäre das Volksschulwesen wohl eine Zeit lang kostspieliger geworden, aber es würden dafür nun auch einige tausend Lehrer mehr zur Verfügung stehen. Zur Behebung des gegenwärtigen Mangels schlug man die Einrichtung von Aufbaulehrgängen vor, mit Mittlerer Reife statt der Reifeprüfung als Zugangsvoraussetzung. Dazu sollten als »Sondermaßnahmen« pensionierte Lehrer wieder eingestellt, geschiedene oder verwitwete Lehrerinnen wieder aktiviert werden. Auch die vorübergehende Zusammenlegung von Klassen oder die Verkürzung der Unterrichtszeiten wurden als Maßnahmen erwogen. An die zyklische Wiederkehr von Mangel und Überfüllung in den akademischen Berufen erinnernd, warb man für eine flexible Handhabung des Problems, um zukünftig schneller auf Veränderungen reagieren zu können. Nur dürfe die Lehrerbildung jetzt nicht dem »Diktat der Mangellage« unterworfen werden, wäre es doch ein »Novum in der preußischen Unterrichtstradition, wenn die Ausbildungsfrage auf das Niveau eines willfährigen Mittels zur Behebung der Nachwuchsdeckung des Augenblicks gesenkt würde«. Auf diese Weise argumentativ gerüstet, nahmen Amtschef Holfelder und seine Beamten im Dezember 1940 die Verhandlungen mit Vertretern der Partei auf.

Zu diesem Zeitpunkt stand die Entscheidung Hitlers allerdings schon fest, die Hochschulen für Lehrerbildung in den neu dem Reich einverleibten Ost- und Westgebieten sofort einzuführen, während die Umgestaltung der Verhältnisse im Altreich zu einem späteren Zeitpunkt nachfolgen sollte. An diesem »Führerbefehl« war auf der Ressortbesprechung nichts mehr zu ändern, nur im Detail bedurfte vieles noch der Präzisierung. Die sich daraus ergebenden zeitlichen Verzögerungen hoffte man Unter den Linden nutzen und die Hochschulen für Lehrerbildung vielleicht retten zu können. Außer den Kultusbeamten unter Vorsitz von Amtschef Holfelder nahmen Vertreter des preußischen Finanzministeriums, des Reichsfinanzministeriums und des Stellvertreters des Führers an der Besprechung teil, wobei in der Diskussion Kurt Krüger sehr deutlich den Ton angab. Zu ihm vermerkte das für den internen Gebrauch gefertigte Protokoll gleich zu Anfang, daß er »aus der Führerentscheidung Folgerungen bis in die Einzelheiten der verwaltungsmäßigen und schultechnischen Durchführung des Entscheides ableitete«. Der Mann erschien in Kämpferlaune zur Konferenz und war bestens präpariert. Dazu pochte er auf seine in Wien bei der Umgestaltung des Schulwesens gesammelte »ostmärkische« Erfahrung, die er nun für die Verhältnisse im Altreich fruchtbar machen wollte. Schon nach kurzer Zeit war klar, daß Krüger die Zukunft der Lehrerbildung zu einer Machtprobe zwischen Partei und Staat ausgestalten wollte. Dem begegneten die Beamten Rusts mit der erprobten Haltung aus Nachgiebigkeit und hinhaltendem Widerspruch.[619]

Hinsichtlich der Kernidee kam Holfelder der Partei zunächst anscheinend weit entgegen. Er schlug für die neuen Reichsgebiete die Einführung der Lehrerbildungsanstalten »so schnell wie möglich« vor, ließ aber die umstrittene Frage nach der Dauer der Ausbildungszeiten – ob fünf oder sechs Jahre – vorerst noch offen. In den alten Reichsgebieten sollten die laufenden Jahrgänge an den bisherigen Hochschulen für Lehrerbildung zum Abschluß geführt, die bereits angeworbenen Anwärter in Aufbaulehrgängen untergebracht und die Schulhelferlehrgänge ausgebaut werden. Den befremdlichen Vorschlag des preußischen Finanzministers, geeignete Volksschüler ab etwa dreizehn Jahren durch Lehrer wie in einem handwerklichen Lehrberuf heranzuziehen, streifte Holfelder in seinem Eingangsstatement wie unbeabsichtigt nur im Nebensatz. »Das sei der Übergangszustand«, resümierte das Protokoll die Ausführungen des Amtschefs Erziehung. Zur endgültigen Gestaltung der Lehrerbildung nach dem Krieg schätzte er abschließend die Zahl der erforderlichen Anstalten auf etwa 200, die sich regelmäßig über das gesamte Reichsgebiet verteilen sollten. Die Gebäude müßten großzügig konzipiert und durchweg mit Heimunterbringung verbunden sein, die Ausbildung selbst wie an den bisherigen Lehrerhochschulen kostenfrei sein, so daß sich damit auch weiterhin ein gewisser Werbeeffekt zum Ergreifen des Lehrerberufs verbinden würde. Von den bestehenden Hochschulen kämen aber nur wenige für eine solche Verwendung in Frage, bedauerte Holfelder, der darum über die »Kosten der neuen Form der Lehrerbildung, des Neubaus von Anstalten und der Besoldung von Lehrkräften vorerst nur rohe Angaben« machen wollte. Nur daß die Umstellung teuer werden würde, war damit bereits geschickt herausgestellt worden. Dieser Stich zielte auf die Sparsamkeit des preußischen Finanzministers Popitz, den Holfelder offenbar gegen die Pläne des Stellvertreters des Führers einzunehmen hoffte.

Doch Kurt Krüger hielt hartnäckig an Bormanns Direktiven fest. Wiederholt rief er den Anwesenden den »Führerbefehl« in Erinnerung, den es vorbehaltlos umzusetzen gelte. Ohne es auszusprechen, schien er überzeugt davon, daß die Einführung der Lehrerbildungsanstalten überall zügiger vonstatten gehen könnte, wenn man Unter den Linden nur endlich die notwendigen Schritte einleiten wollte. Da während des Krieges an umfängliche Neubauten selbstredend nicht zu denken sei, empfahl er, die Unterbringung der Schüler »nicht so genau [zu] nehmen«, sondern sie ruhig provisorisch zu gestalten. Wenngleich der »Führerbefehl« die Umstellung im Altreich erst für die Nachkriegszeit vorsah, wollte Krüger schon jetzt die Umwandlung forcieren, um, wie er meinte, den akuten Lehrermangel im Reich zu bekämpfen. Er verwies auf die angeblich weitaus günstigere Situation in der Ostmark, wo schon jetzt genügend Volksschullehrer ausgebildet würden. Sei die Umstellung auch für das Altreich erst einmal erreicht, werde das Problem der Vergangenheit angehören. Unterstützung erhielt Krüger vom Vertreter des preußischen Finanzministeriums, Ministerialrat Meyer. Er begrüßte den »Führerbeschluß« ausdrücklich als »Machtwort« zur rechten Zeit. Zugleich schlug er eine

Bresche für Popitz' Vorschlag der »lehrlingsmäßige[n] Ausbildung« von Volksschullehrern: »Diese als Sonderausbildung zu bezeichnende Methode habe für sich, daß sie von heut auf morgen eingeführt werden könne und keine neuen Gebäude benötige«, gab das Protokoll den Standpunkt Meyers wieder. Und es handle sich überdies um einen Weg, »der verhältnismäßig billig sei und rasch beschritten werden könne«.[620]

Im weiteren Verlauf der Besprechung wurde Krüger nicht müde, die Lehrerbildung nach »ostmärkischem Vorbild« immer wieder als die Lösung aller Schwierigkeiten anzupreisen. Die ungelöste Unterbringungsfrage tat der Ministerialrat als unbedeutend ab, wobei er zu argwöhnen begann, daß diese von Holfelder ohnehin nur vorgeschoben sei. Man greife doch auf die Gebäude der Hochschulen für Lehrerbildung zu oder versuche Hotels und Klöster für diesen Zweck anzumieten, schlug er vor. Auf die Replik Holfelders, die Lehrerhochschulen seien jetzt während des Krieges zumeist von der Wehrmacht besetzt, und es sei dem Reichskultusministerium trotz energischer Intervention nicht gelungen, diese aus den Hochschulen in Kiel, Bonn und Danzig herauszubringen, konterte Krüger mit der Idee, auf das Militär »zur Freigabe von Lehrerhochschulen einen Druck mit dem Hinweis [auszuüben], daß diese Wehrmacht immer auf den niedrigen Stand der Schulbildung hinweise und hier zur Verbesserung der Schulbildung beitragen könne«. Der Ministerialrat blieb stur auf Parteilinie und ließ sich mit keinem noch so gewichtigen Argument von seinem Auftrag abbringen. »Die Entscheidung des Führers sei nicht wegen des Nachwuchsmangels erfolgt, sondern aus grundsätzlichen Erwägungen, weil der Führer in der Lehrerbildung der Ostmark etwas Besseres sehe«, behauptete Krüger am Schluß der Ressortbesprechung. Inwieweit dies tatsächlich der Meinung Hitlers entsprach, der bekanntlich vom Schulwesen, und speziell vom österreichischen, keine hohe Meinung besaß, sei dahingestellt. Krüger dürstete nach Profilierung und hatte mit dem »Führerbefehl« den stärksten Trumpf auf der Hand.

Auf der Konferenz war Einigkeit schließlich in den wesentlichen Punkten erreicht worden. Das Protokoll hielt fest, daß in den »neuen Ost- und Westgebieten« sofort mit dem Aufbau der neuen Anstalten begonnen werde. Die Verhältnisse im Altreich waren ebenfalls alsbald umzugestalten, und die unteren Jahrgänge der Hochschulen schon einmal in Klassen der Lehrerbildungsanstalten umzuwandeln. Ein Konsens wurde über die Vorschläge Rusts erzielt, dem akuten Lehrermangel durch Aufbaulehrgänge und durch die Einrichtung von Schulhelferkursen an einigen Hochschulen beizukommen. Aber auch der skurrile Vorschlag des preußischen Finanzministers einer lehrlingshaften Ausbildung der Volksschullehrer wurde am Ende von beiden Seiten akzeptiert, wenngleich der Charakter des Notbehelfs ausdrücklich betont und festgehalten wurde. Diese Variante sollte verschwinden, sobald die neuen Anstalten genügend Lehrer hervorbrächten. Nicht sofort festlegen lassen mochte sich Holfelder dagegen auf eine Ausbildungsdauer von nur fünf Jahren, von der Krüger einfach behauptete, sie aus der »Führerentscheidung« ableiten zu können. Diese Frage war bereits in einer früheren Besprechung im Beisein Rusts erörtert worden, der geltend gemacht hatte, daß die »ostmärkische Hauptschule« und nicht die reichsdeutsche Volksschule Voraussetzung für die Einführung der Lehrerbildungsanstalten und einer Verkürzung der Ausbildung auf fünf Jahre sei. Darauf wies Holfelder nun hin und bezeichnete die Gefahr, daß der Aufbau der Lehrerbildung auf der Volksschule – besonders im Osten mit seinen derzeit noch sehr ungünstigen Schulverhältnissen – den Ausbildungsstand nur weiter senken werde. »Es bedarf der Entscheidung, ob diese Mängel von vornherein in Kauf genommen werden sollten.« Doch mehr als hinhaltenden Charakter besaß auch dieser Einwand nicht. Rusts Hochschulen für Lehrerbildung wurden von der Parteiführung spätestens nach dem 1. September 1939 als überflüssiger Luxus betrachtet, den es in Kriegszeiten rasch und ungeachtet aller Folgen abzubauen galt. Da politische Rücksichten nicht weiter zu nehmen waren, Widerstand kaum zu erwarten war, wurde ihr Betrieb zu Beginn des Jahres 1941 abgewickelt.[621]

Die Verärgerung Unter den Linden war so groß wie die Enttäuschung an den Hochschulen, bei Professoren, Dozenten und Hochschülern. Auch unter den Volksschullehrern sank die Stimmung auf einen Tiefpunkt, wie Professor Suchenwirth im Dezember 1940 an Ministerialrat Voigtländer im Amt Erziehung schrieb. »Jeder fragt danach, was denn die fachlich für die Lehrerbildung Verantwortlichen in dieser Sache tun. Es geht doch um unser bestes Werk, die Hochschulbildung der Lehrerschaft.« Tatsächlich hatte ganz besonders dieser Teil nationalsozialistischer Bildungspolitik die Akzeptanz der neuen Machthaber unter den Volksschullehrern nach 1933 beständig gesichert, zumal ihnen Rust den eigentlich erwünschten und zuvor auch versprochenen Zugang zu den Universitäten verwehrt hatte. Sein Modell war indes auf breite Zustimmung gestoßen, worauf

Suchenwirth mit einer eigens verfaßten Denkschrift hinwies und für die Beibehaltung von wenigsten ein paar der Hochschulen für Lehrerbildung plädierte. Für die Dozenten, die fast sämtlich in die neuen Lehrerbildungsanstalten übernommen wurden, war es mit der Ernennung zum Professor nun wieder vorbei. Dementsprechend faßte die Volksschullehrerschaft den Vorgang auch als das auf, was er war, nämlich eine soziale Deklassierung und ein Rückfall in längst überwunden geglaubte Ausbildungsstrukturen.[622]

Im Reichskultusministerium wußte man sich mit der neuen Sachlage zu arrangieren. Immerhin lag dem Ganzen ein formaler Befehl Hitlers zugrunde, auch wenn im Amt E wohl alle Bormann, den kommenden Mann im Stab Heß, für den eigentlichen Drahtzieher hielten. Die Beschaffung geeigneter Liegenschaften gestaltete sich erwartungsgemäß schwierig, zumal unter den verschärften Bedingungen des Bombenkriegs. Es fehlte an Ausstattung zur Unterrichtsgestaltung, Nahrungsmitteln und Heizmaterial. Der Gesundheitszustand insbesondere der Erzieherinnen sank kontinuierlich infolge der oft jahrelangen physischen und psychischen Beanspruchung. Ein Bericht 1944 vermerkte vier Tuberkuloseinfektionen allein im Regierungsbezirk Koblenz sowie verschiedene Fälle von »Nervenüberreizungen«. Es fehlte an Bekleidung in den Internaten, vor allem an festem Schuhwerk und warmen Mänteln, deren »Bestellung beim Reichsschatzmeister nicht oder nur teilweise und mit größter Verzögerung ausgeführt« wurde. Bisweilen dauerte die Anforderung von Kleidung so lange, daß die endlich gelieferten Stücke den inzwischen gewachsenen Schülern schon nicht mehr paßten. Die neuen Anstalten improvisierten den Betrieb so gut es ihnen möglich war, kamen aber gerade bei der Beschaffung von elementaren Dingen an ihre Grenzen. »Hier müßte m. E. das Reichsministerium für Wissenschaft, Erziehung und Volksbildung eingreifen«, hielt ein interner Vermerk fest. Daß angesichts dieser Lage die »Volksschullehrerschaft [...] mehr und mehr die neue Lehrerbildung und auch die Möglichkeit eines Aufstiegs des Volksschullehrerstandes« anerkannte, dürfte wohl eine allzu geschönte Feststellung sein.[623] Mit dem Bombentreffer auf das Ministerium am 23. November 1943 waren die Unterlagen der Abteilung für Lehrerbildung »restlos vernichtet worden«, so daß es an weiteren Stimmungsbildern aus der Volksschullehrerschaft fehlt.[624]

Zeitgleich mit der Zerstörung der Hochschulen für Lehrerbildung verlangte Hitler die Einführung der Hauptschule nach »österreichischem

Vorbild«. Der fremde Schultyp sollte zunächst in den neuen Ost- und Westgebieten des Deutschen Reichs, nach dem Krieg auch im »Altreich« entstehen, wobei den Kultusbeamten aber schon vorab zur Prüfung aufgegeben war, unter welchen Bedingungen eine frühere Übertragung wohl möglich sein würde. Nur zwei Tage nachdem man Unter den Linden eingehend über die Zukunft der Lehrerbildung debattiert hatte, folgte die entscheidende Aussprache über die Hauptschule: abermals unter dem Vorsitz des Amtschefs Holfelder, unter Teilnahme Krügers als Vertreter des Stabes Heß sowie Abgesandten des preußischen und des Reichsfinanzministeriums und zuständigen Referenten aus dem Amt Erziehung.[625]

Einleitend referierte der Vorsitzende über die Besonderheiten der Hauptschule, die in Österreich ursprünglich aus der Bürgerschule hervorgegangen war, vierjährig auf der vierten Grundschulklasse aufbaute und im Rahmen der Pflichtschulzeit von acht Jahren eine »über das Volksschulziel hinausgehende gehobene Bildung« vermittelte. Die Entscheidung, ob ein Kind die Hauptschule oder die Volksschule besuchte, lag nicht im Ermessen der Erziehungsberechtigten, sondern wurde auf Basis der Zeugnisnoten durch eine Kommission gefällt. Die Hauptschule sei eine »Zwangsbildungsschule«, betonte Holfelder, und sie sei überdies »schulgeldfrei« – was nun zusammengenommen eine nachgerade »revolutionäre Situation« entstehen lasse. Schon die »Auslese« geeigneter Schüler und Schülerinnen werde größter Sorgfalt bedürfen, um Fehlentscheidungen zu minimieren. Die Übergänge zwischen den Schulformen müßten flexibel gestaltet und die Lehrpläne der Hauptschule und der Unterstufe der höheren Schule so aufeinander bezogen werden, daß ein Schulwechsel ohne Nachteil für den Schüler möglich sei. Dementsprechend sah Holfelder für den künftigen Schulaufbau eine vierjährige Volksschule als Grundlage vor. In der vierten Klasse falle dann für etwa zwei Drittel der Kinder die Entscheidung über den weiteren Besuch der Volksschule, während sich das übrige Drittel auf die Hauptschule bzw. mittleren und höheren Schulen verteilen werde. Die Auswahl dieser Kinder sei den Lehrern aber nicht allein zu überlassen, sondern weitere »Erziehungsinstanzen« wie Hitlerjugend und Kreisleitung müßten hinzugezogen werden. Soviel war schon nach kurzer Rede klar: leicht würde die Implementierung der Hauptschule in das bestehende System nicht vonstatten gehen.

Im weiteren Verlauf seiner Ausführungen zeichnete Holfelder ein komplexes Bild vom künftigen Schulsystem mit vielgestaltigen Übergangsmöglichkeiten zwischen den einzelnen Schulformen – wobei der Besuch der höheren Schule wenigstens in der Unterstufe ebenfalls gebührenfrei zu bleiben hatte, »damit nicht durch die Einrichtung der Hauptschule der Bestand der grundständigen höheren Schule gefährdet« werde. Wie alle allgemeinbildenden Schulen würde auch die Hauptschule nicht für einen bestimmten Beruf ausbilden, doch solle auf ihr künftig die Lehrerbildung aufbauen.[626] Abschließend kam Amtschef Holfelder auf die finanzielle Seite der Neuerung zu sprechen, deren Ausmaß er nicht zu unterschätzen warnte. Da die Hauptschulen mit dem Fächerprinzip arbeiteten, müßten Fachlehrer herangezogen und angestellt werden, was schon angesichts des akuten Lehrermangels schwierig sei, aber auf jeden Fall teuer werde. Holfelder verwies auf erhöhte Lasten für die Schulträger durch den Wegfall des Schulgeldes und beschwor zuletzt auch die ideellen Gefahren für die Volksschulen, die durch den Entzug der begabten Kinder »ausgelaugt« zu Restschulen verfallen könnten. Unter den Linden hatte man sich seit Bekanntwerden des »Führerbefehls« also ernste Gedanken gemacht, wobei es Holfelder in seiner Einführung geschickt vermied, von vornherein den Stab über die neue Schule zu brechen. Statt dessen strich er deren Vorzüge heraus und pries sogar die vermeintlich »revolutionären« bildungspolitischen Perspektiven. Im Reichskultusministerium war man geneigt, die Hauptschule als weiteren Schultyp einzuführen, nicht aber den bisherigen, zwischen 1935 und 1938 aufwendig reformierten Schulaufbau umzustürzen. Nur schien Bormann sich eben dies auf die Fahnen geschrieben zu haben.

Die anschließende Diskussion erstreckte sich zunächst auf die finanziellen Aspekte, wobei die Vertreter beider Finanzministerien schon einmal vorsichtig ihr Unbehagen über die erwarteten Mehrkosten ausdrückten, Holfelder aber die egalisierenden Effekte verbreiteter Schulgeldfreiheit betonte, wenn künftig »kein begabter Junge wegen wirtschaftlicher Schwierigkeiten in seinem Aufstieg behindert« werde. Schließlich sei auch sein Minister für ein schulgeldfreies höheres Schulwesen, zumal »auch die Lebensfähigkeit der Gymnasien [...] erhalten werden« müsse.[627] Erst Kurt Krüger rückte das eigentliche Ansinnen der Partei wieder in den Vordergrund der Debatte. Er rief den Anwesenden den Wortlaut der »Führerentscheidung« ins Gedächtnis, wonach die Hauptschule die Mittelschule, die

Lehrerbildungsanstalt die Lehrerhochschule zu ersetzen hätten: »Daraus ergebe sich, daß die Hauptschule völlig an die Stelle der Mittelschule zu treten habe«, notierte der Protokollant. Die Partei trete für vollkommene Schulgeldfreiheit an höheren Schulen und Universitäten ein, dozierte Krüger weiter, und werde künftig an die Aufnahme für die höheren Schulen dieselben Anforderungen stellen, die für die Hauptschulen gelten sollten, womit konkret die Mitwirkung von Parteifunktionären beim Aufnahmeverfahren gemeint war.[628] Im folgenden Meinungsaustausch stieß Ministerialrat Meyer vom preußischen Finanzministerium schließlich zum eigentlichen Kern des Vorhabens vor. Es handle sich »nicht so sehr um die Einrichtung von Hauptschulen [...], sondern, auf weite Sicht gesehen, um die Frage, ob der Bildungsgang des jungen Menschen durch die Behörde bestimmt werden solle«. Damit traf Meyer tatsächlich ins Schwarze, denn Krüger bestätigte umgehend, daß dies »bereits als bindende Richtlinie für die Zukunft vom Führer entschieden worden« sei. Künftig wollte also die Partei massiv in die Entscheidungsfreiheit der Eltern bei der Erziehung und Ausbildung ihrer Kinder eingreifen.[629]

Im Fortgang der Aussprache rangen die Beamten des Reichskultusministeriums gemeinsam mit den Vertretern der beiden Finanzministerien zäh und mit guten Einwänden um die Zukunft der Mittelschulen, ohne freilich damit bei Krüger etwas auszurichten, der stur den Befehl Hitlers zitierte: »das nach Führerentscheidung zu übertragende Schulsystem beruhe auf Volksschule, Hauptschule und höherer Schule«. Kein noch so überzeugendes Argument ließ er gelten, und selbst die voraussehbaren gewaltigen Kosten zeigten keinerlei Wirkung, die der Referent aus dem Reichsfinanzministerium allein für die Neuein- bzw. Höherstufung von etwa 100 000 Hauptschullehrern auf 80 Millionen Reichsmark bezifferte. Sein Kollege Richter wollte zwar die generell geltenden Sparsamkeitsgrundsätze »in diesem besonderen Fall« zurückstellen, konnte aber auch keine Blankovollmacht erteilen, »schon nach der Reichshaushaltsordnung« nicht. Der Sprecher des preußischen Finanzministeriums bedauerte nur, daß »Preußen so wenig bewegungsfähig [sei] auf finanziellem Gebiete, daß er für nichts einstehen könne«, was Ministerialrat Augustin mit der knurrigen Bemerkung quittierte, »daß die Finanzlage Preußens dem Reiche bekannt sei«.[630] Trotzdem wurde dem »Führerwillen« am Ende nachgegeben. Im April 1941 verkündete ein Erlaß des Reichsministers für Wissenschaft, Erziehung und Volksbildung die Einführung der

Hauptschule in den neuen Reichsgebieten. Nach weiterem Druck aus der Parteikanzlei verfügte Rust mit Runderlaß vom 13. Juni 1942 die beschränkte Zulassung von Hauptschulen in denjenigen Gebieten des Altreichs, in denen die Voraussetzungen dafür vorhanden waren.[631]

Die Einführung der Hauptschule und die Abschaffung der Hochschulen für Lehrerbildung stellte die bisherige Bildungspolitik des Reichskultusministers fundamental in Frage. Der gerade erst durch die Richtlinien des Ministeriums neu strukturierte Schulaufbau geriet in Unordnung, die Gründung von Lehrerbildungsanstalten stellte klar einen Rückschritt in der Lehrerausbildung dar. An beiden Reformprozessen hatte Rust die Partei und alle sonstigen maßgeblichen Instanzen beteiligt, so daß er sicher glaubte, stets in enger Verbindung mit der politischen Führungsspitze zu operieren. Die nun befohlene Kehrtwendung stellte einen schwer erträglichen Rückschlag dar. Die Zeit der geduldigen Transformation des bisherigen Bildungssystems war 1939 abgelaufen; nun sollte nach dem Willen der Partei in forcierter Gangart eine auf Egalisierung und Kontrolle zielende Politik für dessen abschließende Nazifizierung sorgen. Es ist schwer abzuschätzen, inwieweit die befohlene Orientierung an den österreichischen Verhältnissen tatsächlich auf Hitler zurückzuführen ist. An einschlägigen Zeugnissen dazu fehlt es, während sich die konkreten Überlegungen Bormanns und Krügers in den Akten des Reichskultusministeriums reichlich niederschlagen. Viel spricht dafür, daß die antibürgerlichen Ressentiments des Reichsleiters hier ein Ventil fanden, und er Hitler die vermeintlichen Vorteile einer »echten« nationalsozialistischen Schulreform schmackhaft zu machen verstand. Dazu vertrat er offensiv den Primat der Partei vor dem Staat. Dem Diktator hingegen waren seit Kriegsbeginn alle auf eine effiziente und kostensparende Ausbildung zielenden Maßnahmen recht, solange ihm dies nur eine ausreichende Zahl an Soldaten versprach.

Es wäre nicht das Rust'sche Haus gewesen, wenn man dort lange mit dem »Führerwillen« gehadert und die Zusammenarbeit verweigert hätte. So energisch Rust im Verein mit seinen Beamten den Plänen Bormanns entgegentrat, so ergeben machte man sich nach gefällter Entscheidung an die Umsetzung. Ein Bericht aus dem Spätherbst des Jahres 1942 zeigt, wie gezielt der Ausbau der neuen Schulform voranging, als von 35 preußischen Regierungen sich 28 bereits entschlossen hatten, sie einzuführen, während nur fünf dies aus technischen Gründen für den Augenblick noch ablehnten. Aus drei Bezirken der Rheinprovinz, nämlich Düsseldorf, Köln und Aachen, liefen Anträge in Berlin ein, gleich mehr als die eigentlich vorgesehenen 10 neuen Hauptschulen einrichten zu dürfen. In Gebieten mit einem hohen Arbeiteranteil wie in den Kohlerevieren Aachens war das Mittelschulwesen nur schwach ausgebaut und wurde die schulgeldfreie Hauptschule tatsächlich als großer Gewinn für das Schulwesen begrüßt, insbesondere von den kinderreichen Arbeiterfamilien. Außer Preußen übernahmen auch die übrigen Länder den neuen Schultyp, wobei der Gauleiter Bayerns, Fritz Wächtler, zugleich Reichswalter im nationalsozialistischen Lehrerbund, sie sofort »auf möglichst breiter Grundlage eingeführt wissen wollte«.[632]

So hatten im November 1942 bereits 2 084 erste Hauptschulklassen den Betrieb im Reich aufgenommen, von denen 535 selbständige Gründungen, 1549 an Mittelschulen angeschlossen waren. Entsprechend positiv fiel das Fazit des Berichts aus. Die Etablierung der neuen Schulform habe sich in jedem Fall »gelohnt«, heißt es dort, freilich auch die besonnene Vorgehensweise des Ministers, »der zwar auf die derzeitige Einführung der Hauptschule in voller Breite verzichtete, dafür aber die vorhandenen Möglichkeiten der Einführung ausschöpfte«. Die Hauptschule fügte sich nicht organisch in das bestehende Schulsystem ein, sondern schlug einen grundsätzlich neuen Weg, nämlich den in Richtung einer staatlichen Einheitsschule ein. Schulgeldfrei und allein von Begabung, Fleiß und guter Führung abhängig, bot sie wohl tatsächlich vielen Arbeiterkindern eine höhere als die Volksschulbildung und löste damit ein Egalisierungsversprechen der Nationalsozialisten ein. Auch wenn sich das Entwicklungspotential der neuen Einrichtung bis 1945 kaum entfalten konnte, sollte man die von der Hauptschule ausgehende Werbekraft für das Dritte Reich auf die Unterschichten nicht unterschätzen, zumal nicht während des Krieges.[633]

Das mit Kriegsbeginn mächtig auflebende Interesse der NSDAP am Kultusbereich zeigte sich auch in der Schulbuchfrage. Auf diesem bildungspolitisch sensiblen Gebiet hatte sich das Reichskultusministerium seit 1935 unter anderem mit der Parteiamtlichen Prüfungskommission Philipp Bouhlers zu arrangieren, der, wie bereits berichtet, bei seinem »Überwachungsauftrag« maßgeblich von Karl-Heinz Hederich unterstützt wurde. Er vor allem war für die konflikthafte Zusammenarbeit der ersten

Jahre verantwortlich, aber Unter den Linden hatte man es doch vermocht, die Zügel in der Hand zu behalten und die Richtlinienkompetenz über die pädagogisch-didaktische Eignung von Lernmitteln weiter auszuüben. Zu einer drastischen Reduzierung der bunten Vielfalt an Schulbüchern in den Ländern des Deutschen Reichs kam es, wie von einigen Parteifunktionären gewünscht, daher zunächst nicht, freilich auch nicht zur Herausgabe neuer klar nationalsozialistisch geprägter Werke. So blieben in vielen Schulen die alten Bücher im Gebrauch, deren politisch »untragbare« Passagen nur behelfsweise mit der neuen Ideologie überschrieben werden konnten. Zugleich begann die Arbeit an neuem Unterrichtsmaterial unter Beteiligung der Partei, des NS-Lehrerbundes sowie der Parteiamtlichen Prüfungskommission. Für sämtliche Schultypen, für alle Fächer sollten neue Lehrbücher entstehen, was Autoren wie Verlage vor eine gewaltige Herausforderung stellte.[634] Doch indem die Reform des gesamten Schulwesens 1936/37 ins Stocken geriet und daraufhin jede Schulform einzeln neu organisiert wurde, ging es auch in der Schulbuchfrage bis Kriegsbeginn nicht recht voran. Schon zeitgenössisch hat man dies Rust als Versagen vorgeworfen, und die historische Forschung hält bis heute an diesem Urteil fest.[635] Damals schlug die Stunde Philipp Bouhlers. Der Reichsleiter erwirkte bei Hitler wegen der vermeintlichen Fehlleistung der Ministerialbürokratie für die Dauer von zehn Jahren einen »Führerauftrag«, der seiner Prüfungskommission die Lösung der leidigen Schulbuchfrage übertrug. Rust beugte sich dem Willen des Diktators und wies seine Beamten zur Zusammenarbeit mit Bouhler an.

Karl-Heinz Hederich erhielt ein zusätzliches Aufgabenfeld. Bouhler ernannte ihn zum »Befehlsleiter« der »Reichsstelle für das Schul- und Unterrichtsschrifttum«, die fortan inhaltlich und organisatorisch über die Schulbuchproduktion wachte. Die Prüfungskompetenz der Reichsstelle erstreckte sich auf die »schulisch-pädagogisch-methodischen Stoffe«, während alles, was in den Schulbüchern die Geschichte der Partei, die »Bewegung« oder Hitler berührte, weiterhin durch die Parteiamtliche Prüfungskommission »auf ihre politische Richtigkeit hin« kontrolliert wurde. Sitz der Reichsstelle war zuerst das »Herkules Haus« in Berlin-Mitte, bis der große Bombenangriff im November 1943 Hederich samt Entourage auch räumlich ganz in die Nähe des verehrten »Führers« in die Parteikanzlei brachte. Von dort streute der intrigante Ingenieur gekonnt Sand in das Getriebe des Reichskultusministeriums. Er drängte sich in alles hinein, was irgend mit der Herstellung von Schulbüchern im Zusammenhang stand, traf an einem Tag Verabredungen mit dem Amtschef Erziehung, Holfelder, um sie am nächsten Tag im Gespräch mit Oberregierungsrat Klamroth schon wieder zu brechen. Um die Jahreswende 1943/44 mündete die gegenseitige Abneigung in einen Streit über die Frage, ob »Einheitsfibeln« in den Volksschulen des Reichs eingeführt oder wie bisher die regional geprägten Lesefibeln beibehalten würden. »Ein Volk, ein Reich, ein Lesebuch« soll Hederich seine Auffassung auf den Punkt gebracht haben, während das Reichskultusministerium die gewaltsame Vereinheitlichung des Volkschullesebuchs kategorisch ablehnte und aus pädagogisch-didaktischen Gründen für die Beibehaltung von rund dreißig verschiedenen regional geprägten Fibeln eintrat.[636]

Gewiß besaß die Schulbuchfrage auch eine ernstzunehmende produktionstechnische Seite, die sich im Luftkrieg zunehmend schlechter gestaltete. Durch die Bombardierung Leipzigs erlitt das Druckgewerbe schwere Schäden und mußte die Buchproduktion in verschiedene Ausweichstellen ausgelagert werden. Auch Unter den Linden dachte man nun an eine »Sozialisierung des Schulbuchs«, worunter der Rückkauf gebrauchter Lesebücher verstanden wurde, um weniger neue drucken zu müssen. Nur war tatsächlich kaum bekannt, wie groß der Bestand an gebrauchten Büchern war, »an der mangelnden konkreten Unterlage krankt der Gedanke des Reichserziehungsministeriums, wie ja leider alle Gedanken des Reichserziehungsministeriums schon in der Substanz krank sind«, urteilte Hederich gegenüber seinen Referenten abschätzig über das Haus Rust. Allein aus taktischen Überlegungen gab der Befehlsleiter offiziell vor, für den Sozialisierungsplan zu sein, während er tatsächlich danach strebte, im Streit um das Lesebuch weiter an Einfluß zu gewinnen. »Wir sagen nicht ›Einheitliches Schulbuch oder ›Sozialisierung‹, sondern ›Einheitliches Schulbuch‹ und ›Sozialisierung‹. Da, wo wir nach bestem Wissen und Gewissen vereinheitlichen können, ohne dass der Schulbetrieb dadurch gefährdet wird, soll es geschehen, um Kräfte für die Rüstung freizustellen. Wir sagen dann dem Ministerium, dass die Produktionsbasis des graphischen Gewerbes weitgehend zerstört ist. Den Rest müssen wir freihalten für wichtige Kriegsaufgaben.« Hederich besaß keinerlei Skrupel, sich die Verhältnisse jeweils so zurechtzubiegen, wie er sie gerade brauchte. Sein flexibler Umgang mit der Wahrheit in den Verhandlungen über das Volksschullesebuch waren die Kultusbeamten, ja selbst die Genossen in der

Parteikanzlei so nicht gewohnt. Am Ende mußte der Minister selbst gebeten werden, sich über die Vorgehensweise Hederichs bei Reichsleiter Bouhler zu beschweren, ohne daß er damit etwas ausgerichtet hätte. So blieb die Zukunft des Reichslesebuchs bis zur Kapitulation in der Schwebe.[637]

Es ist schon erstaunlich, in welchem Umfang mediokre Figuren Gelegenheit erhielten, in zentrale kultuspolitische Belange einzugreifen. Dem Reichskultusministerium in der Schulbuchfrage Unfähigkeit und Schwäche vorzuhalten, hieße die Kritik der Parteifunktionäre bestätigen. Gegen den hochgedrehten Aktionismus in der Reichsstelle erschien die Ministeriumsarbeit der zurückliegenden Jahre unwillkürlich langsam und bürokratisch, und nur zu leicht gerät die Komplexität außer Betracht, die der Schulbuchproduktion nun einmal eigen ist. Rust war mit der Gewissenhaftigkeit eines Studienrats an die Erstellung regimekonformer Lehrbücher gegangen, indem er bis 1939 sämtliche daran interessierten Instanzen konsultierte und auf einen möglichst breiten Kompromiß zielte. Spätestens mit Kriegsbeginn war die Geduld der Partei für eine solche Verfahrensweise jedoch erschöpft, hießen Vereinfachung und Einsparung die Gebote der Stunde, für deren rücksichtslose Umsetzung ein ehrgeiziger Aufsteiger vom Schlage Hederichs der richtige Mann war. Der älteren Generation Nationalsozialisten saßen die Jungen der Jahrgänge um 1910 im Nacken. Der Reichskultusminister nahm den Konkurrenzkampf mit ihnen nicht frontal auf, sondern besann sich bewußter als zuvor auf seine Stellung als Staatsminister.

War Rust bei offiziellen Anlässen bis dahin entweder in Parteiuniform oder in Zivil erschienen, beantragte er nun nach mehr als sechs Jahren im Ministeramt bei der Reichskanzlei die blaue Beamtenuniform in den Fällen tragen zu dürfen, wo »eine Parteiuniform nicht am Platze ist, wegen des dienstlichen Charakters aber auch zivil nicht getragen werden kann«. Es ist schwer zu sagen, welche Anlässe der Minister konkret im Auge hatte, aber er dürfte die Auffassung Hitlers gekannt haben, wonach ranghohe Führer der Partei oder ihrer Gliederungen in staatlicher Funktion öffentlich in Parteiuniform aufzutreten hatten. Dennoch drängte Rust auf »sofortige« Anfertigung einer blauen Beamtenuniform für sich. Der Vorgang könnte eine Reaktion auf seine bevorstehende Ablösung als Gauleiter von Südhannover-Braunschweig im Dezember 1940 sein; denkbar wäre aber auch, daß ihm seine Verantwortung als Staatsminister für die Belange von Bildung und Wissenschaft bewußter geworden war und er den wachsenden Einfluß der Partei auf diesem Sektor zunehmend kritischer betrachtete. Im weiteren Verlauf des Krieges verdichteten sich sodann die Gerüchte um eine Absetzung Rusts vom Ministeramt und regten weitreichende Spekulationen an. Der Gerüchteherd stand in der Parteikanzlei, wo Martin Bormann im Januar 1944 ein Gutachten vorgelegt bekam mit sieben Vorschlägen für einen neuen Chef im Haus Unter den Linden.[638]

In dem Dossier stufte man die Neubesetzung des Kultusministeriums als »kriegswichtig« ein und suchte nach einer Persönlichkeit, der die Lösung des im Augenblick brennendsten Problem[s] der Aktivierung der Wissenschaft für den totalen Krieg« anzuvertrauen sein würde.[639] Es gab also weniger die Schul- und Bildungspolitik als vielmehr der Wunsch den Anstoß, dem Kriegsverlauf durch die Bereitstellung einer bahnbrechenden wissenschaftlichen Erfindung womöglich noch eine positive Wendung zu geben. Erwogen wurden durchweg Gauleiter, von denen der jüngste, Rusts Nachfolger in der Gauleitung Südhannover-Braunschweig, Hartmann Lauterbacher, 35 Jahre, der älteste, Hugo Jury, 57 Jahre alt war. Fünf der sieben Kandidaten waren nach 1900 geboren. Zwei von ihnen, Sigfried Uiberreither und Jury, stammten aus dem ehemaligen Österreich, und wurden darum nur bedingt für tauglich befunden, auch die Verhältnisse im »Altreich« zu überblicken. Bei Rudolf Jordan war sich der Gutachter nicht sicher, wie er sich »auf dem Berliner Parkett bewegen würde«, und Gustav Simon mochte er sich in dem Amt nur unter Kuratel eines tüchtigen Staatssekretärs vorstellen. Allein für Gustav Adolf Scheel, dem eine angebliche »Vertrauensstellung« bei den Wissenschaftlern und ganz besonders bei den Hochschulrektoren attestiert wurde, war eine Präferenz erkennbar. Aber selbst er wurde gegenüber Bormann nicht als der Mann gepriesen, der »als Reichserziehungsminister das deutsche Erziehungswesen zu seiner letzten Vollendung führen wird«, sondern allenfalls als »Zwischenlösung« in Frage komme. Auch für den Posten des »zweiten Mannes« im Ministerium gab es offenbar keine ideale Lösung, fest stand für den Berichterstatter nur, daß die »Amtschefs des Reichserziehungsministeriums […] ausnahmslos hierzu nicht geeignet« wären. So gut vernetzt Mentzel und Holfelder im politischen System des Dritten Reichs auch waren – der eine im hohen SS-Rang, der andere ein Protegé Rosenbergs – beim großen Stühlerücken wäre keiner von beiden auf seinem Platz geblieben.

Sechs Wochen nach der Erstattung des Gutachtens war Rust über die Vorgänge hinter seinem Rücken im Bilde. Der Oberregierungsrat aus dem Amt Erziehung, Kurt Klamroth, hatte seinen Minister über ein Gespräch auf einer Tagung der Schulbuchverleger in Bayreuth am 28. Februar 1944 informiert. Dort waren Gauleiter Wächtler und Befehlsleiter Hederich mit dem Bemerken auf ihn zugekommen, daß seine Tage als »Vertreter von Rust« nun wohl gezählt wären, nachdem auf dem letzten Gauleitertreffen in München bereits definitiv von seiner bevorstehenden Ablösung gesprochen worden sei. Wächtler behauptete, es sei Goebbels gewesen, der »dem Führer den Ministerwechsel als unbedingt notwendig« habe hinstellen wollen. Wer als Kandidat erwogen würde, hätte keiner von beiden zu sagen gewußt, nur Hederich habe gemutmaßt, »dass voraussichtlich eine jüngere Kraft aus den Reihen der SS für den Ministerposten in Betracht käme«. Im weiteren Verlauf der Unterhaltung mußte sich Klamroth offenbar einiges über die vermeintlichen Unzulänglichkeiten seines Ministers anhören, jedenfalls erklärte er ausdrücklich, wie »peinlich« ihm die Situation gewesen sei. Dies alles konnte Rust schlecht auf sich beruhen lassen und drängte beim Chef der Reichskanzlei auf eine Untersuchung des Vorgangs. Ausdrücklich bat er darum, Hitler in der Sache zu unterrichten und ihn möglichst bald das Ergebnis wissen zu lassen. Wächtler, zur schriftlichen Stellungnahme aufgefordert, bagatellisierte das Bayreuther Gespräch nach Kräften. Schließlich wurde Hitler informiert, der sich jedoch, für Bormann und manch anderen Kritiker Rusts vielleicht überraschend, auf die Seite seines langjährigen politischen Mitstreiters schlug: »Der Führer, dem sowohl die Meldung des Oberregierungsrats Dr. Klamroth als auch die Stellungnahme des Gauleiters Wächtler vorgelegen haben, hat mich beauftragt, Ihnen mitzuteilen, daß es nicht richtig sei, daß Reichsminister Dr. Goebbels bei ihm – dem Führer – einen Vorstoß mit dem Ziele Ihrer Amtsentlassung unternommen habe. Der Führer hat mich ferner zu der Mitteilung ermächtigt, daß maßgebende Erörterungen über Ihre Ablösung nicht eingeleitet worden seien.« Hitlers Stellungnahme stützte Rust, schützte Goebbels und verwies Bormann in die Schranken, dessen heimliche Kandidatensuche nun als unmaßgeblich zu den Akten gelegt wurde. Auf die prekäre Kriegslage des Winters 1944 gesehen, mochten den Diktator andere Gedanken als die um einen neuen Reichskultusminister bewegt haben.[640]

Es hat an ernsthaften Versuchen zur Amtsenthebung Rusts also tatsächlich nicht gefehlt. Kritik kam von verschiedener Seite und gipfelte zumeist in der Feststellung, daß man Unter den Linden Bildungs- und Wissenschaftspolitik vermeintlich nicht schnell und radikal genug im nationalsozialistischen Sinne umzusetzen verstand. Vor allem in der Parteikanzlei vertrat man diese Auffassung und wäre den Studienrat lieber heute als morgen losgeworden. Nur mangelte es an Alternativen. »Der Führer hat tatsächlich recht, wenn er betont, daß bei Besetzungen irgendwelcher Posten stets wieder die gleichen wenigen Namen auftreten«, bemängelte Bormann gegenüber Staatssekretär Klopfer und spornte ihn zur weiteren energischen Suche nach »tüchtigen Leuten« an.[641] Noch 1944 hielt Hitler offenbar keinen der erwogenen Kandidaten für geeignet, ihm Rust zu ersetzen – wenn er überhaupt das Bedürfnis danach empfand. Womöglich argwöhnte er bei der Nennung der ewig gleichen Namen auch schon ein Komplott gegen sich und hielt deswegen an demjenigen fest, der zu Zweifeln an seiner Loyalität keinen Anlaß gegeben hatte. Erst im Untergang des Dritten Reichs setzte Hitler in seinem Testament vom 29. April 1945 Gustav Adolf Scheel als künftigen Reichskultusminister ein.

Unter den Linden am Ende

Die Zuversicht der ersten Kriegsjahre war im Haus Unter den Linden spätestens im Winter 1942/43 verflogen. Für jeden Einzelnen stieg die Arbeitsbelastung, weil Personal für den Kriegsdienst rekrutiert wurde und sich die Arbeitsbedingungen kontinuierlich verschlechterten. Außer über fehlende Büromaterialien klagte man über die Kälte in den hohen Räumen der Altbauten, Beamte und Angestellte froren erbärmlich, der Krankenstand stieg. Der Einsatz von Doppelfenstern im Herbst verminderte zwar die Zugluft für die meist am Fenster sitzenden Schreibkräfte, aber warm wurde es in den Amtsstuben dennoch nicht. Hinzu kam die ausgedehnte Zerstörung durch Bombenabwurf. Der große Gebäudekomplex wurde viele Male getroffen, ganze Bürotrakte wurden in Schutt und Asche gelegt, andere blieben lediglich provisorisch benutzbar. Die Belegschaft stöhnte unter den Widrigkeiten, hielt aber diszipliniert an ihrem Arbeitsplatz aus. »Unerschüttert im Willen zum Durchhalten in eiserner Pflichterfüllung und Einsatzbereitschaft und im festen Glauben an den Führer und unseren Endsieg schart sich die Gefolgschaft des Reichserziehungsministeriums angesichts der Trümmer des Hauptdienstgebäudes in treuer Ergebenheit und Anhänglichkeit um ihren Minister«, formulierte Staatssekretär Zschintzsch unfreiwillig komisch in einer Grußadresse an den Minister zum Jahreswechsel 1943/44. An die Beseitigung von Fliegerschäden war kaum zu denken, denn es fehlte an Baumaterial so gut wie an Arbeitskräften. Ab 1943 galt zudem eine von Goebbels festgesetzte Verfügung für die preußische Baufinanzdirektion, wonach Instandsetzungsarbeiten an Behördenräumen nicht mehr durchgeführt wurden. Popitz' Bauingenieure mußten sich seither auf die »Feststellung der Fliegerschäden als Grundlage für die Schadenersatzansprüche des preußischen Staates« beschränken und waren gehalten, alle Maßnahmen zur Sicherung der staatseigenen Liegenschaften zu unterlassen.[642]

Durch schadhafte Dächer regnete und schneite es nun hinein, so daß Hausinspektor Lehnhoff mit Blick auf das zerstörte Dach des Erweiterungsbaus in der Wilhelmstraße Alarm schlug. Mit primitivsten Mitteln bekämpfte er das in den obersten Stock eindringende Wasser: »5–6 Wassereimer habe ich aus jedem Zimmer hinausbefördert. Wenn ich das nächste Zimmer frei hatte, dann stand das erste wieder voll, ich konnte es einfach nicht bewältigen.« Der Minister kam und besichtigte die Zerstörung, konnte aber nach Lage der Dinge nicht viel mehr als die Übernahme der Kosten für eine provisorische Sicherung des Hauses aus der Ministeriumskasse versprechen. Daraufhin schritten die Beamten Unter den Linden zur »Selbsthilfe«, beschafften auf allen nur denkbaren Wegen das Material für ein Notdach über dem Erweiterungsbau, besorgten die raren Zimmerleute und setzten das Haus notdürftig wieder instand. Je weiter die Zerstörung um sich griff, desto energischer sorgte sich Rusts »Gefolgschaft« um »ihr« Ministerium. Damit bestätigt sich auch für das Reichskultusministerium die generell für die deutsche Gesellschaft getroffene Beobachtung, daß der verschärfte Bombenkrieg den Zusammenhalt der Deutschen eher stärkte als schwächte.[643]

Die Behinderungen der täglichen Verwaltungsarbeit waren beträchtlich, zumal der Strom und die Telephonanlage nun häufiger stundenweise ausfielen und den Geschäftsablauf erschwerten. Angesichts der schlechten Ernährungslage wuchs die Bedeutung der Kantine im Haus, die gemäß einer Anordnung des Ministers ab Januar 1943 nur noch zwei Stammessen am Tag anbot, ein »Eintopfessen« zum Preis von 50 Reichspfennigen sowie eine Mahlzeit mit Vorsuppe und Hauptgang zu 90 Reichs-

Abb. 27 Ruine des Hauptgebäudes Unter den Linden 69 im Frühjahr 1945

pfennigen. Im Verlauf des Jahres zog die prekäre Versorgungslage in der Hauptstadt weiter an, so daß Kantinenwirt Hoffmann eine Anfrage des Amtschefs Holfelder ablehnen mußte, die rund vierzig Teilnehmer einer Dienstbesprechung im Haus in der Kantine mit zu verpflegen. Immerhin wurden im gesamten Jahr 1944 täglich 250–300 Essen ausgegeben, was auf die große Energie und Findigkeit Hoffmanns schließen läßt. Nachdem der Wirt beim Bombenangriff auf die Trümmer des Hauptgebäudes Unter den Linden im Juni 1944 getötet worden war, führte seine Frau den Betrieb weiter.[644]

Man lebte und arbeitete in Ruinen, doch die Erlaßtätigkeit des Ministeriums hielt dies nicht weiter auf, ebenso wie die Forschungsförderung durch Deutsche Forschungsgemeinschaft und Reichsforschungsrat bis zuletzt in Gang blieb. Zäh hielten die Beamten und Angestellten am gewohnten Ablauf fest, so, als könnten sie auf diese Weise dem Untergang trotzen. »Das Gesicht Berlins hat sich seit Ihrem Weggang stark gewandelt«, schilderte Staatssekretär Zschintzsch die Lage im März 1945 in einem Brief an SS-Panzergrenadier Gentz melancholisch. »Bei dem letzten schweren Angriff am Sonntag, den 18.3., sind ein paar Brandbomben in unser Haus Unter den Linden gefallen. Der Löschtrupp hat wunderbar funktioniert, immerhin ist der Große Sitzungssaal ausgebrannt – wichtiger ist, daß die Kantine stehen geblieben ist.« Zu dieser Zeit arbeiteten die Ämter des Reichskultusministeriums, wenn auch an vielen verschiedenen Adressen, noch geschlossen in der Reichshauptstadt. Bald darauf erfolgte der Befehl an die Obersten Reichsbehörden, sich aus Berlin abzusetzen. »Wir gehen mit einem größeren Arbeitsstab in den Thüringer Raum, ein kleinerer Arbeitsstab bleibt unter Führung des Ministers in Berlin«, informierte Zschintzsch seinen Kollegen Gentz.[645] Ein Erlaß ordnete am 28. März 1945 den Abtransport der einzelnen Ämter im Reichskultusministerium in Richtung Westen an. Mehrere Lastkraftwagen wurden mit der beweglichen Büroeinrichtung und dem laufenden Aktenverkehr beladen, und im Fall des nach Thüringen abgehenden Transports wurde außerdem das »persönliche Hab und Gut der Gefolgschaftsmitglieder«, also derjenigen Amtsleute mit einer Dienstwohnung im Haus, mitgeführt.[646]

Das Amt Wissenschaft brach am 30. März 1945 mit einem Lastkraftwagen von Berlin-Gesundbrunnen nach Eisenach auf, das man am Abend des folgenden Tages erreichte. Amtschef Mentzel blieb mit dem Minister in Berlin zurück. In Eisenach angekommen, hatte sich die militärische Lage derart verschlechtert, daß an eine Unterbringung des Transportgutes am Ort nicht mehr zu denken war und nach Rücksprache mit Mentzel Ausweichquartiere in den Dörfern der Umgebung bezogen wurden. Akten und Büroeinrichtung brachte Amtsrat Biermann im Kloster Roßleben, das persönliche Gepäck in einer bei Tröbsdorf »versteckt liegenden Scheune« unter, wo es »6 Wochen lang unbehelligt« lag, bis in der »Nacht vom 30. zum 31. Mai [...] ein schwerer Einbruch und eine nahezu völlige Beraubung der Koffer und sonstigen Gepäckstücke« erfolgte. Endlich stießen am 27. Juli 1945 amerikanische Einheiten auf das Aktendepot in Roßleben, das beschlagnahmt und nach Kassel verbracht wurde. Da hatte bereits eine »Abwicklungsstelle« in Berlin die Geschäfte des ehemaligen Reichskultusministeriums übernommen und ordnete unter Leitung des Ministerialrats von Rottenburg die vielfältige Hinterlassenschaft.[647]

Bernhard Rust floh mit anderen Reichsministern am 21. April 1945 nach Schleswig Holstein. Er fand im Eutiner Gasthof Voß ein Unterkommen, wo ihn Mentzel im Kreis einiger Bekannter traf. Rust sei fröhlich und bester Dinge gewesen, will sich Mentzel später erinnern, habe in der Runde aber auch ganz unbefangen davon gesprochen, sich am Tag der deutschen Kapitulation selbst zu töten. »Das Schicksal eines unterliegenden Deutschland heißt Tod«, hatte der Minister schon im Silvestergruß 1945 an seine Mitarbeiter düster prophezeit, der auch sonst nichts von der Zuversicht früherer Neujahrsbotschaften enthielt, sondern in einem Appell zum weiteren engen Zusammenhalt ausklang: »Wir alle dürfen als Volk nur erwarten, was wir einzelnen selbst bereit sind zu verdienen. Einer sei des anderen Vorbild und Kamerad. So wollen wir bestehen vor uns, dem Führer, vor der Geschichte, an der Front und in der Heimat«.

Ein erster Selbstmordversuch Rusts am 7. Mai mit starken Schlaftabletten schlug fehl. Reichsfinanzminister Schwerin-von Krosigk sorgte für die Einweisung Rusts in die neurologische Abteilung des Krankenhauses in Schleswig, aus dem er jedoch durch ein Fenster seines Zimmers im Erdgeschoß entkam. Unbeirrt im Entschluß zur Selbsttötung griff er nun zum Revolver. In der Nacht vom 7. auf den 8. Mai 1945 nahm sich der letzte preußische Kultusminister und deutsche Reichskultusminister mit einem Schuß in den Kopf das Leben. Man fand seinen Leichnam etwa zehn Kilometer nördlich von Schleswig auf einem Feldweg in der Nähe des Dorfes Nübel. Der evangelische Pfarrer am Ort weigerte sich, ihn zu begraben, Rust »sei ein gottloser und unchristlicher Mensch gewesen«. Ob allein der Freitod dieses Verdikt begründete oder es über das ganze Lebens Rusts gesprochen war, muß offen bleiben.[648]

Die verbissene Pflichterfüllung der Beamten, Angestellten und Arbeiter Unter den Linden im Inferno des untergehenden Dritten Reichs wirkt heute gespenstisch und war doch keine Besonderheit. Wie sie harrten auch die Mitarbeiter anderer Staatsbehörden in den Trümmern ihrer Amtsgebäude aus, wachten bei Fliegerangriffen, beseitigten nach Kräften die entstandenen Bombenschäden und gingen ansonsten mit gezwungener Normalität ihren täglichen Aufgaben nach. Die Alternativen hießen wenig verlockend Fronteinsatz, Arbeit in einem Rüstungsbetrieb oder Volkssturm, wofür das Personal in den Staatsbehörden bis zuletzt regelmäßig nach »abkömmlichen« Kräften überprüft wurde. Ein unerlaubtes Entfernen vom Dienstort kam nicht in Frage, weil dies der Fahnenflucht gleichgekommen und mit dem Tode bestraft worden wäre. Dagegen stellte der Dienst in den Ruinen tatsächlich ein vergleichsweise geringes Übel dar. An Arbeit mangelte es nicht. Noch im März 1945 forderte der

Kurator der Marburger Universität, Ernst von Hülsen, wie selbstverständlich einen schriftlichen Ministerialerlaß zur Klärung einiger komplizierter Besoldungsfragen an. Und bei Deutscher Forschungsgemeinschaft und Reichsforschungsrat liefen nach wie vor Projektanträge ein, die von den Sachbearbeitern in gewohnter Weise geprüft wurden. Damit bei kriegswichtigen Forschungen nur keine Unterbrechung eintrat, erteilte die Deutsche Forschungsgemeinschaft schließlich »Blankobewilligungen« und ließ vielen Wissenschaftlern hohe Geldbeträge ohne nähere Spezifizierung überweisen. Auch die Forscher hielten an ihren Aufgaben fest und arbeiteten unbeirrt weiter. Die Beibehaltung gewohnter Tätigkeiten diente der persönlichen Stabilisierung und schob das Kriegsgeschehen wenigstens temporär in den Hintergrund. So hielt der Diensteifer der Beamten, Angestellten und Arbeiter die Staatsmaschinerie bis zum Ende in Gang.[649]

Schließlich war auch der Suizid des Ministers kein Einzelfall. Viele höhere Repräsentanten des Dritten Reichs sahen nach dem Tod Hitlers und der bald darauf erfolgten Kapitulation keine Zukunft mehr und setzten ihrem Leben ein Ende. Zu den prominenten Fällen zählte Propagandaminister Goebbels, dessen Frau Magda zunächst die sechs gemeinsamen Kinder mit Zyankali tötete, um sich dann zusammen mit ihrem Mann umzubringen. Bei diesen beiden wie bei Rust dürfte die hohe emotionale Bindung an den »Führer« eine zentrale Rolle gespielt haben, die sich mit dem Tod des Diktators nicht einfach löste, sondern jede alternative Sinngebung verbot. Die Verantwortung für das eigene Leben, für Familie, Frau und Kinder oder auch für die viel beschworene deutsche Nation vermochte den Verlust offenbar nicht aufzuwiegen. Keiner der hohen Beamten Unter den Linden folgte dem Beispiel des Ministers, weder der Staatssekretär noch einer der Amtschefs. Sie überstanden das Dritte Reich unbeschadet und setzten ihr Berufsleben nach kurzer Unterbrechung fort. Nur Max de Crinis, der maßgebliche Referent für den Bereich Medizin, sowie Paul Ritterbusch, als Referent im Nebenamt für den »Kriegseinsatz der Geisteswissenschaften« zuständig, begingen ebenfalls Selbstmord.[650]

Rusts ambitionierter Versuch, die föderalen Strukturen im deutschen Bildungssystem zu überwinden, ist nicht leicht zu dechiffrieren. Der Plan selbst war keineswegs neu. Er hatte bereits im Kaiserreich im Forderungskatalog von Liberalen, Demokraten und Sozialisten gestanden und später die Väter der Weimarer Reichsverfassung beschäftigt. Wie damals versprach man sich 1934 von einer zentralen Instanz eine höhere Einheitlichkeit im Bildungssystem, eine Angleichung der unterschiedlichen Bildungsniveaus in den Ländern und, auf die Dauer gesehen, wohl auch einen wachsenden inneren Zusammenhalt zur deutschen Volksgemeinschaft. Somit kam das Reichskultusministerium einem bereits bestehenden Reformbedürfnis entgegen. Allerdings wurden die Beharrungskraft gewachsener Strukturen und die Zeit, die es braucht, sie zu überwinden, unterschätzt. Dazu kam die Ungeduld der Partei, die radikale Eingriffe statt bürokratisch gesteuerte Reformen forderte und die Politik des Ministeriums regelmäßig torpedierte.

Dennoch waren die Resultate der Reformanstrengungen nicht gering. Mit der Festschreibung des dreigliedrigen Schulsystems und der Reduzierung der Schultypen stellte man Unter den Linden die Weichen für eine Homogenisierung der Schullandschaft im Reich. Die allgemeine Schulbildung wurde durch den weiteren Ausbau der Volksschulen und des Berufsschulwesens in der Breite verbessert, auch wenn die Angleichung der regional höchst unterschiedlichen Verhältnisse für die Dauer des Dritten Reichs nicht gelang. Im Wissenschaftsbereich sorgten Deutsche Forschungsgemeinschaft und Reichsforschungsrat für eine Zentralisierung der Strukturen und erhöhten den Vernetzungsgrad der Forschung signifikant. Beides zeigte Folgen für die Bildungs- und Wissenschaftsentwicklung nach 1945 mit Wirkungen bis in die Gegenwart. Insgesamt war die Koordinierungsleistung des Rust'schen Ministeriums also beachtlich und zeugt von einiger Durchsetzungskraft. Zugleich illustriert die Geschichte des Reichskultusministeriums aber auch, wie wenig sich die Realität den nationalsozialistischen Visionen fügte. Ausgerechnet im Krieg, als man im Hause Rust mit einer forcierten Umsetzung der Pläne rechnete, wuchsen die Widerstände. Das harte Effektivitätsdenken der NS-Führung richtete sich nur noch an militärischen Belangen aus, und Hitler, auf den der Reichskultusminister lange Zeit große Stücke gesetzt hatte, zeigte in puncto Bildungsfeindlichkeit sein wahres Gesicht. Der staatliche Einfluß auf Bildung und Wissenschaft wurde nun von den Interessen der Partei überformt und Nützlichkeitserwägungen geopfert.

Am Ende ist die Frage, was sich aus dem ersten Zentralisierungsversuch in der deutschen Bildungsgeschichte lernen läßt, nicht einfach zu beantworten. Die Umgestaltung der Bildungslandschaft erwies sich als mühevoller Prozeß, selbst unter den Sonderbedingungen des Dritten Reichs. Der Blick auf die historische Tiefendimension erweist zudem die Stärke des kontinuierlichen Moments. Dies sollte vor der Überschätzung von Wandlungschancen im Bildungswesen warnen, welche die erregten Debatten bis heute charakterisieren.

Anhang

Dank

Zu den angenehmen Pflichten des Autors gehört es, nach Abschluß eines Forschungsvorhabens Verwandten, Freunden und Getreuen den ihnen gebührenden Dank abzustatten. Viele haben sich um diese Untersuchung verdient gemacht und sie nach Kräften unterstützt. An erster Stelle sei Jürgen Reulecke genannt, der das Projekt von Beginn an mit großem persönlichen Interesse begleitet und seine Bearbeitung durch die Einwerbung der notwendigen Forschungsmittel überhaupt erst möglich gemacht hat. Gefördert wurde das Unternehmen durch Gelder der Deutschen Forschungsgemeinschaft, der ich, ebenso wie der Universität Gießen für die Bereitstellung der Infrastruktur, ausdrücklich danke.

Mit Rat und Hilfe stand mir einmal mehr Ulrich Sieg zur Seite. Er hat die Studie durch alle Stadien ihrer Entstehung begleitet und mit gewohnter Sorgfalt, beträchtlicher Sachkunde und dem stets richtigen Maß an Kritik das mühsame Geschäft des Korrekturlesens besorgt. Dafür wie für die vielen Jahre unverbrüchlicher Freundschaft danke ich ihm sehr herzlich! Mein Dank gilt weiterhin Ewald Grothe, der nicht nur mit etlichen konstruktiven Hinweisen half, den Text besser zu machen, sondern mir auch in mancher Schaffenskrise freundschaftlich zusprach und mich zum Weitermachen ermunterte. Daß die langen Forschungsmonate in Berlin durchweg eine Freude waren, geht nicht zuletzt auf die Qualität der Unterbringung zurück. Ernst Wilhelm Winterhager bot mir die angenehme Möglichkeit, eine Weile in Zehlendorf und damit in relativer Nähe zum Bundesarchiv zu residieren. Es folgte eine wunderbare und intellektuell anregende Zeit in Schöneberg und Grünau, wofür dem langjährigen Freund und Kollegen Wolther von Kieseritzky herzlich gedankt sei.

Rüdiger vom Bruch und Ulrich Herbert sorgten für den Anschluß des Forschungsvorhabens an die Projektgruppe zur Erforschung der Geschichte der Deutschen Forschungsgemeinschaft. In diesem Zusammenhang entstand der Kontakt zu Sören Flachowsky, dem ich manchen »heißen« Aktentip verdanke, und zu Jens Thiel, mit dem ich viele gute

Gespräche zum Themenkomplex Wissenschaft und Politik führte. Der Ort unseres Zusammentreffens war meist das Bundesarchiv in Berlin-Lichterfelde, dessen Mitarbeitern für ihre Geduld und kompetente Unterstützung bei der Aktenrecherche gedankt sei. Meine Münchener Kollegin Elisabeth Kraus ermöglichte es mir, das Projekt am Historischen Seminar der Universität München vorzustellen. Jeannette van Laak warf einen letzten Blick auf das Manuskript und gab wertvolle Tips zu seiner Verschlankung. Schließlich gilt mein Dank den Marburger Freunden für viele gemeinsame Stunden, in denen einmal nicht die Arbeit, sondern die schönen Dinge des Lebens im Mittelpunkt standen: Cornelia Oepen, Christine Dellasette, Monika Koschorrek und Werner Smolinski sowie alle Reiterfreunde inklusive ihrer Pferde im Reit- und Fahrverein Elnhausen e. V.

Die Suche nach dem besten Verlag für das Manuskript fügte sich glücklich, nachdem ich Bernhard Suchy auf dem Berliner Historikertag kennengelernt hatte. Auf einem Empfang weckte ich seine Neugier auf das Ministerium Rust – und daraus resultierte am Ende die Aufnahme in die »Schwarze Reihe« des S. Fischer Verlages, wofür ich ihm dankbar verbunden bin.

Schließlich sei meiner Mutter, Ingrid Nagel, herzlich für ihre stete Anteilnahme an meiner Arbeit gedankt. Sie feierte im März dieses Jahres ihren 80. Geburtstag und hat in ihrer Schulbiographie noch vieles selbst erlebt, wovon hier die Rede ist. Ihr ist dieses Buch gewidmet!

Marburg, im Sommer 2012
Anne Chr. Nagel

Anmerkungen

1 Berlin und seine Bauten, S. 103 f.; Wilderotter, Alltag, S. 269 ff., passim; Berliner Bezirkslexikon Mitte, S. 201; Bd. 2, S. 489. Zu Innenausstattung und Instandhaltung: APr. Br. Rep. 042, Nr. 1234–1239, LA Berlin.
2 Das im Krieg zerstörte Hauptgebäude wurde nicht wieder aufgebaut, der schwer beschädigte Erweiterungsbau Sitz des Volksbildungsministeriums der DDR. Heute gehört das Gebäude dem Deutschen Bundestag: Berliner Bezirkslexikon Mitte, S. 201.
3 APr. Br. Rep. 042, Nr. 1235, LA Berlin. Der Einbau kostete 13 000 RM.
4 R 4901, Nr. 76, BA Berlin.
5 R 4901, Nr. 91, BA Berlin.
6 Schreiben von Johannes Popitz an Bernhard Rust, 31. 3. 1939, ebd. Dem preußischen Finanzministerium unterstand seit 1919 die gesamte öffentliche Bauverwaltung.
7 Aktenvermerk vom 5. 6. 1939, ebd. Zur Haltung der Beamten ein Vermerk von Regierungsrat Wilhelm Burmeister, 10. 9. 1940, ebd.
8 R 4901, Nr. 92, BA Berlin, darin eine detaillierte Aufstellung sämtlicher in staatlichem Besitz befindlichen Gegenstände des Hauses »Am Hirschsprung 48« sowie der Repräsentationsräume im Haus Unter den Linden.
9 Vermerk vom 3. 11. 1938, R 4901, Nr. 91, BA Berlin. Als Folge der beschriebenen Entwicklung wurde 1938 die Kantine im Haus erweitert, APr. Br. Rep. 042, Nr. 1234, LA Berlin.
10 In der auf mehrere Bände konzipierten Reihe erschienen bislang je ein Darstellungs- und Dokumentenband: Das preußische Kultusministerium als Staatsbehörde und gesellschaftliche Agentur (1817–1934), Bd. 1.1 u. 1.2: Die Behörde und ihr höheres Personal, Darstellung und Dokumente, Berlin 2009.
11 Exemplarisch: Seier, Niveaukritik; ders., Universität; Grüttner, Studenten; Szöllesi-Janze, Fritz Haber, S. 649 f.
12 Goebbels' Sicht auf Rust fand früh Eingang bei Heiber, Walter Frank, S. 641 f., dort auch die beiden Goebbels-Zitate im Text; ders., Universität. Zur Person des Propagandaministers: Reuth, Goebbels, zum Vorabverkauf seiner Tagebücher S. 341; Höver, Joseph Goebbels.
13 Eilers, Schulpolitik. Eilers hatte für seine Studie Interviews mit einigen ehemaligen Beamten des REM geführt; dieses Material übergab er später dem Bundesarchiv, wo es heute im Bestand »Kleine Erwerbungen« in Koblenz einsehbar ist.

14 Dazu die inzwischen auf 16 Bände angewachsene Schriftenreihe: Geschichte der Kaiser-Wilhelm-Gesellschaft im Nationalsozialismus, hg. von Reinhard Rürup und Wolfgang Schieder im Auftrag der Präsidentenkommission der Max-Planck-Gesellschaft, Göttingen 2000 ff.

15 Hammerstein, Forschungsgemeinschaft; Maier (Hg.), Rüstungsforschung, hier die Einleitung, S. 7 – 29; ders., Forschung; Schmaltz, Kampfstoff-Forschung, hier bes. 99 f.

16 Dies bestätigt mit seiner Studie: Flachowsky, Notgemeinschaft.

17 »Die Zusammenarbeit mit den Länderkultusverwaltungen funktionierte nach außen reibungslos, nach innen mit einigen Reibungen.« Aussage Prof. Dr. Hans Heckel, Beamter im Ministerium Rust 1938 – 1945, in: »Kleine Erwerbungen, Rolf Eiler«, BA Koblenz.

18 Allgemein zum Zeitkontext: Nipperdey, Deutsche Geschichte, S. 531 – 602; Wehler, Deutsche Geschichte, Bd. 3, S. 396 – 428; Handbuch der Deutschen Bildungsgeschichte, Bd. IV.

19 Führ, Schulkonferenzen, S. 189 – 223.

20 Beispielhaft: vom Brocke, Marburg im Kaiserreich, S. 367 – 540; die Folgen für das Fach Philosophie zeichnet: Sieg, Aufstieg, S. 62 ff., passim.

21 Im Sommersemester 1914 verzeichnete das Deutsche Reich 60 225 Studierende an Universitäten und 79 304 an allen wissenschaftlichen Hochschulen zusammengenommen. Für Preußen lauten die Zahlen 30 942 bzw. 40 178. Zahlen nach Titze, Datenhandbuch, hier S. 29, 38. Angaben zum Finanzvolumen der damaligen Wissenschaft bei: vom Brocke, Die Kaiser-Wilhelm-Gesellschaft im Kaiserreich, S. 17 – 162, hier S. 24.

22 Man sollte mit Thomas Nipperdey meinen, daß dies zusammengenommen eine sehr erfreuliche Bilanz ist. Anders: Paletschek, Weltgeltung, S. 29 – 54, worin u. a. der Ausschluß von Frauen im damaligen Wissenschaftssystem kritisiert und auch sonst »gewaltige Defizite« registriert werden.

23 Das betont Frank-Michael Kuhlemann in seinem Beitrag zum Niederen Schulwesen im Kaiserreich, in: Handbuch zur deutschen Bildungsgeschichte, Bd. IV. S. 179 – 228, bes. S. 210 f.

24 Adolf von Harnack, Vom Großbetrieb der Wissenschaft, in: Preußische Jahrbücher 119 (1905), S. 193 – 201; vom Brocke/Vierhaus, Forschung, S. 26 – 37.

25 Dazu einschlägig: vom Brocke, Hochschul- und Wissenschaftspolitik, S. 9 – 118.

26 Einer der schärfsten zeitgenössischen Kritiker Althoffs war Max Weber: Schöllgen, Max Webers Anliegen, S. 80 – 88; die Ambivalenz seiner Wirksamkeit verdeutlicht am Beispiel des Fachs Philosophie: Sieg, Zeichen, S. 287 – 306.

27 Mit zeitgenössischem Blick auf das Schulwesen: Max Klatt, Althoff und das höhere Schulwesen. Vortrag gehalten am 19. Dezember 1908 im Berliner Gymnasial-Verein, Berlin 1909; zur Entwicklung des Schulwesens allgemein: Handbuch der deutschen Bildungsgeschichte, Bd. IV, S. 179 – 370.

28 Hochschulpolitik im Föderalismus. Die Protokolle der Hochschulkonferenzen der deutschen Bundesstaaten und Österreichs 1898 bis 1918, hrsg. von Bern-

hard vom Brocke u. Peter Krüger, bearb. von Bernhard vom Brocke, Berlin 1994.
29 Dazu: Nagel, Anspruch, S. 245–261.
30 Friedrich Schmidt-Ott, Erlebtes und Erstrebtes 1860–1950, Wiesbaden 1952.
31 DS, A 78, BA Berlin.
32 Wettmann, Heimatfront, bes. S. 83 ff.; zur Entwicklung des »chemischen Kriegs«: Szöllösi-Janze, Fritz Haber, S. 316–373.
33 Das Folgende nach: Müller, Bildung, sowie Wende, C. H. Becker.
34 Becker kurz nach seiner Bestallung im Kultusministerium in einem Brief an einen Kollegen: »Sie wissen, daß mir die Brutalität eines Althoff fehlt«, zitiert nach ebd., S. 139.
35 Zitiert nach ebd., S. 122.
36 Später meinte Hoffmann, es wäre ratsam gewesen, das Ministerium samt seiner Beamtenschaft »in die Luft zu sprengen«, weil mit diesem »›Räte-System‹ der Geheimen und Wirklichen Geheimen Räte unmöglich [zu] arbeiten« gewesen sei, zitiert nach vom Brocke, Kultusministerien, S. 197 f.
37 Das preußische Kultusministerium, S. 114–121; Müller, Bildung, S. 278 ff.
38 Carl Heinrich Becker, Kulturpolitische Aufgaben des Reiches, Leipzig 1919; Wende, C. H. Becker, S. 83 ff.; Müller, Bildung, S. 266 ff., sowie Metzler, Deutschland, hier bes. S. 71.
39 Zitiert nach Müller, Bildung, S. 252.
40 Über die Folgen für die Verabschiedung eines Reichsschulgesetzes: Wende, C. H. Becker, S. 83–98, 197–204; Grünthal, Reichsschulgesetz, S. 36 ff.
41 Brief von Carl Heinrich Becker an Bernhard Harms, 16. 1. 1919, zitiert nach: Müller, Bildung, S. 251.
42 Jarausch, Studenten 1800–1970, S. 160 ff.; Grüttner, Studenten, S. 26 ff.
43 Kittel, Entwicklung.
44 So der Minister auf einer Tagung des Republikanischen Reichsbundes 1928 in Naumburg, zitiert nach Müller, Bildung, S. 334; die große Bedeutung der reformierten Lehrerbildung für Becker unterstreicht auch Wende, C. H. Becker, S. 221–235.
45 Das Interesse Beckers an den Idealen des George-Kreises betont Müller, Bildung, S. 331; das Zitat im Text stammt aus einer Rede des Ministers vom 17. 5. 1928, ebd., S. 389. Zur Attraktivität Georges für die zeitgenössischen Intellektuellen: Breuer, Fundamentalismus.
46 Kittel, Entwicklung, S. 70, mit Anm. 83. Auszüge aus den Nachrufen bei Wende, C. H. Becker, S. 316–319.
47 Kittel, Entwicklung, S. 303. Zum Hintergrund des Staatsstreichs 1932: Winkler, Weimar, S. 494 ff.
48 Für diesen Text zeichnete der »Bund angestellter Akademiker technisch-naturwissenschaftlicher Berufe e. V.« verantwortlich: Nagel/Sieg, Philipps-Universität, S. 73–75.
49 Die Vossische Zeitung berichtete am 18. November, die Kölnische Zeitung am 21. November 1932.

50 Dies erfolgte aufgrund der »Verordnung zur Vereinfachung und Verbilligung der Verwaltung« vom 29. Oktober 1932, Preußisches Gesetzblatt 1932, S. 333.
51 R 4901, Nr. 181, BA Berlin. Viele Beamte hatten schon vierzig und mehr Berufsjahre hinter sich. Diejenigen, die für eine Wiederverwendung in Frage kamen, wurden auf gesonderten Listen geführt.
52 Schreiben an das Ministerium vom 10. 9. 1932, das von insgesamt 24 Verbänden unterzeichnet worden war, darunter der »Deutsche Musikerverband« sowie die »Genossenschaft deutscher Tonsetzer«, ebd.
53 Wolfgang von Staa, »Die Neuordnung des Preußischen Kultusministeriums«, in: Berliner Börsenzeitung, 23. 12. 1932, dort auch die Zitate im nachfolgenden Absatz.
54 Die Ernennung erfolgte mit Schreiben vom 3. Februar 1933 durch Vizekanzler Franz von Papen aufgrund der Verordnung des Reichspräsidenten vom 20. Juli 1932, Abschrift in: DS, A 59, BA Berlin.
55 Seit 1925 war Rust Gauleiter von Hannover-Nord. Nach Neuabgrenzung des Gaugebietes 1928 wurde dieser Gau zu »Süd-Hannover-Braunschweig« erweitert.
56 Der Berliner Polizeipräsident hatte mit Schreiben vom 9. Juni 1931 die Anforderung des Materials damit begründet, daß »Angaben hier zur Vertiefung einer Charakteristik über R[ust] benötigt« würden. Neben einschlägigen Informationen über politisch auffällige Sachverhalte sollten »auch Tatsachen rein persönlicher Natur, aus denen Schlüsse auf das Verhalten und die Charakteranlagen des Genannten möglich sind, so daß sich ein möglichst umfassendes Bild der Gesamtpersönlichkeit ergibt«, gesammelt werden. DS, A 59, BA Berlin; zum heftigen Konflikt Rusts mit Ortsgruppenleiter Heinz siehe BDC, OPG D 133, BA Berlin.
57 Zu Funktion und Rolle der Gauleiter: Hüttenberger, Gauleiter.
58 Das Folgende nach der Biographie von Pedersen, Bernhard Rust.
59 Ebd., S. 27 mit Anm. 49, wobei sich der Autor auf eine Mitteilung aus der Familie stützt.
60 Ebd., dort auch das zitierte Gedicht Bertolt Brechts aus dem Jahre 1937.
61 Aus der breiten Literatur zum Thema: Hartung, Ideologie, S. 22 – 41; zu Lagarde und dessen Bedeutung als Ideengeber völkischen Denkens: Sieg, Prophet, S. 292 – 358; ein Portrait Moeller van den Brucks: Breuer, Arthur Moeller van den Bruck, S. 138 – 151.
62 Die Deutschvölkische Freiheitspartei hatte sich 1922 als Abspaltung von der Deutschnationalen Volkspartei gegründet, ihr prominenter Wortführer war Erich Ludendorff. Der Stahlhelm war mit rund 220 000 Mitgliedern der größte Wehrverband der Weimarer Republik.
63 Dazu Reuth, Goebbels, S. 92 ff.; Pedersen, Bernhard Rust, S. 23 f.
64 Ein erster Zugriff auf die Biographien der beiden Straßer-Brüder: Kissenkoetter, Gregor Straßer, sowie: Moreau, Otto Straßer.
65 Zu den diversen Strömungen innerhalb der NSDAP: Breuer, Nationalismus, S. 145 – 194; Kühnl, Linke.

66 Dies nach BDC, DS, G 147, BA Berlin.
67 Schildt, Arbeitsgemeinschaft, S. 140–155.
68 Otto Straßer, Hitler und ich, Konstanz 1948, S. 113 f.
69 Reuth, Goebbels, S. 98 f. Straßers Replik auf die Rede Hitlers war schwach, während Goebbels es vorzog, ganz zu schweigen; Straßer, Hitler, S. 113 f. Auch Rust war auf der Tagung anwesend: Goebbels-Tagebücher. T. I, Bd. 1/II, S. 55 f.
70 Das Treffen Rusts mit Hitler im Hause Ludendorffs am 21. u. 23.12.1924 erwähnt Pedersen, Bernhard Rust, S. 83. Darüber hinaus verweist Pedersen auf die Erinnerungen des Hamburger Gauleiters Albert Krebs, Tendenzen und Gestalten der NSDAP. Erinnerungen an die Frühzeit der Partei, Stuttgart 1959, S. 227, die jedoch, mit einem Abstand von rund dreißig Jahren zum Geschehen geschrieben, mit Vorsicht zu behandeln sind.
71 Der fünfte Mann im Bunde war Emil Maurice, der Chauffeur Hitlers. Die Reise auf den Obersalzberg fand vom 23. bis 26. Juli 1926 statt, Rust blieb nach dem Abstieg aus dem Gebirge noch bis zum 29. Juli 1926 mit Goebbels und Hitler in München. Goebbels-Tagebücher, T. I, Bd. 1/II, S. 111, 114.
72 Die Zahlen nach Pedersen, Bernhard Rust, S. 87–90.
73 Wenig wahrscheinlich ist die ebd., S. 90, niedergelegte Version einer Tochter Rusts, wonach der Vater das Ministeramt nur auf stärkstes Drängen Hitlers übernommen hätte.
74 Wie sehr Goebbels am Vorabend der »Machtergreifung« mit seiner Ernennung zum preußischen Kultusminister gerechnet hatte, geht aus Reuth, Goebbels, S. 231, hervor. Demnach hatte Hitler seinen Propagandachef mit dem Versprechen bei der Stange gehalten, er werde einmal den Bereich Reichserziehung und das preußische Kultusministerium erhalten.
75 Diese These vertritt Pedersen, Bernhard Rust, S. 90.
76 Die in der Literatur bis heute diskutierte Frage, warum Rust ernannt wurde, geht allzu sehr von der Annahme aus, daß er vor 1933 ein Mann der hinteren Reihen gewesen sei, was für einen Gauleiter schon per se, aber auf Rust angesichts seiner politischen Leistung in seinem Gaugebiet besonders unzutreffend ist. Von 30 amtierenden Gauleitern im Reichsgebiet (Stand 1935) hatte Hitler lediglich zwei gleichzeitig mit einem Reichsministeramt ausgestattet: Rust und Goebbels. Hierzu Hüttenberger, Gauleiter, S. 80.
77 Dazu: Piper, Alfred Rosenberg.
78 So Rust in einer Rede beim Diplomaten-Empfang des Außenpolitischen Amtes am 15. November 1934, hier zitiert nach einer Abschrift in: R 4901, Nr. 11 913, Bl. 234–243, BA Berlin, dort auch die beiden folgenden Zitate.
79 Von der Geschäftsübernahme Rusts am 6.2.1933 berichtet eine Notiz im Zentralblatt für die gesamte Unterrichtsverwaltung in Preußen, 75 (1933), H. 4, 20.2.1933. Rust war zunächst nur mit der stellvertretenden Übernahme der Geschäfte betraut worden, Mitteilung Franz von Papens an Bernhard Rust, 3.2.1933, BDC, DS A, Nr. 95, BA Berlin. Die Atmosphäre in Berlin nach der sogenannten Machtergreifung beschreibt plastisch: Goebbels, Tagebücher, Teil

I, Bd. 2/III, S. 119–121, dort auch die beiden Zitate im Text. Zu seinen Hoffnungen auf das Amt des preußischen Kultusministers: Reuth, Goebbels, S. 231, 254–260.

80 Das Zitat ebd., S. 262. Zum Berufsbeamtengesetz: Mühl-Benninghaus, Beamtentum, S. 11. Generell zur Geschichte der Beamten nach 1933: Mommsen, Beamtentum.

81 Mühl-Benninghaus, Beamtentum, S. 5 f. sowie S. 18 ff. Als besonders radikal erwies sich der von Popitz eingebrachte Entwurf des Beamtenrechtsänderungsgesetzes vom 23. 3. 1933, der es den Behörden ermöglichen sollte, innerhalb einer festgesetzten Frist jeden Beamten ohne Angabe von Gründen in den Ruhestand zu versetzen; dieser Vorschlag ging dann aber selbst Wilhelm Frick zu weit, ebd., S. 22.

82 So der Minister in einem Rundbrief an seine Mitarbeiter vom 15. 5. 1933, R 4901, Nr. 152, BA Berlin.

83 Mit der Anordnung Rusts »Sofort« wurden am 29. 4. 1933 aufgrund von § 4 entlassen, beurlaubt oder versetzt: die Amtsräte Heyde, Brauckhoff, Planck (entlassen), Polizeirat Beuss (versetzt), Amtsrat Nagatz (versetzt), Verwaltungssekretär Fischer (versetzt), Kanzleisekretär Cissewski (versetzt), Kanzleiobersekretär Fritzke (versetzt), Verwaltungsassistent Lemke (versetzt), ebd.

84 Kanzleiobersekretär Fritzke war gegen seine Versetzung mit Einkommensminderung beim Minister vorstellig geworden und hatte am 15. 8. 1933 zur Antwort erhalten: »Es muß bei meiner Entscheidung sein Bewenden haben.« Ebd.

85 Brief Rust an Göring, 23. 9. 1933, ebd.

86 Brief Rust an Göring, 20. 9. 1933, sowie Brief Göring an Rust, 27. 10. 1933, ebd.

87 Nach einer Statistik des Jahres 1937, aufgelistet in: Mühl-Benninghaus, Beamtentum, S. 73, sowie nach R 4901, Nr. 181, BA Berlin. Die Zahl der im Ministerium selbst tätigen Beschäftigten belief sich auf 281 Personen, die der »sonstigen Beamten« auf 2576.

88 Mitteilung über den Rücktritt des Personal- und Hauptbetriebsrates in: Zentralblatt 75 (1933), H. 11.

89 Die ersten »Einberufungen« erfolgten unter dem 17. 3. 1933: R 4901, Nr. 14 354, BA Berlin.

90 Am Hirschsprung 48 bezog Röpke eine komfortable Dienstwohnung, bis er sich 1942 zur besonderen Verwendung ins Ostministerium versetzen ließ, Rust einen neuen Fahrer einstellte und für diesen die Dienstwohnung beanspruchte. Familie Röpke wollte ihr luxuriöses Domizil aber nicht mit einer gewöhnlichen Mietwohnung vertauschen. Es folgten Auseinandersetzungen, in deren Verlauf Rust dem »alten Kämpfer« sogar mit der Gestapo drohen ließ: R 4901, Nr. 93, BA Berlin.

91 Personalunterlagen Helmut Bojungas: BDC, PK AO, Nr. 441, BA Berlin. Der Brief des Oberbürgermeisters der Stadt Hannover datiert auf den 18. 3. 1933.

92 Zur Bedeutung Stuckarts als nationalsozialistischer Verwaltungsjurist: Rebentisch, Führerstaat, S. 250 f.

93 Vom Staatssekretär als »Säule des Ministeriums« soll Rust gegenüber Bojunga

noch am 16.8.1934 gesprochen haben, wie Stuckart in einem Brief an Hanns Kerrl vom 5.9.1934 schrieb. Mitteilung über die Ernennung Stuckarts in: Zentralblatt 76 (1934), H. 16, 20.8.1934.

94 Der »Fall Stuckart« rekonstruiert sich aus: R 43 II, Nr. 1154, BA Berlin. Daß er Rust den »Gehorsam verweigert«, in dieser »Gehorsamsverweigerung verharrt« und die »Autorität des Ministers« im Amt untergraben habe, geht aus einem Schreiben Stuckarts an Rust vom 1.9.1934 hervor, in dem er sich gegen diese Beschuldigungen verteidigt.

95 Telegramm Stuckarts an Hitler, 12.9.1934, mit der Bitte um Schutz, ebd.

96 Das berichtet der ehemalige Mitarbeiter im Kultusministerium Hans Heckel in der Befragung durch Rolf Eilers: Kleine Erwerbungen, BA Koblenz. Ebenso hebt Pedersen, Bernhard Rust, S. 250 f. die Bewahrung einer preußischen Dienstauffassung im Rustschen Ministerium hervor.

97 Rust in einer Mitteilung an die beteiligten Beamten mit dem Vermerk »Noch heute« vom 18.9.1933, in: R 4901, Nr. 152, BA Berlin.

98 Die Zahlen nach der Statistik in: Mühl-Benninghaus, Beamtentum, S. 73. Die Veröffentlichung der Listen erfolgte im Zentralblatt 75 (1933), H. 17 ff.

99 Vereinbarung der Länder wegen Regelung des Zugangs der Abiturienten zu den Hochschulen, ZBlUV 1933, S. 78. In Preußen regelten zwei Durchführungserlasse vom 17.3. u. 7.4.1933 die Einzelheiten. Prüfungskommissionen an den Schulen sollten die Eignung der Abiturienten zum Studium attestieren. Im Falle eines negativen Befunds sollte gleichwohl ein Studium begonnen werden können, nur war der Betreffende von sämtlichen Vergünstigungen auszuschließen. Dazu zeitgenössisch: Joachim Haupt, Neuordnung im Schulwesen und Hochschulwesen, Berlin 1933.

100 RGBl. I, 1933, S. 225. Die Zahl derjenigen »nicht arischer Abstammung« sollte fortan unter den Neuaufnahmen 1,5 % nicht überschreiten. An den Bildungseinrichtungen kam eine gewaltige Überprüfungsmaschinerie in Gang, wobei sich zeigte, daß die Zahl der »Nichtarierer« oftmals ohnehin unter dem angegebenen Richtwert lag. An der Universität Marburg wurde niemand vom Studium ausgeschlossen. Nagel/Sieg, Philipps-Universität Marburg, S. 60, 171–178; die Anordnung des Reichsinnenministers über den begrenzten Hochschulzugang datiert auf den 28.12.1933, Reichsministerialblatt 62 (1934), S. 16 f.

101 Eine Kopie des Briefes vom 14.3.1933 befindet sich in: R 4901, Nr. 6962, BA Berlin.

102 Brief von Popitz an Göring, 3.8.1933, in dem er die Pläne des Kultusministeriums ausdrücklich guthieß. Dies wie die übrigen Proteste in: ebd.

103 Die Protokollniederschrift ebd. Das Ministerium wurde durch Gustav Zunkel, Dr. Karl Frank, Otto von Rottenburg, Helmut Kohlbach, Wolfgang von Staa, Helmut Bojunga, Ernst Bargheer und Hauptlehrer Thies vertreten.

104 Protokoll der Niederschrift, S. 4, ebd.

105 Protokoll der Niederschrift, S. 6, das folgende Zitat S. 7, ebd.

106 Protokoll der Niederschrift, S. 14, ebd.

107 Protokoll der Verhandlungen: R 4901, Nr. 8923, Bl. 243–269, BA Berlin. Zur Tätigkeit Fricks als Volksbildungsminister in Thüringen 1930/31: Neliba, Wilhelm Frick, S. 57–63.
108 R 4901, Nr. 8923, Bl. 245, BA Berlin.
109 Ebd., Bl. 250. Den teilweise polemischen Charakter hielt das Protokoll in einem Zuruf Bargheers zu den Ausführungen des bayerischen Kollegen und studierten Altphilologen Bauerschmidt fest. Dieser zitierte Platon, der gesagt habe, »das Vaterland sei ehrwürdiger als Vater und Mutter, man müsse tun, was es befehle. (Zwischenruf Benze: ›Müsse man das griechisch lesen?‹, Bauerschmidt: ›Jawohl!‹).«
110 Ebd., Bl. 250.
111 Ebd., Bl. 251. Laut Protokoll meinte Buttmann, er habe, »wie andere Akademiker, Straßenkämpfe und Saalschlachten mitgemacht und [habe] im November 1923 Gewehrkugeln pfeifen hören. [...] Auch den lateinischen Bauern bitte er nicht mehr zu bemühen; er gehöre nicht hierher.«
112 Rudolf Buttmann, 1885 geb., Bibliothekar an der Bibliothek des bayerischen Landtags, NSDAP-Mitglied seit 1925 und dort seit 1932 für Fragen der Volksbildung zuständig, wurde 1933 zum Ministerialdirektor im Reichsinnenministerium ernannt, wo er zum Leiter der Kulturpolitischen Abteilung ernannt wurde: Grüttner, Lexikon, S. 34.
113 Das Telegramm von Stuckart an Rust, 2.5.1934: DS, A 59, BA Berlin.
114 Die Einträge des Propagandaministers datieren vom 16.2., 21.2., 7.5., 11.5. und 17.5.1934, Goebbels, Tagebücher, Teil I, Bd. 3/I, S. 43 f., 46, 49. Noch am 21.2.1934 hatte Goebbels hinsichtlich der Geschäftsbereinigungsfrage festgehalten: »Reform mit Preußen. Aufspaltung des Kultusministeriums. Ich erbe sehr viel. Rust ist vernünftig.«, um dann am 17.5. zu notieren: »Rust macht noch Schwierigkeiten«, ebd., S. 43, 49.
115 Der Gründungserlaß Hindenburgs vom 1.5.1934: RGBl. (1934), Teil I, S. 365. Zu Rosenberg als »Ostminister«, Piper, Alfred Rosenberg, S. 531 ff.
116 Allgemein dazu: Deutsche Verwaltungsgeschichte, Bd. 4, S. 112–137; Mommsen, Reichsreform; Baum, »Reichsreform«; Zum Neuaufbaugesetz: RGBl. (1934), Teil I, S. 75, das Gesetz über die Aufhebung des Reichsrats ebd., S. 89.
117 Hierzu: R 1501, Nr. 5440, Bl. 211–213, 249–251, BA Berlin.
118 Siehe oben Kap. I,2.
119 RGBl. (1934), Teil I, S. 375.
120 Neliba, Wilhelm Frick, S. 126 ff.; die Erwägung Buttmanns als Reichskultusminister erwähnt Grüttner, Lexikon, S. 34, sowie Heiber, Walter Frank, S. 162, 641; daß Hitler zwischen Rust und Buttmann geschwankt habe, berichtet Schreiber, Demokratie, S. 11.
121 Aufzeichnung von Graf zu Rantzau an den Staatssekretär, vom 2.4.1935 über die »Bereinigung der Geschäftsbereiche«, in R 4901, Nr. 276, Bl. 163–164, BA Berlin.
122 Ebd., Bl. 163.

123 »Ein ausführlich und höflich gehaltenes Erinnerungsschreiben vom 4. Oktober 1934 [...] blieb gleichfalls wirkungslos. Trotzdem wurde zunächst noch gewartet, weil der Herr Minister eine vorläufige Zurückstellung der Sache mit Rücksicht auf die Entwicklung der kirchenpolitischen Lage gewünscht hatte.« Ebd.
124 Ebd., Bl. 164, das vorherige Zitat Bl. 164.
125 Dazu die Personallisten, Stand 1938 in: R 4901, Nr. 12 367, BA Berlin.
126 Angemietete Büroräume unterhielt das Ministerium im sogenannten Preußenhaus, Leipziger Str. 3, Kronprinzenufer Nr. 13, Charlottenstr. Nr. 96, Luisenstraße 31a, Dorotheenstr. Nr. 80, Unter den Linden Nr. 59. Die Ausweichquartiere wechselten häufig, manche Abteilung zog mehrmals um: R 4901, Nr. 64–66, 71–74, BA Berlin. Zur geplanten Unterbringung des Ministeriums in einem an der Heerstraße gelegenen Neubau: R 4901, Nr. 76, BA Berlin, das Zitat aus einem handschriftlichen Vermerk vom 5. 11. 1940.
127 R 4901, Nr. 72, BA Berlin.
128 R 4901, Nr. 70, BA Berlin.
129 Das Folgende nach: R 4901, Nr. 77 u. 78, BA Berlin.
130 Kunisch forderte dazu auf, möglichst »reichlich Gebrauch« von dieser Einrichtung zu machen, R 4901, Nr. 12 604, BA Berlin.
131 Zu Speiseanstalt und Gymnastikraum: R 4901, Nr. 68 u. 69, BA Berlin., sowie die Akten im LA Berlin Pr. Br. 42, Nr. 1237 u. 1238. Zu Heizung und Brennstoffversorgung: R 4901, Nr. 83–84, 86–87, BA Berlin.
132 Hierzu R 4901, Nr. 12 604, BA Berlin.
133 Mitteilung des Preußischen Finanzministeriums, 16. 9. 1939, mit einer Erläuterung des Staatssekretärs Zschintzsch, ebd.
134 Otto Wacker bezifferte gegenüber den Teilnehmern der Marburger Rektorenkonferenz 1937 den täglichen Brieteingang allein in seinem Amt auf rund 600 Stück, R 4901, Nr. 708, BA Berlin.
135 Vgl. die verschiedenen, auf der Berliner Hochschulrektorenkonferenz im Jahre 1935 verwendeten Bezeichnungen, in: R 4901, Nr. 706, BA Berlin.
136 Vermerk Franz Bachér an Werner Zschintzsch, 12. 6. 1936: R 4901, Nr. 15 472, Bl. 438, BA Berlin.
137 Otto Graf zu Rantzau, Das Reichsministerium für Wissenschaft, Erziehung und Volksbildung, Berlin 1939. Vgl. ferner die Einleitung zum Findbuch des Bestandes R 4901 im Bundesarchiv aus dem Jahre 1961 von Dr. H.-St. Brather, Archivar im damaligen Zentralen Staatsarchiv Merseburg. Eine detaillierte Übersicht über die Verteilung der einzelnen Aufgabengebiete im Ministerium in: Preußisches Staatshandbuch 141 (1939), Berlin 1939, S. 45–114.
138 Dies nach einem Brief Stuckarts an Rust, 1. 9. 1934, in: R 43 II, Nr. 1154, Bl. 16–31, BA Berlin, dort auch eine Abschrift der Ministerverfügung vom 27. 8. 1934, Bl. 47–49. Zum Eklat zwischen Rust und Stuckart oben Kap. I,4.
139 Preußische Gesetzsammlung (1934), S. 365. Es handelte sich um eine Abänderung von § 6 Abs. 2 der Verordnung vom 29. 10. 1932 und bestimmte in § 2: »Die Staatsminister regeln mit Zustimmung des Ministerpräsidenten die Gliederung ihrer Ministerien in Abteilungen.«

140 Hierzu den Brief Stuckarts an Rust, 1.9.1934, in: R 43 II, Nr. 1154, Bl. 27 f., BA Berlin.
141 Das Gutachten des Rechnungshofs vom 17. August 1937 liegt nicht vor. Die Kritik an der Ämterverfassung wurde hier indirekt aus der Replik des Reichserziehungsministers ermittelt: Stellungnahme des Reichsministers für Wissenschaft, Erziehung und Volksbildung zu dem Gutachten des Präsidenten des Rechnungshofes des Deutschen Reiches über das Reichs- und Preußische Ministerium für Wissenschaft, Erziehung und Volksbildung vom 26. August 1938, in: R 4901, Nr. 1, Bl. 1 – 37, BA Berlin.
142 Die Zitate in diesem Absatz sämtlich in: ebd., Bl. 4 – 5.
143 Ebd., Bl. 5.
144 Die Ministerverfügung vom 27.8.1934 hatte für jedes Amt bzw. jede Abteilung die Aufstellung von Geschäftsverteilungsplänen bis spätestens 12.9.1934 angeordnet, R 43 II, Nr. 1154, Bl. 27 f., BA Berlin. Die hieran häufig vorgenommenen Änderungen hatten ebenfalls die Kritik des Reichsrechnungshofs erregt. »Mindestens 50 Mal« seien diese im Zeitraum 1935 – 1937 modifiziert worden, R 4901, Nr. 1, Bl. 3, dort auch die Stellungnahme des REM zu diesem Punkt.
145 »Weniger wichtige Vorgänge sind dem Herrn stellvertretenden Staatssekretär durch den Amtschef M zur abschließenden Zeichnung zuzuleiten.« Mitteilung des Ministers, 7.1.1936, R 4901, Nr. 3, BA Berlin. Für die Zeit seines Sommerurlaubs wies Rust seine Mitarbeiter an, dem Ministeramt dringende Angelegenheiten rechtzeitig zuzuleiten, damit deren Bearbeitung »unter Berücksichtigung der von mir gegebenen weltanschaulich-politischen Richtlinien erfolgen kann«, Hausmitteilung vom 4.7.1935.
146 Schreiben des Reichsfinanzministers an die Länderregierungen, 8.2.1934, hier nach einem Exemplar in R 4901, Nr. 419, BA Berlin. Eine Übersicht über die Kultusministerien der Länder bietet: vom Brocke, Kultusministerien.
147 Kultusverwaltungen bestanden außer in den großen Flächen- und Stadtstaaten in Oldenburg, Lippe, Schaumburg-Lippe, Lübeck und Anhalt.
148 Dazu: Franz Kühnel, Hans Schemm; zu Dietrich Klagges (1891 – 1971): Enzyklopädie des Nationalsozialismus, S. 892; zu Fritz Wächtler (1891 – 1945): Grüttner, Lexikon, S. 179.
149 Telegramm von Hans Schemm an Rust, 1.5.1934, R 43 II, Nr. 1153a, BA Berlin.
150 Popitz hatte diesen Aspekt gegenüber Sunkel gesprächsweise geltend gemacht, der vom Reichsinnenministerium geteilt wurde, Vermerk Graf Rantzau an den stellvertretenden Staatssekretär, 1.4.1935, R 4901, Nr. 276, Bl. 160, BA Berlin.
151 Vermerk von Graf Rantzau nach einer Mitteilung des Staatssekretärs im Reichsinnenministerium Pfundtner, 26.11.1935, ebd. Das gezielte Taktieren Hitlers mit der Loyalität seiner Vasallen beschreibt: Hüttenberger, Gauleiter.
152 Vermerk von Ministerialrat Medicus für den Statssekretär, 13.12.1934, R 1501, Nr. 554, Bl. 201, BA Berlin.
153 »Dem erörterten Plane des Innenministeriums muß daher mit größtem Nachdruck widersprochen werden«, schloß Graf Rantzau seinen Vermerk

für den stellvertretenden Staatssekretär Kunisch, 9.4.1935, R 4901, Nr. 276, Bl. 165–168, BA Berlin.
154 Dazu vom Brocke, Kultusministerien, S. 201 ff.
155 Vermerk von Graf Rantzau für Kunisch, 18.5.1935: R 4901, Nr. 276, Bl. 169, BA Berlin.
156 Vermerk Kunisch für Rust, 5.6.1935. Auf dem ersten Blatt ein Vermerk von Ministerialrat Sunkel: »Auf Anweisung dem Herrn Minister gehorsamst in die Wohnung«, R 4901, Nr. 276, Bl. 177 f., BA Berlin.
157 Brief von Rust an Frick, 6.6.1935, hier nach dem Entwurf an den Minister. Abschriften gingen an die Staatssekretäre im Reichsarbeits- und Reichsernährungsministerium sowie an Heß, ebd., Bl. 178–180.
158 Mitteilung Bojunga an das Zentralamt, 23.10.1935, ebd., Bl. 193 f.
159 Brief von Staatssekretär Pfundtner an Rust, 27.12.1935, ebd. Bl. 224.
160 Exemplarisch: Vermerk des Leiters der Abteilung Berufliches Ausbildungswesen, Döring, an Graf Rantzau, 22.10.1935, mit einer Liste unliebsamer Vorgänge mit den Kollegen in München, ebd., Bl. 192. Zur Geschichte des bayerischen Kultusministeriums 1933–45: Müller, Gauleiter.
161 Handschriftlicher Vermerk Graf Rantzaus vom 13.3.1935 zum Besuch des bayerischen Gesandten Schneider und dem bayerischen Entwurf, R 4901, Nr. 276, Bl. 148–153, BA Berlin.
162 Das Zitat im Text ebd., Bl. 153. Die Anweisungen Rusts nach dem handschriftlichen Vermerk Graf Rantzaus ebd., Bl. 148.
163 Vermerk Kunisch für Graf Rantzau, 26.11.1935, ebd., Bl. 190 f. Zu Boepple: Kühnel, Hans Schemm, S. 297 ff.
164 Vermerk Kunisch an Graf Rantzau, 3.12.1935, R 4901, Nr. 276, Bl. 221, BA Berlin.
165 Brief von Adolf Wagner an Rust, 12.1.1937. Abschrift in: R 4901, Nr. 11 834, Bl. 19, BA Berlin.
166 Ebd.
167 Etliche Beispiele für Querelen zwischen Berlin und München sowie zwischen Berlin und Dresden in: R 4901, Nr. 8919, 8922, BA Berlin. Hierzu auch die Einschätzung bei Müller, Gauleiter, S. 1021.
168 Verordnungsblatt des Sächsischen Ministeriums für Volksbildung 17 (1935), Nr. 5. Der Erlaß zur Einführung des Berliner Amtsblattes »Deutsche Wissenschaft, Erziehung und Volksbildung« datiert auf den 24.8.1935, wobei eigens darauf hingewiesen wurde, daß das Reichskultusministerium den Bezugspreis des Blatts um die Hälfte gesenkt habe. Die Rubrik »Amtliche Erlasse« wurde mit Heft 4 des 18. Jahrgangs 1936 eingeführt.
169 Zur Finanzgeschichte des Reichs: Deutsche Verwaltungsgeschichte, Bd. 4, S. 832–872.
170 Sie sind für das Reichskultusministerium zum Teil erhalten. Es liegen Zahlen für die Jahre 1936–38 und 1940–43 vor. Dies nach den Haushaltsakten in: R 4901, Nr. 172, 405, 409, 411–413, 417–420, 449, 451, 451a, 12 443, 12 481, BA Berlin.

171 Nach dem Protokoll der Sitzung vom 23. 1. 1933: ebd., Nr. 405.
172 Aktenvermerk vom 15. 2. 1933, ebd., Hervorhebung im Original. In einem weiteren Aktenvermerk vom 17. 2. 1933 wurde hinsichtlich der Schulbauunterstützung auf deren große Bedeutung für das östliche Grenzgebiet hingewiesen: »Leider haben sich Finanz- und Justizministerium gegenüber diesen Vorstellungen bisher ablehnend verhalten.« Daher liege auch im Falle von Klagen die Verantwortung bei diesen beiden Ministerien.
173 Dieckmann, Johannes Popitz; Bentin, Johannes Popitz; Voß, Johannes Popitz. Einprägsam ist das Bild, das der Reichsfinanzminister aus eigener Anschauung von Popitz zeichnete: Graf Schwerin von Krosigk, Deutschland, S. 339 – 344.
174 Zitiert nach Bentin, Johannes Popitz, S. 60. Das vorhergehende Zitat aus: Schulz, Johannes Popitz, S. 240.
175 Möglicherweise trug dies zum Eindruck des Reichsfinanzministers bei, Rust und Popitz seien miteinander befreundet gewesen, weitere Belege hierzu fehlen: Graf Schwerin von Krosigk, Staatsbankrott, S. 181.
176 Als preußischem Finanzminister unterstand Popitz auch die Baufinanzverwaltung des Staates. Der Vermerk des Ministerialrats Sommer datiert vom 19. 1. 1940, er hielt außerdem fest, daß Heß mit der Verreichlichung der Universitäten »grundsätzlich« einverstanden sei: »Unsere Bedenken sind erledigt.« NS 6, Nr. 815, BA Berlin.
177 Beispielhaft ein Vorgang aus dem Jahre 1938, als zwei Ministerialdirigentenposten als Beförderungsstellen eingerichtet werden sollten. Dies wurde auf »Weisung des Herrn Preußischen Finanzministers persönlich« mit dem Hinweis abgewiesen, daß im Falle einer Genehmigung »auch im Preußischen Finanzministerium eine Reihe von Dirigentenstellen, worauf seitens der Beamten scharf gedrängt wird, errichtet werden.« Zschintzsch hielt den Antrag danach für »völlig aussichtslos«. R 4901, Nr. 12 774, Bl. 126, BA Berlin.
178 Exemplarisch das Schreiben Rusts an Popitz vom 22. 12. 1939, in dem er ihn von der in Kürze bevorstehenden »Vereinheitlichung der Wissenschaftsverwaltung« in Kenntnis setzte, Abschrift in: R 4901, Nr. 12 774, BA Berlin.
179 Brief von Zschintzsch an das Ministeramt, 15. 10. 1942, in: PK, JO 159, Nr. 207, BA Berlin.
180 Zuschüsse der übrigen Jahre: 1937 = 542 000 RM, 1938 = 554 000, 1941 = 570 000 RM, 1942 = 514 000 RM. Zahlen nach den Aufstellungen in den Haushaltsakten des Ministeriums in: R 4901, Nr. 405, 409, 411 – 413, 417 – 420, BA Berlin.
181 Die solcherart behandelten Verzeichnisse scheinen auf den ersten Blick nur aus winzig kleinen, in roter, grüner und schwarzer Farbe handgeschriebenen Ziffern zu bestehen. Beispielhaft das in R 4901, Nr. 409, BA Berlin, niedergelegte Exemplar.
182 Dies nach R 4901, Nr. 14 011, BA Berlin. Der Betrag wurde im Reichshaushalt unter der Kapitel-Nr. E 133 »Einmalige Ausgaben, Wissenschaft« des Einzelplans XIX ausgebracht.
183 Dies nach R 4901, Nr. 14 010, BA Berlin.

184 Goehrke, Fesseln; Graf Schwerin von Krosigk, Memoiren, sowie ders., Staatsbankrott.
185 Darüber hinaus hielt von Krosigk Rust für willensschwach und mäßig intelligent. Ihm sei es »peinlich« gewesen, »wenn der äußerlich kraftvolle, stattliche Mann Unsicherheit und Mißbehagen zu verdecken suchte, indem er besonders oft und laut über die Parteiideale ›tönte‹«. Rust habe sich ihm gegenüber aber stets »zuverlässig und honorig« verhalten, ebd., S. 240 f.
186 Brief des Reichsfinanzministers an Rust, 25. 3. 1936, in: R 4901, Nr. 419, Bl. 185 f., BA Berlin.
187 Ein Beispiel für viele betrifft eine Rechnung der Firma »Meisterräume. Gesellschaft für Repräsentative Wohnkultur«, über 1600,- RM. Die erbetenen Entwürfe wurden 1937 erstellt, waren aber laut Mahnung der Firma im Jahre 1940 noch nicht bezahlt! Dies nach: A Pr. Br. Rep. 042, Nr. 1238, LA Berlin. Die Zahlen zum Rüstungsetat nach: Deutsche Verwaltungsgeschichte, Bd. 4, S. 836, 848 f.
188 Dies nach einem Schreiben des Bürgermeisters von Oberursel an Zschintzsch vom 2. 4. 1936 in: DS, Nr. 78, BA Berlin. Eine Kurzbiographie bei Grüttner, Lexikon, S. 189.
189 Vermerk Rust für Kunisch, 8. 3. 1936, DS, Nr. A 78, BA Berlin.
190 Heiber, Walter Frank, S. 655, sowie Hammerstein, Forschungsgemeinschaft, passim. Heiber vermutet, daß Göring Zschintzsch »lanciert« habe.
191 Zschintzsch nahm das Angebot mit Schreiben vom 10. 1. 1938 an Stuckart an, dazu die Korrespondenz in: DS, A 78, Bl. 750, 759, BA Berlin.
192 Beispiele in: R 4901, Nr. 4, BA Berlin.
193 Das in drei Abteilungen gegliederte Zentralamt war mit Personal- und Liegenschaftsfragen befaßt, hier wurden der Haushalt erstellt und die allgemeinen Verwaltungsaufgaben erledigt. Zu Kunisch: Grüttner, Lexikon, S. 104 f., sowie die Unterlagen im Bestand des BDC, PK G 387; DS / REM, A 41, BA Berlin.
194 Das Gemeinschaftslager »Hanns Kerrl«, hg. von Staatssekretär Dr. Roland Freisler, Ministerialrat Siegmund Kunisch, Oberstaatsanwalt Christian Spieler, Berlin 1934, S. 14 ff.
195 Ebd., S. 17.
196 Dies nach einer Mitteilung von Zschintzsch an Rust, 2. 12. 1940, in: BDC, DS / REM, A 41, BA Berlin.
197 Abschrift der Verfügung Rusts vom 27. 8. 1934 zur Gründung des »Ministeramts« in: R 4901, Nr. 12 604, BA Berlin. Zu Sunkel Grüttner, Lexikon, S. 172.
198 Erlaß vom 25. 3. 1933, in: R 4901, Nr. 14 354, BA Berlin.
199 Der Reichsminister und Chef der Reichskanzlei an den Stellvertreter des Führers, 2. 11. 1938, in: BDC, DS / REM, A 69, Bl. 126 f., BA Berlin. Den konfliktreichen Hintergrund bei der Kuratorenfindung für die Berliner Universität erhellt: Heiber, Universität, Teil II, Bd. 2, S. 454–459.
200 Kunisch in einem Vermerk für Rust, 30. 6. 1938, BDC, DS / REM, A 69, Bl. 118, BA Berlin. Die Idee, Sunkel zum Greifswalder Kurator zu machen, kam von Wilhelm Groh. Rust vermerkte dazu: »Der Vorschlag kommt meinen eigenen Wünschen entgegen. Durchaus einverstanden.«

201 Ebd., Bl. 127. Graf Rantzau hatte die Papiere Sunkels genau studiert und anhand der Ahnentafel festgestellt, daß »im arischen Nachweis nur ein Urgroßelternteil ausfällt«. Er bezog sich auf § 25 des Deutschen Beamtengesetzes vom 26. 1. 1937, zu dessen Auslegung: Longerich, Stellvertreter, S. 64 – 68.
202 Heiber, Walter Frank, S. 655; ders., Universität II, 2, S. 383 f., 454 ff.
203 Am 8. 5. 1945 nahm sich Oberleutnant Sunkel im lettischen Libau das Leben. Der Volkskundler Harmjanz hatte nach seinem Eintritt in das REM 1937 eine stattliche Karriere absolviert und zählte zu den engen Vertrauten des Ministers. Er mußte den Posten des Ministeramtschefs aber 1943 aufgeben, nachdem das Amt Rosenberg ihn als Plagiator seiner Habilitationsschrift angeblich überführt hatte. Seine biographischen Daten bei Grüttner, Lexikon, S. 70, ausführlich zum Plagiatsfall sowie zum Anteil des Amtes Rosenberg am Sturz Harmjanz': Heiber, Walter Frank, S. 647 – 653.
204 Zum 1896 in Nürnberg geborenen Rudolf Kummer die Personalunterlagen: BDC, RK, RSK I, Personal und Sachakten B 106; DS, B 78; OPG Akten F 90; SSO / SS-Führerpersonalakten; DS / REM A 41, BA Berlin. Das Zitat im Text stammt aus einem Artikel Kummers, Das wissenschaftliche Bibliothekswesen im nationalsozialistischen Deutschland, in: Deutsche Wissenschaft, Erziehung und Volksbildung 4 (1939), S. 125 – 131, hier S. 129. Zu Achim Gercke, ein promovierter Chemiker, der 1933 zum »Sachverständigen für Rasseforschung« beim Reichsinnenministerium bestellt wurde: Haas, Erfassung, hier S. 141 f.
205 Protokoll der Besprechung im Amtszimmer von Amtschef W, Theodor Vahlen am 26. 10. 1936, vom Ministerium waren anwesend: Vahlen, Fricke, Rudolph, sowie von der DFG der Stellvertreter Starks, Carl Zimmermann: R 4901. Nr. 14 152, BA Berlin. Zur Ära Stark als Präsident der Forschungsgemeinschaft: Flachowsky, Notgemeinschaft, S. 163 – 189.
206 Zu Vahlen: Grüttner, Lexikon, S. 176 f.; dazu auch Heiber, Walter Frank, S. 117 f., sowie Hammerstein, Forschungsgemeinschaft, S. 78 f., und passim.
207 Zu Wacker: Grüttner, Lexikon, S. 178, sowie Schrecke, Heimaterde.
208 Dahin geht die Vermutung von Heiber, Walter Frank, S. 643.
209 Brief von Wacker an Rust, 3. 11. 1938: R 43 II, Nr. 1154a, Bl. 80 – 109, hier Bl. 82 f., BA Berlin.
210 Brief von Heydrich an Lammers, 23. 11. 1938, in: ebd., Bl. 79. Auf der Rückseite Vermerk: »Dem Führer vorgetragen«.
211 Brief von Lammers an Heydrich, 23. 12. 1938, ebd., Bl. 112.
212 Brief von Rust an Zschintzsch, 23. 11. 1938, in: R 4901, Nr. 13 254, BA Berlin. Das Schreiben Wackers an Rust liegt nicht vor, sein Inhalt konnte nur indirekt aus der Reaktion des Ministers erschlossen werden. Ein Ergebnis der Vernehmung Wackers ist nicht erhalten.
213 Zum Konflikt Wacker versus Zschintzsch: ebd. Mit einem Brief an den Reichsfinanzminister hatte sich Rust noch im April 1939 für eine auskömmliche Besoldung Wackers als Unterstaatssekretär eingesetzt: R 43 II, Nr. 1154a, Bl. 117, BA Berlin. Das Schreiben Rusts an den Stellvertreter des Führers vom 28. 4. 1939, Bl. 121, Wacker starb 1940 in Karlsruhe eines natürlichen Todes.

214 Zu Mentzel: Grüttner, Lexikon, S. 117 f., außerdem: Hammerstein, Forschungsgemeinschaft, S. 130–134, Flachowsky, Notgemeinschaft, S. 148–158 und passim, sowie die Unterlagen aus dem ehemaligen Document Center Berlin: BA SSO, Nr. 308-A, Mentzel, Rudolf, 28.4.1900, BA Berlin, dort auch das folgende Zitat.
215 Dies nach: Hammerstein, Forschungsgemeinschaft, S. 131 ff., sowie Flachowsky, Notgemeinschaft, S. 148–158.
216 R 4901, Nr. 12 412, BA Berlin. Die Angaben bei Hammerstein, Forschungsgemeinschaft, S. 132, sind demnach falsch. Zum Vergleich: Das Jahresgehalt Rusts nach dem Staatsministergesetz (früher: B 2), belief sich 1936 auf rund 30 000 Reichsmark, R 4901, Nr. 12 413, BA Berlin.
217 Mentzel starb 1987 in der Bundesrepublik. Das Zitat im Text: Hammerstein, Forschungsgemeinschaft, S. 134. Vgl. auch die zeitgenössische Charakterisierung Mentzels durch Friedrich Glum, der sich an eine erste Begegnung mit Mentzel in der Kaiser-Wilhelm-Gesellschaft vor allem daran erinnerte, daß Mentzel in SS-Uniform mit umgeschnalltem Revolver, nachdem er gesellschaftlich arriviert war, aber im zivilen Anzug erschienen sei: Glum, Wissenschaft, S. 450. Von Mentzel als »Fehlbesetzung« soll Goebbels auf einer Gauleitertagung 1944 in München gesprochen haben, wie Ministerialdirektor Holfelder an Rust berichtete: R 43 II, Nr. 1153a, BA Berlin.
218 Dies gegen Hammerstein, Forschungsgemeinschaft, S. 213, der meint, Wacker habe keine »nennenswerten Spuren« im REM hinterlassen und sich unwohl gefühlt, weil er Mentzel intellektuell unterlegen gewesen sei.
219 Ebd., S. 123.
220 Dazu ausführlich: Longerich, Stellvertreter.
221 Zur Biographie siehe oben, Kap. I. Daß Rust ihn unbedingt wollte, geht aus einem Schreiben an Popitz vom 11.6.1933 hervor, in: DS, A8, Bl. 52, BA Berlin.
222 Brief von Bormann an Himmler, 3. Februar 1937, in: DS, B 27, Bl. 664, BA Berlin. Der »gleitende Sechstageplan« wurde per Erlaß vom 13.9.1935 eingeführt, um den Unterrichtsausfall jeden Samstag aufgrund des »Staatsjugendtags« der HJ zu kompensieren.
223 Zu Bormann: von Lang; Zu diesem Vorgang auch: Heiber, Universität, Teil II, Bd. 2, S. 535–539.
224 Brief von Rust an Heß, 1.10.1937, in: BDC, DS, A8, Bl. 212, BA Berlin. Dazu ähnlichen Inhalts auch das Schreiben von Rust an Bormann, 25.9.1937, ebd., Bl. 210.
225 Hans von Helms an die Karteiabteilung beim Reichsschatzmeister, 9.2.1938, in: BDC, PK, A0441, Bl. 1024, BA Berlin, dort auch der nachstehend erwähnte Interventionsversuch der Gauleitung Süd-Hannover-Braunschweig vom 30.5.1938. Zur Tätigkeit Hans von Helms als Personalreferent beim Stab Heß: Longerich, Hitlers Stellvertreter, S. 22 f.
226 Die Anfrage des Kreisamtsleiters vom 5.1.1943 sowie die Antwort von Ortsgruppenleiter Gerber vom 7.1.1943 in: BDC, PK, AO441, BA Berlin.

227 So sein Nachfolger im Amt, Albert Holfelder, in einem rückblickenden Interview: Kleine Erwerbungen, BA Koblenz. Bojunga blieb bis 1953 im Amt des Göttinger Universitätskurators, 1953/54 war er Staatssekretär im niedersächsischen Kultusministerium. Er starb 1958 in seiner Heimatstadt Hannover.

228 Daß Holfelder trotz seiner Freundschaft mit Baeumler die Interessen des REM wahrte, betont: Bollmus, Amt Rosenberg, S. 319. Nach dem Krieg übte Holfelder das Lektorat für Pädagogik beim Georg-Westermann-Verlag in Braunschweig aus, er starb 1968. Dies nach Grüttner, Lexikon, S. 78.

229 Wolfgang von Staa, Jg. 1893, hatte in Tübingen, Berlin und Kiel Jura studiert und war am 1.3.1934 in die NSDAP eingetreten. Schon vor 1933 vertrat er das preußische Kultusministerium im Senat der Preußischen Akademie der Künste, dies nach: PK L 377, BA Berlin. Von seinem »Sturz« ist in einem Interview die Rede, das Hans Heckel, ein ehemaliger Beamter des Reichsministeriums, 1963 Rolf Eilers gewährte. Nach der seinerzeit im Hause kursierenden »Legende« sei die Anstellung Heckels ein Grund gewesen: Rolf Eilers, Kleine Erwerbungen, BA Koblenz.

230 1943 wurde Otto von Kursell (1884–1963) zum Direktor der Staatlichen Hochschule für bildende Künste Berlin ernannt. Zur Person den Artikel aus Meyers Lexikon, 8. Aufl. 1939, Bd. 7, S. 90; Piper, Alfred Rosenberg, S. 58–62, 440, sowie Wulf, Künste, S. 144 ff.

231 Der Abbau der Quadriga war mehrmals von Beamten des Ministeriums wie von Kunsthistorikern der Berliner Hochschulen gefordert, aber aus »wichtigen psychologischen Gründen« von der Parteiführung abgelehnt worden. 1942 wurden lediglich Gipsabdrücke genommen, das Original hingegen fiel schließlich dem Bombenkrieg zum Opfer: R 4901, Nr. 12 306, BA Berlin.

232 Aus der Trauerrede des Ministers, abgedruckt in: Deutsche Wissenschaft, Erziehung und Volksbildung 8 (1942), H. 17, 5.9.1942, Hervorhebung im Original durch Sperrung. Krümmel, 1895 in Hamburg geboren, war auf einem Dienstflug mit zwei weiteren Passagieren verunglückt. Zu Bardissin: Wolf, Künste, S. 305.

233 Robert Schormann, Jg. 1906, war am 31.10.1942 zunächst kommissarisch zum Ministerialdirektor und Chef von Amt K ernannt, 1943 dann endgültig als Leiter bestätigt worden. Das SA-Mitglied im Rang eines Gruppenführers erhielt sein Gehalt zunächst weiter von der Obersten SA-Führung, was Zschintzsch aber für zu wenig hielt, weshalb er nach Wegen für eine bessere Bezahlung suchte. Hierzu die Korrespondenz mit der Parteikanzlei 1942/43: BDC, DS, A 63, BA Berlin.

234 Hierzu die Statistik aus dem Jahre 1942: Demnach lag der Altersdurchschnitt der höheren Beamten bei 50,8 Jahren, der Angestellten bei 34 Jahren, in: R 4901, Nr. 1a, BA Berlin.

235 Heiber, Walter Frank, S. 123 f.

236 Zusammenfassend dazu: Longerich, Stellvertreter, S. 257 ff.

237 Dies nach den Erinnerungen von Glum, Wissenschaft, S. 452.

238 Zur Biographie Rosenbergs sowie zu seinen politischen und publizistischen

Aktivitäten: Piper, Alfred Rosenberg, hier S. 326 ff., passim; speziell zur »Dienststelle Rosenberg«: Bollmus, Amt Rosenberg.
239 Ebd., S. 329. Tatsächlich ist der Umfang seiner täglichen Korrespondenz erstaunlich, worunter sich seitenstarke Denkschriften, Expertisen und immer wieder mehrseitige Beschwerdebriefe an seine Widersacher befinden, reichliches Material im Bestand NS 8, BA Berlin.
240 Aktennotiz Heinrich Härtle an Rosenberg, 2. 4. 1941, NS 8, Nr. 209, BA Berlin.
241 Dazu der Briefwechsel zwischen Rosenberg und Kunisch, 13. 12. 1935, 3. 1. 1936: NS 8, Nr. 170, BA Berlin. Der Sturz von Harmjanz durch Rosenberg bei: Heiber, Walter Frank, S. 647 ff.
242 Dies nach einem Vermerk von Zschintzsch über eine Besprechung mit Staatssekretär Körner vom Amt Rosenberg, 28. 2. 1940, in dem Zschintzsch es für unmöglich erklärte, diese Summe bereitzustellen: R 4901, Nr. 12 774, Bl. 114, BA Berlin. Der Hinweis über die »Verfrachtung« der Rothschild-Bibliothek in: NS 8, Nr. 167, BA Berlin. Zum Konzept der »Hohen Schule«: Piper, Alfred Rosenberg, S. 462–477, hier S. 466, sowie Losemann, Weg.
243 Zum folgenden: Longerich, Stellvertreter, S. 8–10 und passim.
244 Der Hintergrund beider Erlasse ebd., S. 18 ff., sowie Mommsen, Beamtentum, S. 75 ff.
245 Longerich, Stellvertreter, S. 38 f.
246 Abschrift des Erlasses der Reichskanzlei in: R 4901, Nr. 12 604, BA Berlin. Ein Zusatz des Staatssekretärs mahnte, tunlichst darauf zu achten, »daß im Text wie auch in der Anschrift die Bezeichnung Der Stellvertreter des Führers unter allen Umständen vermieden wird.«
247 Brief des Leiters der Parteikanzlei an Rust, 22. 10. 1941, in: BDC, DS, A 22, BA Berlin.
248 Hierzu das Schreiben Rusts an den Leiter der Parteikanzlei, 4. 3. 1942, sowie das Antwortschreiben Bormanns vom 6. 7. 1942, ebd.
249 Dahm, Schrifttumspolitik, hier S. 71 f.; Blänsdorf, Lehrwerke, hier S. 296 ff.
250 Ebd., S. 73. Eine Kurzbiographie Bouhlers bei Wistrich, Wer war wer, S. 29. Am 29. 6. 1943 teilte Bormann Rosenberg die Entscheidung Hitlers mit, daß er »das Amt Schrifttumspflege einstellen« möge: Brief von Bormann an Rosenberg, 29. 6. 1943, in: NS 88, Nr. 188, BA Berlin.
251 Zu Hederich (1902–1976): Grüttner, Lexikon, S. 72.
252 Davon zeugt reiches Material im Bestand NS 8, hier Nr. 192, 208, 209, NS 51, hier Nr. 182–185, sowie R 4901, Nr. 13 105, BA Berlin.
253 Eine Abschrift des Briefes von Hederich an Baur, 20. 11. 1937, in: NS 8, Nr. 208, Bl. 80–90, BA Berlin. Im Kern ging es um die Kontrolle des »Völkischen Beobachters«. Hederich verstieg sich gegenüber Reichshauptamtsleiter Baur zu dem Satz: »Verstehen sich mich bitte nicht falsch, wenn ich Ihnen sage: die nächste Stelle sowohl von seiten der Partei als auch des Staates Ihnen gegenüber bin ich.« Die Intervention Rosenbergs für Baur erfolgte mit zwei Briefen an Goebbels, 3. 12. u. 23. 12. 1937, das Antwortschreiben Goebbels, 4. 2. 1938, in: NS 8, Nr. 171, BA Berlin.

254 Dies und das Folgende nach dem fünfzig Seiten starken Protokoll einer Referentenbesprechung vom 5.2.1944, in: NS 51, Nr. 182, Bl. 317-366, BA Berlin.
255 Erschienen München 1941.
256 Protokoll der Referentenbesprechung vom 5.2.1944, in: NS 51, Nr. 182, Bl. 317-366, BA Berlin. Hederich schlug vor, Bouhler und andere namhafte Nationalsozialisten zu Vorträgen über Europa anzuregen: »Wie armselig ist das Gespräch um das neue Europa. Wen haben wir denn bei unseren Reichsleitern, die sprechen können zu dem Thema: Goebbels, Rosenberg, Schirach, Bouhler – und dann stocken wir schon. Die Machtfülle von Himmler liegt auf einem anderen Gebiet.«
257 Brief von Rosenberg an Heß, 16.7.1938, in: NS 8, Nr. 192, BA Berlin. Rosenberg könnte sich bezogen haben auf: Karl-Heinz Hederich, Nationalsozialismus und Buch. Rede zur Woche des Deutschen Buches 1937, gehalten auf der Abschlußkundgebung in Essen, Mainz 1937, ohne Seitenzählung; ders., Die Parteiamtliche Prüfungskommission zum Schutz des NS-Schrifttums, ihre Aufgaben und ihre Stellung in Partei und Staat, Breslau 1937. Ab 1938 gab die PPK eine fortlaufende »Nationalsozialistische Bibliographie« heraus; schließlich erschien während des Krieges: Karl-Heinz Hederich, Adolf Hitler, Leipzig 1942.
258 Außer den genannten Verfehlungen wurde Hederich vorgeworfen: »politische Hochstapelei, unrechtmäßige Bewerbung um den Blutorden, betrügerische und unwahre Angaben über die Teilnahme am Marsch zur Feldherrnhalle und über die politische Vergangenheit, Urkundenfälschung, Nichtbesitz eines akademischen Grades, Arbeiten im Dienst der katholischen Aktion«. Dies nach einer Aufstellung Hederichs als Grundlage für ein Gespräch mit Bouhler am 11.2.1944, in: NS 51, Nr. 182, BA Berlin.
259 Stichwort-Protokoll des Termins von Pg. Dr. Payr beim Reichsleiter am 20.10.1944 um 11.47-12.13, in: NS 8, Nr. 132, BA Berlin.
260 Dies nach einer Notiz Hederichs vom 25.4.1944, in: NS 51, Nr. 182, Bl. 190, BA Berlin.
261 Zitiert nach Reuth, Goebbels, S. 271.
262 Das Folgende nach den Unterlagen in: R 4901, Nr. 276, BA Berlin. Neben umfänglicher Korrespondenz enthält die Akte eine ausführliche »Aufzeichnung über den Zuständigkeitsstreit mit dem Reichspropagandaministerium« von Ministerialrat Brenner, 14.8.1940, Bl. 379-397.
263 Ebd., Bl. 380, dort auch das folgende Zitat. Zur Entstehung: Dahm, Anfänge.
264 Mit Erlaß vom 7.12.1933 u. 5.1.1934, R 4901, Nr. 276, Bl. 382, BA Berlin.
265 Ebd., Bl. 368.
266 Ebd., Bl. 390.
267 Marginalie von Graf Rantzau für den Referenten Prof. Weber im Amt V, 24.8.1937, ebd., Bl. 363.
268 Dies nach einem Vermerk des Referenten Prof. Weber vom Amt V für Graf Rantzau, 25.8.1937, ebd., Bl. 363/364. Zuvor hatte der Graf in einer Denkschrift »Aufzeichnung zur Frage der Zuständigkeitsbegrenzung zwischen

Reichserziehungs- und Reichspropagandaministerium« vom 12.7.1937 festgehalten: »Die Akademie der Künste als preußische Einrichtung zu erhalten (etwa nach Art der Sonderbehandlung der preußischen Staatstheater), gebietet die Achtung vor ihrer ehrwürdigen Tradition.« Ebd., Bl. 327–336, hier Bl. 330.
269 Vermerk Zschintzsch für Amt V und Amt Z, 22.4.1939, ebd., Bl. 373.
270 Stellungnahme Amt V, 27.4.1939, ebd., Bl. 374: »Eine Beteiligung des Reichspropagandaministeriums an der Aufstellung der Lehrpläne kann von ihm dazu benutzt werden, um sich in allen wesentlichen Fragen der Kunsthochschulen – auch der personellen – einzuschalten. Nach den bisher gemachten Erfahrungen muss damit gerechnet werden, daß das Reichspropagandaministerium dies tun wird. [...] Wenn eine Beteiligung des Reichspropagandaministeriums noch verhindert werden könnte, würde das Amt V dies sehr begrüssen.«
271 Dies nach der Aufzeichnung von Ministerialrat Brenner vom 15.7.1940, ebd., Bl. 375 ff.
272 Einem handschriftlichen Nachtrag Brenners zufolge rief Schmidt-Leonhardt noch einmal an mit der Bitte, sollte das Kultusministerium sich in dieser Sache mit einem Brief an Goebbels wenden, nichts von seinem Vorstoß zu erwähnen, »da sonst eine ausführliche Darlegung dieser Besprechung erforderlich sein würde, zu der ja ein Auftrag seines Ministers nicht vorgelegen habe«. Brenner entsprach dem Wunsch seines Kollegen, ebd., Bl. 377.
273 Das Folgende nach: R 4901, Nr. 1010, BA Berlin. Die erste Deutung dieses Vorgangs erfolgte aus DDR-Perspektive: Herz, Freiheit.
274 Die Besprechung im Reichspropagandaministerium fand am 10.10.1938 statt, die Beteiligungsvorschläge des Kultusministeriums notierte Graf Rantzau, R 4901, Nr. 1010, BA Berlin.
275 Huber kam mit seinem Vorschlag erstmals am 8.10.1938 auf Amtschef Wacker zu, ebd.
276 Unter anderem waren der Botaniker Fritz von Wettstein, der Eugeniker Eugen Fischer, der Mediziner Max de Crinis, der Strömungsforscher Ludwig Prandtl, der Mediävist Theodor Mayer dabei. Die Festschrift umfaßte sechs Großgebiete zur Medizin, den Natur-, Technik-, Geistes-, Rechts- und Staatswissenschaften, hierzu die Liste sowie das Inhaltsverzeichnis in ebd.
277 Dies nach einem Schreiben von Wacker an Amtsrat Senger, 23.1.1939, ebd. Auch der Chemiker Peter Adolf Thiessen, der nach 1945 eine steile Karriere als Wissenschaftler erst in der Sowjetunion, später in der DDR machen sollte, hatte eine Beteiligung nicht abgelehnt. Herz, Freiheit, S. 577 f., weist freilich allein auf die Nachkriegskarrieren derjenigen Festschriftteilnehmer hin, die nach 1945 in der Bundesrepublik wissenschaftlich reüssierten.
278 Der Widmungstext Rusts nach dem Vermerk von Wilhelm Groh, 22.3.1939, ebd. Die Kosten des Unternehmens beliefen sich auf 7236,60 Reichsmark; Wilhelm Neuhaus, ein Professor der Vereinigten Staatsschulen Berlin, erhielt den Auftrag, den für Hitler vorgesehenen Band kunstfertig auszustatten, ebd., Vermerk Groh vom 23.2.1939.
279 Brief von Rosenberg an Rust, 21.10.1939, ebd.

280 Vermerk Harmjanz' vom 31.10.1939, ebd.
281 Brief des Reichspropagandaministeriums an Rust, 6.11.1939, ebd.
282 Mitteilung des Verlags Hirzel an das Reichskultusministerium, 11.11.1939, ebd.
283 Brief von Rust an Rosenberg, 28.11.1939, ebd.
284 Brief von Mentzel an Goebbels, 27.5.1940, ebd. Die Marginalie des Ministers datiert auf den 14.5.1940.
285 So der Jurist Reinhard Höhn, Die Volksgemeinschaft als wissenschaftliches Grundprinzip, in: Süddeutsche Monatshefte 1934/35, S. 5–7. Zum schillernden Terminus »Volksgemeinschaft«: Bajohr, Volksgemeinschaft; Frei, Volksgemeinschaft; König, Volkswagen; Peukert, Volksgenossen.
286 »Es ist allererste Aufgabe, neue Menschen zu schaffen«, formulierte Rust in der Einleitung zum »Neuaufbau der deutschen Volksschule«, hier zitiert nach: Alfons Kluger, »Die deutsche Volksschule im Großdeutschen Reich, Breslau 1940, S. 81.
287 Als Überblick zum ideellen Hintergrund des »neuen Menschen«: Handbuch der Deutschen Reformbewegungen; Hepp, Avantgarde; zu den Abgründen des Kulturpessimismus am Beispiel Paul de Lagardes: Sieg, Prophet.
288 Das erste Zitat stammt aus einer Rede des Ministers vor dem preußischen Staatsrat am 27.3.1935. Dazu: Rudolf Benze, Schülerauslese an den höheren Schulen, in: Deutsche Wissenschaft, Erziehung und Volksbildung 1 (1935), S. 83 ff., das Zitat S. 83. Das zweite Zitat ist in einer Rede Rusts vom 15.11.1934 bei einem Empfang des Außenpolitischen Amtes der NSDAP enthalten: R 4901, Nr. 11 913, Bl. 234–244, hier Bl. 236, BA Berlin.
289 Zitat aus einer Rede Rusts auf einer Kundgebung der Deutschen Arbeitsfront vom 28.9.1936: R 4901, Nr. 798, Bl. 12–32, hier Bl. 18, ebd., wo es in den Sätzen zuvor heißt: »Ich habe häufiger denen, die mich fragten, wann dies oder jenes kommt, gesagt: Wissen Sie, wenn Sie schon die Bedingungen eines neuen Erziehungs-, Schul- und Hochschulaufbaus begreifen wollen, müssen Sie zum Förster in die Lehre gehen.«
290 Rudolf Benze, Erziehung im Großdeutschen Reich. Eine Überschau über ihre Ziele, Wege und Einrichtungen, Frankfurt a. M. [3]1943, hier S. 14 ff., dort auch die folgenden Zitate im Text.
291 Dies nach einem Artikel im Amtsblatt des Hauses, dessen Verfasser als Ministerialrat tätig war: Kurt Klamroth, Schulgeld und Begabtenauslese, in: Deutsche Wissenschaft, Erziehung und Volksbildung 1 (1935), S. 75 f., hier S. 75.
292 Brief von Rust an Popitz, 6.10.1934, R 4901, Nr. 405, BA Berlin. Rust forderte eine Senkung des Schulgeldes in Preußen auf 204 RM und eine Erhöhung des Schulgeldabschlags zur Förderung unbemittelter Kinder von 15 auf 20%. Damit schloß er an seinen bereits im Dezember 1933 unternommenen Vorstoß beim preußischen Ministerpräsidenten zur Revision des Schulgeldgesetzes vom 18. Juli 1930 an. Mit Schreiben vom 2.1.1934 lehnte Popitz den Antrag ab. Beide Schreiben in: R 4901, Nr. 8924, BA Berlin.

293 Dies nach einer Zusammenstellung von Argumenten für den Minister durch Klamroth, undatiert, ebd.
294 Brief von Popitz an Rust, 29.1.1935, ebd., mit Zahlenangaben über die Höhe der Mehrbewilligungen.
295 Vermerk auf dem Schreiben von Popitz an Rust vom 29.1.1935, ebd. Demnach hatte sich die »Chefbesprechung« erübrigt, die Entscheidung war nach einem Telephongespräch zwischen beiden Ministern am 4.2.1935 gefallen.
296 Protokoll einer Besprechung über die Hauptschule vom 16.12.1940: R 4901, Nr. 12 685, BA Berlin. Ähnlich heißt es bei Benze, Erziehung, S. 23: »Angestrebt wird völlige Schul- und Lernmittelfreiheit für alle Schulen.«
297 Klamroth, Schulgeld, S. 76.
298 Zur Begründung des Erlasses: Benze, Schülerauslese, S. 83 ff.
299 Die Neuerungen faßt zusammen: Gemeinde- und Volksschulverwaltung und Schulbeiräte, hg. von Helmut Bojunga und Kurt Klamroth, Berlin o. J. (Verfügungen für die Unterrichtsverwaltung, N. F., H. 1); Helmut Bojunga, Beiräte im Schulrecht, in: Deutsche Wissenschaft, Erziehung und Volksbildung 1 (1935), S. 71–75, dort auch das vorhergehende Zitat im Text.
300 Adolf Reichwein, Schaffendes Schulvolk – Film in der Schule. Die Tiefenseer Schulschriften – Kommentierte Neuausgabe, hg. von Wolfgang Klafki et al., Weinheim und Basel 1993, dazu die bewundernde Besprechung in: Weltanschauung und Schule 2 (1938), S. 335 f. Zur Biographie des Pädagogen, der sich Ende der dreißiger Jahre dem Widerstand anschloß und 1944 hingerichtet wurde: Amelung, Adolf Reichwein.
301 Die Tagung fand vom 18. bis 23.7.1936 statt: NS 12, Nr. 1338, BA Berlin. Dazu die lobende Besprechung Alfred Baeumlers über zwei Publikationen des Vaters der Landerziehungsheim-Bewegung, Hermann Lietz, in: Weltanschauung und Unterricht 3 (1939), S. 45 ff.
302 Beispielhaft für die republikanische Funktionalisierung der Schule ist eine Aussprache im preußischen Kultusministerium zu Fragen des höheren Schulwesens mit Vertretern des Provinzialschulkollegiums am 8. und 9.5.1931: Erziehung müsse stets »Erziehung zu dem gegenwärtigen, tatsächlich vorhandenen Staat sein«, die Schule habe den Schüler in politischer Hinsicht zu führen, wobei das Ziel dieser Führung der »zu staatspolitische[m] Denken« befähigte Schüler sei: »Im Schüler muß der staatsbürgerliche Wille als Bürger der deutschen Republik geweckt werden.« Dies nach dem Protokoll in: R 4901, Nr. 4568, Bl. 56 ff.; das Zitat im Text: ebd., Nr. 11 913, Bl. 234–243, hier Bl. 238, BA Berlin.
303 Ausführungen des Ministers zum Landjahr in einer Rede vom 15.11.1934, ebd., Bl. 240–241, dort Bl. 240 auch das folgende Zitat im Text. Dem zeitweiligen Referenten im Landjahr, Erwin Gentz, zufolge, ging das Landjahr auf Ideen des Regierungsrats Schiffer zurück. Als der Erfolg absehbar wurde und die HJ nach Einflußnahme strebte, habe der Minister diese Versuche »mit aller Kraft abgewehrt«. Dies nach dem Interview von Rolf Eilers mit Erwin Gentz, Kleine Erwerbungen, BA Koblenz.

304 Dazu die Schriften zweier Ministerialbeamter: Landjahr. Plan und Gestaltung, hrsg. von Adolf Schmidt-Bodenstedt, Leipzig 1937; Das Landjahr. Die gesetzlichen Grundlagen und wichtigsten Bestimmungen für den Hausgebrauch zusammengestellt und hrsg. von Erwin Gentz, Eberswalde 1936. Ein zeittypisches Stimmungsbild malt: Irmgard Obergethmann, Unser Mädellandjahr, in: Weltanschauung und Schule 1 (1936), S. 650–660.
305 R 4901, Nr. 405, Bl. 298–304, BA Berlin, sowie: Böhme, Zentralinstitut.
306 Deutsche Wissenschaft, Erziehung und Volksbildung, 2 (1936), H. 17, 5.9.1936.
307 Zur Lehrerbildungsreform unter Carl Heinrich Becker siehe oben, Kap. I,2. Generell zur Lehrerbildung: Enzelberger, Sozialgeschichte.
308 R 4901, Nr. 11 913, Bl. 294, BA Berlin. Das vorhergehende Zitat: ebd., Bl. 236–237.
309 Ebd. In Thüringen studierten die Volksschullehrer auch nach der Berliner Reform weiterhin an der Landesuniversität Jena, »weil der zuständige Reichsstatthalter sich bisher nicht hat entschliessen können, die Verbindung der Volksschullehrerausbildung mit der Universität zu lösen«, erläuterte ein Schreiben des Reichskultusministers an den preußischen Ministerpräsidenten vom 28.2.1939: R 4901, Nr. 10 950, Bl. 25 f., hier nach dem Entwurf des Ministerschreibens. Zur Genese der Hochschulen für Lehrerbildung die Unterlagen R 4901, Nr. 11 913, Bl. 87–93 BA Berlin. Der Reichskultusminister weihte die nach ihm benannte Hochschule persönlich ein, dazu der Bericht von Hans Glauning, Einweihung der Bernhard Rust-Hochschule, in: Weltanschauung und Schule 1 (1936), S. 452–457.
310 Erlaß des Reichsministeriums für Wissenschaft, Erziehung und Volksbildung vom 2.7.1937, zitiert nach Kluger, Volksschule, S. 148.
311 Richtlinien für die Lehrtätigkeit und das Studium an den Hochschulen für Lehrerbildung, zitiert nach einer Abschrift in NS 12, Nr. 1338, BA Berlin; die Richtlinien traten reichsweit im Sommersemester 1936 in Kraft.
312 Die Pflicht zum einjährigen Vorstudium an einer Hochschule für Lehrerbildung wurde mit den »Richtlinien für die Ausbildung für Lehrer an höheren Schulen« vom 16.7.1937 verordnet: Deutsche Wissenschaft, Erziehung und Volksbildung 3 (1937), H. 15, S. 363–365; vgl. auch Mandel, Geschichte, S. 176 ff. Das Zitat im Text: Protokoll der Rektorenkonferenz vom Frühjahr 1938, niedergelegt in: R 4901, Nr. 13 164, BA Berlin.
313 Ohne Titel, undatiert [1939]: R 4901, Nr. 10 950, Bl. 16–19, BA Berlin, Bl. 17 das folgende Zitat im Text. Dazu die Rede von Albert Holfelder, Nachwuchslenkung des Lehrerstandes, in: Weltanschauung und Schule 3 (1939), S. 2–7. Allgemein zum Thema: Hesse, »Bildungsinflation«.
314 Brief von Rust an Göring, 28.2.1939: R 4901, Nr. 10 950, Bl. 25 f., BA Berlin, hier nach dem Entwurf des Ministerschreibens, vorn auf der Seite Kanzleivermerk: »Die Reinschrift ist nicht abzusenden, sondern dem Herrn Minister zur persönlichen Überreichung an den Herrn Generalfeldmarschall vorzulegen.«

315 Brief von Göring an Rust, 3.2.1939, sowie Brief von Fritz Sauckel an Rust o. Dat. [März 1939], ebd.
316 Denkschrift des Reichsministeriums für Wissenschaft, Erziehung und Volksbildung zur Frage der Lehrerbildung und der Lehrernachwuchsgestaltung, Berlin o. J. [1940, Typoskript]; zum Vorschlag von Popitz siehe unten Kap. VI,3.
317 Das Zitat im Text nach: Denkschrift des Reichsministeriums für Wissenschaft, Erziehung und Volksbildung zur Frage der Lehrerbildung und der Lehrernachwuchsgestaltung, Berlin o. J. [1940, Typoskript]; Die Verordnung zur Schulzahnpflege: Deutsche Wissenschaft, Erziehung und Volksbildung 3 (1937), H. 7, 5.4.1937. Zur inneren und äußeren Gestaltung neuer Schulgebäude siehe den Artikel des Ministerialrats Hans Hecker in »Zeitschrift für Bauwesen«, Jg. 9. Die Erlasse zur Anlage und Bewirtschaftung von Schulgärten: 23.11.1934 und 21.6.1937 sowie der Erlaß über »Belehrungen in Ernährungsfragen« vom 23.9.1936, in: Kluger, Volksschule, S. 228 ff.
318 Das praktische Musizieren an den Volksschulen schrieben die »Richtlinien für den Unterricht in den vier unteren Jahren der Volksschule vom 10.4.1937 fest, Kluger, Volksschule, S. 97–142, hier 133 f.
319 Vgl. dazu die »Richtlinien für den Musikunterrricht in Volksschulen« vom 26.3.1927, in: Richtlinien des Preußischen Ministeriums für Wissenschaft, Kunst und Volksbildung für die Volksschulen, Breslau ^{9}1928, S. 50–55, wo es unter Punkt fünf heißt: »Der Musikunterricht soll das Leben der Schüler mit Freude und Frohsinn erfüllen, Lust und Liebe zur Musik wecken und auf diese Weise den Kindern den Weg in die Welt des deutschen Liedes und der deutschen Musik bahnen.«
320 Zum »Tag der Hausmusik« wurde in den Amtsblättern der Länder aufgerufen, so im Verordnungsblatt des Sächsischen Ministeriums für Volksbildung 21 (1939), 23 (1941), 24 (1942).
321 Zum ministeriellen Stand der Schuldiskussion 1933: »Niederschrift über die 11. Tagung des Ausschusses für das Unterrichtswesen«, 17.11.1933: ebd., Bl. 243–269; siehe auch: Walter Landé, Die Schule in der Reichsverfassung. Ein Kommentar, Berlin 1929, sowie Karl Müller, Die Preußische Volksschule im Volksstaate, Osterwieck i. H. 1930, hier S. 181–188 zur reichsgesetzlichen Entwicklung, sowie Grünthal, Reichsschulgesetz.
322 Brief von Rust an die Unterrichtsverwaltungen der Länder, 6.12.1934, in: R 4901, Nr. 8923, BA Berlin. So war in Baden bereits im Frühjahr 1934 eine grundlegende Schulreform erfolgt, die den davon überraschten Reichsinnenminister zur gezielten Nachfrage anhielt: R 4901, Nr. 8926, Bl. 28 BA Berlin.
323 Ernst Bargheer, Jahrgang 1892, promovierter Schulrat und 1933 zum Professor an der Pädagogischen Akademie in Braunschweig berufen, war Abteilungsleiter im Amt E.
324 Die beiden vorhergehenden Zitate im Text aus der Präambel des ersten Entwurfs für ein Reichsschulpflicht- und ein Schulaufbaugesetz vom 2.10.1935: R 4901, Nr. 8923, Bl. 42 f. Zur Arbeitsweise vgl. den Zwischenbericht Bojungas an den Minister, 16.5.1935, R 4901, Nr. 8919, Bl. 328 ff., BA Berlin.

325 Dies nach »Zur Begründung des Entwurfs für ein Gesetz über den Schulaufbau« vom 31.10.1935, ebd., Bl. 63–67. Zur »Einheitsschule«, die von nationalsozialistischen Vorstellungen nicht weit entfernt lag, hieß es im Entwurf, Bl. 64, »daß der Gedanke [...] seinen Vorzug besäße, wenn es tatsächlich nur einen Bildungsgang gäbe. Das ist aber nicht der Fall.«
326 Ebd., Bl. 65 ff., dort auch die vorhergehenden Zitate im Text.
327 »Bemerkungen zum Entwurf eines Gesetzes über die Schulpflicht im Deutschen Reich«, 31.10.1935, ebd., Bl. 68–75, hier Bl. 69, wo es zur näheren Begründung heißt: »Einheitliche Richtlinien für die Umschulung schulpflichtiger Kinder von Land zu Land konnten bisher nicht erlassen werden. Die hierüber seit Jahren gepflogenen Länderverhandlungen sind bezeichnender Weise zu keinem abschließenden Ergebnis gelangt.«
328 Ebd., Bl. 75.
329 Stellungnahme des Oberbürgermeisters der Stadt Leipzig, Dr. Carl Goerdeler vom 6.3.1936, ebd. Zur Biographie des späteren führenden Kopfes im bürgerlichen Widerstand gegen Hitler: Reich, Carl Friedrich Goerdeler.
330 Stellungnahme des Oberbürgermeisters der Stadt Frankfurt, 15.7.1936; R 4901, Nr. 8923, BA Berlin. Der Denkschrift war ein Artikel »Leitgedanken zum Neuaufbau des deutschen Schulwesens« in: Der Gemeindetag 28 (1934), Nr. 23 vom 1.12.1934 beigefügt. Der Jurist Friedrich Krebs (1894–1961) amtierte durchgehend von 1933 bis 1945 als Oberbürgermeister der Stadt Frankfurt.
331 Zur Kommunikation zwischen Ministerium und Lehrerbund beispielhaft der »Entwurf zu einem Reichsgesetz über den Schulaufbau (Schulaufbaugesetz)«, undatiert [1936] in: NS 12, Nr. 1338, mit dem Vermerk: »Streng vertraulich nur für den inneren Dienstgebrauch im Amt für Erzieher der NSDAP«. Als Verbindungsmann zwischen Ministerium und Lehrerbund fungierte Ministerialrat Bargheer. Helmut Bojunga, Das Schulwesen, München 1937; ders., Gemeinde-Volksschulverwaltung und Schulbeiräte, Berlin 1935.
332 Dazu Grünthal, Reichsschulgesetz, S. 80–194 und passim; Maier, Auseinandersetzung; Thierfelder, Auseinandersetzung; Sonnenberger, Reform. Den zeitgenössischen Stand faßt zusammen: Landé, Schule, S. 96–140.
333 Verfügung vom 13.10.1933, abgedruckt bei Kluger, Volksschule, S. 308.
334 Hierzu das Protokoll einer Referentenbesprechung im Reichskirchenministerium über den Entwurf eines Gesetzes zur Gewährleistung der Gewissensfreiheit an den deutschen Schulen vom 5.11.1936 in: Akten der Reichskanzlei, Die Regierung Hitler, Bd. III: 1936, München 2002, S. 607–614; der Gesetzentwurf für ein Reichsschulgesetz in: ebd., Bd. IV: 1937, München 2005, S. 6 f., dazu die Dokumente 16 und 119 in diesem Band.
335 Hierzu die Dokumente in: ebd. Bd. V: 1938, Dok. 45, S. 152 ff. Bei diesem wie beim Reichsschulgesetz hatte Goebbels versucht, offene Zuständigkeitsfragen zwischen beiden Ressorts mit der Zustimmung zu den Gesetzen zu verknüpfen. Zur Situation des Privatschulwesens: Eilers, Schulpolitik, S. 92 ff.
336 Siehe hierzu die Unterlagen in: R 4901, Nr. 12 685, BA Berlin.
337 Der Text des Reichsschulpflichtgesetzes: RGBl. 1938, Teil I, S. 799.

338 Brief von Rust an Ley, 21.1.1937, in: R43 II, Nr. 956a, BA Berlin, mit dem Hinweis auf »Grundsätze« spielte Rust auf den »Gründungsaufruf« Leys und von Schirachs vom 19.1.1937 an, in dem es hieß: »Nähere Einzelheiten über die Adolf-Hitler-Schulen werden heute noch nicht veröffentlicht. Wir teilen jedoch, um Unklarheiten zu vermeiden, die folgenden Grundsätze mit«, hier zitiert nach Eilers, Schulpolitik, S. 118. Allgemein dazu: Feller/Feller (Hg.), Adolf-Hitler-Schulen.

339 Ebd., S. 119; die Korrespondenz der Beteiligten ist leicht greifbar: Akten der Reichskanzlei. Die Regierung Hitler, Bd. IV: 1937, bearb. von Friedrich Hartmannsgruber, München 2005, S. S. 52–56. Laut Holfelder soll Rust nach dieser Affaire schulpolitisch resigniert und sich das Verhältnis zu Hitler abgekühlt haben, »nachdem Rust wahrscheinlich in Verbindung mit der Einführung der Adolf-Hitler-Schule einen Selbstmordversuch unternommen hatte«, Interview mit Ministerialdirektor Albert Holfelder durch Rolf Eilers [1963]: Kleine Erwerbungen, BA Koblenz. Es ist dies freilich der einzige Hinweis auf eine solche Reaktion des Reichskultusministers.

340 Interview von Rolf Eilers mit Alfred Baeumler [1963], Kleine Erwerbungen, BA Koblenz. Auch Holfelder warb mit einschlägigen Artikeln für sein Reformwerk: Albert Holfelder, Die neue höhere Schule, in: Weltanschauung und Schule 2 (1938), S. 104–109.

341 Die Zahlen nach: »Grundsätze des deutschen Volks- und Berufsschulwesens«, in: R 4901, Nr. 15 242, Bl. 8–15, hier Bl. 9, BA Berlin. Laut dieser Zusammenstellung besaßen 10 751 Volksschulen zwei Klassen, 5562 drei, 3428 vier, 1358 fünf, 1412 sechs, 2329 sieben.

342 Ebd., Bl. 10, dort auch das vorhergehende Zitat im Text.

343 Zum »Volksschulunterhaltungsgesetz« vom 2.12.1936 Bojunga, Schulwesen.

344 Dazu: Götz, Grundschule.

345 Das Zitat im Text: Kluger, Volksschule, S. 81; der Erlaß zur Abschaffung privater Vorschulen: Deutsche Wissenschaft, Erziehung und Volksbildung 2 (1936), S. 187; zur Rechtslage der privaten Vorschulen und Vorschulklassen zur Zeit der Weimarer Republik: Handwörterbuch des Gesamten Schulrechts und der Schul- und Unterrichtsverwaltung, Leipzig 1930, Artikel »Grundschule«, S. 200–297, hier S. 201; Erlaß zur Einführung der Richtlinien für die unteren Jahrgänge der Volksschule: Deutsche Wissenschaft, Erziehung und Volksbildung 3 (1937), S. 199; Erlaß zu den Richtlinien für die Volksschulen: ebd., 6 (1940), S. 75. Die wesentlichen Bestimmungen liegen außerdem in einer Edition gedruckt vor: Fricke-Finkelnburg (Hg.), Nationalsozialismus.

346 Die Zitate im Text ebd., S. 21–35.

347 So der diesbezügliche Kommentar bei Benze, Erziehung, S. 27, dort auch die nach den »Richtlinien« geltenden Stundentafeln für Jungen und Mädchen.

348 Fricke-Finkelnburg, Nationalsozialismus, S. 35–38, dort auch die vorhergehenden Zitate dieses Absatzes.

349 Ebd., S. 39.

350 Ebd., S. 39–41.

351 Ebd., S. 43, die Anweisung zum Erdkundeunterricht ebd., S. 41 f.
352 Ebd., S. 47 f.
353 Die Zahlen zur Schulstatistik nach den Angaben in: Deutsche Wissenschaft, Erziehung und Volksbildung, 7 (1941), S. 312 ff., siehe auch Sonnenberger, Reform, S. 196.
354 Die mangelhafte Ausstattung der ländlichen Volksschulen beschreiben: Dannhäuser, Schulgeschichte; den Schulbüchereien waren zwei Erlasse des Ministers gewidmet: Erlaß vom 20. 1. 1937 »Aufbau des Schulbüchereiwesens an Volksschulen«, sowie Erlaß vom 22. 8. 1939 »Schulbüchereien an Volksschulen«, abgedruckt bei Kluger, Volksschule, S. 320–323. Im Herbst 1934 gab Rust den Startschuß für die Erstellung eines »Reichslesebuchs«, dazu: Gertrud Ferchland, Der Werdegang des deutschen Reichslesebuchs, in: Weltanschauung und Schule 1 (1936), S. 280–285, sowie den Artikel von Alfred Pudelko, ebd., 2 (1938), S. 337–341.
355 Die mittleren Schulen in Preußen, hg. von der Staatlichen Auskunftsstelle für das Schulwesen, Berlin 1930; Artikel »Mittlere Schulen« in: Handwörterbuch des gesamten Schulrechts und der Schul- und Unterrichtsverwaltung in Preußen, Leipzig 1930, S. 444–458.
356 Der Erlaß vom 1. Juli 1938: Deutsche Wissenschaft, Erziehung und Volksbildung 4 (1938), S. 325. Die »Bestimmungen über Erziehung und Unterricht in der Mittelschule« erschienen separat im Zentralverlag der NSDAP Franz Eher, Berlin 1939. Auf zwei Beamte des Reichserziehungsministeriums, Ministerialrat Emil Pax und Amtsrat Hermann Raffauf, geht das »Handbuch für Mittelschulen«, Halle 1940, zurück. Die Zahlen nach: Statistisches Jahrbuch 58 (1939/40), S. 613.
357 Brief des Reichsfachschaftsleiters für Mittelschulen im NS-Lehrerbund an Rust, August 1935: NS 12, Nr. 1325, BA Berlin. Der »Deutsche Gemeindetag« setzte sich wiederholt für Fortbestand und Ausbau des mittleren Schulwesens ein, so in einem Brief des Gemeindetages an den Reichsminister vom 23. 11. 1937: R 4901, Nr. 8924, ebd., wo es heißt: »Im Fachausschuß für Bildungswesen des Deutschen Gemeindetages ergab sich erneut die einmütige Überzeugung, daß die grundständige Mittelschule wichtigster Bestandteil des deutschen Gesamtschulorganismus ist.«
358 Brief von Wacker an Holfelder, 6. 8. 1938: R 4901, Nr. 798, Bl. 7, ebd., sowie Brief von Wacker an Rust, 14. 1. 1939, ebd., Bl. 1–3.
359 Zahlen nach: Statistisches Jahrbuch für das Deutsche Reich 57 (1938), S. 601. Zur Einführung der Hauptschule unten, Kap. VI,3.
360 Erlaß »Schülerauslese an den höheren Schulen« vom 27. 3. 1935, in: Deutsche Wissenschaft, Erziehung und Volksbildung 1 (12 935), S. 125, sowie Erlaß »Körperliche Auslese der Schüler höherer Schulen« vom 30. 1. 1936, in: ebd., 2 (1936), S. 93, siehe dazu auch oben, S. 127 f.
361 Ebd., Pkt. 4. Dasselbe galt etwa auch für die »Bluterkrankheit«.
362 Worauf der Vertreter Preußens, Ernst Bargheer, indigniert meinte, daß eine »so weitgehende und starre Kompensation [...] auch in Preußen nicht beab-

sichtigt« sei. Dies nach der »Niederschrift über die 11. Tagung des Ausschusses für das Unterrichtswesen« vom 17.11.1933 beim Reichsinnenministerium: R 4901, Nr. 8923, Bl. 255v, BA Berlin.

363 Eine Kopie des Erlasses zur Einführung der zwölfjährigen Schulzeit von Ostern 1937 an vom 30.11.1936: R 4901, Nr. 798, Bl. 8, BA Berlin, auch abgedruckt in: Deutsche Wissenschaft, Erziehung und Volksbildung, 4. (1938), S. 155.

364 »Niederschrift über die 11. Tagung des Ausschusses für das Unterrichtswesen« vom 17.11.1933 beim Reichsinnenministerium: R 4901, Nr. 8923, Bl. 243–269, die Zitate Bl. 244, 247, 252 f., BA Berlin.

365 »Vermerk zur Frage der Aufhebung des 4. Grundschuljahres (Anregung der Abteilung W I), 27.8.1936: R 4901, Nr. 798, Bl. 44 ff., BA Berlin.

366 Notiz über eine Besprechung vom 17.1.1941 im Ministerium: R 4901, Nr. 4611, Bl. 145, BA Berlin.

367 Das Zitat Benzes aus: »Niederschrift über die 11. Tagung des Ausschusses für das Unterrichtswesen« vom 17.11.1933 beim Reichsinnenministerium: R 4901, Nr. 8923, Bl. 246, BA Berlin; »Vereinheitlichung des höheren Schulwesens« vom 20.4.1936: Deutsche Wissenschaft, Erziehung und Volksbildung 2 (1936), S. 210.

368 Erlaß »Erziehung und Unterricht in der Höheren Schule«, als Einzelschrift erschienen Berlin 1938, hier zitiert nach Fricke-Finkelnburg, Nationalsozialismus, S. 105–122, die beiden Zitate im Text ebd., S. 106; zur Schulbuchfrage am Beispiel der Geschichtslehrbücher: Blänsdorf, Lehrwerke, S. 367, wonach in den höheren Schulen die noch aus der Zeit der Weimarer Republik stammenden Werke bis 1938, in Bayern bis 1940 offiziell zugelassen waren.

369 Dies nach: R 4901, Nr. 4620, BA Berlin, dort Bl. 1 der Vorschlag Huhnhäusers zur Errichtung eines Schulvisitationsgremiums vom 16.5.1938; zur Durchführung der Inspektionsreisen bewilligte der preußische Finanzminister zunächst 60 000, später 80 000 RM, ebd., Bl. 59–61.

370 »Schweigen hieße Verrat«, mit dieser plakativ überschriebenen Denkschrift machten die Berliner Professoren Koch und Feyerabend im November 1939 auf den Leistungsabfall der Studierenden aufmerksam: R 4901, Nr. 13 902, BA Berlin; dort auch eine Abschrift der »Guertler-Denkschrift« vom 9.4.1940 sowie eine unterstützende Stellungnahme von Finanzminister Popitz vom 1.6.1940. Zum Sachverhalt: Seier, Niveaukritik.

371 Auf diese vermutlich 1940 erschienene Denkschrift wird in den Nachkriegsaufzeichnungen des Ministerialrats Emil Pax, »Die Schule als Streitobjekt zwischen Partei und Staat«, verwiesen: R 4901, Nr. 13 105, Bl. 37–44, BA Berlin. Verfasser des Memorandums könnte Alfred Baeumler gewesen sein.

372 Das Zitat Alfred Bauemlers aus einem Gutachten über »Erzählungen aus der Rudolf-Steiner-Schule in Dresden«, 16.11.1940: NS 8, Nr. 240, BA Berlin.

373 Hierzu die Personalakte des 1905 in Zirndorf bei Nürnberg geborenen Juristen in: BDC, DS/REM A 46, Nr. 1193, 1729, BA Berlin. Miederer trat auf den

Vorschlag von Ministerialrat Hermann-Walther Frey in das Ministerium ein und wurde 1941 zum Ministerialrat befördert.

374 Dies und das Folgende nach R 4901, Nr. 5958, BA Berlin, mit Zeitungsberichten und Photos von den Eröffnungsfeierlichkeiten. Der Zuschuß des Reiches im ersten Jahr belief sich auf 84 000 Reichsmark. Dazu: Heldmann, Gymnasium.

375 Merkblatt des Reichsministeriums für Wissenschaft, Erziehung und Volksbildung, hg. im Auftrag des Ministers von Dr. Martin Miederer, Februar 1940: R 4901, Nr. 5962, BA Berlin. Der musikalische Leiter der Anstalt, Kurt Thomas (1904–1973), spielte als Chorleiter und Komponist bis weit in die zweite Nachkriegszeit eine bedeutende Rolle im Musikleben der Stadt Frankfurt.

376 Vermerk für Amt E von Amt K, 24.7.1939: R 4901, Nr. 5959, BA Berlin.

377 Hervorhebung im Original durch Unterstreichung. Das Zitat stammt aus einem Brief des Landeskulturverwalters Gau Düsseldorf, Krieger, an SS-Obersturmführer Blume, 5.5.1939: R 4901, Nr. 5858, BA Berlin. Krieger beschwerte sich über das Meldeverfahren, auf das die Partei am Ort nur geringen Einfluß hätte nehmen können, so daß es zu Ablehnungen wie dieser gekommen sei: »Diese Einstellung beleuchtet Zustände im Denken von rheinischen Volksgenossen, die ihrer ganzen Einstellung nach heute noch ›schwarz‹ sind«. Der Landeskulturverwalter schlug darum eine Vorauswahl unter Beteiligung der Hitlerjugend vor.

378 Ernst Siewert in einem Schreiben an das Reichserziehungsministerium, 17.2.1940: R 4901, Nr. 5962, BA Berlin.

379 Erwin Paetschke in einem Schreiben an das Reichserziehungsministerium, 18.2.1940, ebd.

380 Außerdem steuerte das Reichskultusministerium aus einem Sonderfonds 2000 Reichsmark zu den Betriebskosten bei: R 4901, Nr. 5958, BA Berlin.

381 Bericht über die Konzertreise in die Schweiz, 12. bis 23. Mai 1943 in: R 4901, Nr. 5961, BA Berlin.

382 Miederer selbst stand in der SS im Rang eines Obersturmbannführers, aber auch der Schulleiter Kurt Thomas verfügte über direkten Kontakt zu Himmler. Dies wie der Bericht über die ersten Abiturienten: ebd.

383 So Ministerialrat Pax in seinen Nachkriegsaufzeichnungen: R 4901, Nr. 13 105, Bl. 41, BA Berlin.

384 Runderlaß des Reichserziehungsministeriums, 10.9.1935, hier zitiert nach Fricke-Finkelnburg, Nationalsozialismus, S. 263 f., dort auch S. 264 der Erlaß zur Befreiung nichtarischer Schüler vom nationalpolitischen Unterricht am »Staatsjugendtag«. Den generellen Kontext zeichnet: Weiss, Schicksalsgemeinschaft, hier bes. S. 19 ff.; siehe auch Eilers, Schulpolitik, S. 98–103.

385 Abdruck beider Erlasse in: Fricke-Finkelnburg, Nationalsozialismus, S. 271 f.

386 Das Folgende nach: R 4901, Nr. 521, BA Berlin. Anfrage des Oberbürgermeisters der Stadt Breslau vom 13.12.1935 sowie die daran anschließenden handschriftlichen Aktenvermerke von Prof. Dähnhardt vom 20.1.1936, Graf Rantzau vom 24.1.1936, Rudolf Frercks vom 25.1.1936, Rudolf Kummer vom 1.2.1936, Gerhard Krüger vom 19.3.1936.

387 Mitteilung des Reichsinnenministeriums vom 5.5.1936 auf eine Anfrage des Reichserziehungsministeriums, ebd.
388 Vermerk Graf Rantzau, 23.12.1938, R 4901, Nr. 522, BA Berlin.
389 Einen Abriß zur Geschichte des Berufsschulwesens in Deutschland in: Handbuch der deutschen Bildungsgeschichte, Bd. V, S. 259–286.
390 Die Zahlen nach den Aufzeichnungen Wilhelm Heerings vom 30.10.1936 in: R 4901, Nr. 8920, Bl. 46 ff., BA Berlin; weitere Zahlen bietet der »Wegweiser durch das gewerbliche Berufsschulwesen des Deutschen Reiches«, hg. von der Reichsstelle für Schulwesen Berlin, Berlin 1938.
391 Dies nach den Unterlagen in: R 4901, Nr. 15 277, BA Berlin, wonach 1938 hauptsächlich die Gemeinden als Träger auftraten, daneben aber nach wie vor Kreisverbände, Zweckverbände, Innungen und Handelskammern als Träger wirkten; dazu auch: Gentz, Reichsberufsschulrecht, S. 10–13.
392 Ebd., S. 13. Gentz, 1905 in Stettin geboren, hatte in Kiel Rechts- und Staatswissenschaften studiert, war 1935 zum Reichserziehungsministerium gestoßen und zunächst in der Abteilung Landjahr tätig. 1936 wechselte er in das Referat Berufs- und Fachschulwesen, 1940 erfolgte seine Ernennung zum Ministerialrat, von 1943–1945 amtierte er als Chef des Ministeramts: BDC, DS/REM A 25, SSO, Nr. 8 A, BA Berlin.
393 Brief von Ley an Frick, 22.2.1934 sowie das Antwortschreiben Fricks an Ley, 10.3.1934 in: R 4901, Nr. 8919, BA Berlin, Bl. 2 u. 5., die Absage Rusts an Ley vom 11.4.1934 ebd., Bl. 6.
394 Eine Abschrift der zwischen Rust und Reichswirtschaftsminister Funke getroffenen Vereinbarung vom 12.6.1934 in: R 4901, Nr. 4962, Bl. 211 f., BA Berlin. Die Intervention von Popitz für die Übertragung der Tierärztlichen Hochschulen und sonstigen veterinärmedizinischen Fachschulen an das Kultusministerium in: R 4901, Nr. 181, Bl. 181, BA Berlin, auszugsweise Niederschrift der Staatsministersitzung vom 22.6.1933.
395 Rundbrief Rusts an die Regierungen der Länder, 13.10.1934, ebd., Bl. 22; Runderlaß Rusts vom 29.2.1936 mit Bezugnahme auf den Runderlaß vom 13.10.1934, R 4901, Nr. 8922, »Einwände« waren von seiten Bayerns und Sachsens erhoben worden, konnten aber in der Folgezeit beseitigt werden. Der erwähnte Erlaß Hitlers datierte vom 11.5.1934, RGBl. I, 1934, S. 375.
396 Hierzu die von Wilhelm Heering formulierten »Reichsgrundsätze für die einheitliche Ausrichtung der Fachschulen für das Bau- und Maschinenwesen«, vom 21.11.1936: R 4901, Nr. 8920, Bl. 53 f., hier Bl. 53, BA Berlin. Das vorhergehende Zitat im Text entstammt einer Aufzeichnung Heerings vom 30.10.1936, ebd., Bl. 46 ff., hier Bl. 47; Erlaß vom 6.8.1937 »Erarbeitung reichseinheitlicher Lehrpläne für Berufsschulen«; mit ähnlicher Energie wurden Ausbildungs- und Prüfungsordnungen erstellt.
397 Hermann Südhoff, Das Vordringen der Berufsbildungsidee, in: Deutsche Wissenschaft, Erziehung und Volksbildung 1 (1935), S. 51–55; siehe auch ders., Das Berufs- und Fachschulwesen in Deutschland, Frankfurt a. M. 1936; außer Südhoff, der zuvor im preußischen Wirtschaftsministerium gedient hatte,

brachten Siegfried Federle aus Baden und Martin Himmler aus München die Erfahrungen der Länderebene in das Reichsministerium mit, R 4901, Nr. 181, Bl. 291 f., BA Berlin.

398 Brief von Schemm an Rust, 22. 3. 1934: R 4901, Nr. 1812, Bl. 286 f., BA Berlin; die persönlichen Angaben Heerings nach BDC, DS / Wissenschaftler, B 31, BA Berlin.; Hinweise auf Heering auch in: Handbuch der deutschen Bildungsgeschichte, Bd. V, S. 302 ff.

399 Dies nach dem Interview von Rolf Eilers mit Erwin Gentz [1963], Kleine Erwerbungen, BA Koblenz. Die DAF unterhielt ein »Amt für Berufserziehung und Betriebsführung«, das in Konkurrenz zum Reichserziehungsministerium stand: R 4901, Nr. 12 851, BA Berlin.

400 Die meist konstruktive Zusammenarbeit von Reichsministerien und Referenten der Länderunterrichtsverwaltungen ist aus den Akten vielfach zu belegen: R 4901, Nr. 181, 8919, 8920, 8921, 8922, 8933, BA Berlin. Der vormalige Ministerialrat im Referat Berufs- und Fachschulwesen, Erwin Gentz, bekräftigte diesen Eindruck in einem Interview nach dem Krieg: »Im allgemeinen kann man wohl sagen, daß die Reichserlasse korrekt durchgeführt worden sind, jedenfalls soweit mein Sachgebiet ›Berufs- und Fachschulwesen‹ in Betracht kam.« Gespräch Rolf Eilers mit Erwin Gentz, Kleine Erwerbungen, BA Koblenz.

401 Die Rede des Ministers »Die deutsche Berufsschule« in: Weltanschauung und Schule 2 (1938), S. 378–381, das Zitat S. 381; zum Erlaß vom 20. 12. 1937: Handbuch der deutschen Bildungsgeschichte, Bd. V, S. 283.

402 Nachdem ein Erlaß vom 8. 8. 1938 zur »Ordnung der Sonderreifeprüfung« das Studium ohne Reifeprüfung ermöglichte, waren mit dem Erlaß vom 29. 4. 1939 diejenigen, die ihre Abschlußprüfung an einer Fachschule mit »gut« bestanden hatten, davon befreit, ebd., S. 304; Erlaß zur Vereinheitlichung der Bezeichnungen im Berufs- und Fachschulwesen, 19. 10. 1937, in: R 4901, Nr. 15 277, BA Berlin.

403 Dies nach einem Bericht vom 19. 6. 1939 in: R 4901, Nr. 6962, Bl. 285–291, BA Berlin.

404 Die Zitate aus dem Bericht Heerings vom 19. 6. 1939: ebd., Bl. 285–291.

405 Dies nach einer Aufstellung Dörings in: R 4901, Nr. 12 718, BA Berlin.

406 Benze, Erziehung, S 28–43; Handbuch der deutschen Bildungsgeschichte Bd. V, S. 294–298. Zur Person Dörings: BDC, DS / REM A 16, BA Berlin; seine Ernennung zum Abteilungsleiter von E V: R 4901, Nr. 181, Bl. 223, BA Berlin; einer zeitgenössischen Charakterisierung zufolge galt Ministerialdirigent Döring als ein »erfahrene[r] Schul- und Verwaltungspraktiker und bewährte[r] Nationalsozialist, der zugleich auch das Vertrauen aller Dienststellen und Lehrer hat«, Brief von Konrad Meyer an Staatssekretär Backe, 26. 10. 1942, R 4901, Nr. 12 718, BA Berlin.

407 Auf das Unterrichtsfach »Viehhaltung und Viehzucht« entfielen 420, auf Boden und Nutzpflanzen 400, auf Völkische Wirtschaft 340 Jahresstunden, dies nach Benze, Erziehung, S. 32 f, S. 59. Zur Person des Reichsbauernführers: Corni,

Richard Walther Darré. Darré hatte sich mit seiner Schrift »Das Bauerntum als Lebensquell der nordischen Rasse«, [München] 1928, in völkischen Kreisen einen Namen gemacht.

408 Vermerk von Nipper für Mentzel, 5. 6. 1940, in: R 4901, Nr. 14 483, BA Berlin, dort die Zitate im Text. Die Bemerkung des Hauptreferenten in W 1, Kock, datiert vom 17. 1. 1942, als der Studentenbund die bereits vor dem Krieg erwogene Angelegenheit erneut forcieren wollte. Kock hielt sie indessen nicht für »kriegswichtig. Der gegenwärtige Zeitpunkt scheint mir im Gegenteil für derartige grundsätzliche Regelungen ungeeignet«, womit die Sache vom Tisch war: R4901, Nr. 13 179, BA Berlin.

409 Zur Reform des juristischen Studiums eingehend Grothe, Geschichte, S. 190 – 205; auch Grüttner, Studenten, S. 178 – 183, das Zitat im Text S. 179; Zu Biographie und »Sturz« Eckhardts aufgrund einer Intrige Walter Franks: Heiber, Walter Frank, S. 857 ff.

410 Zur »Reform der Reform« des juristischen Studiums beispielhaft die Unterlagen in: R 4901, Nr. 14 478 und 14 479, BA Berlin. In einem internen Aktenvermerk an den Reichsminister vom 25. 1. 1944 hieß es zum neuen Plan: »Der Charakter als wissenschaftliches Studium scheint mir in dem neuen Entwurf besser und stärker aufrecht erhalten als im bisherigen Plan. Es werden nicht so sehr ›Fertigkeiten‹ für einen ›bestimmten Beruf‹ vermittelt als vielmehr die Fähigkeit zu wissenschaftlicher Arbeit.« R 4901, Nr. 14 479, BA Berlin. Auf die Entideologisierung der Studienpläne gegen Ende des Dritten Reichs weist Grüttner, Studenten, S. 178 ff., hin.

411 R 4901, Nr. 14 476, BA Berlin, das Zitat nach einem Vermerk von Ministerialrat Ernst Bach im Protokoll vom 3. 9. 1938.

412 Ebd., nach den Aufzeichnungen von Max de Crinis über den Verlauf einer Besprechung im Ministerium am 31. 3. 1939.

413 Stellungnahme von Prof. Behrens zur Neuordnung des Medizinstudiums vom 21. 11. 1938: R 4901, Nr. 14 475, BA Berlin. Zum Modellversuch der Heidelberger »Jungärztekameradschaft«: Vézina, Gleichschaltung, S. 79.

414 Das Zitat des Ministerialreferenten Max de Crinis in: R 4901, Nr. 14 476, BA Berlin, dort auch der Runderlaß zum Inkrafttreten der neuen medizinischen Studienordnung; zur überarbeiteten Reform auch: R 4901, Nr. 12 919, BA Berlin.

415 Hierzu die Unterlagen in: R 4901, Nr. 14 483, BA Berlin, das Zitat aus einem Rundschreiben des Ministeriums an die Technischen Hochschulen vom 23. 11. 1939.

416 Dies und das Folgende nach: R 4901, Nr. 14 477, BA Berlin, das Zitat aus einem Brief des Direktors des Instituts für Pflanzenkrankheiten in Bonn, Prof. Dr. Blunck an H[einrich] Weber, 23. 12. 1943. Zu Krüger, Jg. 1907 und seit 1938 verschiedentlich im Amt eingesetzt: BDC, DS / REM, A 41 sowie PK, G. 320, BA Berlin; Hans Blunck (1885 – 1958) war seit 1935 ordentlicher Professor für Pflanzenkrankheiten an der Universität Bonn.

417 Brief von Wilhelm Troll an Heinrich Weber, 28. 12. 1943; Brief von Hans

Weinert an Reinhold Meyer, 21.12.1943 sowie Brief von Reinhold Meyer an Heinrich Weber, 3.1.1944 in: R 4901, Nr. 14 477, BA Berlin.

418 Dies nach dem gemeinsamen Brief der Königsberger Professoren Koebler und Mothes an Heinrich Weber, 19.1.1944, ebd.

419 So kündigte er in einem Brief an Ministerialrat Krüger vom 16.2.1944 an, die Ergebnisse der Fragebogenaktion zusammenzustellen, dabei pro und contra so auszuwählen, daß sie »in gerechter Weise vertreten sind«, ebd.

420 Siehe das Schreiben Webers vom 17.4.1944, ebd., in dem er noch einmal seine Vorgehensweise erläutert und zugleich den Plan einer Straßburger Tagung präzisiert. Mit Brief vom 8.2.1944 stimmte Krüger dem Tagungsvorschlag zu, hielt es aber für »zweckmäßiger«, wenn die Einladungen über das Ministerium erfolgten.

421 Am 30.1.1940 wurde die Neue Prüfungsordnung verkündet, welche die in den Richtlinien ausgegebenen Neuerungen im wesentlichen beibehielt. Am 1.1.1940 fiel außerdem das obligatorische Jahr an einer Hochschule für Lehrerbildung fort. Zu diesem Komplex: Nath, Studienratskarriere, S. 90 ff.; dazu auch Grüttner, Studenten, S. 178–184.

422 Grüttner, ebd., S. 184–188, hält den Reformbeginn dagegen für »relativ spät«.

423 Dazu umfassendes Material in den Akten: R 4901, Nr. 13 002, 13 054, 13 055, BA Berlin.

424 Dies nach dem elfseitigen maschinenschriftlichen »Bericht über den Besuch an der Universität Frankfurt/Main, 6.-10.II.1939« Erich Rövers in: R 4901, Nr. 13 002, BA Berlin, das Zitat im Text S. 1.

425 »Bericht über den Besuch an der Universität Breslau, 19.-27.6.1939«, ebd., das Zitat im Text auf der letzten Seite des Dokuments, sowie »Bericht über den Besuch an der Universität Marburg, 16.-21. Dezember 1938«, zwölf Seiten, die Zitate hier S. 1 und 4.

426 »Bericht über den Besuch an der Universität Freiburg und Heidelberg vom 10. bis 17. März 1941«, 24 Seiten, ebd., die Erwähnung Kriecks S. 12 f., das Zitat im Text S. 13 sowie »Bericht über den Besuch an der Universität Frankfurt/Main, 6.-10.II.1939«; hier S. 8; von den fünf Bestandenen erhielt einer das Prädikat »mit Auszeichnung«, zwei bestanden mit »gut«, zwei mit »genügend«. Auf S. 9 heißt es über Prüfungen im Fach Latein: »Die Leistungen der Prüflinge waren beschämend.«

427 »Bericht über den Besuch an der Universität Freiburg und Heidelberg vom 10. bis 17. März 1941«, 24 Seiten, ebd., die Zitate im Text hier S. 20 u. 22.

428 Dazu van Laak, Elefanten, hier S. 25, wo er mit Karl Schlögel meint: »Man versteht vom zwanzigsten Jahrhundert gar nichts, wenn man sich nicht der eigentümlichen Schönheit der Industrie- und Planlandschaft ausgesetzt hat.« Siehe auch: Heinemann/Wagner (Hg.), Wissenschaft, sowie Leendertz, Ordnung.

429 Van Laak, Elefanten; Ash, Wissenschaft.

430 Hierzu umfassend: Flachowsky, Notgemeinschaft, S. 39 ff.; außerdem: Rasch, Wissenschaft; Szöllösi-Janze, Umgestaltung.

431 Zur Geschichte der Deutschen Forschungsgemeinschaft: Hammerstein, Forschungsgemeinschaft, sowie Flachowsky, Notgemeinschaft; aus intimer Zeitgenossenschaft: Zierold, Forschungsförderung; mit dem Fokus auf die dreißiger Jahre: Mertens, Würdige.
432 Der Vermerk Severings vom 6.7.1929 zitiert bei: Flachowsky, Notgemeinschaft, S. 100 f.
433 Denkschrift Heinrich Konens »Zweckmässige Organisationsformen von Reichsanstalten für Forschung und Wissenschaft« an den Reichsinnenminister und Reichswehrminister Dr. Groener, 7.3.1932, in: R 1501, Nr. 126 754, Bl. 143–160, BA Berlin. Im Anschreiben Konens, Bl. 143, heißt es: »Meine Denkschrift ist entstanden aus der Besorgnis, daß durch unnützes Experimentieren an bewährten Einrichtungen wesentlicher Schade entstehen könnte.«
434 Petzina, Autarkiepolitik; Volkmann, NS-Wirtschaft.
435 Huber, Aufbau, S. 27.
436 Zur vielfachen Verwendung Schumanns sowie zur Verflechtung des Ministeriums mit verschiedenen Stellen des Militärs ausführlich: Flachowsky, Notgemeinschaft, 145–148. Eine Kurzbiographie Bachérs bei Grüttner, Lexikon, S. 17.
437 Dies nach R 4901, Nr. 12 366, sowie den Handakten Bachér, R 4901, Nr. 15 472, BA Berlin, das Zitat im Text in einem Vermerk Bachérs an Kunisch, 4.7.1936. Als Referenten im Nebenamt waren zu dieser Zeit Karl August Eckhardt, Hermann Weber, Wolfgang Panzer, Peter Adolf Thiessen, Rudolf Mentzel, Konrad Meyer, Werner Jansen, Otto Streck, Wilhelm Engel und Franz Bachér in W I tätig.
438 Bericht von Bachér an Vahlen, 16.4.1936, R 4901, Nr. 15 472, Bl. 471 478, BA Berlin, handschriftlicher Zusatz Bachérs auf der letzten Seite; siehe außerdem die Handakten Bachér, R 4901, Nr. 15 471 u. 15 472, BA Berlin, hier den Widerspruch Bachérs vom 1.4.1936 gegen den »geplanten Kurswechsel«, von dem »fast alle wirklich aktiven Kräfte in W I betroffen würden«, gemeint waren Karl August Eckhardt, [Hermann] Weber, Wolfgang Panzer und Peter Adolf Thiessen, von denen einige wie Franz Bachér in ihre früheren Positionen an Hochschulen und Forschungseinrichtungen zurückkehrten. Zur Kritik Rosenbergs an Eckhardt siehe den Brief von Alfred Rosenberg an Siegmund Kunisch, 25.8.1935 sowie das Antwortschreiben Kunischs vom 13.12.1935, in dem Eckhardt seitens des Ministeriums verteidigt wurde: NS 8, Nr. 170, BA Berlin.
439 Gesetzentwurf mit Dringlichkeitsvermerk vom 10.10.1934 an den Minister in: R 4901, Nr. 14 037, BA Berlin. Zum Plan der Reichsakademie als Vorstufe des Reichsforschungsrats ausführlich: Flachowsky, Notgemeinschaft, S. 174 ff., zu den Plänen Starks S. 163 f., sowie Hammerstein, Forschungsgemeinschaft, S. 163–172.
440 Der Gesetzentwurf mit Anschreiben des Reichswissenschaftsministers vom 9.2.1935 an die Reichskanzlei und die Minister sowie die Begründung der Gesetzesvorlage vom 16.2.1935 in: R 4901, Nr. 14 037, BA Berlin.

441 Ähnlich wollte man mit den Direktoren der Hochschulinstitute und Leitern der wissenschaftlichen Landesanstalten verfahren. Dies und die vorhergehenden Zitate im Text nach der Begründung der Gesetzesvorlage zur Errichtung einer Reichsakademie der Forschung vom 16. 2. 1935: R 4901, Nr. 14 037, BA Berlin.
442 Ebd.
443 Schreiben von Johannes Stark und Max Planck an Rust, 12. 10. 1934, Abt. I, Rep 1 A, Nr. 202, Bl. 1a, MPG-Archiv Berlin; Plancks Denkschrift ebd., Bl. 27 – 30. Mit einem persönlichen Schreiben Plancks an den Minister vom 23. 2. 1935 erklärte sich der Präsident ausdrücklich gegen die Bezeichnung Reichsakademie und für den Namen »Reichsrat für Forschung«, ebd., Bl. 34.
444 Dazu: Flachowsky, Notgemeinschaft, S. 185 – 188, das Zitat im Text aus einem Brief von Stark an Staatssekretär Lammers vom 13. 2. 1935 ebd., S. 186, sowie Hammerstein, Forschungsgemeinschaft, S. 168 f. Das Schreiben der Reichskanzlei an Rust datiert auf den 22. 2. 1935, R 43 II, Nr. 1227a, Bl. 170, BA Berlin. Im Ministerium wurde daraufhin eine »dringende Besprechung« am Sonntagmorgen von Mentzel anberaumt, Vermerk vom 23. 2. 1935, R 4901, Nr. 14 037, BA Berlin.
445 Vermerk für den Minister vom 26. 2. 1935, R 4901, Nr. 14 037, BA Berlin; das Dokument trägt die Unterschriften von Mentzel, Hinz und Schumann. Inzwischen hatte sich mit Schreiben vom 25. 2. 1935 auch der Stellvertreter des Führers zum Plan einer Reichsakademie ablehnend geäußert, dazu Hammerstein, Forschungsgemeinschaft, S. 169 f.
446 Flachowsky, Notgemeinschaft, S. 188 – 197, sowie Hammerstein, Forschungsgemeinschaft, S. 185 – 202.
447 Vgl. den Bericht »Angelegenheiten der Notgemeinschaft«, undat. [April 1935] in: R 4901, Nr. 15 189, Bl. 31 – 36, BA Berlin, hier bes. die unter Pkt. III aufgeführten »Anfechtbare[n] Entscheidungen des Präsidenten Stark«, Bl. 32 – 34.
448 So überzeugend Flachowsky, Notgemeinschaft, S. 225 f.
449 Dies nach einem Aktenvermerk vom 21. 11. 1936 in: R 4901, Nr. 14 037, Bl. 14, BA Berlin, der Brief Beckers vom 27. 10. 1936, Bl. 11 – 13. Daß das Schreiben höchstes Interesse im Amt W erregte, zeigen die nachdrücklichen Unterstreichungen im Text mit rotem und blauem sowie mit einfachem Bleistift. Zur Person Beckers: Grüttner, Lexikon, S. 20, zu seiner Rolle bei der Gründung des Reichsforschungsrats: Flachowsky, Notgemeinschaft, S. 224 – 227.
450 Ein Ehrentag der deutschen Wissenschaft. 25. Mai 1937, Berlin 1937, das Zitat Rusts S. 9. Der Gründungserlaß des Reichsforschungsrates datiert auf den 16. 3. 1937.
451 Die Rede Beckers ebd., S. 30 ff.
452 Zur Auswahl und Bedeutung der Fachspartenleiter: Flachowsky, Notgemeinschaft, S. 235 – 246. Daß die Förderung der Geisteswissenschaften durch die DFG nicht nachließ, sondern im Gegenteil in einigen Fächern wie Psychologie oder »Ostforschung« sogar beträchtlich gesteigert wurde, wurde in einer Reihe von Einzelstudien des Forschungsschwerpunktes »Die Geschichte der Deutschen Forschungsgemeinschaft 1920 – 1970« inzwischen gut belegt.

453 Das Gebäude samt Grundstück schlug mit rund einer Million Reichsmark zu Buche; zur Finanzierung der Baukosten fragte Mentzel beim Geschäftsführer der KWG, Ernst Telschow, um einen Kredit in Höhe von 150 000 Reichsmark nach, dies nach einer Aktennotiz Telschows vom 20. 9. 1938 in: Abt. I, Rep 1 A, Nr. 927, Bl. 204, MPG-Archiv Berlin.
454 R 26 III, Nr. 1, Bl. 9 – 12, BA Berlin, das Zitat Bl. 10. Zur konkreten Arbeitsweise im Reichsforschungsrat Flachowsky, Notgemeinschaft, S. 251 ff.
455 Das Reichswissenschaftsministerium beschwerte sich bei Goebbels über das Erscheinen des Artikels, der nicht geeignet sei, »das Vertrauen des Volkes zu seiner Staatsführung und zu deren Maßnahmen zu verstärken«, Brief von Zschintzsch an Goebbels, 27. 2. 1939, in: R 4901, Nr. 14 170, BA Berlin; ferner die Unterlagen in R 4901, Nr. 14 169, BA Berlin.
456 Das Schreiben ging an sämtliche Hochschulrektoren und die Direktoren der dem REM unterstellten außeruniversitären Forschungseinrichtungen; das Exemplar an den Präsidenten der KWG, Carl Bosch, datiert auf den 12. 5. 1939: Abt. II, Rep. 1 A, PA Mentzel, MPG-Archiv Berlin.
457 Brief von Mentzel an Carl Bosch, 11. 5. 1939, ebd., Bl. 47. Zum Folgenden auch: Hachtmann, Wissenschaftsmanagement; Ders., Vernetzung; Ders, Ertrag.
458 Das Schreiben des Reichswissenschaftsministeriums an die KWG vom 27. 7. 1934, in: Abt. I, Rep. 1 A, Nr. 169, Bl. 248, MPG-Archiv Berlin. Das Zitat im Text stammt aus einem Brief von Max Planck an Fritz von Wettstein, 13. 4. 1934, Abt. II, Rep. 1 A, PA Wettstein, Bl. 94 – 96, ebd.
459 Dazu: Kohl, Präsidenten, S. 54 – 111.
460 Dazu die Autobiographie des Generaldirektors: Glum, Wissenschaft; zum je unterschiedlichen Charakter der »Netzwerkerei« vor und nach 1933 instruktiv: Hachtmann, Erfolgsgeschichte, das Zitat Telschows, eine Notiz aus einem Gespräch mit Albert Vögler über die Entlassung Fritz Habers, ebd., S. 30, sowie Ders., Vernetzung.
461 Vierhaus/vom Brocke, Forschung, S. 375; Flachowsky, Notgemeinschaft, S. 155 – 158; Kohl, Präsidenten, S. 101 – 105. Siehe zum Folgenden auch die Niederschrift über die Sitzung des Verwaltungsausschusses der KWG, 9. 4. 1935, Abt. I, Rep. 1 A, Nr. 93, Bl. 193, S. 1 – 11, hier S. 2 f., MPG-Archiv Berlin.
462 Das Zitat Plancks in: ebd., S. 3; von der persönlichen Unterredung Plancks mit Rust am 15. 5. 1935 berichtet eine Aktennotiz des Präsidenten, Abt. II, Rep. 1 A, Bl. 30 – 32, PA Baur, MPG-Archiv Berlin. Zur Kritik der beiden Sektionsvorsitzenden im »Wissenschaftlichen Rat«, Eugen Fischer und Otto Hahn, vgl. das Protokoll des Senats der KWG vom 25. 6. 1935, Abt. I, Rep. 1 A, Nr. 75, Bl. 137a-, 8 S., hier S. 4 f. Fischer gab im Einvernehmen mit Hahn sein Bedauern über den Ablauf der Ernennung Thiessens und der bevorstehenden Ernennung Hans von Euler-Chelpins als Direktor des KWI für Biochemie zu Protokoll: »Die Satzung sehe ein Einvernehmen des Senats mit dem Herrn Minister vor. Dieses Einvernehmen habe in beiden Fällen bedauerlicherweise nicht vorgelegen.« An den Disput schloß eine längere Aussprache an; am Ende billigten Senat und Generalverwaltung die Entscheidung Plancks.

463 Zur Biographie Boschs und seinem Wirken als KWG-Präsident: Kohl, Präsidenten, S. 112–164. Carl Bosch war ein Neffe des badischen Liberalen Robert Bosch, dessen politische Grundhaltung er auch teilte.
464 Hierzu das Sitzungsprotokoll der Senatssitzung vom 29.5.1937, in: Abt. I, Rep. 1 A, Nr. 56, unfol., 5 S., MPG-Archiv Berlin. Die beschlossene neue Satzung ging »als Entwurf des Senats« der Hauptversammlung zu, ebd., S. 3, die den Entwurf am 22.6.1937 einstimmig annahm. Zum Inhalt der neuen Satzung vgl. Kohl, Präsidenten, S. 136–140.
465 Dies nach dem Sitzungsprotokoll der Senatssitzung vom 15.7.1937, Abt. I, Rep. 1 A, Nr. 77, Bl. 295–298, MPG-Archiv Berlin; der Aktenvermerk Telschows datiert auf den 7.7.1937, Nr. 56, Bl. 236, MPG-Archiv.
466 Brief von Planck an Wacker, 30.4.1937, Abt. I, Rep. 1 A, Nr. 76, Bl. 225 f., MPG-Archiv Berlin, sowie das Antwortschreiben Wackers an Planck, 21.5.1937, unfol.
467 Vierhaus/vom Brocke, Forschung, S. 386.
468 Ebd., S. 387, demnach wuchsen die Sondermittel von 1935 (500 000 RM), 1936 (1 570 000 RM) auf 1938 (3 150 000 RM); siehe auch Hachtmann, Ertrag, S. 562, sowie ders., Vernetzung, S. 85, wo von »traumhaften Etatsteigerungen« die Rede ist.
469 Zur Biographie Mentzels oben, Kap. III, 1.
470 Dies nach einem Aktenvermerk des Regierungsrats Huber vom 20.6.1939 über mehrere diesbezügliche Telephonate mit der Parteikanzlei. Am Nachmittag desselben Tages kam dann ein Anruf, »Herr Reichsleiter Bormann [sei] gern bereit, Herrn Mentzel in den nächsten Tagen zu empfangen«, R 4901, Nr. 12 856, BA Berlin. Vom »SS-Ring« ist in einem Aktenvermerk vom 30.6.1941 für Rosenberg die Rede: NS 8, Nr. 240, BA Berlin.
471 Brief von Wacker an Rust, 3.11.1938, in: R 43 II, Nr. 1154a, Bl. 80–102, das Zitat Bl. 88, BA Berlin.
472 Ebd., die Zitate im Brief Bl. 84 f.
473 Schreiben von Heydrich an Lammers, 23.11.1938, ebd., Bl. 79. Aus diesem Brief geht die Unterstützung Himmlers für die Überlegungen Wackers hervor, die nach einem handschriftlichen Vermerk auf der Rückseite »dem Führer vorgetragen« wurden.
474 Huber, Aufbau; der Vortrag wurde als Manuskript gedruckt und von der Forschungsgemeinschaft als Separatum herausgegeben. 1942 zum Ministerialrat ernannt, nahm Huber im Rang eines Leutnants an der Schlacht um Stalingrad teil und kehrte erst 1955 aus russischer Kriegsgefangenschaft in seine Heimatstadt Freiburg zurück. Zur Rolle Hubers im Dienst des Ministeriums siehe auch: Nagel, Anspruch, S. 251, der Bericht des Sicherheitsdienstes: BDC, SSO, Nr. 118 A, Huber, Hans, 1907, BA Berlin.
475 Die Zitate im Text ebd., S. 4 f. Der Redetext erschien ohne Anmerkungen.
476 Siehe hierzu die 1939 auf Anregung Hubers erstellte Liste in: R 4901, Nr. 13 856, Bl. 184–192, BA Berlin. Von den 1231 Neubesetzungen seit 1933 waren 426 nach dem 1.1.1937 erfolgt. Das Zitat im Text stammt aus einem

Brief von Bachér an Schultze, 28. 4. 1936, in: R 4901, Nr. 15 472, Bl. 354–358, hier 354, BA Berlin. Zur »Säuberungspolitik« der Nationalsozialisten zuletzt umfassend: Grüttner/Kinas, Vertreibung. Die Entlassungspolitik betraf Universitäten und Technische Hochschulen gleichermaßen, vgl. beispielhaft: Kändler, Anpassung, S. 141–146, wonach an der TH Charlottenburg 1933 etwa 10 % der Professoren entlassen wurden.

477 Zum spezifischen Charakter des nationalsozialistischen Studentenprotests: Grüttner, Machtergreifung, sowie Ders., Studenten, bes. S. 62–100.

478 Erlaß des Ministers vom 23. 2. 1938, künftig regelmäßig Hochschulwochen abzuhalten, da die »Anerkennung und Wertung der deutschen Wissenschaft und Hochschule [...] für ihre künftige Entwicklung und für ihr Ansehen innerhalb und außerhalb des Landes von ausschlaggebender Bedeutung« sei, R 4901, Nr. 14 169, BA Berlin. Besonderen Wert legte das Ministerium darauf, daß die Ausrichtung der Werbewochen allein in der Zuständigkeit der Hochschulen verblieb: »Wir wollen die Durchführung nicht anderen Stellen überlassen«, hieß es auf der Rektorenkonferenz 1938 zu diesem Thema: R 4901, Nr. 13 164, BA Berlin; weiteres Material zum Komplex Hochschulwoche in: R 4901, Nr. 662–666, BA Berlin, der Aktenvermerk Hubers für Wacker datiert auf den 27. 7. 1937, Nr. 662, unfol.; die Idee zur Hochschulwoche erhielt Huber von einem deutschen Lehrer in Japan, der ihm von öffentlichen »Volks- und Ausstellungstagen« an der Universität Tokio jedes Jahr im Mai berichtet hatte.

479 Die »Richtlinien« sind abgedruckt in: Hochschulverwaltung, S. 34 f. Material zu den Vorarbeiten der Richtlinien in: R 4901, Nr. 667, BA Berlin. Dazu: Seier, Rektor; Nagel, Führertum; Jahr, ›Führen‹; Grün, Rektor.

480 Zum Charakter der Dozentenlager: Losemann, Konzeption. Dozentenakademien waren zunächst »wild«, auf Initiativen vor Ort an verschiedenen Hochschulen entstanden. Allerdings wurden diese Unternehmungen in Berlin genau beobachtet, wie der Runderlaß vom 27. 8. 1937 erweist, abgedruckt in: Hochschulverwaltung, Bd. I, S. 18 f.

481 Dazu reiches Material in: R 4901, Nr. 667, BA Berlin, das Zitat im Text stammt aus einem Vermerk Kunischs für Amt W vom 29. 3. 1935. Kunisch drängte wiederholt auf die Fertigung des Textes, so mit Vermerk vom 9. 4. 1935: »Um die Hochschulreform weiter zu betreiben und um auch nur das Begonnene (Lehrstuhlbesetzungen) fortführen zu können, brauchen wir unbedingt dieses Gesetz«. In einem Vermerk an den Minister vom 5. 6. 1935 machte Bachér auf taktische Erwägungen beim Umgang mit der Hochschulkommission aufmerksam.

482 Franz Bachér, Die Reichshabilitationsordnung, in: Deutsche Wissenschaft, Erziehung und Volksbildung 1. (1935), Heft 1, S. 17 f. Mit der Neuregelung des Habilitationsverfahrens waren auch die Gebühren in Wegfall geraten, Erlaß vom 11. 9. 1935, in: ebd., Heft 18, S. 34.

483 Abgedruckt in: Hochschulverwaltung, Bd. 2, S. 18–32. Daß das Ministerium die Zahl der Habilitationen zu erhöhen wünschte, war Thema auf der Rekto-

renkonferenz am 31.5.1935. Den Einwänden der Fakultätsvertreter hinsichtlich der Versorgung der Habilitierten wurde lapidar entgegengehalten: »Es ist nicht Sache der Fakultät, sich Sorgen darüber zu machen, wie der Mann später unterkommt; das ist seine und unsere Sache.« Dies nach dem Protokoll in: R 4901, Nr. 706, Bl. 8, BA Berlin.

484 Gesetz über die Besoldung der Hochschullehrer, 17.2.1939: RGBl. I, 1939, S. 252 ff.; zeitgleich mit diesem Gesetz trat eine neue Reichsassistentenordnung in Kraft: Hochschulverwaltung, Bd. II, S. 117–150. Reichsfinanzminister Graf Schwerin von Krosigk hielt nach Abschluß der Verhandlungen fest, daß das Gesetz »ganz entsprechend den Wünschen des Erziehungsministers geregelt worden« sei, R 4901, Nr. 12 876, BA Berlin.

485 Brief von Bachér an Vahlen, 16.4.1936, R 4901, Nr. 15 472, Bl. 471–478, BA Berlin. Anlaß dieses Schreibens waren Verfahrensfragen des neu ins Ministerium eingerückten Staatssekretärs Zschintzsch. Ab April 1937 amtierte Bachér wieder als Professor für organische Chemie an der TH Berlin.

486 Zu Tirala in epischer Breite: Heiber, Universität, Teil 1, S. 445–460, zu Knauer ebd., S. 422–424. Der Brief Staemmlers an Reichsminister Rust vom 26.2.1937: R 4901, Nr. 13 856, BA Berlin.

487 Zum »Fall Fliege«: Nagel/Sieg, Philipps-Universität, S. 232–240.

488 Zu Wirz: Grüttner, Lexikon, S. 184. Zahlreiche Beispiele seiner Interventionen in Hochschulangelegenheiten bei Heiber, Universität, passim. Das Zitat im Text aus einem Vermerk Bachérs an den Minister, 5.6.1935, worin es um den Entwurf für das »Gesetz zur Überleitung der Hochschulverwaltung auf das Reich« ging: R 4901, Nr. 667, BA Berlin.

489 Die Stellungnahme Hubers zum Vorschlag von Amtschef Wacker datiert auf den 19.7.1937: R 4901, Nr. 13 856, BA Berlin, der zustimmende Vermerk Bachs trägt das Datum vom 5.4.1938.

490 Brief vom Reichsministerium für Wissenschaft, Erziehung und Volksbildung an den Stellvertreter des Führers, 5.2.1938 sowie die Rückantwort samt eingehender Stellungnahme aus München, 24.2.1938 und Brief von Schultze an Wacker, 18.2.1938 samt eingehender Stellungnahme, ebd. Diese wurde von den Ministerialbeamten intensiv bearbeitet, wie zahlreiche Anstreichungen und Einfügungen belegen. Ein rotes Fragezeichen am Rand bezog sich auf den Satz »Der Dozentenbund wird beratend hinzugezogen«. Erlaß W A, Nr. 520, 500/38 (b) vom 14.5.1938, ebd., Bl. 43–50, auch abgedruckt in: Hochschulverwaltung, Bd. I, S. 38 f.

491 Zu Krüger: Grüttner, Lexikon, S. 101; zu seiner Tätigkeit in der Parteikanzlei: Longerich, Stellvertreter, S. 182.

492 Briefe von Krüger an Mentzel, 8.10.1940, 2.11.1940 und 18.11.1940 sowie Brief von Mentzel an Krüger, 16.1.1941: R 4901, Nr. 13 856, BA Berlin.

493 Brief vom Stellvertreter des Führers an Rust, 19.6.1941, dazu den Aktenvermerk Hubers an Gerhard Kasper, 16.4.1941 sowie eine Kopie des Erlasses vom 27.8.1941, ebd.

494 So bat er 1936 den Minister dringend um Gelegenheit zum Vortrag, nachdem

es zwischen verschiedenen konkurrierenden Einrichtungen der Raumforschung zum Streit gekommen war: »Ich sehe bei dieser Sachlage keine Möglichkeit, irgendwie weiter nutzbare Arbeit zu leisten, solange es möglich ist, dass dauernd Staatsstellen gegen Parteistellen ausgespielt werden können.« Bachér befürchtete eine »völlige Mattsetzung« des Ministeriums, Vermerk von Bachér für Rust, 13. 1. 1936: R 4901, Nr. 15 471, BA Berlin.

495 Eine ähnliche Interpretation am Beispiel eines Freiburger Konflikts bei: Grün, Rektor, S. 505 f.
496 Zitiert nach Beyerchen, Wissenschaftler, S. 209. Dazu die programmatische Rede des Reichsdozentenbundführers bei der Eröffnung der Kieler Dozentenbundsakademie 1938: Schultze, Grundfragen, S. 5.
497 Eine monographische Untersuchung zum Reichsdozentenbund fehlt. Zum Personal vor Ort, den Dozentenbund- und Gaudozentenbundführern nun: Grüttner, Wissenschaftler.
498 Bericht über die Vorfälle bei der Führertagung des NSDB und des NSDStB in Alt-Rhese am 11. und 12. Oktober 1935, erstattet von Franz Bachér für Reichsminister Rust: R 4901, Nr. 15 471, BA Berlin, dort auch die Zitate im Text, Hervorhebung durch Unterstreichung in der Vorlage.
499 In einem auf den 13. 1. 1936 datierten Vermerk Bachérs an den Minister heißt es ebd., dringlich: »Es bedeutet einfach eine Unmöglichkeit, daß ein hoher Parteibeauftragter vor Ihnen unterstellten Hochschullehrern und vor Studierenden in Anwesenheit von hohen Partei- und Staatsbeamten in offizieller Eigenschaft Ihren Referenten die Peitsche bietet, nicht für irgend eine private Tätigkeit, sondern für die verantwortliche Arbeit, die sie nach bestem Wissen und Gewissen in Ihrem Auftrag, Herr Minister, geleistet haben und leisten werden.«
500 Es handelt sich um ein undatiertes Dokument, vermutlich aus dem Frühjahr 1936, ebd.
501 Die Zitate im Text aus dem Briefentwurf in: ebd.
502 Das Zitat ebd., mit Beispielen Rusts für die verheerenden Folgen dieses »offenen Kampfes« an den Hochschulen.
503 Brief von Bachér an Schultze, 28. 4. 1936, ebd., Bl. 354–358, Hervorhebung im Original.
504 Ebd.
505 An der Universität Marburg kam Leopold Zimmerl, ein überzeugter Nationalsozialist und »alter Kämpfer« durch die Intrigen des örtlichen Dozentenbundführers zu Fall. Das Ministerium konnte den Marburger Rektor nicht stützen: Nagel/Sieg, Philipps-Universität, S. 326 ff. Von weiteren Auswüchsen der Dozentenbundspolitik berichtet eingehend Heiber, Universität, passim.
506 Dazu Nagel, Schrecken, S. 126–131.
507 Zu den Bemühungen Rothackers: R 1501, Nr. 5445, Bl. 69–89, 93–115 sowie 117–133, BA Berlin; außerdem: Ernst Krieck, Die Erneuerung der deutschen Universität, Marburg 1933, sowie Erich Jaensch, Die Wissenschaft und die deutsche völkische Bewegung, Marburg 1933.
508 Die Rektorenkonferenzen gehen auf eine Initiative Preußens zurück, das 1898

erstmals zu einer Zusammenkunft aller preußischen Hochschulrektoren einlud; seit 1904 trafen sich die preußischen Rektoren regelmäßig im März »außeramtlich« in Halle, ab 1913 tagte direkt im Anschluß daran die außeramtliche »deutsche Rektorenkonferenz«, dazu: vom Brocke/Krüger, Hochschulpolitik. Die Rektorenkonferenzen im Dritten Reich betrachtet Nagel, Anspruch.

509 Protokoll der Rektorenkonferenz, 31.5.1935: R 4901, Nr. 706, Bl. 3 f., BA Berlin.

510 Die Zitate im Text ebd., Bl. 5 f. Paler wurde energisch an den Korpsgeist der Universitäten erinnert.

511 Ebd., Bl. 142. Bachér gebrauchte das Wort »Front« im letzten Absatz seiner Rede acht mal!

512 Stenographische Niederschrift der Kuratorenkonferenz, 28.5.1937: R 4901, Nr. 13 159, BA Berlin. Bayern wolle keine »Weißwurstpolitik« im Reich treiben, bekräftigte Müller und verwies zugleich darauf, daß im Kultusministerium die Bayern in der Minderheit seien: »Wir sind zu 90 % […] nicht einmal Altbayern sondern Franken, Schwaben und Pfälzer, aber wir haben in dem Bestreben nach Vereinfachung der Dinge und aus einer gewissen Kenntnis der Dinge heraus die Bitte, nach den Richtlinien und Weisungen, die das Reich aufgestellt hat, den Ländern im Vollzug eine gewisse Selbständigkeit zu geben.«

513 Ebd. Werner Studentkowski, Jg. 1903, seit 1925 Mitglied der NSDAP, studierte von 1925–30 Rechtswissenschaft, Volkswirtschaftslehre, Geschichte, Soziologie und Zeitungskunde, saß von 1933–1945 für die NSDAP im Reichstag und stieg im sächsischen Volksbildungsministerium bis zum Leiter der Hochschulabteilung auf. 1941 schied er wegen Konflikten mit Gauleiter Mutschmann aus und trat in die Reichspropagandaleitung der NSDAP ein, dies nach Grüttner, Lexikon, S. 171 f. Stier, Jg. 1886, stand seit 1922 im Dienst des Thüringischen Volksbildungsministeriums und setzte seine Karriere nach 1933 im Rang eines Ministerialrats bis 1945 fort, ebd., S. 169.

514 Stenographische Niederschrift der Kuratorenkonferenz, 28.5.1937: R 4901, Nr. 13 159, BA Berlin. Von der Sonderstellung Popitz' zeugt, daß Wacker wenig später die Anwesenden um »vertrauliche Behandlung seiner Ausführungen« zum Verhältnis von Reichsfinanzministerium, preußischem Finanzministerium und Reichswissenschaftsministerium bat, zumal von »irgendwelche[n] Spannungen« keine Rede sein könne: »Ich kann sogar feststellen, dass unsere Zusammenarbeit mit dem preußischen Finanzminister bis jetzt sehr gut ist, weil der preußische Finanzminister ein besonders großes Interesse für die Hochschulen hat. Das ist natürlich sehr stark an die Person des preußischen Finanzministers geknüpft«.

515 Protokoll der Marburger Rektorenkonferenz am 15.12.1937: R 4901, Nr. 708, Bl. 31 ff., BA Berlin. Wackers Bemerkung wurde laut Protokoll mit Beifall quittiert.

516 Huber, Aufbau, S. 9, wo es im Anschluß an diesen Satz zur Zukunft der Universität im nationalsozialistischen Staat heißt: »Sie will und wird ein wesentlicher, vollgültiger Bestandteil unserer gesamten völkischen Arbeit sein.«

517 Dazu aus zeitgenössischer Perspektive: ebd., S. 45 – 53; zum Erfolg bzw. Mißerfolg nationalsozialistischer Begabtenförderung Grüttner, Studenten, S. 140 – 154.

518 Über das Ausmaß der Entlassungspolitik an den Universitäten: Grüttner / Kinas, Vertreibung; der ältere Forschungsstand bei Pross, Enthauptung, sowie Ferber, Entwicklung. Zum »völkischen« Wissenschaftsverständnis beispielhaft Arnold Ruge, der in seiner 1933 erschienenen Studie forderte, Wissenschaft nicht länger im Dienste eines abstrakten Menschheitsgedankens zu betreiben, sondern auf der Grundlage eines völkischen Bekenntnisses; ähnlich Krieck, Erneuerung, S. 4 ff., sowie Reichsdozentenführer Schultze, Grundfragen, S. 5; zum Forschungsstand Hartung, Ideologie, S. 22 – 41.

519 Die »Kommission zur Förderung geschichtlicher Forschung über die Zeit der Reformation und Gegenreformation« mit Friedrich Schmitt-Ott als Vorsitzendem und Karl Griewank als Geschäftsführer erhielt bis 1945 regelmäßige Zuwendungen aus dem Dispositionsfonds des Reichswissenschaftsministeriums, dazu: R 4901, Nr. 14 093, BA Berlin; ebenso unterstützt wurde das »Österreichische Institut für Geschichtsforschung«, R 4901, Nr. 14 089. Von »traumhaften Etatsteigerungen« in der Kaiser-Wilhelm-Gesellschaft nach 1933 spricht Hachtmann, Ertrag, S. 85, sowie Ders., Wissenschaftslandschaft; genaue Zahlen zur gesteigerten Mittelvergabe der DFG bei Flachowsky, Reichsforschungsrat, S. 375 f.

520 Brief von Bachér an den Leiter der Dozentenschaft Greifswald, 19. 4. 1936, wo es im Zusammenhang mit der Habilitation seines Schülers Hans Baltzer heißt: »Würden die Fakultätsmitglieder nicht immer nur ihre eigene Fakultät sehen, sondern das große Ganze, so müßte es sowohl für die Mediziner wie für die Chemiker in der Philosophischen Fakultät eine Selbstverständlichkeit sein, alles zu unterstützen, was der Entwicklung der medizinischen, klinischen oder physiologischen Chemie dienen könnte.« R 4901, Nr. 15 472, BA Berlin.

521 Dies nach der Stellungnahme Wackers auf der Marburger Rektorenkonferenz am 15. 12. 1937. Als weiteren Grund, in jedem Fall auf Universitätsschließungen zu verzichten, nannte er die Notwendigkeit, ihre Zahl auf den »volksdeutschen Raum« bezogen zu sehen, nicht auf den gegenwärtigen Umfang des Deutschen Reichs, der dem »Friedensvertrag von Versailles« geschuldet sei: R 4901, Nr. 708, BA Berlin.

522 Ebd. Mangold hatte sich 1923 im Fach Zoologie an der Universität Freiburg habilitiert und war von 1923 bis 1933 Leiter der Abteilung für Entwicklungsmechanik im Berliner Kaiser-Wilhelm-Institut für Biologie, danach bis 1945 Ordinarius in Erlangen und Freiburg, siehe: Grüttner, Lexikon, S. 113, sowie eingehend: Grün, Rektor, S. 477 – 525.

523 R 4901, Nr. 708, BA Berlin, wo es weiter heißt: »Für die Zweckforschung bekommt man immer Mittel. Ich bettele auch überall und mache es so, daß ich als Nebenprodukt irgendwelche Zweckresultate produziere, manchmal mit Erfolg, manchmal ohne. Aber die Forschungen, die keinen Erfolg haben, sind

die wichtigen. Diese müssen wir in Angriff nehmen, und dazu haben wir kein Geld.« Das Protokoll notierte »Beifall« zum Statement Broemsers. Zur wissenschaftlichen Laufbahn des Physiologen: Grüttner, Lexikon, S. 29.
524 R 4901, Nr. 708, BA Berlin. Laut Mentzel sei die Freiheit der Forschung selbst in den Vierjahresplaninstituten »hundertprozentig gewährleistet«. Diese Einrichtungen wurden 1936 durch die »Reichsstelle für Wirtschaftsaufbau« gegründet. Sie standen vielfach mit Hochschulinstituten in Verbindung, arbeiteten aber auch wie etwa im Rhein-Main-Gebiet mit der ansässigen chemischen Industrie zusammen. Mentzel sagte den forcierten Ausbau dieser Institute voraus, so daß an vielen Orten »neben einem ausgesprochenen Lehrinstitut ein Forschungsinstitut gestellt« werde, dies nach: R 4901, Nr. 13 164, BA Berlin. Dazu auch eine vermutlich von Mentzel verfaßte Denkschrift »Die Bemühungen des Reichsamtes für Wirtschaftsaufbau um die Förderung der naturwissenschaftlichen Forschung«, undat. [1941], in: R 26 III / 1, BA Berlin.
525 R 4901, Nr. 708, BA Berlin.
526 Dazu grundlegend: Sieg, Strukturwandel. Nach Einschätzung Rüdiger Hachtmanns nahmen die Geisteswissenschaften im Nationalsozialismus den Charakter von »Luxuswissenschaften« an, was er jedoch nicht auf das »Dritte Reich« beschränkt sehen will, sondern für einen generellen Trend in den modernen Industriestaaten hält: Hachtmann, Ertrag, S. 568 mit Anm. 14, sowie Ders., Wissenschaftslandschaft. Hintergründe zur Etablierung einer Fakultät für Wehrwissenschaft bei: Kändler, Anpassung, S. 141 ff.
527 Vgl. die Rede Rusts auf der Leipziger Hochschulwoche 1938, über die ein Artikel in der »Neue[n] Leipziger Zeitung« berichtete, eine Kopie in: R 4901, Nr. 666, BA Berlin. So hielt der Minister die christlich motivierte »Leibfeindlichkeit« für überholt, denn die »Sportplätze sind selbstverständlich nicht christlich, sondern hellenisch. Ihr Vorbild ist hellenisch«. Ähnlich Schultze, Grundfragen, S. 4 f.
528 Hierzu die Ausführungen Wackers auf der Rektorenkonferenz vom 28.2.-1. 3. 1939 in Berlin: R 4901, Nr. 708 u. 13 164, BA Berlin; zum kirchengeschichtlichen Kontext: Burkhard / Weiß (Hg.), Theologie.
529 Die entsprechende Pressenotiz im Berliner Tageblatt vom 20. 9. 1938 lautete zum Fall Salzburg nur lapidar, die katholisch-theologische Fakultät werde im Rahmen der Neuordnung des österreichischen Hochschulwesens »aufgelassen«, und Gauleiter Rainer habe bereits Schritte unternommen, »um an ihre Stelle eine internationale naturwissenschaftliche Anstalt nach Salzburg zu bringen«. Von der Schließung betroffen waren sechs ordentliche, drei außerordentliche Professoren, sechs Privatdozenten, zwei Lehrbeauftragte, drei Emeriti sowie das Kanzleipersonal, wie das Wiener Wissenschaftsministerium unter dem 12. 9. 1938 nach Berlin mitteilte: R 4901, Nr. 666, Bl. 6, in der Akte auch eine Kopie der zitierten Pressenotiz.
530 Die Verhandlungen Hubers in dieser Angelegenheit mit Wolfram Sievers und Gauleiter Rainer sämtlich ebd. Vor allem letzterem war an einer Aufwertung seiner »Gauhauptstadt« gelegen, die er freilich lieber in Form eines naturwis-

senschaftlichen Instituts gesehen hätte. So hatte er Kontakte angebahnt zu dem Freiburger Ingenieur Erwin Aichinger, der ein »pflanzensoziologisches Institut« plante, sowie zu dem Göttinger Ordinarius Othonio Abel, dem ein »Institut für lebensgeschichtliche Forschung« vorschwebte, hierzu das Schreiben von Gauleiter Rainer an Werner Zschintzsch, 3. 10. 1938, Bl. 8, ebd.

531 Dazu Kater, »Ahnenerbe«, S. 117.

532 Ein Aktenvermerk vom 27. 4. 1938 hält den persönlichen Besuch Steinackers vom 25.4. fest: R 4901, Nr. 12 909, BA Berlin; während die Justitiare im Haus zur Vorsicht mahnten, sprach sich nach kurzem Bedenken vor allem Hans Huber für die komplette Aufhebung aus, Aktenvermerk Hubers an Regierungsrat Schwarz, 22. 6. 1938, ebd.; der Brief des Reichskirchenministers Kerll an das Ministerium datiert vom 14. 5. 1938; über die Entscheidung Hitlers informiert ein Aktenvermerk vom 16. 7. 1938. Wie vorsichtig man gleichwohl Unter den Linden die Sache behandelte, zeigt der Entschluß, vor der Verkündigung der Schließung »sicherheitshalber [...] unsere dahingehende Absicht Herrn Reichsminister Lammers mit der Bitte mitzuteilen, auch für den einzelnen Fall noch die Zustimmung des Führers herbeizuführen«, Vermerk vom 25. 7. 1938, ebd.

533 Brief von Wacker an Bormann, 28. 11. 1938, ebd.; das als »Geheim« apostrophierte und als Einschreiben versandte Schreiben Bormanns datiert auf den 7. 3. 1939, ebd.

534 Der Brief des Stellvertreters des Führers an das Reichswissenschaftsministerium, 23. 6. 1939, ebd.

535 Über die im Ministerium geführten Gespräche informiert ein vermutlich von Huber verfaßter Aktenvermerk vom 3. 4. 1940, ebd. Die Mitteilung über die »politische Entscheidung des Führers« aus dem Reichsinnenministerium datiert auf den 14. 8. 1940. Von der Unterstützung des Reichskirchenministers zeugt ein Schreiben vom 11. 3. 1940: R 4901, Nr. 13 856, BA Berlin.

536 Das Zitat Mentzels stammt aus dem Protokoll einer Besprechung vom 13. und 14. 4. 1943, an der die Dekane aller medizinischen Fakultäten, der Reichsärzteführer sowie neben Amtschef Mentzel weitere Beamte des Reichswissenschaftsministeriums teilnahmen, R 4901, Nr. 12 919, BA Berlin; ein knapper Überblick zur Geschichte der TH Danzig: Universitäten und Hochschulen in Deutschland, Österreich und der Schweiz, Düsseldorf 1983, S. 98 ff. Zum betreffenden Vorgang siehe den Vermerk des Ministerialrats von Rottenburg vom 15. 10. 1940 sowie die Stellungnahme der TH Danzig vom 25. 3. 1941, in: R 4901, Nr. 12 927, BA Berlin.

537 Brief des Rektors an der TU Aachen an Reichswissenschaftsminister Rust, 13. 3. 1941, ebd., dort auch die Stellungnahme des badischen Kultusministers, 19. 6. 1941, sowie die Aufstellung der TU Karlsruhe über den Bedarf an Lehrkräften, 25. 3. 1941; einen Abriß zur Geschichte der Technischen Universitäten bei Kändler, Anpassung; für die zeitgenössische Diskussion vgl. Hermann Pongs, Die Allgemeinbildung an der Technischen Hochschule, in: Die deutsche Hochschule, H. 3, Marburg 1933.

538 Brief von Bormann an Rosenberg, 8. 2. 1940: NS 8, Nr. 183, BA Berlin.
539 Hitler, Mein Kampf, Bd. II, S. 469.
540 Brief von Theodor Mayer an Wilhelm Bauer, 14. 3. 1938, in: NL Wilhelm Bauer, Archiv der Österreichischen Akademie der Wissenschaften Wien. Bauer war Ordinarius für Neuere Geschichte an der Wiener Universität und tauschte sich mit Mayer seit 1926 regelmäßig schriftlich über wissenschaftliche wie politische Zusammenhänge aus. Zur Rolle Mayers vor und nach 1945: Nagel, Schatten, S. 156–187, passim.
541 Hinzu kam noch, daß Reichsgau und Gauleitung in der Altmark anders als im Altreich territorial deckungsgleich waren: Deutsche Verfassungsgeschichte, Bd. 4, S. 753 f.; Hagspiel, Ostmark.
542 Dies nach dem Erlaß des Reichswissenschaftsministers an die Reichsminister, 12. 4. 1939: R 4902, Nr. 13 829, BA Berlin.
543 Dazu der ausführliche »Schnellbrief« des preußischen Finanzministers, »Übertragung der Zuständigkeiten der Österreichischen Landesregierung«, 14. 3. 1939, in: R 4901, 12 774, Bl. 56–58, BA Berlin.
544 Brief von Rust an Frick, 12. 4. 1939, in: R 4901, Nr. 13 829, BA Berlin, dort auch das letzte Zitat im Text; Vermerk von Staatssekretär Zschintzsch für Reichsminister Rust, 18. 8. 1939, in: R 4901, Nr. 12 774, Bl. 115–117, BA Berlin. Demnach war Stuckart am 16. 8. 1939 mit Zschintzsch zusammengetroffen, »um über die Organisation von in unseren Geschäftsbereich fallenden Angelegenheiten der Ostmark zu sprechen«, ebd., Bl. 115. Die direkte Unterstellung der Hochschulen unter das Reichskultusministerium erfolgte mit Erlaß vom 5. 4. 1940, Hagspiel, Ostmark, S. 171.
545 Zu Krüger: Grüttner, Lexikon, S. 101; daß die Wiener Tätigkeit »auf Veranlassung« von Heß erfolgte, geht aus einem Schreiben Krügers an den Beauftragten des Führers für die NSDAP in Österreich, 21. 12. 1938, hervor: PK, G 322, BA Berlin.
546 Vermerk vom 3. 10. 1939 über eine am 2. 10. 1939 im Reichserziehungsministerium stattgefundene Besprechung, in: R 4901, Nr. 12 793, BA Berlin, darin auch die letzten Zitate im Text.
547 Ministervorlage des Amtschefs Z vom 6. 11. 1939, ebd.
548 Vermerk Mentzels für den Chef des Zentralamts, 6. 10. 1939, ebd.
549 Brief des Reichskultusministeriums an das Reichsfinanzministerium, 12. 1. 1940, die Übernahme der ausgewählten Beamten betreffend; das Antwortschreiben des Reichsfinanzministers datiert auf den 20. 1. 1940, ebd.
550 Dazu die Unterlagen in: R 4901, Nr. 12 794, BA Berlin.
551 Heiß/Matte/Meisse/Saurer (Hg.), Wissenschaft, das Zitat aus dem Beitrag von Brigitte Lichtenberg-Fenze, ebd., S. 3–15, hier S. 3; Müller, Adaption, stellt auf S. 596 fest, daß sich die »Gleichschaltung« der Universität ähnlich reibungslos wie im Altreich vollzog, »nur schneller«; ähnlich Hagspiel, Ostmark, S. 170 f.
552 Zahlen nach Lichtenberg-Fenze, Universitäten, S. 5, sowie Müller, Adaption, S. 603, wo der Verlust in konkreten Zahlen auf 316 entlassene Wissenschaftler geschätzt wird; siehe außerdem die Unterlagen in R 4901, Nr. 13 197, BA Berlin,

mit Listen über Entlassungen und Wiederbesetzungen an Universität und Technischer Hochschule in Wien. Zur Situation der Studierenden: Posch/ Inprisch/Dressel (Hg.), »Anschluß«, hier S. 15 f.

553 Müller, Adaption, S. 601 f.

554 Dies nach einem Vermerk für Amtschef Wissenschaft, 18. 8. 1938, über eine Besprechung mit Friedrich Knoll, R 4901, Nr. 13 856, BA Berlin. Die vorhergehenden Zitate im Text entstammen einem Schreiben Wackers an Reichsamtsleiter Walter Schultze, 4. 7. 1938, R 4901, Nr. 13 856, Bl. 69–74, BA Berlin.

555 Brief von Rust an Lammers, 7. 1. 1943, dort auch die im Text genannten Zahlen, in: R 4901, Nr. 13 829, BA Berlin. Die allgemeine Erhöhung des Universitätsetats und höhere Dotierung der Professoren und Assistenten betont schon Saurer, Institutsneugründung, hier S. 306 f., vgl. auch Streibel, Innovation. Die Umrechnung von Schilling in Reichsmark erfolgte zum Kurs von 1000 Schilling = 670 Reichsmark, dazu Stoy, Institut, S. 201, Anm. 8.

556 Zum Schicksal des Instituts für Österreichische Geschichtsforschung nach 1938: R 4901, Nr. 14 089, hier die Korrespondenz von Hans Hirsch mit Hans Huber, 6. 2. 1940 sowie etliche Denkschriften zum Institut und zur Neuordnung des österreichischen Archivwesens; siehe außerdem: Stoy, Institut. Gegen die Bezeichnung als »Reichsinstitut« sprach sich vor allem Monumenta-Präsident Edmund Ernst Stengel aus, der die Wiener Konkurrenz offenbar fürchtete.

557 Dies nach den Unterlagen in: R 4901, Nr. 14 088, BA Berlin, hier speziell das Schreiben von Heinrich von Srbik an Mentzel, 17. 4. 1940. Das vorhergehende Zitat im Text entstammt einem Brief von Srbik an Rust, 15. 2. 1940, ebd.

558 Dazu Saurer, Institutsgründungen, S. 303, wonach sich die Gründungen hauptsächlich 1940–43 vollzogen und reichlich Geldmittel zu ihrer Einrichtung aufgewendet wurden.

559 Schreiben von Geheimrat Walther Heide an Harmjanz, 17. 12. 1940 sowie den Aktenvermerk von Harmjanz zu diesem Vorgang, 11. 1. 1941. Harmjanz vermutete ein spezielles Interesse Heides, der beim Stellvertreter des Führers durch »besondere Betriebsamkeit« bei der Besetzung des Wiener Lehrstuhls für Zeitungswissenschaft schon aufgefallen war, in: R 4901, Nr. 13 856, BA Berlin. Zum zeitungswissenschaftlichen Institut siehe auch den Beitrag von Duchkowitsch, Zeitungswissenschaft, S. 155–178.

560 Dies nach zwei Aktenvermerken, die Errichtung einer Medizinischen Fakultät in Linz betreffend, 30. 6. 1942 und 7. 7. 1942, R 4901, Nr. 12 919, BA Berlin.

561 Dazu Hagspiel, Ostmark, S. 169, Anm. 458, wonach die Klosterschulen Melk, Seitenstetten, Kremsmünster, Admont und Kreuzberg bei Bischofshofen zu »Heimschulen« umgewandelt wurden. Die Abordnung von Ministerialrat Möckelmann 1939 nach: Amtsblatt Deutsche Wissenschaft, Erziehung und Volksbildung 5 (1939), H. 7.

562 Hagspiel, Ostmark, S. 166 f.

563 Die Zitate stammen aus dem detaillierten Bericht von Ministerialrat Kampas über die schulpolitische Entwicklung im Reichsgau Niederdonau vom

20.2.1942 an das Reichsministerium für Erziehung, Wissenschaft und Volksbildung; das Antwortschreiben des Ministeriums an den Reichsstatthalter Niederdonau, 10.11.1942, in: R 4901, Nr. 12 831, BA Berlin.
564 Die Hassel-Tagebücher 1938–1944. Ulrich von Hassel. Aufzeichnungen vom Andern Deutschland, Berlin 1988, S. 85.
565 Dazu der Beitrag von Dieter Rebentisch in: Deutsche Verwaltungsgeschichte, Bd. 4, Kap. IV, § 2, S. 732–774, hier S. 755.
566 Reichsminister Rust im Sudetengau, in: Weltanschauung und Unterricht 2 (1938), S. 517–526, mit zahlreichen Abbildungen.
567 Dazu der Beitrag von Klaus Oldenhage in: Deutsche Verwaltungsgeschichte, Bd. 4, Kap. XII, S. 1131–1168, hier S. 1132–1137. Nach Konstantin Freiherr von Neurath amtierten ab 1943 nacheinander Reinhard Heydrich, Kurt Daluege und Wilhelm Frick als Reichsprotektoren.
568 Schreiben von Rust an Frick, 30.10.1939, in: R 4901, Nr. 13 165, BA Berlin. Das vorhergehende Zitat ist der während des Krieges für die im Felde stehenden Kollegen herausgebrachten »Hauszeitung« des Ministeriums entnommen. Dies läßt die Bedeutung ermessen, die man im Ministerium dieser Reform zumaß. Vollständig lautet das Zitat: »Die deutschen Hochschulen des Protektorats laufen auf unserem Etat. Im übrigen ist eine günstige Zuständigkeitsabgrenzung erfolgt. Es ist zu hoffen, dass eine entsprechende Regelung für die Hochschulen der Ostmark alsbald zustande kommt.« R4901, Nr. 14 373, BA Berlin.
569 Brief von Theodor Mayer an Wilhelm Bauer, 22.3.1940, NL Wilhelm Bauer, Archiv der Österreichischen Akademie der Wissenschaften Wien. Zur Geschichte der Universität siehe nun: Míšková, Universität.
570 Ebd., S. 76.
571 Brief von Karl Hermann Frank an Rust, 11.2.1941, in: R 4901, Nr. 13 856, BA Berlin. Zatscheck kam 1943 wieder zurück an die Universität Prag, Míšková, Universität, S. 325.
572 Dies sei »der Anfang vom Ende«, soll Rust nach der Erinnerung seiner Tochter resigniert geäußert haben, in: Pedersen, Bernhard Rust, S. 63. Die Stimmung in Berlin von März bis September 1939 wird eindrücklich geschildert in: Hassel-Tagebücher, S. 84–125.
573 Aktenvermerk vom 16.5.1941, wonach es in den Büros insgesamt 34 Apparate gab, aus denen offenbar »den ganzen Tag Radio – und dann noch überlaut« gehört wurde: »Welche Eindrücke fremde Besucher aus dem Hause mitnehmen, soweit wird in all diesen Fällen nicht gedacht (und an Arbeiten meistens auch nicht)«, R 4901, Nr. 63, BA Berlin. Der Neujahrsgruß des Ministers ist niedergelegt in: R 4901, Nr. 39, BA Berlin.
574 Aktenvermerk vom 6.2.1940, in: R 4901, Nr. 56, BA Berlin.
575 Anordnung des Staatssekretärs vom 5.2.1940, in: R 4901, Nr. 65, BA Berlin.
576 RGBl. I, 1939, S. 1535.
577 Ein Exemplar der »Verordnung über die Vereinheitlichung und Vereinfachung der Verwaltung im Geschäftsbereich des Reichsministeriums für Wissenschaft, Erziehung und Volksbildung« vom 2.9.1939, in: ebd. Zur Verreichlichung des

Hochschulwesens hatte Wacker im Mai 1938 eine Denkschrift verfaßt, dazu: R 43 II / 1154, BA Berlin.
578 R 4901, Nr. 11 893, BA Berlin.
579 Ebd., Bl. 5 f. Zum Konflikt zwischen Rust und Goebbels, die genannten Institute betreffend oben, Kap. III,3.
580 Brief von Stuckart an Rust, 1.12.1939, Abschrift, in: R 4901, Nr. 65, S. 8 f., dort auch die Zitate zuvor im Text.
581 Brief von Rust an Stuckart, 22.12.1939 mit zwei Anlagen »Verordnung über die Vereinheitlichung der Wissenschaftsverwaltung« sowie Bemerkungen zum Inhalt der Verordnung über die Vereinheitlichung der Wissenschaftsverwaltung, ebd., Bl. 10 f. – 12 f.
582 Brief von Rust an Popitz, 22.12.1939, sowie die Antwort von Popitz an Rust, 23.12.1939, jeweils in Abschrift in: R 4901, Nr. 12 774, BA Berlin. Auf dem Brief von Popitz ist als Eingangsdatum der 28.12.1939 vermerkt.
583 Brief von Popitz an Frick, 14.3.1939, Abschrift an Rust, in: R 4901, Nr. 11 893, Bl. 18 ff. Zu Popitz' verwaltungswissenschaftlichen Interessen: Bentin, Johannes Popitz, S. 46 – 69, zum Charakter der Mittwochsgesellschaft: Scholder, Mittwochsgesellschaft.
584 Auf den Brief von Popitz an den Generalbevollmächtigten für die Reichsverwaltung vom 23.12.1939 verweist Stuckart in seinem Schreiben an Rust, 30.12.1939: R 4901, Nr. 11 893, Bl. 16.
585 Brief von Bormann an Rust, 31.12.1939, ebd., Bl. 23. Daraufhin fand am 4.1.1940 eine Besprechung zwischen Mentzel und Ministerialdirektor Sommer vom Stab Heß statt, auf der man sich einigte, Vermerk Hubers vom 4.1.1940, ebd., Bl. 22.
586 Vermerk über die Besprechung am 5.1.1940, ebd., Bl. 25 – 28.
587 Der Vorsitzende Medicus schloß sich der Stellungnahme Breuers mit dem Bemerken an: »Die Verordnung werde hierdurch nicht berührt«, ebd., Bl. 26. Über Popitz und sein Interesse für das preußische Bauwesen: Bentin, Johannes Popitz, S. 48 – 53.
588 Die Erklärung Hubers: R 4901, Nr. 11 893, Bl. 26, BA Berlin. Huber hatte an der Besprechung zwischen Mentzel und Sommer vom Stab des Stellvertreters des Führers am Vortag teilgenommen und war zu einer Erklärung der Parteikanzlei ermächtigt worden.
589 Ebd., Bl. 28, Stuckart schloß sich dem Vorschlag Himmlers an und versicherte Huber, daß das Reichsinnenministerium den Plan in jeder Hinsicht unterstützen wolle, »auch gegenüber widersprechenden Versuchen der Länderregierungen«. Das vorhergehende Zitat im Text ebd., Bl. 27.
590 Brief von Göring an Rust, 23.4.1940, in: R 4901, Nr. 668, BA Berlin. Gemeint war die preußische Hochbauverwaltung, was am Rande des Schreibens vom Empfänger mit zwei kräftigen Bleistiftstrichen und »Aha!« markiert war.
591 Die beiden Schreiben Rusts an Göring vom 22.4., 6.5.1940, ebd., dort auch die Protokolle der Verhandlungen am 15.3.1940 im Reichsinnenministerium. Über das Gespräch von Popitz mit Göring wurde Zschintzsch durch Staats-

sekretär Neumann aus dem preußischen Finanzministerium unter dem 19.4. telephonisch informiert.
592 Vermerk Mentzel für Kasper, 27.6.1940, der Briefentwurf Kaspers, 4.7.1940, ebd. Rust hatte folgende Formulierung als »unmöglich« abgelehnt und mit zwei grünen Strichen am Rand markiert: »Ich darf dabei bemerken, daß mir nicht im geringsten daran gelegen ist, etwa im Lande Preußen Ihre für die Hochschulen bisher stets in hohem Grade förderliche Mitwirkung auszuschalten. Mein Bestreben ist lediglich die Beseitigung der Beteiligung der Unterrichtsverwaltungen der außerpreußischen Länder. Ich würde nichts mehr wünschen, als für den Gesamtbereich der Reichshochschulverwaltung zu einer ebenso erfreulichen Regelung zu gelangen, wie sie für das Land Preußen im Verhältnis zu Ihnen und mir gegeben ist.« Rust ordnete Rücksprache an und erklärte, daß es ungeschickt sei, das Land Preußen in einen Gegensatz zu den übrigen Ländern zu stellen.
593 Erlaß »Vereinfachung der Verwaltung« vom 25.2.1942 in: ebd., dort auch das Schreiben von Rust an den Generalbevollmächtigten vom 23.2.1942 mit dem Zitat im Text. Das Schreiben Rusts an Popitz datiert auf den 24.2.1942, dort auch das Zitat im Text. Unterzeichnet war der Brief mit »Heil Hitler! Ihr Bernhard Rust«, nachdem Rust im Entwurf die Worte »Ihr sehr ergebener« durchgestrichen hatte.
594 Die Zustimmung von Popitz im Brief an Göring datiert vom 25.2.1942, das Reichskultusministerium erhielt lediglich eine Abschrift, der Popitz ohne persönliche Anrede und abschließende Grußformel hinzusetzte, daß die Verordnung »entgegen der ursprünglich in meiner Besprechung mit Herrn Ministerialdirektor Mentzel in Aussicht genommenen Fassung nach wie vor den Weg zur Verreichlichung aller Hochschulen offen hält, während Ihre eingeschränkteren Absichten nur in dem Anschreiben zum Ausdruck kommen«, ebd. Die Voten Fricks und von Krosigks erfolgten am 17.3. und 19.3.1942; über die »Führerentscheidung« informierte ein Schreiben Lammers' vom 29.3.1942, ebd.
595 Bentin, Johannes Popitz, S.46ff. Das Zitat im Text aus einer Aktennotiz Sommers beim Stellvertreter des Führers, 12.6.1940, die zugleich vermerkte, daß »in den Verhandlungen des Erziehungsministers mit dem Generalfeldmarschall einzugreifen, [...] für uns aber m. E. kein Anlaß« bestehe, NS 6, Nr. 815, BA Berlin. 1942 hatte das einst gute Verhältnis zwischen Rust und Popitz damit einen Tiefstand erreicht.
596 Die betr. Erlasse in: Hochschulverwaltung, Bd. 1, S. 57–61, die Erlasse für den Schulbereich sind erwähnt im Schreiben des Reichskultusministers an den Chef der Reichskanzlei, 12.2.1942, in: R 4901, Nr. 11 835, BA Berlin, Bl. 69–71, hier Bl. 69.
597 Die Aktenvermerke Hubers vom 2.1.1940, Burmeister an Rode, 22.1.1941 sowie Dietzmann an Rode, 11.12.1940 sämtlich in: R 49 012, Nr. 24a, BA Berlin. Die genannten Prozentzahlen über den Verlust an Ministerialbeamten nach dem Schreiben des Reichskultusministeriums an den Chef der Reichskanzlei, 12.2.1942, in: R 4901, Nr. 11 835, BA Berlin, Bl. 69–71, hier Bl. 69.

598 Ebd.
599 Den Hintergrund bei der Reorganisation des Reichsforschungsrats 1942 bei: Flachowsky, Notgemeinschaft, S. 280–300, das Zitat im Text S. 278; siehe dazu auch Ders., Werkzeug; zu Stand und Entwicklung der Rüstungsforschung: Maier, Forschung; Ders. (Hg.), Rüstungsforschung.
600 Flachowsky, Notgemeinschaft, S. 280–300.
601 Brief von Mentzel an Fritz Görnnert, 3. 9. 1943, in: R 26 II. Nr. 210, BA Berlin. Bei dem Artikel aus »Nature« handelte es sich um einen Beitrag aus dem Heft vom 20. 2. 1943 »Wissenschaftliche Forschung und Entwicklung im Kriege«, den Mentzel in einer Übersetzung an Görnnert schickte.
602 So Rust an Göring, womit er konkret den Einsatz für Görings zweiten Vierjahresplan meinte, hier zitiert nach einem undatierten Entwurf, Januar 1941, in: R 4901, Nr. 13 902, BA Berlin.
603 Denkschrift »Schweigen hieße Verrat«, Berlin, November 1939, mit zahlreichen Anstreichungen seitens des Empfängers versehen und die damit verbundene Korrespondenz in: ebd. Die Denkschrift William Guertlers datiert vom 9. 4. 1940, ebd., zu diesem Komplex: Seier, Niveaukritik.
604 R 4901, Nr. 13 902, BA Berlin, an den Zitaten im Text jeweils handschriftliche Unterstreichung in der Vorlage und Markierung der Zeilen am Rand von Empfängerhand.
605 Brief von Rust an Lammers, 24. 4. 1940, in: R 4901, Nr. 13 902, BA Berlin.
606 Brief von Popitz an Lammers, 1. 6. 1940, ebd.
607 Brief von Keitel an Rust, 3. 5. 1940, sowie die Stellungnahme Niedermayers vom 20. 4. 1940, ebd.
608 Sieg, Strukturwandel. Das Zitat im Text: R 4901, Nr. 13 902, BA Berlin, Unterstreichungen der Passage in der Vorlage.
609 Brief von Scheel an Lammers, 3. 6. 1940, ebd., dort auch das folgende Zitat im Text aus dem Brief des Reichsarbeitsministers an die Reichskanzlei, 16. 5. 1940, sowie sämtliche in dieser Sache eingegangenen Schreiben.
610 Das Oberkommando des Heeres an Lammers, 23. 5. 1940, ebd. Die erwähnte Eingabe an Rust aus dem Herbst 1938 liegt nicht vor.
611 Brief von Rust an Lammers, 16. 6. 1941, ebd., dort auch die Zitate im Text aus einem Vermerk von Huber für Ministerialrat Kasper vom 23. 5. 1941.
612 Vermerk von Oberregierungsrat Brandt für Mentzel, 6. 4. 1943, ebd. Carl Brandt, 1897 geboren, trat 1935 in den Dienst des Reichskultusministeriums und war zunächst als Referent im Amt K unter Karl Krümmel tätig. 1940 übernahm er die Leitung der »Organisationsstelle (Statistik)« in Amt W. Zur Tätigkeit im Reichsforschungsrat ein Vermerk von Rudolf Mentzel für Carl Brandt, 21. 2. 1941, ebd.
613 Vortrag Erich Rövers am 5. 12. 1942 vor Professoren der Philosophischen Fakultät der Universität Köln, ebd., Bl. 205–232, das Zitat Bl. 207.
614 In einem Vermerk vom 27. 4. 1941 wies Mentzel seine Referenten an, allen von außen vorgetragenen Wünschen nach einer Universitätsgründung in Krakau mit äußerster Zurückhaltung zu begegnen, da solche Pläne vorläufig nicht zu

realisieren seien. »Ich ersuche daher, alle Besprechungen dieser Angelegenheit möglichst zu vermeiden und – soweit sie nicht umgangen werden können – mit größter Zurückhaltung zu führen. Insbesondere liegt mir daran, daß keinesfalls irgendwelche Berufungspläne von deutschen Hochschullehrern nach Krakau erörtert werden, geschweige denn Vorschläge von hier aus dem Generalgouvernement zur Verfügung gestellt werden.« Im Ernstfall riet er, den Sonderreferenten für Ostfragen, Oberregierungsrat Scurla, zu konsultieren: R 4901, Nr. 13 165; siehe auch R 4901, Nr. 13 830 sowie den konzisen Überblick bei: Kleßmann / Dlugoborski, Nationalsozialistische Bildungspolitik.

615 Hirschfeld, Universität.
616 Beispielhaft die Auseinandersetzungen um die Kunsthistorische Forschungsstätte in Paris, welche das Auswärtige Amt gern ganz in seine Zuständigkeit gebracht hätte: Vermerk Frey für Zschintzsch, 3. 8. 1944, R 4901, Nr. 14 096, Bl. 212, BA Berlin. Zur Situation an der Sorbonne: Raphael, Pariser Universität.
617 Aktenververmerk von Zschintzsch für Rust, 27. 9. 1940, in: R 4901, Nr. 12 768, Bl. 156 f., BA Berlin.
618 Brief des Stellvertreters des Führers an Rust, 31. 3. 1939, sowie vom 29. 6. 1939, in: R 4901, Nr. 11 913, Bl. 166 f., BA Berlin; Denkschrift des Reichsministeriums für Wissenschaft, Erziehung und Volksbildung zur Frage der Lehrerbildung und Lehrernachwuchsgestaltung, Berlin im Februar 1940, Typoskript, [o. O.], dort auch die Zitate im folgenden Absatz. Eine Exemplar des Textes liegt in der Staatsbibliothek Unter den Linden, Berlin.
619 Protokoll vom 18. 12. 1940, in: R 4901, Nr. 11 913, Bl. 16 – 51, BA Berlin.
620 Weiter meinte Meyer, daß sich Popitz nicht auf diesen Vorschlag versteife, sondern auch einen anderen Weg beschreiten würde, wenn es einen gäbe. »Der von ihm gezeigte Weg scheine dem Führer nicht unterbreitet worden zu sein. Da man aus der Not heraus helfen wolle, da ferner der Weg des preußischen Finanzministers verhältnismäßig billig sei und rasch beschritten werden könne, solle man diesen in Erwägung ziehen.« Ebd., dort auch das folgende Zitat.
621 Dies nach der Zusammenfassung der Besprechung vom 18. 12. 1940, ebd., Bl. 13 – 15. Über die ungeklärten Fragen sollte ein Ministerentscheid herbeigeführt werden.
622 Brief von Prof. Dr. Richard Suchenwirt an Ministerialrat Voigtländer, 12. 12. 1940, ebd., Bl. 66, die Denkschrift Suchenwirths, Bl. 53 – 64. Das Antwortschreiben Voigtländers datiert auf den 24. 12. 1940, Bl. 65. Im März 1941 gab Rust bekannt, daß der Stellvertreter des Führers und der Reichsfinanzminister ihn gebeten haben, »wegen der Umwandlung der Hochschulen für Lehrerbildung in Lehrerbildungsanstalten von weiteren Ernennungen von Dozenten der Hochschulen für Lehrerbildung zu Professoren abzusehen«. Die bereits in Vorschlag gebrachten Dozenten sollten für eine baldige Beförderung an den Lehrerbildungsanstalten vorgesehen werden, was freilich eine erneute Antragstellung erforderlich machte. Erlaß Rusts an die Reichsstatthalter, Direktoren der Hochschulen für Lehrerbildung etc., 26. 3. 1941, ebd., Bl. 8.
623 Dies nach dem Vermerk vom 5. 9. 1944 »Betr. Arbeitsbericht vom 1. Juli 1944«,

der die Ergebnisse mehrerer Berichte zusammenfaßte, R 4901, Nr. 10 950, BA Berlin. In den Jahren 1941–43 reisten Beamte des Reichskultusministeriums gemeinsam mit Vertretern des preußischen Finanzministeriums durchs Land, um nach geeigneten Gebäuden zur Unterbringung der neuen Einrichtungen zu suchen, dazu: R 4901, Nr. 15 284, BA Berlin; aufschlußreich der Arbeitsbericht der Lehrerinnenbildungsanstalt Lunden in Holstein vom 1.7. bis 31. 12. 1944: R 4901, Nr. 15 285, BA Berlin.

624 Brief Rust an die Länder, die Parteikanzlei, den preußischen Finanzminister sowie den Reichsfinanzminister, 3. 12. 1943, worin er den Verlust der Akten bekannt gibt und darum bittet, noch nicht abgeschlossene Vorgänge abschriftlich mitzuteilen, R 4901, Nr. 10 950, BA Berlin.

625 Protokoll über die »Besprechung über die Hauptschule«, 16. 12. 1940, in: R 4901, Nr. 12 685, BA Berlin.

626 Angesichts der schnelleren Ausbildung von Volksschullehrern, liege »die Verbreitung der Hauptschule also im Interesse eines stärkeren Nachwuchses bei den Lehrern«, so Holfelder ebd.

627 Dabei ließ der Amtschef offen, ob sogleich allgemeine Schulgeldfreiheit herrschen sollte oder nicht weiter wie bisher durch die Gewährung von Vergünstigungen Begabtenförderung betrieben werden sollte, ebd.

628 »Damit werde ein höherer Prozentsatz von Schulgeldbefreiungen notwendig werden. Denn eine Reihe von zahlungskräftigen Schülern würde auf diese Weise von der höheren Schule ferngehalten, und dafür müsse eine größere Zahl von minderbemittelten Kindern aufgenommen werden«, ebd.

629 Holfelder hatte vorsichtiger von einer »gewissen Bildungspflicht« gesprochen, ebd. Die spätere Praxis regelte ein Runderlaß Rusts vom 3. 7. 1941, in: Deutsche Wissenschaft, Erziehung und Volksbildung 7 (1941), S. 271.

630 R 4901, Nr. 12 685, BA Berlin. Es wurde auf die Beliebtheit der Mittelschulen bei den Eltern verwiesen ebenso wie auf die Hochschätzung dieses Schultyps bei Industrie, Handel und Öffentlichem Dienst.

631 Erlaß des Reichsministeriums für Wissenschaft, Erziehung und Volksbildung über die Einführung der Hauptschule, 28. 4. 1941, in: R 4901, Nr. 8925, BA Berlin; Runderlaß des Reichsministeriums für Wissenschaft, Erziehung und Volksbildung über die beschränkte Einführung der Hauptschule im Altreich, 13. 6. 1942, ebd.

632 »Bericht über die Einführung der Hauptschule im alten Reichsgebiet. Stand vom 1. 11. 1942«, ebd. Es handelt sich um ein 25 Seiten starkes Dokument, mit tabellarischen Aufstellungen und genauem Aufschluß über die Verteilung der neuen Schulform im gesamten Reich. Deutlich wird, daß das Ministerium in den Fällen, wo ein Bezirk die Einführung der Hauptschule ablehnte, Druck ausübte. So wurde ein Vertreter des Reichsstatthalters von Hamburg nach Berlin zitiert und von den Kultusbeamten von den Vorzügen der Hauptschulen überzeugt. Daraufhin wurde in Hamburg mit der Einrichtung von 19 ersten Hauptschulklassen begonnen.

633 Die Auslese der Schüler und Schülerinnen erfolgte gemäß dem Runderlaß

Rusts vom 3.7.1941, in: Deutsche Wissenschaft, Erziehung und Volksbildung 7 (1941), S. 271.
634 Blänsdorf, Lehrwerke, dort auch eine Zusammenstellung der Literatur.
635 So Blänsdorf, ebd., S. 301, nach dem Urteil einer unveröffentlichten Examensarbeit aus dem Jahre 1992.
636 Reiches Material zu diesem Konflikt in: NS 51, Nr. 182, BA Berlin. Den speziellen »Auftrag« der Reichsstelle skizzierte Hederich in einem Vermerk vom 11.3.1944 für seine Mitarbeiter, ebd. Hederichs Slogan »Ein Reich, ein Volk, ein Lesebuch« soll auf einer Schulbuchtagung im Februar 1944 in Bayreuth gefallen sein, was später im Schreiben von Bouhler an Rust allerdings bestritten wurde, Brief von Bouhler an Rust, Juni 1944, Abschrift, in: R 4901, Nr. 13 105, Bl. 15–19, BA Berlin.
637 Das Zitat Hederichs aus dem Protokoll einer Referentenbesprechung vom 5.2.1944, ebd., Bl. 317–366, hier Bl. 323. Brief von Rust an Bouhler, 24.5.1944, sowie das Antwortschreiben Bouhlers vom Juni 1944, beides jeweils in Abschrift in: R 4901, Nr. 13 105, Bl. 12–14 sowie Bl. 15–19, BA Berlin.
638 Dazu der Schriftverkehr in: DS, A 59, BA Berlin. Mitteilung von Wilhelm Burmeister an Amtschef Z, 5.11.1940, das befürwortende Schreiben des Reichsinnenministers, 12.11.1940, sowie die Zustimmung der Parteikanzlei, 8.11.1940. Die Ursachen für Rusts Rücktritt liegen im Dunkeln, lediglich vermutet wird, daß Bormann dahinter steckte, so Pedersen, Bernhard Rust, S. 104. Tatsächlich hatte Rust seit 1934 die Geschäfte der Gauleitung in die Hände seines Stellvertreters gelegt und war selbst kaum mehr persönlich in Erscheinung getreten, so daß Arbeitsüberlastung ein plausibles Motiv ist. Die feierliche Einsetzung Lauterbachers erfolgte im Beisein Rusts. Rudolf Heß dankte dem scheidenden Gauleiter ausdrücklich für seine der Partei geleisteten Dienste.
639 Vorlage an Herrn Reichsleiter Bormann. Betrifft; Reichserziehungsminister, 12.1.1944, Unterschrift unleserlich, in: NS 6, Nr. 797, Bl. 4–10, BA Berlin. Außer den im Text genannten Personen stand noch Paul Giesler zur Diskussion, der aber eben erst zum Gauleiter von München-Oberbayern ernannt worden war.
640 Fritz Wächtlers »Meine Stellungnahme zu der Meldung des Oberregierungsrats aus dem Reichsministerium für Erziehung und Unterricht«, 21.3.1944, in: R 43 II, Nr. 1153a, Bl. 14–16, BA Berlin; Vermerk Lammers über eine Besprechung mit Bormann sowie über den Vortrag bei Hitler in Anwesenheit von Bormann, 1.4.1944, ebd.; Schreiben von Lammers an Rust, 18.4.1944, ebd. Dieser Vorgang auch bei Pedersen, Bernhard Rust, S. 105 f., der freilich zu einer anderen Bewertung gelangt.
641 »Aktenvermerk für Pg. Dr. Klopfer (im Umschlag)«, undat., [Februar 1944], in: NS 6, Nr. 797, BA Berlin.
642 R 4901, Nr. 59, BA Berlin, wo es im Bericht an Ministerialrat Bergholter vom 7.1.1944 hieß: »Die Baufi hält sich strikt an die vom Propagandaminister festgesetzte ›Reihenfolge‹ und trifft keinerlei Maßnahmen für die Instandset-

zung von Behördenräumen«, dort auch das Zitat im Text. Die Neujahrsadresse des Staatssekretärs vom 23.12.1943, in: R 4901, Nr. 39, BA Berlin.

643 So prononciert: Wehler, Deutsche Gesellschaftsgeschichte, Bd. 4, S. 932 f. Meldung des Hausinspektors Lehnhoff an Regierungsrat Winkler, 2.1.1944 in: R 4901, Nr. 59, BA Berlin, sowie der dort genannte Bericht an Ministerialrat Bergholter vom 7.1.1944 mit der Zusage des Reichsministers zur Kostenübernahme und der Bemerkung des Berichterstatters: »Immerhin wird die Baufinanzdirektion unsere Selbsthilfemaßnahmen nicht stören. Wir haben also freie Hand.«

644 Dazu das Material in: R 4901, Nr. 69, BA Berlin, darin auch der Pachtvertrag, den die Wirtin mit dem Ministerium für den Zeitraum 1.12.1944-31.12.1945 schloß. Es war keine Miete zu entrichten, und es mußten auch keine Strom- und Heizkosten bezahlt werden. Dafür hatten die Essenpreise gering zu sein.

645 Brief von Zschintzsch an Ministerialrat Gentz, 20.3.1945, in: R 4901, Nr. 12 766, BA Berlin. Eindrücklich schilderte der Staatssekretär auch seine private Wohnsituation. Das Dach des Wohnhauses in Karlshorst, wo er nach seiner Ausbombung bei Freunden untergekommen war, »ist völlig heruntergerissen, alle Türen und Fensterrahmen sind entzwei, die Habitzwände des oberen Stocks eingestürzt, so daß nur zwei Zimmer, die Küche und der Keller noch bewohnbar sind«.

646 »Reisebericht über den Verlagerungstransport des Amtes ›Wissenschaft‹ des ehemaligen Reichsministeriums für Wissenschaft, Erziehung und Volksbildung« durch Amtsrat Biermann, 8.8.1945, in: R 4901, Nr. 14 348, Bl. 170 – 172, BA Berlin. Ein weiterer namhafter Bestand an Akten wurde nach Belzig verbracht, wo er der russischen Besatzung in die Hände fiel, dazu den »Reisebericht« des Amtsrats Raabe vom 19.6.1945, ebd., Bl. 177.

647 Dazu die Unterlagen in: R 4901, Nr. 14 348 – 14 351, BA Berlin.

648 Dies nach Rudolf Mentzel, Erinnerungen an Bernhard Rust« vom 8.4.1981, Typskript für Dr. Rudolf Rust, abgedruckt in: Pedersen, Bernhard Rust, S. 360 – 374, die Zitate S. 374. Rust wurde ohne Pfarrer auf dem Kirchhof des nahen Dorfes Nübel bestattet. Der Neujahrsgruß des Ministers ist veröffentlicht in: Deutsche Wissenschaft, Erziehung und Volksbildung, H. 1, 5.1.1945. Bis 1942 endeten Rusts Neujahrsbotschaften jeweils mit »Heil Hitler!«, danach fehlt die obligatorische Grußformel!

649 Vom Auswärtigen Amt blieben etwa 50 Personen zur Sicherung der Liegenschaft in Berlin zurück: Conze/Frei et al., Amt, S. 325; zur Anfrage von Hülsens: Nagel/Sieg, Philipps-Universität, S. 501; zu DFG und RFR siehe Flachowsky, Notgemeinschaft, S. 463 ff.

650 Paul Ritterbusch nahm sich am 26.4.1945, Max de Crinis zusammen mit seiner Frau am 2.5.1945 das Leben: Grüttner, Lexikon, S. 36 u. 140; siehe auch Rudolf Mentzel, Erinnerungen an Bernhard Rust« vom 8.4.1981, Typskript für Dr. Rudolf Rust, abgedruckt in: Pedersen, Bernhard Rust, S. 374; den Suizid des Propagandaministers samt Familie schildert eindrücklich: Reuth, Goebbels, S. 613 f.

Quellen- und Literaturverzeichnis

Archivalien

Bundesarchiv Berlin
R 34: Reichskanzlei
R 4901: Reichsministerium für Wissenschaft, Erziehung und Volksbildung
R 1501: Reichsministerium des Innern
R 26 III: Reichsforschungsrat
R 43: Reichskanzlei
NS 6: Parteikanzler der NSDAP
NS 8: Kanzlei Rosenberg
NS 11: Parteiamtliche Prüfungskommission
NS 12: Hauptamt für Erzieher / Reichswaltung des NS-Lehrerbundes
NS 15: Der Beauftragte des Führers für die Überwachung der gesamten geistigen und weltanschaulichen Schulung und Erziehung (Dienststelle Rosenberg)
NS 18: Reichspropagandaleitung der NSDAP
NS 21: Ahnenerbe der SS
NS 22: Unterlagen der NSDAP
Unterlagen des ehemaligen Berlin Document Center: DS, NSDAP-Gaukartei; NSLB-Listen, OPG (Oberstes Parteigericht); PK (Parteikorrespondenz); REM (Reichserziehungsministerium); SA, WI (Amt Wissenschaft des Reichserziehungsministeriums), SSO / SS-Führerpersonalakten)
NS 30: Einsatzstab Reichsleiter Rosenberg

Geheimes Staatsarchiv Preußischer Kulturbesitz Berlin
I HA Rep. 76 I, II, IIa: Preußisches Ministerium für Wissenschaft, Kunst und Volksbildung

Landesarchiv Berlin
A Pr. Br. Rep. 042: Preußische Bau- und Finanzdirektion

Archiv der Max-Planck-Gesellschaft Berlin
Abt. I, Rep. 1 A
Abt. II, Rep. 1 A

Bundesarchiv Koblenz
Kleine Erwerbungen, Rolf Eiler

Archiv der Österreichischen Akademie der Wissenschaften
Nachlaß Wilhelm Bauer

Sächsisches Hauptstaatsarchiv Dresden
Best. 11 125: Ministerium für Volksbildung

Hauptstaatsarchiv Hannover
Best. 180, Acc. 15 / 89
Best. 400, Acc. 2003 / 026
Best. 401, Acc. 92 / 85

Gedruckte Quellen und Sekundärliteratur

Amelung, Ullrich: Adolf Reichwein 1898 – 1944. Ein Lebensbild des politischen Pädagogen, Volkskundlers und Widerstandskämpfers, Frankfurt a. M. 1991
Arnold, Birgit: »Deutscher Student, es ist nicht nötig, daß Du lebst, wohl aber, daß Du Deine Pflicht gegenüber Deinem Volk erfüllst«. Gustav Adolf Scheel, Reichsstudentenführer und Gauleiter von Salzburg, in: Kißener / Scholtyseck (Hg.), Führer, S. 567 – 594
Ash, Mitchell: Wissenschaft und Politik als Ressourcen für einander, in: vom Bruch / Kaderas (Hg.), Wissenschaften, S. 32 – 51
Baeumler, Alfred: Bildung und Gemeinschaft, Berlin ²1943
Baeumler, Alfred: Männerbund und Wissenschaft, Berlin 1934
Bajohr, Frank, Michael Wildt (Hg.): Volksgemeinschaft. Neue Forschungen zur Gesellschaft des Nationalsozialismus, Frankfurt / M. 2009
Bargheer, Ernst: Politische Volkskunde eine Hilfswissenschaft für die Erziehungsaufgaben des deutschen Sozialismus, Langensalza 1935
Baum, Walter: Die »Reichsreform« im Dritten Reich, in: Vierteljahrsschrift für Zeitgeschichte 3 (1955), S. 36 – 56
Becker, Carl Heinrich: Kulturpolitische Aufgaben des Reiches, Leipzig 1919
Bentin, Lutz-Arwed: Johannes Popitz und Carl Schmitt. Zur wirtschaftlichen Theorie des totalen Staats in Deutschland, München 1972
Benze, Rudolf: Erziehung im Großdeutschen Reich. Eine Überschau über ihre Ziele, Wege und Einrichtungen, Berlin ³1943
Benze, Rudolf: Nationalpolitische Erziehung im Dritten Reich, Berlin 1936
Berlin und seine Bauten. Bearb. und hg. vom Architektenverein zu Berlin und der Vereinigung Berliner Architekten. Bd. II. u. III.: Der Hochbau, Berlin 1896
Berliner Bezirkslexikon Mitte, hg. von Hans-Jürgen Mende und Kurt Wernicke, 2 Bde., Berlin 2001

Beyerchen, Alan D.: Wissenschaftler unter Hitler. Physiker im Dritten Reich. Mit einem Vorwort von Karl Dietrich Bracher, Frankfurt a. M. 1982

Blänsdorf, Agnes: Lehrwerke für Geschichtsunterricht an Höheren Schulen 1933–1945: Autoren und Verlage unter den Bedingungen des Nationalsozialismus, in: Hartmut Lehmann, Otto Gerhard Oexle (Hg.): Nationalsozialismus in den Kulturwissenschaften. Bd. 1: Fächer – Milieus – Karrieren, Göttingen 2004, S. 273–370

Böhme, Günther: Das Zentralinstitut für Erziehung und Unterricht und seine Leiter. Zur Pädagogik zwischen Kaiserreich und Nationalsozialismus, Neuburgweier, Karlsruhe 1971

Bojunga, Helmut: Das Schulwesen, München 1937

Bojunga, Helmut: Gemeindevolksschulverwaltung und Schulbeiräte, Berlin 1935

Bojunga, Helmut: Zur Steigerung der Leistungen in den Berufs- und Fachschulen, Berlin 1937

Bollmus, Reinhard: Das Amt Rosenberg und seine Gegner. Zum Machtkampf im nationalsozialistischen Herrschaftssystem, Stuttgart 1970

Botsch, Gideon: »Politische Wissenschaft« im Zweiten Weltkrieg. Die »Deutschen Auslandswissenschaften im Einsatz 1940–45«, Paderborn u. a. 2006

Breuer, Stefan: Arthur Moeller van den Bruck: Politischer Publizist und Organisator des Neuen Nationalismus in Kaiserreich und Republik, in: Gangolf Hübinger, Thomas Hertfelder (Hg.), Kritik und Mandat. Intellektuelle in der deutschen Politik, Stuttgart, München 2000, S. 138–151

Breuer, Stefan: Ästhetischer Fundamentalismus. Stefan George und der Deutsche Antimodernismus, Darmstadt 1996

Breuer, Stefan: Nationalismus und Faschismus. Frankreich, Italien und Deutschland im Vergleich, Darmstadt 2005

vom Brocke, Bernhard: Marburg im Kaiserreich 1866–1918. Geschichte und Gesellschaft, Parteien und Wahlen in einer Universitätsstadt im wirtschaftlichen und sozialen Wandel der industriellen Revolution, in: Erhard Dettmering, Rudolf Grenz (Hg.), Marburger Geschichte. Rückblick auf die Stadtgeschichte in Einzelbeiträgen, Marburg ²1982, S. 367–540

vom Brocke, Bernhard, Rudolf Vierhaus (Hg.), Forschung im Spannungsfeld von Politik und Gesellschaft. Die Geschichte und Struktur der Kaiser-Wilhelm-/Max-Planck-Gesellschaft, Stuttgart 1990

vom Brocke, Bernhard: Die Kaiser-Wilhelm-Gesellschaft im Kaiserreich. Vorgeschichte, Gründung und Entwicklung bis zum Ausbruch des Ersten Weltkriegs, in: vom Brocke/Vierhaus (Hg.), Forschung, S. 17–162

vom Brocke, Bernhard: Kultusministerien und Wissenschaftsverwaltung in Deutschland und Österreich: Systembrüche und Kontinuitäten 1918/19 – 1933/38 – 1945/46, in: vom Bruch/Kaderas (Hg.), Wissenschaften, S. 193–214

vom Brocke, Bernhard: Wissenschaftsgeschichte und Wissenschaftspolitik im Industriezeitalter. Das »System Althoff« in historischer Perspektive, Hildesheim 1991

vom Bruch, Rüdiger, Brigitte Kaderas (Hg.), Wissenschaften und Wissenschaftspolitik. Bestandsaufnahmen zu Formationen, Brüchen und Kontinuitäten im Deutschland des 20. Jahrhunderts, Stuttgart 2002

Das Buch der deutschen Gaue. Fünf Jahre nationalsozialistische Aufbauleistung. Mit einem Geleitwort von Dr. Otto Dietrich, Reichspressechef der NSDAP., Bayreuth 1938

Burkard, Dominik, Wolfgang Weiß (Hg.): Katholische Theologie im Nationalsozialismus, Würzburg 2007

Chamberlain, Houston Stewart: Die Grundlagen des neunzehnten Jahrhunderts, [^{1}1899] München ^{25}1938

Conelly, John, Michael Grüttner (Hg.): Zwischen Autonomie und Anpassung in den Diktaturen des 20. Jahrhunderts, Paderborn 2003

Conze, Eckart, Norbert Frei, Peter Hayes, Moshe Zimmermann: Das Amt und seine Vergangenheit. Deutsche Diplomaten im Dritten Reich und in der Bundesrepublik, München 2010

Corni, Gustavo: Richard Walther Darré – Der »Blut- und Boden«-Ideologe, in: Smesler / Zitelmann (Hg.), Elite, S. 15 – 27

Crämer, Ulrich: Das Problem der Reichsreform in der deutschen Geschichte. Öffentliche Antrittsvorlesung gehalten am 17. November 1934 an der Friedrich-Schiller-Universität Jena, Jena 1935

Dahm, Volker: Anfänge und Ideologie der Reichskulturkammer, in: Vierteljahrshefte für Zeitgeschichte 34 (1986), S. 53 – 84.

Dahm, Volker: Die nationalsozialistische Schrifttumspolitik nach dem 10. Mai 1933, in: Bücherverbrennungen in Deutschland und die Folgen, hg. von Ulrich Walterei, Frankfurt a. M. 1983, S. 36 – 83

Dahm, Volker: Kulturpolitischer Zentralismus und landschaftlich-lokale Kulturpflege im Dritten Reich, in: Nationalsozialismus in der Region, hg. von Horst Möller, Andreas Wirsching, Walter Ziegler, München 1996, S. 123 – 138

Dannhäuser, Albin: Erlebte Schulgeschichte 1939 bis 1955. Bayerische Lehrerinnen und Lehrer berichten, Bad Heilbrunn 1997

Deichmann, Ute: Biologen unter Hitler. Porträt einer Wissenschaft im NS-Staat, Frankfurt / M. 1995

Deutsche Wissenschaft, Erziehung und Volksbildung. Amtsblatt des Reichs- und Preußischen Ministeriums für Wissenschaft, Erziehung und Volksbildung 1 (1935) – 11 (1945)

Dieckmann, Hildemarie: Johannes Popitz – Entwicklung und Wirksamkeit in der Zeit der Weimarer Republik, Berlin 1960

Duchkowitsch, Wolfgang: Zeitungswissenschaft »an der schönen heimatlichen Donaustadt«. Aufbau, Errichtung und Funktion des Wiener Instituts für Zeitungswissenschaft, in: Heiß (Hg.), Wissenschaft, S. 165 – 178

Ein Ehrentag der deutschen Wissenschaft. 25. Mai 1937, Berlin 1937

Eibl, Christina: Der Physikochemiker Peter Adolf Thiessen als Wissenschaftsorganisator. Eine biographische Studie, Stuttgart 1999

Eilers, Rolf: Die nationalsozialistische Schulpolitik, Opladen 1963

Enzelberger, Sabina: Sozialgeschichte des Lehrerberufs. Gesellschaftliche Stellung und Professionalisierung von Lehrerinnen und Lehrern von den Anfängen bis zur Gegenwart, Weinheim, München 2001

Enzyklopädie des Nationalsozialismus, hg. von Wolfgang Benz, Hermann Graml und Hermann Weiß, München ³1998

Erziehung und Unterricht in der Höheren Schule. Einführungserlaß zur Neuordnung des höheren Schulwesens, Berlin 1938

Feiten, Willi: Der Nationalsozialistische Lehrerbund. Entwicklung und Organisation. Ein Beitrag zum Aufbau und zur Organisationsstruktur des nationalsozialistischen Herrschaftssystems, Weinheim, Basel 1981

Feller, Barbara, Wolfgang Feller (Hg.): Die Adolf-Hitler-Schulen. Pädagogische Provinz versus ideologische Zuchtanstalt, Weinheim 2001

Ferber, Christian von: Die Entwicklung des Lehrkörpers der deutschen Universitäten und Hochschulen 1864–1954, Göttingen 1956

Ferchland, Gertrud: Der Werdegang des deutschen Reichslesebuchs, in: Weltanschauung und Schule 1 (1936), S. 280–285

Flachowsky, Sören: »Werkzeug der deutschen Kriegsführung«. Die Forschungspolitik der Deutschen Forschungsgemeinschaft und des Reichsforschungsrates zwischen 1920 und 1945, in: Karin Orth/Willi Oberkrome (Hg.), Die Deutsche Forschungsgemeinschaft 1920–1970. Forschungsförderung im Spannungsfeld von Wissenschaft und Politik, Tübingen 2010, S. 53–70

Flachowsky, Sören: Von der Notgemeinschaft zum Reichsforschungsrat. Wissenschaftspolitik im Kontext von Autarkie, Aufrüstung und Krieg, Stuttgart 2008

Frei, Norbert: Volksgemeinschaft. Erfahrungsgeschichte und Lebenswirklichkeit der Hitler-Zeit, in: Ders., 1945 und wir. Das Dritte Reich im Bewußtsein der Deutschen, München 2005, S. 107–128

Fricke-Finkelnburg, Renate (Hg.): Nationalsozialismus und Schule. Amtliche Erlasse und Richtlinien 1933–1945, Opladen 1989

Führ, Christoph: Die preußischen Schulkonferenzen von 1890 und 1900. Ihre bildungspolitische Rolle und bildungsgeschichtliche Bewertung, in: Bildungspolitik in Preußen zur Zeit des Kaiserreichs, hg. von Peter Baumgart, Stuttgart 1980, S. 189–223

Gentz, Erwin: (Hg.): Das Landjahr. Die gesetzlichen Grundlagen und wichtigsten Bestimmungen für den Hausgebrauch, Eberswalde 1936

Gentz, Erwin: Reichsberufsschulrecht, Eberswalde 1943

Glum, Friedrich: Zwischen Wissenschaft, Wirtschaft und Politik. Erlebtes und Erdachtes in vier Reichen, Bonn 1964

Goehrke, Klaus: In den Fesseln der Pflicht. Der Weg des Reichsfinanzministers Lutz Graf Schwerin v. Krosigk, Köln 1995

Götz, Margarete: Die Grundschule in der Zeit des Nationalsozialismus. Eine Untersuchung der inneren Ausgestaltung der vier unteren Jahrgänge der Volksschule auf der Grundlage amtlicher Maßnahmen, Bad Heilbrunn 1997

Grothe, Ewald: Zwischen Geschichte und Recht. Deutsche Verfassungsgeschichtsschreibung 1900–1970, München 2005

Grün, Bernd: Der Rektor als Führer? Die Universität Freiburg i. Br. von 1933–1945, Freiburg 2010

Grünthal, Günther: Reichsschulgesetz und Zentrumspartei in der Weimarer Republik, Düsseldorf 1968

Grüttner, Michael: Studenten im Dritten Reich, Paderborn, München, Wien 1995

Grüttner, Michael: Wissenschaftspolitik im Nationalsozialismus, in: Kaufmann (Hg.), Geschichte, S. 557–585

Grüttner, Michael: Machtergreifung und Generationskonflikt. Die Krise der Hochschulen und der Aufstieg des Nationalsozialismus, in: vom Bruch / Kaderas (Hg.), Wissenschaften, S. 339–353

Grüttner, Michael: Biographisches Lexikon zur nationalsozialistischen Wissenschaftspolitik, Heidelberg 2004

Grüttner, Michael / Kinas, Sven: Die Vertreibung von Wissenschaftlern aus den deutschen Universitäten 1933–1945, in: Vierteljahrshefte für Zeitgeschichte 55 (2007), S. 123–186

Grüttner, Michael et al. (Hg.): Gebrochene Wissenschaftskulturen. Universität und Politik im 20. Jahrhundert, Göttingen 2010

Grüttner, Michael: Nationalsozialistische Wissenschaftler: ein Kollektivporträt, in: Ders. (Hg.): Wissenschaftskulturen, S. 149–165

Haas, Raimund: »Zur restlosen Erfassung des deutschen Volkes werden insbesondere Kirchenbücher unter Schriftdenkmalschutz gestellt«. Kirchenarchive im Spannungsfeld zwischen Kooperation und Enteignung 1933–1943, in: Das Deutsche Archivwesen und der Nationalsozialismus, Essen 2007, S. 139–152

Hachtmann, Rüdiger: Eine Erfolgsgeschichte? Schlaglichter auf die Geschichte der Generalverwaltung der Kaiser-Wilhelm-Gesellschaft im ›Dritten Reich‹, Vorabdrucke aus dem Forschungsprogramm ›Geschichte der Kaiser-Wilhelm-Gesellschaft im Nationalsozialismus, Berlin 2004

Hachtmann, Rüdiger: Wissenschaftsmanagement im »Dritten Reich«. Geschichte der Generalverwaltung der Kaiser-Wilhelm-Gesellschaft, 2 Bde., Göttingen 2007

Hachtmann, Rüdiger: Vernetzung um jeden Preis. Zum politischen Alltagshandeln der Zentralverwaltung der Kaiser-Wilhelm-Gesellschaft im Dritten Reich, in: Maier (Hg.), Gemeinschaftsforschung, S. 72–152

Hachtmann, Rüdiger: Der Ertrag eines erfolgreichen Wissenschaftsmanagements: Die Etatentwicklung wichtiger Kaiser-Wilhelm-Institute 1929 bis 1944, in: Maier (Hg.), Gemeinschaftsforschung, S. 561–598

Hachtmann, Rüdiger: Die Wissenschaftslandschaft zwischen 1930 und 1949. Profilbildung und Ressourcenverschiebung, in: Grüttner (Hg.), Wissenschaftskulturen, S. 193–214

Hagspiel, Hermann: Die Ostmark. Österreich im Großdeutschen Reich 1938 bis 1945, Wien 1995

Hammerstein, Notker: Die Deutsche Forschungsgemeinschaft in der Weimarer Republik und im Dritten Reich. Wissenschaftspolitik in Republik und Diktatur 1920–1945, München 1999

Handbuch der deutschen Bildungsgeschichte. Bd. IV: 1870–1918. Von der Reichsgründung bis zum Ende des Ersten Weltkriegs, hg. von Christa Berg, München 1991

Handbuch der deutschen Bildungsgeschichte. Bd. V: 1918–1945. Die Weimarer Republik und die nationalsozialistische Diktatur, hg. von Dieter Langewiesche und Heinz-Elmar Tenorth, München 1989

Handbuch der Deutschen Reformbewegungen 1880–1933, hg. von Diethart Kerbs und Jürgen Reulecke, Wuppertal 1998

Harnack, Adolf von: Vom Großbetrieb der Wissenschaft, in: Preußische Jahrbücher 119 (1905), S. 193–201

Hartung, Günther: Völkische Ideologie, in: Uwe Puschner, Walter Schmitz, Justus H. Ulbricht (Hg.), Handbuch der völkischen Bewegung 1871–1918, München 1996, S, 22–41

Hassel, Ulrich von: Die Hassel-Tagebücher 1938–1944. Aufzeichnungen vom Andern Deutschland, Berlin 1988

Haupt, Joachim: Neuordnung im Schulwesen und Hochschulwesen, Berlin 1933

Hausmann, Frank-Rutger: Die Rolle der Geisteswissenschaften im Dritten Reich, München 2002

Hausmann, Frank-Rutger: Anglistik und Amerikanistik im Dritten Reich, Frankfurt a. M. 2003

Hederich, Karl-Heinz: Die Parteiamtliche Prüfungskommission zum Schutze des NS-Schrifttums, ihre Aufgaben und ihre Stellung in Partei und Staat, Breslau 1937

Hederich, Karl-Heinz: Adolf Hitler, Leipzig 1942

Heiber, Helmut: Walter Frank und sein »Reichsinstitut für Geschichte des neuen Deutschlands«, Stuttgart 1966

Heiber, Helmut: Universität unterm Hakenkreuz. Teil 1: Der Professor im Dritten Reich. Bilder aus der akademischen Provinz, München u. a. 1991, Teil 2: Die Kapitulation der Hohen Schulen. Das Jahr 1933 und seine Themen, 2 Bde., München u. a. 1992–1994

Heinemann, Isabell, Patrick Wagner (Hg.): Wissenschaft – Planung – Vertreibung. Neuordnungskonzepte und Umsiedlungspolitik im 20. Jahrhundert, Stuttgart 2006

Heinemann, Manfred (Hg.): Erziehung und Schule im Dritten Reich, Teil 1: Kindergarten, Schule, Jugend, Berufserziehung. Teil 2: Hochschule, Erwachsenenbildung, Stuttgart 1980

Heiß, Gernot et al. (Hg.): Willfährige Wissenschaft. Die Universität Wien 1938–1945, Wien 1989

Heldmann, Werner: Musisches Gymnasium Frankfurt am Main 1939–1945. Eine Schule im Spannungsfeld von pädagogischer Verantwortung, künstlerischer Freiheit und politischer Doktrin, Frankfurt u. a. 2004

Hepp, Corona: Avantgarde. Moderne Kunst, Kulturkritik und Reformbewegung nach der Jahrhundertwende, München 1987

Herbst, Ludolf: Hitlers Charisma. Die Erfindung eines deutschen Messias, Frankfurt am Main 2010

Herz, Heinz: »Freiheit der Wissenschaft« unter dem Nazismus, in: Das Hochschulwesen 7 (1959), S. 537–540, 577–582 und 8 (1960), S. 16 ff.

Hesse, Alexander: »Bildungsinflation« und »Nachwuchsmangel«. Zur deutschen Bildungspolitik zwischen Weltwirtschaftskrise und Zweitem Weltkrieg, Hamburg 1986

Hirschfeld, Gerhard: Die Universität Leiden unter dem Nationalsozialismus, in: Geschichte und Gesellschaft 23 (1997), S. 560–591

Hitler, Adolf: Mein Kampf. Bd. 1: Eine Abrechnung. Bd. 2: Die nationalsozialistische Bewegung, München [444-448] 1939

Die Deutschen Hochschulen. Eine Übersicht über ihren Besuch, hg. vom Reichsminister für Wissenschaft, Erziehung und Volksbildung, Bd. 1: Sommerhalbjahr 1935 und Winterhalbjahr 1935/36. Mit einem Vorwort von Ministerialdirektor Prof. Dr. Vahlen, Berlin 1936

Hochschulpolitik im Föderalismus. Die Protokolle der Hochschulkonferenzen der deutschen Bundesstaaten und Österreichs 1898 bis 1918, hg. von Bernhard vom Brocke u. Peter Krüger, bearb. von Bernhard vom Brocke, Berlin 1994

Die deutsche Hochschulverwaltung. Sammlung der das Hochschulwesen betreffenden Gesetze, Verordnungen und Erlasse, hg. von Gerhard Kasper, Hans Huber, Karl Kaebsch u. Franz Senger, 2 Bde., Berlin 1942/1943

Höflechner, Walter: Die Baumeister des künftigen Glücks. Fragmente einer Geschichte des Hochschulwesens in Österreich vom Ausgang des 19. Jahrhunderts bis in das Jahr 1938, Graz 1988

Holfelder, Albert: Die neue höhere Schule, in: Weltanschauung und Schule 2 (1938), S. 104–109

Horn, Klaus-Peter, Heidemarie Kemnitz (Hg.): Pädagogik Unter den Linden. Von der Gründung der Berliner Universität im Jahre 1810 bis zum Ende des 20. Jahrhunderts, Stuttgart 2002

Höver, Ulrich: Joseph Goebbels – ein nationaler Sozialist, Bonn, Berlin 1992

Huber, Hans: Der Aufbau des Hochschulwesens. Vortrag gehalten auf der dritten fachwissenschaftlichen Woche für Universitätsbeamte der Verwaltungsakademie Berlin am 30. Januar 1939, hg. von der Deutschen Forschungsgemeinschaft, Berlin [1939]

Hüttenberger, Peter: Die Gauleiter. Studie zum Wandel des Machtgefüges in der NSDAP, Stuttgart 1969

Jahr, Christoph: »Das ›Führen‹ ist ein sehr schwieriges Ding.« Anspruch und Wirklichkeit der »Führeruniversität« in Berlin 1933–1945, in: Die Berliner Universität in der NS-Zeit, Bd. 1: Strukturen und Personen, hg. von Christoph Jahr, Stuttgart 2005, S. 17–36

Jarausch, Konrad H.: Deutsche Studenten 1800–1970, Frankfurt/M. 1984

Kändler, Wolfram C.: Anpassung und Abgrenzung. Zur Sozialgeschichte der Lehrstuhlinhaber der Technischen Hochschule Berlin-Charlottenburg und ihrer Vorgängerakademien, 1851–1945, Stuttgart 2009

Kater, Michael H.: Das »Ahnenerbe« der SS 1935–1945. Ein Beitrag zur Kulturpolitik des Dritten Reichs, Stuttgart 1974

Kaufmann, Doris (Hg.): Geschichte der Kaiser-Wilhelm-Gesellschaft im Nationalsozialismus. Bestandsaufnahme und Perspektiven der Forschung, Göttingen 2000

Kißener, Michael, Joachim Scholtyseck (Hg.): Die Führer der Provinz. NS-Biographien aus Baden und Württemberg, Konstanz ²1999

Kissenkoetter, Udo: Gregor Straßer – NS-Parteiorganisator oder Weimarer Politiker?, in: Smelser/Zitelmann (Hg.), Elite, S. 273–285

Kittel, Helmuth: Die Entwicklung der Pädagogischen Hochschulen 1926–1932. Eine zeitgeschichtliche Studie über das Verhältnis von Staat und Kultur, Berlin, Darmstadt, Hannover 1957

Klatt, Max: Althoff und das höhere Schulwesen. Vortrag gehalten am 19. Dezember 1908 im Berliner Gymnasial-Verein, Berlin 1909

Kleßmann, Christoph,: Waclaw Dlugoborski: Nationalsozialistische Bildungspolitik und polnische Hochschulen 1939–1945, in: Geschichte und Gesellschaft 23 (1997), S. 535–559

Kluger, Alfons: Die Volksschule im NS-Staat. Nachdruck des Handbuches »Die deutsche Volksschule im Großdeutschen Reich. Handbuch der Gesetze, Verordnungen und Richtlinien für Erziehung und Unterricht in Volksschulen nebst den einschlägigen Bestimmungen über Hitler-Jugend und Nationalpolitische Erziehungsanstalten Breslau 1940«. Mit einer Einleitung hg. von Hans Jürgen Apel und Michael Klöcker, Köln, Weimar, Wien 2000

Kohl, Ulrike: Die Präsidenten der Kaiser-Wilhelm-Gesellschaft im Nationalsozialismus. Max Planck, Carl Bosch und Albert Vögler zwischen Wissenschaft und Macht, Stuttgart 2002

König, Wolfgang: Volkswagen, Volksempfänger, Volksgemeinschaft. »Volksprodukte« im Dritten Reich, Paderborn u. a. 2004

Kraas, Andreas: Lehrerlager 1932–1945. Politische Funktion und pädagogische Gestaltung, Bad Heilbrunn 2004

Krafczyk, Eva: Deutsche Besatzung und polnisches Schulwesen, Posen 1939–1945, in: Nordost-Archiv, Neue Folge 1 (1992), H. 2, S. 559–575

Krebs, Albert: Tendenzen und Gestalten der NSDAP. Erinnerungen an die Frühzeit der Partei, Stuttgart 1959

Krieck, Ernst: Nationalpolitische Erziehung, Leipzig 1932

Krieck, Ernst: Die Erneuerung der deutschen Universität, Marburg 1933

Krieck, Ernst: Menschenformung. Grundzüge der vergleichenden Erziehungswissenschaft, [zuerst Leipzig 1925], Leipzig ⁴1939

Krieck, Ernst: Völkisch-politische Anthropologie, 3 Bde., Leipzig 1934–1938

Kuhlemann, Frank-Michael: Modernisierung und Disziplinierung. Sozialgeschichte des preußischen Volksschulwesens 1794–1872, Göttingen 1992

Kühnel, Franz: Hans Schemm. Gauleiter und Kultusminister (1891–1935), Nürnberg 1985

Kühnl, Reinhard: Die nationalsozialistische Linke 1925–1930, Meisenheim am Glan 1966

Das preußische Kultusministerium als Staatsbehörde und gesellschaftliche Agentur (1817–1934), Bd. 2,1: Das Kultusministerium auf seinen Wirkungsfeldern Schule, Wissenschaft und Medizinalwesen, Darstellung; Bd. 2,2: Dokumente, Berlin 2010

van Laak, Dirk: Weiße Elefanten. Anspruch und Scheitern technischer Großprojekte im 20. Jahrhundert, Stuttgart 1999
Landé, Walter: Die Schule in der Reichsverfassung. Ein Kommentar, Berlin 1929
Landjahr. Plan und Gestaltung, hg. von Adolf Schmidt-Bodenstedt, Leipzig 1937
Lang, Jochen von: Der Sekretär. Martin Bormann, der Mann, der Hitler beherrschte, Herrsching 1990
Leendertz, Ariane: Ordnung schaffen. Deutsche Raumplanung im 20. Jahrhundert, Göttingen 2009
Lennartz, Ulrike: Ein badischer Preuße. Paul Schmitthenner, Badischer Staatsminister, in: Kißener / Scholtyseck (Hg.), Führer, S. 623–654
Lichtenberg-Fenz, Brigitte: Österreichs Universitäten und Hochschulen – Opfer oder Wegbereiter der nationalsozialistischen Gewaltherrschaft? In: Heiß (Hg.), Wissenschaft, S. 3–15
Longerich, Peter: Hitlers Stellvertreter. Führung der Partei und Kontrolle des Staatsapparates durch den Stab Heß und die Parteikanzlei Bormann, München 1992
Losemann, Volker: Auf dem Weg zur »Alternativ-Universität«. Die »Hohe Schule« Alfred Rosenbergs und die Wissenschaftsarbeit der NSV in Marburg, in: Speitkamp (Hg.), Staat, S. 365–386
Losemann, Volker: Zur Konzeption der NS-Dozentenlager, in: Heinemann (Hg.), Erziehung, T. 2, S. 87–109
Lundgreen, Peter (Hg.): Wissenschaft im Dritten Reich, Frankfurt a. M. 1985
Maier, Helmut (Hg.): Gemeinschaftsforschung, Bevollmächtigte und der Wissenstransfer. Die Rolle der Kaiser-Wilhelm-Gesellschaft im System kriegsrelevanter Forschung des Nationalsozialismus, Göttingen 2007
Maier, Helmut (Hg.): Rüstungsforschung im Nationalsozialismus. Organisation, Mobilisierung und Entgrenzung der Technikwissenschaften, Göttingen 2002
Maier, Helmut: Forschung als Waffe. Rüstungsforschung in der Kaiser-Wilhelm-Gesellschaft und das Kaiser-Wilhelm-Institut für Metallforschung 1900–1945 / 48, Göttingen 2009
Maier, Joachim: Zur Auseinandersetzung zwischen Staat und katholischer Kirche in Baden 1933–1945 in Fragen der Schule und des Religionsunterrichts, in: Heinemann (Hg.), Erziehung, T. 1, S. 216–229
Mandel, Hans Heinrich: Geschichte der Gymnasiallehrerbildung in Preußen-Deutschland 1787–1989, Berlin 1989
Mentzel, Rudolf: Zwanzig Jahre Forschung. Vortrag gehalten bei der Feier anläßlich der 20. Wiederkehr des Gründungstags der Deutschen Forschungsgemeinschaft (Notgemeinschaft der Deutschen Wissenschaft), 30. Oktober 1940 im Hause der Deutschen Forschungsgemeinschaft, [Berlin 1940]
Mertens, Lothar: »Nur politisch Würdige«. Die DFG-Forschungsförderung im Dritten Reich 1933–1937, Berlin 2004
Metzler, Gabriele: Deutschland in den internationalen Wissenschaftsbeziehungen, 1900–1930, in: Grüttner (Hg.), Wissenschaftskulturen, S. 54–82
Mišková, Alena: Die deutsche (Karls-) Universität vom Münchener Abkommen bis zum Ende des Zweiten Weltkriegs, Prag 2007

Mommsen, Hans: Beamtentum im Dritten Reich, Stuttgart 1966.
Mommsen, Hans: Reichsreform und Regionalgewalten – Das Phantom der Mittelinstanzen 1933–1945, in: Oliver Janz, Pierangelo Schiera, Hannes Sigrist (Hg.), Zentralismus und Föderalismus im 19. und 20. Jahrhundert. Deutschland und Italien im Vergleich, Berlin 2000, S. 227–237
Moreau, Patrick: Otto Straßer – Nationaler Sozialismus versus Nationalsozialismus, in: Smelser/Zitelmann (Hg.), Elite, S. 286–298
Mühl-Benninghaus, Sigrun: Das Beamtentum in der NS-Diktatur bis zum Ausbruch des Zweiten Weltkrieges. Zu Entstehung, Inhalt und Durchführung der einschlägigen Beamtengesetze, Düsseldorf 1996
Müller, Albert: Dynamische Adaptierung und »Selbstbehauptung«. Die Universität Wien im Nationalsozialismus, in: Geschichte und Gesellschaft 23 (1997), S. 592–617
Müller, Guido: Weltpolitische Bildung und akademische Reform. Carl Heinrich Beckers Wissenschafts- und Hochschulpolitik 1908–1930, Köln, Weimar, Wien 1991
Müller, Karl: Die Preußische Volksschule im Volksstaate, Osterwieck i. H. 1930
Müller, Winfried: Gauleiter als Minister. Die Gauleiter Hans Schemm, Adolf Wagner, Paul Giesler und das Bayerische Staatsministerium für Unterricht und Kultus 1933–1945, in: Zeitschrift für bayerische Landesgeschichte 60 (1997), H. 2, S. 973–1021
Nagel, Anne [Chr.]: Zwischen Führertum und Selbstverwaltung. Theodor Mayer als Rektor der Marburger Universität 1939–1942, in: Speitkamp (Hg.), Staat, S. 343–364
Nagel, Anne Chr. (Hg.): Die Philipps-Universität Marburg im Nationalsozialismus. Dokumente zu ihrer Geschichte, bearb. von Anne Chr. Nagel und Ulrich Sieg, Stuttgart 2000
Nagel, Anne Chr.: Im Schatten des Dritten Reichs: Mittelalterforschung in der Bundesrepublik Deutschland 1945–1970. Göttingen 2005
Nagel, Anne Chr.: »Er ist der Schrecken überhaupt der Hochschule« – Der Nationalsozialistische Deutsche Dozentenbund in der Wissenschaftspolitik des Dritten Reichs. In: Scholtyseck/Studt (Hg.), Universitäten, S. 115–132
Nagel, Anne Chr.: Anspruch und Wirklichkeit in der nationalsozialistischen Hochschul- und Wissenschaftspolitik, in: Jürgen Reulecke, Volker Roelcke (Hg.), Wissenschaften im 20. Jahrhundert: Universitäten in der modernen Wissenschaftsgesellschaft, Stuttgart 2008, S. 245–261
Nath, Axel: Die Studienratskarriere im Dritten Reich. Systematische Entwicklung und politische Steuerung einer zyklischen »Überfüllungskrise« – 1930–1944, Frankfurt am Main 1988
Nationalsozialistische Bibliographie 1 (1938)–8 (1945)
Neliba, Günter: Wilhelm Frick. Der Legalist des Unrechtsstaates. Eine politische Biographie, Paderborn, München u. a. 1992
Nipperdey, Thomas: Deutsche Geschichte 1866–1918. Band 1: Arbeitswelt und Bürgergeist, München 1990
Obergethmann, Irmgard: Unser Mädellandjahr, in: Weltanschauung und Schule 1 (1936), S. 650–660

Orth, Karin, Willi Oberkrome (Hg.): Die Deutsche Forschungsgemeinschaft 1920–1970. Forschungsförderung im Spannungsfeld von Wissenschaft und Politik, Stuttgart 2010

Otto Straßer, Hitler und ich, Konstanz 1948

Paletschek, Sylvia: Was heißt »Weltgeltung deutscher Wissenschaft?« Modernsierungsleistungen und -defizite der Universitäten im Kaiserreich, in: Grüttner (Hg.), Wissenschaftskulturen, S. 29–54

Pedersen, Ulf: Bernhard Rust. Ein nationalsozialistischer Bildungspolitiker vor dem Hintergrund seiner Zeit, Braunschweig 1994

Petzina, Dieter: Autarkiepolitik im Dritten Reich. Der nationalsozialistische Vierjahresplan, Stuttgart 1968

Peukert, Detlev: Volksgenossen und Gemeinschaftsfremde. Anpassung, Ausmerze und Aufbegehren unter dem Nationalsozialismus, Köln 1982

Piper, Ernst: Alfred Rosenberg. Hitlers Chefideologe, München 2005

Pongs, Hermann: Die Allgemeinbildung an der Technischen Hochschule, Marburg 1933

Posch, Herbert, Doris Inprisch, Gert Dressel (Hg.): »Anschluß« und Ausschluss 1938. Vertriebene und verbliebene Studierende der Universität Wien, Münster 2008

Preußische Gesetzsammlung, Berlin 1933 u. 1934

Preußisches Staatshandbuch, hg. vom Preußischen Staatsministerium 141 (1939), Berlin 1939

Pross, Helge: Die geistige Enthauptung Deutschlands. Verluste durch Vertreibung, in: Universitätstage 1966. Nationalsozialismus und deutsche Universität, Berlin 1966, S. 145–155

Rantzau, Otto Graf zu: Das Reichsministerium für Wissenschaft, Erziehung und Volksbildung, Berlin 1939

Raphael, Lutz: Die Pariser Universität unter deutscher Besatzung 1940–1944, in: Geschichte und Gesellschaft 23 (1997), S. 597–634

Rasch, Manfred: Wissenschaft und Militär. Die Kaiser-Wilhelm-Stiftung für kriegstechnische Wissenschaft, in: Militärgeschichtliche Mitteilungen 50 (1991), S. 73–120

Rebentisch, Dieter: Führerstaat und Verwaltung im Zweiten Weltkrieg. Verfassungsentwicklung und Verwaltungspolitik 1939–1945, Stuttgart 1989

Reich, Ines: Carl Friedrich Goerdeler. Ein Oberbürgermeister gegen den NS-Staat, Köln 1997

Reichwein, Adolf: Schaffendes Schulvolk – Film in der Schule. Die Tiefenseer Schulschriften – Kommentierte Neuausgabe, hg. von Wolfgang Klafki et al., Weinheim und Basel 1993

Reuth, Ralf Georg: Goebbels. Eine Biographie, München ^{3}2004

Richtlinien des Preußischen Ministeriums für Wissenschaft, Kunst und Volksbildung für die Volksschulen mit den erläuterten Bestimmungen der Art. 142–150 der Reichsverfassung und der Reichs-Grundschulgesetze sowie den wichtigsten Bestimmungen über die äußeren Verhältnisse der preußischen Volksschule, Breslau ^{9}1928

Ritterbusch, Paul: Wissenschaft im Kampf um Reich und Lebensraum, Berlin 1942

Rosenberg, Alfred: Der Mythus des 20. Jahrhunderts. Eine Wertung der seelisch-geistigen Gestaltenkämpfe unserer Zeit, München 1930

Ruge, Arnold: Völkische Wissenschaft, Berlin 1933

Rust, Bernhard: Nationalsozialismus und Wissenschaft. Rede des Reichsministers Rust beim Festakt in Heidelberg [1936], in: Das nationalsozialistische Deutschland, Hamburg 1936

Rust, Bernhard: Reichsuniversität und Wissenschaft. Rede des Reichsministers für Wissenschaft, Erziehung und Volksbildung, Bernhard Rust, zur 125 Jahr-Feier der Technischen Hochschule Wien am 6. November 1940, Berlin 1940

Saurer, Edith: Institutsneugründungen 1938–1945, in: Heiß (Hg.), Wissenschaft, S. 303–328

Schieder, Wolfgang, Achim Trunk (Hg.): Adolf Butenandt und die Kaiser-Wilhelm-Gesellschaft. Wissenschaft, Industrie und Politik im »Dritten Reich«, Göttingen 2004

Schildt, Gerhard: Die Arbeitsgemeinschaft Nord-West. Untersuchungen zur Geschichte der NSDAP 1925/26, phil. Diss. Freiburg 1994

Schlüter, Marnie: Das Preußische Kultusministerium zwischen Reichsexekution und Reichsministerium (Juli 1932 – Mai 1934). Vom Nutzen der Verwaltungsgeschichte für die Bildungsgeschichte, in: Gisela Miller-Kipp, Bernd Zymek (Hg.), Politik in der Bildungsgeschichte – Befunde, Prozesse, Diskurse, Bad Heilbrunn 2006

Schmaltz, Florian: Kampfstoff-Forschung im Nationalsozialismus. Zur Kooperation von Kaiser-Wilhelm-Instituten, Militär und Industrie, Göttingen 2005

Schmerbach, Folker: Das Gemeinschaftslager »Hanns Kerrl« für Referendare in Jüterborgh 1933–1939, Tübingen 2008

Schmidt, Uwe, Paul Weidemann, Modernisierung als Mittel zur Indoktrination. Das Schulwesen, in: Hamburg im Dritten Reich, Göttingen 2005, S. 303–335

Schmidt-Ott, Friedrich: Erlebtes und Erstrebtes 1860–1950, Wiesbaden 1952

Schmuhl, Hans Walter: Grenzüberschreitungen. Das Kaiser-Wilhelm-Institut für Anthropologie, menschliche Erblehre und Eugenik 1927–1945, Göttingen 2005

Schneider, Barbara: Die Höhere Schule im Nationalsozialismus. Zur Ideologisierung von Bildung und Erziehung, Köln, Weimar, Wien 2000

Schneider, Christian: Das Erbe der Napola, Hamburg 1996

Scholder, Klaus: Die Mittwochsgesellschaft. Protokolle aus dem geistigen Deutschland 1932–1944, Berlin 1982

Schöllgen, Gregor: Max Webers Anliegen. Rationalisierung als Forderung und Hypothek, Darmstadt 1985, S. 80–88

Scholtyseck, Joachim, Christoph Studt (Hg.): Universitäten und Studenten im Dritten Reich. Bejahung, Anpassung, Widerstand, Göttingen 2008

Scholtz, Harald: Erziehung und Unterricht unterm Hakenkreuz, Göttingen 1985

Schrecke, Katja: Zwischen Heimaterde und Reichsdienst. Otto Wacker, Badischer Minister des Kultus, des Unterrichts und der Justiz, in: Kißener/Scholtyseck (Hg.), Führer, S. 705–732

Schreiber, Georg: Zwischen Demokratie und Diktatur. Persönliche Erinnerungen an die Politik und Kultur des Reiches von 1919 bis 1944, München 1949

Schultze, Walter: Grundfragen der deutschen Universität und Wissenschaft, in: Grundfragen der deutschen Universität und Wissenschaft, hg. von der Reichsdozentenführung, Neumünster 1938, S. 1–11

Schulz, Gerhard: Johannes Popitz, in: 20. Juli. Portraits des Widerstands, Düsseldorf, Wien 1984, S. 237–251

Schwerin von Krosigk, Lutz Graf: Es geschah in Deutschland. Menschenbilder unseres Jahrhunderts, Stuttgart ³1951

Schwerin von Krosigk, Lutz Graf: Memoiren, Stuttgart 1977

Schwerin von Krosigk, Lutz Graf: Staatsbankrott. Die Geschichte der Finanzpolitik des Deutschen Reiches von 1920 bis 1945, geschrieben vom letzten Reichsfinanzminister, Göttingen, Stuttgart, Frankfurt, Zürich 1974

Seier, Hellmut: Der Rektor als Führer. Zur Hochschulpolitik des Reichserziehungsministeriums 1934–1945., in: Vierteljahrshefte für Zeitgeschichte 12 (1964), S. 105–146

Seier, Hellmut: Niveaukritik und partielle Opposition. Zur Lage an den deutschen Hochschulen 1939/40, in: Archiv für Kulturgeschichte 58 (1976), S. 227–246

Seier, Hellmut: Universität und Hochschulpolitik im nationalsozialistischen Staat, in: Klaus Malettke (Hrsg.), Der Nationalsozialismus an der Macht. Aspekte nationalsozialistischer Politik und Herrschaft, Göttingen 1984, S. 143–165

Sieg, Ulrich: Im Zeichen der Beharrung. Althoffs Wissenschaftspolitik und die deutsche Universitätsphilosophie, in: Bernhard vom Brocke (Hg.), Wissenschaftsgeschichte und Wissenschaftspolitik im Industriezeitalter. Das »System Althoff« in historischer Perspektive, Hannover 1991, S. 287–306

Sieg, Ulrich: Aufstieg und Niedergang des Marburger Neukantianismus. Die Geschichte einer philosophischen Schulgemeinschaft, Würzburg 1994

Sieg, Ulrich: Strukturwandel der Wissenschaft im Nationalsozialismus, in: Berichte zur Wissenschaftsgeschichte 24 (2001), H. 4, S. 255–270

Sieg, Ulrich: Deutschlands Prophet. Paul de Lagarde und die Ursprünge des modernen Antisemitismus, München 2007

Smelser, Ronald, Rainer Zitelmann (Hg.): Die Braune Elite. 22 biographische Skizzen, Darmstadt ²1990

Sonnenberger, Franz: Die vollstreckte Reform – Die Einführung der Gemeinschaftsschule in Bayern 1935–1938, in: Michael Prinz/Rainer Zitelmann, Nationalsozialismus und Modernisierung, Darmstadt 1991, S. 172–198

Speitkamp, Winfried (Hg.): Staat, Gesellschaft, Wissenschaft. Beiträge zur modernen hessischen Geschichte, Marburg 1994

Stark, Johannes: Erinnerungen eines deutschen Naturforschers, hg. von Andreas Kleinert, Mannheim 1987

Stolle, Michael: Der schwäbische Schulmeister. Christian Mergenthaler, Württembergischer Ministerpräsident, Justiz- und Kultusminister, in: Kißener/Scholtyseck (Hg.), Führer, S. 445–476

Stoy, Manfred: Das Österreichische Institut für Geschichtsforschung 1929 – 1945, München 2007

Streibel, Robert: Innovation auf kleiner Flamme. Die NS-Herrschaft in Österreich als Herausforderung für Universitäten, Schulen und Volkshochschulen, in: Jenseits des Schlußstrichs, Wien 2002, S. 251 – 261

Syré, Ludger: Der Führer vom Oberrhein. Robert Wagner, Gauleiter, Reichsstatthalter in Baden und Chef der Zivilverwaltung im Elsaß, in: Kißener / Scholtyseck (Hg.), Führer, S. 733 – 779

Szöllösi-Janze, Margit: Fritz Haber 1868 – 1934. Eine Biographie, München 1998

Szöllösi-Janze, Margit: »Wir bauen mit« – Universitäten und Wissenschaften im Dritten Reich, in: Bernd Sösemann (Hg.), Der Nationalsozialismus und die deutsche Gesellschaft. Einführung und Überblick, Stuttgart / München 2002, S. 155 – 171

Szöllösi-Janze, Margit: Die institutionelle Umgestaltung der Wissenschaftslandschaft im Übergang vom späten Kaiserreich zur Weimarer Republik, in: vom Bruch / Kaderas (Hg.), Wissenschaften, S. 60 – 74

Die Tagebücher von Joseph Goebbels. Im Auftrag des Instituts für Zeitgeschichte und mit Unterstützung des Staatlichen Archivdienstes Rußlands, hg. von Elke Fröhlich. Teil I: Aufzeichnungen 1923 – 1941, Bd. 1 / I: Oktober 1923 – November 1925, bearb. von Elke Fröhlich, München 2004; Bd. 1 / II: Dezember 1925 – Mai 1928, bearb. von Elke Fröhlich, München 2005; Bd. 2 / III, Oktober 1932 – März 1934, bearb. von Angela Hermann, München 2006

Thierfelder, Jörg: Die Auseinandersetzung um Schulform und Religionsunterricht im Dritten Reich zwischen Staat und evangelischer Kirche in Württemberg, in: Heinemann (Hg.), Erziehung, T. 1, S. 230 – 250

Titze, Hartmut (Hg.): Datenhandbuch zur deutschen Bildungsgeschichte. Bd. 1: Hochschulen. Teil 1: Das Hochschulstudium in Preußen und Deutschland 1820 – 1944, unter Mitarbeit von Hans-Georg Herrlitz, Volker Müller-Benedict u. Axel Nath, Göttingen 1987

Deutsche Verwaltungsgeschichte, hg. von Kurt G. A. Jeserich, Hans Pohl, Georg-Christoph von Unruh. Bd. 4: Das Reich als Republik und in der Zeit des Nationalsozialismus, Stuttgart 1985

Verordnungsblatt des Sächsischen Ministeriums für Volksbildung, 15 (1933) – 25 (1943)

Vetter, Helmuth: Die Katholisch-theologische Fakultät 1938 – 1945, in: Heiß (Hg.), Wissenschaft, S. 179 – 197

Vézina, Birgit: Die Gleichschaltung der Universität Heidelberg im Zuge der nationalsozialistischen Machtergreifung, Heidelberg 1982

Volkmann, Hans-Erich: Die NS-Wirtschaft in Vorbereitung des Krieges, in: Ders., Wolfram Wette (Hg.), Ursachen und Voraussetzungen der deutschen Kriegspolitik, Stuttgart 1979, S. 175 – 368

Voß, Reimer: Johannes Popitz (1884 – 1945). Jurist, Politiker, Staatsdenker unter drei Reichen – Mann des Widerstands, Frankfurt / M., Berlin 2006.

Wacker, Otto: Wissenschaftspolitik und Nachwuchs. Rede gehalten auf der ersten großdeutschen Rektorenkonferenz am 7. März 1939, hg. von der Deutschen Forschungsgemeinschaft, Gräfenhainichen 1939

Walker, Mark: Legenden um die deutsche Atombombe, in: Vierteljahrshefte für Zeitgeschichte 38 (1990), S. 45–74

Wehler, Hans Ulrich: Deutsche Gesellschaftsgeschichte. Bd. 4: Vom Beginn des Ersten Weltkriegs bis zur Gründung der beiden deutschen Staaten 1914–1949, München 2003

Weltanschauung und Schule 1 (1936) – 8 (1944)

Weiss, Yfaat: Schicksalsgemeinschaft im Wandel. Jüdische Erziehung im nationalsozialistischen Deutschland 1933–1938, Hamburg 1991

Weltanschauung und Schule, Berlin 1 (1936/37) – 8 (1944)

Wende, Erich: C. H. Becker – Mensch und Politiker. Ein biographischer Beitrag zur Kulturgeschichte der Weimarer Republik, Stuttgart 1959

Wesen und Aufgaben der Akademie. Vier Vorträge von Theodor Vahlen, Ernst Heymann, Ludwig Bieberbach und Hermann Grapow, Berlin 1940

Wettmann, Andrea: Heimatfront Universität. Preußische Hochschulpolitik und die Universität Marburg im Ersten Weltkrieg, Köln 2000

Wilderotter, Hans: Alltag der Macht. Berlin Wilhelmstraße, Berlin 1998

Winkler, Heinrich August: Weimar 1918–1933. Die Geschichte der ersten deutschen Demokratie, München 1993

Wulf, Joseph: Die Bildenden Künste im Dritten Reich. Eine Dokumentation, Gütersloh 1963

Ziegler, Walter: Gaue und Gauleiter im Dritten Reich, in: Nationalsozialismus in der Region, hg. von Horst Möller, Andreas Wirsching, Walter Ziegler, München 1996, S. 139–160

Zierold, Kurt: Forschungsförderung in drei Epochen. Deutsche Forschungsgemeinschaft. Geschichte – Arbeitsweise – Kommentar, Wiesbaden 1968

Zentralblatt für die gesamte Unterrichts-Verwaltung in Preußen, hg. in dem Ministerium für Wissenschaft, Kunst und Volksbildung 75–76 (1933/34)

Abkürzungen

BA	Bundesarchiv
Bd.	Band
BDC	Berlin Document Center
Bl.	Blatt
DFG	Deutsche Forschungsgemeinschaft
Gestapo	Geheime Staatspolizei
HStA	Hauptstaatsarchiv
KWG	Kaiser-Wilhelm-Gesellschaft
LA	Landesarchiv
MPG	Max-Planck-Gesellschaft
NSDAP	Nationalsozialistische Deutsche Arbeiterpartei
NSDStB	Nationalsozialistischer Deutscher Studentenbund
NSLB	Nationalsozialistischer Lehrerbund
PPK	Parteiamtliche Prüfungskommission
REM	Reichsministerium für Wissenschaft, Erziehung und Volksbildung
RFR	Reichsforschungsrat
RFM	Reichsfinanzministerium
RGBl.	Reichsgesetzblatt
RIM	Reichsinnenministerium
RM	Reichsmark
SA	Sturmabteilung
SD	Sicherheitsdienst
SdF	Stellvertreter des Führers
SS	Schutzstaffel
T.	Teil
TH	Technische Hochschule

Verzeichnis der Abbildungen

Abb. 1 Fassade des Reichs- und Preußischen Ministeriums für Wissenschaft, Erziehung und Volksbildung Unter den Linden, um 1883   11
Abb. 2 Der Erweiterungsbau Wilhelmstraße 68 heute   12
Abb. 3 Das Foyer des Reichs- und preußischen Kultusministeriums Unter den Linden   14
Abb. 4 Friedrich Althoff 1907   23
Abb. 5 Carl Heinrich Becker, um 1925   31
Abb. 6 Bernhard Rust, um 1937   41
Abb. 7 Bernhard Rust als Teilnehmer bei der Gründung der Harzburger Front am 11. Oktober 1931, erste Reihe zweiter von rechts, links neben ihm Hermann Göring   46
Abb. 8 Joseph Goebbels am 12. März 1933   51
Abb. 9 Außenansicht des Reichsministeriums für Wissenschaft, Erziehung und Volksbildung, 1938   70
Abb. 10 Unter den Linden / Ecke Wilhelmstraße. Der Gebäudekomplex ist heute im Besitz des Bundestages   73
Abb. 11 Johannes Popitz, um 1932   93
Abb. 12 Werner Zschintzsch, zweiter von rechts beim Empfang zur Gründung der Deutsch-Ungarischen Gesellschaft 1940 im Foyer des Hotels Kaiserhof   103
Abb. 13 Rudolf Mentzel, um 1937   113
Abb. 14 Bernhard Rust (zweite Reihe links), Alfred Rosenberg (vorn, zweiter von links) und neben ihm Rudolf Heß als Ehrengäste zum 50. Geburtstag Hitlers am 20. April 1939   126
Abb. 15 Bernhard Rust im Gespräch mit Rudolf Heß, um 1933   128
Abb. 16 Martin Bormann mit Hitler auf dem Obersalzberg, 1. August 1940   130
Abb. 17 Karl-Heinz Hederich auf einer Weihnachtsfeier am Tisch rechts neben Hitler sitzend, 18. Dezember 1937   136
Abb. 18 Hitler, Rust und Goebbels bei einem Rundgang durch die »Große Deutsche Kunstausstellung« im Haus der Deutschen Kunst in München, 10. Juli 1938   144
Abb. 19 Gauleiter Bernhard Rust schreitet eine Formation der Hitlerjugend auf der Einweihung des Herrengartens in Hannover ab   152
Abb. 20 Besuch des Reichserziehungsministers bei einem Gemeinschaftslager von Napola-Schülern in Kärnten, Juli 1939   160

Abb. 21 Reichserziehungsminister Rust mit Robert Ley und Baldur von Schirach (rechts) auf einer Jugendkundgebung im September 1933 ... 179

Abb. 22 Zwei Schülerinnen gratulieren Reichskultusminister Rust zum Geburtstag, 30. September 1937 ... 186

Abb. 23 Gründungsfeier des Reichsforschungsrats, 25. Mai 1937 ... 241

Abb. 24 Grundsteinlegung zur Wehrtechnischen Fakultät an der Technischen Hochschule Berlin, 27. November 1937 ... 288

Abb. 25 Auf der Parteigründungsfeier am 24. Februar 1940 war die Welt noch in Ordnung: Bernhard Rust neben Martin Bormann stehend im Profil, im Sessel sitzend mit der Hand am Kopf Joseph Goebbels ... 316

Abb. 26 Görings Geburtstag, 12. Januar 1937, neben Göring von links Bernhard Rust, Wilhelm Frick, Johannes Popitz und Reichsjustizminister Franz Gürtner ... 330

Abb. 27 Ruine des Hauptgebäudes Unter den Linden 69 im Frühjahr 1945 ... 361

Abbildungsnachweis

Bildarchiv Photo Marburg: Abb. 1, 3
Bildarchiv Preußischer Kulturbesitz: Abb. 6, 9, 15, 21, 25
Bundesarchiv, Bildarchiv: Abb. 5, 7, 13
Hauptstaatsarchiv Hannover: Abb. 19
Privat: Abb. 2, 10
Ullstein Bild: Abb. 4, 8, 11, 12, 14, 16, 17, 18, 20, 22, 23, 24, 26, 27

Personenregister*

Abel, Othonio 413
Aichinger, Erwin 413
Althoff, Friedrich 23–26, 28, 284, 372 f.
Amann, Max 132 f., 137
Augustin, Karl 351

Bach, Ernst 266, 401, 408
Bach, Johann Sebastian 168
Bachér, Franz 75, 232–234, 257, 261 ff., 265, 268–273, 275, 277, 283, 287, 379, 403, 407–411
Backe, Herbert 251, 400
Baeumler, Alfred 118 f., 123, 146, 180, 199, 386, 391, 395, 397
Baltzer, Hans 411
Bargheer, Ernst 54, 56, 62 f., 169, 194, 377 f., 393 f., 396 f.
Baudissin, Klaus Graf von 120, 386
Bauer, Erwin 246
Bauer, Wilhelm 313, 414, 416
Bauerschmidt, Johann 378
Baur, Wilhelm (Reichshauptamtsleiter) 134, 387
Becker (Preußisches Finanzministerium) 324 f.
Becker, Carl Heinrich 27–36, 40, 53 f., 60, 67, 162, 373, 392
Becker, Karl 239–242, 251, 318, 332, 404
Behrens, Behrend 218 f., 401
Behring, Emil von 25
Benze, Rudolf 54, 62 f., 161, 169, 194, 378, 390 f., 395, 397
Bergholter, Wilhelm 422 f.
Biermann, Hans 362, 423
Blume, Walter 398

Blunck, Hans 220, 401
Boelitz, Otto 32
Bohnen, Erich 13
Bojunga, Helmut 54 f., 57 f., 61, 77, 85, 115–118, 131, 169–172, 175, 177, 179 f., 191, 194, 256, 376 f., 381, 386, 391, 393 ff.,
Bormann, Martin 116 f., 126, 129 ff., 175 f., 179 f., 252, 267, 291 f., 294, 316, 323, 341 ff., 345, 348, 350, 352, 357 ff., 385, 387, 406, 413 f., 417, 422
Bosch, Carl 245, 249 ff., 405 f.
Bosch, Robert 406
Bouhler, Philipp 8, 106, 132 ff., 353 f., 356, 387 f., 422
Brandt, Carl 339, 419
Brauckhoff (Amtsrat) 376
Braun, Otto 32
Brecht, Bertolt 43, 374
Brenner, Ernst 143, 323, 388 f.
Breuer, Emil 323, 417
Broemser, Philipp 285, 411 f.
Brüning, Heinrich 36
Bürckel, Josef 297
Burmeister, Wilhelm 330, 371, 418, 422
Buttmann, Rudolf 63, 68, 378

Chamberlain, Houston Stewart 43
Chamberlain, Neville 296
Churchill, Winston 135
Cissewski (Kanzleisekretär) 376
Clara, Max 264
Conti, Leonardo 167
Cranach, Lucas 15

---

* Einzelnachweise zu Bernhard Rust, der Schlüsselfigur in diesem Buch, wurden nicht in das Personenregister aufgenommen.

Dähnhardt, Heinz 204, 398
Daluege, Kurt 416
Darré, Walter 214, 242, 251, 401
de Crinis, Max 218 f., 364, 389, 401, 423
Dehns, Karl 279
Demel (Oberregierungsrat REM) 222
Dietlein, Anna Sofie 42
Dietlein, Georg 43
Dietrich, Otto 307
Dietzmann, Bernhard 331, 418
Donnevert, Max 246
Döring, Valentin 213, 381, 400

Eberlein, Gustav 10
Eckhardt, Karl August 122, 125, 216 f., 234, 401, 403
Engel, Wilhelm 122, 403
Epp, Franz Xaver Ritter von 86 f.
Erdberg, Robert von 30
Euler-Chelpins, Hans von 405

Federle, Siegfried 400
Feyerabend (Prof. Berlin) 333 ff., 397
Fischer (Verwaltungssekretär) 376
Fischer, Eugen 248, 389, 405
Fischer, Hanns 247
Fischer, Ludwig 127
Fliege, Hans 263 f., 408
Forsthoff, Ernst 217
Frank, Hans 237
Frank, Karl Hermann 314
Frank, Karl 77, 129, 131, 300, 377
Frank, Walter 127, 282, 401
Frercks, Rudolf 205, 398
Frey, Hermann-Walther 398, 420
Frick, Wilhelm 52, 56 ff., 61 f., 64, 66–69, 82, 84 f., 139, 148, 167, 207 f., 297, 311 f., 317, 319 ff., 323 ff., 328, 330, 375, 378, 381, 399, 414, 416 ff.
Fricke (Referent REM) 384
Fritzke (Kanzleiobersekretär REM) 376
Funk, Walther 141

Gentz, Erwin 207, 210, 300, 361 f., 391 f., 399 f., 423
George, Stefan 34 f., 373
Gerber (NSDAP Ortsgruppenleiter Göttingen) 117 f., 385
Gercke, Achim 106, 384

Giesler, Paul 422
Glauning, Hans 392
Glum, Friedrich 246 f., 249, 385, 405
Goebbels, Joseph 7 f., 13, 17, 42, 44 f., 47, 50 ff., 65–69, 75, 79, 95, 99, 119, 124, 132 ff., 136, 138–141, 143–148, 177, 192, 201, 258, 315 f., 358, 360, 364, 371, 375, 378, 385, 387 ff., 390, 394, 405, 417, 422
Goebbels, Magda 364
Goerdeler, Carl Friedrich 172 ff., 394
Goethe, Johann Wolfgang von 198
Göring, Hermann 13, 17, 42, 46, 52 ff., 65–68, 71, 76, 85, 120, 122, 142, 165, 177, 213, 232, 234, 239, 241, 249, 251, 326–330, 332 f., 335, 376 f., 383, 392 f., 417 ff.
Görnnert, Fritz 332, 419
Goßler, Gustav von 20
Griewank, Karl 411
Grimme, Adolf 36, 54, 162
Groener, Wilhelm 403
Groh, Wilhelm 383, 389
Grothe, Ewald 217
Guertler, William 334 ff., 419
Gürtner, Franz 330

Haber, Fritz 230, 245 ff., 249, 405
Hácha, Emil 311
Haenisch, Konrad 28 f., 32
Hagert (PPK) 134
Hahn, Otto 248, 405
Hammerstein, Notker 114
Händel, Georg Friedrich 240
Hanke, Karl 142 f.
Hansen, Nicolaus 190
Harmjanz, Heinrich 78, 106, 125, 147, 384, 387, 390, 415
Harms, Bernhard 31 f., 373
Harnack, Adolf von 22, 25, 230
Härtle, Heinrich 124, 378
Hassel, Ulrich von 310, 312
Haupt, Joachim 54, 56, 105, 158
Heckel, Hans 371, 377, 386
Hecker, Hans 393
Hederich, Karl-Heinz 7 f., 132–137, 353–358, 387 f., 422
Heering, Wilhelm 210, 212 f., 399 f.
Heiber, Helmut 102, 122

Heide, Walther 415
Heinz, Friedrich Wilhelm 40, 374
Heißmeyer, August 159
Helms, Hans von 117, 385
Henlein, Kurt 310
Herrmann, Karl 121, 143
Heß, Rudolf 8, 85 f., 112, 115 f., 120,
    125 – 129, 132 f., 136, 156, 169, 175 f.,
    194, 218, 264 – 267, 271, 289, 292, 294,
    299, 325, 328, 343, 381 f., 384 f., 388, 404,
    413 f., 420, 422
Heyde (Amtsrat REM) 376
Heydrich, Reinhard 110, 384, 406, 416
Hilferding, Rudolf 93
Himmler, Heinrich 109 ff., 116, 122, 124 f.,
    179, 202, 252, 254, 270, 326, 328, 385,
    388, 398, 406, 417
Himmler, Martin 400
Hindenburg, Paul von 378
Hinkel, Hans 54
Hinz, Walther 234, 404
Hirohito, Kaiser von Japan 192
Hirsch, Hans 306, 415
Hitler, Adolf 7 f., 17, 40, 43 – 47, 50,
    65 – 68, 76, 78, 82 f., 85 – 89, 92 ff., 105,
    107, 111, 115, 119 f., 123 – 127, 129 ff.,
    136, 138 ff., 144 f., 148, 150 ff., 162, 166,
    175, 177 f., 180, 199, 201, 231 f., 234 f.,
    237, 239 f., 253 f., 262, 269, 271, 280,
    291, 293, 295 ff., 305, 310 f., 315, 320,
    326 ff., 331 ff., 335 f., 341 f., 346, 348,
    351 f., 354, 356, 358, 359, 363 ff., 375,
    377, 380, 384, 387, 395, 399, 406, 413,
    420, 422
Hoff (Mininsterialrat RIM) 194
Hoffmann (Kantinenwirt REM) 361
Hoffmann, Adolf 28, 29, 373
Höhn, Reinhard 390
Holfelder, Albert 117 ff., 122, 129, 180,
    210, 343 – 347, 349 f., 355, 357, 361,
    385 f., 392, 395 f., 421
Huber, Hans 145, 147, 232, 255 – 258,
    265 f., 280 f., 286, 290, 299, 303,
    323 – 326, 330, 338, 389, 406 ff., 410,
    412 f., 415, 417 ff.
Hugenberg, Alfred 59
Huhnhäuser, Alfred 197, 397
Hülsen, Ernst von 277, 364
Humboldt, Wilhelm von 36

Jacobi, Ernst 264
Jaensch, Erich 146, 274, 409
Jäger, August 58
Jander, Gerhard 112, 247
Jansen, Werner 264, 266, 403
Jordan, Rudolf 357
Jürgens, Jürgen 202
Jury, Hugo 357

Kaehler, Wilhelm 36, 47
Kampas (Ministerialrat Wien) 310, 415
Kappis, Max 264
Kasper, Gerhard 256, 327, 338, 408,
    418 f.
Keitel, Wilhelm 335 f., 419
Keppler, Wilhelm 297
Kerrl, Hanns 66, 76, 103, 288, 291, 377,
    413
Kestenberg, Leo 30
Key, Ellen 151
Klagges, Dietrich 80
Klamroth, Kurt 155 f., 355, 358, 390
Kleint (Ministerialrat Sachsen) 193
Klopfer, Gerhard 359, 422
Knauer, Hans 263, 408
Knoll, Friedrich (Fritz) 285, 302, 304, 415
Koch, Franz 334 f., 397
Kock, Franz 215, 401
Koebler (Prof. Königsberg) 402
Kohlbach, Wilhelm 377
Konen, Heinrich 231, 403
Körner, Paul 326 f., 387
Krebs, Albert 375
Krebs, Friedrich 174, 394
Krieck, Ernst 47, 146 f., 225, 227, 274, 409,
    411
Krieger (NSDAP Landeskulturverwaltung
    Rheinland) 398
Krosigk, Lutz Graf Schwerin von 98 f., 154,
    177, 261, 280, 293, 300 f., 318 f., 324, 328,
    363, 382 f., 408, 418, 420 f.
Krüger, Gerhard 398
Krüger, Heinrich 220 ff.
Krüger, Kurt 156, 205, 267, 299, 300,
    303, 342, 344 – 347, 349 – 352, 401, 408,
    414
Krümmel, Carl 121, 386, 419
Kummer, Rudolf 78, 106 f., 205, 384,
    398

Kunisch, Siegmund 72, 79, 82, 84, 87 f., 101–105, 107, 379, 381, 383, 387, 403, 407
Kursell, Otto von 119 f., 386

Lagarde, Paul de 43, 374
Lammers, Aloys 36
Lammers, Hans Heinrich 47, 87 f., 110 f., 328, 331, 336, 338, 358, 384, 404, 406, 413, 415, 418 f., 422
Landfried, Friedrich 141
Lauterbacher, Hartmann 357, 422
Lehnhoff, Friedrich 360, 423
Lemke, Karl Johann 376
Lenard, Philipp 237, 246, 249
Lenin, Wladimir Iljitsch 45
Ley, Maria 15
Ley, Robert 125, 132, 153, 177 ff., 207 f., 210, 395, 399
Litt, Theodor 158
Löpelmann, Martin 54
Ludendorff, Erich 45, 374 f.

Maikowski, Hans Eberhard 50
Mangold, Otto 285
Mannhardt, Wilhelm 274
Maurice, Emil 375
Mayer, Theodor 296 f., 313, 389, 414, 416
Medicus, Franz 66, 84, 323–326, 380, 417
Menge, Arthur (Oberbürgermeister Hannover)
Mentzel, Rudolf 95, 112–115, 122, 124, 137, 148, 233 f., 237 f., 243 ff., 247–254, 267, 285 f., 293, 298, 300 f., 306, 323, 326 ff., 330 ff., 339, 357, 362 f., 384, 390, 401, 403–406, 408, 412 ff., 417–420, 423
Mevius, Walter 164
Meyer (MinR Preuß. FM) 345 f., 351, 420
Meyer, Konrad 242, 400, 403
Meyer, Reinhold 221, 402
Miederer, Martin 199, 201, 397 f.
Milch, Erhard 251
Möckelmann, Martin 308, 415
Moeller van den Bruck, Arthur 43, 374
Mothes, Kurt 402
Mozart, Wolfgang Amadeus 240
Müller (Kurator) 410

Müller (MinR Bayern) 278
Müller, Guido 30
Mutschmann, Martin 84, 89, 419

Nagatz (Amtsrat) 376
Naumann, Otto 25
Neumann, Wilhelm 418
Neurath, Konstantin Freiherr von 312 f., 416
Nicolai, Helmut 66
Niedermayer, Oskar von 336 f., 419
Nipper, Heinrich 215, 316, 401
Noske, Gustav 44

Ohlendorf, Ernst 137

Paetschke, Erwin 398
Paler (Rektor Gießen) 276
Panzer, Wolfgang 403
Papen, Franz von 91, 374 f.
Pax, Emil 396 ff.
Payr 388
Pfuhl, Wilhelm 264
Pfundtner, Hans 52, 66, 83, 86 f., 380 f.
Picht, Werner 30
Planck, Erwin 376
Planck, Max 237, 245–251, 253, 404 ff.
Popitz, Johannes 13 ff., 52, 55, 60, 67, 91–96, 98, 100, 129, 139, 154 f., 165, 177, 194, 208, 260 f., 274, 280, 298, 316, 321–330, 335 f., 344–347, 360, 371, 375, 377, 380, 382, 390 f., 393, 397, 399, 410, 414, 417–421
Prandtl, Ludwig 389

Raabe, Johannes 423
Rainer, Friedrich 412 f.
Rantzau, Otto Graf zu 69, 82 ff., 105, 142 f., 145, 204 f., 378 f., 384, 380 f., 388, 389, 398 f.
Rauffauf, Hermann 396
Reichwein, Adolf 30, 158, 391
Richter (Ministerialrat RFM) 351
Richter, Werner 30
Ritter, Hellmut 28
Ritterbusch, Paul 285, 340, 364, 423
Robel (RFM) 324
Rode, Heinrich 330 f., 418
Röpke, Hermann 55, 376

Rosenberg, Alfred 47, 65 f., 119, 123–127, 132, 134–137, 145–148, 234, 252, 357, 378, 386–390, 403, 406, 414
Rothacker, Erich 274
Rottenburg, Otto von 60, 256, 362, 377, 413
Rousseau, Jean Jacques 151
Röver, Erich 197, 223–227, 339 f., 402, 419
Rudolph 384
Ruge, Arnold 411
Rust, Johann Franz 41

Sauckel, Fritz 165 f., 393
Sauerbruch, Ferdinand 242
Scheel, Gustaf Adolf 337 f., 357 f., 419
Schemm, Alois 127
Schemm, Hans 47, 81, 86, 210, 380, 400
Schiffer (Regierungsrat REM) 391
Schirach, Baldur von 105, 137, 153, 177 ff., 388, 395
Schleicher, Kurt von 93
Schmidt-Bodenstedt, Adolf 392
Schmidt-Leonhardt 142 f., 389
Schmidt-Ott, Friedrich 25, 27 f., 54, 230, 411
Schmitt, Carl 127
Schneider (bayr. Landgerichtsrat) 87, 381
Schormann, Robert 121, 386
Schultze, Walter 266, 269–272, 274, 304, 407 f., 411 f., 415
Schumann, Erich 233 f., 244, 403 f.
Schwarz, Heinrich 413
Scurla, Herbert 317, 420
Senger, Franz 389
Seyß-Inquart, Arthur 297
Sievers, Wolfram 290, 412
Siewert, Ernst 398
Simin, Gustav 357
Sommer, Walther 84, 95, 323, 381, 417 f.
Spann, Otmar 118
Speer, Albert 70, 332
Spengler, Oswald 43
Spranger, Eduard 33
Sprenger, Jakob 84
Srbik, Heinrich von 306 f., 415
Staa, Wolfgang von 38 f., 60, 119, 374, 377, 386

Staemmler, Martin 263, 408
Stark, Johannes 107 f., 162, 234, 237 ff., 246, 249, 251, 384, 403 f.
Stein, Johannes 218
Steinacker, Harold 291, 413
Stengel, Edmund Ernst 415
Stier, Friedrich 278, 279
Straßer, Gregor 44, 47
Straßer, Otto 44 f., 375
Streck, Otto 403
Streicher, Julius 334
Stuckart, Wilhelm 55 ff., 65, 68, 76 f., 79, 82, 101 f., 105, 297 f., 311, 317, 319 ff., 376–380, 417
Studentkowski, Werner 89, 278, 410
Suchenwirt, Richard 347 f., 420
Südhoff, Hermann 209, 399
Sunkel, Reinhard 56, 104–107, 118, 131, 234, 381, 383 f.
Svering, Carl 231

Telschow, Ernst 247, 250, 405
Tessenow, Heinrich 13
Thies, Wilhelm 135, 377
Thiessen, Peter Adolf 389, 247 f., 403, 405
Thomas, Kurt 200, 398
Timm, Walter 59
Tirala, Lothar Gottlieb 263, 408
Todt, Fritz 127
Trendelenburg, Wilhelm 53, 92
Troll, Wilhelm 221, 401
Trotzki, Leo 45

Uiberreither, Siegfried 357

Vahlen, Theodor 79, 106–109, 113 f., 232 f., 245 f., 249, 275 ff., 384, 403, 408
Vögler, Albert 405
Voigtländer, Walter 347, 420
Wächtler, Fritz 81, 353, 358, 422
Wacker, Otto 102, 109–113, 115 f., 122, 145, 147, 191, 250–255, 257, 263, 265 f., 274, 277, 279, 280, 283 f., 288–293, 304, 317, 379, 384 f., 389, 396, 406 ff., 410–413, 415, 417

Wagner, Adolf 86–89, 381
Wagner, Gerhard 127, 265, 269, 270, 272
Weber (Referent Amt V) 388
Weber, Heinrich 220 ff., 401 f.

Weber, Hermann 403
Weber, Max 372
Weigelt, Johannes 289
Weinert, Hans 221, 402
Weißgerber, Leo 224
Wende, Erich 53
Wettstein, Fritz von 245, 389, 405
Wilhelm II., Deutscher Kaiser 57
Winkler (Regierungsrat REM) 423
Wirz, Fritz 264 f., 408
Wolf, Karl Lothar 278
Wolff (Ministerialrat Lübeck) 193

Zatschek, Heinz 314, 416
Zenker (MinR Wien) 301
Ziegler, Adolf 142
Zimmerl, Leopold 409
Zimmermann, Carl 107 f., 384
Zschintzsch, Werner 26, 79, 95 f., 101 f., 107, 111, 122, 141 f., 262, 292, 298, 311, 317, 326, 341 f., 360 ff., 379, 382 ff., 386 f., 389, 405, 413 f., 416 f., 420, 423
Zunkel, Gustav 54, 377